Für Dich, Hanna

in steter freundschaftlicher
Verbundenheit

Monika

21.9.06

Impressum:

2006

Gestaltung / Layout:
Clüsserath, Kommunikationsdesign, Köln

Zisterzienserkloster Langwaden
Bernardus-Verlag
Kloster Langwaden
D-41516 Grevenbroich
Tel.: 0 21 82 / 88 02-55
Fax.: 0 21 82 / 88 59 13

ISBN 3-937634-49-5

Monika Kordes

Vergangenes ist nie vergessen

Bernardus-Verlag
Langwaden

Vorwort

Eigentlich wollte ich meine Tagebücher nur für meine Enkelkinder aufarbeiten. Doch, wie so oft im Leben, hat auch dieses Vorhaben eine Eigendynamik entwickelt. Das Ergebnis ist dieses Buch. Es bezieht sich auf meinen ganz persönlichen Lebensweg. Dennoch hoffe ich, dass dadurch auch andere Menschen mit ihrem eigenen Leben konfrontiert werden, wie das gelegentlich bereits geschehen ist.
Ich habe beim Schreiben durchaus Realität und Dichtung verbunden. Personen, die mir nahe stehen und die ich nicht verletzen möchte, wurden nur soweit in meine Biographie eingebaut, wie es nach meinem Gefühl nötig war. Andere Personen wiederum habe ich so verändert, dass ihre Identität geschützt ist – ja, vielleicht existieren einzelne gar nicht real. Der Wirklichkeit aber kommt alles nahe.

Mein Buch endet im Jahre 2000. Inzwischen sind weitere fünf Jahre vergangen. Die Frauen meiner Familie haben sich einander angenähert. Durch die Aufarbeitung meiner Tagebücher konnte ich so manchen Stolperstein zwischen uns in einem anderen Licht sehen. Und mir wurde klar, dass jeder Mensch irgendwann einmal oder auch immer mal wieder das Verzeihen des anderen braucht.
Ich wünsche jedem, der dieses Buch liest, neue Erkenntnisse seines eigenen Lebensweges – und gelegentlich auch vergnügliche Lesestunden.

Monika Kordes

Gewidmet meiner Großmutter Ella

Morgen werde ich 55.
Warum ich glaubte, keine 36 Jahre alt zu werden, habe ich nie herausgefunden und inzwischen als eines der vielen ungelösten Rätsel meines Lebens akzeptiert. Schlaflos, hellwach vor Angst, lag ich in jener Nacht in meinem Bett, im festen Glauben, dass bis 24.00 Uhr mein Tod eintreten würde. Nur langsam löste sich mit beginnendem Tagesanbruch meine Anspannung. Und dann fiel etwas von mir ab – wie ein Fluch. Ich bin 36 Jahre alt geworden und lebe. Dann könnte ich 50, ja sogar 70 Jahre alt werden. Langsam durchströmte mich Freude.
Ich muss lächeln. „Wieder haarscharf an der Katastrophe vorbei", hatte Rolf damals ironisch bemerkt. Für ihn war das dann erledigt. Was er nicht berechnen kann, flößt ihm Unbehagen ein, und was ihm Unbehagen einflößt, wird aus seinem Wahrnehmungsbereich verbannt. Gibt es das? Das kann es nicht geben. Das gibt es nicht. So war er immer. Ich war anders. Vielleicht bestand gerade darin die Faszination, die ich auf ihn ausübte, sodass er mich nicht mehr losließ. Seine Vorzüge habe ich erst viel später schätzen gelernt.

Heiraten wollte ich nicht, aber ein Kind. Der erste Mann, von dem ich ein Kind wollte, war Günni. Damals war ich 13.
Heute, mit 55, beobachte ich Günni mit einer gewissen Rührung. Er ist noch genauso widersprüchlich wie damals. Sprunghaft und anhänglich, ein witzig-charmanter Alleinunterhalter von sentimentaler Grundstruktur. Im Sommer hat er zum dritten Mal geheiratet. Nachdem er den neuen Ehe-Ring an der rechten Hand trug, holte er seinen alten Ehering von Marita hervor und versah ihn mit einem Diamanten. Diesen trägt er nun links. Das ist Günni. Hätte mir doch damals nur jemand sagen können, dass ich später einmal froh sein werde, Günni nicht bekommen zu haben. Es hätte weniger wehgetan. Trotzdem hat er noch immer einen kleinen Platz in meinem Herzen.
Der Mann, von dem ich kein Kind wollte, war Toni.
Heute betrachte ich meine Tochter, verwundert, wie wenig sie Toni ähnelt. Erst meine Enkelkinder lassen ahnen, dass fremde Gene sich in meine Familie eingeschlichen haben. Doch wenn jemand fragt, warum meine Enkelkinder braune Augen haben, hebe ich nichtssagend meine Schultern. Wer weiß denn schon, warum Gene manchmal verrückt spielen.

Nein, Toni habe ich nicht geliebt, auch wenn ich ihm Liebe schwor, damals in jenen sternenklaren Nächten. Und meiner Tochter werde ich heute nicht mehr sagen, wie sehr ich sie liebe.
Der letzte Mann, von dem ich ein Kind wollte, war Robert. Auch er ein witzig-charmanter Alleinunterhalter von sentimentaler Grundstruktur. Doch ihn umgab etwas Flirrendes. Ein schillernder Charakter, unberechenbar und zynisch. Und dennoch: Er konnte verspielt sein wie ein Kind – damals vor 28 Jahren. Er hat mir meine Schwerkraft genommen. Niemals vor ihm und nie mehr nach ihm war ich so leicht. Die Bruchstelle in meinem Herzen gehört zu meinem Leben. Er war meine große Liebe.

Robert hat mich immer an Eduard-Philip Pohlmann erinnert. E.P.P. war der dritte Mann im Leben meiner Mutter. Der erste war mein Erzeuger. Sie kannten sich kaum und haben sich nach meiner Zeugung nie mehr gesehen. 26 Jahre später saß dieser Mann mir gegenüber. Viele Jahre hatte ich nach ihm gesucht. „Wer ist denn deine Mutter?", fragte er mich und betrachtete fassungslos mein Gesicht, das dem seinen so sehr ähnelt. An die kleine Affäre erinnerte er sich kaum, damals im Januar 1945 …

Meine Großeltern waren gerade ausgebombt. Bitterarm blieben sie viele Jahre. Als selbstständige Handwerker hatten sie für die Rentenvorsorge nicht „geklebt". Der einzige Sohn Paul sollte das Geschäft übernehmen und für die alten Eltern sorgen. Doch Paul wollte lieber Krieg spielen. Als Deutschland in den letzten Zügen lag, meldete er sich mit seinem Freund freiwillig zur russischen Front. „Wenn wir kommen", sagte er damals zu meiner Großmutter, „wird Deutschland siegen." Der Freund fiel, Paul blieb in Stalingrad. Und die Bomben zerstörten die Existenzgrundlage meiner Großeltern.

Im Januar 1945 teilten sie sich im vierten Stock eines alten Patrizierhauses mit zwei weiteren Familien eine Wohnung, die vor den Bombennächten von einer Familie bewohnt worden war. Vielen ging es damals so. Zwei Zimmer dieser Wohnung, ausgerechnet die ohne fließendes Wasser, wurden ihnen mit ihrer jüngsten Tochter, die neun Monate später meine Mutter wurde, zugeteilt. Die Zimmer waren kalt, der Keller im Hinterhaus. Das Wasser musste in Eimern eine Treppe tiefer aus dem Vorraum der Toilette geholt werden. Diese einzige

Toilette benutzten alle drei Familien. Sie blieb ein ewiger Zankapfel in dieser zusammengewürfelten Notgemeinschaft. „Schon wieder hat Mariechen nicht gelüftet, der Georg daneben gepinkelt, die Margret nicht abgezogen, der Arthur alles voll gestunken." Es waren immer die gleichen Tiraden. Für mich blieb es während meiner ganzen Kindheit ein Rätsel, dass sich trotzdem jeder einzelne verantwortlich fühlte für exakt zurechtgeschnittenes Zeitungspapier, das an diesem Örtchen stets bedarfsgerecht am Nagel hing.

Schwer schleppte meine Großmutter an Wasser, Kohlen und ihrem Kummer um Paul. Sie war eine würdevolle ernste Frau. Erst später sah ich sie, selten genug, herzlich lachen. Dann glättete sich ihr Gesicht langsam. Sie wollte dieses Lachen nicht, was gab es denn schon zu lachen in dieser Zeit? Aber es überflutete einfach ihr Gesicht, wie ein Sonnenstrahl einen Stein erhellt. Und dann brach es aus ihr heraus, wie übermütig perlender Sekt aus einer Flasche, der ihr Korken zu schnell entzogen wird.
Sie besaßen eigentlich nichts, nicht einmal ein kleines Gärtchen, das sonst vielen zum Überleben diente. Und dennoch kann ich mich nicht erinnern, bis zu ihrem Tod je Mangel gelitten zu haben. Sie muss aus nichts etwas gemacht haben, wie so viele Frauen damals. Mein Improvisationstalent habe ich sicherlich von ihr.

Ich glaube, dass sie mich erst in meinem dritten Lebensjahr mit ihrem Herzen wahrnahm. Die Nachricht von der Schwangerschaft ihrer jüngsten Tochter brach ihren Überlebenswillen. Der Erzeuger, ein verheirateter deutscher Soldat, war irgendwie abhanden gekommen. Wer wusste überhaupt noch was von wem in diesen Jahren?
Nun hatte meine Großmutter alles verloren, an dem ihr Herz hing. Zuerst Paul, dann Hab und Gut, jetzt die Familienehre. Sie öffnete das Küchenfenster im vierten Stock. Nur mit Mühe hielt mein Großvater sie zurück. Sie war dem Leben erhalten geblieben, doch lebenswert war dieses Leben für sie nicht mehr.
Mein Großvater sperrte meine Mutter in eines der zwei Zimmer ein. Niemand sollte die Tochter schwanger sehen. Schweigend brachte meine Großmutter ihr das Essen.
Mein Großvater betrat diesen Raum erst wieder nach meiner Geburt im September 1945. Dort stand er dann mit dem Gesicht zum Fenster. Er erklärte ihr, dass er nun dieses Neugeborene mit dem Namen

Hildegard beim Standesamt anmelden werde. Vermutlich hatte ihn die Hebamme mit dieser Aufgabe betraut. Frau Würz hatte schnell die verzweifelte Hoffnungslosigkeit dieser Familie erspürt. Sie strickte dem Neugeborenen ein Kleidchen – der erste Willkommensgruß auf dieser Welt. Ich habe es noch immer.
Obwohl ihr Vater ein halbes Jahr nicht mit ihr gesprochen hatte, wagte meine Mutter zu widersprechen. Ihr Kind sollte Monika heißen. „Niemals", sagte mein Großvater. Sie einigten sich auf Monika-Hildegard.

Ich muss in den ersten drei Jahren meines Lebens wohl gespürt haben, wie unerwünscht ich war. Nur nicht auffallen, das war oberstes Gebot. Über ein solch stilles, braves Kind wunderten sich sogar die Nachbarn. „Man hört gar nicht, dass ein Kind in dieser Wohnung ist", sagte Frau Thost, die Nachbarin. Sie war mir zugetan. Da sie mit Herrn Wember in „wilder Onkelehe" lebte, hatte sie auch nicht mehr viel Ehre zu verlieren.

Die ältere Schwester meiner Mutter war in ein Kloster eingetreten. Sie betete dort für das Seelenheil ihrer in Schande gefallenen Schwester – und sprach kein Wort mehr mit ihr. Erst nach dreijährigen mühevollen Vermittlungsversuchen meiner Großmutter gestattete sie einen Besuch meiner Mutter mit mir.
„Bewahre was du hast, damit dir niemand deine Krone raube", stand auf einem Heiligenbildchen, das sie mir in die Hand drückte. Ich mochte sie trotzdem.
Als ich drei Jahre alt war, traf mich ein Blick meiner Großmutter. Ich saß allein vor mich hinspielend unter dem Küchentisch. Sie stand mit dem Rücken zu mir am Kohleofen und stocherte in der Glut. Plötzlich drehte sie sich um und sah mich an.
Sah sie da meine Einsamkeit, meine Hilfsbedürftigkeit? Sah sie erst jetzt, dass ich dringend ihrer bedurfte? Ihr Lebensgeist war wieder erwacht und damit auch ihre Hoffnung. „Ich weiß, dass ich unseren Paul als ganz alten Mann wiedersehen werde", sagte sie seitdem. In der Zwischenzeit galt es nun, für dieses kleine Menschenkind zu sorgen, es zu behüten und irgendwie großzuziehen. Sie hatte mich als neue Lebensaufgabe entdeckt, und ich lernte, sie zu lieben.

Sie und ich wuchsen langsam zusammen. Ich liebte auch meinen Großvater. Er konnte wunderbare Geschichten erzählen. Und wenn er mir wieder und wieder den Herrn von Ribbeck zu Ribbeck im Havelland nahe brachte, glaubte ich, dass auch er mir nach seinem Tod einen Birnbaum hinterlassen würde. Er ging mit mir spazieren, und er sorgte sich, weil ich nachts fror. Noch immer schlief ich unter einem Kopfkissen und konnte meine Beine gar nicht hoch genug an mich ziehen, um der Kälte zu entgehen. Doch mein Großvater brauchte dringend einen Wintermantel. Als endlich etwas Geld übrig war, stellte er kategorisch fest: „Das Kind braucht dringender ein Oberbett." Trotz seiner Fürsorge schien er nicht richtig anwesend zu sein.

Meine Mutter haderte immer noch mit ihrem Schicksal, das ihr eine Schwangerschaft in Schande beschert hatte. Ihr war übel mitgespielt worden. Dieses Übel war ich, und wer anders als ich hatte diesen Schicksalsschlag an ihr wieder gutzumachen. Die Zeit dafür würde schon noch kommen.

Kurz nachdem meine Großmutter mich endlich wahrgenommen hatte, verlobte sich meine Mutter mit Tommy. Tommy war englischer Besatzungssoldat und hieß tatsächlich Tom. Ich erinnere mich gut an ihn. In holprigem Deutsch las er mir oft aus dem einzigen Buch vor, das ich besaß. Frau Thost hatte es mir geschenkt, als sie mit Herrn Wember auszog in eine bessere Wohnung. Ich kannte dieses Buch auswendig und korrigierte Tommy, wenn er ein Wort falsch aussprach.
Tommys Soldatenrucksack stand noch lange bei uns, als er schon nicht mehr kam. Auch sein weißes Handtuch mit den zwei orangefarbenen Streifen wurde noch lange von uns benutzt. Nur der große braune Teddy mit der rosafarbenen Schleife blieb verschwunden. Wer besaß damals schon einen Teddy? Tommy hatte ihn mir geschenkt. Ich liebte ihn sehr und suchte ihn überall. Und ich wartete auf Tommy und wartete und wartete. Vermutlich habe ich mich nach diesem langen ergebnislosen Warten auf Tommy entschlossen, auf keinen Mann mehr zu warten. Niemand erklärte mir Tommys plötzliches Verschwinden. Er kam einfach nie wieder.
Den Teddy fand ich schließlich in dem alten grünen Schrank, dem ein Granatsplitter ein eckiges Loch geschlagen hatte. Ich war glücklich, drückte ihn an mich und lief freudig zu meiner Mutter, um ihr von diesem wiedergefundenen Glück zu erzählen. Nie mehr wollte ich

den Teddy aus meinen Händen geben. Danach blieb der Teddy für immer verschwunden, so wie Tommy. Ich wartete und suchte und suchte und wartete. Dann wusste ich, dass ich meine Schätze künftig vor meiner Mutter verbergen würde. Ich hatte gelernt, mich nicht mehr preiszugeben.

Eigenartige innere Bilder begannen mich zu beschäftigen. Und nachts träumte ich, langsam im Moor zu versinken. Eines Nachts träumte ich so real, dass ich vor Schreck die Sprache verlor. Zuvor muss ich wohl einen solchen Schrei ausgestoßen haben, dass meine Großmutter aus dem Zimmer am anderen Ende des Flures gelaufen kam. Ich versuchte zu sprechen und konnte nur gurgeln, krallte mich voller Angst an sie. Sie drückte mich an sich, streichelte mir beruhigend über das Haar. Und langsam formte sich das Gurgeln wieder zu Worten.

Unter der wärmenden Obhut meiner Großmutter entwickelte ich mich nun zu einem aufgeweckten kleinen Mädchen. Vorsichtig begann ich, mich meiner Umwelt mitzuteilen. Ich lernte, viele Sätze in kurzer Zeit hervorzubringen. Es musste schnell gehen. Man konnte ja nie wissen, wann mein Sprechen wieder unerwünscht war.

Dann trat Eduard-Philipp Pohlmann in mein Leben.

Inzwischen litt ich an regelmäßigen Asthma-Anfällen. Meine Großmutter brachte mir nachts Zuckerwasser, das mir das Atmen erleichtern sollte. Mehr gab es damals nicht.

Mit E.P.P. kam eine gewisse Leichtigkeit in mein Leben. Plötzlich waren Dinge einfach da, die bisher bei uns nicht vorhanden oder nur mühsam zu beschaffen waren.

Natürlich hatte es zwischenzeitlich im Leben meiner Mutter noch andere Manner gegeben. Sie war eine schöne Frau. Der Krieg hatte ihr einen Teil ihrer Jugend genommen, und nun wollte sie endlich leben. Aber da war ich. Meine Großmutter nahm sie in die Pflicht. Wir brauchten Geld, und meine Mutter versuchte, dieser Pflicht nachzukommen. Doch Arbeit zu bekommen war nicht mehr einfach für eine Frau. Die Männer kehrten langsam aus der Kriegsgefangenschaft zurück und beanspruchten die wenigen vorhandenen Arbeitsplätze. Sie arbeitete als Schaffnerin bei der Straßenbahn und putzte für Leute, denen es besser ging als uns. Büro-Arbeit, das war ihr Traum. Wenn schon lebenslang arbeiten, dann wenigstens nicht zu schwer.

E.P.P. war Benediktiner-Pater gewesen und nun Immobilien-Händler. Er suchte für seinen Neu-Anfang eine Bürokraft. Meine Mutter be-

warb sich. Sie wurde seine rechte Hand und mehr. Sie lernte tippen, Steno und alle Büro-Arbeiten. Englisch konnte sie noch von Tommy. Ich wuchs irgendwie in diese Beziehung hinein.

Das letzte Jahr im Kindergarten ist mir noch in guter Erinnerung. Meine Zöpfe waren inzwischen lang, und meine Großmutter band sie morgens vor dem Kindergarten zur Affenschaukel, Schnecke oder schuf mir eine Tolle, in die sie eine Schleife drehte. Sie legte großen Wert darauf, dass ich sauber und für damalige Verhältnisse gut, abwechslungsreich und vor allem mädchenhaft gekleidet war. Es blieb ihr Geheimnis, wie sie all die Kleidungsstücke beschaffte.

Sicher hatten die vielen langen Spaziergänge damit zu tun, die sie oft mit mir unternahm, meistens von Aplerbeck nach Hörde. Dort besuchten wir Bekannte meiner Großmutter. Und nach ein paar gemütlichen Stunden marschierten wir Zwei wieder zurück nach Aplerbeck. In der rechten Hand trug meine Großmutter eine voll gepackte schwarze Tasche, an ihrer linken Hand hielt sie mich. Manchmal sangen wir auf diesen Wegen: „Eine Oma ging spazieren, an der Hand ein kleines Kind, Oma hüpf mal, sprach die Kleine …“

Das war mein Lieblingslied, von dem ich alle Strophen kannte. Dann kam es schon mal vor, dass meine Großmutter übermütig wurde. „Wir wollen unsren alten Kaiser Wilhelm wieder haben“, sang sie fröhlich und erzählte mir von einem schneidigen deutschen Kaiser, für den sie einst geschwärmt hatte.

Viele Busse überholten uns auf unseren langen Spaziergängen. Hätten wir genug Geld für den Bus gehabt, wäre ich heute um viele schöne Stunden mit meiner Großmutter ärmer. Vielleicht wurde in dieser Zeit meine Begeisterung für lange Wanderungen geweckt.

Nach diesen Spaziergängen hatte ich plötzlich neue Strümpfe und Schuhe, gelegentlich ein neues Kleid und eines Tages bekam ich meine kunterbunt gestreifte Strickjacke, die ich vom ersten Augenblick an geliebt habe.

Nur zum Kinderkarneval schaffte auch sie es nicht, mir ein Kostüm zu besorgen. Meine Großmutter war ratlos. Da legte E.P.P. mir ein wunderschönes Funken-Mariechen-Kostüm auf den Tisch. Was ein Funken-Mariechen war, wusste ich damals nicht. Ich fand mich schön und war glücklich.

Meine Großmutter schwieg dazu. Ich spürte, dass sie die Beziehung meiner Mutter zu E.P.P. ablehnte. Zu gern wüsste ich heute, ob sie

von den Teilchen, die ich plötzlich bei Cafe Schröder holen sollte, je gegessen hat.
Bisher wurde ich nur von meiner Großmutter „nach unten zu Ruprechts" geschickt. Ruprecht war der Lebensmittelladen unten in unserem Haus. Fröhlich rutschte ich die vier Etagen auf dem Treppengeländer abwärts, um für meine Großmutter die Lebensmittel einzukaufen, die sie mir auf einen Zettel geschrieben hatte. Stand Frau Ruprecht hinter der Theke, verging meine Fröhlichkeit schnell. „Du kannst warten", giftete sie Kinder über die Ladentheke an, „zuerst die Erwachsenen." Und an mir vorbei zogen all die Erwachsenen, die gerade erst den Laden betreten hatten. Vor Zorn bebend malte ich mir aus, wie ich den Mehlsack aufschnitt, mich unsichtbar machte und jeden, der mich warten ließ, in die Nase biss. Und wieder lernte ich, Warten zu hassen. Warten heißt ausgeliefert sein, und ich wollte mich nie mehr ausliefern. Noch heute achte ich peinlich darauf, dass sich niemand, aber auch gar niemand mehr vordrängt. Nur Kinder lasse ich vor.
Nun aber wurde ich zusätzlich von meiner Mutter zum Cafe Schröder geschickt. Dort galt es so herrliche süße Sachen zu besorgen wie Schuhsohlen, Schweinsöhrchen, Amerikaner und Windbeutel.
Ein Teilchen fiel auch immer für mich ab.
Oft sah ich in der Wirtsstube des Cafe Schröder E.P.P. sitzen. Er wirkte müde und traurig. Sah er mich, bekam ich zwei Groschen für den Spielautomaten.
E.P.P. mochte mich so wie ich war. Er hatte Freude an mir, das spürte ich. Und ich war gern in seiner Nähe. Wo er war, war es bunt und spannend.
Niemals hätte meine Großmutter mir einen Metallbaukasten geschenkt. Sie legte Monat für Monat einen kleinen Sparbetrag zur Seite für meinen ersten Puppenwagen und später die erste Armbanduhr. Aber meinen Metallbaukasten, den bekam ich von E.P.P. Und dann war da noch mein Wunsch nach Hosen. „Niemals", sagte meine Großmutter, „du bist ein Mädchen, und Mädchen tragen keine Hosen." Eines Tages übergab mir meine Mutter ein Geschenk von E.P.P.: meine erste Hose.

Wachsam ließen beide Frauen eine größere Nähe zu ihm nicht zu. Trotzdem war es die glücklichste Zeit meiner Kindheit. Im Hintergrund spürte ich E.P.P.'s liebevolles Sorgen für mich, meine Mutter war guter Dinge. Nur meine Großmutter wirkte wieder recht müde. Mein Großvater war gestorben, und die alte lähmende Trauer wollte sie wieder befallen. Das bedrückte mich mehr als der Tod meines Großvaters. Ich hielt sie mit meiner Lebendigkeit in Atem. Ich brauchte sie, und sobald ich mich im kindlichen Gerangel draußen mit meinen Spielkameraden ungerecht behandelt fühlte, schrie ich aus Leibeskräften nach meiner Oma. Das aktivierte hoch oben im vierten Stock all ihre Lebensgeister. Sie riss das Stocheisen aus dem Ofen und drohte damit meinen Spielkameraden, ohne auch nur nach der Ursache zu fragen. Es genügte, dass ich ihrer Hilfe bedurfte.

So lange sie konnte, wachte sie darüber, dass es mir gut ging und an nichts fehlte. Ja, manchmal glaubte sie sogar, dafür die Schubladen ihrer Tochter durchforsten zu müssen. Und eines Tages wurde sie fündig. Sie sah schlecht, und an eine Brille war nicht zu denken. Aber sie entdeckte in der Schublade meiner Mutter etwas Bräunliches, das in Silberpapier eingewickelt war. Das konnte nur Schokolade sein.

„Da versteckt sie doch vor dem Kind ihre Schokolade", zischelte meine Großmutter empört. Sie gab mir ihren Fund: „Hier Kind, iss." Es schmeckte süß und Süßes gab es bei uns nicht allzu oft. Ruck zuck war das Silberpapier leer. Die Nacht darauf verbrachte ich mit Bauchkrämpfen auf der Toilette. Es war Feigenbrot gewesen.

Am darauf folgenden Samstag bekam ich von meiner Großmutter zwei Schwarzbrotscheiben mit Schmand. Dafür allein hatten sich schon die Bauchkrämpfe gelohnt. Denn ihr selbst gemachter Schmand war meine Lieblingsspeise, aber auch die ihre, sodass wir zwei uns diese Delikatesse immer genau teilten. Schon montags fing sie an zu sammeln. Sobald der Milchbauer mit seiner großen Glocke bimmelte, sauste ich mit der leeren Milchkanne abwärts und besorgte uns den Liter Milch, den sie dann auf dem Kohleofen kurz aufkochte. Danach nahm sie vorsichtig die Haut von der Milch und legte sie in einen Behälter, der auf der Fensterbank stand. Das war die kühlste Ecke der Küche, denn Kühlschränke kannten wir noch nicht.

Jeden Tag legte sie dann ein neues Stückchen Milchhaut dazu. Und samstags war daraus wie von Zauberhand Schmand geworden. Den verteilte sie auf zwei Schwarzbrotscheiben, eine für sich und eine für mich, und ich wusste, dass am nächsten Tag Sonntag war.

Aber ich konnte die jeweiligen Wochentage auch daran erkennen, was sie mittags gekocht hatte. Sonntags gab es immer eine frische Suppe als Vorspeise und als Hauptgericht Kartoffeln mit Gemüse und gele-

gentlich sogar ein Stückchen Fleisch dazu. Und zum Kaffee hatte sie immer Rodonkuchen gebacken.
Montags kamen die Reste vom Sonntag auf den Tisch. Dienstag und Mittwoch waren flexible Tage. Da gab es schon mal Reibeplätzchen mit Rübenkraut, Himmel und Erde mit Blutwurst oder – oh Graus – süßen Reis mit Zimt und Zucker, das einzige Gericht, das ich nicht mochte, das meine Oma aber dennoch gelegentlich kochte, weil sie es selbst so gerne aß, nicht ohne mich zu ermahnen, „dass das gegessen wird, was auf den Tisch kommt." Aber da hungerte ich lieber.
Donnerstags war in Aplerbeck Markt. Da gab es dann mittags frisches Gemüse, meistens Wurzeln oder Kappes, weil das am billigsten war. Und wenn es Schellfisch gab, wusste ich, heute ist Freitag.
Samstags war „Eintopf-Tag", dazu gehörte auch schon mal meine geliebte Graupensuppe. Und abends natürlich ***die*** *Scheibe Schwarzbrot mit Schmand. Und sonntags … Es war ein wohltuend geregeltes Leben.*

Als Frau Thost und Herr Wember ausgezogen waren, zog Familie Sgonina auf unserem Flur ein. Die einzelnen Wohnräume lagen weit auseinander. Welcher Raum zu welcher Familie gehörte, wussten nur Eingeweihte. Der gemeinsame lange Flur blieb ein Ort ständiger Begegnungen. Dann gab es noch Familie Bürger auf unserem Flur, die allerdings das große Glück hatten, drei zusammenhängende Zimmer ihr eigen nennen zu können.
In diesen eigenartigen Wohnverhältnissen spielten sich die ersten 18 Jahre meines Lebens ab.
Wenzel und Mariechen Sgonina hatten zwei Töchter, Marianne und Erika. Mit Erika verband mich nicht nur das Alter, sondern auch ein gleiches Schicksal. Sie stand im Schatten ihrer klugen älteren Schwester, ich im Schatten meiner schönen launischen Mutter. Instinktiv rückten Erika und ich zusammen.
Mal litten die Erwachsenen unter diesen Wohnverhältnissen, dann wieder freuten sie sich aneinander. Mal hing meine Mutter einen Topflappen vor das Schlüsselloch unserer Küche, „damit Mariechen nicht hineinsieht", dann wieder feierten sie ihre Familienfeste gemeinsam. Ich wusste, dass Mariechen nicht durchs Schlüsselloch sah. Aber ich wusste ohnehin schon mehr als die Erwachsenen. Mariechen war eine gute, schlichte Seele. Sie hatte viel zu viel mit sich selbst zu tun, um noch Interesse für fremde Schlüssellöcher aufzubringen.

Erika und ich hatten an diesem Leben auf dem langen Flur unsere Freude. Meine Großmutter sah es nicht gern, wenn ich mit Erika spielte. Mariechen sei nicht ordentlich genug, meinte sie. Und Wenzel sticke sogar Deckchen – und das als Mann.
Ich fühlte mich wohl bei Sgoninas. Die zwanghafte Putzwut und sterile Ordnung meiner Mutter und Großmutter hatten mir nie zugesagt. Bei Sgoninas gab es einen Wellensittich, der frei durch die Küche flog. Ich sah Wenzel glückselig sticken, obwohl er das als Mann doch nicht durfte. Und Sgoninas hatten bald den ersten Fernsehapparat. Da saß dann die gesamte zusammengewürfelte Wohnungsgemeinschaft und wartete auf die erste Fernsehsendung ihres Lebens. Mariechen hatte vorher geputzt, die Kissen auf dem Sofa gerichtet und sich selbst fein gemacht. „Guten Abend", antwortete sie Peter Frankenfeld. Wenn sie Herrn Frankenfeld sah, musste Herr Frankenfeld auch sie sehen können.

Kurz danach kam Onkel Achilles zu Besuch, ein reicher Verwandter meiner Großmutter. Ich hockte spielend hinter der Bank, auf der E.P.P. und meine Mutter saßen.
„Ich habe Achilles gesagt, dass Monika unehelich ist", sagte meine Mutter. Ich grübelte lange, warum meine Mutter mich für „unehrlich" hielt. Meine Oma hielt mich nicht für unehrlich und ich mich selbst auch nicht. Doch irgendwann schnappte ich dieses Wort noch einmal auf, und da hieß es plötzlich „unehelich". Am nächsten Tag fragte ich unsere Musiklehrerin, Fräulein Rehmer, was unehelich sei. Sie „berlinerte" etwas, aber daran lag es nicht, dass ich immer noch nicht verstand, warum die anderen Kinder nicht „unehelich" waren, deren Väter doch auch im Krieg gefallen waren – wie meiner.

Eines Tages war das Sparbuch verschwunden, das meine Großmutter für mich angelegt hatte.
In E.P.P.'s Büro musste ich jetzt leise sein. „Niemand darf hören, dass wir da sind", flüsterte E.P.P.
In der Abstellkammer des Büros wurden die Vorhänge zugezogen, wenn meine Mutter drei jungen Mädchen Unterricht in Steno und Maschinenschreiben gab. Sie brauchte Geld. Alles wirkte plötzlich bedrohlich.
Dann kam der Tag, an dem meine Mutter zwei Sessel, einen Tisch, eine Lampe und das Kruzifix aus E.P.P.'s Büro mit nach Hause brachte.

„Das ist alles, was ich retten konnte", sagte sie zu meiner Großmutter. Damit war alles gesagt. Mein Sparbuch hatte E.P.P. wohl auch nicht mehr vor dem Ruin bewahrt. Fortan war auch er aus meinem Leben verbannt, wie Tommy. Meine Fragen nach ihm wurden nicht beantwortet. Es war, als hätte es ihn nie gegeben. Dann führte meine Mutter mich zum Friseur und ließ mir die Zöpfe abschneiden. Mit diesem Eingriff verlor ich ein Stück meiner Identität. Ich träumte, eine Bombe hätte unser Haus zerstört und meine Mutter sei nur noch ein Häuflein Asche.
Das Kruzifix von E.P.P. hängte ich über mein Bett. Dort hängt es noch immer.

Allmählich wurde ich auf meine Kommunion vorbereitet. Meine Mutter putzte wieder bei Leuten, denen es besser ging als uns. Sie wurde unberechenbar und launisch. Mich schickte sie regelmäßig zur Kirche, um für den Frieden der Welt zu beten und der Sonntagspflicht zu genügen. Sie selbst betrat die Kirche aber nur an Weihnachten.
Meine Großmutter hatte ihren ersten Schlaganfall erlitten und schleppte sich nur noch mühsam durch den Tag. Meine Kommunion auszurichten war ihr ein Anliegen und ihre letzte große Kraftanstrengung. Sie hatte mir die Armbanduhr geschenkt, für die sie so lange gespart hatte. Dann kam der zweite Schlaganfall, dann der dritte. Bewusstlos lag sie drei Tage im Krankenhaus. „Mutter, Mutter", riefen ihre Töchter im Wechsel an ihrem Bett. Sie rührte sich nicht mehr. Kurz vor ihrem Tod war auch ich dabei. Meine Tante rief: „Mutter, Mutter, die Monika ist hier." Als hätte das Wort „Monika" noch einmal ihren Lebensgeist aktiviert, bewegte sie die Lippen, stammelte etwas, das niemand mehr verstand und starb. Nur mein Name hatte sie noch erreicht in ihrer Bewusstlosigkeit. Ahnte sie, dass es zu früh war, mich zu verlassen? Ich hatte keine Tränen.
Am Tage der Beerdigung lag meine Großmutter aufgebahrt in der Leichenhalle. Ich sah noch einmal ihr Gesicht. Es war mir vertraut und zeigte doch, dass sie nun weit fort war.
Die Leichenhalle war voller Menschen, sie war eine geachtete Frau gewesen. Als der Sargdeckel angehoben wurde und ihr Gesicht verdeckte, schrie ich laut: „Nein, nein, Oma, Oma!" Als der Sarg geschlossen wurde, wusste ich, dass ich nun allein war. Ich weinte hemmungslos.
Der Friedhof wurde mir fortan eine Zufluchtsstätte.

Obwohl erst zehn Jahre alt, hielt ich mich regelmäßig dort auf. Ich harkte ihr Grab, zupfte jedes Unkraut und brachte auch schon mal ein Blümchen mit. Dann erzählte ich meiner Großmutter all mein Leid, weinte und ging getröstet wieder in mein trostloses Leben. Bis heute ist mir dieses Grab Zufluchtsstätte geblieben. Als der Krebs vor drei Jahren bei mir ausbrach, war sie mir wieder sehr nah. Ich freue mich darauf, sie wiederzusehen. Warum gibt es keinen Gedenktag für Großmütter?

Nun standen wir uns allein gegenüber, meine Mutter und ich. Was sollte sie jetzt mit mir anfangen? Sie meldete mich im nächsten Waisenhaus an. „Am Wochenende darfst du immer nach Hause kommen", sagte sie. Mein Zuhause war jetzt sie. Ich hatte sonst niemanden mehr.

Im Waisenhaus wimmelte es von Kindern. Die Jungen bewohnten den rechten, die Mädchen den linken Flügel. Mein Bett befand sich mitten in dem riesigen Schlafsaal, in dem wir Mädchen gemeinsam schliefen. Um allein zu sein, zog ich meine Bettdecke über den Kopf.

Mit vier weiteren Mädchen ging ich in eine Klasse dieser nun fremden Schule in einer fremden Stadt. Sie waren älter als ich. Sie hatten die Klasse schon das zweite Mal wiederholt.

Ich vermisste meine alte Schule mit den vertrauten Klassenkameraden. Völlig empfindungslos hatte ich den Schulwechsel über mich ergehen lassen. In dieser Klassengemeinschaft gehörten wir fünf Waisenkinder zu den Außenseitern. Barmherzig zu uns wurden die anderen nur vor Weihnachten: „Hier habt Ihr einen Sack mit Kleidung. Wir tragen das nicht mehr, alles für Euch, als Weihnachtsgeschenk."

Nach den Hausaufgaben mussten wir Mädchen im Aufenthaltsraum des Waisenhauses Strümpfe stopfen. Unsere und die der Jungen. Stopfend sahen wir am Fenster den draußen spielenden Jungen zu. Ich begann, die Löcher zuzuziehen. Wenn die Schule morgens später begann, kam das Kartoffelschälen hinzu, für uns und die Jungen. Die Jungen spielten. Meine Schalen begannen dicker, die Kartoffeln kleiner zu werden. Die Dampfküche im Waisenhaus bekam mir nicht. Ich wurde unförmig dick und bekam Ausschlag im Gesicht.

Meine Mutter holte mich am Samstag von der Straßenbahn ab. „Man kann sich ja direkt vor dir ekeln", begrüßte sie mich. Dann schleppte sie Wasser die Treppe hoch, erwärmte es auf dem Kohleofen und holte die Zinkbadewanne. Ich setzte mich hinein und wusch mich. Bevor ich die Wanne verließ, pinkelte ich hinein. Ich wusste, dass sie in meinem Wasser nach mir badete.

Als es in der Schule Zeugnisse gab, hatte ich meine erste Fünf. Lernen war mir zu Hause leicht gefallen. Nun hatte ich keine Lust mehr. Als meine Mutter am Wochenende mein Zeugnis sah, wurde ihr unbehaglich. Was war, wenn es mit mir nun weiter bergab ginge? Die Schmach fiele auf sie zurück. Sie ging zu meinem ehemaligen Klassenlehrer meiner Heimatschule, Herrn Althans, zeigte ihm mein Zeugnis und fragte, was sie tun solle. „Holen Sie die Monika sofort da raus", war seine Antwort. Ich fragte mich, warum sie darauf nicht allein gekommen war.
Sie holte mich nach Hause, und ich versprach ihr, alles nur Erdenkliche zu tun, um sie zufrieden zu stellen. Sie hatte inzwischen Büro-Arbeit bei einer Behörde bekommen. Regelmäßiges Einkommen und berufliche Sicherheit waren nun gewährleistet.
Ich kam wieder in meine alte Schulklasse und wurde freudig empfangen. Nach der Schule ging ich zu Wallishauser zum Mittagessen, einer Familie zwei Etagen unter uns. Nachmittags hatte ich dann unsere Zimmer im vierten Stock für mich allein. Ich besaß den Schlüssel hierzu und passte gut auf ihn auf. Gegen 18.00 Uhr kam meine Mutter von der Arbeit heim. Ich lernte 18.00 Uhr als eine bedrohliche Zeit kennen.

Es hätte eigentlich alles schön sein können. Ich war brav, angepasst und ängstlich darauf bedacht, meiner Mutter alles recht zu machen. Nie mehr wollte ich ihr Anlass geben, mich zurück ins Waisenhaus zu bringen. Aber ich wollte auch ihre Liebe. So schrieb ich ihr kleine Liebesbriefe, begann, ihr Geschenke zu machen und lernte, „mit ausgefahrenen Antennen" zu leben, mich in sie einzufühlen und jeden ihrer Wünsche schon zu erahnen und zu erfüllen, bevor sie ihn ausgesprochen hatte. Ich strengte mich an bis zur Selbstaufgabe.
Wann jedoch welches Verhalten ihr genehm war, das blieb ihr Geheimnis. Sie begann, mich zu schlagen, unberechenbar und daher nicht im Voraus zu vermeiden. Was sie heute mit einem Lächeln belohnte, konnte sie morgen zur Raserei bringen. Dann wieder lagen friedliche Tage dazwischen, unvorhersehbar wie Sonnentage im April.

Mit der Zeit baute sie ihre Prügeltechniken aus. Nach Schlägen ins Gesicht kamen Fußtritte ins Gesäß. Ich weinte und flehte: „Hör auf, hör auf, ich will es auch nicht wieder tun.“ Es gab kein Erbarmen. Dann verfeinerte sie ihre Technik. „Geh ins Schlafzimmer, Hose runter.“ Sie holte vom Schrank einen Kleiderbügel und drosch auf mich ein. Das drohende Waisenhaus lähmte meinen Widerstand. Ich war ihr ausgeliefert. Dann wieder gab es freundliche Zeiten, die ich dankbar genoss. Sie konnte charmant sein. „Was hast du für eine tolle Mutter“, hörte ich oft. „Ja“, sagte ich. Es tat mir gut, dass ich für irgendetwas bewundert wurde. Nachts aber lag ich wach und schwor mir, ihr all das einmal heimzuzahlen, was sie mir angetan hatte. Das Bett war der einzige Ort, an dem ich meine ohnmächtige Wut wahrnehmen konnte. Es war gefährlich, tagsüber Wut zu verspüren. Schon nach dem Abendessen fragte ich sie: „Darf ich jetzt ins Bett?“ Sie wunderte sich.

Eines Tages hatte ich wieder meine Schuhe nicht gerade nebeneinander gestellt. Ich weiß den Anlass noch wie heute. Sie begann, mich zu schlagen, aber ich flehte sie nicht mehr an aufzuhören, ich duckte mich nicht mehr. Gerade stand ich vor ihr nach den ersten Schlägen und sah sie an. „Schlag weiter“, sagte ich. Danach hat sie mich nie mehr angefasst. Viel später behauptete sie, mich niemals geschlagen zu haben. Sie glaubte fest daran. Sie konnte es nicht einmal sich selbst mehr eingestehen.

Nun entwickelte sie subtilere Methoden. Es begann die Zeit der „schweigenden Wochen“. Glaubte sie, mich strafen zu müssen, sprach sie nicht mehr mit mir. Anfangs lief ich weinend hinter ihr her. „Bitte, Mutti, sprich wieder mit mir.“ Aber sie ließ sich nicht erweichen. Als ich begriffen hatte, dass ich ihr in meiner Einsamkeit ausgeliefert war, lernte ich, nicht nur das wochenlange Schweigen auszuhalten, sondern es zu genießen. Irgendwann wusste ich, dass ich es länger aushalten konnte als sie. Nie mehr würde ich hinter ihr oder sonst jemandem herlaufen.

Ich begann, mir freundschaftliche Kontakte aufzubauen. Und plötzlich brach sie das Schweigen. Vermutlich war ihr langweilig geworden. Irgendwann bemerkte sie, dass ich mich „nach außen“ hin entwickelte. Sie begann, mich mit Stubenarrest zu bestrafen. Sicherheitshalber wurde ich ins Schlafzimmer eingesperrt. Sie traute mir nicht mehr. Schien die Sonne, kletterte ich alsbald aus dem Schlafzimmerfenster in die Dachrinne des Hauses hinein. Dann schob ich meinen Körper

in luftiger Höhe des vierstöckigen Hauses Millimeter um Millimeter bis zum nächsten Fenster. Dort war Sgoninas Küche. Erika öffnete mir ihr Küchenfenster, und wir verbrachten ein paar freundliche Stunden miteinander. Bevor meine Mutter meine Abwesenheit entdecken konnte, trat ich auf die gleiche abenteuerliche Weise den Rückweg an. Eine falsche Bewegung hätte mich das Leben gekostet.
Nur bei Regen war selbst mir diese Gratwanderung zu gefährlich. Dann betätigten Erika und ich „unser" Telefon durch die Dachrinne. Eine lange Schnur wurde an beiden Enden mit einem Dosendeckel versehen. Da hinein sprachen wir und unterhielten uns angeregt. Wir glauben bis heute daran, einander verstanden zu haben.

Eines Tages glaubte meine Mutter wohl, mich belohnen zu müssen. Auch das kam gelegentlich vor, unvorhersehbar wie ihre Strafaktionen. Wir gingen in eine Eisdiele.
„Guten Tag". Mit diesen Worten stand E.P.P. vor unserem Tisch. In mir stieg jubelnde Freude auf. Doch ich hielt sie zurück und wartete ab, was nun geschehen würde. Meine Mutter quälte sich ein „Guten Tag" heraus.
E.P.P. nahm unaufgefordert Platz. Sie tauschten ein paar nichtssagende Floskeln aus, dann sah er auf mein linkes Handgelenk. „Warum trägt Monika nicht die Uhr, die ich ihr zur Kommunion geschickt habe?", fragte er. „Weil sie diese trägt", antwortete meine Mutter bissig und zeigte auf die Uhr meiner Großmutter.
„Hast du die Uhr bekommen, die ich dir geschickt habe, Monika?"
„Nein", sagte ich wahrheitsgemäß.
Er wechselte mit meiner Mutter ein paar wütende Sätze. Dann ging er. Ich habe ihn nie mehr gesehen. Auf dem Weg nach Hause nervte ich meine Mutter so lange mit Fragen nach dieser Uhr, bis sie mir kühl erklärte: „Die habe ich meiner Freundin geschenkt." – „Aber das war doch meine Uhr." Sie antwortete nicht mehr. Da habe ich sie gehasst.

Die Männer im Leben meiner Mutter wechselten. Mir war es recht. Wenn sie mit anderen Dingen beschäftigt war, konnte ich unbeschwert meinen Alltag leben. Dazu gehörte auch, dass ich inzwischen ein paar Möglichkeiten gefunden hatte, an etwas Geld zu kommen. Ich sammelte Eisen auf der Straße und brachte es zum „Klüngelkerl". Wenn ich dafür 50 Pfennig bekam, war ich glücklich. Im Sommer und im Herbst kamen die Bauern der Umgebung in unsere Schule und suchten Kinder, die für 2 Mark pro Stunde Runkeln verziehen würden oder bei der Kartoffelernte halfen. Sooft ich konnte, war ich dabei, auch wenn ich anschließend das mühsam erarbeitete Geld für einen dicken Eisbecher ausgab. Ich war gern auf den Feldern. Und wie freute ich mich, wenn die Bäuerin mit dem Muckefuck kam und die dicken Brote aus der Tasche holte. „Pause“, rief sie, und wir nahmen die Brote in unsere lehmigen Hände und tranken den Muckefuck aus verbeulten Blechtassen. Lag es an der körperlichen Arbeit, der erdigen Luft über den Feldern oder der Gemeinschaft mit den anderen Kindern, dass uns diese Brote besonders gut schmeckten, dieser Muckefuck ein solcher Genuss war?

Aber es gab noch eine andere Geldquelle. Wenn Kirmes war, sammelte ich auf der Straße weggeworfene Zigarettenkippen. Denn es gab Männer unter dem Kirmesvolk, die für eine Kippe einen Pfennig zahlten. Manche Kinder liefen auch hinter Pferdefuhrwerken her und sammelten die fallenden Pferdeäpfel ein. Dafür bekamen sie von Gartenbesitzern schon mal ein gutes Taschengeld. Aber hinter Pferden herzulaufen und darauf zu warten, dass sie etwas hergaben, sagte mir nicht zu. Ich hatte schon genug gewartet in meinem Leben.

Inzwischen verband mich mit meinen Klassenkameradinnen Anja und Beate eine freundschaftliche Beziehung. Mit ihnen ging ich schon mal zu den Bauern auf die Felder oder auf die Kirmes. Beate war leicht und unbeschwert. „Das ist nicht mein Humor“, sagte sie, wenn ihr etwas unangenehm war. Dann hüpfte sie fröhlich davon. Anja ahnte manchmal meine Not, wenn ich nicht mehr nach Hause gehen wollte. „Wenn sie dich kriegen, kommst du wieder ins Waisenhaus, das willst du doch nicht“, sagte sie eindringlich. Auch ihre Mutter war mir zugetan. Selbst als andere Mütter sie vor mir warnten, ich sei doch unehelich und meine Mutter, na ja …, ließ sie sich nicht in ihrer Sympathie zu mir beirren. Ich dankte es ihr und Anja mit Anhänglichkeit. Und dazu gehörte auch, dass ich mich irgendwann entschied, nicht von zu Hause fortzulaufen.

Kurz danach stand auf unserem Flur ein großes Fest bevor. Erikas ältere Schwester Marianne heiratete ihren Helmut. Sie kannten sich schon lange. Sgoninas Wohnzimmer wurde leer geräumt, und die ganze Wohnungsgemeinschaft fasste mit an. In unserer Küche stand

besagte Zinkbadewanne voll kalten Wassers, in dem das Bier gekühlt wurde. Die Stimmung war ausgelassen, die Gäste tanzten, und fremde Menschen bevölkerten fröhlich unseren Flur. Bräutigam Helmut sang das Lied von der „Krummen Lanke", und alle sangen mit: „Und denn saß ick mit de Emma uff de Banke…"
Erika und ich schlichen in unsere Küche und labten uns an ein paar Flaschen Dunkel-Bier aus der Zinkbadewanne. Gegen 24.00 Uhr wurde Mariannes Schleier zerrissen. Nur Wenzel war traurig. Marianne war seine Lieblingstochter und gehörte nun Helmut.
Weit nach Mitternacht schickte meine Mutter mich ins Bett und Erika hinterher. Das war mit Mariechen so abgesprochen, denn Sgoninas Schlafzimmer beherbergte Hochzeitsgäste. Da lagen Erika und ich nun gemeinsam in meinem Bett und kicherten und redeten bis zum frühen Morgen. Als meine Mutter den Raum betrat und sich ins andere Bett legte, stellten wir uns schlafend.
Zwei Tage später beschlossen Erika und ich nachmittags gemeinsam in unserer Küche zu kochen. Wir einigten uns auf Bratkartoffeln. Meine Mutter kam eine Stunde früher nach Hause, sah Erika in unserer Küche, schrie erbost irgendetwas und warf Erika zur Tür hinaus. Dann verbot sie mir, jemals wieder mit Erika zusammenzutreffen. Ich schrie erstmals zurück: „Und ich werde mich doch weiter mit Erika treffen, so!"
„Dir tu ich noch Gift in den Kaffee", schnaufte sie.
Danach tauschte ich schon mal die Kaffeetassen, wenn das Wetter es ratsam erscheinen ließ.

Marianne hatte nun mit ihrem Helmut eine eigene Wohnung. Sie gründeten gemeinsam eine Jugend-Wandergruppe des Sauerländischen Gebirgsvereins. Erika war der Wandergruppe ihrer Schwester schon beigetreten. Ich war erst 13 und glaubte nicht, dass meine Mutter mir das erlauben würde. Vorsichtshalber verheimlichte ich ihr aber schon mal, wie gern ich auch dorthin gegangen wäre.
Marianne und Helmut fragten meine Mutter eines Tages gemeinsam. Sie versprachen ihr, meine Schulpflicht zu berücksichtigen, mich sonntags zur Kirche zu schicken und vor allem, die Jungen von mir fernzuhalten.
Dann wurde ich Mitglied des Sauerländischen Gebirgsvereins.
Am 17.4.1959 schrieb ich die ersten Zeilen in mein Tagebuch. Ich war 13 ½ Jahre alt.

17.4.1959
Seit einiger Zeit bin ich Mitglied im Sauerländischen Gebirgsverein. Ich konnte mich zuerst gar nicht anfreunden. Die meisten dort sind Jungen zwischen 14 und 20 Jahren. Nur einer half mir ein wenig. Wenn mich meine Mutter abends abholte, fragte er, ob ich noch bleiben dürfte. Eines Tages fragte Günni mich, so heißt der Junge, wie alt ich sei. Er ist – nebenbei bemerkt – 18. Ich sagte: „Ich bin 13." Plötzlich bemerkte ich, dass ich immer rot wurde, wenn er mir „Guten Tag" sagte.

18.4.1959
Heute ist Samstag. Wir machen gleich eine Wanderung mit dem Verein zur Schonung. Sonntag fahre ich zu Tante Elsbeth ins Kloster. In der Schule ist es immer das Gleiche.

24.4.1959
Eigentlich muss ich auch mal etwas anderes schreiben. Als ich sieben oder acht Jahre alt war, hörte ich, wie meine Mutter zu Onkel Achilles sagte, dass ich ein uneheliches Kind bin. Ich war ganz geknickt. Danach fing ich an, über alles, was meinen Vater betraf, Erkundigungen einzuziehen.
Ich war auch eine Zeit lang im Waisenhaus.

28.4.1959
Heute auf dem Schulhof sagte Beate zu mir, dass sie für Günni schwärmt. Ich bin ziemlich verzweifelt. Ich glaube, ich liebe Günni.

29.4.1959
Heute hatte ich in der Schule den ersten Tag Hauswirtschaft. Ich habe mir vorgestellt, später einmal für Günni zu kochen. Dann habe ich gebetet, dass der liebe Gott mir doch Günnis Liebe gibt. Ich werde ihm auch immer treu bleiben. Ich flehe hiermit Gott noch einmal an: „Gib mir doch bitte Günnis Liebe für immer."

4.5.1959
Heute habe ich Namenstag. Hoffentlich bringt er mir Glück. Der letzte Vereinsabend war enttäuschend. Ich hatte Gott doch

so angefleht, mir Günnis Liebe zu schenken. Aber er hat fast gar nicht mit mir geredet.
Am Donnerstag fahren wir ins Moor.

7.5.1959
Die Fahrt ins Moor war toll, einfach herrlich.
Wir fuhren mit dem Bus. Zwischendurch gingen wir in einen Park. Dort hörten wir die Nachtigallen. An einem See war es so schön, wie man es auf Postkarten von der Riviera sieht.
Ich träume immer, ich hätte ein Kind von Günni, und er wüsste das nicht. Komisch, gerade ein Kind. Aber das kann ja nicht wahr werden. Ich liebe ihn, ja, aber ich bin erst 13 Jahre alt. Ich mache so etwas nicht.

Im Mai 1959
Ich weiß nicht, wie ich alles beschreiben soll. Es war herrlich, toll, prima, alles auf einmal. Wir haben mit den Fahrrädern eine Zeltfahrt zum Möhnesee gemacht. Dort haben wir wild gezeltet. Morgens hatten die Wachen schon Kaffee gekocht auf dem Lagerfeuer. Später gingen wir paddeln. Wir spülten in der Möhne, wuschen uns in der Möhne und schwammen in der Möhne. Mit Erich saß ich immer auf einer Decke, auch beim Essen. Ich ging mit ihm ins Wasser und wieder raus.

19.6.1959
Liebe kommt und Liebe geht. So heißt der Anfang eines Schlagers. Günni geht mit Marita. Beate hat die beiden zusammen im Wald Arm in Arm gesehen. Es tat furchtbar weh.
Am Sonntag bin ich mit Erich im Schwimmbad verabredet.

23.7.1959
Übermorgen mache ich mit dem Verein eine Großfahrt, und zwar 14 Tage kreuz und quer durchs Sauerland. Manchmal glaube ich, dass ich Günni immer noch liebe. Nur gut, dass das nur manchmal ist.

10.8.1959
Die Großfahrt war herrlich. 14 Tage sind wir durchs Sauerland gezogen von Attendorn nach Schmallenberg. Wir haben wild ge-

zeltet oder auch schon mal bei einem Bauern auf dem Heuboden geschlafen und in einer alten Mühle. Gekocht haben wir auf dem Lagerfeuer und gespült in dem Bach, an dem unsere Zelte standen. Darin haben wir uns auch gewaschen. Wir haben viel gesungen beim Wandern und abends am Lagerfeuer. Helmut hat Waldzither gespielt. In Welschen-Ennest legten wir einen Ruhetag ein. Marita und Doris gingen allein in den Ort und trafen dort fremde Männer. Als die beiden nicht wiederkamen, gingen Günni und Klaus hinterher, um sie zu holen. Günni und Klaus haben dann Alkohol getrunken, ich glaube Escorial Grün. Danach rief Helmut unsere Gruppe zusammen und sagte: „Das geht so nicht weiter. Ihr könnt jetzt noch nach Hause zurück. Entscheidet euch nun, wer nach Hause fahren will. Wer aber hier bleibt, der passt sich an und trinkt auch keinen Alkohol mehr." Klaus erhob sich und sagte: „Ich kann mich nun mal der Gemeinschaft nicht anpassen. So bin ich eben. Ich fahre nach Hause." Dann stand Günni auf und sagte: „Klaus ist mein Freund. Wenn er geht, geh ich mit." Die beiden packten ihre Sachen und gingen.

Zwei Tage später kamen wir – ich glaube nach Sohlbach. Erich und ich gingen einkaufen für unser Mittagessen. Da standen sie plötzlich vor uns – Günni und Klaus! Sie erzählten uns, dass sie nicht nach Hause konnten und unserer Gruppe deshalb nachgegangen waren. Sie wollten uns auch weiter nachgehen. Erich und ich sollten Zeichen legen, wohin unsere Gruppe geht, aber keinem davon etwas sagen. Sie hatten kein Zelt und schliefen deshalb im Freien. Aber das Wetter war ja schön. Also hinterlegten Erich und ich heimlich für die Zwei Zeichen oder kleine Briefe.

Es hatte lange nicht geregnet und war so warm, dass wir uns wegen Wassermangels nicht mehr waschen konnten. Das war nicht so schlimm. Aber dann mussten wir sogar bei einem Bauern um Trinkwasser betteln.

Als wir in einem Eichenwäldchen rasteten, legte ich für Günni und Klaus das Zeichen „Wir rasten".

Sie schliefen in einem Wald, nur ein paar Meter von unserer Gruppe entfernt. Erich und ich taten beim Essen immer so, als hätten wir besonders viel Hunger. Dann brachten wir Günni und Klaus heimlich das zusätzliche Essen. Niemand von unserer Gruppe bemerkte etwas davon.

Auf einmal fing es an zu regnen. Erst freuten wir uns alle darüber, aber dann hörte es nicht mehr auf. Günni und Klaus waren pitschnass und konnten nicht weiter im Freien schlafen. Erich und ich haben uns dann mit den beiden geeinigt, Marianne einzuweihen. Danach hat Marianne ihrem Helmut gut zugeredet, sodass Günni wieder zu uns kommen konnte. Klaus fuhr nach Hause, aber nicht gern.

Als wir wieder einmal rasteten, hab ich mit Erich zusammen im Zelt Zeitung gelesen. Plötzlich packte Erich mich so fest und so ernst, dass ich es mit der Angst zu tun bekam. Ich schrie: „Lass mich los, lass mich los." Aber er hielt mich so fest wie in einem Schraubstock. Dann küsste er mich. Ich konnte mich nicht wehren. Als er endlich aufhörte, habe ich ihn nur noch angeschrieen. Danach war etwas kaputt zwischen uns.

Der Regen hörte nicht auf. Nur Samstag kam ganz kurz die Sonne raus. Helmut sagte, dass sich der Himmel samstags immer mal kurz aufhellt. Bisher hatte er Recht. Jedenfalls waren unsere Zelte, Klamotten und Schlafsäcke so nass, dass wir sie nicht mehr gebrauchen konnten. Wir haben dann die Zelte abgebrochen und sind in eine alte verfallene Mühle gegangen, um unsere Sachen zu trocknen und dort zu schlafen. Aber da waren sehr viele Mäuse. Wir setzten uns unten auf die Treppe in die Nähe des Mühlrades und sangen erst mal unsere Wanderlieder. Zwischendurch spielte Günni Gitarre. Dazu sang er sein Tom Dooly. Plötzlich sah ich, wie eine Maus Günnis Hosentasche anknabberte. Die Mäuse dort waren wohl musikalisch. Wir wollten nun die alte Mühle darauf untersuchen, wo wir am besten schlafen könnten und gingen eine Treppe nach oben. Dort war ein gemütlich eingerichtetes Zimmer. Wir legten unsere wenigen trockenen Schlafsäcke auf die Erde und schliefen zu zweit in einem Schlafsack oder einfach nur unter einer Decke.

Nachdem alles etwas getrocknet war, sind wir weiter gewandert. Zweimal haben wir auch bei einem Bauern auf dem Heuboden übernachtet. Ich hab prima im Heu geschlafen. Wir Mädchen und die Jungen lagen durcheinander. Das hab ich Mutti besser nicht erzählt.

In Raumland an der Eder regnete es nicht mehr, da haben wir erst mal in der Eder unsere Klamotten gewaschen. In Kloster Grafschaft bauten wir unsere Zelte auf einer Wiese auf. Danach

gingen wir in den Ort und tranken von dem Geld, das noch übrig war, so viel Beerenwein, dass wir alle einen Schwips hatten.
Erich hat mir dann gesagt, dass er mich liebt. Ich war aber noch so erschrocken von dem Kuss, dass ich ihn ziemlich heftig zurückgestoßen habe.
Jetzt ist die Freundschaft zwischen uns wohl endgültig kaputt. Schade, aber ich kann es nicht ändern.
In Schmallenberg war die Großfahrt zu Ende.
So toll war die Fahrt, dass ich alles gar nicht beschreiben kann. Ich wollte gar nicht wieder nach Hause. Ich habe wirklich viel erlebt und werde diese Großfahrt bestimmt nie vergessen.

9.10.1959
Gestern habe ich mit Annegret aus meiner Klasse geraucht. Wir hatten 50 Pfennig und wollten uns sechs Ernte kaufen. Da meinte Herr Stückmann: „Sechserpackungen gibt es nicht mehr." Wir haben uns dann zu 40 Pfennig eine Packung Loyd Nr. 5 gekauft und haben zwei geraucht. Die waren so stark, dass wir nachher noch Kaugummi kaufen mussten, damit der Geruch wegging. Dann haben wir uns die Hände gewaschen und keiner hat etwas gemerkt.

19.10.1959
Regen, Regen, Regen.
Seit Wochen hat es heute zum ersten Mal wieder geregnet. Die Talsperren hatten 60 oder sogar 70 Prozent ihres Wasservorrates verbraucht. In Siegen wurde das Wasser schon rationiert. Ein Liter pro Person und pro Tag. Den einen Liter trinke ich ja schon in einem Tag allein. Und dann noch waschen und kochen? Deshalb ist es auch gut, dass wir unser Wasser von der Ruhr bekommen. Aber im Dezember hätten auch wir rationieren müssen. Autowaschen und die Straßen bespritzen ist jetzt schon verboten. Man hörte die Leute nur noch über Regen, Talsperren und Rationieren sprechen und darüber, dass wir so einen Sommer wie 1959 lange nicht gehabt hätten. Und heute höre ich plötzlich ein Prasseln. Was sehe ich? Es regnet!
Dann habe ich das Fenster geöffnet und meine Hand raus gehalten. Wie viele haben das wohl genauso gemacht? Wie schön wäre es, in einem Wald zu wohnen und das Aufatmen der Bäume zu hören.

Aber leider wohne ich mitten in Aplerbeck. Jedenfalls haben die Menschen wieder verstanden, wie wichtig das Wasser ist. Wir hatten es wohl vergessen.

Heute, 40 Jahre später, lese ich die ersten Zeilen meines Tagebuches mit nachsichtigem Schmunzeln und abgeklärter Wehmut. Wie wichtig war damals jedes Detail. Die Schrift wirkt rührend kindlich. Die einzelnen Buchstaben sind langsam geformt, schwankend die Auf- und Abwärtsstriche, als wüssten sie nicht recht, wie es weitergehen soll. Meine ersten Schritte ins Erwachsenenleben waren ebenso vorsichtig tastend. Ich wusste, dass ich noch nicht „dran" war. Meine Zeit war jetzt erst das Sehen, Fragen und Einordnen. Auf Übergriffe, die meiner noch nicht gemäß waren, reagierte ich mit Angst, Ekel oder sie blieben wirkungslos.
Dass das Leben bitter sein konnte, hatte ich inzwischen erfahren. Ich wollte gut auf mich aufpassen, dass ich von der Bitternis des Lebens künftig so wenig wie möglich abbekäme. Doch viele Schmerzen waren trotz aller Vorsicht nicht zu vermeiden.
Vielleicht hat jedes Leben ein ihm zugeteiltes Maß an Freude und Leid, dem es nicht entgehen kann.
Pater Gotthard würde sagen: „Gott gibt uns nur so viel Leid, wie wir auch verkraften können." Nein, Pater Gotthard, das glaube ich nicht. Ich habe Menschen zerbrechen sehen.
Klaus zum Beispiel. Er beendete sein Leben selbst. Klaus hatte Doris geheiratet. Sie bekamen zwei Kinder. Klaus sei sehr problematisch gewesen, sagte Doris noch vor wenigen Wochen, als wir uns wieder einmal alle bei Marianne und Helmut trafen.
Marianne hatte ihre Nachbarn vorgewarnt. Ihre „Jugendgruppe" komme wieder zu Besuch. Und sicher blitzte dabei jener leise Spott auf, den sie sich über die Jahrzehnte bewahrt hat. Denn ihre „Jugendgruppe" ist inzwischen ergraut, mancher Männerkopf hat „Federn" gelassen. Die Knie streiken beim Laufen und der Rücken beim Liegen. Die zarten Mädchenkörper von einst haben sich gerundet, und jedes Gesicht zeigt die Spuren des gelebten Lebens. Wie sähe Klaus wohl heute aus oder Marita? Als Klaus sein Leben damals beendete, wurden Schuldige gesucht. Ich glaube aber, dass schon damals etwas in ihm zerbrochen war, als wir uns alle kennen lernten. Sein Selbstmord war nur der Schlusspunkt.

Und dennoch muss ich auch schmunzeln, wenn ich in den alten Aufzeichnungen blättere. Ich war neugierig auf das Leben, vibrierte wie ein gespannter Bogen, war aufnahmebereit wie ein trockener Schwamm. Alles wollte ich mitbekommen. Von der Müdigkeit, die mich jetzt oft befällt, ist noch nichts zu spüren. Nicht einmal von meinem Bedürfnis nach Ruhe, das Rolf noch immer nicht ganz geheuer ist.
Wie besorgt war ich, Günni könne meine einzige Liebe bleiben. Wie habe ich gelitten um Günni – und wie wenig Gedanken habe ich mir um Erich gemacht. Meine Wunde um Günni schloss sich irgendwann von allein. Erichs Wunde um mich schloss sich erst nach 35 Jahren, als er mich das zweite Mal küsste. Erichs Erika und meinem Rolf wurde damit nichts genommen, uns aber wurde etwas geschenkt. Wir sind wieder Freunde – nach 35 Jahren.

Am 10.1.1960 wurde mein Tagebuch mir erstmals ein Gegenüber. Ich nannte es Jenni.

Also: Liebe Jenni!
Mit Mutti gibt es fast jeden Tag Krach. Dreimal wurde ich von ihr angerempelt, obwohl ich unschuldig war. Einmal sprach sie wieder tagelang nicht mit mir, weil ich vergessen hatte, ihr einen Gute-Nacht-Kuss zu geben. Ich möchte nicht wissen, wie viele Male sie schon bereut hat, mich zu haben.
Heute ist Karneval im Verein. Ich gehe als Seppel.

19.3.1960
Liebe Jenni!
Heute ist Samstag, und heute bin ich aus der Schule entlassen worden. Wir hatten eine große Feier. Ich trug heute zum ersten Mal Schuhe mit hohen Absätzen und wurde ganz neu eingekleidet. Mit meinem Entlassungszeugnis bin ich zufrieden. Aber ich habe immer an meinen Vater gedacht. Ob er wohl noch lebt? Mutti hat immer gesagt, er sei gefallen. Aber ich habe das Gefühl, dass er noch lebt. Warum hat er Mutti und mich allein gelassen? Ach, sooo viele Fragen und keine Antworten.
Jetzt muss ich bald arbeiten. Und mein Vater? Weiß er überhaupt, dass ich existiere? Als Mutti und ich Kaffee tranken, dachte ich: „Warum kann mein Vater nicht hier bei uns sitzen? Ich möchte

nur einmal meinen Vater sehen.“ Er hat mir richtig gefehlt, er, mein Vater.

21.3.1960
Liebe Jenni!
Alles ist sooo langweilig. Ich habe nichts zu tun, aber viel zu grübeln.
Als Mutti und ich gestern nach Schüren gingen, kam uns eine Frau entgegen, die Mutti grüßte. Plötzlich erzählte Mutti, diese Frau sei früher ein Flittchen gewesen und hätte jeden Tag einen anderen Soldaten gehabt – und dann nur einfache. Ich fragte: „Wieso einfache?“ Darauf Mutti: „Je mehr Lametta einer an sich hatte, desto stolzer waren wir Mädchen, wenn uns so einer zum Tanz aufforderte. Dann schauten wir niemanden mehr an.“
Ich fragte, was denn Lametta wäre, und sie erzählte, dass das Rangabzeichen waren, zum Beispiel eine Offizierskordel. Dann machte sie eine Pause und sagte: „Dein Papa hatte auch viel Lametta. Er war nicht hübsch, aber ein sehr interessanter Mann. Er hatte blaue Augen und einen stolzen, aufrechten Gang. Er war ziemlich groß. Den Gang hast du von ihm.“
Als Mutti das erzählte, war ich ganz still. Ich, die Tochter eines Offiziers? Wie sich das anhört! Aber lieber wäre mir, er wäre ein einfacher Arbeiter gewesen. Denn so ein hohes Tier, und wenn es dann noch interessant aussieht, kann doch viele Frauen haben. Vielleicht suchte er nur ein Abenteuer. Und Mutti, stolz so ein hohes Tier zu haben, tat ihm jeden Gefallen. Und aus diesem Gefallen wurde mehr, nämlich – ich. Als er dann erfuhr, dass Mutti schwanger war, verließ er sie. So könnte es gewesen sein. Aber der Verlobungsring stört. Wenn er sie verlassen hätte, hätte sie doch seinen Ring abgetan. Sie aber trug ihn bis vor einem Jahr. Nein, ich finde es nicht heraus, was wirklich war. Und ich wüsste es doch so gern.

9.4.1960
Liebe Jenni!
Vorige Woche war mein erster Arbeitstag. Ich habe eine Stelle bekommen bei der Stadtverwaltung Dortmund. Dort werde ich während der Ausbildung alle halbe Jahre versetzt. Meine erste Stelle ist jetzt im „Amt für Öffentliche Ordnung“. Wir haben

dort sehr viel Arbeit. Inzwischen habe ich Kreuzschmerzen zum Verrücktwerden. Ja, ja, alles für die Arbeit.
Eine Kollegin hat mir gesagt, ich solle jetzt keinen Knicks mehr machen, wenn mir jemand die Hand gibt, weil ich doch schon arbeite.
Heute Morgen schaue ich aus dem Fenster in den Hof. Da sehe ich Marlis, Georg und – Hanjo. Alle waren am Knickern. Ich hab schnell die Asche runter gebracht. Als ich an den Aschetonnen stand, riefen Georg und Marlis, ich solle mitspielen. Wir knickerten dann alle zusammen. Danach spielten wir Verstecken. Ich kam mir dabei etwas komisch vor, weil ich doch schon arbeite.
Hanjo ist übrigens im Stimmbruch.

Hanjo habe ich aus den Augen verloren, wie so viele Menschen, die mich ein Stück auf meinem Lebensweg begleitet haben. Schade, ich wüsste gern, was aus ihm geworden ist, welcher Beruf ihm wohl damals zugeteilt wurde.
Mich hatte irgendjemand in die Kategorie „Büro" eingestuft. Die Mädchen, die nicht ins Büro konnten oder wollten, wurden Verkäuferin oder Friseurin.
„Du bewirbst dich bei einer Behörde", sagte meine Mutter, „da bist du gut und sicher untergebracht." Sie hatte ihre Erfahrungen. Nach Neigung oder gar Lust auf einen Beruf wurde damals selten gefragt. Ich hätte es mit 14 Jahren auch gar nicht gewusst.
Die Jungen hatten Arbeitsplätze bekommen, an denen schon schwere körperliche Arbeit zu verrichten war. Manchmal trafen wir uns noch, frühmorgens im Dunkeln auf dem Weg zur Arbeit. Die großen Aktentaschen unterm Arm ließen die einzelnen Körper noch schmächtiger erscheinen. Mit 14 Jahren standen manche von ihnen schon an Hochöfen, andere schufteten 48 Stunden pro Woche in Fabriken oder Zechen.
Ich wundere mich, was heute – 40 Jahre später – so alles als Kinderarbeit bezeichnet und gebrandmarkt wird.

Mein Übergang ins Berufsleben verlief holprig. Ich fing an zu stottern. Anfangs hakte es nur bei einzelnen Worten, die ich mir merken und damit vermeiden konnte. Dann stolperte ich unvorhergesehen mitten im Satz und bald schon vor Angst und Aufregung bei den ersten

Worten. Ich wurde schweigsam. Die alte Angst, mein Sprechen könnte eines Tages wieder unerwünscht sein, hatte mich nie ganz verlassen. Nun aber brachte ich mich selbst zum Verstummen. Ich hatte vergessen, dass ich gut auf mich aufpassen wollte. Doch eines Tages überkam mich ein heilsamer Zorn. Wieder war ich im Gespräch übergangen worden, und so schnell wollte ich meinen Platz im Leben nicht aufgeben. Ich verordnete mir selbst täglich eine Stunde Lese-Übungen. Gelesen hatte ich schon immer gern und viel. Jetzt las ich mir selbst etwas vor. Laut und langsam formte ich Wort für Wort zu ganzen Sätzen. Mit eiserner Disziplin hielt ich diese tägliche Übungsstunde so lange durch, bis ich mein flüssiges Sprechen wiedergefunden hatte.
Wie sehr sehnte ich mich in dieser Zeit nach meinem Vater! Ich muss es tief in mir gefühlt haben, dass er noch lebte. Und es war eine der großen Erschütterungen meines Lebens, als ich ihm – 26-jährig – endlich gegenübersaß. Er wusste sofort, dass ich irgendetwas mit ihm zu tun haben musste. Er wusste es in dem Augenblick, als er mich bei seiner frostigen Begrüßung kurz ansah. Und ich? Ich hatte endlich mein Gesicht gefunden. Da waren sie, diese breiten widerspenstigen Augenbrauen, die nur durch regelmäßiges Auszupfen eine gefällige Form annahmen. Da waren sie, diese großen, etwas vorstehenden Augen, die in den Winkeln schlitzförmig endeten. Jetzt wusste ich, wer ich war.
Er hatte mir gegenüber Platz genommen, als ich ihn durch einen Kellner an meinen Tisch bitten ließ. Doch dann hatte er sich zur Seite gedreht, sich mir abgewandt gesetzt, so als könne er mit einem Sprung zur Tür entkommen. Er ahnte die Dramatik, die sich da für ihn anbahnte.
Ich war wütend, weil er mich nicht in sein Gesicht blicken ließ. Mühsam beherrscht bat ich ihn, sich mir zuzuwenden. Das, was ich ihm zu sagen hätte, erfordere ein Gegenüber. Doch er verweigerte mir sein Gesicht. Da knallte ich ihm diesen einen Satz einfach über den Tisch entgegen, der mir so viele Jahre auf dem Herzen gelegen hatte: „Sie sind mein Vater!“ Es traf ihn ins Mark. Seine Haltung erstarrte. Ich beobachtete ihn scharf, wollte mir keine seiner Regungen entgehen lassen. So blieb er eine Zeit lang völlig bewegungslos sitzen. Dann drehte er mir unendlich langsam sein Gesicht zu. Endlich. Zutiefst aufgewühlt stammelte er: „Irrtum – Irrtum – Irrtum.“
Ich lächelte fast überheblich. „Nein! Wenn ich bisher noch nicht ganz sicher war, so bin ich es jetzt. Und Sie, Sie wissen es auch. Sie brauchen

mich nur anzusehen." Er sackte mehr und mehr in sich zusammen. Fast ächzend kam die Frage: „Ja, Kind, wer ist denn deine Mutter?" Dieser eine Satz klärte all die Fragen meiner Kindheit. Sie waren nie verlobt gewesen, meine Mutter und mein Vater. Sie hatten sich gesehen, mich gezeugt und sich verabschiedet. Auf ihn warteten in Ostpreußen Frau und Kinder.
Doch dies alles wusste ich noch nicht, als ich 14-jährig erstmals das Rote Kreuz anschrieb und ihn suchen ließ. Nein, ein Adolf Berthold sei ohne nähere Angaben in ihrer Kartei nicht zu finden. Und nähere Angaben hatte ich nicht. Groß sollte er gewesen sein und blaue Augen haben. Doch das reichte nicht, um ihn zu finden. Also sammelte ich für die Kriegsgräberfürsorge. Von Haus zu Haus ging ich. Mein Vater sollte ein schönes Soldatengrab bekommen, fernab von der Heimat. Es war der Versuch, ihn für mich existent, zu einer Person zu machen. Ich sammelte für „jemanden". Denn immer öfter schlich sich das Gefühl ein, einer Seifenblase nachzujagen, wenn ich an meinen Vater dachte.

9.5.1960
Liebe Jenni!
Heute habe ich in der Straßenbahn Waltraud getroffen, eine frühere Klassenkameradin. Sie erzählte mir, dass eine Frau aus unserem Haus sie gefragt hätte, wo ich denn jetzt arbeiten würde. Waltraud hätte ihr gesagt: „Bei der Stadtverwaltung." – „Das glaube ich nie", hätte die Frau gesagt. „Die Monika ist doch unehelich, da kann sie doch nicht bei der Stadtverwaltung arbeiten."

16.10.1960
Liebe Jenni!
Inzwischen bin ich 15 Jahre alt geworden.
Da ich während meiner Ausbildung bei der Stadt alle halbe Jahre versetzt werde, bin ich jetzt in der Verwaltungsstelle Brackel gelandet. Dort ist es zwar sehr schön, aber ich habe nicht viel zu tun. Deshalb grübele ich sehr viel.
In meiner Freizeit treffe ich mich jetzt öfter mit Anja. Sie war mit mir zusammen auf der katholischen Schule. Wir sind jetzt Freundinnen.

11.11.1960
Liebe Jenni!
Meine holde Mama ist ja unheimlich hübsch, obwohl sie schon 35 Jahre auf dem Buckel hat. Sie hat viele Freunde. Soll sie ihren Spaß haben. Ich gönn ihr den von Herzen, und ich hab meine Ruhe. Aber jetzt kommt das Schlimmste! Ihr neuer Freund ist 65 Jahre alt! Ich glaubte immer, sie wollte sich nur amüsieren. Wie kann ihr denn so ein alter Mann dabei helfen? Er hat natürlich einen Mercedes, und Mann mit Auto wird bevorzugt. Sehe ich alles ein. Aber doch kein 65-Jähriger!
Neuerdings essen wir jeden Sonntag Ente, Huhn oder was weiß ich für ein Zeug. Und alltags essen wir jetzt Zunge in Madeira. Alles von dem alten Mann.

17.11.1960
Liebe Jenni!
Warum und wofür lebe ich eigentlich? Morgens gehe ich zur Arbeit, abends vielleicht noch einmal weg, dann schlafe ich und warte auf den neuen Tag. Was hat das bloß für einen Sinn? Man lebt doch eigentlich ohne einen Grund. Aber alle haben Sorgen. Der eine hat zu wenig Geld, der andere ist zu dick.

28.11.1960
Liebe Jenni!
Anja und ich waren Samstag beichten. Diese Beichte werde ich mein Lebtag nicht vergessen. Ich war vorher furchtbar aufgeregt, denn ich wollte unseren Vikar in der Beichte fragen, ob es auch eine Todsünde ist, wenn man bei einer Lappalie falsch geschworen hat. Mehr wollte ich eigentlich nicht sagen. Aber er hakte sofort nach und fragte, was denn passiert sei. Ich sagte, dass ich ihm das leider nicht sagen könne. Darauf meinte er in einem unheimlich warmen Ton: „Du willst es nicht sagen?“ Als ich diesen warmen Ton hörte, fing ich an zu heulen im Beichtstuhl und erzählte ihm, dass ich in der Schublade meiner Mutter was gesucht habe. Sie hatte mir aber bei Strafe verboten, diese jemals zu öffnen. Abends schrie sie plötzlich bedrohlich: „Du warst an meiner Schublade!“ Ich hatte solche Angst vor Strafe, dass ich geschworen habe, ich hätte ihre Schublade nicht geöffnet. Erst als ich die drei Finger hob, hat sie mir geglaubt und von mir abgelassen. Unser Vikar fragte

dann: „Was war denn in der Schublade?" Ich habe es ihm leise zugeflüstert. Er hat ganz toll reagiert und mir nichts erzählt von „vertraue auf Gott" oder „fasse dich in Geduld". Dann hat er mir die Absolution erteilt. Hoffentlich hat er mich nicht erkannt.

23.1.1961
Liebe Jenni!
Ich sammele jetzt wieder für die Kriegsgräberfürsorge. 18 Straßen habe ich! 10 Prozent von dem Gesammelten kann ich behalten. Toll, was?

14.2.1961
Liebe Jenni!
Dieses Jahr habe ich mehrmals Karneval gefeiert.
Der Junge, der mir am besten gefiel, sah zwar so richtig halbstark aus, konnte aber noch gar nicht küssen. Erst wehrte ich mich, weil ich das noch von früher in schlechter Erinnerung hatte. Ich sagte ihm, dass das doch eigentlich unhygienisch wäre. Aber er zog mich einfach an sich und so schlecht, wie ich es in Erinnerung hatte, war es dann doch nicht.

20.2.1961
Liebe Jenni!
Anja hat mir neulich erzählt, dass eine Frau aus unserer Gemeinde zu ihr gesagt hätte: „Geh nicht so viel mit der Monika rum. Die Monika ist unehelich." Das war mal wieder ein Schock. Zu Hause habe ich geheult.

29.3.1961
Liebe Jenni!
Am 1. April werde ich ja wieder auf eine andere Stelle versetzt. Ich möchte nicht zum Schlachthof, nicht zum Amt für Verteidigungslasten, nicht zum Ausgleichsamt, nicht zum Sozialamt, nicht zum Hauptamt und nicht zum Steueramt. Heute müsste der Bescheid kommen, wohin es mich verschlagen wird.

12.4.1961
Liebe Jenni!
Ich bin beim Sozialamt gelandet! Gerade da, wo ich nicht hin

wollte. Aber es scheint nicht so schlimm zu sein, wie immer erzählt wird. Ich sitze hier mit einer 21-jährigen Inspektorin zusammen, die ist ganz nett. Die erzählt mir sehr viel über ihr Privatleben. Ich höre so was gerne.

19.4.1961
Liebe Jenni!
In der letzten Zeit habe ich kaum noch Fahrten mit dem Verein gemacht. Gestern habe ich auf einmal gemerkt, wie sehr mir meine Wanderkameraden fehlen. Und ich habe große Sehnsucht nach der Natur bekommen, durch die wir so oft gewandert sind. Jetzt gehe ich wieder öfter zu den Gruppenabenden. Und ich will mal wieder Wanderungen mitmachen.
Ich würde gern Anja mit in den Verein nehmen. Aber die will nicht. Ich glaube aber, ihre Eltern verbieten ihr das, weil der Verein nicht katholisch ist.
Anja wird oft in die Kirche geschickt von ihren Eltern, auch werktags. Da wird dann für den Frieden der Welt gebetet. Im Mai kommen dann die Mai-Andachten dazu und der Rosenkranz. Ich gehe manchmal mit Anja in die Andachten. Dann muss sie nicht so allein gehen. Und schaden kann mir das ja auch nicht.

12.5.1961
Liebe Jenni!
Auf einer Party habe ich Alfred kennen gelernt. Ich kann mich toll mit ihm unterhalten. Aber er ist mir leider nur sympathisch. Mehr Gefühle habe ich nicht für ihn.

Mit meinen 15 Jahren wusste ich sehr genau, welcher Mann mir gut tat und welcher nicht. Berührte er mein Innerstes nicht, verabschiedete ich mich. Geld und berufliche Stellung interessierten mich nicht. Ich konnte mich heute in einen Arbeiter und morgen in einen Arzt verlieben. Viele Jahre später erst lernte ich, dass Bildungsunterschiede schmerzen können, dass auch ein warmes Herz diese Kluft nicht dauerhaft überbrücken kann. Die große Liebe meines Lebens war Akademiker in einer Spitzenposition. Er konnte mich verbal schach-matt setzen und im nächsten Moment meine Seele zum Tanzen bringen, ohne innerlich beteiligt zu sein. Er spielte mit Worten wie ein Zirkus-Jongleur mit seinen Kugeln.

Ich hatte ihm nichts entgegenzusetzen als meine Intuition: „Da stimmt doch etwas nicht." Als ich die Seite seines Wesens kennen lernte, die mir nicht gut tat, liebte ich ihn schon zu sehr, um mich so einfach verabschieden zu können. Jedes Nein ihm gegenüber blieb ein Kraftakt.

Doch 1961 war ich unbeschwert. Ich wusste nun, was ich wollte und was nicht. Ich hatte die Lust verloren an einer dauerhaften Beziehung und Lust bekommen auf Überraschungen, die das Leben vielleicht noch für mich bereithielt. Nun wollte ich eine feste Freundin und Anja wurde mir die beste Freundin, die ich mir nur wünschen konnte. Als sie mir zehn Jahre später die Freundschaft kündigte, brach eine Welt für mich zusammen. All meine Versuche, auch viele Jahre später, diese Freundschaft zu retten, scheiterten. Nach dem Bruch mit Anja gab es andere Freundinnen in meinem Leben. Wir haben die hellen und dunklen Stunden unseres Lebens miteinander geteilt. Doch die Freundschaft, die mich mit Anja verband, war einzigartig.

15.6.1961
Liebe Jenni!
In der letzten Zeit bin ich wieder öfter mit dem Verein unterwegs. Gestern trafen wir uns alle im Schwerter Wald. Die Jungen spielten Fußball. Erika und ich guckten zu. Als Erika und ich nach Hause gingen, fuhr Erich mehrere Male mit dem Rad an uns vorbei. Dabei hat er mich so angesehen, dass ich für den ganzen heutigen Tag bedient bin. Irgendetwas stimmt mit mir nicht. Verliebt bin ich nicht in Erich. Wir wollen es jedenfalls nicht hoffen.

19.6.1961
Liebe Jenni!
Über Erich bin ich mir nicht im Klaren. Als er mich vor zwei Jahren geküsst hatte und sagte, dass er mich liebt, habe ich ihn zurückgestoßen. Wenn ich aber jetzt an diesen Kuss denke, habe ich so ein Kribbeln.

20.6.1961
Liebe Jenni!
Ich hatte vor einiger Zeit das Rote Kreuz angeschrieben und mich nach meinem Vater erkundigt. Die haben ihn nicht in ihrer Kar-

tei gefunden, mir aber geraten, ich solle die Heimatortskartei Pommern in Lübeck anschreiben. Dort wären alle Adressen aus Stettin verzeichnet. Denn Mutti sagte, mein Vater sei aus Stettin gewesen. Als Mutti in Italien war, habe ich dorthin geschrieben. Die haben ihn aber auch nicht in ihrer Kartei gefunden. Vielleicht ist der Name falsch?

24.6.1961
Liebe Jenni!
Ich habe oft das Gefühl, als wäre ich von Mutti nicht gern gesehen. Nun hat sie ein uneheliches Kind und kann es nicht wieder zurückgeben – 21 lange Jahre. Sobald ich 21 Jahre alt bin, werde ich sie von meinem Anblick mit dem größten Vergnügen befreien.

30.6.1961
Liebe Jenni!
Mutti verbietet mir dauernd Fahrten mit dem Verein, ohne einen Grund zu nennen. Jetzt hat sie mir auch wieder die nächste Zelt-Fahrt verboten. Warum ich so dringend gerade diese Fahrt mitmachen will, hat natürlich einen Grund: Erich! Es muss doch auf dieser Fahrt eine Gelegenheit geben, mit Erich in aller Ruhe über all das zu sprechen, was zwischen uns passiert ist. Vielleicht gibt es ja einen Weg für uns.

5.7.1961
Liebe Jenni!
Marita und Günni sind verlobt. Ich habe vor kurzem Marita getroffen, da zeigte sie mir ihren Verlobungsring. Doris und Klaus sind verheiratet und haben ein Mädchen. Ich habe Marita viel Glück gewünscht, mir aber gedacht: „Wenn das man gut geht." Jetzt bin ich auch ein bisschen froh, dass ich mit Günni nicht gegangen bin. Dann hätte ich meine Unschuld heute nicht mehr.

13.7.1961
Liebe Jenni!
Samstag bekomme ich ein neues Kleid für sonntags. Ich möchte gerne ein weißes mit einem U-Boot-Ausschnitt und ganz kleinen Ärmeln haben. Das soll schön kurz sein und unten einen weiten

Rock haben! Dazu hätte ich gern einen breiten Gürtel. Das könnte ich unheimlich korant finden.
„Korant", „knorke" und „tofte" sind unsere neuen Modewörter. Aber „knorke" gefällt mir nicht so gut.

7.9.1961
Liebe Jenni!
Heute kam für mich die überraschende Nachricht, dass ich mehr Gehalt bekomme und sogar für den Monat August eine Nachzahlung. Jetzt kann ich genau 170 Mark abholen, während ich sonst nur 90 Mark im Monat bekomme.

26.9.1961
Liebe Jenni!
Jetzt bin ich 16 Jahre alt, fühle mich aber noch wie 15.
Gestern war ich wieder zum Vereinsabend. Erich sieht mich mit seinen dunklen Augen immer so rätselhaft an. Ich habe das Gefühl, dass er mich noch gern hat. Manchmal sucht er richtig meine Nähe. Immer wenn ich mir vorstelle, dass Erich mich küsst, wird mir ganz schwindelig. Er sah gestern wieder korant aus. Er trug einen Pullover mit spitzem Ausschnitt und darunter ein schneeweißes Nyltest-Hemd. Das tragen jetzt alle. Nyltest ist der modernste Stoff.
Ich hatte einen rosafarbenen Häkelpullover an, der mir fast bis zu den Schuhsohlen ging. Darunter einen Bluseneinsatz. Lange Häkelpullover sind jetzt große Mode.

28.9.1961
Liebe Jenni!
Der Verein macht eine Fahrt nach Cappenberg. Alle fahren mit dem Zug, aber ich wollte gern mit dem Fahrrad fahren. Da meinte Erich, wir könnten ja zusammen mit dem Rad fahren. Als wir uns voneinander verabschiedeten, hielt er meine Hand länger als notwendig in seiner. Und wieder hatte ich so ein Kribbeln.

8.10.1961
Liebe Jenni!
Am 1.10. wurde ich wieder versetzt. Ich bin beim Hauptamt gelandet und soll die ersten Wochen in der Lochkartenabteilung

arbeiten. Dort ist es doof. Aber was kann man vom Hauptamt schon anderes erwarten?

25.10.1961
Liebe Jenni!
Die Fahrt mit dem Verein nach Cappenberg war sehr schön. Einmal sind Erich und ich über den Cappenberger See gepaddelt. Wir waren beide verlegen. Ich konnte nicht mit ihm darüber reden, was vor zwei Jahren zwischen uns passiert ist, und Erich wollte oder konnte es wohl auch nicht.

4.12.1961
Ach Jenni!
„Ich könnte weinen und lachen und tausend Dummheiten machen". So fängt ein Lied an und so geht es mir. Ich glaub, ich bin verliebt. Samstag feierte Erika ihren 19. Geburtstag. Erika wohnt ja auf unserem Flur, sodass ich nur in ein anderes Zimmer zu gehen brauchte zum Feiern. Ich betrat den Raum und sah als erstes Erich. Unbeschreiblich schick! Er hatte einen engen Anzug an, der seine Figur betonte und wieder das schneeweiße Nyltest-Hemd. Als ich gerade mit Erika redete, stand er plötzlich vor mir und forderte mich zum Tanzen auf. Als er seinen Arm um mich legte, durchfuhr es mich wie ein Stich. Dann flüsterte er leise in mein Ohr: „Die nächsten Tänze sind für mich reserviert!"
Wir haben den ganzen Abend zusammen getanzt.
Ich hatte einen neuen Trägerrock an für 75 Mark und eine Nyltest-Bluse für 15 Mark. Das stand mir gut.

10.12.1961
Liebe Jenni!
Mein „Weinen und Lachen und tausend Dummheiten machen" ist mir gründlich vergangen. Erich spricht kaum noch mit mir. Und Marianne lächelt immer so komisch. Ich sollte Erich mal fragen, ob Marianne ihm für alles eine Erlaubnis geben muss.

17.1.1962
Liebe Jenni!
Früher habe ich mal für Peter Kraus geschwärmt. Jetzt schwärme ich für Freddy Quinn. Er ist nämlich der einzige Sänger, der

wirklich singen kann. Inzwischen hat er schon fünf Goldene Schallplatten, vier Goldene Löwen und ein Bambi erhalten. Und der ist gefragt!!! Am 13. Januar 1962 kam Freddy in die Westfalenhalle. Er wollte dort seine Lieder singen von „Heimweh“ bis „La Paloma“. Anja und ich haben uns die teuersten Karten gekauft. Er sang insgesamt 16 Lieder. Und der Beifall wollte kein Ende nehmen. Danach gab er Autogramme. Für jeden hatte er ein Lächeln und ein freundliches Wort. Deshalb dauerte es auch furchtbar lange, bis Anja und ich an die Reihe kamen. Als ich vor ihm stand, sagte er irgendetwas. Dann gab er mir sein Bild mit Autogramm. Vor Aufregung war ich ganz heiser, als ich sagte: „Auf Wiedersehen, Freddy.“ Da ergriff er meine Hand und umschloss sie mit seiner. Sein Lächeln machte mich ganz warm. Ich hab mich dann noch mal angestellt. Als ich endlich dran war und ein Autogramm wollte, hob er lächelnd einen Finger und sagte: „Sie waren aber schon mal hier.“
Jenni, er hat mich wieder erkannt!

7.2.1962
Helau, liebe Jenni!
Samstag war Karneval mit dem Verein. Ich marschierte mit Erika und ihrer Mutter los. Erika hatte kein Kostüm. Ich bin dann auch ohne Kostüm gegangen. Wir drei Frauen mussten durch einen Wald gehen und haben dabei gesungen: „Im Wald, da sind die Räuber.“ Mit diesem Räuber-Gesang trafen wir dann in der Wirtschaft ein. Als erstes sah ich Erich. Er ging als Prinz und sah korant aus. Aber mit keinem Blick bedachte er mich. Ich hatte einen Kloß im Hals, der immer dicker wurde. Ich hätte heulen können. Aber ich habe so getan, als würde meine Stimmung immer besser. Erst um 22.00 Uhr forderte Erich mich zum Tanzen auf. Als er meine Hand wieder so fest in seine nahm, war ich nur noch glücklich. Wir tanzten und schwiegen. Ich sah sein Gesicht vor mir und hätte mich so gern von ihm küssen lassen. Als die Musik eine Pause einlegte, wollte ich mich von ihm lösen. Aber er hielt mich fest und sagte nur: „Bleib!“
Ich blieb. Als der Tanz zu Ende war, sagte er: „Reservier‘ mir schon den nächsten Tanz – bei dem großen Andrang.“ Ich hab dann schnippisch geantwortet: „Wer zuerst kommt, mahlt zuerst.“ Er kam zuerst. Als ein langsamer Tango kam, führte er mich

während des Tanzens in einen Nebenraum. Die Musik wurde so sehnsüchtig, dass ich ganz schwer wurde. Wir waren allein, und ich konnte schon nicht mehr klar denken. Da zog er mich ganz eng an sich. Jetzt würde er mich küssen, hoffte ich. Aber er hielt mich nur fest umschlungen. Als ich nach Hause ging, haben wir uns nicht einmal voneinander verabschiedet.

20.2.1962
Liebe Jenni!
Wir feierten zum zweiten Mal Karneval mit dem Verein bei „Krämer in der Wanne". Als der Tanz begann, standen unsere Jungs im Nebenraum am Tresen. Erika, Karin und Ingrid wurden von Fremden aufgefordert – und ich blieb sitzen. Das war mir noch nie passiert. Ich schämte mich. Wenn nun Erich zurück in den Raum kam und mich hier so allein sitzen sah, musste er mich ja anstandshalber auffordern. Ich hätte vieles für einen Tänzer gegeben. Aber ein Unglück kommt selten allein. Erich betrat den Raum, sah mich allein da sitzen und kam sofort auf mich zu. Am liebsten wäre ich vor Scham in den Boden gekrochen. Da blieb mir nur eines. Ich musste „nein" sagen, wenn er mich zum Tanzen aufforderte. Nun stand er vor mir: „Tanzen wir?", fragte er mich. Und was passierte nun? Statt „nein" rutschte mir ein „ja" raus. Ich dachte, ich hör nicht richtig! Manchmal bin ich für mich selbst 'ne Wundertüte. Jetzt glaubt Erich sicher, ich hätte nur auf ihn gewartet. Aber dann vergaß ich alles, als er seinen Arm um mich legte.

23.2.1962
Liebe Jenni!
Wir haben eine Ski-Fahrt ins Sauerland gemacht mit einem Sonderzug. Der hatte auch einen Tanzwagen, und die Musik wurde in die Abteile übertragen. In einem Nebenabteil saß Erich. Er forderte eine Neue aus unserem Verein zum Tanzen auf. Die ist aber bestimmt schon 30 Jahre alt. Eineinhalb Stunden hat er mit dieser Schneeziege getanzt! Nach einiger Zeit kam er in mein Abteil und fragte, ob ich Lust hätte, mit ihm zu tanzen. In meinem Gehirn, soweit es noch funktionierte, gab es nur einen Gedanken: „Ja, ja, ich will mit dir tanzen." Da fiel mir ein, dass ich an Karneval eigentlich „nein" sagen wollte, als Erich mich aufforderte

und mir stattdessen ein „Ja“ herausgerutscht war. Jetzt wollte ich aber aufpassen, dass meine heimlichen Wünsche nicht mit mir durchgingen. Also sagte ich klar und deutlich: „Nein, ich habe keine Lust.“ Da fasste er mich um meine Hüfte und zog mich hoch. Ohne ein Wort zu sagen, bin ich mit ihm gegangen. Auf der Rückfahrt hat er dann immer nur mit anderen getanzt.

27.2.1962
Liebe Jenni!
Letzten Montag war Gruppenabend. Weil die Jungs uns Mädchen beim Tischtennis nicht mitspielen lassen wollten, habe ich ihnen die Bälle weggenommen. Doch da packte Erich mich. Er umklammerte mich fest mit seinen beiden Armen. Mit ganzer Kraft versuchte ich frei zu kommen. Aber Erich verstärkte den Druck seiner Arme, die um mich lagen. Dann sah ich in seine Augen. Auf einmal hatte ich keine Kraft mehr. Da ließ er mich plötzlich so überraschend los, als hätte er sich verbrannt. Beinahe wäre ich hingefallen. Danach hat er wieder kein Wort mehr mit mir geredet.

1.3.1962
Liebe Jenni!
Ich bin das Theater mit Erich leid. Auf den Fahrten bin ich verliebt in ihn. Montags zum Gruppenabend spricht er nicht mehr mit mir. Dienstags zum Tischtennis bin ich wieder verliebt. Donnerstags zur Ski-Gilde spricht er nicht mehr mit mir. Ich rief mich also zur Ordnung: „Monika, gib es auf, der wird dir nie wieder eine Liebeserklärung machen.“ Dann habe ich mir eingeredet, dass er mir völlig gleichgültig ist. Und während ich so mit mir redete, wurde er mir wirklich gleichgültig. Richtig frei habe ich mich danach gefühlt.

7.3.1962
Liebe Jenni!
Am Montag hatte ich mal wieder Stubenarrest. Auf Bitten von Erika durfte ich aber abends zum Rosenmontagskarneval vom Verein aus. Die Musik spielte „Tanze mit mir in den Morgen“. Da forderte mich Erich zum Tanzen auf. Er zog mich an sich und legte plötzlich seine Wange an meine. Ich merkte, dass mir

die Knie weich wurden, aber ich hab mich zusammengerissen. Morgen spricht er dann wieder nicht mehr mit mir. Und dann kam Rolf. Der ist auch bei uns im Verein, aber er macht keine Wanderungen mit. Als ich mit ihm tanzte, sagte er: „Mensch, Monika, du gefällst mir immer besser." Rolf konnte prima Twist tanzen. Das hat richtig Laune gemacht. Nach dem dritten Tanz mit Rolf war Erich beleidigt. Aber Erich hätte ja am nächsten Tag sowieso nicht mehr mit mir gesprochen, auch wenn ich mit ihm getanzt hätte. Da kann ich auch gleich mit einem anderen tanzen.

6.4.1962
Liebe Jenni!
Es hat sich furchtbar viel ereignet. Ich habe meine Ausbildung beendet und eine Planstelle bei den Städtischen Krankenanstalten bekommen. Hier laufe ich nun mit einem weißen Kittel rum und werde von den Patienten mit „Schwester" angeredet. Es gefällt mir hier gar nicht. Die einzigen, die mich hier halten können, sind der Oberarzt und ein Klempner.

Mit 16 Jahren hatte ich wohl schon die Fragen verinnerlicht, die ich erst später als eine Art „Lebensprinzip" benennen konnte: Was will ich? Wie bekomme ich es? Wann ist es angebracht, darauf zu verzichten? Meine Möglichkeiten, mit Erich zusammenzukommen, waren zum damaligen Zeitpunkt erschöpft. Ich verzichtete. Erst 35 Jahre später hatte ich den Mut, eine Aussprache mit ihm zu erzwingen. Die alte Struktur unseres Vereins hatte sich aufgelöst. Wir hörten nur noch selten etwas voneinander. Jeder versuchte, seinen Platz im Leben zu finden. Ich lebte in Baden-Württemberg. Alle anderen waren in Dortmund geblieben. Doch jede Hiobsbotschaft erreichte mich auch im südlichsten Teil Deutschlands. Marita war mit 35 Jahren an einer unbekannten Krankheit gestorben. Günni und Marita waren nicht glücklich miteinander geworden.

Erich und Erika überraschten alle mit ihrer Verlobung. Damit hatte niemand von uns gerechnet.
Sie heirateten und bekamen drei prächtige Mädchen. „Wir probieren so lange, bis ein Junge kommt", sagte Erich. Es war einer der weni-

gen Sätze, die er überhaupt noch an mich richtete. Wenn ich, selten genug, Erika besuchte, verließ Erich den Raum oder widmete sich dem Fernsehprogramm.

Seit zehn Jahren treffen wir ehemaligen Wanderkameraden uns wieder regelmäßig bei Helmut und Marianne. Mehrmals versuchte ich bei diesen Treffen, mich mit Erich auszusprechen. Vergeblich.
Er stand auf, wechselte den Platz oder ließ mich einfach mitten im Satz stehen. Erst vor fünf Jahren habe ich ihn endlich „gestellt". Diesmal hatte ich ihn überrumpelt. Er wollte mit Alois noch ein paar Getränke besorgen. Doch Alois wurde beim Grillen benötigt. Schnell hatte ich mich an Erichs Seite begeben. Er konnte es nicht ablehnen. Es wäre eine offene Beleidigung gewesen. Schon nach ein paar Schritten brachte ich das Gespräch auf die Großfahrt vor 35 Jahren. „Ich möchte etwas klären zwischen uns, Erich." – „Zwischen uns gibt es nichts zu klären", antwortete er unwillig. Ich gab nicht auf. „Als du mich damals im Zelt küsstest, Erich, war ich 13 Jahre alt! Ich konnte doch damit noch gar nichts anfangen."
Er lachte kurz auf: „Du meine Güte, Monika, wie lange ist das her? Das waren doch Kindereien!" Dann erklärte er mir die Anbauweise von Spalierobst.
Meine wohlüberlegten Worte waren plötzlich dahin. Es strömte aus mir heraus, so wie mir ums Herz war. Ich erzählte ihm, wie verwirrt ich mit 13 war, wie verständnislos ich um mich schlug, als Erotik plötzlich unsere Kameradschaft bedrohte.
Ich sprach von der Sehnsucht, die er in mir weckte, als ich 16 war. Eine Sehnsucht, die ich nicht verstand und deshalb nicht benennen konnte. Ich hatte ihn erreicht. Er blieb stehen. Behutsam drehte ich ihn zu mir herum. „Sieh mich an, Erich! Wusstest du nicht, dass ich dich gern hatte?" Er schwieg. Ich spürte, wie betroffen er war. Langsam, als müsse er jedes Wort aus der Tiefe holen, sagte er: „Nein, Monika, das habe ich nicht gewusst. Warum hast du mir das nie gesagt?" Ich legte meine Hand auf seinen Arm. „Welche Möglichkeiten hatte ein Mädchen damals, so etwas zu einem Jungen zu sagen?"
Die Mauer, die er zwischen uns aufgebaut hatte, war eingestürzt. Eine wohlige Wärme durchzog mich. Die Bilder von damals zogen an mir vorbei. Ich sah uns Tanzen, Boot fahren, Ski laufen, immer einander nah. Ja, selbst während unserer regelmäßigen Streitereien die Nähe des anderen suchend. Lächelnd erinnerte ich ihn daran, wie oft wir uns

berührt hatten, wie schnell aus unseren Balgereien eine Umarmung wurde, aus der wir uns abrupt lösten, als hätten wir uns aneinander verbrannt. Er nickte ernst: „Ich hatte entsetzliche Angst davor, mir noch mal so eine Abfuhr vor dir zu holen."
Wir fassten uns an den Händen und gingen schweigend ein Stück weiter. Plötzlich blieb er stehen. Fassungslos sah er mich an, als sei ihm erst jetzt klar geworden, was mein Geständnis bedeutet.
„Ja, aber, Moni, dann hätte aus uns ja doch etwas werden können."
Er nannte mich wieder „Moni"! Wie lange hatte ich das nicht mehr von ihm gehört.
„Ich habe wohl viel Unheil angerichtet, damals?", fragte ich nachdenklich. „Ja", sagte er, „das hast du."
Als wir zurückkamen, nahm ich Erika in den Arm. Erika ist die einzige Frau, der ich Erich gönne. Er hätte keine bessere Frau finden können. An diesem Nachmittag kehrte meine Seele ein kleines Stück zu mir zurück.
Alles hat seine Zeit… – Wie viel Verwirrung zwischen Erich und mir. Wie viel Angst und seelische Not durch unausgesprochene und ausgesprochene Zuneigung – doch jeweils zur falschen Zeit!

Mit 16 Jahren machten viele Mädchen meines Alters ihre ersten sexuellen Erfahrungen. Sie sprachen offen darüber, und ich hörte gut zu. Von Schmerzen berichteten sie, und dass sie es eigentlich gar nicht wollten, dass der Freund gedrängt hätte, dass ein Liebesbeweis gefordert wurde. Die Pille gab es noch nicht. Einige wurden schwanger und heirateten. Sie wirkten nicht glücklich. Keine hatte ihr „erstes Mal" als schön oder gar beglückend erlebt. Mein „erstes Mal" sollte ein Fest werden, ein erotisches Erlebnis. Keinesfalls wollte ich es tun, um dem Freund etwas zu beweisen oder aus sonstigen nützlichen Erwägungen. Mir sollte es Freude machen. Das nahm ich mir fest vor. Und solange wollte ich warten. Ich hatte Zeit.

2.5.1962
Liebe Jenni!
Anja und ich haben gestern eine Tour nach Hohensyburg gemacht. Dort haben wir zwei Jungs kennen gelernt. Meiner heißt Klaus und der von Anja heißt Peter. Der Klaus ist sehr hübsch. Er hat eine reine Haut und tolle weiße Zähne. Manchmal ist das Gefühl für Erich wieder da und manchmal ist es wieder weg.

23 5.1962
Liebe Jenni!
Ich „gehe“ noch immer mit Klaus. Wenn man das „gehen“ nennen kann. Er ist Führer einer Katholischen Jugendgruppe. Wir kennen uns jetzt fast einen Monat, und er hat noch keinen Annäherungsversuch gemacht. Montag hat er mir Bücher mitgebracht und mit Tinte angestrichen, welche Themen ihn interessieren: „Selbsterziehung, Willensstärkung, Reinheit, Keuschheit, Marienverehrung, Jungfräulichkeit.“
Ich wollte schon mit Klaus Schluss machen, aber Anja sagte: „Versuch den zu halten. Ein Junge, der so sauber denkt, ist selten.“
Ich warte mal ab.

28.5.1962
Liebe Jenni!
Ich bin in der letzten Zeit ziemlich launisch. Hoffentlich werde ich nicht so wie Mutti. Aber vielleicht sind das bei mir nur die Flegeljahre.

22.6.1962
Liebe Jenni!
Klaus gibt mir regelmäßig Hefte zu lesen, die er für seine Jugendarbeit braucht. In einem Heft stand ein Artikel, der hieß: „Teenager-Amour will nichts versäumen“. Ich las: „Darf man schon mit 15, 16 oder 17 Jahren eine Freundin haben? Du musst wissen, dass du, wenn du eine Freundin hast, auch Verantwortung für das Mädchen übernimmst. Denn das Mädchen will sich auf dich stützen und von dir beschützt werden. Sei einmal ehrlich: Glaubst du, dass du schon die Verantwortung für ein Mädchen übernehmen kannst? Wie muss denn ein Mädchen sein? Es muss deinen Gedankengängen folgen können, und es muss sich für deinen Beruf interessieren, und nicht nur scheinbar.“
Gestern waren Anja, Klaus und ich im Kino. Da sagte ich so mittendrin zu Anja: „Du kannst ja meinen Gedankengängen viel besser folgen als Klaus.“ Klaus hat mir auf dem Nachhauseweg viel von seiner Arbeit erzählt. Es hat mich aber nicht interessiert.

26.6.1962
Liebe Jenni!
Ich werde bald mit Klaus Schluss machen. Er ist ja wirklich hübsch

und hat tolle gerade Zähne. Aber nach acht Wochen hat er mich immer noch nicht geküsst! Auch dieses Kribbeln habe ich nicht, wenn er mich anguckt. Das ist so, als wenn Anja mich angucken würde. Und was habe ich davon?

9.8.1962
Liebe Jenni!
Mit Klaus ist Schluss.
Habe trotzdem nicht viel Zeit. Anja und ich fahren gleich mit der „Katholischen Jugend Bochum“ nach Mals in Südtirol. Anja will immer unbedingt in die Berge. Dabei wäre das Meer auch mal ganz schön. Jedenfalls wird es Zeit, dass ich in Urlaub fahre. Dann können mir alle hier im Büro mal die Füße küssen. Jawohl, ich habe mich geärgert!!!

1.9.1962
Liebe Jenni!
Anja und ich waren drei Wochen in Mals/Südtirol.
Wir bekamen ein Fünf-Bett-Zimmer mit drei Freundinnen aus Essen. Wir fünf Mädchen verstanden uns sofort und hatten viel Spaß miteinander. Am ersten Abend freuten wir uns schon auf den Ausgang. Da kam unsere Pensionswirtin, Frau Gasser, in den Speiseraum und bat uns, noch einen Moment sitzen zu bleiben. Dann sagte sie: „Ihr seid nach Mals gekommen, um euch zu erholen. Erholt euch, lacht und habt euren Spaß. Aber tut dem ganzen Dorf und auch unserer Familie den Gefallen und beachtet keine Italiener. Unser Land Südtirol ist von den Italienern besetzt, und ihr habt sicher von den Kämpfen in Bozen und Umgebung gehört. Bei uns ist es ähnlich wie bei euch in der Ostzone. Wir haben hier in dem kleinen Mals eine Kaserne mit italienischen Soldaten. Die Soldaten freuen sich jedes Mal, wenn wieder ein neuer Schub deutscher Mädchen kommt. Die deutschen Mädchen aus unserer Pension sind im ganzen Dorf schon verrufen. Deshalb ist euer Ausgang auf 21.00 Uhr herabgesetzt.“
Die meisten Mädchen waren darüber empört. Mich störte das aber nicht. Wir gingen ins Dorf, und was sahen wir? Es wimmelte und kribbelte nur so von italienischen Soldaten. Wie die Heuschrecken stürzten sie sich auf uns und riefen: „Spazieren?“ Wir gingen von Kneipe zu Kneipe, um etwas Ruhe zu haben. Aber

jedes Mal hatten wir sofort einen Schwarm italienischer Soldaten an unserem Tisch.
Abends im Bett erzählten uns die Mädchen aus Essen, dass sie noch nie geküsst hätten. Den ersten Kuss würden sie auch nur einem Jungen geben, den sie sehr gern hätten. Wir nahmen uns vor, bei den Italienern vorsichtig zu sein. Karin sagte abschließend: „Aber süß sind sie trotzdem." Ich machte mir keine Gedanken über die Italiener. Ich bin 1,70 m und deshalb sowieso zu groß für sie.
Am nächsten Tag gingen wir schwimmen ins Lido. Wir hatten dort viel Spaß. Immer wenn ein Italiener in unsere Nähe kam, rief eine von uns: „Scheuklappen!" Abends gingen wir in eine Kneipe, die dann unsere Stammkneipe wurde. Wir durften unseren Wirt „Rudi" nennen.

Eines Abends kam die lange Gaby aus dem Nebenzimmer zu uns und erzählte, dass sie in der Weinstube tanzen gewesen wäre. Und wir sollten doch mitgehen am nächsten Abend. Karin sagte: „Warum nicht? Meinen ersten Kuss verschenke ich sowieso nicht an einen Itaker." Und am nächsten Tag gingen wir tanzen. Karin wurde sofort aufgefordert. Mich forderte dann auch so ein kleiner Itaker auf. Als ich mich zu meiner vollen Größe erhob, kriegte er einen Schreck. Aber er ließ nicht von mir ab. Und hieß auch noch Romeo. Wir gingen noch öfter tanzen. Anja hatte immer ihren Piero bei sich. Er himmelte Anja geradezu an. Karin hatte auch einen koranten Italiener, der sie immer aufforderte. Nur zu mir kamen immer die Kleinen. Ich hatte schon keine Lust mehr tanzen zu gehen.

Am Wochenende wurde uns gesagt, dass wir bis 24.00 Uhr Ausgang hätten, wenn wir im „Grauen Bären" tanzen gingen. Wir konnten es erst gar nicht glauben. Da forderte mich endlich ein Langer auf. Ihm fehlten ein paar Backenzähne, aber das war mir egal. Dann forderte mich ein Südtiroler auf. Er hieß Hans und war auch groß. Abends im Bett erzählte uns Karin viel von einem italienischen Offizier, den sie kennen gelernt hatte. Er hieß Claudio. Am nächsten Abend gingen wir wieder tanzen und mein langer Soldat, dem ein paar Backenzähne fehlten, forderte mich wieder auf. Er hieß Rolando. Wir tanzten ganz eng. Und wenn er lachte, fand ich seine Zahnlücken sogar richtig süß.

Eines Abends tanzte ich wieder mit Rolando, als plötzlich der Hans auf die Tanzfläche kam. „Darf ich bitten?“, fragte er höflich. „Nein“, sagte ich, „ich tanze gerade mit Rolando und kann ihn doch nicht deinetwegen einfach stehen lassen.“ Hans rührte sich nicht vom Fleck und sagte, jetzt sehr scharf: „Darf ich bitten?“ Dann stürzte auch noch der Freund von Hans auf die Tanzfläche und brüllte mich an: „Bei uns hier ist das anders. Sie können schon, wenn Sie wollen. Aber Sie wollen nicht.“

Die Musik hatte aufgehört zu spielen, und alle Leute standen im Kreis um uns herum. Der Freund von Hans schrie weiter wütende Wort-Salven durch den Tanzsaal. Da legte Rolando den Arm um mich und tanzte einfach mit mir weiter. Kurz danach fing die Musik wieder an zu spielen.

Als wir abends zu Hause waren, begann das Theater. Einige aus der Gruppe drohten mir, alles der Führerin zu erzählen. Sie fürchteten, jetzt meinetwegen Ausgehverbot zu bekommen. Eine schrie am lautesten: „Wie konntest du den Soldaten vorziehen? Du kennst doch die politische Lage hier. Die Einheimischen gehen nie dort tanzen, wo Italiener sind. Der Hans überwindet sich, weil er sich in dich verknallt hat, und du gibst ihm vor allen italienischen Soldaten einen Korb.“ Jedenfalls waren sich alle einig, dass ich das nie wieder gutmachen könnte. Da kam die lange Gaby von draußen rein und erzählte auch noch, dass der Hans wutschnaubend durchs Dorf renne und dabei Drohungen ausstieße. Sie wäre schnell weggelaufen. Ich sagte nur darauf: „Der Hans soll sich bloß nicht allzu viel auf sein „Einheimisch-Sein“ einbilden. Und nach seiner Pfeife tanze ich schon mal gar nicht.“ Aber mir war vor Angst ganz schlecht. Abends im Bett erzählte uns Karin, dass sie den ersten Kuss ihres Lebens verschenkt hatte – an ihren „Itaker“ Claudio. Und sie fragte uns, ob wir ihr helfen würden, wenn sie sich abends noch mal heimlich mit ihm treffen wollte. Denn wenn das raus käme, würde sie sicher nach Hause geschickt. Natürlich würden wir ihr helfen, dass nichts raus kommt, haben wir ihr gesagt. Sie soll uns dafür aber auch alles erzählen, was sie mit ihrem Claudio so erlebt hat.

Am nächsten Tag fuhr unsere Gruppe zum Stilfser Joch. Unser Fahrer jodelte und brachte uns ein paar Lieder vom Tiroler Land bei. Oben angekommen, lag Schnee. Das war herrlich! Ich vergaß allen Ärger. Wir rutschten auf dem Hosenboden einen Berg runter,

liefen wieder hoch und rutschten ihn dann auf dem Bauch wieder runter. Danach waren wir klatschnass.
Am nächsten Abend tanzte ich wieder mit Rolando. Anja tanzte neben mir mit ihrem Piero. Er flüsterte ihr ständig was von „Amore“ ins Ohr. Anja sagte immer: „Nix capito.“ Danach wollte er sie heiraten. Da sah ich Hans mit seinem Freund ankommen. Mir wurde vor Angst schon wieder schlecht. Alle Romantik war dahin. Ich überlegte nur kurz. Dann rannte ich los. Ich rannte an Anja vorbei, rannte weiter, was die Beine hergaben, nur weg, egal wohin. Anja sah mich rennen, ließ ihren Piero stehen und rannte hinter mir her. Piero rannte dann hinter Anja her und zum Schluss rannte Rolando hinter Piero her. Alles wegen Hans.
Irgendwann hatte Rolando mich eingeholt. Er hielt mich fest. Dann nahm er vorsichtig meinen Kopf in seine Hand und presste seine Wange an meine. Seine Wange war rau. Ich weiß nicht, wie lange wir so standen. Die Sterne zwinkerten mir zu. Dann wollte Rolando mich küssen. Ich rief: „Attenzione, capitano.“ Sofort zuckten Piero und Rolando zusammen. Rolando ließ mich los und nahm Haltung an. Als er merkte, dass ich ihn veräppelt hatte, fluchte er laut. Es war zu schön. Piero wollte Anja immer küssen. Aber Anja sagte: „No, no, tu Casanova.“
Wir gingen zurück zum Tanzlokal. Ich dachte, Hans sei inzwischen gegangen, aber nein, er saß an der Theke und beobachtete mich grimmig. Da war ich es leid. Ich machte Rolando klar, dass ich nach Hause wollte. Wir wollten gerade gehen, da steckte ein Soldat Rolando heimlich etwas Schwarzes zu. Kalt lag es in seiner Hand. Es war eine Pistole. Mir wurde vor Angst schon wieder schlecht. Draußen zeigte ich fragend auf die Pistole in Rolandos Hand und dann in die Richtung, wo Hans stand. „Si, si“, sagte Rolando.
Anja und Piero hatten ebenfalls das Lokal verlassen und kamen auf uns zu. Piero verstand sofort, was los war, als er die Pistole in Rolandos Hand sah. Beide Männer waren ernst. Ich fasste Rolandos Arm und zog ihn hinter mir her, weit weg von dem Tanzlokal. Er ließ sich mitziehen und steckte die Pistole endlich ein. War ich nur haarscharf an einer fürchterlichen Katastrophe vorbeigekommen?
Am nächsten Abend gingen wir wieder Tanzen. Nach einiger Zeit meinte Anja: „Der Hans ist im Nebenraum.“ Da entschloss ich mich zu einer Aussprache mit ihm. Als der Tanz begann, forderte

Hans mich auch sofort auf. Während wir tanzten, versuchte ich ihm klarzumachen, dass ich mich mit den Regeln in Südtirol nicht auskenne. Bei uns sei das so, dass man einen Jungen nicht einfach stehen lassen kann, wenn ein anderer kommt. Irgendwann wurde er friedlich und meinte: „Du kannst dir gar nicht vorstellen, wie sehr ich in Wut geraten bin, als du nicht mit mir tanztest. Ich wollte das gestern eurer Führerin erzählen. Aber du hast Glück gehabt. Die Tür war schon zu." Ich antwortete etwas spitz: „So, so, du wolltest mich also in die Pfanne hauen?" Danach war der Hans endgültig für mich erledigt.

Ich ging zu Rolando. Er sagte: „Io Merano – morgen!" Dann zeigte er auf Anja, Piero, sich und mich und fragte: „Spazieren?" Wir gingen alle zusammen los. Als der Abschied kam, gab ich ihm die Hand und sagte: „Ciao, Rolando." Er flüsterte nur heiser: „Mounika, Mounika." Ich küsste ihn ganz schnell auf die Wange und wollte weglaufen. Er riss mich zurück, hielt mich noch einmal ganz fest und reichte mir dann seine Wange hin. Ich konnte nicht ahnen, dass ich Rolando nicht wiedersehen würde.

Der nächste Abend war furchtbar. Rolando war weg, und mich forderte immer so ein kleiner Spinnewipp zum Tanzen auf. Alle hatten die Tänzer, die sie mochten. Karin ihren Claudio, Anja ihren Piero, nur ich war allein. Nach zwei Tänzen mit dem Spinnewipp war ich es leid. Ich bin allein nach Hause gegangen. Der Abend war Käse.

Montags war dann in Mals Abschiedsabend, und am nächsten Tag fuhren wir wieder zurück nach Deutschland. Nun bin ich schon 14 Tage wieder zu Hause. Alle haben inzwischen einen Freund hier, nur Anja und ich nicht. Ich brauche auch keinen Freund. Anja ist mir alles, und so muss das mit 17 Jahren auch sein.

18.9.1962

Liebe Jenni!

Du wirst erstaunt sein, wenn ich Dir mitteile, dass ich jetzt für drei Wochen Chefarztsekretärin spielen soll. Der Chefarzt heißt Professor Beutel und ist ein kleines, altes Hutzelmännchen mit Buckel. Alle haben Manschetten vor ihm, weil er jähzornig ist. Seine Sekretärin geht jetzt in Urlaub. Sie sagt, dass er mich als Vertretung haben will.

21.9.1962
Liebe Jenni!
Grässlich, heute ist mein Geburtstag. Nun bin ich schon 17 Jahre! Nächstes Jahr 18, dann 19, und dann fangen die „Zigs“ an. Ich möchte der Zeit in die Arme fallen, sie aufhalten. Aber das geht wohl nicht. Was will man machen …

25.10.1962
Liebe Jenni!
Gestern spielte vor unserem Krankenhaus ein Musikant: „Vor der Kaserne, vor dem großen Tor.“
Ich dachte sofort an Rolando. Danach hatte ich Sehnsucht. Aber ich weiß nicht genau, ob das Sehnsucht nach Rolando war. Vielleicht möchte ich nur mal wieder richtig verliebt sein.

4.10.1962
Liebe Jenni!
Inzwischen gefällt es mir auf der Arbeit immer besser, obwohl mich alle „die Kleine“ nennen. Klein bin ich ja nun wirklich nicht, nur eben die Jüngste. Gestern kam der Oberarzt Guttmann rein und fragte meine Kollegin Kirschner: „Wo ist denn unsere Tochter?“ Den Oberarzt hätte ich schon gern als Vater, aber nicht die Kirschner als Mutter.

26.10.1962
Liebe Jenni!
In der letzten Zeit habe ich furchtbare Angst, älter zu werden. In drei Jahren bin ich schon 20! Ich will nicht, ich will einfach nicht. Gegen diese Angst komme ich einfach nicht an. Und mit keinem kann ich darüber reden, auch mit Anja nicht.

30.10.1962
Liebe Jenni!
Zu meinem größten Entsetzen konnte ich plötzlich nichts mehr sehen. Ich hatte solche Schiss, dass ich kaum noch geschlafen habe. Konnte aber mit keinem darüber reden. Unser Oberarzt Guttmann hat mich dann gefragt, was mit mir los sei. Dem hab ich das dann erzählt. Er hat mich untersucht und in die Augenklinik geschickt. Dort zeigten sie mir einen Elefanten und fragten,

ob ich zwei sähe. Danach konnte ich gehen. Eine Brille brauche ich noch nicht, weil ich nur einen Elefanten gesehen habe. Anja sagte abends: „Da hat sie schon so große Augen und kann immer noch nicht richtig gucken."

6.11.1962
Liebe Jenni!
Muttis Urlaubsbekanntschaft, der Herbert, war ein paar Tage bei uns. Ich hatte ihn mir weicher vorgestellt. Aber er wirkte sehr männlich. Alle haben zu Mutti gesagt: „*Das* ist der Richtige für dich." Meine Tante meinte dann zu mir: „Monika, es wird ernst, du bekommst den zweiten Vater." Ich hab ja noch nicht mal den ersten gehabt. Ich fing dann an zu heulen. Warum, weiß ich nicht. Jedenfalls hab ich gemerkt, dass Mutti sich bei dem keine Launen leisten kann.

19.11.1962
Liebe Jenni!
Unser Chefarzt, Professor Beutel, hat erreicht, dass unsere neue Putzfrau versetzt wird. Sie kannte ihn noch nicht, als er eines Morgens über ihren frisch gewischten Flur rannte. Sie warf ihm den Aufnehmer vor die Füße und sagte ihm, dass er sich die Füße abputzen soll. Da keifte er sie an: „Ich bin Beutel!!!" Sie hat ihm dann geantwortet: „Ob Beutel oder Sack, hier werden die Füße abgeputzt."

8.1.1963
Liebe Jenni!
Wenn unser Chefarzt, Professor Beutel, einen Raum betritt, flüstern alle und huschen nur so durch die Gegend. Die medizinisch-technischen Assistentinnen haben mir erzählt, dass er niemanden grüßt, nicht mal seine Privatpatienten. Wenn er mich auf dem Flur sieht, ruft er schon von weitem: „Guten Tag", meistens sogar eher als ich. Ich mag ihn gut leiden. Ich finde ihn ganz pfiffig.

Warum hatte ich damals so viel Angst davor, älter zu werden? Warum so viel Angst vor der für mich fast magischen Zahl „20“? Ahnte ich, dass mit meinem 20. Lebensjahr die unbeschwerten Jugendjahre vorbei waren?
In meinem ersten Mals-Urlaub entdeckte ich die charmante Erotik italienischer Männer. Familie Gasser hatte eindringlich alle deutschen Mädchen vor dieser „Gefahr“ gewarnt. Doch ich spürte, dass diese Warnungen nicht ganz uneigennützig waren. Die damalige politische Atmosphäre in Südtirol war angespannt. Sie war auf Distanz ausgerichtet, zu allem was italienisch war. „Wir sind Deutsche“, sagten die Südtiroler bestimmt. Dass sie keine Italiener sein wollten, konnte ich ja noch verstehen. Hans und Rolando standen augenfällig für zwei unterschiedliche Volksgruppen. Aber warum wollten sie Deutsche sein, wenn Österreich so nah war? Die jungen Südtiroler konnten mir diese Frage auch nicht beantworten. Ihre Eltern hatten ihnen gesagt: „Wir sind Deutsche und damit basta!“ Und deutsche Mädchen hatten sich gefälligst dem Deutsch-Südtiroler Ehrenkodex anzupassen. Dieser untersagte freundliche Beziehungen zu italienischen Männern. Die deutschen Mädchen aber erlagen „schubweise“ der erotischen Faszination dieser temperamentvollen Männer. Das war „Verrat am eigenen Volk“ und schmerzte die Südtiroler tief.

Zurück in Deutschland entdeckte ich, wie banal makellose Schönheit ist. Klaus mit seinen perlschnurartigen Zähnen wurde für mich zum Inbegriff des schönen, aber langweiligen Mannes. Ich begann zu ahnen, dass die weniger schönen Menschen erst lernen mussten, was den Schönen in den Schoß fiel: das Interesse ihrer Mitmenschen auf sich zu ziehen. Ich wurde neugierig auf die weniger Schönen – und reichlich belohnt! Nie wieder hat mich danach ein Mensch nur noch durch sein Äußeres fasziniert. Ein ansprechendes Äußere war eine angenehme Beigabe. Nicht weniger, aber auch nicht mehr. Diese wichtige Erkenntnis hatte ich den „süßen“ Zahnlücken von Rolando zu verdanken. Und diesem skurrilen Professor Beutel, hinter dessen unansehnlichem Äußeren sich ein warmherziger Charmeur versteckte.

Langsam und nachdenklich lese ich die Zeilen meines Tagebuches, die so anschaulich den Beginn der Freundschaft zwischen Anja und

mir schildern. Ich suche noch immer nach einer Antwort. Wann und warum ist unsere Beziehung gescheitert? Wo war ich nicht sensibel, nicht wach genug? Ich möchte verstehen, warum Anja ging.
Anja war der erste Mensch nach dem Tode meiner Großmutter, dem ich absolut vertraute. Das Südtiroler Örtchen Mals verband uns immer mehr und wurde für uns zu einem Stück Schicksal. Nichts könnte unsere Freundschaft erschüttern, so dachte ich damals. Die Freundschaft mit Anja war für mich auf Dauer angelegt. Meine Gefühle für Anja waren tief und verlässlich. Sie hätte in jeder Lebenslage auf mich zählen können.
Ich hätte mich nie in ihre Situation hineinversetzt, meinte Anja später. Sie wäre immer nur das fünfte Rad am Wagen gewesen. Das waren die Vorwürfe, die ihre Trennung von mir begleiteten. Als Grund für den Abbruch unserer Freundschaft überzeugen sie mich bis heute nicht. Zumal ich immer darauf geachtet habe, Anja in alles einzubeziehen. Ich habe in meinem Leben gelernt, dass solche Freundschaften kostbar sind, dass es sich lohnt, um sie zu kämpfen, dass man an Reibungen reifen und sich sogar wärmen kann. Anja hat uns die Möglichkeit genommen, aneinander zu reifen. Warum? Vielleicht hat sie neben mir nicht leben können. Und ohne mich, Anja, ging es da besser?

1963 wurde Rolf mein erster ernstzunehmender Freund. Ich spürte bald, dass dies die Freundschaft mit Anja bedrohte. Anja war mir so wichtig, dass ich gut auf einen Freund hätte verzichten können. Ich tat es nicht, weil ich immer damit rechnete, dass Anja bald einen festen Freund hätte. Wäre Anja bereit gewesen, meinetwegen zu verzichten?

12.2.1963
Liebe Jenni!
Anja und ich fahren jetzt öfter zum Skilaufen nach Winterberg. Letzten Sonntag trafen wir im Autobus Rolf, den ich aus dem Wanderverein kenne. Rolf hatte Hein dabei und so ging es zu viert los zum Skifahren. Wir hatten viel Spaß zusammen. Ich habe das Gefühl, dass mir mein Herzchen entschwindet.
Im Sommer fahren Anja und ich wieder nach Mals! Anja ist in die Berge verliebt, ganz besonders in den Ortler.

17.3.1963
Liebe Jenni!
Samstag war eine Party bei Rolf. Bei dem Lied „Und ein Zug fährt durch die Nacht“ hat Rolf mich zum ersten Mal geküsst. War das toll! Ein bisschen verknallt bin ich schon. Ich habe Sehnsucht nach Rolf. Wenn er das jetzt wüsste!

31.3.1963
Liebe Jenni!
Gestern war eine Fete bei Ali. Das ist ein Freund von Rolf. Wir haben eine Feuerzangenbowle gemacht. Wenn Rolf mich küsst, bin ich ganz weg. Ein Pärchen, Edith und Martin, verstanden sich nicht gut. Edith hat sich plötzlich für Rolf interessiert, und Rolf gefiel das wohl. Das habe ich ihm erst mal abgewöhnt.

6.4.1963
Liebe Jenni!
Meine Kollegin Kirschner hat Urlaub. Jetzt lastet die ganze Verantwortung auf meinen schwachen Schultern. Was ich jetzt alles am Hals habe, ist für eine 17-Jährige eigentlich unmöglich zu schaffen. Unser Oberarzt Guttmann versucht mir zu helfen, wo er kann. So einen Vater hätte ich gern gehabt. Da merke ich erst, was mir als Kind gefehlt hat.

21.4.1963
Liebe Jenni!
Rolf geht am 1. Mai nach Duisburg. Irgendwas will er da studieren. Zurzeit mache ich mir wieder Sorgen um Anja. Jetzt gehe ich mit dem ersten Jungen richtig, und sie redet kaum noch mit mir. Ich habe mit Rolf darüber gesprochen. Danach hatten wir vor, Anja aus ihrem inneren Schneckenhaus zu locken.
Rolf gab eine Party. Er hatte auch Anja eingeladen und noch einen Jungen. Der kam aber nicht. Anja war das peinlich. Rolf hat sich viel um Anja gekümmert. Er hat sehr oft mit ihr getanzt, aber sie ist trotzdem früh nach Hause gegangen. Hoffentlich komme ich ihr in Mals wieder näher.

23.4.1963
Liebe Jenni!

Ich schreibe Dir mal wieder als stellvertretende Chefarztsekretärin. Mir geht's prima. Am Samstag waren Anja und ich in Essen bei den drei Mädchen, die mit uns in Mals waren. Wir Fünf verstehen uns noch immer einmalig. Rolf und ich verstehen uns auch ganz klasse. Ich freue mich auf ihn, auf seine Küsse, eben darauf, dass er da ist.

10.5.1963
Liebe Jenni!
Ich hab mal wieder eine Wanderung mit dem Verein mitgemacht. Ich habe allen dort erzählt, dass ich mit Rolf gehe. Rolf und ich haben uns ja im Verein kennen gelernt. Ich würde ja gern wieder öfter mit dem Verein losziehen, aber was ist dann mit Anja? Die will auf keinen Fall mit in den Verein. Dann ist jetzt auch noch Rolf in meinem Leben. Wie soll ich das unter einen Hut kriegen?

29.5.1963
Liebe Jenni!
Am Samstag fuhren Rolf und ich ins Jagdhaus. Ich habe Rolf gesagt, dass ich nicht heiraten will. Aber wir schmusen sehr viel. Nun kam das dicke Ende. Es war Ostern, und ich musste beichten. Ich verschob es von einem Samstag auf den nächsten. An einem Samstag kam Rolf wieder aus Duisburg. Abends wollte er sich um seine Mutter kümmern. Als er weg war, schwirrte ich wacker ab in die Beichte. Aber ich wusste beim besten Willen nicht, was ich beichten sollte. Beichtete ich, „ich habe Unschamhaftes getan", wäre der Pastor davon überzeugt, ich hätte „das" getan. Und das habe ich doch nicht. Schließlich ließ ich es aus. Ich glaube nicht, dass es eine Sünde war.

6.6.1963
Liebe Jenni!
Rolf hatte mir gesagt, ich sollte Sonntag bei ihm zu Hause vorbei kommen. Er wollte mal wieder bei seiner Mutter bleiben. Immer seine Mutter! Seine Mutter hier, seine Mutter da. Es ist sicher tofte, wenn ein Junge seine Mutter ehrt. Aber ich will Rolf ein paar Stunden für mich alleine haben. Das habe ich ihm gesagt. Danach war er knatschig.

11.6.1963
Liebe Jenni!
Rolf musste oder wollte Samstag und Sonntag wieder bei seiner Mutter bleiben. Ich bin kreuzfidel am Sonntag mit Anja schwimmen gegangen und abends ins Kino. Rolf soll sich bloß nicht einbilden, dass ich treu und brav zu Hause sitzen bleibe, wenn er lieber mit seiner Mutter zusammen ist als mit mir.

8.7.1963
Liebe Jenni!
Günni und Marita haben ein Mädchen. Hoffentlich sind sie glücklich. Sie haben Rolf und mich schon oft eingeladen, aber ich will nicht zu ihnen. Außerdem mache ich nach meinem Urlaub sowieso mit Rolf Schluss. Der Grund ist seine Mutter!

15.8.1963
Liebe Jenni!
Nun möchte ich Dir von unserem Urlaub 1963 in Mals berichten.
Wir fuhren wieder mit der Katholischen Jugend Bochum. Der Bus hatte diesmal sogar eine Lüftungsanlage. Nachdem wir gebetet hatten, fuhren wir los. Vor uns im Bus saß ein Mädchen mit einer blond gefärbten Hochbausch-Frisur. Ihr Gesicht sah verlebt aus, sodass Anja und ich uns wunderten, warum die mit der Katholischen Jugend in Urlaub fuhr. Dann zog sie auch noch Zigaretten aus ihrer Tasche und fing an zu qualmen, eine nach der anderen, und das im Bus!
Anja und ich hatten wieder die gleichen hellblauen Hosen und unsere rosafarbenen Pullover an. Wir gaben uns als Geschwister aus. Lia, die neben uns saß, meinte: „Das sieht man, dass ihr Schwestern seid."
Wir fuhren durch Österreich. Schon die Landschaft stimmte uns froh. Die kleinen Häuser, die saftigen Wiesen, die winkenden Bauern, die koranten Jungs. Wir waren richtig gelöst. Dann kamen wir nach Südtirol! Und irgendwann lag es plötzlich vor uns – Mals! Anja und ich standen am Fenster und schwiegen. Wir hielten an unserer alten Pension „Gasser". Anja und ich bezogen wieder unser Zimmer 10, diesmal mit Lia und Gitte. Vom Fenster unseres Zimmers sah ich den Kirchturm von Mals mit der achteckigen

Haube und dem merkwürdigen Rundgang, auf dem früher ein Wächter nach drohenden Gefahren Ausschau hielt.
Der Ortler hatte sich hinter Wolken versteckt. Langsam schlenderten Anja und ich durch Mals. Davon hatten wir ein Jahr geträumt. Wir gingen ins „Panorama", setzten uns auf die Terrasse und bestellten uns einen Ferrari. Um uns die Berge, unter uns das Lido. Und plötzlich überflutete die Sonne alles – es war wie ein Willkommensgruß. Dann betrat Toni die Terrasse. Toni Sartorius, ein Einheimischer. Ich hatte Dir, liebe Jenni, bisher nichts von ihm geschrieben, weil er letztes Jahr Anjas Schwarm war. Sie hatte noch lange in Deutschland von ihm gesprochen. Seine Schüchternheit war uns besonders aufgefallen. Nun setzte sich Toni an einen Nebentisch und sah mich ununterbrochen an. Das war mir unangenehm, denn er war ja Anjas Schwarm. Und von einem Jungen, für den die Freundin schwärmt, sollte man besser die Finger lassen.
Nach zehn Minuten betrat die Blonde mit der Hochbausch-Frisur das „Panorama". Sie setzte sich zu uns, paffte eine Zigarette nach der anderen und lebte auch sonst recht flott, wie sie uns erzählte. Aber wir hatten an diesem Abend viel Spaß mit ihr. Sie hieß Erika.
Am nächsten Tag gingen Anja und ich ins Lido. Im Lido zu schwimmen ist ein einmaliges Erlebnis. Sonne, fröhliche Menschen und der Blick auf den Ortler. Anja und ich sind Wasserratten und haben zusammen immer viel Spaß im Wasser. Toni kam auch regelmäßig ins Lido. Zuerst beobachtete er uns nur. Irgendwann war er dann plötzlich auch im Wasser. Wir schwammen mit ihm um die Wette, tauchten, trafen uns unter Wasser und versuchten, unter Wasser miteinander zu reden. Er war so süß schüchtern und sah noch koranter aus als der Klaus. Toni hatte wunderschöne hellbraune Augen mit langen seidigen Wimpern und ein ganz markantes Gesicht. Natürlich sah ich die sehnsüchtigen Blicke der anderen Mädchen. Er war aber immer in meiner Nähe. Wir alberten so viel im Wasser, dass wir manchmal vor Lachen nicht weiter schwimmen konnten. Plötzlich brach mein Lachen ab. Mitten in einem Lachanfall versank Toni vor meinen Augen. Er kam wieder hoch, sah mein verblüfftes Gesicht, lachte und versank. Ich schwamm näher an ihn heran. Wieder kam er mit ganz ernstem Gesicht hoch, sah mein verdutztes Gesicht, prustete los

vor Lachen und versank. Da begriff ich endlich, dass er nicht schwimmen konnte, wenn er lachen musste. Wenn er lachte, ging er einfach unter. Vor lauter Lachen konnte ich dann auch nicht weiter schwimmen.
Ich hab mir ein Brötchen geholt und mich auf einen Mauervorsprung gesetzt. Es dauerte nicht lange, da saß Toni neben mir. „Du warst voriges Jahr auch hier in Mals, nicht?", fragte er. „Ja", sagte ich, „und meine Schwester auch." Da meinte er: „Das weiß ich nicht. Aber deine Schwester ist das nicht."
Inzwischen hatte sich Anja zu uns gesetzt. Sie bekräftigte energisch, dass sie meine Schwester wäre.
Wir verlebten ein paar fröhliche Tage zusammen, Anja, Toni und ich. In Mals spüre ich immer besonders, wie tief die Freundschaft zwischen Anja und mir ist. Wenn ich an etwas denke, denke ich immer für Anja mit. Soweit ist es schon. Inzwischen hatten Anja und ich uns auch über Toni ausgesprochen. Anja sagte, dass der Toni sich für mich interessierte, und dass sie mir den Toni gönnt. Ich war danach beruhigt, denn ich musste mir eingestehen, dass er mir auch ganz gut gefiel.
Wenn alles so weiterging wie bisher, würde ich bald mit ihm gehen. So glaubte ich.

An einem der nächsten Tage wartete Toni schon im Lido auf uns. Anja, Toni und ich spielten zusammen Calcetto. Toni gewann immer, selbst wenn Anja und ich gemeinsam gegen ihn spielten. Er fing den kleinen Ball knapp vor dem Tor mit seiner Hand ab. So konnten wir lange weiterspielen, ohne neu bezahlen zu müssen. So etwas von schneller Reaktion hatte ich noch nie gesehen. Irgendwann gingen wir zurück auf die Decke. Ich legte mich auf den Bauch. Toni wischte mir ganz langsam und zärtlich das Gras von meinen Beinen ab. Ich hielt ganz still. Dann legte er den Arm um mich. So fest und so besitzergreifend, als gehörte ich ihm. Wären die anderen Mädchen nicht in unserer Nähe gewesen, ich hätte mich in seine Arme geschmiegt. So ging ich schnell ins Wasser, um mich abzukühlen. Anja und Toni sprangen hinterher. Wir alberten rum, versteckten uns voreinander durch Wegtauchen und testeten, wer länger unter Wasser bleiben konnte. Sobald Toni vor mir auftauchte und mein verdutztes Gesicht sah, passierte es wieder: Er prustete los vor Lachen und versank.

Ich war glücklich. Die Sonne lachte mir zu, König Ortler funkelte in schneeglänzender Pracht nur für mich, und jede kleine Wolke zeigte mir ein freundliches Gesicht. Vor mir zwei wunderschöne hellbraune Augen, ein rassiges Gesicht und zärtliche Hände, die mich an sich pressten. Ich lebte in einem Traum.
Dann ging ich zurück auf die Wiese, legte mich auf den Rücken und sah in den Himmel. Toni beugte sich über mich. „Du hast schöne Augen", sagte er leise. Ich wurde verlegen.
Abends setzten wir uns im „Panorama" auf die Terrasse und tranken Milch. Es wurde dunkel, und die Berge sahen jetzt wie bedrohliche Riesen aus. Toni nahm meine Hand und streichelte sie zärtlich. Da ahnte ich plötzlich, wie tief meine Gefühle für ihn schon waren. Der Mond stand als klare Scheibe am Himmel. Auch in mir war alles klar. Ich würde die letzten eineinhalb Wochen in Mals mit Toni gehen. Was danach kam, war mir egal. Ob ich ihn liebte? Welch schwere Gedanken! Liebe hin, Liebe her. Ich wollte glücklich sein. Alles andere war Nebensache. Später auf dem Zimmer schrieb ich Rolf einen Brief. Ich machte Schluss mit ihm. Seine Mutter hat ihn nun wieder ganz für sich.

Am nächsten Tag gingen wir wieder ins Lido. Toni begrüßte uns, aber er wirkte verlegen. Er schob seine Finger ineinander, löste sie wieder und schob sie wieder ineinander. Er wirkte so schüchtern wie zu Anfang unseres Urlaubs. Er setzte sich zu Anja und mir auf die Decke. Wieder spürte ich die neidischen Blicke der anderen Mädchen. Nur Anja hatte Spaß an Toni und mir. Plötzlich setzte sich Erika mit der Hochbausch-Frisur dazwischen. Ein merkwürdiges Lächeln spielte um ihren Mund. Sie verwickelte Toni in ein Gespräch. Doch Toni sah immer nur mich an.
Als Anja und ich abends im „Panorama" saßen, kamen Toni und Erika zusammen rein. Um Erikas Mund spielte wieder dieses undefinierbare Lächeln. Toni setzte sich zu Anja und mir an den Tisch. Er sah mich mit einem solch liebevollen Blick an, dass ich schon wieder ganz verlegen wurde. Da kam Erika zu uns und fragte Toni, ob er mit ihr tanzen würde. Ich hatte von Anfang an gespürt, dass sie Toni habe wollte. Viele Mädchen von unserer Gruppe wollten ihn. Aber er kümmerte sich nicht darum. Er sah immer nur mich. Ich war mir so sicher. Und dann brach auf dem Nachhauseweg alles in mir zusammen.

Die ganze Gruppe ging gemeinsam nach Hause. Toni ging neben Erika. Plötzlich setzten Toni und Erika sich von der Gruppe ab. Ich drehte mich um und sah, dass Toni Erika küsste. Wie ich ins Bett kam, weiß ich nicht. Ich war wie betäubt. Und dann fing ich an zu heulen. Ich heulte und heulte, bis ich vor Erschöpfung einschlief.

Die nächsten Tage waren schlimm. Trotzdem brachte ich es fertig zu lächeln, wenn Erika von „ihrem“ Toni schwärmte. Nicht einmal Anja ahnte, wie es wirklich in mir aussah. Toni saß jetzt immer eng mit Erika auf der Decke. Sie unterhielten sich oder schwiegen. Mit uns hatte er mehr Spaß gehabt. Äußerlich war ich vollkommen beherrscht. Nur wenn Toni in meine Nähe kam, geriet ich aus dem Konzept. Im Lido legte Erika jetzt immer ihren Arm besitzergreifend um Toni. Er reagierte kaum und ließ es mit sich geschehen. Zuerst beobachtete ich ihn noch aus den Augenwinkeln. Dann legte ich mich so, dass ich ihn nicht mehr sehen konnte. Zerstörte Träume tun verteufelt weh.
Plötzlich meinte Anja: „Warum ich in diesen Ort Mals so vernarrt bin, weiß ich selber nicht. Ich fahre nächstes Jahr wieder hier hin. Du auch?“ Mir lag ein hartes „Nein“ auf der Zunge. Aber da sah ich plötzlich wieder, wie schön Mals doch war. Ja, ich würde wiederkommen, trotz allem, was mir hier so wehtat. Ich spürte Anjas Hand und wurde mir wieder der tiefen Freundschaft bewusst, die Anja und mich verband. „Ja, Anja“, sagte ich, „wir kommen wieder.“ – „Hand drauf“, sagte Anja. Wir gaben uns die Hand.

Nun brachte Toni Erika immer nach Hause. Sie gingen eng umschlungen. Ich konnte das manchmal kaum noch mit ansehen. Die Gefühle für Toni waren wohl tiefer, als ich es mir selbst eingestehen wollte. Abends kam oft die wasserblauäugige Brigitte in unser Zimmer. Sie schwärmte jeden Abend von einem anderen Jungen aus Mals. Ich konnte sowieso nicht mehr gut einschlafen. Deshalb ließ ich sie plappern. Nun aber rief sie jauchzend: „Ich bin verknallt.“ Neugierig wurde ich erst, als sie sich weigerte, den Namen ihrer neuen Liebe preiszugeben. Sie erzählte nur, dass er sie bereits geküsst hätte, und zwar auf dem Klo. Und für morgen Nachmittag sei sie mit ihm verabredet. Doch Anja bohrte weiter:

„Nun sag schon, wer es ist." Da konnte sie wohl vor Glück nicht mehr an sich halten und sagte strahlend: „Der Toni von Erika." Es wurde wieder eine schlaflose Nacht für mich. Bisher hatte ich nur Wut auf Erika gespürt. Jetzt spürte ich Hass auf Toni.

Am nächsten Nachmittag saßen Anja und ich mit den anderen Mädchen unserer Gruppe im „Panorama". Es war unser letzter Tag in Mals. Und Erika wartete auf Toni. Nach einer Stunde fragte ich Erika so freundlich wie eine falsche Sonne, wo denn „ihr" Toni heute sei. Sie antwortete nicht. Nach einer weiteren Stunde fragte ich in die Runde, wo denn unsere Brigitte heute sei. Niemand wusste etwas. Dann ging Erika. Ich sah ihr nach. Toni kam ihr entgegengeschlendert. Sie redeten kurz miteinander und gingen dann zusammen weg. Kurz danach betrat Brigitte den Raum. Sie strahlte.
Ich fragte Brigitte, ob ihr nicht gerade Toni und Erika entgegengekommen wären. Die seien zusammen weggegangen. Brigitte verlor die Fassung. Sie heulte und heulte. Als wir nach Hause gingen, nahmen wir sie in unsere Mitte.

Dann war unser Urlaub in Mals zu Ende. Nun war ich gespannt. Wie würde Toni sich beim Abschied von seinen beiden Freundinnen verhalten? Würde er überhaupt kommen? Toni kam. Strahlend ging Erika auf ihn zu und fasste seine Hand. Dann ging Brigitte auf Toni zu. Sie fragte: „Wo warst du gestern um 17.00 Uhr?" Sie fragte so, als hätte sie ein Recht auf ihn. Toni antwortete irgendetwas und hielt auch ihre Hand. Und dabei sah er mich an! So widerwärtig die Situation auch war, ich musste grinsen. Dann nahm ich innerlich Abschied von Mals. Ich betrachtete noch einmal den Kirchturm mit der achteckigen Haube, der alles in Mals überragte und verabschiedete mich von unserer Pension Gasser.
Plötzlich hörte ich hinter mir Tonis Stimme: „Gute Reise, Monika, und alles Gute." Er hatte die Worte heruntergeleiert. Ich drehte mich um, und zum ersten Mal lag wieder ein echtes Lachen auf meinem Gesicht. Ich hatte es geschafft. Niemand hatte meine wahren Gefühle bemerkt. Ich reichte Toni meine Hand. „Tschüs, Toni", er hielt meine Hand fest. Seine wunderschönen hellbraunen Augen verdunkelten sich. „Kommst du nächstes Jahr wieder,

Monika?“ Ich löste meine Hand aus seiner Umklammerung und antwortete nicht. Ein dicker Kloß saß mir im Hals.
Dann stiegen wir in den Bus und fuhren los.
Anja und ich schwiegen und sahen aus dem Fenster. Langsam zogen die vertrauten Straßen und Häuser an uns vorbei. Und der Ortler zeigte sich zum Abschied noch einmal in seiner ganzen Pracht. Ich dachte an Toni. Und das tat verdammt weh. Aber Anja und ich hatten in Mals auch ohne Toni schöne Stunden erlebt. Wir würden wiederkommen.
Erika mit der Hochbausch-Frisur und die wasserblauäugige Brigitte heulten um die Wette. Sie weinten um denselben Jungen, um den ich in Mals auch geweint hatte. Brigittes Weinen wurde leiser. „Ich habe meinen Freund zu Hause auch gern“, schluchzte sie, „aber für Toni habe ich viel mehr empfunden.“ Ich glaubte es ihr. Ich glaubte aber auch, dass ich viel mehr für Toni empfunden hatte als sie und Erika. Aber das wusste Brigitte natürlich nicht. Das wusste wohl nicht einmal Toni.
Als ich nach Hause kam, lag ein Brief von Rolf da. Er schrieb, dass er erst jetzt gemerkt hätte, wie sehr er mich liebt. Aber ich empfand nichts mehr für Rolf. Ich dachte an Toni und wie übel er mir mitgespielt hatte. Von einem Freund hatte ich vorerst die Nase voll.
Von Jahr zu Jahr werde ich mir immer mehr der tiefen Freundschaft bewusst, die Anja und mich verbindet. Ich weiß, dass ich in der Not auf Anja zählen kann, und Anja weiß, dass sie in der Not auf mich zählen kann. Viele sagen: „Wenn die Erste von Euch mal einen Mann hat, ist das mit der Freundschaft auch vorbei.“ Aber bei uns ist das ja nicht irgendeine Freundschaft. Es ist *die* Freundschaft!

6.9.1963
Liebe Jenni!
In 15 Tagen werde ich 18 Jahre alt. Die Jahre fliegen förmlich dahin. Warum lebe ich eigentlich? Und wozu? Holahodiri, holaridiho. Ich liebe keinen mehr. Ich weiß, ich bin ein wankelmütiges Wesen. Aber lieber wankelmütig sein, als schon mit 18 Jahren Mutter. Ich habe meinen Vorsatz, meine Unschuld bis zum 18. Lebensjahr zu bewahren, gehalten. Bin richtig stolz. Ich lege aber kein neues Gelübde mehr ab.

17.10.1963
Liebe Jenni!
Anja und ich fahren nächstes Jahr privat nach Mals! Anja ist eine einmalige Freundin. Hoffentlich behalte ich sie für immer.

5.11.1963
Liebe Jenni!
Heute Morgen passierte ein fürchterlicher Unfall. Ich bin noch völlig mit den Nerven fertig. Die Straßenbahn bremste ganz abrupt, und wir mussten alle aussteigen. Unter der Straßenbahn lag ein Mann. Er war tot. Dieses verdammte Dortmund! Ein Menschengewimmel ist das hier wie in einem Ameisenhaufen. Aber wenigstens leben 11 Bergleute in Lengede. Warum lebe ich überhaupt?

24.11.1963
Liebe Jenni!
Kennedy ist tot! Ermordet!
Ich kannte Kennedy nicht persönlich, aber ich werde ihn so wenig vergessen wie meine Oma. Dem Mörder von Kennedy wünsche ich den Tod, zumindest aber Nervenzusammenbrüche und sonstige Krankheiten.

Dezember, nach Weihnachten
Liebe Jenni!
Der Mörder von Kennedy ist tot. Das beruhigt mich.
Weihnachten habe ich viel bekommen. Zurzeit habe ich Urlaub. Ich ruhe mich aus, sogar von der Leidenschaft.

Liegt der Schlüssel zu allem, was später geschah, in diesem Mals-Urlaub 1963? Ich habe Toni gehasst, damals, als er mich für Erika und Erika für Brigitte stehen ließ. Nicht einmal Günni hatte ich gehasst, als er mich vier Jahre zuvor für Marita stehen ließ. Zurück in Deutschland „vergaß" ich diesen Hass bemerkenswert schnell. Einen Hass, den ich heute, 37 Jahre später, noch spüren kann. Ich habe mich an Toni gerächt, ein paar Jahre später. Doch um welchen Preis!

Meine Beziehung zu Rolf würde ein eigenes Buch füllen, wollte ich all die Höhen und Tiefen beschreiben, die wir miteinander durchlebten, all das Leid beschreiben, das wir einander zufügten.
Wenn wir heute so gut miteinander leben können, ist uns das nicht in den Schoß gefallen. Es war harte Arbeit an uns selbst, ein bisschen Glück oder göttliche Fügung und ein Grundgefühl, einander im tiefsten Herzen doch zugetan zu sein. Rolf war ein beziehungsunfähiges Muttersöhnchen und ich eine beziehungsunfähige Muttergeschädigte. Welch eine explosive Verbindung!
Meine Mals-Urlaube waren die ersten Verletzungen, die ich Rolf zufügte. Warum er dennoch immer wieder zu mir zurückkehrte, ist mir bis heute ein Rätsel.
„Ich habe in dir meine Traumfrau gefunden", sagt Rolf heute und erklärt mir – für seine Verhältnisse ausgiebig – was „Traumfrau" für ihn bedeutet: Der liebe Gott hat ihm eine Rippe genommen und Rolf hat sie wiedergefunden. Ist doch klar, dass er seine Rippe nun festhält. Wenn Rolf sich etwas nicht erklären kann, greift er schon mal zum lieben Gott mit Bart. Der lässt es schließlich auch regnen, wenn Rolfs Gemüse Wasser braucht und er selbst keine Zeit zum Gießen hat. Ein nützlicher Geselle, hoch droben hinter den Wolken. Weitergehende religiöse Interessen hat ihm Frau Krake verleidet. Frau Krake war seine Religionslehrerin, als Rolf zehn Jahre alt war. Sie hat ihm gesagt, dass es so etwas wie Schuld vor Gott gibt. Schuld hat Rolf noch nie gefühlt. Und das ist nun Frau Krakes Schuld.
„Humor ist der Knopf, der verhindert, dass einem der Kragen platzt", steht auf meinem Kalenderblättchen. Rolf und ich haben gelernt, diesen Knopf recht oft zu drücken.

29.1.1964
Liebe Jenni!
Am Wochenende waren Anja und ich wieder bei den Essener Mädchen, die wir aus Mals kennen. Karin hat sich mit Claudio, dem sie in Mals ihren ersten Kuss gegeben hat, verlobt. Bin müde und habe Bauchschmerzen.

2.2.1964
Liebe Jenni!
Ich mache mir Gedanken über meine Unschuld. Je länger man sie hat, desto wertvoller wird sie.

Allerdings muss man schon einige Versuchungen durchgestanden haben.

13.2.1964
Liebe Jenni!
Anja und ich wollten Karneval feiern von unserer katholischen Gemeinde aus. Mittags schellte es bei uns. Die Essener standen vor der Tür und hatten jemanden mitgebracht. Claudio! Ich hab mich so gefreut, dass ich ihm um den Hals gefallen bin. Er sah Karin oft verliebt an, und Karin wirkte rundum glücklich. Claudio ist auch wirklich korant und ganz männlich. Mit dem kommt nur ein Mann mit: John F. Kennedy. Wir haben dann alle zusammen Karneval gefeiert. Immer wenn ich Claudio und Karin ansah, konnte mich kein Mann mehr reizen. Obwohl die Südländer ja nicht viel taugen, aber mit Frauen umgehen, das können sie.

22.2.1964
Liebe Jenni!
Gestern in der Straßenbahn stand ein älteres Ehepaar vor mir. Der Mann drehte sich auf einmal um und sah mir direkt in die Augen. Er starrte mich ununterbrochen an. Ich wusste schon gar nicht mehr, wo ich hingucken sollte. Dann sagte er zu seiner Frau: „Mutter, ich sehe die Sünde."
Ich habe Hämorrhoiden, grausam.

19.3.1964
Liebe Jenni!
Ich träume oft, dass ich ganz oben auf einer Leiter stehe und Angst habe, mein Gleichgewicht zu verlieren. Dann versuche ich ganz langsam, Stufe für Stufe, die Leiter wieder runterzuklettern. Ob das wohl bedeutet, dass ich vor etwas Angst habe?
Ja, Jenni, Deine Moni wird langsam alt.

8.4.1964
Liebe Jenni!
Ich brauche unbedingt mal von allem Abstand. Mir fehlt zurzeit die richtige Einstellung zu allem, was so passiert. Ich schreibe zusammenhanglos, ich denke zusammenhanglos, und ich arbeite zusammenhanglos. Dieses Menschengewimmel! Seit zwei Jahren

gehe ich jeden Morgen denselben Weg zum Büro, und jeden Tag kommen mir andere Gesichter entgegen. Wie viele Menschen es doch gibt! Keiner gleicht dem anderen und keinem, der vor ihm gelebt hat oder nach ihm leben wird. Das muss ja ein fürchterliches Gewimmel später im Himmel sein. Vielleicht gibt es nur deshalb die Hölle, damit man im Himmel nicht tot getrampelt wird.

21.4.1964
Liebe Jenni!
Anja und ich waren zwei Tage in Holland. Endlich habe ich meine geliebte Nordsee wieder gesehen. Als wir eine Grachtenfahrt machten, standen neben uns zwei Männer, die in einer undefinierbaren Sprache miteinander redeten. Anja und ich überlegten hin und her, welche Sprache das sein könnte. Da sagte der eine plötzlich in perfektem Deutsch: „Sie wissen nicht, welche Sprache wir sprechen?" Ich schwieg erst mal beharrlich. Da sagte er: „Dass Ihr Deutschen immer so misstrauisch seid, und zwar alle, ohne Ausnahme." Dann öffnete er seine Jacke und zeigte uns einen Judenstern, den er auf seinem Hemd hatte. Dabei sagte er: „Wir sind Juden und sprechen Hebräisch. Nun sind Sie wohl enttäuscht?" Ich fragte ihn, warum ich denn enttäuscht sein sollte. Ich hätte doch mit der ganzen Sache von damals nichts zu tun. Ausländer seien für mich immer interessant und Juden ganz besonders, weil Israel so weit weg ist. Sein Bekannter hatte auch einen Judenstern am Hemd. Als sie ausstiegen, sagte der Bekannte zu uns: „Auf Wiedersehen. Schade, dass diese Bekanntschaft mit Ihnen so schnell zu Ende ging." Als sie ausgestiegen waren, kam plötzlich ein Araber auf uns zu und sagte: „Ihr Deutschen hasst die Juden doch heute noch, geben Sie es ruhig zu." Ich bestritt das. Da meinte er: „Sie können ruhig ehrlich sein. Wir sind hier nicht in Deutschland."

25.4.1964
Liebe Jenni!
Zurzeit habe ich wieder Minderwertigkeitskomplexe. Manche behaupten, die Vorurteile unehelichen Kindern gegenüber seien aus der Welt. Das stimmt nicht. Ich will zwar keinen Jungen aus unserer Gemeinde heiraten. Es ist aber trotzdem ein saudoofes Gefühl, dass ich keinen heiraten kann. Wie oft ist mir schon erzählt worden, dass Leute andere vor mir gewarnt hätten, weil

ich unehelich bin. Wir haben vor einiger Zeit eine neue Kollegin bekommen. Die ist schon älter, so über 30. Die hat mir erzählt, dass die Kirschner sie vor mir gewarnt hätte. Sie soll sich vor mir in Acht nehmen, ich sei unehelich. Ich hab natürlich so getan, als mache mir das nichts aus. Aber es ist nicht so. Das sitzt.

15.5.1964
Liebe Jenni!
Gestern wollte ich zu Anja. Plötzlich hupte es neben mir. Ich sah nur einen blauen DKW-Junior und schon kriegte ich fürchterliches Herzklopfen. Das war Rolfs Auto. Und dann stand Rolf leibhaftig vor mir. Gut, dass mein Pullover hochgeschlossen war, sonst hätte er an meinem Hals gesehen, wie mein Herz schlug. Wir redeten belangloses Zeug. Dann wollte ich gehen. Er bat mich zu bleiben. Ich stieg in seinen Wagen und kam mir vor wie in alten Zeiten. Es schien auch ganz natürlich, dass er seinen Arm um mich legte und mich küsste. Dann wollte ich aussteigen, weil meine Nerven auf dem Nullpunkt waren. Rolf ließ mich aber nicht. Da kam Anja die Straße entlang. Sie wollte zur Kirche. Ich hab mich schnell von Rolf verabschiedet und bin mit ihr gegangen. Und Rolf ließ mich sogar aussteigen. Alles für die Kirche. Die Männer sind schon komisch.

21.5.1964
Liebe Jenni!
Mutti geht in vier Wochen für immer nach Tübingen. Unsere Zeit ist nun vorbei. Jetzt trennen sich unsere Wege für immer. Ich möchte ihr eigentlich sagen: „Ich bin froh, dass du bald nach Tübingen gehst. Und das denke ich nicht nur heute." Ist das nicht traurig, Jenni?

28.5.1964
Liebe Jenni!
Diese dämlichen Katholiken. Ja, wenn ich einen Buckel hätte, würden sie mich – das arme uneheliche Mädchen – gnädig und voller Barmherzigkeit in ihren Kreis aufnehmen. Aber ich habe keinen Buckel und gehe – Nase hoch – arrogant an ihnen vorbei. Ich grüße sie nicht einmal voller Ehrfurcht zuerst. Das ist ein nicht wieder gutzumachendes Unrecht!

16.6.1964
Liebe Jenni!
Gerade spielen sie im Radio den alten Schlager von Freddy „Du brauchst doch immer wieder einen Freund." Ich denke an Günni. Dieses Lied hat er auf der Großfahrt gesungen und dabei Gitarre gespielt. Alles ist plötzlich wieder da. Die Großfahrt, die alte Mühle, in der wir pitschnass Zuflucht suchten, unsere Wanderungen und die Abende im Verein. Ja, und meine kaputte Freundschaft mit Erich.
Ich mache das Radio besser aus.

31.7.1964
Liebe Jenni!
Seit einer Woche sind Anja und ich wieder zu Hause. Wir haben in diesem Jahr allein, ohne eine Gruppe, in Mals Urlaub gemacht. Schon die Zugfahrt gefiel uns besser, als die Fahrt mit dem Bus. In München stiegen wir um und kamen endlich nach 24 Stunden in Mals an. Alles lag hinter mir, das Büro, Mutti und sonstige Ärgerlichkeiten. Anja und ich hatten uns ein Zimmer in der „Post" gemietet, das aber leider kein fließendes Wasser hatte. Auf einer Kommode standen zwei Waschschüsseln und ein Krug mit Wasser. Aber auch daran gewöhnten wir uns. Jedenfalls konnten wir von unserem Fenster aus direkt auf den Marktplatz von Mals sehen. Wir packten die Koffer aus und waren auch schon bald wieder ganz „daheim".
Als erstes gingen wir natürlich ins „Panorama". Aber wie enttäuscht waren wir! Unsere herrliche Terrasse, auf der wir noch im Vorjahr so oft gesessen und die Landschaft bewundert hatten, war zugemauert. Wir nannten sie danach nur noch „den Kasten". Anja und ich setzten uns am Ende des Kastens an einen Tisch, um in Ruhe alles in uns aufnehmen zu können. In der Nähe des Eingangs saßen zwei Finanzer. Die Finanzer gehören zur Finanzpolizei. Sie leben in einer eigenen, natürlich sehr komfortablen Kaserne mitten in Mals. Vor ihrem 28. Lebensjahr dürfen sie angeblich nicht heiraten. Auch wird es von ihrer obersten Führung nicht gern gesehen, wenn sie mit Mädchen herumziehen.
Die zwei Finanzer am Eingang kannten Anja und ich noch vom letzten Jahr. Emanuel und Tonini.

Tonini mochte ich nicht. Uns Gasser-Mädchen hatte er immer veräppelt. Er nahm uns nicht ernst. Und er kommandierte ständig die anderen Finanzer rum. Außerdem war er nur genauso groß wie ich. Als Anja und ich jetzt an ihm vorbei zu unserem Tisch gingen, blickte er kurz auf, grüßte aber nicht einmal. In der Gaststube saßen ein paar Deutsche. Die schunkelten und sangen: „Ach, wie ist es am Rhein so schön." Tonini beobachtete die singenden Deutschen. Mir schien sein Blick verächtlich.
Am nächsten Tag ging es endlich wieder ins Lido. Ach, war das eine Freude, dort zu schwimmen.
Anja und ich tobten im Wasser herum, machten einen „Köpper" mit Anlauf und tauchten so lange, wie unsere Lungen die Luft anhalten konnten. Plötzlich saßen zwei Finanzer auf unserer Decke. Da sie nicht versuchten, mit uns rumzuschmusen, ließen wir sie dort sitzen. Sie hießen Lino und Angelo. Angelo brachte mich immer zum Lachen. Der Name Angelo passte gut zu ihm.
Am nächsten Morgen lag Anja in unserem Fenster und beobachtete den Marktplatz von Mals. Ich zog mich gerade an, als Anja ruhig sagte: „Rate mal, wer da gerade auf dem Markt ist." Es war Toni Sartorius, der mir im letzten Jahr so wehgetan hatte. Beinahe hätte ich ihn nicht erkannt. Seine Haare waren lang, sein Gang wirkte gewollt lässig, und er trug am kleinen Finger seiner linken Hand einen dicken silbernen Ring. Aber das Schlimmste war: Er trug jetzt eine dunkle Brille, sodass man seine wunderschönen hellbraunen Augen nicht mehr sehen konnte. Er schien auch im Wesen verändert zu sein. Er wirkte arrogant.
Unseren Abend verbrachten Anja und ich in der „Krone." Wir tranken gerade unseren Wein, als Tonini und Lino den Raum betraten. Ohne uns zu fragen, setzten sie sich an unseren Tisch, Tonini an meine Seite, Lino an Anjas Seite. Lino konnte zwar kein Wort Deutsch, aber Tonini. Er fragte uns, warum wir jetzt schon das dritte Mal in Mals Urlaub machten. Und ich fragte ihn, woher er wisse, dass wir schon das dritte Mal hier seien. Darauf antwortete er nicht, sondern verschwand mit Lino so schnell wie er gekommen war. Anja grinste und sagte: „Ja, Moni, hast du denn nicht gemerkt, dass der Tonini sich schon im letzten Jahr für dich interessiert hat?" Nein, das hatte ich nicht mitbekommen.

Anja und ich erkundeten diesmal ein paar Ecken von Mals, die wir noch nicht kannten. Wir legten uns in eine Wiese, durch die ein Bach floss. Darin wuschen wir unsere Haare und ließen sie in der Sonne trocknen. Jeden Nachmittag schwammen wir im Lido, und abends gingen wir zum Weintrinken in die „Krone". Eines Abends saßen wir gerade in der „Krone" an unserem Tisch, als Toni Sartorius den Raum betrat. Er setzte sich an meine Seite und sah mich an. Da stieg eine fürchterliche Wut in mir hoch. Und ich hatte nur noch den Wunsch ihm das heimzuzahlen, was er mir letztes Jahr angetan hatte. Ich habe ihn dann so veräppelt, wie ich noch nie einen Jungen veräppelt habe. Tat mir das gut!
Irgendwann verzog er sich.

Am nächsten Tag waren Anja und ich den ganzen Tag im Lido. Die Sonne schien so fröhlich vom Himmel, als lache sie die Wölkchen aus, die sich ihr vorwitzig näherten. Selbst „König Ortler" verzichtete heute mal auf seinen wolkigen Hofstaat. Anja und ich sangen: *„Dort wo der Ortler steht, wo der Steig zum Glockner geht, wo in die Wolken ragt die Martinswand. Dort wo die Etsch aufbraust, wo der Wind vom Brenner saust, dort ist mein Heimatland, ja mein Tirol. Und mag die Welt vergehn, Tirol bleibt ewig stehn, weil es so fest gebaut auf Gottes Hand. Wer da den Weg nicht kennt, der bleibt vom Himmel g'trennt, weil's nur ein Stück ist vom Tirolerland."*

Anja und ich alberten miteinander im Wasser und freuten uns an diesem schönen Tag. Ein paar Finanzer spielten in Badehose Volley-Ball, natürlich mittendrin Tonini. Er wirkte sehr männlich, auch wenn er nicht sonderlich groß war. Er hatte einen sportlichen, durchtrainierten Körper, den er bis in den kleinen Zeh zu beherrschen schien. Und ein strahlendes Lachen wie die Sonne von Mals.
Manchmal, wenn ich ihn beobachtete, wirkte er verlegen.
Eines Abends war Tanz im „Panorama". Anja und ich gingen dort nur noch selten hin, nachdem unsere Terrasse zugemauert war. Aber auf diesen Abend freute ich mich. Als wir ankamen, stand Tonini im Kreis seiner Finanzer-Kollegen. Sein lautes Mundwerk hörte ich schon von weitem. Diesmal sah er besonders gut aus. Er war ganz in Schwarz gekleidet. Schwarze Hose, schwarzer Rollkragenpullover, schwarze Lederjacke. Er ging selten in Uniform.

Tonini forderte mich sofort auf, und wir tanzten ganz eng. Die Musikbox spielte „Non ho l'età per amarti" und ich dachte: „Monika, koste jede Minute aus. Ein solches Glück gibt es zu Hause nicht."

Am nächsten Tag waren Anja und ich wieder im Lido. Tonini und Lino setzten sich zu uns. Tonini summte leise „Non ho l'età per amarti" in mein Ohr, und ich summte es mit. Dann fragte er mich: „Weißt du, was „non ho l'età per amarti" bedeutet?" Ich wusste es nicht. Er sagte ernst: „Ich habe nicht das Alter, dich zu lieben." Dann lachte er sein strahlendes Lachen und sang auf Deutsch: „Ich habe das Alter, dich zu lieben." Ich antwortete darauf: „Ich habe nicht das Alter, dich zu lieben."

„Non ho l'età per amarti" wurde unser Lied.

Dann gab er sich wieder seinem unvermeidlichen Sport hin. Aber er vergaß mich nie. Wenn er mich nicht sofort sah, suchte er mich. Ging ich ins Wasser, sprang er kurz danach auch hinein. Trotzdem sah es für alle anderen so aus, als wäre zwischen uns nur Kameradschaft. Ich lag auf der Decke, sah in den Himmel und hörte Toninis Stimme, wenn er beim Sport war. Und plötzlich hörte ich ihn nicht, ich fühlte ihn. Er war nass vom Wasser. Ich versuchte, ihn abzuwehren, aber er hielt meine Hände fest. Dann küsste er mich so lange, dass es mir peinlich war. Nun hatten uns alle gesehen. Im selben Augenblick begriff ich, dass er sich damit in aller Öffentlichkeit zu mir bekannt hatte.

Um 19.00 Uhr gingen Anja und ich in die „Krone" und warteten auf Lino und Tonini. Tonini kam meist erst um 21.00 Uhr. Aber ich hasse es, auf einen Mann zu warten und war sehr ungeduldig. Um 20.30 Uhr war meine Stimmung auf dem Nullpunkt. Ich ging nach Hause. Natürlich ging Anja mit, aber zu Hause schimpfte sie mit mir, dass ich nie warten könnte, Tonini wäre doch immer erst nach 21.00 Uhr gekommen, und ich sollte endlich lernen, etwas geduldiger zu werden. Ich legte mich ins Bett und löschte das Licht. Natürlich konnte ich nicht schlafen, ich war viel zu aufgewühlt.

Um halb elf Uhr hörte ich unter unserem Fenster eine Stimme, die ich überall herausgehört hätte. Tonini rief leise zu mir hoch: „Mona, komm runter." Ich antwortete ihm, dass es mir zu spät sei runterzukommen. Wir könnten uns ja morgen sehen.

Inzwischen hatte ich festgestellt, dass Tonini von einer Schwarzhaarigen immerzu beobachtet wurde. Sie kam allein ins Lido und lag auch immer allein auf ihrer Decke. Aber Tonini beachtete sie gar nicht.
Die anderen Finanzer flirteten mal hier und mal da, gingen aber mit keinem Mädchen richtig. Tonini war der einzige, der ganz offen mit mir ging.
Ab und zu beobachtete ich Toni Sartorius. Er hatte sich ganz von Anja und mir zurückgezogen. Ja, er kümmerte sich in diesem Jahr weder um die Gasser-Mädchen noch um andere weibliche Wesen. Und wenn Tanz war, sah er dem Treiben gelangweilt zu. Ich habe ihn während dieser drei Wochen kein einziges Mal tanzen sehen.

Eines Abends warteten Anja und ich beim Abendessen in unserem Hotel auf die Suppe. Endlich öffnete sich die Tür. Ich dachte: „Die Suppe kommt." Aber es war Tonini. Er spazierte einfach in unseren Speisesaal hinein und setzte sich an unseren Tisch. Dann sagte er, dass er an diesem Abend aus beruflichen Gründen nicht kommen könnte und wir uns morgen alle zusammen wieder im Lido treffen würden. Anja und ich beschlossen daraufhin, diesen Abend allein zu genießen und ins „Panorama" zu gehen. Als wir unser Hotel verließen, zog unsere Wirtin mich zur Seite. Sie flüsterte mir zu, dass sie uns vor diesem Finanzer – und sie beschrieb dabei Tonini – warnen müsse. Er sei ein stadtbekannter Casanova.

Anja und ich verlebten einen gemütlichen Abend im „Panorama". Als wir gerade ins Bett gehen wollten, hörte ich Tonini rufen. Ich sollte runter kommen und mit ihm noch etwas spazieren gehen. Da es noch nicht so spät war, sagte ich zu, obwohl ich auch etwas Angst hatte, mit ihm so allein durch die Dunkelheit zu gehen. Die Nacht war wohlig warm. Doch Regen lag in der Luft. Tonini nahm meine Hand und sagte: „Komm, ich habe extra mein Auto geholt. Es gibt Regen." Da erwachte ich plötzlich. Wie im Traum wäre ich mit ihm durch die Nacht gegangen. Aber das Wort „Auto" brachte mich zurück in die Wirklichkeit. Ich sagte ihm kurz und bündig: „Ich kenne dich erst ein paar Tage und steige nicht mit dir ins Auto ein." Er redete mit Mund, Händen und Füßen auf mich ein. Er wollte auch nur 100 Meter fahren und dann mit dem Auto

stehen bleiben. Ich blieb bei meinem „Nein“. Da wurde Tonini wütend. Und je wütender Tonini wurde, desto trauriger wurde ich. Er versuchte es noch einmal liebevoll. Als auch das nichts nützte, sprach er kein Wort mehr mit mir.
Abends im Bett sagte ich zu Anja: „Ich glaube, zwischen Tonini und mir ist Schluss.“ Mit diesem bitteren Gefühl schlief ich schließlich ein.

Am nächsten Tag kam Tonini ins Lido, grüßte mich kurz und ging an mir vorbei. Er legte sich auf die Decke der Schwarzhaarigen. Es war zu Ende mit uns. Ein fürchterlicher Schmerz zog von meinem Bauchnabel hoch in meinen Hals. Ich bekam kaum noch Luft. Das hatte ich doch schon einmal erlebt, im vergangenen Jahr mit Toni Sartorius. Noch einmal wollte ich solche verkrampften Urlaubstage nicht mehr erleben, nachdem mich ein Mann verlassen hatte. Aber was sollte ich tun?

Die nächsten Tage im Lido war Tonini ausgesprochen fröhlich. Ich konnte sein ironisches „Hallo, Mona“ kaum noch ertragen und noch weniger es beantworten. Er lag natürlich bei der Schwarzhaarigen auf der Decke. Aber sie gingen nicht so innig miteinander um, wie das Tonini und ich getan hatten. Sie unterhielten sich nur.
Eines Nachmittags ging ich in die Umkleidekabine, um mich für den Heimweg umzuziehen. Da sah ich im Spiegel genau in Toninis grinsendes Gesicht. Er stand hinter mir und sang mir ins Ohr: „Non ho letscha.“ Und das falsch gesprochene „letscha“ betonte er besonders ironisch. Ich war sprachlos über so viel Abgebrühtheit.

Abends gingen Anja und ich jetzt immer in den „Greif“. Hier hatte ich meine Ruhe vor Tonini. Woher er eines Abends plötzlich kam, weiß ich nicht. Er saß auf einmal neben mir, nahm mich in den Arm und küsste mich. Ich bekam eine solche Wut, dass ich ihn hätte erwürgen können. Und da endlich hatte ich mich wieder gefangen. Ich nahm seinen Kopf in meine Hände, strahlte ihn an und sagte: „Hallo Tonini, tu mio grande amore.“
Dann ließ ich seinen Kopf fallen wie eine heiße Kartoffel und unterhielt mich nur noch mit Anja.

Tonini verzog sich bald. Und mir ging es endlich wieder besser. Tonini wechselte jetzt seine Freundinnen wie sein Hemd. Aber ich hatte meine gute Laune wiedergefunden. Auf den nächsten Tanzabend im „Panorama" freute ich mich sogar wieder. Tonini tanzte natürlich mit den Mädchen, mit denen er in der letzten Zeit auch zusammen gewesen war. Aber es tat mir nicht mehr weh, ja, ich begann langsam, meine Freiheit wieder zu genießen. Da forderte mich Angelo zum Tanzen auf, Angelo, das fröhliche Engelchen, mit dem wir zu Beginn unseres Urlaubs auf der Decke gelegen hatten. Er war ein netter Kamerad, und mehr würde auch zwischen uns nicht sein. Das wusste ich. Aber ich konnte endlich wieder aus vollem Herzen lachen.
Als ein langsamer Tanz kam, versuchte Angelo, das fröhliche Engelchen, mir einen Kuss zu geben. In diesem Augenblick kriegte er einen mächtigen Stoß in den Rücken, dass er gegen mich flog. Ich flog ebenfalls zurück und konnte mich nur noch mit Mühe an einem Tisch festhalten, um nicht zu Boden zu fallen. Wütend blickte ich mich um und wollte den Verursacher zur Rede stellen. Da sah ich genau in Toninis Gesicht. Er sah mich gleichgültig an und tanzte weiter, als wäre nichts geschehen. Angelo schwieg, und wir tanzten weiter. Es dauerte nicht lange, da flirteten wir wieder miteinander, Angelo, das fröhliche Engelchen, und ich. Ich wollte ihm gerade einen Kuss auf die Wange geben, da bekam ich einen harten Stoß in die Rippen, sodass ich gegen Angelo flog. Ich drehte mich um und sah in Toninis wütendes Gesicht.
Angelo versuchte jetzt, außer Reichweite von Tonini mit mir zu tanzen. Wir hatten Spaß miteinander. Immer wenn er mich küssen wollte, zog ich meinen Mund weg. Es sollte ja nur ein Spiel sein. Und Angelo schien das zu verstehen. Es machte ihm sichtlich Spaß auszuprobieren, ob er meinen Mund erwischte oder nicht. Aber plötzlich hatte er meinen Mund erwischt. In diesem Moment sah ich direkt in Toninis wutverzerrtes Gesicht. Er war uns nachgetanzt und holte gerade wieder zum Schlag aus. Und schon kriegte Angelo einen Schlag ins Kreuz und noch einen und noch einen. Angelo und ich beendeten den Tanz und setzten uns. Angelo, das fröhliche Engelchen, war ernst geworden.

Am nächsten Tag gingen Anja und ich mit Olga durch Mals, eine Südtirolerin, die wir schon im letzten Jahr kennen gelernt hatten. Sie brachte auf einmal das Gespräch auf Tonini. Sie wäre mal allein mit ihm in einer Gaststube gewesen, erzählte sie. Danach hätten ihr 10.000 Lire gefehlt. Das Geld könnte nur Tonini gestohlen haben. „Aber", so sprach sie weiter, „denen kann man ja nichts anhaben, das sind ja Finanzer."
Zuerst überlegte ich, was wohl Olga mit Tonini allein in einer Gaststube gemacht haben könnte. Dann dachte ich, dass Tonini sicherlich ein schwieriger, unberechenbarer Typ ist und abgebrüht noch dazu. Aber Geld stehlen? Niemals! Ich sagte ihr, dass sie mit ihren Äußerungen künftig vorsichtig sein sollte. Und dass Tonini nicht nötig hätte, ihr 10.000 Lire zu klauen. Danach schwieg sie. Vermutlich war das wieder so ein Südtiroler-Italiener-Problem. Und damit wollte ich nichts mehr zu tun haben. Das Theater mit Hans vor zwei Jahren hatte mir gereicht.

Tonini war nach dem letzten Tanzabend im „Panorama" nun immer schlecht gelaunt, wenn er ins Lido kam. Kein veräppelndes „Non ho letscha" mehr, kein ironisches Grüßen. Er schnauzte seine Kollegen an. Ich wunderte mich, was die sich alles von ihm gefallen ließen. Jetzt sahen wir Tonini abends schon mal allein an einem Bar-Tresen stehen. Er wirkte so knatschig, als stünde er sich selbst im Weg. Und seine vielen Freundinnen schienen ihn auch nicht mehr zu interessieren.
Um mich machte Tonini nun immer einen großen Bogen. Er wich mir aus, als hätte ich eine ansteckende Krankheit. Anja sagte: „Das merkt doch jeder, dass der in dich verschossen ist."
Eines Tages waren Anja und ich wieder im Lido. Anja planschte im Wasser, und ich lag auf der Decke und hing meinen Gedanken nach. Plötzlich lag Tonini neben mir. Ehe ich reagieren konnte, riss er mich an sich, rief ein paar Mal wie erstickt „Mona, Mona" und bedeckte mein ganzes Gesicht mit Küssen. Wie leblos hing ich in seinen Armen.
Dann hatte ich mich gefangen. Ich schob ihn zur Seite und sagte: „Nun mal langsam, so geht es ja nun auch nicht." Leise lachend fragte er: „Nita?" Ich sagte kurz und knapp: „Nita." Dabei weiß ich gar nicht, was „Nita" heißt. Aber es hörte sich irgendwie nach „nein" an. Tonini verschwand genauso schnell wie er gekommen

war. Hätte ich nicht seine Küsse noch gespürt, ich hätte geglaubt, das wäre ein Traum gewesen.

Anja und ich verlebten noch ein paar schöne, friedliche Ferientage. Wir wanderten in die Nachbardörfer, sahen uns ein paar Bauernhöfe an, gingen auf Märkte, unterhielten uns mit vielen Südtirolern und überlegten, wie es wäre, wenn wir für immer hier wohnten. Und wenn ich im Lido Tonini sah, freute ich mich darüber, wie schlecht es ihm ging.

Dann kam der letzte Freitag. Lino verabschiedete sich liebevoll von Anja. Ich hab mich für sie gefreut. Anja hatte nun wenigstens eine schöne Erinnerung. Aber ich wollte nicht unzufrieden sein. Mir ging es ja inzwischen auch wieder besser, seitdem es Tonini schlechter ging. Anja und ich gingen ein letztes Mal durch Mals und nahmen innerlich Abschied. Dann packten wir unsere Koffer und wollten in den Speisesaal gehen, um vor der Heimfahrt noch etwas zu essen. Da stellte sich Tonini mir in den Weg. Er ergriff meine Hand und sagte leise: „Ciao, Mona.“ Ich sagte kurz: „Ciao, Tonini“ und wollte mich abwenden. Aber er hielt mich fest. „Wann bist du zu Hause, Mona?“ Ich sagte: „Morgen Abend“. Danach hätte ich gehen können, aber Tonini ließ meine Hand nicht los. Ich saß plötzlich in der Gaststube und neben mir saß Tonini. Er legte den Arm um mich und küsste mich ganz zart auf den Mund. Dann sang er leise, ganz innig: „Non ho l'età per amarti."
Alle Spielereien, alle Winkelzüge und Strategien waren auf einmal vorbei. Ich lag in Toninis Armen. Seine Küsse waren warm und zärtlich. Und ich genoss sie in vollen Zügen. Die Wirtin rief uns zum Essen. Aber Tonini ließ mich nicht los. Er hielt mich so fest, als hätte er etwas wiedergefunden, was er nie mehr hergeben würde. Ernst sah er mich an: „Warum bleibst du nicht noch ein paar Tage hier? Du musst doch erst Dienstag arbeiten. Du und ich gehen dann Tanzen.“ Ich versuchte, mich von ihm zu lösen. „Nein“, sagte ich, „ich kann nicht bleiben, ich muss nach Hause.“ Er hielt mich noch immer fest umschlungen. „Kommst du nächstes Jahr wieder?“, fragte er leise. Ich nickte. Da ließ er mich aufstehen. Wir küssten uns noch einmal. Dann ging ich mit Anja zum Essen. Aber ich bekam nichts herunter. Selbst Anja

war dieser innige Abschied auf den Magen geschlagen. Wir ließen unser Essen zum ersten Mal stehen.
Nun bin ich wieder in Deutschland. Ich denke viel an Tonini. Es tut mir gut, in Gedanken bei ihm zu sein. Was wird mir im nächsten Jahr der Urlaub in Mals bringen?

17.8.1964
Liebe Jenni!
Seit 14 Tagen spiele ich mal wieder Chefarzt-Sekretärin. Komisch, alle beben vor diesem Chefarzt. Ich komme gut mit ihm aus. Wenn man ihn kennt, kann man ihn richtig gernhaben.

26.8.1964
Liebe Jenni!
Mutti geht Montag für immer nach Tübingen. Ich habe heute frei und muss Wahlzettel rum tragen.

4.9.1964
Liebe Jenni!
Nun bin ich seit einer Woche mein eigener Herr und stehe auf meinen eigenen Beinen. Mutti hat mich für immer verlassen. Sie ist in Tübingen. Es gefällt ihr gut. Ich gönne es ihr. Durch mich konnte sie ihre Jugend ja nicht genießen. Soll sie ihr Leben doch jetzt nachholen oder anfangen, was weiß ich. Vielleicht klappt es ja jetzt ohne mich besser. Mir geht es wunderbar. Ich blühe förmlich auf. Schlechte Launen kenne ich gar nicht mehr.
Ich habe nun einen eigenen Haushalt und dafür einen „Hausfrauen-Tag" beantragt. Der ist mir auch tatsächlich genehmigt worden. Was will ich mehr? So kann ich es prima in Aplerbeck aushalten. Ich muss nur aufpassen, dass ich mich morgens nicht verschlafe.

14.9.1964
Liebe Jenni!
Im Radio spielen sie gerade „Non ho l'età". Ich darf nicht an den Abschied von Tonini denken, sonst kriege ich das heulende Elend. Und da es mir jetzt so wunderbar geht, versuche ich einfach, nicht an ihn zu denken. Deshalb träume ich wohl so oft von ihm. Und

immer küsst er mich im Traum. Was wird aus mir wohl noch werden? Ich habe ein bisschen Angst vor dem Leben.

22.9.1964
Liebe Jenni!
Rolf hat mir zum Geburtstag eine Rosenkarte geschickt, nach einem Jahr! Er würde mich ja wieder reizen, nur – was ist, wenn ich im nächsten Jahr in Mals fest mit Tonini gehe? Dann müsste ich mit Rolf ja wieder Schluss machen. Und was ist, wenn ich Tonini nicht bekomme? September im Regen …

25.9.64
Liebe Jenni!
Es ist ein herrliches Leben so ohne Mutti. Endlich kann ich tun und lassen, was ich will. Dabei solltest Du mal sehen, wie picobello meine Wohnung jetzt aussieht, sauber und aufgeräumt bis in die kleinste Ecke. Ich kenne mich selbst nicht wieder. Na ja, ich bekomme ja auch einen Hausfrauentag im Monat.

18.10.1964
Liebe Jenni!
Mutti zwingt mich, in vier Wochen hier meinen Arbeitsplatz zu kündigen und am 1.1.1965 zu ihr nach Tübingen zu ziehen! Was soll ich bei Mutti in Tübingen? Nur weil sie auf die glorreiche Idee kam, dorthin zu ziehen, muss ich doch nicht das Gleiche machen. Mir geht es jetzt hier ohne Mutti so gut, wie es mir noch nie gegangen ist. Ich merke erst jetzt, wie sehr sie mir auf den Nerven herumgetrampelt hat. Alles konnte ich Dir, liebe Jenni, ja nicht schreiben. Mir saß immer die Angst im Nacken, Mutti findet mein Tagebuch.
Ich dachte, wenn sie erst mal in Tübingen ist, hätte ich all das vergessen, was sie mir angetan hat. Aber im Gegenteil. Jetzt merke ich erst richtig, wie schlimm das manchmal für mich war. Sobald es 18.00 Uhr wurde, fing ich an zu zittern. Was hat sie wohl heute für eine Laune? Welches Haar findet sie heute in der Suppe?
Das ganze Theater mit ihr wird ja doch wieder losgehen, wenn wir zusammen wohnen. Und hier bin ich jetzt ohne Mutti richtig glücklich. Ich habe Anja, eine eigene Wohnung und einen Arbeitsplatz, auf dem ich mich immer wohler fühle. Ich habe Mutti

gesagt, dass ich hier bleiben möchte. Ich will nicht nach Tübingen. Da hat sie mir gesagt, dass ich noch nicht volljährig wäre und sie mich zwingen könnte, zu ihr zu ziehen. Ich hab mich sofort beim Vormundschaftsgericht erkundigt, was ich machen kann. Die haben mir gesagt, ich könnte mich jetzt schon für volljährig erklären lassen. Und da ich schon eine Zeit lang eine eigene Wohnung habe, hätte ich gute Aussichten, dass das klappt. Aber ich müsste dazu gegen Mutti einen Prozess führen. Und das will ich nicht. Ich könnte heulen, heulen und nochmals heulen.

24.11.1964
Liebe Jenni!
Ich gehe wieder mit Rolf! Er sagt, ich wäre seine große Liebe. Und ich? Ich kann mir im Augenblick ohne ihn nichts vorstellen. Und Rolf ist so etwas wie Heimat für mich. Trotzdem ist es nicht ganz so, wie es sein sollte. Zu oft gehen meine Gedanken zurück nach Mals. Es gibt Augenblicke, in denen ich fest davon überzeugt bin, Rolf zu lieben. Dann kommt der blödeste Schmalz-Schlager und schon stürze ich in einen Strudel anderer Empfindungen.

Am 1.1.1965 ziehe ich nach Tübingen.

Es wäre zu einfach, all das, was ich damals in Mals erlebte, auf eine typische Ausnahmesituation eines dreiwöchigen Urlaubs zu reduzieren. Mals war mehr! Jede Beziehung in Mals war eine kleine Geschichte. Der Verlauf dieser Geschichten hätte unter normalen Bedingungen einen längeren Zeitraum beansprucht. Dass diese Beziehungen komprimiert auf drei Wochen gelebt wurden, spricht nicht für ihre Oberflächlichkeit, sondern für ihre Intensität. „Anders fließt hier die Zeit", las ich kürzlich in einem Reiseprospekt über Mals. Wie wahr! Mein Herz schlug in Mals nicht schneller, sondern langsamer. Die Augenblicke des Glücks und des Leids wirkten deshalb nachhaltiger. Ich erlebte jede Beziehung in Mals meinem Entwicklungsstand entsprechend und entdeckte gleichzeitig ein neues Mosaiksteinchen meiner selbst.
In der Beziehung mit Rolando entdeckte ich erstmals die spielerische Erotik, die so greifbar in mir lag und doch zu Hause nicht gelebt werden konnte.

In der ersten Beziehung mit Toni Sartorius entdeckte ich, dass ich einen Mann hassen konnte, der meine erotische Zärtlichkeit weckte und mich dann zusehen ließ, wie er seine Erotik mit anderen auslebte.
In der Beziehung mit Tonini entdeckte ich, welch ursprüngliche Zärtlichkeit in mir lag. Eine Zärtlichkeit, die nicht zielgerichtet war, die nicht ergreifen, sondern nur behutsam ertasten wollte.
Ich hatte gewisse Strategien entwickelt im Umgang mit Männern. Diese ermöglichten mir, spielerisch zu erproben, ob der jeweilige Mann mein Herz erreichen konnte oder nicht. Wie hinter einer Tarnkappe konnte ich damit agieren, ohne Wesentliches von mir preiszugeben. Viele Männer verstanden mich nicht. Sie zogen sich entweder emotional zurück oder waren meinen Spielereien hilflos ausgeliefert. Tonini durchschaute mich schnell. Er ahnte, dass hinter meinem routinierten Umgang mit Männern eine zarte Verletzlichkeit stand, und er ahnte, dass ich sexuell noch völlig unerfahren war. Er war der erste Mann, der meinen Mechanismen etwas entgegensetzte. Auch er zog Register im Umgang mit mir. Wir waren wesensverwandt. Und beide wurden wir im Umgang miteinander zunehmend wahrhaftiger. Ich denke noch heute mit tiefer Zuneigung an Tonini.

Den Übergang nach Tübingen erlebte ich als Bruch in meinem Lebenslauf. Ich wusste genau, was ich wollte: Frei sein von dieser Mutter. Aber sie verfügte über mich. Ich war ihr Eigentum. Die Möglichkeiten, dagegen anzugehen, waren mir damals noch nicht gemäß. Ich verzichtete auf mein Eigenleben und fügte mich.
Meine Mutter und ihr Freund Herbert holten mich mit dem Auto ab. Ich hatte nicht viel Gepäck. Der Rest würde nachkommen, wenn die Wohnung aufgelöst wäre. Ich ging noch einmal durch die einzelnen Räume. Hier war ich geboren und aufgewachsen. Sgoninas würden unsere Zimmer übernehmen. Ich empfand Genugtuung, dass Erika mit unserer Küche nun sogar ein eigenes Zimmer bekam. Sonst empfand ich nichts. Der Mechanismus, der mich immer vor übergroßem Schmerz geschützt hatte, funktionierte wieder. Ich hatte ihn lange nicht mehr betätigen müssen. Ich ging zur Tür. Die dunkle Öffnung des Schlüsselloches gähnte mir entgegen. Seit vier Monaten hing kein Topflappen mehr davor. Ich zog die Tür hinter mir zu. Meine Kindheit und meine Jugend waren vorbei.
Die Fahrt nach Tübingen dauerte fünf Stunden.

Ich saß hinten im Auto und hatte noch immer keine Empfindungen. Doch aus meinen Augen lief ununterbrochen Wasser, als sei ein Rohr defekt. In regelmäßigen Abständen drehte meine Mutter sich zu mir um und schnauzte mich an, ich solle mit der Heulerei aufhören. Sie beherrschte sich mühsam, weil ihr Freund Herbert neben ihr saß. Dann folgten ihre Tiraden. Sie rauschten an mir vorbei. Ich kannte sie auswendig. Die Undank-Tirade gefiel meiner Mutter besonders gut. „Ja, ja, Undank ist der Welten Lohn." Nun hatte sie eine Tochter großgezogen, die bittere Tränen vergoss, wenn sie mit dieser Tochter leben wollte. Aber „Gottes Mühlen mahlen langsam ..."
Irgendwann kam dann der Mohr an die Reihe. „Ja, ja, der Mohr hat seine Schuldigkeit getan, der Mohr kann gehen." Sie würde die Situation schon so drehen, dass auch dieser Spruch passte.
Meine Mutter liebte Sprichwörter. Sprichwörter besaßen Beweiskraft. Sie bewiesen, dass andere Menschen vor ihr schon mal das Gleiche gedacht und erlebt hatten wie sie. Das gab meiner Mutter das Recht, andere je nach Gutdünken mit diesen Sprichwörtern zu traktieren. Sie passte die Situation den Sprichwörtern an und die Sprichwörter den Situationen. Und an all das glaubte sie dann auch noch selbst. Ihr Freund Herbert schwieg zu alledem, was sich da in seinem Auto abspielte. Was hätte er auch sagen sollen?
Ich saß empfindungslos neben mir und beobachtete fasziniert, wie viel Wasser aus meinen Augen lief. Hatte ich so viel Flüssigkeit im Kopf oder produzierte ich ständig neue? Das waren die Fragen, die mich beschäftigten.
Als ich in Tübingen ankam, spürte ich erstmals, dass meine Seele und mein Körper keine Einheit bildeten. Denn auf der Fahrt hatte sich meine Seele wieder ein kleines Stück von meinem Körper entfernt.

Tübingen, den 7.1.1965
Liebe Jenni!
Ich bin in Tübingen gelandet. Es ging alles holterdiepolter. Mutti und ich wohnen in einem möblierten Zimmer. Unser Vermieter ist ein Maler, der aber auch Horoskope ausarbeiten kann. Dazu benutzt er viele dicke Bücher. Er sagt, er könnte sogar den Todestag der einzelnen Menschen aus den Sternen ersehen. Obwohl er die Zukunft nur für seine Familienmitglieder aus den Sternen

liest, durften Mutti und ich ihm jetzt auch unsere Geburtsdaten geben. Aber die Sterne waren nicht sehr gesprächig. Zwei Sätze haben sie ihm nur mitgeteilt für uns:
– Mutti soll auf ihre Füße aufpassen und
– der Storch käme zu uns ins Haus.
Auf seine Füße muss wohl jeder aufpassen, und beim Storch sind ihm wohl die Sterne verrutscht.

Seit dem 1.1.1965 arbeite ich nun an der Universität Tübingen als Sekretärin. Mein Oberarzt Guttmann aus Dortmund hatte mir ein Empfehlungsschreiben mitgegeben. Er hatte da viele Lobeshymnen über mich hineingeschrieben. Am besten gefiel mir aber, dass es ihm Freude gemacht hat, mit mir zu arbeiten. Die Uni Tübingen hat mich jedenfalls sofort eingestellt. Der Abschied von „meinem" Oberarzt ist mir sehr schwer gefallen.
Tübingen ist ein reizendes Städtchen. Aber ich werde trotzdem nach einem halben Jahr wieder zurück nach Dortmund gehen. Ich kann mir ein Leben ohne Anja einfach nicht vorstellen. Rolf und Anja rufen mich um die Wette an und schreiben tüchtig. Es sind die beiden Menschen, die ich am liebsten habe. Sogar Mutti kann ich dafür aufgeben.

18.1.1965
Liebe Jenni!
Hier in Tübingen habe ich mehr Zeit als zu Hause in Dortmund. Und dennoch muss ich mich richtig aufraffen, um Dir zu schreiben. Dabei wollte ich Dir noch von unserem Abschied in Dortmund erzählen. Rolf hat Anja und mich dazu in ein Varieté geführt. Dort haben sie sogar nackte Brüste gezeigt. Der Abschied von Rolf ist mir sehr schwer gefallen. Ich empfinde doch wohl mehr für ihn, als ich immer gedacht habe. Deshalb habe ich zum ersten Mal in meinem Leben ernsthaft erwogen, mich zu binden. Ich stehe jetzt vor der Überlegung, ob ich mich mit Rolf verloben soll. Verloben ist ja auch noch nicht heiraten. Rolf und ich müssten aufs Heiraten sowieso noch vier Jahre warten, bis er mit seinem Studium fertig ist. In dieser Zeit werde ich schon merken, ob ich für die Ehe geeignet bin oder nicht.

10.2.1965
Liebe Jenni!
Rolf hat mich hier in Tübingen besucht.
Er hat mir einen offiziellen Heiratsantrag gemacht. Ich habe angenommen.

20.2.1965
Liebe Jenni!
Das möblierte Zimmer, in dem Mutti und ich wohnen, wurde uns gekündigt. Nun stehen wir bald auf der Straße.
Rolf und ich hatten abgesprochen, in diesem Jahr beide nicht Karneval zu feiern, sondern brav zu Hause zu bleiben und aneinander zu denken. Rolf in Dortmund an mich und ich in Tübingen an ihn. Als ich von Bekannten unserer Vermieter eingeladen wurde, mit ihnen Karneval zu feiern, habe ich natürlich abgesagt, das war ja schließlich mit Rolf so abgesprochen. Und was erfahre ich nun von Anja? Rolf hat lustig Karneval gefeiert im DJK-Sportheim mit Anja und den Mädchen aus Essen. Dabei poussierte er auch noch mit einer von den Essenerinnen herum. Anja meinte, die hätte mir nur eins auswischen wollen. Was heißt da „nur"? Rolf hätte ja auch „nur" NEIN sagen können. Ich war wütend auf Rolf und enttäuscht. Kann ich ihm überhaupt noch etwas glauben, wenn er sich nicht an Absprachen hält?
Als er die letzten paar Male angerufen hat, hab ich einfach den Hörer aufgelegt.
Am besten ist, ich mache Schluss mit ihm. Jedenfalls empfinde ich seitdem gar nichts mehr für ihn.
Ich habe so ein dumpfes Gefühl, als erwarteten mich noch viele Überraschungen in meinem Leben, guter und böser Art.

2.3.1965
Liebe Jenni!
Mutti und ich bekommen bald eine Wohnung.
Heute denke ich viel darüber nach, was alles in meinem Leben schon passiert ist. Ich denke an zu Hause, an den Friedhof, wo Oma liegt. Ich denke an die Gas-Explosion 1959 in Aplerbeck. 28 Menschen verbrannten. Seitdem habe ich Angst vor Gas. Ich denke an das Waisenhaus, in dem ich eine Zeit lang war. Was wohl aus den einzelnen ge-

worden ist, mit denen ich dort gelebt habe? Und ich denke an Günni, Erich, Tonini und Rolf. Manchmal denke ich auch an Kennedy.

8.3.1965
Liebe Jenni!
Ich fühle mich entsetzlich verlassen und einsam.
Ab und zu habe ich Sehnsucht nach Menschen. Aber ich kenne niemanden hier und niemand kennt mich. Am liebsten würde ich mich aus Tübingen herausschleichen. Und wäre weg für immer.

10.3.1965
Liebe Jenni!
Ich habe die Suche nach meinem Vater wieder aufgenommen. Und manchmal träume ich von Tonini.
Lieber Gott, bitte, bitte, lass mich noch einmal nach Mals kommen. Mals ist doch alles, wofür ich noch lebe.

14.4.1965
Liebe Jenni!
In fünf Tagen fahre ich nach Hause, nach Dortmund. Ich freue mich riesig auf Anja und auch ein wenig auf Rolf. Und natürlich besonders auf „meinen" Oberarzt Guttmann. Ich habe nie verstanden, dass alle sagten, der hätte eiskalte Augen. Ich habe in diesen Augen immer Wärme, Herzensgüte und so etwas wie Seelengröße gesehen. Bin zurzeit die Ruhe in Person und setze jeden Tag mehr Speck an.

21.4.1965
Liebe Jenni!
Ostern ist vorbei, und ich bin wieder in Tübingen. Ich habe in Dortmund alle gesehen, die ich sehen wollte, und denen ich Pflichtbesuche schuldete, bin ich aus dem Weg gegangen. Trotzdem hatte ich in Dortmund nicht so himmel-hoch-jauchzende Glücksgefühle. Man darf nie zu viel erwarten!
Als ich Rolf wiedersah, habe ich zuerst gar nichts für ihn empfunden. Der Karneval saß mir wohl noch in den Knochen. Doch dann kamen mit jedem Tag wieder etwas mehr Gefühle. Aber von der Ehe lasse ich doch besser die Finger. Mich braucht sowieso keiner. Ich bin im Grunde völlig überflüssig. Vielleicht sollte ich in die Mission gehen.

Ich möchte mal einen Blick in meine Zukunft werfen, was aus mir wohl geworden ist, wenn ich mal 30 Jahre alt bin. Aber vielleicht ist es besser, ich weiß nicht, was auf mich zukommt. Sonst hänge ich mich gleich auf.

7.6.1965
Liebe Jenni!
Im August fahren Anja und ich wieder nach Mals. Wenigstens etwas, auf das ich mich freuen kann. Obwohl ich inzwischen zu einigen medizinisch-technischen Assistentinnen Kontakt habe, fühle ich mich hier in Tübingen immer noch einsam.
Ich fange nächste Woche an, mir einen Teppich zu knüpfen. Was soll ich sonst hier machen?

29.6.1965
Liebe Jenni!
10 Zigaretten rauche ich inzwischen am Tag. Mich kotzt alles an. Die Menschen sind komische Geschöpfe. Lacht man, lachen sie gern mit und finden, dass man ein „prima Kerl" ist. Heult man, heucheln sie vielleicht noch kurz Anteilnahme, ziehen sich dann aber schnell zurück. Beim Heulen ist man immer allein. Und um nicht allein zu sein, lacht man, obwohl einem zum Heulen ist. Aber Heulen und Lachen sind zwei Gefühle, die in jedem Menschen sind. Warum erzielen sie bloß so gegensätzliche Wirkungen?
Ich weiß nicht, was mit mir los ist. Melancholie...

15.8.1965
Liebe Jenni!
Anja und ich waren wieder in Mals.
Doch in diesem Mals-Urlaub war alles so durcheinander, wie es auch in meinem Innenleben ist. Seitdem ich in Tübingen bin, läuft nichts mehr gerade in meinem Leben. Aber lass Dir erzählen.
Natürlich hatte ich im letzten Jahr viel von Tonini geträumt. Aber ich war inzwischen auch davon überzeugt, dass er mich längst vergessen hatte. Schließlich hätte er mir ja mal schreiben können. Meine Adresse wäre leicht herauszubekommen gewesen. Ich stand in Briefkontakt mit einigen Bewohnern aus Mals. Und Tonini wusste das.

Als ich in Mals ankam, war ich fürchterlich aufgeregt. Zum ersten Mal habe ich bei meiner Ankunft in Mals nicht den Ortler gesucht. Ich hatte nur Tonini im Kopf. Wir packten unsere Koffer aus, und das Zimmermädchen sah uns dabei zu. Ganz beiläufig sagte sie: „Übrigens, der Tonini ist versetzt worden nach Toblach, aber der Lino ist noch da." Anja strahlte, und ich war niedergeschmettert. Wir gingen in den Speisesaal, um unsere erste Mahlzeit in Mals einzunehmen. Die Wirtin kam an unseren Tisch und sagte zu mir: „Ja, Monika, der Tonini ist versetzt worden. Aber ich soll dir ganz spezielle Grüße von ihm ausrichten. Und eines muss ich dir sagen: Tonini hat immer nach dir gefragt. Er hat gefragt, ob du geschrieben hast, was du geschrieben hast und wann du kommst. Dich hat er nicht vergessen." Und das „dich" betonte sie besonders. Zuerst dachte ich: „Woher wissen das hier alle von Tonini und mir?" Aber dann war mir, als ströme endlich nach langer Zeit wieder Leben durch meine Adern.
Anja und ich gingen durch Mals. Endlich konnte ich die Atmosphäre von Mals wieder genießen, dieses kleine Fleckchen Tirol, das so deutsch war und zugleich so viel italienischen Charme ausstrahlte.
Da kam auch schon der Lino auf uns zu. Er strahlte, als er uns sah, und fragte mich als erstes: „Monika, hast du Tonini vergessen?" Ich wunderte mich, dass Lino auf einmal deutsch sprechen konnte. In diesem Augenblick sah ich Toni Sartorius mit einem blonden Mädchen per Arm. Er sah uns, verabschiedete sich von dieser Blonden und kam auf uns zu. Sichtlich erfreut begrüßte er uns und blieb bei uns stehen. Lino sagte: „Monika, ich fahre heute Nacht zu Tonini. Soll ich ihm etwas von dir ausrichten?" Ich ging auf Lino zu, gab ihm einen Kuss auf die Wange und sagte: „Das gibst du Tonini bitte von mir." Lino strahlte. Toni Sartorius hatte gut zugehört.
Toni Sartorius suchte danach ständig unsere Nähe. Seine blonde Freundin beachtete er nicht mehr. Er hatte noch immer den dicken silbernen Ring an seinem kleinen Finger, den er schon im letzten Jahr getragen hatte. Der Fingernagel dieses kleinen Fingers war lang gewachsen. Und er trug noch immer die dunkle Brille, die seine wunderschönen hellbraunen Augen verdeckten. Aber in seinem Wesen war er wieder offener und freundlicher geworden. Also war ich auch nicht mehr so garstig zu ihm wie im letzten Jahr. Ob er

das als Hoffnungsschimmer ansah, war mir egal. Für mich gab es sowieso nur Tonini. Außerdem hatte Toni mir vor zwei Jahren zu viel angetan, als er mich für Erika stehen ließ. Das konnte ich immer noch nicht vergessen. Und jetzt hatte er seine blonde Freundin einfach stehen lassen, als er uns sah. So schnell ging das bei ihm.
Abends saßen Anja und ich im „Panorama". Toni hatte sich zu uns gesetzt und zeigte uns Fotos. Auf einem Foto stand Toni im Vordergrund, aber im Hintergrund entdeckte ich Tonini. Ich klaute ihm dieses Foto. Gegen 22.00 Uhr brachte Toni Anja und mich nach Hause. Auf dem Nachhauseweg nahm er plötzlich meine Hand und drückte sie ganz zärtlich. Zu meinem Entsetzen fühlte ich, wie mir ein Schauer über den Rücken rann. Als ich auf unserem Zimmer war, schnitt ich Toni von dem geklauten Foto weg und stellte das halbierte Foto mit Tonini im Hintergrund auf meinen Nachttisch.

An einem der nächsten Abende war Tanz im „Grauen Bären". Und schon saß Toni Sartorius wieder bei uns. Wir tanzten miteinander. Toni schloss die Augen und gab sich ganz dem Tanz hin. Ich hatte das Gefühl, als genieße er beim Tanz die Nähe meines Körpers. Mir gefiel das sehr.
Plötzlich brach im „Grauen Bären" ein Freudengeheul aus. Lino rannte jauchzend zur Tür, ein paar Finanzer hinter ihm her. Die anderen waren aufgesprungen und plapperten freudig überrascht alle durcheinander. In der Tür stand Tonini. Er stand so plötzlich da, als hätte eine Fee ihn mit einem Fingerschnippen dorthin gezaubert. Tonini umarmte seine jubelnden Finanzer Kollegen. Mich übersah er geflissentlich. Kurz darauf tanzte er mit so einer dämlichen Plecke von Gasser. Toni Sartorius saß an meiner linken Seite und hatte den Arm um mich gelegt. Aber er wirkte angespannt.
Plötzlich saß rechts von mir Tonini. Und ehe ich überhaupt etwas sagen konnte, lag ich in seinen Armen. Er küsste mich, ließ mich los und verschwand wieder. Mein Gott, war dieser Mann aufregend. Aber ich wusste jetzt, wohin ich gehörte. Sorry, Toni, vielleicht habe ich dir zu viel Hoffnung gemacht. Aber nun erlebst du mal am eigenen Leibe, was du bisher anderen zugefügt hast. Toni Sartorius hatte sich ganz in sich selbst zurückgezogen. So saßen wir eine Zeit lang schweigend nebeneinander. Dann sagte

er langsam, jedes Wort betonend: „Ja, Monika, jetzt ist deine große Liebe gekommen." Ich antwortete nicht. Als der nächste Tanz kam, stand Tonini plötzlich vor Toni Sartorius und bat ihn um einen Tanz mit mir. Toni nickte freundlich: „Natürlich, gern." Tonini tanzte nicht so innig wie Toni, das hatte ich vergessen. Aber ich schob diesen Gedanken zur Seite. Ich wollte einfach nur genießen, dass er, mein Tonini, wieder bei mir war. Davon hatte ich ein Jahr lang geträumt.

Tonini fragte mich während des Tanzens, ob ich mich nachts noch mit ihm treffen würde. Ich sagte „nein". Wir verabredeten uns für den nächsten Morgen im Lido. Wie im vergangenen Jahr lagen wir wieder zusammen auf der Decke und freuten uns aneinander. Lino hatte sich zu Anja gesellt, und alle hätten wir jetzt glücklich sein können. Nachmittags spazierten wir Vier durch die Wiesen von Mals.

Tonini und ich trennten uns von Anja und Lino und legten uns in eine Wiese. Ich hatte vorher gewusst, dass Tonini nicht so gefühlsbetont war wie zum Beispiel Rolf oder Toni. Aber als seine Küsse hart und seine Hände fordernd wurden, verließen mich alle Liebesgefühle. Ich fing an, mich zu wehren. Ja, ich schrie, er solle mich sofort loslassen. Wo war all die Zärtlichkeit, die sonst zwischen uns war? Wo das tiefe Glück, das jede Berührung hervorgerufen hatte? Warum verstand Tonini nicht, dass ich einen zärtlichen Liebhaber wollte?

Aber es blieb ein Teufelskreis. Wurde Tonini zärtlich, wurde ich weich. Spürte Tonini meine Weichheit, wurde er fordernd. Wurde er fordernd, stieß ich ihn weg. Irgendwann gab er auf.

Abends kam Tonini in unser Hotel, um sich von uns zu verabschieden. Er hatte einen grünen Zweig in der Hand, den er mir gab. Ich lächelte etwas müde: „Danke für das Souvenir, Tonini." Er antwortete ernst: „Ich möchte von dir ein anderes Souvenir, Mona." Ich sah Tonini nach, als er abfuhr. In mir war alles leer. All die liebevollen Gefühle, die ich das ganze Jahr für ihn gehegt hatte, waren dahin. Jetzt brauchte ich erst einmal Ruhe. Wenn er nächsten Sonntag wiederkäme, würde ich klarer sehen. Ich legte mich ins Bett.

Spätabends gingen Anja und ich allein durch Mals. Die Straßen waren menschenleer. Plötzlich sah ich vor uns eine einsame Gestalt. Sie hielt den Kopf gesenkt und die Hände in den Hosentaschen. Anja erkannte ihn zuerst und sagte: „Hallo, Toni." Toni Sartorius

hob den Kopf und antwortete Anja freundlich: „Hallo, Anja." Ich wollte nur noch schlafen.
Am nächsten Abend war Tanz. Anja redete sich ihren Mund fusselig, dass ich doch mitgehen sollte. Aber ich hatte absolut keine Lust. Was sollte ich da? Als ich dann doch mitging, war es einzig und allein, um Anja nicht den Abend zu verderben. Ich hatte dann doch noch meinen Spaß, so einen richtigen Jungmädchen-Spaß, weil keiner da war, der mich wirklich interessierte. Wir tranken Wein, und allmählich wurde ich immer zufriedener mit mir und der Welt.
Ich tanzte gerade mit Irgendjemandem, da entdeckte ich Toni Sartorius. Er stand an eine Säule gelehnt und beobachtete mich. Wir sahen uns an. Sein Blick war ernst, fast traurig. Was ich jetzt tat, habe ich nicht mit vollem Bewusstsein getan. „Irgendetwas" tat dies mit mir. Ich hörte mitten im Tanz auf und ließ meinen Tanzpartner einfach stehen. Dann ging ich auf Toni zu. „Tanzt du mit mir, Toni?", fragte ich ihn leise. Er antwortete nicht, doch sein Blick ließ mich nicht los. Und dann, ganz langsam, nickte er. Eine Zeit lang hielt Toni mich beim Tanzen auf Abstand. Aber schon bald hingen wir ineinander. Anja sagte mir später, Toni hätte die Augen geschlossen und sei ganz weg gewesen.
Nach drei bis vier Tänzen ging ich mit Toni nach draußen. Es war eine herrlich warme Nacht. Beide waren wir noch erhitzt vom Tanzen. Toni nahm mich in den Arm und küsste mich. Dann nahm er seinen dicken silbernen Ring vom kleinen Finger und steckte ihn mir auf den linken Ringfinger. Spätabends brachte Toni Anja und mich nach Hause.
Abends im Bett überlegte ich hin und her, was denn bloß mit mir los war, und warum ich plötzlich die Berührungen von Toni so genießen konnte. Wo war meine Liebe geblieben für Tonini? Und was war mit Rolf? Ich verstand nichts mehr, und mit dem Gefühl „alles ist durcheinander" schlief ich irgendwann ein.
Am nächsten Morgen schrieb ich einen Brief an Rolf und machte Schluss mit ihm. Nun war wenigstens eine unklare Beziehung geklärt.

Anja und ich lagen am nächsten Tag im Lido und warteten. Anja auf Lino und ich auf Toni. Nach einer Stunde kam Toni – Hand in Hand mit der Blonden, die er zu Anfang unseres Urlaubs für mich stehen gelassen hatte. In mir brach ein völliges Chaos aus.

Ich hätte heulen können und beherrschte mich mühsam, damit Toni das nicht sah. Gleichzeitig spürte ich den alten Hass wieder, den ich vor zwei Jahren empfunden hatte, als er das schon einmal mit mir gemacht hatte. Und als Krönung des Ganzen hatte ich auch noch ein schlechtes Gewissen, weil ich das Gleiche ja mit ihm gemacht hatte, zu Anfang des Urlaubs, mit Tonini.

Die nächsten Abende verbrachten Anja und ich wieder mit „unseren" Finanzern. Es hatte sich zwischen uns eine schöne Kameradschaft entwickelt. Einige Finanzer saßen abends oft in der Gaststube der „Post" und sangen Lieder, die Emanuel auf seiner Gitarre begleitete. Anja und ich setzten uns als einzige Mädchen mitten in die Runde der Finanzer und sangen die Lieder mit, die wir kannten. Ich sang aus tiefstem Herzen: „Triste Amore". Einige Male zwinkerte Emanuel mir aufmunternd zu. Die Finanzer schienen den Stand der Beziehung zwischen ihrem Kollegen Tonini und mir genau zu kennen. Anja und ich verbrachten so ein paar wunderbare Abende bei Wein und Gesang. Gelegentlich sah ich durchs Fenster, wie Toni seine blonde Freundin nach Hause brachte. Und eines Tages sah ich, dass Tonis blonde Freundin mit ihrem Koffer Mals verließ. Toni war wieder allein.
Abends war Tanz im Bärenkeller. Als ich Toni entdeckte, der einsam auf einem Barhocker saß, flirtete ich mit jedem rum, der mir in die Quere kam. Irgendwann umringten mich vier Männer. Anja und ich hatten inzwischen ein paar Gläser Wein getrunken und waren in bester Stimmung. Und diesmal ging ich bewusst auf Toni zu, Schritt für Schritt. Als ich vor ihm stand, fragte ich ihn, ob er mit mir tanzen möchte. Er flog fast in meine Arme, als hätte er nur darauf gewartet. Nach ein paar Tänzen setzte er sich zu uns an den Tisch. Und es dauerte nicht lange, da lag beim Tanzen seine Wange an meiner. Eine Welle von Zärtlichkeit strömte von ihm auf mich über und machte mich ganz weich. Beim nächsten Tanz blieb er mitten auf der Tanzfläche stehen und sah mich ernst an. „Monika, bitte, sei jetzt ganz ehrlich. Wenn du lieber mit Tonini gehen willst als mit mir, dann sage es mir jetzt sofort."
Ich wollte weiter tanzen, lachte und sagte: „Nein Toni, ich bleibe bei dir. Und jetzt lass uns weiter tanzen." Aber er blieb stehen und hielt mich fest. „Hör auf zu lachen, Monika", sagte er, „ich will

es jetzt ganz ernst und ehrlich von dir wissen, ob du lieber mit Tonini gehen willst oder mit mir.“ Und nach einer Pause: „Ich habe dich mit ihm in der Wiese gesehen.“ Darauf ging ich gar nicht ein, sondern sagte ihm noch einmal, dass ich jetzt bei ihm bleiben würde. Danach gingen Toni und ich zusammen.
Tagsüber waren wir im Lido. Wir lagen zusammen auf der Decke und schmusten zärtlich verspielt miteinander wie kleine Katzen. Wir spielten Calcetto, Anja, Toni und ich. Toni gewann immer. Und wie vor zwei Jahren, spielten wir stundenlang mit demselben Ball, weil Toni ihn immer blitzschnell vor dem Tor abfing. Wir schwammen miteinander um die Wette, küssten uns unter Wasser, und wenn er lachen musste, versank er vor meinen Augen. Nachts gingen wir durch die Felder von Mals. Es waren warme Nächte, und der Himmel war sternenklar. Wir hielten uns eng umschlungen und sangen leise: „Melancholie im September…“ Zwischendurch blieben wir stehen, betrachteten die Sterne, küssten uns und betrachteten wieder die Sterne. Er ließ mir die Zeit, die ich brauchte – bis ich wusste: Jetzt ist es soweit. Der Zeitpunkt für mein „erstes Mal“ war da. Und es war nicht nur wunderschön, es war die selbstverständlichste Sache der Welt.

Was nun folgte, ist mir noch immer unverständlich.
Die nächsten Tage waren sehr schön. Toni und ich lagen im Lido auf der Decke, kuschelten uns eng aneinander und waren glücklich. Am nächsten Tanzabend saßen wir in fröhlicher Runde zusammen, als fremde Männer mich zum Tanzen aufforderten. Ich wollte Spaß haben und tanzte mit ihnen, einmal, zweimal, mehrere Male. Dann fing ich an, mit ihnen zu flirten. Toni beobachtete mich wie erstarrt. Ich sah, dass er eifersüchtig war. Mich freute das ungemein, und ich fing an, mit den anderen Männern auf der Tanzfläche zu schmusen. Ich gehörte zu Toni, das war klar. Und Toni würde es sicher freuen, wenn er sah, wie begehrt ich war. Das waren meine verqueren Gedanken. Toni sagte kein Wort. Aber ich spürte, dass er sich innerlich zurückzog. Was war nur los mit ihm? Wir gingen miteinander durch die Nacht. Ich wollte seine Hand nehmen, er entzog sie mir. Nach einer Weile blieb er stehen und sagte ruhig: „Monika, du bist nur noch eine gute Freundin für mich, mehr nicht.“
Es war vorbei mit uns.

Am nächsten Tag kam Toni zwar ins Lido. Doch wir lagen jetzt getrennt. Alles hatte ich kaputt gemacht. Ich bedauerte das zutiefst und war todunglücklich. Jeden Augenblick rechnete ich damit, dass er sich nun einer anderen Freundin zuwandte. Doch er blieb allein. Für Mädchen schien er sich nicht mehr zu interessieren. Anja sagte mir später, sie hätte Toni noch nie so glücklich gesehen, wie in der Zeit mit mir. Das war Salz auf meine Wunde.

Am nächsten Abend war wieder Tanz. Plötzlich stand Toni vor mir und forderte mich auf. Wir tanzten zwei Tänze weit auseinander. Dann fragte er mich, ob ich mit ihm nach draußen gehen würde. Draußen wollte er meine Hand nehmen. Ich entriss sie ihm und fauchte ihn an: „Lass das. Ich will dir mal etwas sagen, Toni. Wenn ich auch für dich nur noch eine gute Freundin bin. Du bist für mich etwas mehr. Ich liebe dich nämlich." Die Wirkung dieser Worte war verblüffend. Toni blieb abrupt stehen, als sei er vom Blitz getroffen worden. Er war durch nichts mehr fortzubewegen. Er blickte gen Himmel und war völlig abwesend.

Ich kam mir allmählich ziemlich verloren vor und sprach ihn vorsichtig an. Er rührte sich nicht. Erst als ich meine Hand auf seinen Arm legte, kam er langsam wieder zu sich. Er sah mich lange an. Dann fragte er leise: „Monika, stimmt das, was du mir gerade gesagt hast?" – „Natürlich", sagte ich. Und wieder versank er in diese Starre. Plötzlich brach ein Wortschwall aus ihm heraus, den ich nur mühsam sortieren konnte. Zuerst natürlich Tonini, und dass ich ihn wegen Tonini stehen gelassen hätte. Verbittert sprach er weiter, dass es allein meine Schuld sei, dass alles so gekommen wäre. Und wörtlich: „Du bist schuld daran, dass die Gefühle, die da in mir geboren waren für dich, nun zerstört sind." Ich hörte ihm zu und dachte: „Monika, es ist vorbei. Wenn du jetzt gehst, verschaffst du dir wenigstens noch einen würdevollen Abgang." Toni schüttelte verständnislos den Kopf: „Monika, du bist ein Mädchen, das überhaupt nicht zu verstehen ist. Ich habe viele Mädchen gekannt, und alle habe ich verstanden. Aber dich, dein Wesen, verstehe ich nicht. Ob das für dich gut ist oder schlecht, das weiß ich nicht." Ich war auf einmal entsetzlich müde.

Wir verabschiedeten uns freundlich voneinander wie zwei gute Kameraden.

Am nächsten Tag kam Toni ins Lido und war wie verwandelt. Er nahm mich in den Arm und küsste mich. Ich war völlig durcheinander. Dann beschloss ich, mir einfach keine Gedanken mehr zu machen und die restlichen Stunden, die ich noch in Mals war, zu genießen. Arm in Arm lagen Toni und ich nun wieder zusammen auf der Decke und waren so zärtlich und verspielt miteinander wie in den ersten Tagen. Da beschloss ich, ihm mein Kettchen zu schenken mit dem kleinen goldenen Schlüsselanhänger. Ich hängte es ihm um und sagte: „Damit du mich nicht vergisst." Toni war so stolz, als hätte ich ihm einen Orden umgehängt. Er wusste dieses Geschenk zu schätzen. Ob noch einmal alles gut würde zwischen uns?

Am letzten Abend in Mals war noch einmal Tanz im Bärenkeller. Und diesen Abend wollte ich vernünftiger sein, wollte nur mit Toni tanzen und keinen anderen Mann auch nur ansehen. Wir saßen eng umschlungen auf einer Bank im Tanzkeller. Er hatte mein goldenes Kettchen um und berührte es ab und zu zärtlich. Doch sobald ich das Kettchen anfassen wollte, wehrte er mich ab, ängstlich, dass ich es ihm wieder wegnehmen könnte. Als Toni und ich gerade zur Tanzfläche gehen wollten, stand plötzlich so ein dämlicher Typ vor mir und forderte mich ebenfalls auf. Als hing ich an einem Faden, der von einer unsichtbaren Hand gelenkt wird, stand ich auf und ging mit diesem Mann auf die Tanzfläche. Da sah ich, dass Toni den Saal verließ. Ich habe ihn nicht mehr gesehen. Das war mein letzter Abend in Mals.

Na, Jenni, was sagst Du nun? Hab ich das nicht fein hingekriegt?

Ich bin ganz stolz auf mich.

So viel Doofheit in einer Person, das soll mir erst einmal einer nachmachen. Das kann mir aber niemand nachmachen, denn so was Bescheuertes wie mich gibt es kein zweites Mal.

22.8.1965

Ich bekomme meine Tage nicht. Bin ich schwanger?

„Lieber Gott, ich will kein Kind. Ich schaffe das nicht allein. Was soll werden, wenn…?"

23.8.1965
Ich habe Tabletten zum Schwangerschaftsnachweis eingenommen. In vier Tagen muss es sich entscheiden. „Lieber Gott, was soll aus dem Kind werden, wenn ich eines bekomme? Es wird doch nur in Heimen groß. Versteh das doch, lieber Gott. Lass mich nicht schwanger sein."

24.8.1965
Ich habe Angst. Mein Körper macht sich selbstständig, als gehöre er mir nicht mehr allein. Ich hoffe noch immer. Das kann doch nicht wahr sein! Was soll denn nur werden?

27.8.1965
Gebe heute meinen Urin zum Froschtest. In drei Tagen erhalte ich Antwort. Aber es dürfte schon jetzt keinen Zweifel mehr geben. Ich bin wütend, wütend, wütend. Wütend auf mich, wütend auf Toni, wütend auf Gott.

5.9.1965
Ich bin schwanger. Habe mit Gott gebrochen. Mir so etwas zuzumuten, ist ein starkes Stück.

10.9.1965
War bei einer Frauenärztin zur Untersuchung. Sie gratulierte mir zu der Schwangerschaft. Ich habe geheult. Sie hat mir dann empfohlen, in ein Entbindungsheim zu gehen noch bevor jemand sieht, dass ich schwanger bin. Dort könnte ich sogar für meinen Aufenthalt arbeiten, anstatt zu bezahlen. Direkt nach der Geburt kann ich das Kind dort lassen und es zur Adoption freigeben. Das ist eine gute Lösung. Ich habe dann alles überstanden und bleibe mein eigener Herr.

15.9.1965
Ich habe Toni einen wütenden Brief geschrieben, ohne Gruß und Anrede: „Wie ich vom Arzt erfahren habe, erwarte ich ein Kind. Meine Anerkennung, Toni, Du hast Dich gut revanchiert. Allerdings hatte ich *das* nicht erwartet. Irgendwann werde ich Dir das heimzahlen. Und ich werde Dich finden, egal wann das ist und egal wo Du bist. Monika."

Tonis Antwort: „Als Karnevalsscherz ist Dein Brief nicht das Schlechteste gewesen. Aber wir sind im Sommer und Karneval ist schon lange vergangen. Bitte, mache solche Scherze nie wieder. Jedenfalls bin ich mir meiner Sache sicher und Du – richte Dich danach. Toni."

18.9.1965
Ich hatte eine Möglichkeit, in der Schweiz eine Abtreibung durchführen zu lassen. Alles war klar. Ich brauchte dazu eine Woche Urlaub. Als ich meinen Urlaubsantrag unserem Oberarzt vorlegte, hat der mich nicht mehr aus seinem Zimmer gelassen. Er müsste mal mit mir reden, sagte er. Ich wäre in der letzten Zeit völlig verändert. Was denn mit mir los sei. Ich hab angefangen zu heulen. Da sagte er mir auf den Kopf zu, dass ich schwanger sei, und dass ich die eine Woche Urlaub brauche für eine Abtreibung in der Schweiz.
Ich habe alles zugegeben. Da sagte er voller Wärme zu mir: „Engelchen, ich will Ihnen mal etwas erzählen. Meine Frau und ich hätten so gern Kinder gehabt. Wir haben keine bekommen. Und jetzt muss ich zusehen, wie Sie Ihr Kind abtreiben lassen. Ich könnte das natürlich verhindern, allein schon dadurch, dass ich Ihnen Ihren Urlaub nicht genehmige. Aber das tue ich nicht. Ich genehmige diesen Urlaub. Ich lasse Sie fahren. Aber Sie gehen nicht mit meinem Segen. Sie sollen wissen, dass ich das, was Sie tun werden, zutiefst ablehne."
Bin nicht gefahren. Der Oberarzt und seine Frau wollen mir helfen, gute Adoptiveltern für mein Kind zu finden.

20.9.1965
War mit Mutti in dem Entbindungsheim für ledige Mütter. Die Leiterin ist Frau Vollmer, eine Hebamme. Sie hat mir eine Freistelle angeboten, wenn ich dafür bei ihr arbeite.
Da ich kein Geld habe, werde ich bis zur Geburt des Kindes in diesem Heim arbeiten. Danach bleibt das Kind drei Monate dort. Oft würden die Kinder schon direkt in dem Entbindungsheim von ihren Adoptiveltern ausgesucht. Die Adoptionsmöglichkeiten seien sehr gut. Ich bin beruhigt.

21.9.1965
Ein trauriger Geburtstag. 20 Jahre bin ich nun alt und schwanger.
Manchmal muss ich lachen.
Einmal probiert und schon ein Treffer.
Meinen Kolleginnen lache ich ab und zu ins Gesicht und denke: „Wenn ihr wüsstet."

13.11.1965
Manchmal spreche ich mit dem Kind. Ich hätte gern einen Sohn. Den würde ich Marcus Antonius nennen. Dann fällt mir die Adoption ein, und ich nehme Abstand von dem Kind.

25.11.1965
Das Kind hat sich zum ersten Mal bewegt. Ist das ein schönes Gefühl!
Ich möchte dieses Kind doch gerne behalten. Habe das vorsichtig Mutti angedeutet. Sie schwieg.

1.12.1965
Ich freue mich auf mein Kind. Wie konnte ich bloß auf diesen absurden Gedanken kommen, mein Kind zur Adoption freizugeben? Ich habe das unserem Oberarzt gesagt. Der lächelte und meinte, seine Frau und er hätten von vornherein gewusst, dass ich dieses Kind behalte. Dann sagte er, dass er Gerede in der Abteilung über mich gehört hätte. Er würde gern alle aus der Abteilung zusammenrufen und sie über meine Schwangerschaft informieren, gleichzeitig aber um Stillschweigen bitten. Er möchte aber vorher meine Zustimmung. Ich war einverstanden.
Später habe ich erfahren, was unser Oberarzt bei dieser „Besprechung" gesagt hat: „Unsere Sekretärin erwartet ein Kind und wird nicht heiraten. Sie weiß noch nicht, wie es weiter geht, ob sie das Kind behält oder zur Adoption frei gibt."
Dann hätte er alle um Stillschweigen außerhalb der Abteilung gebeten und abschließend gesagt: „Wer eine abfällige Bemerkung über diese Schwangerschaft machen sollte, der bekommt es mit mir zu tun." Aber die meisten hätten sich gefreut, dass jemand in der Abteilung ein Baby erwartet.
Frau Raiser ist eine ältere alleinstehende Kollegin. Die kam als erstes zu mir und sagte: „Behalten Sie dieses Kind. Sie werden

später dankbar dafür sein. Ich hätte so gern ein Kind gehabt, auch wenn es schwer gewesen wäre, es allein großzuziehen. Nun bin ich ganz allein in meinem Leben."
Frau Seemann, eine MTA, lachte mich nach der Besprechung an und sagte: „Ich habe schon immer an eine Sphinx denken müssen, wenn ich Sie angesehen habe. Sie sind tatsächlich eine."
Dann bat sie mich, sie doch endlich „Ziege" zu nennen. Viele nennen sie in der Abteilung „Ziege", weil ihr Ziegen so gut gefallen. Aber wenn Frau Raiser „Ziege" ruft und Frau Seemann angelaufen kommt, finde ich das furchtbar. Ich werde nicht „Ziege" zu ihr sagen.

3.12.1965
Rolf hat mich in Tübingen besucht. Ich habe ihm alles erzählt. Er hat sich nicht anmerken lassen, wie geschockt er war, sondern wollte mich tatsächlich heiraten. Es brauchte dann ja niemand zu wissen, wer der richtige Vater des Kindes wäre.
Habe alles abgelehnt. Trotzdem bleiben wir in Verbindung. Rolf ist so etwas wie „Heimat" für mich.
Heiraten könnte ich im Augenblick überhaupt keinen. Bin froh, wenn ich meinen Kopf über Wasser halten kann und nicht untergehe. Mehr weiß ich nicht mehr über mich und das Leben.

4.12.1965
Ich war beichten. Wollte mit Gott wieder ins Reine kommen. Als ich dem Pastor im Beichtstuhl alles erzählt hatte und ihm sagte, nun sei ich schwanger, antwortete er: „Advent, das erste Lichtlein brennt. Und wenn erst das vierte Lichtlein brennt, kommt das Christuskind…"
Ich habe mittendrin den Beichtstuhl verlassen. Nun habe ich keine Absolution erhalten.

7.12.1965
Seit meiner Schwangerschaft ist in unserer Abteilung eine richtig tolle Gemeinschaft. Meine Kolleginnen haben tatsächlich niemandem sonst etwas von mir erzählt. Eine Krankenschwester aus dem Nachbarhaus hat sich wohl bei meinen Kolleginnen über mich erkundigt. Ich hätte zugenommen und sähe aus, als

sei ich schwanger. Ganz verwundert hätten meine Kolleginnen reagiert und einstimmig gesagt: „Nein, davon ist uns nichts bekannt."

Als sie mir das erzählten, hatten sie immer noch ihren Spaß daran.

Es sieht fast so aus, als würde mein Kind ein Abteilungskind.

Abends beobachte ich mein Kind genau, wie es sich reckt und eine Seite meines Bauches anhebt.

Manchmal stelle ich ein Buch auf meinen Bauch und beobachte, wie das Buch hüpft, wenn das Baby strampelt. Besonders gern hat es wohl, wenn ich bade. Dann habe ich das Gefühl, der Kleine tanzt in meinem Bauch.

Ich glaube bestimmt, dass es ein Junge wird. Für nichts in der Welt gebe ich dieses Kind her.

1.1.1966

Neujahr!

Bald gehe ich ins Heim. Mutti glaubt immer noch, ich gäbe das Kind zur Adoption frei. Sie lässt über ein anderes Thema nicht mit sich reden.

Ansonsten verstehen wir uns zurzeit ganz gut. Warum war das früher so schwer mit ihr?

1.2.1966

Ich gehe allein zum Bahnhof. Mutti weint, ich auch.

Was erwartet mich in dem Entbindungsheim?

Nun war ich schwanger.

Alles hatte ich so vorbereitet, wie ich es mir mit 16 Jahren vorgestellt hatte, um mein „erstes Mal" zu einem erotischen Erlebnis werden zu lassen. Ich hatte einen zärtlichen Partner, eine stimulierende Umgebung und das sichere Gefühl, das ist der richtige Zeitpunkt. Und ich freute mich darauf. Ich hatte nur vergessen, bis zehn zu zählen.

Ein Spielkamerad hatte mich recht früh aufgeklärt. Er erzählte mir, dass er mit seinem Penis nicht nur pinkeln könne, sondern sogar Kinder machen. Das Kind wüchse zwar im Bauch der Frau heran, er müsse es aber weiter regelmäßig mit seinem Sperma ernähren, damit es groß und stark würde. Erst die letzten vier Wochen vor der

Geburt könne er damit aufhören, da das Kind dann groß genug sei. Ich wusste, dass meine Mutter meinen Vater nach meiner Zeugung nicht mehr gesehen hatte und war beeindruckt, auf welch wundersame Weise ich gewachsen war.
Als ich einmal wusste, wie „man" Kinder zeugt, weihte meine Mutter mich schnellstens in die Geheimnisse ein, wie „frau" Kinder verhütet. Sie hatte schließlich die schlimmste Erfahrung hinter sich, die ein Mädchen damals machen konnte. Die Pille gab es noch nicht, aber andere Finessen.
So sperrig meine Mutter sonst mit der Weitergabe von Informationen war, in Bezug auf die Verhütung einer Schwangerschaft hat sie ihr Möglichstes getan. Ich war also über alle damals bekannten Möglichkeiten zur Verhütung einer Schwangerschaft informiert. Ja, ich hatte sogar einen ausgesprochen regelmäßigen Monatszyklus und hätte mir ausrechnen können, wann mit einer Schwangerschaft zu rechnen war. Ich war allerdings so mit dem „emotional richtigen Zeitpunkt" meines ersten sexuellen Erlebnisses beschäftigt, dass ich den „rechnerisch richtigen Zeitpunkt" einfach vergaß.
Mein „erstes Mal" blieb eine schöne, zärtliche Erinnerung, die ich mir mein ganzes weiteres Leben bewahrte. Mein „erstes Mal" bescherte mir aber auch eine Schwangerschaft, die mein ganzes weiteres Leben beeinflusste.

Nachdenklich beobachte ich heute meine Enkelkinder. Isa, meine Tochter, blieb mein einziges Kind. Ich bin dankbar, dass ich wenigstens sie bekommen habe. Sie sieht weder Toni noch mir ähnlich. Sie ist blond, ihre Haut ist hell, ihre Augen sind grün. In ihrem Wesen oder Charakter glaube ich, viele Personen zu erkennen. Aber am deutlichsten erkenne ich meine Mutter.
Meine Enkeltochter Anna ist Toni am ähnlichsten, im Wesen wie im Äußeren, ihre wunderschönen hellbraunen Augen erinnern mich oft an ihn.
Mein Enkelsohn Lucas hat ein strahlendes Lachen, das mich wärmt, wie die Sommersonne von Mals. Und er ist ein Ball-Kind. Wenn ich mit Lucas Calcetto spiele, rührt es mich zu sehen, wie flink und souverän der kleine Kerl mein Tor trifft. Lucas ist der einzige, gegen den ich beim Calcetto verliere. Lucas ist ein Naturtalent beim Fußballspiel, auch wenn Isa ihn zum Handballspiel gedrängt hat, weil Handball nicht so rüpelhaft sei wie Fußball. Doch Lucas' Herz gehört

dem Fußball. Von keiner Seite meiner Verwandtschaft ist mir bekannt, dass ein Mann so begeistert Fußball spielt wie Lucas. Ein geborener Fußballspieler ist nur Toni.

Die Beziehung zwischen Toni und mir war geprägt von einer Ambivalenz zwischen Hingabe und Hassgefühlen. Toni hatte mich zwei Jahre zuvor für Erika stehen lassen. Ich habe ihm danach nie mehr vertraut. Dennoch wählte ich ihn für mein „erstes Mal". Dieser Widerspruch prägte unsere Beziehung auch weiterhin. Wir fühlten uns voneinander angezogen wie Magnete. Doch wenn die Magnete sich näherten, kippte einer und zeigte seine andere Seite. Und diese Seite war abstoßend.
Es ist heute müßig zu hinterfragen, warum der „Magnet" Toni regelmäßig kippte, wenn er sich mir näherte. Doch warum kippte ich? Warum habe ich Toni verletzt? Das interessiert mich heute schon. Bei aller Freude am Spiel des sich Annäherns und sich Abwendens zeichnete sich damals schon mein gestörtes Verhältnis zu Männern ab, das seine Wurzeln in der Erfahrung meiner frühen Kindheit hat.
Die meisten meiner Spielkameraden hatten einen Vater. Sie waren nicht sonderlich geliebt, diese Väter. Sie schlugen gelegentlich, waren wortkarg und emotional meist unerreichbar. Verblüfft stellte ich aber fest, dass diese Väter bei ihren Familienmitgliedern sonderbare Reaktionen hervorriefen. Frau und Kinder schleppten Bier für diesen Vater, krabbelten auf der Erde herum, wenn ihm etwas heruntergefallen war und schafften ein Schonklima, wenn Vater geschont zu werden wünschte. Und: Vater erhielt als Erster zu essen, das meiste und das beste. Auf solche Art von „Denkmalpflege" konnte ich gut verzichten. Aber so ein Vater garantierte etwas, das für meine Spielkameraden selbstverständlich war, dessen ich aber dringend bedurfte: Schutz. Ein Kind mit Vater war unantastbar. Es war geschützt vor einer unberechenbaren Mutter und der Häme einer „ehrbaren" Umwelt.
Väterliche Wesen hatte es in meiner Kindheit genug gegeben. Ihre Gegenwart war für mich als Kind immer so etwas wie ein Versprechen gewesen, endlich geschützt und geliebt zu werden.
Sobald ich aber begann, diese Wesen gern zu haben, verschwanden sie – plötzlich und zumeist spurlos. In meiner Kindheit hatten Männer ihre Versprechen nicht gehalten. Sobald später ein Mann auch

nur ansatzweise erkennen ließ, dass er das, was er – auch wortlos – versprach, nicht halten würde, bekam er die geballte Ladung Hass des enttäuschten Kindes ab. Dies lief unbewusst ab und war deshalb umso gefährlicher.
1963 wurde mir dieser Hass erstmals bewusst, als Toni mich für eine andere stehen ließ. Er hatte mir das – wortlose – Versprechen gegeben, zärtliche Erotik mit mir leben zu wollen und war danach plötzlich verschwunden. Als wir uns zwei Jahre später wieder einander näherten, begann ich, auch mit anderen Männern zu flirten. Mein unbewusster Rachemechanismus zwang mich, ihn immer wieder zu verletzen. Rache an einem Mann, der mich 1963 einmal und 1965 ein zweites Mal für eine blonde Freundin stehen gelassen hatte.

Trotz all dieser Erklärungsversuche bin ich mir heute sicher: Egal, wie ich mich verhalten hätte, zwischen Toni und mir wäre es niemals zu einer Lebensgemeinschaft gekommen. Mein „Fehlverhalten" war für Toni nur ein willkommener Anlass, sich aus der Verantwortung stehlen zu können. Ich habe bezahlt für das, was ich Toni damals zufügte. Und ich habe mit allen mir zur Verfügung stehenden Mitteln versucht, mein Kind diesen Preis so wenig wie möglich spüren zu lassen. Und Toni? Hat er bezahlt für das, was er mir und Isa zufügte?
Vor 15 Jahren hat Isa Toni geschrieben, weil sie ihren „Erzeuger" einmal sehen wollte. Sie haben sich in München getroffen. Toni schrieb Isa damals, er könne seinen Jugendfehler nur vor Gott und seinem Gewissen verantworten.
„Machst du es dir da nicht etwas zu einfach, Toni? Du hast das, was du getan hast und das, was du nicht getan hast, auch vor mir und Isa zu verantworten!"

10.2.1966
Die Freistelle hier im „Entbindungsheim für ledige Mütter" bedeutete für mich, täglich zehn Zimmer zu wischen und zu bohnern, eine Toilette zu scheuern, die Wände ab- und alle Kack-Windeln auszuwaschen. Hier ist keine Putzfrau oder sonstige Hilfe. Alles machen die schwangeren Mädchen, die dafür kostenlos hier leben können. Unter normalen Umständen war ich es schon nicht

gewohnt, den ganzen Tag so schwer körperlich zu arbeiten, unter diesen jetzigen „Umständen im siebten Monat“ habe ich die Arbeit erst recht nicht geschafft. Wie hätte ich das denn noch durchhalten sollen bis zur Geburt des Kindes? Es ging nicht mehr. Ich musste die Freistelle aufgeben und bezahle nun für eine so genannte Halbtagsstelle, das heißt ganztags arbeiten bis zur Geburt des Kindes, aber leichtere Arbeiten wie Bügeln, Wäsche zusammenlegen, Brei kochen für die Säuglinge, Kinder beaufsichtigen und füttern.
Mutti leiht sich das Geld irgendwo. Ich habe noch einen Sparvertrag. Wenn der fällig ist, muss ich das davon zurückzahlen.

Wir sind hier 20 schwangere Mädchen. Die meisten geben ihr Kind zur Adoption frei. Alle haben zu Hause irgendwelche Lügenmärchen erzählt, wo sie sich zurzeit aufhalten. Mutti hat in unserer Nachbarschaft erzählt, ich sei auf einem Seminar. Sie glaubt immer noch, dass ich mein Kind abgebe.
Wenn ich die Kinder hier sehe, werde ich traurig und wütend. Nach drei Monaten sollten die Kinder eigentlich schon bei ihren Adoptiveltern sein. Aber viele Mädchen „vergessen“ ihre Kinder hier einfach. Sie hauen ab nach der Geburt und kümmern sich nicht mehr um sie. Sie geben sie aber auch nicht zur Adoption frei. Das ist ein Elend. Stefan ist schon drei Jahre alt. Nächstes Jahr kommt er ins Waisenhaus. Das einzige Wort, das er sprechen kann, ist „Gilko“. Gilko heißt der Hund von Frau Vollmer. Stefan spricht es ganz komisch aus, so als gurgele er die Buchstaben wie Wasser in der Kehle. Ich kümmere mich etwas um Stefan. Aber was nützt das alles? Die schwangeren Mädchen wechseln ja ständig, und so hat Stefan niemanden, der sich mal länger als ein halbes Jahr um ihn kümmert.
Schwester Gaby ist die einzige Kinderschwester hier. Sie hat auch ein uneheliches Kind. Sicher bleibt sie nur deshalb in diesem einsamen Kaff im Bayerischen Wald, weil sie mit ihrem Kind hier leben kann.

8.3.1966
War gestern mit Stefan spazieren. Ich glaube, der Kleine ist noch nie aus diesem Heim hier herausgekommen. Ich habe mich mit ihm in eine Wiese gelegt. Er war für nichts mehr ansprechbar. Er hat nur noch Grashalme betastet und sie bestaunt, als seien es

kleine Wunder. Ich glaube, Stefan hat noch nie in seinem dreijährigen Leben Gras gesehen.
Wenn das Wetter schön ist, stellen wir die Kinderbettchen immer auf die Terrasse. Dort dürfen dann auch die größeren Kinder spielen. Aber die Terrasse ist zubetoniert.

10.3.1966
Bin gestern Nacht wieder wach geworden von dem Lärm, den die Kinder gemacht haben. Einige hockten auf allen Vieren in ihren Betten und schlugen ununterbrochen im gleichen Rhythmus mit ihren Köpfen gegen die Holzwand ihrer Betten, bum, bum, bum – stundenlang. Man sollte die Mütter, die ihre Kinder hier „vergessen" haben und die Adoptionsfreigabe nicht unterschreiben, zwingen, sich diese Kinder eine Woche lang anzusehen.

1.4.1966
Ich werde immer dicker. Fast zwei Zentner wiege ich jetzt. Habe angefangen zu stricken. Und das klappt sogar. Frau Vollmer sagt, dass sie meiner Entbindung mit Schrecken entgegensieht. Ich hätte mich zu wenig bewegt und sei zu dick. Ich habe ihr gesagt, dass ich kurz vor meinem Termin noch auf ihren Hausberg klettere. Sie meint, das schaffe ich schon jetzt nicht mehr. Der werde ich's noch zeigen!

4.4.1966
Doris und Karin haben zur gleichen Zeit Termin wie ich, am 28.4.1966. Karin erwartet ihr zweites uneheliches Kind, diesmal von einem Portugiesen. Sie gibt ihr Kind auf jeden Fall zur Adoption frei, weil sie zwei uneheliche Kinder nicht großziehen kann. Doris steht kurz vor dem Abitur. Sie möchte ihr Kind gern behalten, weiß aber noch nicht, wie das zu Hause weitergehen soll mit einem Kind. Sie will ihren Sohn Agamemnon nennen. Frau Vollmer sagt, sie freue sich schon darauf, wenn Doris' Agamemnon und mein Marcus Antonius zusammen bei ihr auf dem Wickeltisch liegen.
Vor ein paar Tagen kam Ute. Ute sagt, sie sei von einem Italiener vergewaltigt worden. Das Kind wollte sie schon deshalb nicht behalten. Außerdem sei ihr Vater Pastor. Der könnte ja nicht von der Kanzel Moral predigen, wenn seine Tochter ein uneheliches

Kind hätte. Er wisse auch gar nichts von ihrer Schwangerschaft und glaube, sie sei zur Kur. Ich habe ihr gesagt, dass ich das alles etwas komisch fände, die angebliche Vergewaltigung und ihren Pastoren-Vater. Sie sollte mal besser mit ihrem Pastoren-Vater sprechen, bevor sie ihr Kind zur Adoption frei gibt.
Es ist schon verrückt auf dieser Welt. Ute spricht nicht mit ihrem Vater, weil sie ihr Kind zur Adoption frei geben will. Ich spreche nicht mit meiner Mutter, weil ich mein Kind nicht zur Adoption frei geben will. Habe inzwischen von hier aus eine Pflegestelle für mein Kind gefunden. Wenn das meine Mutter wüsste…
Gudrun bekommt ein Kind von ihrem Chef, einem verheirateten Zahnarzt. Er hat ihr 10.000 Mark gegeben. Dafür soll sie seinen Namen nicht nennen beim Jugendamt.
Ingrid bekommt von einem Mexikaner ein Kind. Sie würde ihr Kind gern behalten, aber ihre Eltern verbieten ihr das. Sie ist erst 16 und geht noch zur Schule. Wenn ihre Eltern sie abholen nach der Entbindung, will sie ihnen ihr Kind zeigen. Sie hofft, dass ihre Eltern dann weich werden und sie ihr Kind behalten darf.

6.4.1966
Gestern hatten wir viel Spaß. Wir haben mit unseren dicken Bäuchen getwistet und so viel gelacht, dass sich unsere Kinder im Bauch vor Schreck nicht mehr rührten. Erst als wir abends ruhig vor dem Fernseher saßen, wurden sie wieder munter.
In der Nacht hat eine verheiratete Frau aus dem Ort hier entbunden. Sie hat das ganze Haus zusammengeschrieen. Frau Vollmer sagte danach: „Lieber zehn Entbindungen hintereinander bei meinen ledigen Mädchen, als eine Entbindung bei einer verheirateten Frau." Ich habe hier noch kein Mädchen schreien hören bei der Entbindung. Na ja, wir haben ja auch niemanden, den wir beeindrucken können.

10.4.1966
Es hat ein Riesentheater hier gegeben.
Ich hatte immer schon den Verdacht, dass Schwester Gaby manchmal die Kinder schlägt. Die anderen Mädchen vermuteten das auch. Aber niemand traute sich, das laut zu sagen. Auf dem Flur hörte ich plötzlich ein Geklatsche aus dem Kinderzimmer und danach Stefans Weinen. Ich bin sofort ins Kinderzimmer gegangen

und sah, dass Stefan aus der Nase blutete. Als ich Schwester Gaby fragte, was hier los sei, antwortete sie nicht. Die anderen Mädchen saßen gerade vor dem Fernseher. Ich bin zu ihnen gegangen und habe ihnen erzählt, was gerade vorgefallen war. Alle waren empört und sagten, dass „man“ etwas tun müsse. „Ja“, habe ich gesagt, „mir reicht es jetzt. Ich gehe zu Frau Vollmer und werde ihr das erzählen. Wer geht mit mir?“ Keine antwortete.

Plötzlich öffnete sich die Tür und Schwester Gaby kam herein. „Monika“, sagte sie, „ich habe alles gehört, was du gerade gesagt hast. Geh du ruhig zu Frau Vollmer. Mal sehen, wem sie mehr glaubt. Aber für dich hat das garantiert noch ein Nachspiel.“ Ich gab ihr zur Antwort, dass ich schon seit einiger Zeit den Verdacht hätte, sie würde die Kinder prügeln. Aber das Nasenbluten vom Stefan hätte mir jetzt endgültig gereicht. Ja, ich ginge zu Frau Vollmer, und zwar sofort. Dann fragte ich die anderen noch einmal, wer mit mir ginge. – Schweigen. Und Schwester Gaby grinste. „Gut“, habe ich dann gesagt, „wenn ihr alle zu feige seid, gehe ich eben allein.“

Als ich zu der Wohnung von Frau Vollmer gehen wollte, rief Schwester Gaby mich zurück und sagte, dass sie mich allein sprechen möchte. Wir sind zusammen in die Milchküche gegangen. Dort hat sie mich gebeten, nicht zu Frau Vollmer zu gehen. Sie hätte Angst, ihren Arbeitsplatz zu verlieren und sie wüsste doch nicht, wohin sie mit ihrem Kind dann gehen sollte. Ich habe dann gesagt, dass sie mir versprechen müsste, kein Kind mehr zu schlagen. Sobald ich noch einmal so etwas wie Prügel mitbekäme, ließe ich mich nicht mehr von ihr bequatschen und ginge sofort zu Frau Vollmer. Schwester Gaby versprach mir in die Hand, kein Kind mehr zu schlagen. Den anderen habe ich danach ordentlich Bescheid gesagt, weil sie so feige waren. Dabei sind jetzt alle froh, dass die Schläge endlich mal zur Sprache gekommen sind.

17.4.1966

Mit Schwester Gaby verstehe ich mich jetzt gut.

Habe meiner Mutter übrigens erzählt, dass ich mein Kind nicht zur Adoption frei gebe, und dass ich bereits eine Pflegestelle habe. Das hat ihr überhaupt nicht gepasst. Dann hätte ich ja nicht in dieses Entbindungsheim zu gehen brauchen, meinte sie. Womit sie

natürlich Recht hat. Als sie merkte, dass ich nicht umzustimmen war mit der Adoption, sagte sie: „Das Kind kommt aber sofort nach der Entbindung in diese Pflegestelle. In der Nachbarschaft braucht niemand etwas von deiner Schwangerschaft zu erfahren." – „Selbstverständlich", habe ich geantwortet.
Doch dieses war der erste Streich und der zweite folgt sogleich.

23.4.1966
Ich habe mir schon einen Stubenwagen reserviert für mein Kind. Der ist innen mit hellblauem Stoff bezogen. Doris hat sich geärgert. Sie wollte den Stubenwagen für ihren Agamemnon. Nun bekommt ihn Marcus Antonius. Inzwischen habe ich schon zwei Pullöverchen, ein Höschen und ein Jäckchen mit Mützchen für mein Baby gestrickt, alles in hellblau.
Kann mich kaum noch bewegen und schlabbere ständig beim Essen, weil ich so weit vom Tisch weg sitze. Mein Bauch ist zu dick.

25.4.1966
Doris wartet auf ihre Wehen, obwohl erst am 28.4. Termin ist. Sie sagt, ihr Abitur steht auf dem Spiel.
Karin hofft auch, dass die Wehen früher einsetzen. Sie muss dringend nach Hause zu ihrer sechsjährigen Tochter. Nur ich bin die Ruhe in Person. Ich habe in der Pflegestelle Bescheid gesagt, dass mein Kind erst sechs Wochen später dorthin kommen wird. Ich bekomme ja sechs Wochen Mutterschaftsurlaub. Also kann ich mein Kind auch sechs Wochen mit nach Hause nehmen. Ich werde mein Kind nämlich stillen, so! Ich werde mein Kind direkt nach der Entbindung anlegen und meiner Mutter sagen, ich könnte den Stillvorgang nicht mehr abbrechen. Deshalb müsste mein Kind die ersten sechs Wochen bei mir bleiben. Das wird noch ein Theater geben mit meiner Mutter.

28.4.1966
Termin! Keine Kinder! Doris und Karin werden bald verrückt.
Ich war auf dem Hausberg von Frau Vollmer. Bin sogar noch den ganzen Aussichtsturm hochgeklettert. Frau Vollmer war platt. Sie sagt, das hätte sie mir nicht zugetraut. So kann man sich täuschen.

29.4.1966
Noch immer keine Wehen.
Doris verzweifelt, Karin resigniert. Und ich habe Blut im Urin! Ich sage niemandem etwas davon.
Habe zwar keine Wehen, aber abends wieder Blut im Urin. Ich freue mich.
Um 23.00 Uhr kündigt der Wetterbericht schöneres Wetter an. Ich habe meine erste Wehe!

30.4.1966
Die ganze letzte Nacht haben sich die Wehen so dahingeläppert. Mittags hat Mutti angerufen. Habe ihr gesagt, dass ich „wehe.“ Frau Vollmer hat mich danach in ein heißes Bad gesteckt.
Gerade – 20.00 Uhr – ist meine Blase gesprungen. Frau Vollmer rechnet damit, dass mein Kind morgen gegen 2.00 Uhr kommt – am 1. Mai!!! In der Wohnung von Frau Vollmer findet ein Fest statt. Sie hat sich Gäste eingeladen zum Tanz in den 1. Mai. Während einer fröhlichen Tanzveranstaltung auf die Welt zu kommen – einen besseren Zeitpunkt konnte mein Kind sich wirklich nicht aussuchen. Wenn das kein gutes Omen ist…

20.6.1966
Inzwischen ist sehr viel passiert. Ich fange am besten da an, wo ich zuletzt aufgehört habe.
Um 20.00 Uhr war also meine Blase gesprungen. Ich kam ins Entbindungszimmer. Um 23.00 Uhr kamen die Wehen kurz hintereinander. Plötzlich fühlte ich Druck auf meinen Darm. Ich rief laut: „Frau Vollmer!“ Vor Aufregung fand ich die Klingel nicht. Jetzt bekam ich es mit der Angst zu tun. Da kam Frau Vollmer langsam und fröhlich ins Entbindungszimmer. Ich schrie: „Schnell, schnell, mein Kind kommt.“ Frau Vollmer lachte: „Nein, das dauert noch einige Zeit, mach dich nicht verrückt, Monika.“ Trotzdem untersuchte sie mich. Sie hörte aber sofort damit auf und rief: „Mein Gott, der Kopf ist ja schon zu sehen. Versuch den Pressdrang zurückzuhalten, Monika. Ich weite dich vorsichtig mit der Hand, damit du nicht reißt.“
Zwischen den einzelnen Presswehen rief ich: „Welche Haarfarbe hat mein Kind?“ Frau Vollmer sagte knapp: „Dunkel.“

Ich rief: „Gott sei Dank.“ Ich hatte fürchterliche Angst gehabt, mein Marcus Antonius wäre rothaarig wie meine Mutter. Ich fragte Frau Vollmer, ob ich mal das Köpfchen berühren dürfte, das da aus mir herausdrängte. Frau Vollmer führte meine Hand dorthin. Es war ein unbeschreibliches Glücksgefühl, einen Körperteil, der mir nicht gehörte, aber aus mir herauskam, zu spüren. Das Köpfchen war dicht behaart. Dann machte es „flutsch“ und mein Bauch fiel zusammen.
Frau Vollmer hielt mein Baby hoch. Es war blau angelaufen und krähte, was die Lungen hergaben.
Kurz dachte ich: „Das Kind ist behindert. Irgendetwas fehlt diesem Kind.“ Frau Vollmer strahlte aber. Sie sagte: „Monika, dein Marcus Antonius ist eine Kleopatra. Du hast eine Tochter.“ Ich war etwas durcheinander. Tochter? Das Wort war mir fremd. Doch dann begriff ich und wusste zugleich, was meinem Kind fehlte. Ich hatte ein kleines Mädchen geboren.
Frau Vollmer badete mein Baby, wog es und zog es an. Dann legte sie es mir in den Arm. Ich habe geweint vor Glück. Es war Samstag, der 30. April 1966, kurz vor 24.00 Uhr. Hellwach lag ich in meinem Bett. Alles um mich herum, vor allem aber der Mond und die Sterne waren so klar, als hätte jemand einen Schleier zerrissen. Ein solches Glücksgefühl hatte ich noch nie erlebt.
Ich sah mein Kind an und habe zu ihm gesagt: „Du und ich, wir zwei werden es nicht leicht haben. Aber wir werden es schaffen, das verspreche ich dir.“ Und ich dachte: „Es ist das schönste Kind, das ich jemals gesehen habe.“ Noch immer hatte ich keinen Namen für meine kleine Tochter. Silvia fand ich ganz nett. Frau Vollmer schrieb „Silvia“ auf die Wiegekarte. Am nächsten Tag fiel mir plötzlich der richtige Name für meine Tochter ein: „Isabel.“
Frau Vollmer sagte, dass sie eine so schöne Entbindung wie bei mir noch nie mitgemacht hätte. Vor lauter Begeisterung über das, was da mit mir passierte, hätte ich wohl kaum die Schmerzen gespürt. Sie würde deshalb jetzt einen großen Spiegel über das Entbindungsbett anbringen lassen, damit die anderen Mädchen die Geburt ihrer Kinder auch so intensiv miterleben können wie ich.
Ich habe Frau Vollmer nicht daran erinnert, dass sie meiner Entbindung mit Schrecken entgegengesehen hat.
Am nächsten Morgen half Frau Vollmer mir, mein Kind anzulegen. Das Stillen klappte sofort. Und nachmittags kam meine Mutter.

Sie hatte noch nicht einmal ein Blümchen mitgebracht, keinen Glückwunsch, nichts. Mein Kind sah sie kaum an. Da wurde mir erstmals klar, dass ich allein war. Niemand freute sich über mein Kind, nur ich. Tränen schossen mir in die Augen. Ich biss die Zähne zusammen. Dann sagte ich meiner Mutter, dass ich in ein paar Tagen schon nach Hause käme und mein Kind mitbringen würde. Ich hätte angefangen zu stillen und könnte das jetzt nicht mehr abbrechen. Erst nach sechs Wochen, wenn ich wieder arbeiten müsste, käme mein Kind in die Pflegestelle. Außerdem sei unsere Wohnung ja groß genug.
Ihr Gesicht sprach Bände. So war das alles nicht abgesprochen. Was sie genau darauf sagte, weiß ich nicht mehr. Es war mir auch egal. Nachdem sie den Schock verdaut hatte, sagte sie: „Gut, aber das Kind wird versteckt. Es bleibt nur oben in unserer Wohnung während der sechs Wochen. Auch die Kinderwäsche wird nicht draußen aufgehängt, sondern nur in der Waschküche." Unseren Hausbesitzern, die unten wohnen, wollte sie reinen Wein einschenken und sie bitten, niemandem sonst von meinem Kind zu erzählen. Ich sagte: „In Ordnung", aber ich dachte: „Dieses war der zweite Streich und der dritte folgt sogleich."

Als Mutti weg war, hatte ich keine Zeit mehr, traurig darüber zu sein, dass ich allein war. Karin bekam einen Sohn und nannte ihn Boris. Er war sehr dunkel. Karins Bett stand neben meinem. Unsere Kinder lagen in ihren Stubenwagen jeweils an der anderen Seite unserer Betten. Schon am zweiten Tag kam Frau Vollmer, nahm Boris aus dem Stubenwagen und sagte Karin, dass sie jetzt den Raum nicht verlassen dürfte. Wir wussten sofort: Es waren Leute gekommen, die ein Kind suchten und Boris wurde ihnen präsentiert. Karin lag in ihrem Bett. Ihr Gesicht hatte sie in einer Armbeuge versteckt. Sie weinte leise, aber ihr ganzer Körper bebte. Boris wurde wieder zurückgebracht. Die Leute wollten ihn nicht. Er war ihnen zu dunkel. Am nächsten Tag das gleiche Drama. Auch diesen Interessenten war Boris zu dunkel. Jedes Mal, wenn Boris „angeboten" und wieder zurück in seinen Stubenwagen gelegt wurde, dachte ich, Karin überlebt das nicht. Ich habe noch nie einen Menschen so voller Schmerzen weinen gesehen.
Irgendwann wurde Boris nicht mehr so schnell zurückgebracht. Diesmal war er akzeptiert worden. Weinend rannte Karin ans

Fenster. Sie wollte das Autokennzeichen der Leute sehen, die ihren Boris nahmen. Behutsam zog ich sie vom Fenster weg. Auch mir liefen Tränen übers Gesicht. Ich fragte mich, wie ein Mensch mit solch einem Schmerz weiterleben kann.
Als ich ein paar Tage später mit meiner Isabel unter dem Arm nach Hause ging, war keine von den anderen Mädchen bereit, mit mir in brieflichem Kontakt zu bleiben. Mein Kind hätte sie immer an ihre zurückgelassenen Kinder erinnert. Wie gut konnte ich das verstehen!
Einen Tag später bekam Doris ihren Agamemnon.
Kurz darauf erschien ein Ehepaar in unserem Entbindungsheim, das ein Mädchen adoptieren wollte. Vor zwei Jahren hatten sie einen Jungen aus diesem Entbindungsheim adoptiert. Sie hatten eine Farm, ich glaube in Südamerika. Das einzige Mädchen, das gerade geboren war, war meine Isabel.
Aber meine Isabel war nicht frei!
Meine Mutter hatte inzwischen unsere Hausbesitzer über meine Schwangerschaft informiert und sie gebeten, sonst niemandem etwas darüber zu erzählen. Das Kind käme sowieso nach sechs Wochen in eine Pflegestelle. Unsere Hausbesitzer waren sehr nett. Sie holten mich und mein Kind sogar mit ihrem Auto aus dem Bayerischen Wald ab. Zu Hause begann eine wunderbare Zeit. Tagsüber war ich mit Isa allein und abends kam meine Mutter. Isa gedieh prächtig.
Als ich gerade ein paar Tage mit Isa zu Hause war, traf ich draußen einen Nachbarn. „Na", sagte er, „sind Sie wieder zurück vom Seminar?" Verwundert sagte ich: „Ich war doch auf keinem Seminar. Ich habe ein Kind bekommen." Der wollte mir das doch nicht glauben! An ein Kind, meinte er, wüsste ich ja gar nicht dranzukommen.
Eine Woche später habe ich im Konsum Babynahrung gekauft. Ich konnte Isa nicht mehr voll stillen. Wir wohnen hier in einem kleinen Vorort von Tübingen auf dem Lande. Jeder kennt hier jeden. Als die Verkäuferin die Babynahrung sah, meinte sie freundlich: „Haben Sie Besuch gekriegt?" – „Nein", sagte ich, „ich habe ein Kind gekriegt." Die Verkäuferin war so sprachlos, dass sie vergaß, weiter zu kassieren.
Kurz danach kam endlich die Sonne raus. Ich nahm meine Babywäsche und hing sie nicht in der Waschküche auf und auch

nicht hinterm Haus, wie meine Mutter das vorgeschrieben hatte, sondern direkt vorm Haus im Vorgarten. Die Babywäsche war nun für alle sichtbar. Unsere Hausbesitzerin kam ganz aufgeregt zu mir gelaufen. Sie hätte doch meiner Mutter versprochen, nichts in der Nachbarschaft zu erzählen von meinem Baby. Wenn die Nachbarn aber jetzt die Babywäsche draußen hängen sähen, wüsste es bald der ganze Ort. Ich zuckte mit den Schultern und ließ die Wäsche hängen.

In ihrer Not rief unsere Hausbesitzerin meine Mutter im Büro an und erzählte ihr, dass die Babywäsche im Vorgarten hing. Nun wüsste es bald die ganze Nachbarschaft, dass ich ein Baby hätte. Aber von ihr, und das war unserer Hausbesitzerin ganz wichtig, hätte niemand etwas erfahren.

Meine Mutter kam nach Hause und tobte so wie zu ihren besten Zeiten in Dortmund. Ich habe kaum hingehört.

Nun würden es bald alle wissen, dass ich ein Kind hatte. Und genau das wollte ich. Und siehe da: Es dauerte nicht lange, da kamen die ersten Nachbarn zu mir. Sie hatten in ihren alten Kisten gekramt und einige Kindersachen hervorgezaubert, die ich gut gebrauchen konnte. Ich hatte kaum Geld. Das Nötigste für Isa war teuer genug. Und dann musste ich ja auch noch Kostgeld bei meiner Mutter abgeben. Ich hatte auch noch kein Bettchen und keinen Kinderwagen. Isa lag in einem Wäschekorb, aber da drin fühlte sie sich pudelwohl. Eine Nachbarin brachte nun ein uraltes, aber ganz süßes Kinderbettchen. Eine andere hatte noch einen alten Kinderwagen auf dem Speicher entdeckt. Und so ging es weiter, bis ich alles Nötige zusammen hatte.

Meine Mutter fing auch langsam an, Isa gern zu haben. Wenn Isa weinte, schleppten meine Mutter und ich sie abwechselnd durch die Wohnung. Und sobald Isa auf einem Arm war, hörte sie sofort auf zu weinen. Ich konnte Isa stundenlang beobachten, wenn sie aß, wenn sie schrie, ja sogar wenn sie schlief. Sie hatte so ein Schnurren an sich, wenn sie ganz zufrieden war, wie ein kleines Kätzchen. Und sie reckte sich für ihr Leben gern. Ich hatte viel Zeit und habe mich ununterbrochen mit Isa beschäftigt. Sie war für mich so etwas wie ein Wunder. Manchmal konnte ich es gar nicht glauben, dass in meinem Bauch so ein kleiner Mensch herangewachsen war. Ich war glücklich.

Dann kam der Tag, an dem Isa in die Pflegestelle gebracht werden sollte.
Anja war seit einer Woche bei uns. Wir hatten Isa taufen lassen, und Anja hatte die Patenschaft übernommen. Eine von beiden, Anja oder meine Mutter, müssen mir mein Kind aus dem Arm genommen haben. Ich weiß es nicht mehr. In meiner Erinnerung ist da nur ein schwarzes Loch. Meine Erinnerung setzt erst da ein, als ich oben in der Wohnung allein war. Ich stand vor dem leeren Kinderbettchen und dachte, der Schmerz reißt mich auseinander, in tausend und abertausend Fetzen. Dann schlug ich meinen Kopf gegen die Wand, immer und immer wieder. Der Schmerz im Kopf betäubte den Schmerz in meinem Bauch. Irgendwann bin ich in mein Bett gesackt. Warum – verdammt noch mal – löste ich mich nicht auf? Warum gab es mich immer noch? Mir laufen noch immer die Tränen übers Gesicht, wenn ich darüber schreibe.
Seitdem bin ich jeden Abend bei Isa. Manchmal fährt unser Oberarzt mich nach der Arbeit mit seinem Auto zu ihr. Ich nehme Isa auf meinen Arm, gebe ihr das Fläschchen und schleppe sie durch die Gegend. Und ich heule, heule, heule. Ich heule mir fast die Seele aus dem Leib. Die Kinderschwester, der das Heim gehört, sagt, so eine verrückte Mutter wie mich hätte sie noch nie erlebt. Ich muss mein Kind wieder bei mir haben, koste es, was es wolle. Mein Kind, meine Tochter, meine kleine Isabel.

22.6.1966
Isa reagiert kaum noch. Sie liegt apathisch in ihrem Bettchen. Ich komme mir so verlassen vor, so entsetzlich allein. Habe Isa heute zwei Stunden auf meinem Arm gehalten. Sie hat geschlafen und dabei gelächelt. Ich muss mein Kind wieder bei mir haben. Aber wie? Niemand hilft mir. Mutti ist in der Küche. Was kümmert die meine Tränen? Hauptsache ihre Kohlen kommen pünktlich.

24.6.1966
Heute war es mit Isa einmalig schön. Sie weinte, als ich kam. Ich habe ihr das Fläschchen gegeben und sie dann wieder zwei Stunden auf dem Arm gehabt. Schon nach kurzer Zeit schlief sie ein.

Als sie wach wurde, habe ich sie gewiegt, fest an mich gedrückt und ein Wiegenlied gesungen. Isa hat sich dabei in meinen Arm gekuschelt. Sie war wieder ganz „mein“ Kind. Bin glücklich nach Hause gefahren. Ich komme morgen wieder, mein Stümmel.

26.6.1966
Isa hat sich in dieser Woche sehr verändert. Meine Mutter hat sie seit einer Woche nicht gesehen und war ganz verblüfft. Isa hat nicht gelacht, sondern mich nur ganz kritisch gemustert. Ich habe Angst davor, dass mein Stümmel ein kompliziertes Kind wird.

2.7.1966
Isa liegt noch immer apathisch in ihrem Bettchen. Ich habe Sorgen, dass sie zu ernst wird. Aber das wird sich noch ändern. Irgendwann lachst auch du, Isa, das verspreche ich dir.
Ab 1.1.1967 hole ich sie für ganz zu mir. Ich gehe dann nachts arbeiten und bin tagsüber bei Isa. Irgendwie wird das schon gehen.

6.7.1966
Isa hat Husten und Fieber. War heute Morgen schon um 6.30 Uhr bei ihr. Auch auf meinem Arm hat sie furchtbar gehustet. Trotzdem bekam sie heute zum ersten Mal Gemüse mit dem Löffel. Das hat prima geklappt. Die Schwester war ganz begeistert.
Habe kein Geld mehr. Nur noch 1,60 Mark für die Fahrt morgen zu Isa. Aber das ist mir egal, wenn Isa nur bald wieder gesund wird. Sie lallt jetzt schon, mein Stümmel.

11.7.1966
Juchhu, Isa hat heute zum ersten Mal mit vollem Bewusstsein gelacht, als ich mich über ihr Bettchen beugte. Mir kamen vor Freude ein paar Tränen.
Mutti ist in Dortmund, und ich kann Isa erstmals am Wochenende zu mir nach Hause holen. Ich freue mich darauf und kann es kaum erwarten, mit meinem Kinderwagen durch den Ort zu schieben. Bin richtig stolz darauf, Mutter zu sein.

22.7.1966
Ich habe Toni Isas Geburt mitgeteilt. Natürlich hat er nicht geantwortet. Das Jugendamt hat mir gesagt, dass Toni wahrscheinlich gar nicht zahlen muss, weil er in Italien lebt. Herr Hartmeier vom Jugendamt will aber auf jeden Fall einen Vaterschaftsprozess gegen Toni anstrengen. Er sagt, dass er bei Isa und mir so etwas wie einen Präzedenzfall schaffen möchte, um dann auch andere Italiener ans Zahlen zu kriegen. Das Jugendamt macht den Schriftkram und übernimmt auch die Kosten. Sobald ich 21 Jahre alt und damit volljährig bin, bekomme ich die Vormundschaft über Isa.
Aber Herr Hartmeier lachte dabei und sagte: „So lange werde ich mit Ihnen gar nicht zu tun haben. Sie werden bald heiraten. Junge Frauen, die uneheliche Mädchen geboren haben, gehen weg wie warme Semmeln."
Unser Oberarzt und seine Frau kennen einen netten Ingenieur, der gerne heiraten möchte, auch eine Frau mit Kind. Sie hätten ihm von mir erzählt, und er würde mich gerne kennen lernen. Die meinen es sicher gut mit mir und wollen Isa und mich versorgt wissen. Aber meinen Mann suche ich mir lieber alleine aus, auch mit Kind.

18.8.1966
Isa lacht an den Wochenenden, wenn sie bei mir ist, mehr als in der Pflegestelle. Aber gegenüber anderen Kindern ist sie trotzdem ernst. Das macht mich ganz traurig. Jedes Mal, wenn ich sie Sonntagabends zurückbringen muss zur Pflegestelle, gibt es Tränen. Isa fühlt sich zu Hause bei mir rundum wohl. Ihr fehlt in der Pflegestelle einfach die Nestwärme.
Inzwischen habe ich mir den Kopf zerbrochen nach einer Lösung, wie ich mein Kind für ganz nach Hause holen kann. Zuerst wollte ich als Dienstmädchen bei einer Familie arbeiten, die Frau Vollmer mir empfohlen hat. Ich hatte ihr in meiner Not geschrieben, dass ich Isa so gern bei mir hätte und nicht wüsste, wie ich das anstellen sollte. Als Dienstmädchen hätte ich mit Isa ein Zimmer bekommen und ein monatliches Taschengeld. Es blieb nur völlig unklar, wo ich denn Isa lassen sollte, wenn ich tagsüber bei denen arbeiten würde.
Danach hatte ich die Idee, ich könnte ja abends als Bedienung arbeiten. Tagsüber wäre ich dann bei Isa. Also habe ich mich im

„Wiener Wald" beworben. Vor ein paar Tagen war mein Vorstellungsgespräch. Während des ganzen Gesprächs sah der Geschäftsführer nur auf meinen Busen. Offensichtlich war er zufrieden. Er wollte mich jedenfalls nehmen. Aber nach diesen Blicken wollte ich nicht mehr. Was nun?

10.9.1966
Isa kann jetzt schon ihr Köpfchen allein halten, wenn ich sie hochziehe. Auch greift sie nach Dingen und steckt sie in den Mund. Ihr Tastsinn ist erwacht.
Habe Isa am Wochenende sieben Mal Schmalzwickel gemacht. Sie hatte wieder argen Husten.
So viel Mühe kann sich die Schwester in der Pflegestelle ja doch nicht geben mit den einzelnen Kindern.

14.9.1966
Nächste Woche werde ich 21 Jahre alt. Habe zu meiner Ma gesagt, dass mein einziger Geburtstagswunsch ist, Isa endlich bei mir zu haben. Viel hat meine Mutter dazu nicht gesagt.

Oktober 1966
Vor zwei Wochen bin ich aus Mals zurückgekommen. Diesmal hatten mich wichtigere Gründe als Träumereien nach Mals getrieben. Mir war klar, dass die Zeit, in der Mals mir alles bedeutet hatte, vorbei war. Und es war Herbst… Ich wollte mit Toni sprechen wegen Isa. Er sollte sich wenigstens etwas um sie kümmern, damit sie nicht ganz ohne Vater groß wird, wenn der auch weit weg wohnt.
Brieflich war eine Aussprache zwischen uns unmöglich. Das Jugendamt führt gegen Toni einen Vaterschaftsprozess. Dabei ist es schon jetzt zu kränkenden Aussagen gekommen. Wenn ich noch etwas für Isa erreichen wollte, musste ich ihn persönlich sprechen. Aber das Schicksal wollte es anders. Toni hatte ein paar Tage zuvor Mals verlassen. Nachdem ich die Enttäuschung darüber verarbeitet hatte, beschloss ich, aus meinem Urlaub das Beste zu machen, wenn ich schon mal in Mals war. Dies war ohnehin mein letzter Urlaub. Ab 1.11.1966 kommt Isa endlich ganz zu mir nach Hause. Dann ist an Urlaub nicht mehr zu denken.

Als Anja und ich den ersten Abend in der „Post“ saßen, betrat Emanuel, unser Gitarrist vom letzten Jahr, den Raum. Er strahlte, als er uns entdeckte und setzte sich zu uns. Dann sagte er: „Monika, du hast ein Kind.“ Ich war wie vom Donner gerührt. Nach einer Pause sagte ich kurz und knapp: „Ja.“ Dann wollte er wissen, wer der Vater von meinem Kind sei. Ich sagte: „Toni Sartorius.“ Emanuel nickte. „Ich wusste es.“ Ich erzählte Emanuel, was sich in dem letzten Jahr bei mir so alles zugetragen hatte. Bevor Emanuel ging, lud er Anja und mich zu seinem Geburtstag am Montag ein.
Am nächsten Tag gingen Anja und ich durch Mals. Es war entsetzlich. Überall, an jeder Ecke Erinnerungen. Doch die besondere Atmosphäre von Mals, die Mischung von Tiroler Tiefe und italienischer Leichtigkeit empfand ich nicht mehr. Das alte Mals war Erinnerung. Das jetzige Mals war nur ein normales, zweisprachiges Dorf in Südtirol.
Am Montag feierten wir mit ein paar Finanzern Emanuels Geburtstag. Außer Emanuel war sonst niemand mehr von den alten Bekannten in Mals. Selbst Emanuel war nur noch Erinnerung.
Dienstagmorgen wollte ich in Mals einkaufen. Plötzlich kam mir Tonis Vater entgegen. Groß, grimmig und Augen wie Eis. Er sah mich ununterbrochen an, als käme ihm ein Verdacht. So gingen wir – Auge in Auge – aneinander vorbei. Es war wie ein Spuk. Ich hatte Tonis Vater früher schon öfter in Mals gesehen. Aber jetzt nahm ich ihn bewusst wahr, mit all meinen Antennen. Der Mann war schließlich der Großvater meiner Tochter. Und plötzlich war ich froh, dass Isa mit diesem Mann niemals etwas zu tun haben würde. Denn dieser Mann war böse.

Tagsüber verbrachten Anja und ich nun unsere Zeit mit Besuchen bei Bekannten, mit denen wir in Briefkontakt standen. Wir fuhren nach Meran und wanderten in die Nachbardörfer. Und abends gingen wir in die „Sonne“. Emanuel spielte wieder Gitarre, und wir sangen dazu wie früher. Und dennoch: Es waren nicht mehr die alten Zeiten. Inzwischen hatte sich ein neuer Finanzer zu uns gesellt, Aldo. Er interessierte sich sehr für Anja. Eines Abends fuhren wir Vier mit Emanuels Auto durch die Gegend und kehrten in verschiedenen Weinstuben ein. Auf dem Heimweg hielt Emanuel den Wagen an einem einsamen Waldstück an. Er nahm mich in den Arm und küsste mich. Und ich habe ihn wiedergeküsst. Plötzlich wurde ich mir der Ungeheuerlichkeit bewusst, die ich da tat. Ich hatte vor ein paar Monaten ein uneheliches Kind bekommen und knutschte jetzt schon wieder mit einem Italiener rum, in den ich noch nicht einmal verliebt war. Ich hätte ausspucken können vor mir selbst.

Ich schob Emanuel von mir weg und bat ihn, das zu vergessen, was gerade passiert sei. Ich würde mich dafür schämen. Erst war Emanuel über meine Worte verärgert. Dann versank er in Stumpfsinn. Vielleicht war er auch eingeschlafen. Es war mir egal. Ich öffnete die Wagentür und sagte, ich müsste austreten. Dann verschwand ich. Es war kurz nach Mitternacht. Der Wald war dunkel und der Mond meine einzige Lichtquelle. Ich musste gar nicht austreten. Mich kotzte alles an. Ich ging weiter und weiter in den Wald hinein. Emanuels Wagen sah ich schon lange nicht mehr. Ich kam an einem Abgrund vorbei. Der Wald wurde dichter und unebener. Es war still um mich herum, nur ab und zu raschelte etwas im Laub. Manchmal stolperte ich über eine Baumwurzel, fing mich aber wieder und ging immer tiefer in den Wald hinein.

Ich dachte: „Monika, was ist eigentlich los mit dir? Was passiert mit dir, seitdem du in Tübingen lebst? Hast du überhaupt noch ein Gefühl für dich selbst? Du hast dir doch vor vielen Jahren einmal vorgenommen, gut auf dich aufzupassen. Was ist davon übrig geblieben?“ Nichts war davon noch übrig. Ich taumelte durch mein Leben von einem Abgrund zum nächsten. Und ließ kein gutes Haar mehr an mir selbst. Auf was konnte ich denn auch noch stolz sein? Nichts war mehr an mir, das noch liebenswert war. Ich hatte alles verpfuscht. Mein Lebenszug stand auf dem Abstellgleis.

Da fing ich an zu heulen. Ströme von Tränen rannen mir übers Gesicht. Und während ich heulte, ging ich immer tiefer in den Wald hinein. Die Dunkelheit war wie ein Mantel, der mich schützte, die Stille fast wie ein Streicheln. Angst hatte ich nicht. Vermutlich würde ich nicht mehr zu Emanuels Auto zurückfinden. Aber das war mir egal. Ich würde im Wald schlafen. Ich setzte mich auf den Waldboden. Die Stille wurde auf einmal ganz dicht.

Und plötzlich war Gott da. Es war ein barmherziger Gott. „Er“ war barmherziger zu mir als ich selbst.

Das überraschte mich. Wenn Gott gar nicht so böse mit mir war, konnte ich so verworfen vielleicht doch nicht sein. Ja, Gott schien mich sogar zu lieben, so unwahrscheinlich das auch war.
In dieser Nähe Gottes wollte ich nun bleiben und friedlich einschlafen.

Ich legte mich auf den Waldboden und schloss die Augen. Irgendwann fing ich an zu frieren. Ich stand auf. Noch immer war diese herrliche Stille um mich, eine Stille, in der ich mich rundum geborgen fühlte. Doch jetzt hörte ich in der Ferne Stimmen, die meinen Namen riefen, danach das Hupen eines Autos. Langsam ging ich in die Richtung, aus der die Stimmen kamen. Ich muss wohl ziemlich weit weg gewesen sein, denn es dauerte sehr lange, bis ich die Stimmen von Emanuel, Aldo und Anja unterscheiden konnte. Als ich vor ihnen stand, sprach niemand mehr ein Wort mit mir.
Emanuels Auto stand mit vollen Scheinwerfern vor einem Abgrund. Er hob seine Hand, um mich zu schlagen. Ich blieb gerade vor ihm stehen und sah ihn warnend an. „Jetzt", dachte ich, „schlägt er zu." Ich sah ihm fest in die Augen. Da senkte er die Hand. Noch immer hatte keiner mit mir gesprochen. Wir stiegen ins Auto. Als Emanuel ein Stück gefahren war, kam messerscharf seine Frage: „Wo warst du?" Ich antwortete nicht. Er sah geradeaus auf die Straße. „Warum bist du weggegangen?"
„Ich musste mal allein sein", sagte ich wahrheitsgemäß. Schweigend fuhren wir weiter in Richtung Mals. Nur Anja und Aldo verabschiedeten sich voneinander.
Natürlich war auch mir der Schock in die Glieder gefahren, als ich Emanuels Auto so nah am Abgrund stehen sah. Ich konnte mir ausmalen, was während meiner Abwesenheit beinahe passiert wäre. Sie hatten mich gesucht, wie verrückt, und sind mit dem Auto so weit wie möglich in den Wald hineingefahren. Im letzten Moment muss Emanuel den Abgrund gesehen haben. Trotzdem gab dies niemandem das Recht, mich zu schlagen. Ich war kein Kind mehr.

Eines Tages saßen Anja, Aldo und ich im „Greif" und tranken Limonade. Wir waren die einzigen Gäste. Da betrat Tonis Mutter den Raum. Auch sie hatte ich schon öfter in Mals gesehen. Doch

nun betrachtete ich sie aus einer besonderen Perspektive. Diese Frau war die Großmutter meiner Tochter. Sie sah mich und reagierte kurz erschrocken. Sie kannte mich also und wusste genau, dass ich die Frau war, die ein Kind von ihrem Sohn bekommen hatte. Ich fuhr meine Antennen aus und beobachtete sie. Verbittert war diese Frau, ja, so vergrämt, als hätte sie in ihrem Leben keinen einzigen frohen Tag erlebt. Sie ignorierte mich völlig und plauderte demonstrativ freundlich ein paar Worte mit den Anwesenden. Ich war ihr nicht einmal einen Gruß wert. Als sie die Gaststube verließ, lag Verachtung in ihrem Blick.
Abends im Bett überlegte ich lange, warum mich das Verhalten von Tonis Mutter so verletzt hatte. Von seinem Vater erwartete ich nichts anderes als diese dumpfe Reaktion, die er gezeigt hatte. Aber von Tonis Mutter erwartete ich mehr. Doch warum? Und langsam wurde mir klar, dass ich offenbar ein ganz bestimmtes Weltbild habe. Und dazu gehört, dass Frauen zusammenhalten müssen, besonders wenn es um Kinder geht und ganz besonders, wenn es um Not geht, die mit dem Großziehen von Kindern zusammenhängt. Ich fragte mich, wie ich wohl reagiert hätte, wenn ich Tonis Mutter gewesen wäre. Aber da gab es nicht viel zu fragen. Ich wäre niemals an einer Frau gruß- und blicklos vorbei gegangen, die mich zur Großmutter gemacht hätte. Selbst dann nicht, wenn mein Ehemann das von mir verlangt hätte. Eine Frau, die über eine andere Frau, die ein Kind von ihrem Kind bekommen hat, verächtlich hinwegsteigt, ist nicht eines Gedankens mehr wert, nicht einmal eines negativen Gedankens. Danach hakte ich Tonis Familie endgültig ab. Mit diesen Menschen würde meine Tochter nichts zu tun haben. Gott sei Dank.

Langsam ging unser Urlaub zu Ende.
Als Emanuel sich von mir verabschiedete, sagte er: „Schade, Monika, dass wir nicht näher zusammengekommen sind. Du bist für die Liebe geschaffen."
Anja und ich verabschiedeten uns von Mals. Unsere „Mals-Zeit" war vorbei.

10.12.1966
Es ist vollbracht! Isa ist seit dem 1.11.1966 ganz bei mir zu Hause.

Irgendwann kam mir plötzlich im Schlaf die rettende Idee. Ich wurde wach und wusste, was zu tun war. Von dem restlichen Geld, das mir nach Rückzahlung meiner Schulden für das Entbindungsheim von meinem Sparvertrag übrig geblieben war, habe ich meinen Führerschein gemacht und mir ein billiges altes Auto, einen NSU-Prinz gekauft. Führerschein und Auto, das ging alles ruckzuck.

Dann habe ich eine Annonce aufgegeben, dass ich eine Rentnerin suche, die tagsüber mein Kind bei mir zu Hause betreut. Ich dachte mir, eine Rentnerin ist vielleicht nicht so sehr auf das Geld von mir angewiesen, sodass ich nicht so viel zahlen muss. Gleichzeitig konnte ich der Frau aber anbieten, dass ich sie morgens mit meinem Prinz abhole und abends wieder nach Hause fahre. So habe ich Frau Brück gefunden.

Frau Brück ist eine ältere Rentnerin. Sie wohnt in Reutlingen und ist sehr einsam. Ich hole sie morgens mit meinem Prinz ab und fahre sie abends zurück. Monatlich gebe ich ihr 100 Mark.

Frau Brück hat Isa sofort in ihr Herz geschlossen. Isa muss das gespürt haben, denn auch sie mochte Frau Brück vom ersten Tag an. Beide sind füreinander ein Glücksfall. Sie brauchen sich, und sie lieben sich.

Für Isa kaufe ich Gläser mit Babynahrung, sodass Frau Brück diese nur warm zu machen braucht. Aber manchmal kocht Frau Brück trotzdem, damit ihr „Goldele“ etwas Frisches zu essen bekommt.

Natürlich musste ich vorher meine Mutter fragen, ob das alles in ihrer Wohnung stattfinden konnte. Ich kann mir ja keine eigene Wohnung leisten mit Kind, Frau Brück, Auto und allem, was ich jetzt so für Isa kaufen muss. Ich gehe schon jetzt von Geschäft zu Geschäft und suche, wo das, was ich brauche, auch nur einen Pfennig billiger ist. Manchmal weiß ich nicht, wie ich die Woche finanziell überstehen soll. Ist die Woche zu Ende, staune ich, wie alles geklappt hat.

Ich habe mir jetzt eine billige Nähmaschine gekauft. Ich kann zwar nicht nähen. Aber ich habe es tatsächlich geschafft, aus meiner Kostümjacke ein kleines Mäntelchen für Isa zu nähen. Not macht erfinderisch. Meine Mutter war anfangs natürlich nicht begeistert von dem Gedanken, tagsüber eine fremde Frau in ihrer Wohnung zu haben, aber schließlich war sie einver-

standen. Ich bin ihr dafür sehr, sehr dankbar. Sie hat damit manches wieder gutgemacht.
Isa hat sich prächtig entwickelt, seitdem sie zu Hause ist. Sie ist ein richtiger kleiner Kobold geworden. Sie lacht viel und laut. Manchmal jauchzt sie richtig. Ich glaube, meine Ma hat inzwischen auch Freude an Isa. Gerade sitzt Isa auf meinem Schoß und zieht an der Tischdecke. Ja, die müsste man runterkriegen …
Seitdem sie zu Hause ist, hat sie fast so etwas wie eine „Fress-Sucht" entwickelt. Wenn sie etwas zu Essen sieht oder auch ihr Fläschchen, zittert sie richtig vor Gier. Und wenn sie ihr Fläschchen trinkt, stöhnt sie genussvoll wie ein Schwerstarbeiter.
Für nichts gäbe ich dieses Kind wieder her. Ich habe es geschafft! Isa ist wieder bei mir zu Hause!

18.1.1967
Isa hat die ganze Nacht gehustet und 39 Grad Fieber. Gerade hat mir unsere Hausbesitzerin auch noch erzählt, dass das Kind ihrer Schwester an einem Husten gestorben ist.
Schön, prima, toll. Macht mal alle so weiter.

25.1.1967
Kurz vor Weihnachten saß Isa das erste Mal ganz allein. Jetzt steht sie schon in ihrem Bettchen.
Seitdem Frau Brück da ist, entwickelt sie sich in einem atemberaubenden Tempo, als müsste sie etwas nachholen. Sie ist ein Prachtexemplar und mein Sonnenschein. Wie viel Freude habe ich an diesem Kind!
Mein Prinz hat gestreikt. Wieder waren 100 Mark für eine Batterie fällig. Mir fließen die Talerchen nur so durch die Finger für all das, was ich jetzt für Isa so brauche.

27.1.1967
Herr Hartmeier vom Jugendamt kennt meine finanzielle Situation. Er wundert sich, dass ich überhaupt hinkomme mit meinem Geld. Als ich ihm sagte, dass ich wirklich mit einem Pfennig rechnen muss, bot er mir eine finanzielle Unterstützung durch das Jugendamt an. Er würde versuchen, sich das Geld von Toni wiederzuholen, sobald der Vaterschaftsprozess abgeschlossen ist.

Ich erinnerte ihn daran, dass er mir mal gesagt hatte, die Aussichten, von Toni Geld zu bekommen seien schlecht, weil Südtirol ja Italien ist. Und ich fragte Herrn Hartmeier, was denn wäre, wenn ich mal später etwas mehr Geld hätte. Ob das Jugendamt sich diese Unterstützung dann von mir zurückholen würde. Als er nickte, habe ich seine Unterstützung dankend abgelehnt. Ich würde ja mein Kind auf Pump großziehen. Das ist nichts für mich. Das Leben ist manchmal ganz schön beschissen.

30.1.1967
Zurzeit denke ich viel an Rolf. Komisch, gell? Irgendwie war es doch schön mit ihm. Vor allem, ich konnte bei ihm so sein, wie ich wirklich bin und brauchte mich nicht zu verstellen. Er kannte meine Fehler und mochte mich trotzdem. Na ja, vergangen, vergessen, vorüber…
Und manchmal denke ich an Toni. Es waren schöne Stunden mit ihm, voller Romantik und Zärtlichkeit. Ich bin wohl noch immer nicht vernünftiger geworden, trotz Isa. Noch immer habe ich Träume und noch immer habe ich keine Lust zu heiraten. Aber ein Mann zum Gernhaben, der fehlt mir schon.

5.2.1967
Eigentlich hätte ich doch bald mal wieder bessere Zeiten verdient. Ich möchte meinem Kind eine schöne Kindheit bieten mit viel Freude. Jedenfalls werde ich alles dafür tun, was in meinen Kräften steht. Ich bin so stolz auf meine Isa, dass sich viele schon über mich amüsieren.

Nun mal eine Neuigkeit aus meinem alten Dortmund-Aplerbeck: Erika Sgonina und „mein" Erich haben geheiratet und sogar schon eine kleine Tochter. Sie bewohnen unsere früheren Zimmer! Das finde ich toll!
Ja, vielleicht wäre vieles anders gekommen, wenn ich in Dortmund geblieben wäre.

10.2.1967
Ich habe mit meiner Mutter einen entsetzlichen Krach gehabt. Isa weinte. Meine Mutter wurde nach einiger Zeit so ruppig und

hat Isa so hart angefasst, dass ich dachte, sie schlägt sie gleich. Da habe ich rot gesehen. Meine Mutter hat mich früher wegen Nichtigkeiten entsetzlich geschlagen. Sie hat mich getreten, geboxt und mit einem Kleiderbügel auf mich eingedroschen. Wir haben nie darüber gesprochen. Aber als sie jetzt Isa packte, habe ich sie angeschrieen, dass sie das, was sie mit mir früher gemacht hätte, meinem Kinde heute nicht zufügen wird.
Ich habe ihr Isa aus den Händen gerissen und ihr gesagt, dass ich nichts vergessen hätte, was früher war. Und an meinem Kind würde sie sich heute nicht vergreifen, dafür sorgte ich. Meine Mutter wurde totenbleich. Sie sprach zum ersten Mal während eines Streites völlig beherrscht. Das war noch entsetzlicher als ihr Brüllen. Dann schwor sie mir, dass ich das, was ich gerade gesagt hatte, noch bitter bereuen würde. Natürlich kam dann auch wieder, was sie alles für Isa und mich getan hatte. Ich habe ihr gesagt, dass ich dafür auch dankbar sei. Wenn sie aber jetzt Isa und mich rausschmeißen wollte, sollte sie es schnell sagen, damit ich mir mit Isa eine andere Bleibe suchen könnte. Nein, rausschmeißen wollte sie uns nicht, aber etwas anderes hätte sie jetzt vor.
Ach, was soll ich jetzt darüber noch groß schreiben. Ich bin müde. Dauernd dieses Kämpfen und Streiten. Ich möchte schlafen, schlafen und nicht mehr aufwachen. Aber da ist Isa. Und Isa wird nicht mit Kleiderbügeln großgezogen. Ja, ich will sie möglichst ganz ohne Schläge großziehen. Denn ich weiß jetzt, dass Schläge Hass erzeugen.

15.3.1967
Rolf war hier bei mir in Tübingen! Ich war völlig überrascht, als er mich plötzlich im Büro anrief. Er erzählte mir, dass er in Wien eine Freundin habe und auf dem Weg dorthin mal bei mir vorbeikommen wolle. Aber es war merkwürdig. Wir schmusten miteinander, als sei nichts geschehen, als hätte er keine Freundin und ich kein Kind. Alles war so selbstverständlich, als müsste es so sein. Allerdings habe ich mich dann geärgert, als er von mir zu seiner Eva nach Wien gefahren ist. Vielleicht hatte ich gehofft, er würde mit seiner Eva Schluss machen. Denn ich hätte mich beinahe wieder in Rolf verschossen. Aber ich bin noch rechtzeitig dagegen angegangen. Nun will er in zwei Wochen wiederkommen.

Aber so geht es auf keinen Fall weiter – mit mir schmusen und dann zu seiner Eva fahren …
Aber von Isa war Rolf ganz begeistert. Vielleicht ist Isa das Beste, was ich in meinem Leben hingekriegt habe.

11.4.1967
Rolf war Ostern wieder hier in Tübingen. Wir sind mit Isa spazieren gegangen, und ich war tatsächlich ein kleines bisschen glücklich, nach langer Zeit mal wieder. Ich vermisste nichts, nicht einmal Mals. Rolf fuhr danach aber wieder zu seiner Eva. Und er war nicht bereit, irgendetwas zu klären. Aber seitdem erhalte ich jeden Tag Post von ihm.
Es ist schön, jeden Tag Post zu erhalten. Ich schreibe ihm auch gern. Vielleicht bleiben wir wenigstens Freunde. Jedenfalls werde ich aufpassen, dass ich mich so schnell nicht mehr in ihn verliebe.

22.6.1967
In der Zwischenzeit ist Isa so lebendig geworden, dass Frau Brück die Verantwortung für ihr „Goldele" nicht mehr übernehmen konnte. Ich habe sie gebeten, eine Zeit lang noch zu kommen, weil ich keine andere Lösung hatte. Dann aber fuhr Frau Brück mit dem Kinderwagen durch den Ort und kam an einer Garage vorbei. Im selben Augenblick setzte eine Frau ihr dickes Auto zurück, ohne nach hinten zu gucken. Frau Brück gab dem Kinderwagen mit Isa darin einen Stoß, sodass er einen Satz nach vorne machte. Dann warf sie sich selbst gegen das Auto. Die Autofahrerin war kreidebleich vor Schreck, als sie sah, was beinahe passiert wäre. Hätte Frau Brück dem Kinderwagen nicht einen Stoß gegeben, wäre er unter das Auto gekommen. Andererseits hätte der Kinderwagen auch auf der Straße landen können, als Frau Brück ihm den Stoß gab. Wie dem auch sei. Ich war geschockt. Frau Brück habe ich ein kleines Geschenk gemacht. Sie hat ja schließlich ihr Leben für Isa eingesetzt. Danach sagte Frau Brück aber ganz klar, sie könne die Verantwortung für Isa nun wirklich nicht mehr übernehmen. Unsere Hausbesitzer machten mich dann mit Herrn und Frau Grauer bekannt. Ein kinderloses, älteres Ehepaar, das schon öfter Pflegekinder hatte. Alfred und Emma Grauer waren sofort von Isa begeistert. Zu ihnen bringe ich sie jetzt morgens, bevor ich zur Arbeit fahre.

Ich hatte erst Bedenken, dass Isa nun tagsüber aus dem Hause muss. Aber das war dann gar nicht so schlimm. Isa weiß nämlich jetzt, wo sie hingehört: zu mir. Ich bin ihr Zuhause. Sie hat auch sofort begriffen, dass sie zwar morgens zu Emma geht, aber abends die Mama kommt, und sie nach Hause holt. Das war wohl auch das Wichtigste, dass Isa jetzt weiß: Nicht die jeweilige Umgebung ist ihr Zuhause, sondern die Mama. Isa fühlte sich jedenfalls schnell wohl bei Grauers. Das war also auch geschafft.
Als Frau Brück sich verabschiedete, hat sie geweint wie ein Kind. Auch mir sind die Tränen heruntergelaufen. Frau Brück hat mir in einer schweren Zeit zur Seite gestanden. Schade, dass diese Zeit nun zu Ende war.

Rolf kam noch einmal nach Tübingen. Wieder war er auf dem Weg nach Wien zu seiner Eva. Ich war inzwischen stocksauer. Als er auf dem Rückweg von Wien wieder bei mir vorbeikommen wollte, nahm ich mir vor, jetzt klare Verhältnisse zu schaffen. Rolf holte mich von zu Hause ab. Meine Mutter hatte Rolf schon in Dortmund nicht leiden können und ließ es ihn auch jetzt spüren. Sie redete nicht mit ihm.
Rolf packte einen kleinen Stoffhund für Isa aus. Dann gab er mir ein schön eingepacktes Geschenk. Ich öffnete es und fing an zu heulen. Es waren ein paar neue Hausschuhe. Niemanden hatte es bisher interessiert, dass meine Hausschuhe voller Löcher waren und die Sohlen sich bereits lösten. Mir fehlte einfach das Geld, für mich neue Hausschuhe zu kaufen. Isa war nun wichtiger. Ich hielt die neuen Hausschuhe in der Hand. In diesem Augenblick wurde mir klar: Rolf ist der Richtige für mich. Er ist mein Zuhause. Ihn möchte ich heiraten. Nur, Rolf dachte nicht daran, sich von seiner Eva zu trennen. Was nun? Das alles geschah mir recht!
Rolf und ich gingen mit Isa zum Campingplatz, auf dem Rolf sein Zelt aufgebaut hatte, denn meine Mutter wollte „den“ nicht bei sich Zuhause sehen. Die Gründe dafür blieben ihr Geheimnis.

Isa kannte Rolf inzwischen. Die beiden hatten sich auf Anhieb gemocht. Und Rolf hatte Freude an Isa, er spielte gern mit ihr. Als ich Isa zum Mittagsschlaf ins Zelt gelegt hatte, wollte ich endlich mit Rolf klare Verhältnisse schaffen. Rolf schien es ähnlich zu

gehen. Er fragte mich, ob ich ihm 50 Mark leihen könnte. Ich fragte ihn zurück: „Wofür?" Rolf sagte: „Ich möchte Verlobungsringe kaufen."
Eine Welle der Wut schoss mir ins Gesicht. Ich dachte: „Der kommt nach Tübingen und tut so, als ob er mich noch mag; fährt aber weiterhin nach Wien zu seiner Freundin. Und dann besitzt er auch noch die Dreistigkeit, mich um Geld anzupumpen für seine Verlobungsringe mit dieser Wienerin. Das war das Ende. Schluss, aus und vorbei. „Nein", sagte ich, „selbst wenn ich es könnte, würde ich dir *dafür* kein Geld leihen." – „Schade", antwortete Rolf, „ich hätte mich so gern mit dir verlobt."
Ich schwieg. Schließlich konnte ich mich ja auch verhört haben. Rolf grinste. Ich hatte mich also doch nicht verhört. „Na, dann will ich mal sehen, ob ich die 50 Mark nicht doch noch auftreiben kann", sagte ich gönnerhaft. Im nächsten Augenblick lag ich in seinen Armen. Endlich, endlich konnte ich die Gefühle für Rolf wieder zulassen. Ja, ich gehörte zu ihm. Ich liebte ihn und wollte jetzt mit ihm eine Familie gründen.
Am nächsten Tag fragte ich meine Mutter, ob Rolf noch mal zu uns nach Hause kommen könnte.
Nein, „den" wollte sie in ihrer Wohnung nicht mehr sehen, meinte sie bissig. „Schade", sagte ich freundlich, „dann werden Rolf und ich uns allein verloben." Das schlug ein wie eine Bombe. Nachdem sie den Schock verdaut hatte, war sie zwar nicht begeistert, aber sie war bereit, mit Rolf und mir zu Hause unsere Verlobung zu feiern.
Rolf kam zwei Tage später mit einem Blumenstrauß zu uns. Die Blumen gab er meiner Mutter und bat sie offiziell um meine Hand. Meine Mutter war alles andere als glücklich, das sah ich ihr an. Sie machte ihre „gute Miene zum bösen Spiel". Mir war das egal. Ich war endlich nach langer Zeit wieder glücklich. Und das war schließlich die Hauptsache. An meinem Namenstag, am 4. Mai, haben Rolf und ich uns verlobt.
Nun kam Rolf regelmäßig. Isa sagte so schnell Papa zu ihm, als wäre er schon bei ihrer Geburt dabei gewesen. Rolf schien für sie genauso eine selbstverständliche Einrichtung zu sein wie ich. Das wunderte mich manchmal, weil meine so plötzliche Verlobung für mich immer noch nicht selbstverständlich war.

Herr Hartmeier vom Jugendamt grinste, als ich ihm meine Verlobung mitteilte. Ja, ja, die warmen Semmeln ... Er hatte es immer gewusst. Nun war auch das Problem einer eventuellen finanziellen Unterstützung endgültig geklärt. Meine junge Ehe und ganz besonders Rolf sollten später keinesfalls mit einer eventuellen Rückzahlung belastet werden. Ich würde mich bis zur Hochzeit finanziell weiter durchschlagen. Vielleicht erließe meine Mutter mir ja auch bis zu meiner Heirat das monatliche Kostgeld?
Dann informierte ich Herrn Hartmeier, dass Rolf Isa adoptieren wollte. „Gut", sagte Herr Hartmeier, „wir lassen Ihren Vormundschaftsantrag ruhen. Sobald Sie verheiratet sind, können Sie Isa gemeinsam mit Ihrem Mann adoptieren."
Als Rolf und ich uns über dieses Thema unterhielten, schlug er mir vor, seiner Mutter zu sagen, Isa sei von ihm. Das wäre für alle einfacher. Ich habe das abgelehnt. Mein Leben mit Rolf will ich nicht auf einer Lüge aufbauen. Trotzdem ist mir nicht wohl bei dem Gedanken, ihr die ganze Wahrheit sagen zu müssen.

Rolf kam jetzt auch regelmäßig zu uns nach Hause. Meiner Mutter passte das alles gar nicht. In unserer Wohnung hatten wir ein Gastzimmer, das auch von unseren Hausbesitzern genutzt wurde. Deshalb war unsere Miete so niedrig. Die Hausbesitzer sagten, Rolf könnte dort übernachten. Auch sie hatten sich über meine Verlobung gefreut. Nun übernachtete Rolf öfter bei uns, wenn er kam. Rolf wusch sich dann morgens in unserem Bad. Ich kannte meine Mutter ja lange genug. Also bin ich schnell ins Bad, wenn Rolf sich gewaschen hatte und habe die Tropfen weggewischt, die außer meiner Mutter und mir kein Mensch sah. Aber sie fand natürlich immer noch welche.
In Dortmund hatte sie früher Zuckerkörnchen gejagt. Als Kind hatte ich immer Heißhunger auf Süßes. Also „vergriff" ich mich regelmäßig am Zucker, weil nichts anderes da war. Zur Tarnung mischte ich danach unter den verbleibenden Zucker etwas Mehl. Das Mehl hat meine Mutter nie entdeckt. Aber ein Körnchen Zucker war mir beim Naschen garantiert auf den Fußboden gefallen. Und genau auf dieses Körnchen trat sie, wenn sie von der Arbeit nach Hause kam. Schockartig blieb sie dann stehen, drehte sich langsam zu mir herum und zischelte drohend: „Es knnirrschscht!" Wenn es knirschte, hatte sie mich ertappt.

Nun jagte sie in Tübingen Wassertropfen. Und sie fand immer noch einen, egal wie gründlich ich auch geputzt hatte. Sie ertappte mich eben immer. Irgendwann hatte Rolf von diesem Theater die Nase voll. Er betrat unser Bad nicht mehr. Wenn er nun zu uns kam, hatte er sich vorher im Zug gewaschen und rasiert. Alles andere versuchte er auf dem Campingplatz zu erledigen.

An einem der nächsten Wochenenden kam Rolf wieder. Er schlief im Gastzimmer und hatte sich wieder vorher im Zug gewaschen und rasiert. Rolf sah, dass ich ziemlich fertig war von den letzten Monaten. Er sagte, ich solle Samstagmorgen mal liegen bleiben. Er würde Isa aus dem Bettchen holen, mit ihr ins Gastzimmer gehen und dort mit ihr spielen. Ich könnte mich dann mal ausschlafen.

Samstagmorgen hörte ich, wie Rolf leise Isa aus ihrem Bettchen hob. Ich drehte mich noch mal auf die andere Seite und versuchte weiterzuschlafen. Wie lange war es her, dass ich mich mal ausgeschlafen hatte? Plötzlich ein Getöse auf dem Flur. Wutschnaubend riss meine Mutter die Tür zu meinem Zimmer auf: „Das fehlte noch! Liegt die hier faul im Bett rum und lässt den fremden Mann auf ihr Kind aufpassen. Los, aufstehen, du kümmerst dich gefälligst selbst um dein Kind."

Damit riss sie mir die Bettdecke weg. Ich bin aufgestanden und habe mich um mein Kind gekümmert. Und ich habe mich vor Rolf geschämt, so eine Mutter zu haben.

Eines Nachts wurde ich wach. Ich hatte einen furchtbaren Traum gehabt: *Meine Mutter war ganz aufgeregt in mein Zimmer gekommen und hatte gerufen: „Moni, Moni, ich kriege meine Tage nicht, ich glaube, ich bin schwanger."*

War ich froh, als ich wach wurde und feststellte, dass ich nur geträumt hatte. Ich atmete einen Stoßseufzer der Erleichterung aus. Das hätte noch gefehlt, Mutti und schwanger.

Vor ein paar Tagen betrat meine Mutter mein Zimmer. Sie war ganz aufgeregt und rief: „Moni, Moni, ich kriege meine Tage nicht, ich glaube, ich bin schwanger." Diesmal war es kein Traum. Meine Mutter ist schwanger. Ich bekomme im Dezember ein Geschwisterchen.

1.7.1967
Bin richtig verschossen in Rolf und freue mich jedes Mal, wenn er kommt. Auf die Idee, mich fest an Rolf zu binden, hätte ich Simpel ja auch schon früher kommen können.

3.8.1967
Rolf und ich wollten uns an einem Wochentag mal einen Ferientag gönnen und zum Titisee fahren. Ich hatte mir Urlaub genommen und Frau Grauer gefragt, ob sie an diesem Tag Isa nehmen könnte. Frau Grauer sagte: „Selbstverständlich, Moni. So ein Ferientag tut Ihnen und Ihrem Rolf auch mal ganz gut." Alles war nun geklärt.
Am Vorabend packte ich ein paar Sachen für diese Tour zusammen. Da meinte meine Mutter, ich könnte nicht fahren. Sie hätte für den nächsten Tag Kohlen bestellt. Die müsste ich mit ihr in den Keller schaffen. Das könnte sie ja wohl nicht allein. Außerdem müsste ich mich finanziell an den Kohlen beteiligen. Das seien schließlich zusätzliche Kosten, die mit meinem monatlichen Kostgeld nicht abgegolten wären. Ich fragte sie ruhig, warum sie die Kohlen ausgerechnet für den nächsten Tag bestellt hätte. Schließlich wüsste sie ja lange genug, dass Rolf und ich diese Fahrt machen wollten. Sie ging gar nicht darauf ein, sondern verlangte weiter, ich sollte zu Hause bleiben. Die Kohlen …
Ich habe ihr vorgeschlagen, sie sollte die Kohlen bis abends liegen lassen. Wenn Rolf und ich abends zurückkämen, würden wir die Kohlen alleine in den Keller tragen. Nein, nein, das käme gar nicht in Frage. Ich hätte zu Hause zu bleiben. „Erst die Arbeit, Madam, dann das Vergnügen", zitierte sie einen ihrer Lieblingssprüche. Daraufhin habe ich ihr gesagt: „Ich habe mir für diesen Tag extra Urlaub genommen, Isa ist bei Frau Grauer und alles ist vorbereitet. Ich fahre." Und ich bin gefahren. Natürlich war dieser Tag nicht ganz so schön, weil ich immer an das Theater dachte, das mich abends zu Hause erwarten würde. Als wir nach Hause kamen, waren die Kohlen im Keller. Die arme Großmutter hat die Kohlen allein in den Keller schleppen müssen! Und diese undankbare Tochter war auf „Juchhei" und hat sich einen schönen Tag gemacht. Seitdem spricht sie nicht mehr mit mir. Ja, ja, Undank ist der Welten Lohn …

2.9.1967
Meine Mutter geht bald für eine gewisse Zeit nach Norddeutschland. Rolf wird dann oft nach Tübingen kommen. Wir drei machen dann schön „in Familie". Ich sehne mich sehr nach einem ruhigen, harmonischen Familienleben. Isa und Rolf sind ein Herz und eine Seele. Rolf will sich jetzt eine Filmkamera kaufen, um Isa zu filmen. Im August 1968 werden Rolf und ich heiraten.

5.9.1967
Isa hat sich zu einem ganz charmanten kleinen Persönchen entwickelt. Wenn ihr etwas nicht passt, kann sie richtig giftig werden. Sie ist dabei aber so süß, dass ich sie ständig knuddeln könnte. Ich finde, dass sie mit 15 Monaten schon sehr weit ist. Mit einem Jahr lief sie schon. Auch spricht sie schon zwei Worte hintereinander, wie „Adda-Gehen." Isa liebt Tanzmusik über alles. Sie dreht sich dabei, geht in die Knie und bewegt ihre Hände im Takt. Ich könnte sie stundenlang beobachten. Isa lacht jetzt sehr viel. Darauf bin ich besonders stolz. Am meisten Spaß hat sie, wenn sie auf meinem Rücken sitzt, und wir so durch die Wohnung rasen. Manchmal sage ich dann „pst" zu ihr, damit sie etwas leiser ist. Aber das „pst" scheint sie besonders zu erheitern. Sie lacht dann richtig laut. Was hat dieses Kind doch mein Leben bereichert, trotz aller Sorgen.

16.10.1967
Meine Mutter ist seit einer Woche in Norddeutschland. Und genau diese Woche war Rolf bei uns. Es war wunderschön. Wenn unser späteres Familienleben so schön wird wie diese Woche, haben wir eine glückliche Zukunft vor uns. Morgens früh habe ich sogar gesungen und gepfiffen. Und niemand hat mir dazwischengeredet:
„Mädchen, die pfeifen und Hühnern, die krähn,
denen soll man beizeiten die Hälse umdrehn."

3.11.1967
Morgen kommt Rolf wieder. Er ist jetzt sehr oft bei uns und genießt es, eine Familie zu haben.
Ich bin sehr, sehr glücklich. Glücklich, endlich zu wissen, wohin ich gehöre. Glücklich, so einen netten Mann zu bekommen. Glücklich, einen so liebevollen Vater für Isa gefunden zu haben.

Glücklich, dass ich bald ein richtiges Familienleben führen kann. Und nicht zuletzt glücklich, dass ich bald aufhören kann zu arbeiten.
Rolf hat schon eine Stelle in Aussicht, wenn er im nächsten Jahr sein Studium beendet. Er verdient zwar noch nicht allzu viel. Aber Wirtschaften habe ich ja gelernt.
Ich glaube, ich habe mich sehr verändert. Schon allein, weil ich mich auf meine Ehe freue. Sicher hat Isa mich so verändert. Ohne Isa wäre ich mit Rolf bestimmt noch nicht verlobt. Ohne Isa hätte ich auch nicht Wirtschaften gelernt. Vielleicht war meine Schwangerschaft doch ein Schicksalsschlag zu meinem Besten. Selbst wenn ich jetzt kaum noch Zeit für mich habe. Selbst wenn ich jetzt keine gute Figur mehr habe. Selbst wenn ich jetzt kein Geld mehr habe. Und selbst, wenn ich vor lauter Pflichten nicht mehr weiß, wo mir der Kopf steht: Ich bin glücklich.

Anja kommt am 1.1. für ganz nach Tübingen!!!
Sie hat sogar schon eine Arbeitsstelle und eine kleine Wohnung. Hoffentlich erleben wir noch gemeinsam ein schönes halbes Jahr hier. Nach meiner Heirat werde ich wohl mit Rolf und Isa woanders hinziehen.

5.1.1968
Meine Mutter hat mir am 9.12.1967 ein kleines Schwesterchen geschenkt und sie noch in Norddeutschland auf den Namen „Christine“ taufen lassen. Kurz vor Weihnachten brachte sie Christine in eine Pflegestelle, und sie selbst kam wieder nach Hause. Damit war mein Vorhaben vereitelt, mit Rolf und Isa den Heiligen Abend familiär zu verbringen. Meine Mutter teilte mir dann mit, dass sie mich als Patin für Christine benannt hatte. Prima, toll! Warum soll man Paten auch vorher fragen, ob sie die Patenschaft übernehmen wollen? Die könnten ja so anmaßend sein und bei der Taufe auch noch dabei sein wollen!

Für die Weihnachtstage und für Sylvester hatte ich meiner Mutter zusätzliches Kostgeld gegeben. Da sie aber auch „knapp bei Kasse ist“, wie sie immer sagt, erbot ich mich, an Sylvester die Getränke und den Salat mit Würstchen zusätzlich zu bezahlen, weil Rolf und Anja kommen wollten. Ich habe Sekt und eine

Flasche „Katzenstriegel“ gekauft und die Flaschen für Sylvester zur Seite gestellt. Am ersten Weihnachtstag fragte sie mich, ob sie von meiner Flasche „Katzenstriegel“ ein Glas trinken könnte. „Natürlich“, sagte ich und gab ihr die Flasche. Am zweiten Weihnachtstag wollte ich davon auch ein Glas trinken. Da schrie sie: „Dann habe ich ja nichts mehr.“ Wohlgemerkt, das war *meine* Flasche „Katzenstriegel“! Und so geht das jetzt in einem fort. Bei uns herrscht Krieg, kalter Krieg!

20.1.1968
Gestern habe ich zu meiner Mutter gesagt: „Ich glaube, Isa wird mal eine ganz Schlanke.“ Da sagte sie zu Isa: „Du Isa, deine Mama ist jetzt schon neidisch auf dich.“ Ich habe dann sehr betont geantwortet: „Oh nein, auf meine eigene Tochter werde *ich* niemals neidisch sein. Im Gegenteil. *Ich* werde stolz auf meine Tochter sein!“
Selbst den Griff in ihre Sprüche-Kiste unterließ sie danach. Schade, sie gönnt mir aber auch gar nichts mehr.

10.4.1968
Anja ist seit ein paar Monaten hier in Tübingen. Aber unser Verhältnis ist nicht mehr das Gleiche wie früher. Manchmal könnte ich heulen, wenn ich sehe, was aus unserer Freundschaft geworden ist.
Meine Gefühle für Anja haben sich nicht verändert. Ich habe sie noch genauso gern wie früher. Aber wir können nicht mehr so unbefangen miteinander reden. Irgendetwas steht zwischen uns. Vielleicht liegt es daran, dass ich jetzt Rolf habe? Wie wäre es wohl für mich, wenn Anja heiraten würde? Wenn ich Rolf nicht hätte, wäre das sicher auch für mich nicht einfach.
Ich versuche jedenfalls weiter, Anja wieder näher zu kommen. Vielleicht gelingt es mir ja.

13.5.1968
Es ist Frühling. Rolf, Isa und ich waren zehn Tage im Schwarzwald in einem Ferienhäuschen. Es war richtig schön.
Ich liebe Rolf, und er liebt mich, und zwar so, wie ich bin. Mir geht es also gut. Nur der Frühling…

2.7.1968
In sechs Wochen bin ich Rolfs Frau.
Die Firma, bei der Rolf jetzt anfängt, stellt uns sogar eine Vier-Zimmer-Wohnung zur Verfügung.
Ich kann endlich aufhören zu arbeiten und tagsüber bei Isa bleiben. Es sieht also alles rosig aus. Trotzdem heule ich öfter in der letzten Zeit.
Vielleicht sollte ich mal zu einem Psychologen gehen?

Betroffen lese ich meine Tagebuchaufzeichnungen von damals. Lese Worte, die mir heute zeigen, dass die Beziehung zu meiner Mutter damals schon zerstört war. Sie hatte nicht nur meine Liebe zu ihr zerstört. Sie zerstörte auch jedes Gefühl von freier Dankbarkeit in mir, weil sie Dankbarkeit einforderte, „für alles, was sie für mich getan hatte".
Ja, sie hatte das, was ihr möglich war, getan, wenn es mir schlecht ging. Aber sie tat auch das, was ihr möglich war, wenn es mir gut ging – bis es mir wieder schlecht ging.
Ich verweigerte mich mehr und mehr. Ich verweigerte ihr meine Liebe, meine Dankbarkeit und schließlich sogar mein Mitempfinden. Nun hatte sie den Beweis. Niemand kümmerte sich um sie. Alle wollten ihr schaden.
„Was gut ist, kommt immer wieder", war ein Lieblingsspruch meiner Mutter. Dieser Spruch war ihre Generalabsolution für alle Verletzungen, die sie ihren Mitmenschen zufügte. Und er gestattete ihr, nie den ersten Schritt tun zu müssen, wenn sie jemandem wehgetan hatte. Kamen die Menschen nicht wieder zu ihr zurück, waren sie nicht gut genug gewesen. Irgendwann kam auch ich nicht mehr zurück.

Am 30. April 1966 legte mir Frau Vollmer kurz vor Mitternacht dieses kleine Bündel Mensch in den Arm. Von diesem Moment an hat Isa mein Denken und Fühlen 20 Jahre lang bestimmt. Kein Mensch ist mir jemals so wichtig gewesen wie Isa. Alles, was ich an Liebe, Aufmerksamkeit und Interesse so schmerzlich vermisst hatte, wollte ich nun meinem Kind geben. Isa sollte zu einem starken Baum heranwachsen, gerade und ohne Bruchstelle. Zu einem Baum mit

gesundem, weit verzweigtem Geäst und tiefen Wurzeln in einem guten, nährenden Mutterboden.
20 Jahre später stand mir ein erwachsener Mensch gegenüber mit Verhaltensweisen, die mich an meine Mutter erinnerten. Was war geschehen? An Liebe zu Isa hat es mir nicht gemangelt. Das ist das einzige, dessen ich mir heute sicher bin. Doch Liebe, so sagt Isa, habe sie von mir nicht bekommen.
Vor acht Jahren bekam Isa ihr erstes Kind. Voller Glück hielt ich meine Enkeltochter Anna auf dem Arm. Nun war ich Großmutter. Eine ruhige, glückliche Zufriedenheit überkam mich. Ich sagte „Ja“ zu meinem Leben, zu allem, was mich an Höhen und Tiefen so oft erschüttert hatte. Dieses Kind und dieses Enkelkind waren es wert gewesen. Ich würde eine gute Großmutter sein. Hatte ich doch das bestmögliche Vorbild an meiner eigenen Oma gehabt.
Isa nahm mir Anna aus dem Arm. Dabei sagte sie: „Diese Liebe hättest du mir früher geben sollen. Jetzt brauchst du sie nicht an meinem Kind abzureagieren.“ – „Diese Worte, Isa, sind eingebrannt in meinem Herzen.“

Was habe ich bei Isa falsch gemacht? Ich, die sich vorgenommen hatte, alles anders und möglichst besser als meine Mutter zu machen? War ich in meinem Eifer, alles besser machen zu wollen, ins andere Extrem gefallen? Hatte ich das, was ich von meiner Mutter zu wenig bekommen hatte, nun meiner Tochter zu viel gegeben? Oder konnte ich Isa gar nicht das geben, was sie gebraucht hätte, weil ich es selbst nicht bekommen hatte? Ich finde keine Antwort auf meine Fragen.
Zwei Fixsterne bestimmten mein Leben, um die ich gekreist war, immerzu fragend, was ich denn noch tun könne, um sie zufrieden zu stellen, meine Mutter und meine Tochter. Und beide sagen, sie hätten nicht genug von mir bekommen. Doch mehr als ich gegeben habe, hatte ich nicht.
Aus der Distanz beobachte ich heute meine Tochter. Mit Liebe, Verantwortungsbewusstsein und Einfühlungsvermögen erzieht sie ihre Kinder. Sie wird zur Löwin, wenn sie ihre Jungen von außen gefährdet sieht. Und wenn ich sie kämpfen sehe, ist es mir, als sähe ich mich in einem Spiegel – vor 34 Jahren wie eine Löwin für mein Kind kämpfen.

Nein, das werde ich Isa nicht erzählen. Es könnte ihre Überzeugung, von mir nie geliebt worden zu sein, ins Wanken geraten lassen. Und das könnte uns einander wieder näher bringen. Doch diese Nähe bekommt uns nicht. Ich bleibe auf Distanz, aus Liebe zu mir und aus Liebe zu Isa.
Wie ein Fluch lastet eine problematische Mutter-Tochter-Beziehung auf unserer Familie. Aber ich gebe die Hoffnung nicht auf. Und so lange ich keinen konkreten Ausweg aus unserem familiären Irrgarten sehe, versuche ich es mit alt-biblischem Segen. Denn Segen ist das Gegenteil von Fluch. Und so segne ich aus einer schützenden Distanz meine Enkeltochter, meine Tochter und – meine Mutter. Vielleicht wird jeder Segen ja zu einem leuchtenden Stern auf dem dunklen Weg aufeinander zu. Das Leben ist voller Überraschungen. Und Wunder gibt es immer wieder.

1966 ahnte ich noch nicht, dass ich mich irgendwann auch einmal von meiner Tochter distanzieren würde. Isa wurde der Mittelpunkt meines Lebens. Schritt für Schritt, mit Mut und Raffinesse, erkämpfte ich für mein Kind einen selbstverständlichen Platz im Leben und an meiner Seite.
So allein, wie ich mich nach Isas Geburt gefühlt hatte, blieb ich nicht. Mit jedem Schritt vorwärts fand ich auch Menschen, die mich stützten und mir weiterhalfen. Viele von ihnen sind mir auf meinem weiteren Lebensweg verloren gegangen. Ich würde ihnen gern heute ein Denkmal setzen.
Unserer Frau Brück zum Beispiel. Meinem früheren Ober- und späteren Chefarzt. Meinen ehemaligen Kolleginnen an der Universität Tübingen. Familie Grauer und unseren damaligen Hausbesitzern. Und natürlich Karin und Schwester Gaby aus dem Entbindungsheim im Bayerischen Wald. Karin lehrte mich für mein weiteres Leben, dass es bei all meinem Leid und Schmerz immer noch einen größeren Schmerz geben kann. Und Schwester Gaby lehrte mich, dass manchmal Zivilcourage erforderlich ist, um Leben zu schützen.

Rolf ist mir auf meinem weiteren Lebensweg nicht verloren gegangen. Wir sind uns nichts schuldig geblieben. Aber auch er bekäme heute ein Denkmal.

17.7.1969
Mit diesen Zeilen fange ich ein neues Tagebuch an. Das Tagebuch meiner Jugend-Zeit ist beendet. Jetzt beginnt das Tagebuch meiner Erwachsenen-Zeit. Also, auf in den Kampf.
Am 10.8.1968 haben Rolf und ich standesamtlich geheiratet und am 8.10.68 kirchlich.
Leider konnte ich ja wegen Isa nicht in Weiß heiraten. Aber ich hatte ein helles Jacken-Kleid gefunden, das auch festlich aussah. In der Kirche waren viele Leute. Natürlich meine Kolleginnen von der Uni, unser Oberarzt, Nachbarn, Verwandte und Bekannte. Es war eine schöne Trauung. Und ich habe laut und deutlich „Ja" gesagt. Nach der Trauung gab mir der Pastor den Mutter-Segen. Das gefiel mir besonders gut, weil er damit mein Kind in die Feierlichkeit einbezog. Wir feierten bei uns zu Hause. Und die allgemeine Stimmung war fröhlich. Nachmittags kam es dann wieder zum Krach mit meiner Mutter. Es hätte mich auch gewundert, wenn es mal anders gewesen wäre.
Tante Elsbeth, Muttis Schwester im Kloster, hatte mir ein kleines Geschenk zur Hochzeit geschickt. Sie wusste immer noch nicht, dass Isa existierte. Meine Mutter hatte mir verboten, das ihrer „Klosterschwester" mitzuteilen. Natürlich hatte meine Mutter das Recht, ihr Kind vor aller Welt zu verheimlichen. Aber sie hatte nicht das Recht zu bestimmen, wer von der Existenz meiner Tochter etwas wissen durfte und wer nicht. Ich sagte zu Muttis ältester Schwester, dass ich Tante Elsbeth im Kloster endlich darüber informieren würde, dass Isa seit zwei Jahren existiert. Da kam meine Mutter in den Raum. Sie hatte das Gespräch mitbekommen. Wie eine Hyäne biss sie um sich. Selbst ihre älteste Schwester kuschte erschrocken vor dieser geballten Ladung Wut. Bevor meine Mutter die Tür hinter sich zuknallte, verbot sie mir „ein für allemal", ihrer Schwester im Kloster jemals etwas über Isa mitzuteilen.
Aus Angst, sie mache mir meine ganze Hochzeitsfeier kaputt, habe ich erst einmal klein beigegeben. Aber sobald ich in meiner eigenen Wohnung lebte, würde ich Tante Elsbeth über Isa informieren.
Nach diesem Theater nahm meine Schwiegermutter mich zur Seite. Sie müsse mal allein mit mir reden. „Nun, mein liebes Mädchen", sagte sie süßlich, „erzähl mir mal etwas mehr über den richtigen Vater von deinem Kind, und wie das alles passiert ist."

Zwei Gedanken schossen mir durch den Kopf. Einerseits fragte ich mich, mit welchem Recht diese Frau solche persönlichen Informationen von mir verlangte. Sie sollte mir eher dankbar sein, überhaupt erfahren zu haben, dass ihr Sohn nicht der richtige Vater von Isa ist. Ihr Sohn hätte ihr das sicher nicht erzählt. Andererseits wollte ich nicht auch noch Krieg mit meiner Schwiegermutter. Meine Mutter reichte mir vollauf. Also habe ich ihr etwas von Toni erzählt. Und sie schien vorerst damit zufrieden zu sein.
Alles in allem war es trotzdem eine schöne Feier.

Kurz danach zogen Rolf, Isa und ich in unsere eigene Wohnung. Das Dörfchen, in dem wir nun wohnten, lag in einem Erholungsgebiet. Und aus jedem Fenster unserer Vier-Zimmer-Wohnung sah ich Wald. Wald von vorne, Wald von hinten, Wald von jeder Seite. Als Rolf dann noch eine Wald-Tapete in unserem Schlafzimmer anbringen wollte, habe ich gestreikt. Wir einigten uns auf zarte Blümchen.
Hinter unserem Haus war ein Teich mit vielen Fröschen. „Quaaak, quaaak, quaaak“, klang es mir ununterbrochen in den Ohren und übertönte sogar das Waldesrauschen. Nun hatte ich alles, wovon ich so lange geträumt hatte. Eine Familie, ein eigenes Zuhause, und ich brauchte nicht mehr zu arbeiten. Ich putzte die Wohnung, wusch die Wäsche, kochte das Essen, spülte das Geschirr und kümmerte mich um Isa. Und in regelmäßigen Abständen fegte ich Frösche aus dem Haus.
Nach ein paar Wochen schlief ich nicht mehr richtig. Ich wurde nervös, reizbar, ungeduldig. Ich fing an, Isa anzuschreien. Und verfluchte mich gleichzeitig, dass ich das Liebste, was ich hatte, so schlecht behandelte. Anja besuchte mich ab und zu. Aber wir konnten nicht mehr richtig miteinander reden. Anja kam aus dem vollen Leben. Sie war in einer Clique und hatte Heinz-Walter kennen gelernt, der hinter ihr her war. Und sie erzählte mir von ihrem interessanten Leben in Tübingen.
Ich hatte nichts zu erzählen. Ich saß mitten im Wald und fegte Frösche aus dem Haus. Vor unserer Heirat hatte ich Rolf gesagt, dass ich so schnell wie möglich ein zweites Kind haben wollte. Isa sollte mit ihrem Geschwisterchen altersmäßig nicht zu weit auseinander sein. Rolf war davon gar nicht begeistert. Er wollte lieber noch etwas warten. Schließlich fingen wir ja schon mit einem

Kind unsere Ehe an. Wenn zwischen uns alles gut liefe, meinte er, könnten wir später mal an ein zweites Kind denken. Nun aber wurde mir klar, dass ein zweites Kind vorläufig für mich nicht in Frage kam. Ich war in meinem neuen Leben kreuzunglücklich. Bitterste Vorwürfe machte ich mir selbst. Unmöglich war ich, undankbar Rolf und meinem Schicksal gegenüber. Es nützte alles nichts. Ich kam in meinem neuen Leben nicht zurecht.

Nach einem halben Jahr besuchten uns ein paar Studienkollegen von Rolf. Sie sahen sofort, dass ich inmitten von Waldesrauschen und Froschgequake todunglücklich war. Und sie hatten Bekannte, die Nachmieter suchten für ihre große, stadtnahe Wohnung. Rolf fuhr dorthin, um sich die Wohnung anzusehen. Als er zurückkam, sagte er nur knapp: „Koffer packen." Und wie schnell ich packte…

Seit zwei Wochen wohnen wir nun in einer sehr schönen Fünf-Zimmer-Wohnung mit Balkon.

Als ich den ersten Morgen in der neuen Wohnung wach wurde, traute ich meinen Ohren nicht. Mich hatte Autolärm geweckt! Glücklich legte ich mich zurück in mein Kissen. Autolärm statt Waldesrauschen. Menschenstimmen statt Froschgequake. Das Leben hatte mich wieder!

Nur – meine Ehe mit Rolf klappt nicht gut. Ich gestehe es mir nur ungern ein. Ein paar Tage ist alles fit, dann geht's wieder bergab. Bisher habe ich mich immer selbst beruhigt. „Monika, warte erst einmal ab, du kennst ja kein Familienleben mit einem Mann. Die Umstellung ist einfach zu groß." Aber ich habe immer öfter Stunden, in denen ich meine Ehe bereue. Ich heule manchmal wie ein Baby und kann nicht mehr aufhören. Ich will an unseren Schwierigkeiten nicht Rolf allein die Schuld geben. Aber er hat sich ein paar dicke Dinger geleistet. Eines Morgens wollte ich bei unserer Sparkassen-Filiale Geld vom Konto abheben. Nein, sagte der Schalterbeamte, er könne mir nichts geben. Mein Mann hätte das Konto für mich sperren lassen. Nicht nur, dass sich hier in dieser Wohngegend alle kennen, die Peinlichkeit also doppelt groß war. Nun stand ich auch noch ohne einen Pfennig Geld da. Und ich hatte keine Ahnung, wie und wo ich mir welches beschaffen konnte. Rolf hatte mir gezeigt, dass ich finanziell von ihm abhängig war. Als mir das klar wurde, habe ich ihn erstmals gehasst. Und ich habe mir geschworen, dass

ich nie wieder in meinem Leben ohne einen Pfennig eigenes Geld dastehen werde. Rolf und ich haben uns dann furchtbar gestritten. Er meinte, ich würde zu viel Geld ausgeben. Das hätte er mit der Kontosperrung stoppen wollen.
Der Krieg zwischen uns dauerte so lange, bis Rolf die Sperre rückgängig gemacht hat. Die Verletzung, die er mir damit zugefügt hat, kann er allerdings nicht mehr rückgängig machen.
Es wird Zeit, dass ich mir Arbeit suche und wieder mein eigenes Geld verdiene.
Ich habe wohl doch zu früh geheiratet. Manchmal denke ich an Scheidung. Aber das ist im Augenblick noch keine Lösung. Ich habe Isa ja gerade erst ein Zuhause und einen Vater gegeben. Sie hängt an Rolf. Kann ich ihr das alles wieder nehmen?
Isa geht in sechs Wochen in den Kindergarten. Dann will ich versuchen, Arbeit zu finden.
Isa ist ein tolles Mädchen geworden, lieb, hübsch, einfach klasse. Auch wenn sie manchmal eine Nervensäge ist. Aber vielleicht spürt sie auch unsere schwierige Ehe-Situation. Wenn ich wieder mal nicht geschlafen habe, bin ich sehr schnell gereizt. Gott sei Dank bekommen wir viel Besuch. Zweimal war Anja mit ihrem Heinz-Walter schon hier. Heinz-Walter meint es ernst, und Anja ist auch nicht abgeneigt zu heiraten. Ich bin von ihrem Heinz-Walter ganz begeistert.

Morgen kommt meine Mutter mit Christine. Ja, mein Schwesterchen Christine wird nun auch schon bald eineinhalb Jahre alt. Meine Mutter steht nun endlich zu ihr.
Zwischendurch war auch meine „liebe" Schwiegermutter eine Woche bei uns zu Besuch. Sie hatte ihrem Sohnemann ein paar hübsche Geschenke mitgebracht und für Isa ein Dirndl. Isa war begeistert. Von mir bekam sie immer nur Hosen. Ich hatte als Kind nie Hosen bekommen, so sehr ich sie mir auch wünschte. Deshalb sollte meine Tochter Hosen bekommen – aber meine Tochter wollte keine. Meine Tochter schrie nach „Dondele", was soviel wie „Dirndl" heißen soll. Ich hasse Kleider, und ich hasse erst recht Dirndl. Aber mir bleibt auch nichts erspart. Isa bekam ihr Dirndl und meine Schwiegermutter Isas Herz.
Aber als gute Schwiegermutter hatte sie auch mir ein Geschenk mitgebracht: einen halbfertig gestrickten Pullover, den sie vor

Jahren für ihren Sohnemann angefangen hatte und den ich nun für meinen Ehemann beenden sollte. Wer den Mann hat, kriegt seine halbfertigen Pullover gleich nachgeschmissen.
Am letzten Tag ihres Besuches nahm meine Schwiegermutter ihren Sohnemann zur Seite und sagte: „Lieber Rolf, deiner Ehe gebe ich höchstens zehn Jahre. Aber du weißt ja, dass du jederzeit zu mir nach Hause zurückkehren kannst." Rolf hat mir das sofort wiedererzählt. Er war gerührt von den Worten seiner Mutter. Danach erklärte er mir, dass er jetzt doch noch ein Kind wolle.
Danke bestens, lieber Rolf. Vielleicht denke ich in zehn Jahren mal darüber nach. Aber dann besteht unsere Ehe ja sowieso nicht mehr!

10.10.1969
In mir ist alles so verschwommen.
An einem Vormittag habe ich meinen restlichen Willen zusammengerafft und bin auf Stellensuche gegangen. Ich hätte auch sofort eine Ganztagsstelle bekommen können. Aber ich will und kann nicht ganztags arbeiten, allein schon wegen Isa. Mal sehen, was sich noch bietet.

5.11.1969
Meine Schlafstörungen wurden immer schlimmer. Irgendwann, so dachte ich, holt sich mein Körper den Schlaf schon von allein. Aber das tut er nicht. Ich liege nächtelang wach. Tagsüber vegetiere ich nur noch vor mich hin. Inzwischen war ich ein paar Mal bei einem Psychologen. Man hört ja so viel davon. Ich wollte nicht glauben, dass so etwas tatsächlich helfen kann. Aber mir geht es seitdem besser. Ich kann mich inzwischen sogar wieder über etwas freuen. Und ich habe gemerkt, dass ich Rolf doch noch liebe.

12.11.1969
Es gibt eine kleine Sensation zu berichten: Mein früherer Oberarzt aus Tübingen hat mir geschrieben, dass er eine Chefarztstelle bekommt, und ob ich nicht Lust hätte, seine Sekretärin zu werden. Das Krankenhaus ist ganz neu gebaut und supermodern eingerichtet. Ich bekäme ein großes, modernes Vorzimmer, und zu meinem normalen Gehalt vom Krankenhaus würde er mir noch eine Chefarzt-Zulage zahlen. Eigentlich brauche er ja eine

Ganztagskraft, schrieb er, aber er würde mir mit der Arbeitszeit entgegenkommen. Er kenne ja meine Situation mit Isa.
Tja, mein lieber Rolf, die Abhängigkeit von dir ist bald zu Ende!

5.3.1970
Nun ist schon März des Jahres 1970. Bald werde ich 25 Jahre alt. Ob die Wissenschaft wohl in 30 Jahren tatsächlich so weit ist, dass es kein Altern mehr gibt? Kürzlich stand im „Stern" ein Bericht, wie unsere Welt in 30 Jahren aussehen würde. Angeblich gibt es in 30 Jahren kein Altern mehr. Wie das allerdings vor sich gehen soll, ist mir schleierhaft. Wenn Menschen ab dem 40. Lebensjahr nicht mehr altern, wären sie mit 80 altersmäßig auf dem gleichen Stand wie ihre Kinder und Enkel.
Meine Oma war mit 65 Jahren alt und verbraucht. Sie sah schlecht und hatte nur noch einen einzigen Zahn. Ob ich eine jugendliche Oma auch so geliebt hätte?

11.3.1970
Die Freundschaft mit Anja scheint auseinander zu brechen. Ich kann tun, was ich will, ich kann sagen, was ich will. Anja kritisiert alles. Nichts kann ich ihr mehr Recht machen. Das ist umso schlimmer für mich, als ich mich selbst ja auch immerzu kritisiere. Jetzt hat sie Heinz-Walter auf den Sockel gehoben, auf dem ich früher mal stand. Sie hat offenbar gesehen, dass ich gar kein Übermensch bin, sondern voller Probleme und Sorgen. Also muss ein neuer Übermensch her.
Pass gut auf dich auf, Heinz-Walter, so ein Sockelheiliger wird für vieles verantwortlich gemacht. Und wer hoch steht, kann tief fallen…
Ich falle und falle. Anja war nicht nur meine Freundin, sie war meine Schwester, meine zweite Haut. Anja war der einzige Mensch nach meiner Oma, dem ich absolut vertraut habe. Wenn diese Freundschaft zerbricht, zerbricht etwas Wesentliches in mir. Das ist umso tragischer, als ich auch zu Rolf nicht mehr viel Vertrauen habe. Außer Isa habe ich bald keinen Menschen mehr auf der Welt.

Anja hatte für Sonntag ihren Besuch mit Heinz-Walter angekündigt. Rolf war tagsüber nicht da.

Wir gingen spazieren. Ich hatte Isa an der Hand, und Anja ging mit Heinz-Walter eng umschlungen. Diesen Spaziergang werde ich nie mehr vergessen, mag es wieder gut werden mit Anja oder nicht.
Anja und Heinz-Walter sprachen kein Wort mit mir, vertieften sich in ihre Plänkeleien, küssten sich innig und ließen mich wie einen dummen Hund hinter sich herlaufen. Hätte ich Isa nicht gehabt, wäre ich mir vorgekommen wie der letzte Dreck. Ich hatte das Gefühl, Anja gefiel es, dass endlich ich es war, die hinter ihr herlief. Nur vergaß sie dabei, dass ich sie niemals habe hinter mir herlaufen lassen. Ich hatte sie immer an einer Hand, habe sie immer mit ins Gespräch einbezogen. Ja, die Rücksicht, die ich auf Anja genommen habe, war so groß, dass ich oft von meinen verärgerten Freunden hörte: „Anja, Anja und nochmals Anja".
Irgendwann während dieses Spazierganges blieb ich mit Isa ein ganzes Stück hinter Anja und Heinz-Walter zurück. Erst als sie am Auto ankamen, merkten sie, dass wir nicht mehr da waren.
Nach ein paar Tagen schrieb ich Anja, dass es wohl besser sei, wenn wir uns eine Zeit lang voneinander distanzierten. Anja antwortete, dass sie auch dieser Meinung sei.
Ich überlege oft, welche Möglichkeit noch bestünde, dass es wieder gut wird zwischen Anja und mir. Aber ich sehe keine. Vielleicht sollte ich endlich das Ende mit Schrecken akzeptieren. Es ist immer noch besser als ein Schrecken ohne Ende.
Heute ist nun schon der 12. März. Überall liegt noch Schnee. Im Radio sagte der Sprecher gerade, es sei der längste Winter seit…
Immer ist irgendetwas das Beste, das Längste, das Schönste seit so-und-so-vielen Jahren. Dabei denke ich manchmal, es wiederholt sich nur alles. Vielleicht gehen wir jetzt einer erneuten Eiszeit entgegen.

23.4.1970
Ständig hängt mir meine Mutter in den Ohren, wie viel Dank ich ihr schulde. Wenn ich sie frage, wofür sie Dank fordert, fängt sie mit der alten Leier an: „Ja, ja, der Mohr hat seine Schuldigkeit getan, der Mohr kann gehen." Natürlich hat sie viel für mich getan. Sie hat mich im Entbindungsheim sonntags besucht, und ich konnte Isa zu uns nach Hause holen. Dafür bin ich ihr auch dankbar. Aber es ist doch nun mal so, dass man dies von seinen

Kindern nicht zurückfordern kann. Die Kinder geben es ihren Kindern weiter.
Als sie uns kürzlich mit Christine besuchte, habe ich das Beste vom Besten aufgetischt. Dabei müssen Rolf und ich auch rechnen, solange ich noch nicht arbeite. Trotzdem habe ich ein kleines Geschenk für Christine gekauft und meiner Mutter zwei Pakete Kaffee mitgegeben. Und ich fühle mich dazu auch noch verpflichtet! Ist das nicht bescheuert? Müsste es nicht eigentlich umgekehrt sein, dass die Mutter der Tochter etwas mitbringt, wenn sie zu Besuch kommt? Aber sie hatte gar nichts mitgebracht, noch nicht einmal eine Tafel Schokolade für Isa. Dabei geht es meiner Mutter finanziell gut. Christine besitzt so viel Kleidchen und Spielsachen, wie Isa in ihrem ganzen Leben nicht besessen hat. Was soll also das ständige Jammern meiner Mutter? Ich fühle mich dann immer angesprochen. Ich bin ein Trottel, ich weiß.

28.4.1970
Mit Anja ist es aus, zu Ende, fini mon ami. Teure Freundschaft ade. Oder war sie gar nicht so teuer?
Und doch vergeht kein Tag, an dem ich nicht an Anja denke. Ich verdränge diese Gedanken nicht. In meinem Leben habe ich bisher zuviel verdrängt. Nun verdienen die Psychologen sich an mir eine goldene Nase. Aber selbst das Leben ohne Anja hat sein Gutes. Anja hat mich immer auf einen Sockel gehoben. Nun bin ich eine gefallene Sockelheilige und brauche mich nicht mehr um meinen Thron zu sorgen. So ein Thron-Leben kann auf die Dauer auch anstrengend sein. Unten auf der Erde, inmitten von Fußvolk, lebt es sich eigentlich recht gemütlich.

30.5.1970
Mein früherer Oberarzt hat die Klinik übernommen. Ich bin seitdem seine „Chefarzt-Sekretärin." Die Privatpatienten sind größtenteils nett und sehr natürlich. Ich hatte große Sorge, dass es Privatpatientinnen geben könnte, die mit „gnädige Frau" angesprochen werden wollten. Das hätte ich nicht über die Lippen gebracht. Aber eine solche Frau war bisher noch nicht bei uns. Dafür aber eine richtige Prinzessin. Als ich mit ihr zum Röntgen ging, lag mir auf der Zunge: „Durchlaucht, bitte zum Durchleuchten." Aber das habe ich mir verkniffen.

Mein Chef ist mit meiner Arbeit wohl sehr zufrieden, jedenfalls habe ich schon eine Gehaltserhöhung bekommen. Inzwischen habe ich auch eine Schreibkraft eingewiesen und ein paar Arbeiten an Uschi, so heißt sie, weitergegeben. Wir verstehen uns sehr gut. Manchmal machen Uschi und ich abends eine Rad-Tour zusammen. Trotzdem wird es keine zweite „Anja-Freundschaft". Die wird es für mich nie mehr geben. Aber eine normal gute Freundin wird mir Uschi mit der Zeit sicher werden.

13.11.1970
Von unseren früheren Hausbesitzern in Tübingen habe ich erfahren, dass Anja sich mit ihrem Heinz-Walter verlobt hat. Anja hätte sie auf offener Straße angesprochen und ihnen ihren „Verlobten" vorgestellt, erzählten sie mir. Sie seien etwas verwundert gewesen, als Anja sie ansprach. Das hätte Anja doch sonst nicht getan. Vielleicht gratuliere ich ihr irgendwann zu ihrer Verlobung und empfehle ihr, mir doch zu ihrer Hochzeit gleich eine Karte zu schicken. Dann müsste sie nicht fremde Leute bemühen.
Gerade singt Esther Ofarim im Radio:
„Ich hab jeden Job genommen und oft auf Sand gebaut. Doch was ich auch erlebte, ging nie unter meine Haut. Mir scheint, mein Weg auf dieser Welt führt nie nach Haus."
Doch was ich auch erlebte, ging stets unter meine Haut…

13.1.1971
Morgen fahre ich zur Kur in den Schwarzwald. Ich zahle die Kur selbst, weil ich unbedingt mal allein sein muss. Ich brauche Zeit, um mein Leben in Ruhe zu überdenken. Meine Ehe mit Rolf funktioniert einfach nicht. Alle Bemühungen sind gescheitert. Wenn es eine Zeit lang gut geht zwischen uns, denke ich: Jetzt haben wir's gepackt. Dann geht es wieder bergab. Eine Verletzung zieht die nächste nach sich. Wäre Isa nicht, ich glaube, ich hätte schon längst meine Sachen gepackt. Aber Isa und Rolf hängen aneinander. Nun setze ich meine ganze Hoffnung auf die Kur. Wenn ich dort zur Ruhe komme, kann ich sicher auch meine Situation besser einschätzen und vielleicht sogar klären.
Bin mal gespannt, wie Rolf und Isa allein zurechtkommen. Verstehen werden sie sich prächtig. Aber ob Isa je mal gewaschen wird?

7.6.1971
Da bin ich wieder!
Die Kur ist mir sehr gut bekommen. Nicht nur, dass ich gut erholt bin. Mir ist auch klar geworden, dass ich wohl mein ganzes weiteres Leben berufstätig sein werde. Und das bedeutet: Ich muss meine Ausbildung verbessern. Es hatte mich nämlich inzwischen auch gestört, dass ich meinen Chefarztsekretärinnen-Posten nur meinem Chef zu verdanken habe. Und ich möchte meinen Beruf nicht irgendeinem Mann verdanken, sondern meinem Können und meiner Ausbildung. Mein Können habe ich bewiesen, jetzt fehlte noch die Ausbildung. Also habe ich mich für ein Sekretärinnen-Seminar angemeldet. Nach einem Jahr muss ich vor der IHK eine Prüfung ablegen und erhalte ein Diplom. Das öffnet mir dann die Türen der Vorzimmer. Die Ausbildung soll sehr qualifiziert sein. Die Zugangsvoraussetzungen sind natürlich wieder mal Abitur oder mittlere Reife mit anschließender Lehre. Ich erfülle die Zugangsvoraussetzungen nur, weil ich schon als Chefsekretärin gearbeitet habe.
Das Sekretärinnen-Seminar ist immer samstags, und zwar den ganzen Tag. Parallel dazu habe ich mich für einen Englisch-Kurs angemeldet, der immer donnerstags abends läuft.
Rolf passen meine Pläne gar nicht. Ich kann es nicht ändern. Er könnte ja auch froh sein, dass er bald eine Ehefrau hat, die ihm nie wieder auf der Tasche liegt.

21.7.1971
Rolf hatte sein Testament gemacht. Falls er stirbt, bekommt Isa alles. Stirbt Isa, bekommt alles seine Mutter. Ausdrücklich schrieb Rolf, dass „seine Frau Monika kein Geld in die Finger bekommen soll“. Nach endlosem Theater zwischen uns, machte er das Testament rückgängig. Ob er es nicht doch wieder heimlich ändert, bleibt dahingestellt. Ich rechne damit. Es ist so typisch für Rolf zu sagen: „Ja, das sehe ich ein“, und dann tut er doch, was ihm passt.
So hat Rolf es auch mit seinem Kirchenaustritt gehalten. Wir hatten beide vor, aus der katholischen Kirche auszutreten und haben viel darüber geredet, wann wir dies tun sollten. Einig waren wir uns, dass die Kirche eine überholte Gesellschaftsform ist, ohne die man aber noch nicht ganz auskommt. Allein schon wegen der

Taufe und der Kommunion der Kinder. Also einigten Rolf und ich uns, bis zur Kommunion von Isa noch in der Kirche zu bleiben. Danach wollten wir gemeinsam austreten. Und dann entdecke ich zufällig auf Rolfs Steuerkarte, dass er vor einem halben Jahr bereits ausgetreten war.
In meiner Familie macht jeder, was ihm gerade passt. Und jeder erwartet, dass auch ich mich so verhalte, wie es jedem gerade passt. Und wehe, ich verhalte mich mal so, wie es mir gerade passt. Dann ist der Teufel los.

3.8.1971
Anja ist mit Heinz-Walter verheiratet. Ich habe es zufällig erfahren. Wenn ich ehrlich bin, habe ich die Trennung von Anja noch immer nicht überwunden. Meine Bindung zu Anja war verdammt tief. Warum ist es zwischen uns zum Bruch gekommen? Ich finde keine Antwort darauf, die mich überzeugt. Na ja, woran der Mensch nicht zerbricht, daran wächst er. Wachsen wir also …

25.8.1971
Zurzeit vermeide ich jeden Streit mit Rolf. Wenn er sich wieder etwas geleistet hat, tue ich so, als sei nichts gewesen. Dieses neue Verhalten probiere ich jetzt aus, weil Isa inzwischen zuviel an Streitereien von uns mitbekommen hat. Außerdem ist es bequem und schont meine Nerven. Aber glücklich bin ich dabei nicht. Kämpfen zermürbt. Und so ordne auch ich mich allmählich ein in das Meer der Gleichgültigen. Ist eine Ehe etwas anderes als lauwarmer Zwieback-Brei? Trotzdem liebe ich Rolf noch immer. Ist das nicht ein Witz?

13.9.1971
Inzwischen hatte ich am Samstag zum ersten Mal mein Sekretärinnen-Seminar. Wir sind 30 junge Frauen und haben 15 Fächer bei 15 Lehrern. Die Fächer gehen kunterbunt durch das gesamte Wirtschaftsleben. Unter anderem Bilanz- und Finanzlehre, Zahlungsverkehr, Vermögensbildung, Steuerwesen, Betriebspsychologie, EDV, Arbeitsrecht, Sozialrecht, Allgemeine Rechtskunde, Protokollführung, Allgemeine Büro-Organisation, Fahrplanwesen und Flugverkehr. Mir wird vom Hören dieser Fächer schon ganz

schwindelig. Bekannte erzählten, dass sie dafür nächtelang büffeln mussten. Das werde ich sicher nicht tun.

Übrigens schaffe ich es immer noch, mich nicht über Rolf zu ärgern. So kriege ich wenigstens keine Falten.

29.9.1971
Letzten Donnerstag begann mein Englisch-Kurs.
Ich hatte mir rechtzeitig meinen Lieblingsplatz ergattert in der rechten hinteren Ecke der letzten Reihe. Vor mir lag das Klassenzimmer wie eine offene Arena. So konnte ich alles beobachten, ohne selbst gesehen zu werden. Um 18.00 Uhr saßen wir 15 Erwachsenen brav in unseren Schulbänken und warteten auf unseren Lehrer. Um 18.10 Uhr saßen wir noch immer brav in unseren Schulbänken und warteten auf unseren Lehrer. Na, das fing ja gut an! Warten ist meine Lieblingsbeschäftigung. Um 18.15 Uhr öffnete sich die Tür und unser Englischlehrer betrat den Raum. Irgendetwas klirrte wie zerspringendes Glas. Dann lief die Zeit langsamer.

Unser Englischlehrer ging mit schnellen Schritten zur Tafel. Seine Schritte liefen gegen die Zeit. Sie waren zu schnell, passten nicht in den verlangsamten Ablauf. „Gleich fällt er aus der Zeit heraus", dachte ich. Schwungvoll schrieb er seinen Namen an die Tafel. Jetzt stand die Zeit still. Gleich würde sie rückwärts laufen. Was passierte dann mit diesem Mann? Plötzlich blieb auch er reglos stehen. Die Zeit und er wurden eins.
Ein Ruck ging durch meinen Körper. Und eine seltsame Klarheit war in mir. Dann „sah" ich, wie in einem Blitzlicht: Dieser Mann gehört zu meinem Leben.

Papier raschelte, etwas fiel zu Boden. Ich war zurückgekehrt in meinen normalen Zeitablauf.
Unbeweglich saß ich in meiner letzten Bank. Jetzt hörte ich die Stimme dieses Mannes. Hell war sie und weich. Sie schmeichelte sich durch meine Haut bis in mein Innerstes. Dort löste sie einen Klang aus, der langsam meinen ganzen Körper durchtönte. Ich war etwas benommen von dem Erlebten. Doch jetzt nahm ich ihn ganz wahr. Alles an ihm war ebenmäßig. Vor der Klasse stand

ein schöner Mann. Er trug einen grünlich schimmernden Anzug und darunter einen weißen Rollkragen-Pullover. Ich schätzte ihn auf Anfang bis Mitte Vierzig. „Schade", dachte ich, „dass er so gut aussieht. Meistens ist ja nichts dahinter. Fassade, nichts als Fassade." Trotzdem ging von ihm eine Faszination aus. Oder war nur ich fasziniert?

Nach Abschluss dieses ersten Unterrichtsabends unterhielt ich mich noch mit den anderen Kursteilnehmern. Viele kannten Herrn Urban. Er sei Leiter eines Konzerns hier in der Gegend. Diesen Englischkurs mache er nur so als Hobby, und das auch nur noch ein Jahr. Von seinen Mitarbeitern würde er entweder geliebt oder gehasst. Etwas dazwischen gäbe es nicht. Manche Frauen schwärmten für ihn. Aber er könnte Menschen auch fertig machen. Er sei zynisch und unberechenbar.
Angst vor Herrn Urban habe ich nicht. Ich werde mich meiner Haut schon zu wehren wissen. Unberechenbare Menschen kenne ich schließlich seit meiner Geburt.

16.10.1971
Von Bekannten habe ich eine weitere Adresse bekommen, um meinen Vater zu finden: das Standesamt in Berlin. Mir war inzwischen klar, dass mein Vater tot sein musste. Aber er musste doch Eltern gehabt haben oder vielleicht sogar Geschwister. Vielleicht könnte ich die finden, und vielleicht würden die mir etwas über meinen Vater erzählen. Also habe ich an das Standesamt in Berlin geschrieben, um ein letztes Mal zu versuchen, etwas über meinen Vater zu erfahren. Gestern kam die Antwort:

Adolf Berthold lebt seit 1954 in Wuppertal !!!

Ich habe ihm sofort geschrieben, dass ich ihn dringend sprechen müsste. Natürlich habe ich nicht geschrieben, wer ich bin. Sobald ich Antwort habe, fahre ich nach Wuppertal.

Im Oktober 1971 überschlugen sich die Ereignisse. Noch immer hatte ich den Schmerz um Anja nicht überwunden. Da hielt ich plötzlich eine Nachricht in den Händen, dass mein Vater lebt. Zur gleichen Zeit

forderte das Sekretärinnen-Seminar meine ganze Konzentration. Da trat Robert in mein Leben. Robert, der mich in meinen Grundfesten erschütterte, der mich tief prägte und zutiefst verwundete. Er kam in mein Leben, als ich ihn am wenigsten gebrauchen konnte.
„Du in deiner letzten Bank", sagte er oft, wenn wir uns später über das Phänomen unseres Zusammentreffens unterhielten. Ich gab den Versuch bald auf, eine Erklärung für dieses seltsame Erleben zu finden, das da am ersten Tag über mich hereingebrochen war. Solche merkwürdigen Zustände waren mir vertraut. Meist sprach ich nicht darüber aus Angst, die Leute könnten mich für verrückt halten. Robert kannte so etwas nicht. Er war auch noch nie emotional in etwas hineingestolpert. Für alles gab es eine Erklärung. „Mein Leben war ein munter fließendes Bächlein, das durch dich farbig wurde", versuchte er für sich dieses Phänomen unserer Beziehung zu erklären.
Nein, Robert, nicht dein Leben. Du selbst warst dieses Bächlein, das zwar farbig wurde, mir aber später substanzlos durch die Finger rann und nicht zu greifen war.
Robert schillerte in vielen Facetten und war doch alles zusammen: staunendes Kleinkind und gerissener Misanthrop, aufbauender Humanwissenschaftler und vernichtender Zyniker. Er war von vibrierender Zartheit und hatte ein seismographisches Gespür für die Schwächen im Selbstwertgefühl anderer. In diese Schwächen schlug er hinein, manchmal aus Unbehagen vor unwillkommener Nähe, manchmal einfach aus Lust am Verletzen anderer. Und manchmal wollte er auch nur erspüren, wie viel Rückgrat ihm gerade gegenüberstand.
Rückgrat war das einzige, das Robert beeindrucken konnte. Vielleicht, weil es ihm selbst daran fehlte.
Es war nicht seine „smarte" Fassade, die in mir dieses seltsame Erleben entzündete, als er den Raum betrat. Ich hatte gelernt, dass gut aussehende Männer meist hohl und langweilig waren. Sie waren die Nehmer, die nur aufzuheben brauchten, was die Welt ihrer Schönheit zu Füßen legte. Wirklich interessant waren die weniger Gutaussehenden. Sie hatten gelernt, Menschen zu verzaubern, und verzaubern ließ ich mich nur zu gern. Nein, seine Fassade war es nicht. Ich glaube, es war seine Durchlässigkeit, die mich so faszinierte und die er mit allen ihm zur Verfügung stehenden Mitteln zu verbergen suchte. Ich erreichte ihn innerlich sofort, als er den Raum betrat. Ich erreichte

ihn zwei Jahre lang in all seinen Facetten, ihn, den Märchenprinzen, der eigentlich ein Frosch war. In diesen Frosch hatte ich mich verliebt. Das hat er wohl nie begriffen.
Je näher ich ihm kam, desto unsicherer, ja unbeholfener wurde er und desto mehr liebte ich ihn. Am meisten gab er mir, wenn ihm seine Strategien ausgingen, und wie liebte ich ihn, wenn er seine Kontrolle verlor. Er, der geschmeidig und gewandt im Umgang die Puppen tanzen lassen konnte, und der doch in Liebesdingen unerfahren, scheu und hilflos war. Das Bächlein, das mir substanzlos durch die Finger rann, wurde er erst später.
Ein ganzes Jahr lang versuchten Robert und ich, unsere gegenseitige Anziehung zu bagatellisieren, zu neutralisieren, ja sie zu eliminieren. Es war hoffnungslos. Robert war kaum noch in der Lage zu unterrichten, wenn er meine Nähe spürte. Er versuchte, sich zusammenzureißen, biss die Zähne aufeinander, sodass ich in meiner letzten Bank das Spiel seiner Wangenknochen sehen konnte. Und manchmal verließ er abrupt den Unterrichtsraum. Meine Mitschüler rätselten irritiert, was denn nun schon wieder los sei mit ihm.
Ich saß in meiner letzten Bank und malte kleine bunte Männchen auf mein Papier.

5.11.1971
„Es knistert", sagte der Mann, der noch gar nicht weiß, dass er mein Vater ist. Ich hatte ihm einen Brief geschrieben, dass ich ihn dringend sprechen müsse, und zwar allein. Die Angelegenheit sei äußerst wichtig. Deshalb wäre ich auch bereit, sofort nach Wuppertal zu kommen.
Er antwortete sofort, allerdings recht skeptisch. Meinen geheimnisumwitterten Zeilen brächte er nicht das rechte Verständnis entgegen, schrieb er. Trotzdem freue er sich immer über die Enträtselung von Geheimnissen. Er verstehe jedoch nicht ganz, warum ich ihn allein zu sprechen wünsche, seine Frau also nicht dabei sein dürfe. Ich könne ihn ja vorab mal auf seiner Dienststelle anrufen unter der Rufnummer…

Bisher wusste ich von meiner Mutter nur, dass „Adolf Berthold" groß gewesen sein soll und blaue Augen gehabt hätte. Nun aber hatte ich vom Standesamt Berlin viele persönliche Informationen über einen „Adolf Berthold“ erhalten. Ich wusste, wann und wo er geboren war, wie seine Frau hieß, und wann und wo er stationiert gewesen und in Kriegsgefangenschaft geraten war. Ich wusste nur noch nicht, ob dieser Mann tatsächlich mein Vater war.

Also habe ich Adolf Berthold am nächsten Tag angerufen:

Monika (M): „Hier ist die geheimnisvolle Frau, die sich gern mit Ihnen treffen möchte.“

Berthold (B): „Wer sind Sie und was wollen Sie von mir?“

M: „Bevor ich die weite Fahrt nach Wuppertal antrete, möchte ich genau wissen, ob Sie der Mann sind, den ich suche. Ich würde Ihnen deshalb gern ein paar Fragen stellen.“

B: „Was passiert, wenn ich der Mann bin, den Sie suchen?“

M: „Nichts, ich werde Ihnen ein paar Fotos vorlegen und Sie fragen, ob Sie die Personen auf den Fotos kennen. Dann fahre ich wieder nach Hause. Nun zu meinen Fragen: Sind Sie groß?“

B: „Ich bin 1,80 m groß und habe drei Brüder, von denen ich der Kleinste bin. Nun sind Sie dran. Wer sind Sie?“

M: „Lassen Sie mich mein Geheimnis noch etwas bewahren.“

B: „Wenn Sie nach Wuppertal kommen, würde ich Sie gern zu mir nach Hause einladen. Meine Frau ist auch ganz gespannt darauf, Sie kennen zu lernen.“

M: „Ihre Frau Herta können Sie gern über mich informieren, wenn wir miteinander allein gesprochen haben. Möchten Sie mich danach immer noch zu sich nach Hause einladen, komme ich gern.“

B: „Woher wissen Sie, dass meine Frau Herta heißt?“

M: (lachend) „Ich weiß noch viel mehr von Ihnen. Zum Beispiel, dass Sie am 18.11.1912 in Königsberg geboren wurden.“

B: „Ja woher…?“

M: (lachend) „Ich weiß sogar, dass Sie in französische Kriegsgefangenschaft gerieten und vorher in Freiburg stationiert waren.“ *(Dortmund verschweige ich besser noch)* „Können Sie sich gar nicht denken, wer ich bin?“

B: „Nein, beim besten Willen nicht. Allerdings – ich kenne Ihr Lachen. Ihre Stimme kenne ich nicht, aber Ihr Lachen.“

M: „So? Das überrascht mich.“

B: „In wessen Auftrag arbeiten Sie?“

M: „Ich arbeite für mich ganz allein.“

B: (plötzlich scharf) „Nun sagen Sie endlich, wer Sie sind."
M: „Das erfahren Sie am Dienstag. Bleibt es dabei, dass wir uns um 14.30 Uhr in der ersten Klasse des Bahnhofsrestaurants in Wuppertal treffen?"
B: „Hm, ja."
M: „Vor unserem Treffen habe ich noch eine Frage. Welche Augenfarbe haben Sie?"
B: (nach einem kurzen Schweigen) „Ich habe blaue Augen. Aber Sie scheinen nicht nur viel über mich zu wissen, Sie scheinen mich auch zu kennen."
M: „Da Sie groß sind und blaue Augen haben, sind Sie der Mann, den ich suche. Ahnen Sie immer noch nicht, wer ich bin?"
B: „Ich habe jetzt einen Verdacht. Wie alt sind Sie?"
M: (erschrocken) „36." *(Hoffentlich hat er mir die zusätzlichen zehn Jahre geglaubt)*
B: (wirkt irritiert) „Kommen Sie allein nach Wuppertal?"
M: „Ja, natürlich. Sie brauchen auch keine Angst zu haben. Ich bin weder bewaffnet noch komme ich vom russischen Geheimdienst."
B: „Ich habe keine Angst."
M: „Umso besser. Woran erkenne ich Sie am Dienstag?"
B: „Sie kennen mich doch."
M: „Nein, ich kenne Sie nicht."
B: „Aber gesehen haben Sie mich schon."
M: „Nein, ich habe Sie noch nie gesehen."
B: „Also gut. Ich werde bei unserem Treffen eine Zeitung in der Hand halten."
M: „Dann bis Dienstag. Auf Wiederhören."

Tja, da bin ich als Kind von Haus zu Haus gelaufen und habe für das Grab meines Vaters gesammelt. Und gebetet habe ich für ihn, weil ich glaubte, er sei tot und könnte das noch gut gebrauchen, um in den Himmel zu kommen. Und nun habe ich gerade durch eine ganz irdische Telefonleitung mit ihm gesprochen.
Was für einen Mann werde ich in Wuppertal treffen? Ich bin furchtbar aufgeregt. In drei Tagen sehe ich zum ersten Mal meinen Vater!

13.11.1971
Während der Fahrt nach Wuppertal zitterte ich wie Espenlaub. Um 15.30 Uhr war ich mit meinem Vater verabredet in der ersten Klasse des Bahnhofsrestaurants in Wuppertal. Um 14.30 Uhr saß ich schon dort und rauchte eine Zigarette nach der anderen. Um 15.00 Uhr öffnete sich die Tür. Ein Mann kam herein. Mein Oberkörper zuckte nach hinten, als sei er vorn von irgendetwas Schwerem getroffen worden. Es war, als hätte mich ein Bumerang gestreift, der nun zu seinem Ursprung zurückkehren würde. Der Ursprung war dieser Mann. Und dieser Mann war mein Vater. Ich wusste es in meinem Kopf. Und ich wusste es in meinem Herzen. Nun erst sah ich die Zeitung in seiner Hand. Er nahm vier Tische von mir entfernt Platz. Mir brach der Schweiß aus allen Poren. Womit hatte ich eigentlich gerechnet? Zumindest mit einem grauhaarigen, vielleicht etwas tütteligen alten Mann. Doch da saß eine dunkelhaarige, würdevolle Persönlichkeit, die mir Respekt einflößte. Fast autoritär bestellte er sich irgendetwas zu trinken. Ich bat den Kellner, diesen Herrn an meinen Tisch zu bitten. Herr Berthold, mein Vater, kam langsam auf meinen Tisch zu. Er blieb vor mir stehen und sagte kühl distanziert: „Guten Tag." Ich antwortete: „Guten Tag, Herr Berthold." Dann bat ich ihn, mir gegenüber Platz zu nehmen. Er setzte sich und drehte seinen Oberkörper halbschräg von mir weg zur Seite, so als wolle er jeden Augenblick aufstehen und wieder gehen. Sein Gesicht hatte er mir demonstrativ abgewandt. Dann sagte er in die Luft hinein: „Hier bin ich. Was wünschen Sie von mir?" Meine Hände zitterten. Ich spürte, dass sich meine Stimme belegte. „Ich wollte Sie kennen lernen – und Ihnen ein paar Fotografien zeigen."
Ich zeigte ihm die alten Schwarz-Weiß-Fotos, auf denen meine Mutter als junge Frau zu sehen war. Er nahm sie zur Hand, sah sie kurz an und sagte gelangweilt: „Diese Frau kenne ich nicht. War das alles?"
Er legte die Fotos auf den Tisch und drehte sich wieder zur Seite, sein Gesicht weiterhin von mir abgewandt. Ich war inzwischen am ganzen Körper nass geschwitzt. Trotzdem wurde ich jetzt wütend: „Herr Berthold. Ich habe Ihnen etwas zu sagen. Dazu bitte ich Sie, sich mir zuzuwenden. Ich spreche nicht gern mit einem Gegenüber, das mich nicht ansieht." Er blieb weiterhin so abge-

wandt von mir sitzen und meinte pampig: „Sagen Sie endlich, was Sie zu sagen haben oder lassen Sie es bleiben. Ich habe nicht viel Zeit." Er sprach in einem Kommandoton, als sei er noch der alte Feldwebel von früher.

Meine Hände zitterten so stark, dass ich schnell mein Weinglas in die Hand nahm, um mich daran festzuhalten. Nun zitterte das Weinglas. Der Wein schwappte über. Ich sagte verärgert: „Ich habe nicht den weiten Weg nach Wuppertal gemacht, um mich mit jemandem zu unterhalten, der mich nicht ansieht. Ich habe Ihnen etwas zu sagen, das auch Sie interessieren dürfte. Doch dazu möchte ich Ihr Gesicht sehen."

Er blieb natürlich stur in seiner abgewandten Haltung sitzen. Dann fegte er mich an, ich solle endlich zur Sache kommen und mich kurz fassen, damit er gehen könne.

„Gut", habe ich zu seiner rechten Körperhälfte gesagt, „Sie wollen es nicht anders." Dann legte ich eine wohldosierte Pause ein und sagte: „Herr Berthold, Sie sind mein Vater."

Das schlug ein wie eine Bombe. Ich sah förmlich, wie er zusammenzuckte. Dann blieb er reglos sitzen, wie erstarrt. Ich glaube, er atmete nicht einmal mehr. Obwohl ich immer noch am ganzen Körper zitterte und mich krampfhaft an meinem Weinglas festhielt, waren all meine Sinne geschärft. Ich beobachtete ihn ununterbrochen. Keine Reaktion von ihm wollte ich mir entgehen lassen. Aber er reagierte gar nicht mehr. Ein unendlich langes Schweigen entstand. Dann plötzlich drehte er sich ganz langsam zu mir herum. Nun ließ er mich in sein Gesicht sehen. Es wirkte wie ein Acker, auf dem ein Taifun gerade eine neue, aufgewühlte Landschaft gezeichnet hatte.

Ich sah die breiten, widerspenstigen Augenbrauen, die ich schon seit meinem 15. Lebensjahr in eine richtige Form zupfe. Und ich sah meine großen, etwas vorstehenden Augen. Das war ja mein Gesicht! Fast hätte ich gelacht, als ich das registrierte. Dann hörte ich seine Stimme: „Irrtum, Irrtum, das muss ein Irrtum sein", stammelte er fast flehend. So als versuche er, seinen Henker davon zu überzeugen, dass er den Falschen hinrichtet.

„Nein", sagte ich gnadenlos, „das ist kein Irrtum. Wenn ich bisher noch nicht ganz sicher war, so bin ich es jetzt. Und Sie, Sie wissen es auch. Sie brauchen mich nur anzusehen."

Er sackte in sich zusammen und senkte den Kopf. Dann sah er mich an. Fast ächzend kam die Frage: „Ja, Kind, wer ist denn deine Mutter?"
Diese Frage klärte alle Widersprüche, die ich seit meiner Kindheit in meiner Seele wälzte. Meine Mutter hatte mich belogen. Sie waren gar nicht verlobt gewesen, meine Mutter und mein Vater. Und die Fotos meines Vaters hatte meine Mutter auch nicht zerreißen müssen auf Befehl ihrer Eltern. Meine Mutter hat niemals ein Foto meines Vaters besessen. Sie waren sich nicht so vertraut gewesen, dass sie Fotos voneinander hatten. Sie haben sich im Januar 1945 kennen gelernt, leisteten sich inmitten des Bombenhagels ein paar sexuelle Freuden ohne Fragen, ohne sich danach je wiederzusehen. Ich war nichts weiter als ein bleibender Schaden, den meine Mutter sich dabei eingehandelt hatte.
Der Mann, der mein Vater war, und mir jetzt zusammengesunken gegenüber saß, hatte eines der Schwarz-Weiß-Fotos gegriffen, die er noch kurz zuvor achtlos zur Seite gelegt hatte. Er betrachtete nachdenklich das Bild. Ich zeigte mit dem Finger auf die jugendliche, strahlende Frau, die meine Mutter war. „Nein", sagte er, „ich kenne diese Frau nicht."
Inzwischen war ich milde gestimmt, einmal dadurch, dass er mich so selbstverständlich duzte, als sei ich ihm längst vertraut, zum anderen durch seine gefühlsmäßige Erschütterung, die er mir jetzt offen zeigte. Dennoch begann ich, mich wieder zu ärgern. Wollte er meine Mutter auf dem Foto nicht erkennen oder erkannte er sie wirklich nicht?
Ich sagte frech: „Sie lügen! Natürlich kennen Sie diese Frau auf dem Foto. Denn Sie waren nicht nur in Freiburg stationiert. Ich weiß, dass Sie auch in Dortmund stationiert waren."
„Ja", sagte er, „ich war in Dortmund stationiert. Und ich hatte dort auch eine kleine Freundin. Welche Haarfarbe hat denn deine Mutter?" Das war die alles entscheidende Frage. Wer nach der Haarfarbe meiner Mutter fragt, kennt meine Mutter. Alle Männer meiner Mutter waren verrückt gewesen nach dieser Haarfarbe. Und ihre Haarfarbe ist noch immer so tief dunkelrot, dass selbst die Friseure die Echtheit der Farbe bezweifeln. Aber das ist wirklich echt an ihr.
Ich sagte schmunzelnd: „Meine Mutter hat rote Haare." Da umspielte ein kleines Lächeln den Mund meines Vaters. Dann fragte

er: „Wohnte sie in Aplerbeck? Und ging es da, wo sie wohnte, viele Treppen hoch …?“ – „Ja“, sagte ich, „da hat sie nicht nur damals gewohnt. Dort bin ich auch geboren und aufgewachsen – die vielen Treppen hoch – im vierten Stock in Dortmund-Aplerbeck.“
Er versank ins Nachdenken. Ich hatte Zeit, ihn zu beobachten. Alles an ihm wollte ich mir fest einprägen. Sicher würde ich ihn nicht wiedersehen. Ich hatte zwar einen Fotoapparat dabei. Aber so stur wie er sein konnte, war es nicht sicher, ob er sich überhaupt fotografieren ließ. Meine Mutter hatte immer gesagt, mein Vater sei nicht schön gewesen, aber sehr interessant. Das konnte ich nun bestätigen. Er hatte eine Ausstrahlung, die mich beeindruckte.
Plötzlich schien er mich wieder wahrzunehmen: „Das Rotkäppchen …“, murmelte er fassungslos. „Ja, wie konnte das Mädchen denn ein Kind kriegen?“ Die Antwort darauf ersparte ich mir. Stattdessen fragte ich ihn: „Glauben Sie nun, dass Sie mein Vater sind?“ – „Das muss ich wohl“, war seine fast resignierte Antwort.
Dann fing er plötzlich an zu erzählen. Und ich hörte begierig zu, saugte jedes Wort von ihm in mich auf. Vier erwachsene Kinder hatte er. Drei Söhne und eine Tochter. Das seien ja meine Geschwister, meinte er. Das Wort „Geschwister“ berührte mich seltsam.
Dann erzählte er von seiner Kriegszeit. Er sei freiwillig bei der Wehrmacht gewesen und hätte junge Soldaten ausgebildet. Ja, und er sei überzeugter Nationalsozialist gewesen. Ich war überrascht. Endlich saß ich mal jemandem aus dieser Generation gegenüber, der bei dem Thema „Drittes Reich“ nicht immer schon dagegen gewesen war. Dabei habe ich nie Helden gesucht. Ich könnte gut verstehen, wenn Menschen sagten, sie hätten sich aus Angst der Hitler-Diktatur nicht widersetzt, aus Angst um ihre Familien und um sich selbst. Vermutlich wäre es mir damals genauso ergangen.
Ich könnte auch verstehen, wenn Menschen sagten, sie seien in ihrer Begeisterung damals fehlgeleitet worden. Und sie hätten erst später begriffen, dass ihr Idealismus missbraucht worden war. Auch das hätte mir passieren können. Aber dass heute so viele „immer schon dagegen gewesen waren“, das verstand ich nicht mehr.

Plötzlich wandte er sich mir zu: „Jetzt möchte ich wissen, wie du groß geworden bist und wie du jetzt lebst." Ich erzählte ihm von meiner Kindheit und wie ich aufgewachsen war. Sagte ihm, dass ich eine Tochter hätte und verheiratet sei. Mehr brauchte er nicht zu wissen. Ich war beeindruckt, wie gut er zuhören konnte. Es interessierte ihn wirklich, was ich erzählte. Er hakte nach, wenn er etwas nicht verstand, und zeigte plötzlich eine Warmherzigkeit, die mich überraschte. Dass meine Mutter bei diesem Mann schwach geworden war, konnte ich gut verstehen. Er wirkte sehr männlich. Und war dabei noch einfühlsam – eine männliche Rarität. Trotzdem konnte ich mir nicht verkneifen, ihm auch von meinen Sammelaktionen für die Kriegsgräberfürsorge zu berichten. Dass ich von meinem kärglichen Taschengeld noch etwas gespendet hätte, damit er ein schönes Grab bekäme. Und dass ich für ihn gebetet hätte, damit er vielleicht doch noch in den Himmel käme.

Er lachte noch nicht einmal, sondern sagte nur: „Ja, Mädchen, du hast wirklich viel mitgemacht. Wie geht es denn deiner Mutter? Sie wohnt doch hoffentlich bei dir." – „Nein", sagte ich, „warum sollte sie bei mir wohnen?" – „Ja, du kannst doch deine Mutter nicht allein lassen", meinte er fassungslos. „Sie besucht mich ja regelmäßig", sagte ich begütigend. Dann stellte er fest, dass ich wohl recht hartnäckig sei. Ob ich auch anhänglich sei, wollte er wissen und jähzornig, ob ich glücklich mit Rolf sei und wie alt meine Tochter wäre. Plötzlich legte er seine Hand auf meine: „Du bist nervös, Mädchen. Ich war früher genauso hibbelig wie du. Das legt sich, wenn du älter wirst. Iß erst einmal ein Stück Kuchen, das beruhigt." – „Nein, danke", sagte ich, „ich mag keinen Kuchen." Er lachte: „Ich auch nicht. Was magst du denn am liebsten?" Ich sagte: „Suppe und Nudeln." Jetzt lachte er laut: „Das gibt es doch nicht. Ich esse auch am liebsten Suppe und Nudeln." Dann bat er mich, ich solle mal meine Haare aus der Stirn nehmen. „Warum?", fragte ich. „Weil ich mir gerade vorstelle, wie gut du wohl mit langen Haaren aussehen würdest."

„Ach", sagte ich biestig, „möglichst noch mit langen Locken?" – „Nein", sagte er, „keine Locken, ganz glatt herunter." – „Die bleiben so kurz, wie sie sind", sagte ich bestimmt. Er lachte leise in sich hinein.

Ich bestellte mir einen Klaren, um mich etwas zu beruhigen. Verwundert schüttelte er den Kopf: „Es ist nicht zu fassen. Klare trinke ich auch am liebsten. Dieses braune Zeug mag ich nicht." – „Ich auch nicht", lachte ich. Wir bestellten uns zwei Klare und stießen miteinander an: „Auf uns." Dann fragte er: „Wie hast du das alles jetzt verarbeitet, Monika?" – „Ich werde allmählich ruhig", sagte ich und war wieder einmal überrascht, dass da ein Mann war, der sich für meine Seelenverfassung interessierte.

„Aber jetzt möchte ich von Ihnen noch etwas wissen, Herr Bertold. Was haben Sie empfunden, als Sie mir gegenüberstanden?"

Er seufzte: „Alle Glocken haben in mir geklungen. Immerzu habe ich gedacht: „Adolf, die Frau hat etwas mit deiner Familie zu tun." Aber ich habe vermutet, du könntest ein Kind meines gefallenen Bruders sein. Auf mich selbst bin ich wahrhaftig nicht gekommen." – „Warum haben Sie am Telefon gesagt, Ihnen käme mein Lachen bekannt vor, Herr Berthold?" – „Du wirst es nicht glauben, Mädchen, aber du lachst genauso wie meine Schwester Hedwig."

Dann nahm er sein Taschentusch und wischte sich den Schweiß von der Stirn. „Nun wollen wir mal sehen, wie wir das mit dir in die rechte Bahn bringen, wie ich das deinen Geschwistern beibringe. Weißt du, die Kinder würden sich sogar freuen, dass sie noch eine Schwester haben. Aber mit meiner Frau wird das schon schwieriger. Sie ist sehr eifersüchtig. Dabei haben wir uns damals im Krieg ein paar Jahre nicht gesehen. Aber Frauen sind ja oft so intolerant." – „Sicher", sagte ich bissig, „und natürlich ist Ihre Frau grundlos eifersüchtig." – „Natürlich", antwortete er ernst.

Dann habe ich ihm dringend geraten, seiner Familie nichts von mir zu erzählen. Irgendeine Erklärung würde ihm schon einfallen, mit wem er sich da heute getroffen hätte. Er könnte ja auch alles als Irrtum meinerseits hinstellen.

„Ich will in Ihr Leben keine Unruhe bringen", habe ich zu ihm gesagt. „Ich verschwinde wieder in der Versenkung, aus der ich gekommen bin. Gebraucht hätte ich Sie während meiner Kindheit. Heute ist mir ein Vater nicht mehr so wichtig. Ich habe Sie aufgesucht, weil ich einmal sehen wollte, wer mein Vater ist. Und ich denke, dass ich dazu ein Recht hatte. Aber wir sind uns im Grunde völlig fremd. Ich weiß ja noch nicht einmal, wie ich Sie anreden soll."

Zusammengesunken hing er auf seinem Stuhl. Dann sah er mich an, als hätte der letzte Satz ihn verblüfft. Fast beleidigt sagte er: „Wie, du weißt nicht, wie du mich anreden sollst? Vater natürlich!"
„Nein", sagte ich, „das kann ich nicht. Das Wort „Vater" ist mir zu fremd. Ich werde dich „Adolf" nennen." Das passte ihm gar nicht. Also umging ich vorläufig die Anrede. Aber das „Du" kam mir ganz selbstverständlich über die Lippen. „Okay", sagte ich, „ich bringe dich jetzt mit dem Auto heim. Ich setze dich eine Straße vor deinem Zuhause ab, damit deine Frau mich nicht sieht. Ich möchte draußen noch ein Foto von dir machen. Danach fahren wir los."
„Ja, Monika, ich bin völlig fertig. Du hast ja alles vorher gewusst. Mich aber hast du vor vollendete Tatsachen gestellt. Ich registriere Neues, dann verdaue ich es und danach ist es erst verarbeitet. Und dazu brauche ich Ruhe. Und dieses Mal brauche ich sehr viel Ruhe."
Wenn das jemand verstehen konnte, dann ich. Er fragte, wo ich meinen Mantel hätte. „Ich habe meinen Mantel zu Hause gelassen." – „Du wirst frieren, Kind", sagt er. Ich schluckte. Wann hat es jemanden interessiert, dass ich frieren könnte?

Als wir draußen waren, hing ich mich in seinen Arm. Er genoss es sichtlich und schmunzelte: „Oh Gott, wenn mich jetzt jemand erkennt. Der Adolf mit einer jungen Frau im Arm ..."
Wir gingen noch ein Stück spazieren. Die frische Luft machte mich munter und klar. Ich konnte das, was ich gerade erlebt hatte, noch gar nicht fassen. Leise sagte ich: „Ich habe meinen Vater im Arm." Er drückte meinen Arm ganz zart. Dann ließ er sich gottergeben fotografieren. Der Blitz tat es aber nicht. Ich versuchte es trotzdem und knipste drauflos. Geduldig wie ein Lamm stellte er sich mal so und mal wieder anders, wie ich es gerade wollte. Noch immer konnte er nicht glauben, dass ich allein gekommen war. Er vermutete, Rolf würde jeden Augenblick aus dem Nichts auftauchen. Offensichtlich kennt er keine selbstständigen Frauen. Ich gab ihm zum Abschied die Hand. Er wollte nicht, dass ich ihn nach Hause fuhr.
Er zog mich ganz kurz an sich und sagte: „Wir werden uns wiedersehen." Ich legte meinen Arm um ihn und drückte ihm einen Kuss auf die Wange.

Einen Moment hielt er mich fest und genoss das sichtlich. Dann sagte er: „Monika, wir müssen uns jetzt beide sammeln. Gib mir deine Telefonnummer." Ich gab sie ihm. „Grüß deine Mutter", sagte er etwas verlegen. Dann ging er. Wir winkten uns zu, bis wir einander nicht mehr sahen.

Nun kenne ich meinen Vater. Und ich bin sehr zufrieden mit ihm. Meine Mutter scheint in jungen Jahren einen guten Geschmack gehabt zu haben. Dafür zolle ich ihr meine Anerkennung.

25.11.1971
Ich bin noch immer aufgewühlt von der Begegnung mit meinem Vater. Als ich wieder zu Hause war, habe ich meine Mutter angerufen und sie darüber informiert, dass ich meinen Vater gefunden habe. Sie rastete völlig aus und schrie ins Telefon: „Dieses … lebt noch?"
„Ja, sicher", sagte ich, „und er lässt dich auch schon grüßen." Sie bekam einen Tobsuchtsanfall.
Danach habe ich mich entschlossen, dieses … mit „Vater" anzureden – falls er mich anrufen würde.
Inzwischen hat er mich schon ein paar Mal angerufen, und ich habe mich schon ein bisschen an den Namen „Vater" gewöhnt. Wenn ich dieses Wort ausspreche, ist es mir noch immer, als sei ein Wunder geschehen, so eine Art Offenbarung.
Er hat natürlich sofort nach unserem Treffen seine Frau über mich informiert. Auch die ist ausgerastet, und es hat danach Spannungen bei ihm zu Hause gegeben.
Mein Vater erzählt darüber nicht viel. Das meiste konnte ich mir zwischen seinen Worten zusammenreimen.
Er möchte jetzt, dass ich seine Frau zuerst kennen lerne und danach die Geschwister. Aber ich frage mich, was ich mit dieser Frau zu schaffen habe. Auch die Halbgeschwister scheinen schwierig zu sein. Der älteste Sohn meines Vaters ist drei Jahre älter als ich und heißt Baldur. Da hat sich wohl die nationalsozialistische Begeisterung meines Vaters durchgesetzt. Wenn mein Vater von Baldur spricht, höre ich immer ein bisschen Wehmut aus seinen Worten. Er hätte gern, dass Baldur als der Älteste für Frieden unter den Geschwistern sorgt. Das aber scheint er nicht zu können, im Gegenteil. Und darunter leidet mein Vater. Ich selbst habe mich

immer nach Geschwistern gesehnt, besonders nach Brüdern und am meisten nach einem größeren Bruder. Aber diese Halbgeschwister haben wohl viel Streit untereinander. Und darauf kann ich gut verzichten. So deutlich kann ich das meinem Vater natürlich nicht sagen. Er versucht, seine Kinder so positiv wie möglich zu sehen. Allerdings habe ich sehr feine Antennen. Und die signalisieren mir: Vorsicht!

Mein Vater ist jedenfalls an einem weiteren Kontakt zu mir sehr interessiert. Im Durchschnitt ruft er mich jeden zweiten Tag an. Es kommt aber auch vor, dass er mich mehrmals an einem Tag anruft. Endlich interessiert sich mal ein Elternteil für mich, wenn auch reichlich spät. Wenn ich mir so überlege, was ich an ihm als Vater in meiner Kindheit gehabt hätte, könnte ich heulen.
Wir haben uns inzwischen schon sehr viel erzählt am Telefon. Und immer wieder sagt er lachend: „Es ist schon merkwürdig, Monika, aber du bist mir von all meinen Kindern am ähnlichsten." Oft fragt er mich, ob ich traurig oder froh sei, dass ich so viel von ihm mitbekommen hätte. Was für eine Frage! Ich lege keinen Wert auf Eigenschaften, die ich von meiner Mutter haben könnte. Das weiß er natürlich nicht.

3.1.1972
Nun schreiben wir schon das Jahr 1972. Was hat mir das Jahr 1971 nicht alles gebracht! Ereignisse, von denen ich nie zu träumen gewagt hätte. Was bringt mir 1972? Schaffe ich mein Sekretärinnen-Diplom vor der IHK? Werde ich bis zur Prüfung durchhalten? Mein Horoskop für 1972 ist nicht günstig!
In diesem Jahr wird Isa eingeschult. Manchmal denke ich, der 30.4.1966 war erst gestern, als Frau Vollmer mir kurz nach Mitternacht Isa in den Arm legte. Und nun geht sie bald schon zur Schule.

15.1.1972
Ich habe in der letzten Zeit fürchterliche Angst, meinen Vater wieder zu verlieren. Wie lange habe ich meinen Vater wohl noch? Was ist, wenn er jetzt stirbt? Ich habe doch viel zu wenig von ihm gehabt. Auch meine Träume drehen sich ständig um dieses Thema. Er ruft mich regelmäßig an, manchmal sogar jeden Abend. Und

zusätzlich bekomme ich noch drei Briefe pro Woche von ihm. Darin erzählt er mir ausführlich von sich und seiner Familie. Nun weiß ich auch einiges von meinen Großeltern väterlicherseits und über die Geschwister meines Vaters. Ich weiß nun, wer woran gestorben ist und wer welche Charaktereigenschaften hat.
Ich bin unersättlich nach diesen Informationen, und mein Vater gibt sie mir gern. Auch in seinen Briefen schreibt er immer wieder: „Es ist verrückt, aber du bist mir am ähnlichsten."
Was mir nicht so gut gefällt, sind die Hundertmarkscheine, die er regelmäßig seinen Briefen beilegt. Ich habe immer die Sorge, dass er damit irgendwelche Schuldgefühle begleichen will. Und ich will nicht, dass mein Vater Schuldgefühle hat. Schuldgefühle vergiften eine Beziehung, davon kann ich ein Lied singen. Ein paar Mal habe ich ihm das Geld wieder zurückgeschickt. Aber dann hat er es mir wieder geschickt und war verärgert. Das will ich natürlich auch nicht.
Weihnachten hat mein Vater Isa eine goldene Kette mit einem Maikäferchen geschenkt. Ich habe von ihm eine goldene Kette mit einem goldenen Herz-Anhänger bekommen. Der Anhänger ist jetzt mein Talisman. Manchmal lache ich mich selbst aus. Ich verhalte mich wie eine verliebte 16-Jährige. Es ist so, als sprudele plötzlich wieder eine Gefühlsquelle in mir, die lange verschüttet war. Ich kann nun jemanden gern haben, ohne Angst haben zu müssen, dass mir meine Gefühle um die Ohren geschlagen werden.

20.2.1972
Im Sekretärinnen-Seminar geht es auch weiter. Zehn Frauen sind inzwischen abgesprungen, aber wir restlichen zwanzig sind zu einer guten Gemeinschaft zusammengewachsen. Zwanzig kleine Negerlein …
Ich selbst musste tatsächlich das Lernen wieder lernen. Bei „Statistik und Datenverarbeitung" hatte ich anfangs große Probleme. Zuviel Zeit wollte ich ja auch nicht investieren, weil ich so viel anderes innerlich verarbeiten muss. Also habe ich einfach alles auswendig gelernt. Prompt schrieb ich meine erste „Drei". So ging es also nicht.
Ich habe mich dann gezwungen, logisch zu denken. Habe mir selbst Fragen gestellt und versucht, die mit meinem Verstand zu

beantworten. Als ich dann feststellte, dass diese Antworten meistens mit denen in meinen Büchern übereinstimmten, lag ich mit dieser Methode wohl richtig. Und siehe da! Schon in der nächsten Arbeit hatte ich eine „Eins".

Anja ist übrigens mit ihrem Heinz-Walter vor kurzem bei uns aufgekreuzt. Sie bekam sehr schnell mit, dass meine Ehe mit Rolf schwierig ist. Sie meinte, dass sie ihre Probleme mit Heinz-Walter vor der Ehe gelöst hätte. Mir war zwar neu, dass man Probleme schon vor der Ehe lösen kann, die erst in der Ehe auftreten. Aber ich lerne ja immer gern dazu, besonders von Menschen, die alles besser wissen.

5.3.1972
Nun aber zu meinem Englisch-Kurs, der ja auch noch so nebenbei läuft. Wie befürchtet, gab es Spannungen zwischen Herrn Urban und mir. Eines Abends sagte Herr Urban zynisch, wer ihn nicht verstehen könnte, der soll es ruhig zugeben. Er würde sich dann gerne anpassen und statt „Verb" „Tu-Wort" sagen. Ich habe in die Klasse hinein gerufen: „Ich, Herr Urban, verstehe Sie nicht."
Merkwürdigerweise wirkte er irritiert.
An einem der nächsten Donnerstagabende betrat er sichtlich schlecht gelaunt die Klasse. Er stellte fest, dass die meisten in dieser Klasse sowieso Idioten seien, die ihr Geld nur unnötig verschwenden bei dem Versuch, Englisch zu lernen. Für manche sei der Griff nach den Sternen eben etwas zu hoch.
Da endlich vernahm ich erbostes Gemurmel der Kursteilnehmer, das immer lauter wurde. Plötzlich hielt sich der Urban die Ohren zu und schrie: „Ruhe, Ruhe! Mein Gott, ich vertrage so lautes Geschnatter nicht." Mit einem Schlag waren alle wieder ruhig. In diese Ruhe hinein rief ich von meiner letzten Bank aus durch die Klasse: „Wenn Sie so lärmempfindlich sind, sollten Sie diese Tätigkeit hier robusteren Naturen überlassen."
Er schnappte hörbar nach Luft. Jetzt wird er mich in Grund und Boden stampfen, dachte ich. Aber nein. „Mrs. Kordes", japste er, „Sie vergreifen sich im Ton." – „Danke gleichfalls", antwortete ich freundlich.
Herr Urban benimmt sich seitdem zivilisierter. Aber ich muss mir immer Mühe geben, mich auf den Inhalt seiner Worte zu

konzentrieren. Sobald ich vor mich hinsinniere, schmeichelt sich seine Stimme durch meine Haut in mein Inneres. Ich spüre, dass er mich oft beobachtet. Mir ist, als liege er auf der Lauer.

30.3.1972
Herr Urban wirkte letzten Donnerstag recht fahrig.
Ich bekam eine Englischarbeit von ihm zurück, auf der einfach nur ein großes „D“ stand. Meine nächste Arbeit hatte er benotet mit „gt“ und beim Schreiben wohl ein „u“ vergessen. Meine dritte Arbeit bekam ich zurück mit nichts als einem Ausrufungszeichen. Zuhause grübelte ich über dieses seltsame Geschreibsel nach. Ein großes „D“, ein fehlendes kleines „u“ und ein einsames Ausrufungszeichen ergab: „Du!“
Ich hatte plötzlich erbärmliche Angst.

10.4.1972
Letzten Donnerstag betrat Herr Urban wieder den Klassenraum mit schlechter Laune. Er knallte seine Aktentasche auf das Lehrerpult und knurrte: „Ich falle eines Tages noch auf die Knie.“ Konzentriert versuchte er, den Unterricht durchzuziehen. Aber er versprach sich ständig. Und er warf Namen und Personen durcheinander. Mich ignorierte er und alles, was ich sagte.
Regelmäßig fiel ihm eine Haarsträhne ins Gesicht. Er spreizte die Finger seiner linken Hand, griff unter die Strähne und fegte sie mit einer hektischen Bewegung zurück auf seinen Kopf. Doch sie weigerte sich zu bleiben, wo sie hingehörte. Flutsch – schon lag sie wieder auf seinem Gesicht.
Mich faszinierte dieses Hin und Her zwischen Herrn Urban und seiner Haarsträhne. Wie würde er diese wohl nach dem Unterricht bändigen? Artig saß ich in meiner letzten Bank und akzeptierte, dass ich für Herrn Urban Luft war. Als der Unterricht zu Ende war, verließen alle den Klassenraum.
Herr Urban packte seine Bücher ein. Ich war die Letzte und ging langsam durch die Klasse auf ihn zu. Hektisch blätterte er in einem Buch, als suche er angestrengt eine bestimmte Seite. Nun stand ich vor ihm. Er sah mich noch immer nicht an. Ich beobachtete seinen Mund. Die Mundwinkel waren herabgezogen. Ich sagte zu ihm: „Ihr Zynismus ist verletzend. Glauben

Sie, das belebt den Unterricht oder wollen Sie andere bewusst verletzen?"
Er war ein Stück größer als ich und reckte jetzt seinen Kopf über mich hinweg. Dabei redete er völlig konfus alles durcheinander. Ich schwieg und sah ihn an. Das verwirrte ihn noch mehr. Er wurde rot bis hinter seine großen Ohren und redete weiter wirr durcheinander. Dabei zappelte er mit seinen Händen, als wolle er bekräftigen, dass er ganz konzentriert sei. Ich konnte mir ein Lachen kaum noch verkneifen. Als er das sah, packte er seine sieben Sachen eilig in die Tasche und rannte aus dem Klassenraum. Nächsten Donnerstag fällt Englisch aus.

15.4.1972
Im Sekretärinnen-Seminar sind wieder drei Frauen abgesprungen. Nun sind wir nur noch 17 kleine Negerlein...
In meinem letzten Aufsatz habe ich eine „Eins" bekommen. Das Thema lautete: „Die beruflichen und menschlichen Aufgaben einer Sekretärin." Unser Lehrer las meinen Aufsatz der Klasse vor und meinte dann: „Der ist reif für die Zeitung." Sieh mal einer an!

10.5.1972
Da Englisch einmal ausgefallen war, sah ich Herrn Urban erst nach zwei Wochen wieder. Er war in dieser kurzen Zeit abgemagert. Ein Kursteilnehmer sagte zu ihm, er wäre sichtlich schlanker geworden. Er antwortete spitz, dass anderen der Appetit ja wohl nicht vergangen sei. Ja, ja, ich weiß, dass ich wieder zugenommen habe... Dann setzte er sich hinter sein Pult, schwieg und versuchte, meinen Blick festzuhalten. Ich zählte angestrengt die Nackenhaare meiner vor mir sitzenden Mitschülerin. Es nützte nichts. Seine Augen zogen mich an, und ich rutschte einfach in sie hinein. Dann hingen unsere Blicke ineinander. Das Gesicht von Herrn Urban war weich geworden, seine Mundwinkel hingen nicht mehr ganz so tief herab. Leise sagte er vor der ganzen Klasse: „Haben Sie die zwei Wochen auch so schwer herumgekriegt wie ich?" Seine Stimme war voller Wärme. Er sah mich an und rezitierte dabei ein Gedicht in einer Sprache, die ganz sicher nicht Englisch war. Dann sagte er, schon Walther von der Vogelweide hätte vor der Welt gespielt, wenn es in seinem Herzen dunkel gewesen sei. Wer ist denn nun schon wieder Walther von der Vogelweide?

5.6.1972
Nun hätte ich doch beinahe vergessen zu notieren, dass Rolf beruflich wechseln muss. Er hat eine Stelle in Düsseldorf in Aussicht. Aber ich will nicht hier wegziehen. Ich bin hier in Süddeutschland inzwischen verwurzelt. Aber wenn es schon sein muss, ist Düsseldorf vielleicht das kleinere Übel. Ich bin dann näher bei meinem Vater. Vielleicht kann ich ja noch ein paar Jährchen mit ihm nachholen.

10.6.1972
Der Englischkurs neigt sich dem Ende zu. Es wird höchste Zeit! Manchmal hilft Selbsthypnose: „Ich passe gut auf mich auf. Ich passe gut auf mich auf. Ich passe…"

13.6.1972
Die Beziehung zu meinem Vater war recht innig geworden. Nun wünschte er sich, mich in seine Familie aufzunehmen. Meine Begeisterung darüber hielt sich in Grenzen. Aber wenn es ihn glücklich machte… Irgendwann kündigte mein Vater mir einen Brief seiner Frau an. Ich war gespannt. Was dann allerdings kam, hat mich ein paar Tage aus dem Gleichgewicht gebracht. Ach, wäre ich doch in der Versenkung geblieben, schrieb sie. Und dass sie sich am liebsten umgebracht hätte, als sie von meiner Existenz erfuhr. Doch leider fehlten ihr die Schlaftabletten dazu. Während ihre kleine Tochter auf der Flucht starb, hätte ihr Mann sich mit meiner Mutter amüsiert. „Und neun Monate später kamen Sie…", war ihr krönender Abschluss.
Bescheuert wie ich nun mal bin, dachte ich zuerst: „Mein Gott, was muss diese Frau auf der Flucht mitgemacht haben, als sie ihr Kind sterben sah." Dann habe ich mich zur Ordnung gerufen. Wer fragt eigentlich danach, was mir zugefügt wird? Wenn schon kein anderer danach fragt, dann wenigstens ich selbst. Und ich lasse mir kein schlechtes Gewissen mehr machen dafür, dass ich lebe.
Ich habe meinen Vater angerufen und ihm gesagt, dass ich meine Existenz von niemandem mehr in Frage stellen lasse. Er hätte offenbar mit seiner Frau meinetwegen Probleme bekommen. Ich erlöse aber heute jeden von mir, der mit meiner Existenz Probleme hat. Deshalb würde ich den Kontakt zu ihm jetzt abbrechen. Ich bedaure dies, da ich ihn sehr gern hätte, aber meine Selbstachtung

sei mir wichtiger. Ich habe mich von ihm verabschiedet und den Hörer aufgelegt. Zigmal hat mein Vater seitdem versucht, mich anzurufen. Ich habe immer aufgelegt, sobald ich seine Stimme erkannte. Auch seine Briefe habe ich nicht mehr beantwortet. Es reicht, was ich in meiner Kindheit mitgemacht habe. Es reicht für ein ganzes Leben.

Juli 1972
Die letzte Englischstunde habe ich überstanden.
Alle Kursteilnehmer wollten danach mit Herrn Urban noch einen Schoppen trinken. Wer hätte das zu Anfang des Kurses gedacht? Ich wollte den Abschied nicht weiter hinausziehen. Ich brauchte ein schnelles Ende. Also habe ich den anderen gesagt, dass ich nicht mitgehen würde. Ich müsste sofort heim. Ich wartete, bis alle den Klassenraum verlassen hatten. Dann ging ich auf Herrn Urban zu, um mich von ihm zu verabschieden. Ich gab ihm die Hand. „Danke für den interessanten Unterricht“, sagte ich und wollte meine Hand zurückziehen. Er hielt sie fest. Eine warme Welle übertrug sich von seiner Hand in meine. Sie durchzog meinen rechten Arm und wanderte von dort durch meinen ganzen Körper. „Ich bin in diesen Kurs besonders gern gekommen“, antwortete er und sah mich dabei an, als suche er etwas in meinen Augen. „Er hat meine Augenfarbe“, dachte ich. Und plötzlich öffnete sich in seinen Augen eine Tür. Dann berührten sich unsere Seelen. In diesem Moment fing er an zu zappeln. Er riss seinen Blick aus meinem, sah in die Luft und redete wieder so zusammenhanglos, dass ich nichts begriff. Etwas sei abgebrochen, unterbrochen, unvollendet, wie „Schuberts Unvollendete“, brabbelte er vor sich hin. Abgebrochen hatte er die Nähe zwischen uns mit seinem Gezappel. Er war mir innerlich entwischt. Ich zog meine Hand aus seiner, sagte kurz „Tschüs“ und verschwand. Zu Hause habe ich mich in den Sessel gesetzt und Schuberts „Unvollendeter“ gelauscht. Warum soll es mir besser gehen als Schubert?

1.8.1972
Bei all den Erlebnissen in der letzten Zeit darf ich natürlich meine Mutter nicht vergessen. Allmählich hatte ich begriffen, warum ich ständig glaubte, springen zu müssen, wenn sie pfiff. Warum ich glaubte, ihr ständig große Geschenke machen zu müssen, mich

um Christine kümmern zu müssen, mich um sie kümmern zu müssen, und vieles mehr zu müssen.
Als ich gerade mit Rolf verheiratet war, hatte ich meiner Mutter zum Geburtstag eine Schmuckschatulle geschenkt. Leider nur eine Schmuckschatulle, denn ich konnte ihr keinen Schmuck mehr schenken, weil meine eigene Familie jetzt jeden Pfennig brauchte. Sie hat diese Schmuckschatulle ignoriert und sich seitdem für keines meiner Geschenke mehr bedankt. Aber warum beschenkte ich sie überhaupt noch? Und plötzlich wurde mir klar: Alles was ich glaubte, für sie tun zu müssen, tat ich nicht aus freien Stücken, sondern immer aus dem Gefühl heraus, ihr etwas zu schulden. Meine Schuld war meine Existenz. Und die galt es wieder gutzumachen. Das lief nicht mit Worten ab, sondern die ganze Atmosphäre zwischen uns war so. Und die hatte ich eingesogen mit jedem Atemzug der Aplerbecker Luft.
Nun fing ich an zu bocken, wenn sie pfiff. Ich hörte damit auf, meine Mutter wichtiger zu nehmen als mich selbst. Alle Versuche meiner Mutter, mich wieder zur Räson zu bringen, scheiterten. Und nun brachte mir selbst der Mohr aus der Kiste keine Manieren mehr bei, so oft sie auch zeterte: „Ja, ja, der Mohr hat seine…"
Der wahre Mohr wollte nicht mehr springen.

Vor einigen Wochen nun plante meine Mutter ihren Umzug. Sie wollte in ein Nebenhaus ziehen, aus einer 4-Zimmer-Wohnung in eine 5-Zimmer-Wohnung. Alle vorsichtigen Hinweise, warum es denn unbedingt eine noch größere Wohnung sein müsse, stießen bei ihr auf taube Ohren. Sie rief mich an und nannte mir den Umzugstermin, an dem ich ihr zu helfen hatte. Ihre älteste Schwester aus Dortmund hatte sie ebenfalls herbeizitiert. Wir sollten die Schränke leeren. Am nächsten Tag kämen zwei Kollegen meiner Mutter, die die leeren Schränke über die Straße transportieren würden in die neue Wohnung.
An diesem von ihr geplanten Umzugstag hatte ich allerdings ein Vorbereitungs-Seminar für meine Sekretärinnenprüfung vor der IHK. Ich sagte ihr dies und schlug vor, dass sie den Umzug entweder um zwei Tage verschieben oder einen Kollegen um Hilfe bitten könnte, ihr die Schränke auszuräumen. Ich käme dann am nächsten Tag, um die Schränke in ihrer neuen Wohnung

einzuräumen. Nach diesem Vorschlag von mir knallte sie den Telefonhörer auf die Gabel.
Ich habe mich danach mit meinem Sekretärinnenseminar beschäftigt. Wenn sie mich brauchte, würde sie sich schon melden.
Am Abend vor dem geplanten Umzugstermin meldete sich die älteste Schwester meiner Mutter. Völlig aufgelöst rief sie in den Hörer: „Monika, Monika, du musst sofort kommen. Ich stehe hier in Tübingen völlig allein vor der Wohnung, und deine Mutter ist im Krankenhaus." – „Nein", sagte ich gewollt energisch, „ich habe morgen ein Vorbereitungsseminar für meine Prüfung vor der IHK. Ich komme zwei Tage später, aber nicht morgen. Das habe ich meiner Mutter bereits gesagt." Lange Rede, kurzer Sinn: Am nächsten Morgen fuhr ich nach Tübingen. Ich konnte die arme, aufgelöste Tante doch nicht allein in Tübingen lassen. In Tübingen erfuhr ich dann, was geschehen war. In der Nacht vor dem geplanten Umzug hatte meine Mutter Bauchkrämpfe bekommen. Sie ging zu Nachbarn, die riefen den Krankenwagen, und der brachte sie ins Krankenhaus. Aber die Ärzte fanden nichts und schickten sie wieder nach Hause. Zu Hause traten dann alsbald wieder ihre Bauchkrämpfe auf. Wieder kam sie ins Krankenhaus. Und diesmal entfernten die Ärzte meiner Mutter den Blinddarm. Damit war sie umzugsuntauglich. Meine alte Tante wurde über den plötzlichen Krankenhausaufenthalt meiner Mutter nicht informiert. Die wäre sonst ja vielleicht in Dortmund geblieben … Also stand meine alte Tante nichts ahnend am Tübinger Bahnhof und wunderte sich, dass sie nicht abgeholt wurde. Mit einem Taxi fuhr sie in die Wohnung ihrer jüngsten Schwester. Dort erfuhr sie von deren leidigem Schicksal. Sie rief meine Mutter im Krankenhaus an und legte ihr nahe, den Umzug ein paar Tage zu verschieben. Mit geschwächter Stimme sagte meine Mutter, das ginge nicht. Die Möbelpacker seien für den nächsten Tag bestellt. Die Schränke müssten also bis dahin leer geräumt sein, egal wie. Also musste die Monika her. Und Monika kam, wütend zwar, aber sie kam.
Als wir die Wohnung meiner Mutter betraten, traf uns fast der Schlag. Nicht ein Bild war von der Wand genommen, nicht eine Tasse eingepackt. Jeder Teller, jeder Topf stand unangetastet im Schrank. Die Wohnung war so aufgeräumt, als wollte meine Mutter morgen wieder darin wohnen. Meine alte Tante und ich schleppten den kompletten Hausrat meiner Mutter bis spät

abends über die Straße in ihre neue Wohnung. Zwischendurch hatte ich Angst, meine Tante bricht zusammen. Aber sie hielt sich tapfer. Da in der neuen Wohnung noch keine Schränke vorhanden waren, stellten wir den Hausrat auf den Fußboden. Ich achtete darauf, dass die Wände frei blieben, damit am nächsten Tag die Möbel dorthin gestellt werden konnten. Meine Tante und ich schleppten und schleppten bis zur körperlichen Erschöpfung.

Eine Woche später wurde meine Mutter aus dem Krankenhaus entlassen. Sie rief mich an und tobte derart, dass ich um mein Trommelfell fürchtete. Ich hielt den Hörer auf Abstand, damit ich sie besser verstand. Das sei unerhört, was ich mit ihr gemacht hätte, schrie sie. Sie wäre frisch operiert in ihre neue Wohnung gekommen und hätte über ihren ganzen Hausrat steigen müssen, weil der kreuz und quer auf dem Fußboden lag. Der Schlag hätte sie beinah getroffen. Es sei ja wohl das Mindeste gewesen, was sie erwarten könnte, dass ich am nächsten Tag ihre Schränke eingeräumt hätte. Rücksichtslos sei ich, aber was könne man von mir schon anderes erwarten…

Irgendwann musste auch meine Mutter Luft holen. Ich sagte freundlich: „Du, ich bin jetzt etwas überrascht. Ich dachte, du wolltest dich bei mir bedanken, dass ich deinen kompletten Hausrat aus den Schränken geräumt und über die Straße geschleppt habe in deine neue Wohnung. Und dass ich deinetwegen sogar mein Seminar versäumt habe." Dass jemand glauben könnte, sie habe sich zu bedanken, das brachte sie völlig aus dem Konzept. Irritiert beendete sie das Gespräch.

Eine Woche später schickte sie mir kommentarlos zwei Kissenbezüge.

Ein paar Tage, nachdem ich die kommentarlosen Kissenbezüge erhalten hatte, rief sie an. Sie würde jetzt mit Christine kommen und bei uns ein paar Urlaubstage verbringen. Sie fühle sich in ihrer neuen Wohnung nicht wohl. Da platzte mir dann doch noch der Kragen. Ich stehe kurz vor meinen Prüfungen, und ich will und kann in dieser Zeit keine Urlaubsgäste beherbergen, vor allem keine, die erwarten, beköstigt und bedient zu werden. Warum – verdammt noch mal – kommt niemand auf die Idee, auf mich mal Rücksicht zu nehmen? Warum sagt nicht mal jemand zu

mir: „Nun setz dich mal, Monika, ich koche und spüle für dich?“ Warum habe ich immer um andere zu kreisen?
Ich habe meiner Mutter geschrieben, dass ihr Besuch mir nicht passt. Und ich habe mich nicht mehr bemüht, beim Schreiben freundliche Worte zu finden. Seitdem ist Sendepause zwischen uns.

10.8.1972
Ich habe mein Sekretärinnen-Diplom! Von den 30 jungen Frauen, die mit mir das Seminar begonnen haben, sind nur noch zehn übrig geblieben. Wir zehn haben uns zwei Tage lang vor der IHK geplagt. Es ist vollbracht. Ich habe mit der Gesamtnote „Gut“ bestanden. Meine nächste Arbeitsstelle werde ich aber wohl erst in Düsseldorf antreten. Eigentlich weiß ich noch gar nicht, in welche Richtung ich beruflich gehen soll. Mit meinem Diplom bekäme ich in der Industrie einen guten Vorzimmer-Posten. Aber will ich das?
Ich habe Isa, habe Familie. In der Industrie kann ich nicht um 16.00 Uhr sagen: „Ich muss nach Hause, mein Kind kommt aus der Schule.“ Ich muss mich entscheiden, sonst verzettele ich mich. Familie oder Beruf? Entscheide ich mich für den Beruf, ist das eine Entscheidung gegen die Familie.
Habe ich überhaupt noch eine Familie? Ich habe ein Kind, ja. Aber eine Familie? Die Ehe mit Rolf läuft nicht gut. Es gibt Phasen, in denen ich Rolf noch sehr, sehr gern habe. Aber immer öfter habe ich das Gefühl, dass Rolf mich in der Tiefe seines Herzens hasst. Vielleicht hasst er alle Frauen und am meisten seine Mutter, obwohl er ihr die Füße küsst.
Rolf war vor der Entscheidung, nach Düsseldorf zu gehen, ein paar Mal in Dortmund bei seiner Mutter. Immer wenn er wieder kam, war er bedrückt, fast depressiv. Kurze Zeit danach knallte es bei uns derart, dass ich immer das Gefühl hatte, Rolf treibt es förmlich dahin, um seinen Hass abreagieren zu können.
Wie geht es bloß weiter mit uns? Wenn Rolf und ich sowieso irgendwann auseinander gehen, sollte ich mich rechtzeitig beruflich engagieren. Damit ich für mein Kind und für mich selbst sorgen kann.
Alles ist so verworren. Ich habe Angst …

1.9.1972
Zu meinem Vater habe ich wieder Kontakt.
Seinen beharrlichen Versuchen, mit mir wieder ins Gespräch zu kommen, konnte ich doch nicht widerstehen. Unsere Beziehung hat sich jetzt etwas normalisiert, ist aber noch immer sehr liebevoll. Manchmal habe ich sogar das Gefühl, er ist stolz auf mich. So verrückt sich das auch anhört.
Bei unserem letzten Telefongespräch habe ich gesagt: „Gib es ruhig zu. Ich bin deine außereheliche Kriegstrophäe." Das hat ihn verärgert. Ich fand das lustig.
Er schickt mir jetzt auch wieder regelmäßig Geld. Aber ich will das Geld nicht. Mehrmals habe ich es zurückgeschickt, dann schickte er es mir wieder. Schließlich war ich dieses Hin und Her leid, dann haben wir mal ausführlich darüber gesprochen. Jetzt sehe ich das etwas anders. Er will mir wohl damit seine Zuneigung zeigen. Er hat Probleme, Geschenke zu kaufen. Alle seine Kinder erhielten „nur" Geldgeschenke von ihm, erzählte er. Seitdem nehme ich das Geld an. Aber ich versuche, mir dafür Sachen zu kaufen, die ich mir sonst nicht leisten würde. Dann habe ich das Gefühl, das ist ein Geschenk meines Vaters, und ich kann mich von Herzen dafür bei ihm bedanken. Aber am meisten freue ich mich immer noch über seine Briefe. Er schreibt sehr lebendig und gefühlvoll. Mit seiner Feldwebel-Klappe tarnt er nur sein warmes Herz.
Nun möchte er, dass ich seiner Frau schreibe. Er hofft immer noch, uns zusammenzubringen. Ich habe das abgelehnt.

Inzwischen war ich auch mal wieder in Tübingen und habe meine Mutter besucht. Obwohl zwischen uns eine Sendepause bestand, hat sie sich wohl über meinen Besuch gefreut. Als ich meiner Mutter erzählte, dass wir nach Düsseldorf ziehen, konnte ich meine Tränen kaum noch unterdrücken. Ich will doch gar nicht nach Düsseldorf! Meine Mutter unterbrach mich: „Wie, du ziehst nach Düsseldorf?", rief sie drohend. „Und i-i-ch?!"
Ach, du liebe Güte, ich hatte mal wieder vergessen, dass ich mein Leben nach meiner Mutter zu richten habe. Aber was kann man von mir schon anderes erwarten?
Ja, ja, Undank ist der Welten Lohn … Aber Gottes Mühlen mahlen langsam …

15.9.1972
Herr Urban hatte allen Kursteilnehmern die noch ausstehenden Englischarbeiten zugeschickt. Nur mir nicht! Ich war darüber so verärgert, dass ich beschloss ihn anzurufen.
Beim ersten Versuch fiel mir der Hörer aus der Hand. Beim zweiten Versuch legte ich nach der ersten gewählten Zahl den Hörer wieder auf. Beim dritten Versuch legte ich nach der zweiten gewählten Zahl den Hörer wieder auf – und trank zur Beruhigung ein Glas Wein. Danach war ich benebelt und konnte gar nicht mehr wählen. Also trank ich zur Nebelauflösung zwei Tassen Kaffee und war wieder klar.
Er war sofort am Apparat. „Ja, Frau Kordes, Ihre Arbeiten liegen noch hier auf meinem Schreibtisch. Ich würde sie Ihnen morgen gern persönlich geben."

16.9.1972
Er wartete schon auf mich. Aus seinem Auto erklang Musik:

„... One-way-wind, one-way-wind
Leise flüstern die alten Bäume
Sie erzählen von alten Träumen
Wenn sie in Erfüllung gehn
Kann der Wind sie nie mehr verwehn ..."

Anfang
Da ist er wieder – der Strudel.
Ich banne ihn mit meinem Blick.
Wenn ich ihn aus den Augen verliere,
wird er mich an sich reißen.

Ich umkreise ihn langsam,
beobachte seinen Sog,
der wie ein Kreisel aus Kindertagen
zum Spielen ruft.

Ich darf ihm nicht zu nahe kommen.
Er wird mich nach unten ziehen,
tiefer und immer tiefer.
Und in der Tiefe, ganz unten
werde ich mich verlieren.

Ich darf mich nicht verlieren.
Verliere ich mich, verliere ich ihn.
Ich weiß es.
Niemals werde ich später sagen können:
„Ich habe es nicht gewusst."

Ich darf mich nicht verlieren.
Ich darf mich nicht…
Ich darf mich…
Ich darf…

20.10.1972
Rolf arbeitet seit dem 1.10. in der Nähe von Düsseldorf. Er sucht dort für uns eine Bleibe.
Isa und ich ziehen am 1.1.1973 zu ihm.

Robert möchte, dass ich bei ihm bleibe.
Ich habe ihm gesagt, dass ich auf jeden Fall am 1.1. mit Isa zu Rolf ziehe. Zum einen kann ich meine Ehe nicht einfach ablegen wie ein altes Hemd. Zum anderen kann ich jetzt keine weitreichenden Entscheidungen treffen, weil ich überhaupt nicht mehr klar denken kann. Robert und ich sehen uns jeden zweiten Tag. Ich habe noch nie mit einem Mann so viel Spaß gehabt. Robert ist verspielt wie ein kleines Kind, staunt wie ein kleines Kind und ist glücklich wie ein kleines Kind. Er sagt, so etwas hätte er noch nie erlebt. Er sei noch nie in seinem Leben verliebt gewesen.
„Deshalb habe ich auch Angst, dich wieder zu verlieren, Monika. Ich möchte, dass du bei mir bleibst."
„Wenn du so weiter sprichst, Robert, glaube ich dir tatsächlich noch, dass du mich liebst."
„Du wirst schon sehen, was du dir mit mir eingehandelt hast."
„Komisch, ich glaube dir nur die Hälfte von dem, was du sagst."
Robert bleibt vor ein paar Blättern stehen. Dann hüpft er mit beiden Beinen darüber und zieht mich nach sich. So hüpfen wir fröhlich durch den Wald.
„Lass uns fröhlich sein, Monika, lass uns einfach nur glücklich sein."

„Ja, Robert, wir werden die Zeit jetzt genießen. Die Erinnerung daran kann uns dann niemand mehr nehmen."

10.12.1972
Oft liege ich nachts im Bett und versuche, ernsthaft über alles nachzudenken. Es gelingt mir nicht mehr. Ich habe den Boden unter den Füßen verloren. Tief in mir, in meinem inneren Zentrum, hat sich ein Energie-Wirbel gelöst. Er ist aus mir herausgetreten und eine Fontäne geworden. Auf dieser Fontäne sitze ich und es geht: Hoch und runter, hoch und runter…
Ich sollte abspringen und mit beiden Beinen wieder den Boden berühren. Ich schaffe es nicht. Die Fontäne macht mit mir, was sie will. Und genau das darf nicht passieren. Ich muss bestimmen, wer, was, wann mit mir macht. Aber ich verliere mich immer mehr…
Robert ist übermütig vor Glück. „Ich bin der Sterntaler im Märchenland", singt er fröhlich. Und sagt leise: „Ich fühle mich wie ein kleiner Junge, der ein Geschenk bekommen hat, das er sich schon immer gewünscht hat." Und ich? Ich weiß überhaupt nicht mehr, was mit mir geschieht.
„Du darfst nicht nach Düsseldorf gehen, Monika", sagt er leise.
„Doch Robert, ich werde gehen. Nach einem Jahr sehen wir uns wieder. Wir treffen uns genau an diesem Platz, auf dem wir jetzt stehen. Wenn unsere Beziehung dieses eine Jahr überdauert hat, überlegen wir neu."
„Gut, du hast entschieden, Monika. Ich werde ein Jahr auf dich warten."
Warum höre ich immer falsche Töne, wenn er spricht?
Die Fontäne trägt mich hoch und immer höher…

Wuppertal, den 20.1.1973
Seit dem 1.1.1973 lebe ich in Wuppertal.
Beim Abschied von Robert ist genau das passiert, was nie hätte passieren dürfen: Ich habe mich selbst verloren. Robert war schockiert. Meine Tränen hat er kaum ertragen.
Wie ich nach Wuppertal kam, weiß ich nicht.
Irgendjemand in mir hat die Schränke leer geräumt und die Koffer gepackt. Ich habe funktioniert wie eine Maschine. Rolf hat für uns ein Einfamilienhaus in Wuppertal gemietet. Seine Arbeit in Düsseldorf sagt ihm nicht zu. Außerdem steht die Firma kurz vor

dem Konkurs. Das haben sie Rolf natürlich nicht gesagt, als sie ihn angeworben haben. Rolf spricht nun davon, nach Berlin zu gehen. Oder sich umschulen zu lassen, oder weiter zu studieren, oder, oder, oder… Ich bin wie erstarrt.

Isa ist hier wieder in die erste Klasse eingeschult worden. Sie scheint den Ortswechsel problemlos überstanden zu haben. Wenigstens einem Familienmitglied geht es gut. Ich werde mir jetzt sofort Arbeit suchen, um so schnell wie möglich finanziell unabhängig zu sein.

Roberts erster Brief ist inzwischen auch eingetroffen. Zuerst ging er auf meinen Satz ein, dass ich zwischen seinen Worten oft falsche Töne höre. Dann schrieb er, dass ich wohl noch immer nicht begriffen hätte, wie er zu mir steht. Und dass sein Weg zu mir viel direkter und unkomplizierter sei, als ich ahne.
Warum höre ich nur immer falsche Töne?

15.3.1973
Rolf ist arbeitslos. Die Firma hat Konkurs angemeldet.
Nun ist Rolf eine Stelle angeboten worden bei einer Behörde in Düsseldorf, natürlich für viel weniger Gehalt, als er bisher verdiente. Doch Rolf sagt, bei einer Behörde zu arbeiten, sei unter seiner Würde. Er wolle Betriebsleiter werden und kein Behördenhengst. Außerdem: Wie solle er diesen „Ehrverlust" bei den regelmäßigen Semestertreffen seinen ehemaligen Kommilitonen erklären? Er würde viel lieber nach Berlin ziehen, oder, oder, oder.
Ich habe kurzen Prozess gemacht, weil ich für lange Debatten keine Kraft mehr habe.
„Isa und ich werden nicht mit dir nach Berlin ziehen", habe ich ihm gesagt. „Wenn du unbedingt nach Berlin willst, wirst du dorthin allein gehen müssen." Seitdem versucht Rolf sich mit dem Gedanken anzufreunden, ein „Behördenhengst" zu werden. Das geringere Einkommen bei der Behörde wird ja auch durch mein Gehalt aufgefangen. Ich habe, gottlob, sofort Arbeit gefunden als Chefarztsekretärin in der Nähe von Düsseldorf. Mein neuer Chef lässt mich sehr selbstständig arbeiten. Und er ist mit meiner Arbeitszeit sehr großzügig. Die Hauptsache ist für ihn, dass die

Arbeit ordentlich und rechtzeitig erledigt wird. Und darauf kann er sich ja bei mir verlassen.
Isa geht direkt nach der Schule in den Kinderhort, wo sie ihre Hausaufgaben erledigt. Um 14.00 Uhr hole ich sie dort ab. Bisher lief das problemlos. Darüber bin ich froh, denn im Augenblick sind wir auf meine Mitarbeit finanziell angewiesen.

Der Kontakt zu meinem Vater ist abgebrochen. Als feststand, dass wir Richtung Düsseldorf ziehen, hat er mit seiner Familie massive Probleme bekommen. Ich bin ihnen wohl zu nahe auf die Pelle gerückt. Und jetzt wohne ich auch noch in Wuppertal. Genaueres hat mein Vater nicht erzählt. Ich habe das nur aus seinen Worten herausgehört. Er hatte mich mehrmals gebeten, seiner Frau zu schreiben. Aber dazu hätte ich darüber nachdenken müssen, ob ich das wirklich will. Und die Zeit und Kraft hatte ich nicht mehr. Ich musste mein eigenes Leben erst einmal wieder ordnen. Ich hatte das Gefühl, in einen Lebensdschungel geraten zu sein, und jeder Befreiungsschlag mit der Machete lässt die Schlingpflanzen dichter und dichter wachsen.
Inzwischen war mir klar geworden, dass ich es allein nicht mehr schaffte, mein Leben wieder in den Griff zu bekommen. Also bin ich zur Ehe- und Lebensberatung gegangen. Dort wurde mir geraten, eine Gruppentherapie zu besuchen, zu der ich jetzt einmal wöchentlich gehe. Der Leiter heißt Dietmar. Er war katholischer Priester und ist jetzt Psychologe. Auch Rolf geht in eine Gruppe von ihm. Aber bis ich Rolf erst einmal so weit hatte … Er glaubt immer noch, völlig unproblematisch zu sein. Eheprobleme haben nur die anderen. Inzwischen ist Rolf aber von „seinem" Dietmar ganz begeistert. Dietmar sei als Psychologe ein Naturtalent, meint er. Ich sehe das zwar anders, aber unterschiedliche Sichtweisen sind ja zwischen Rolf und mir üblich.
Von Robert habe ich natürlich niemandem etwas erzählt, und das werde ich auch weiterhin nicht tun. Erstens geht das niemanden etwas an und zweitens haben meine Eheprobleme mit Robert nichts zu tun. Die hatten Rolf und ich ja schon vorher. Außerdem soll niemand leiden, bevor etwas entschieden ist.
Rolf gegenüber habe ich keine Schuldgefühle wegen Robert. Es ist, als wäre dies alles mein Schicksal, als müsste ich es tun.

Nun lebte ich zwischen zwei unberechenbaren Männern. Gebraucht hätte ich Stabilität, Verlässlichkeit und Ruhe. Stattdessen war da Robert, durch den die Stabilität meines ganzen Lebens unterhöhlt wurde. Und Rolf, der mir mit seiner eigenen Instabilität den Boden unter den Füßen wegzog.
Meine Ehe mit Rolf stand von Anfang an unter keinem guten Stern. Ohnmächtige Verzweiflung und bittere Enttäuschung über das Scheitern unserer ersten Ehe, trieben mich jahrelang wie gehetzt durch meinen Alltag. Erst in unserer zweiten Ehe waren Rolf und ich in der Lage, durch unseren neurotischen Ballast hindurch die Liebe schimmern zu sehen, die wir in der Tiefe unserer Herzen füreinander empfanden.

Isa hat in den schwierigen Jahren unserer ersten Ehe viel entbehrt und viel abbekommen, das ihrer kindlichen Seele geschadet hat. Wäre es besser gewesen, sie allein großzuziehen? Damals glaubte ich, Isa eine Familie geben zu müssen und vor allem einen Vater, einen Vater, den ich so schmerzlich vermisst hatte. Das war der Hauptgrund, warum ich Rolf so früh geheiratet habe. Aber ich hatte auch gehofft, dass ich mit Rolf einen Partner hätte, der mir helfen würde, die Bürde des Lebens zu tragen. Dass ich mir mit meiner Ehe eine zusätzliche Bürde auflud, ahnte ich damals nicht. Aber ich ahnte, dass mir das Leben besonders schwer fiel. Doch so gern ich mir das Leben leichter gemacht hätte, so sehr ich die Menschen beneidete, denen nichts an der Seele kratzte: Ich konnte nicht anders als mein Leben leben, und das war schwer.
Ich bin mir heute sicher, dass ich Rolf in jedem Fall geheiratet hätte, auch ohne Kind, allerdings viel, viel später. Erst als ich Mitte 30 war, hatte ich das Gefühl, reif für eine Ehe zu sein. Erst da begann ich zu ahnen, dass ich den „ruhenden Pol“ in mir selbst suchen musste.
Jahrelang hatte ich gehofft, Rolf könnte diesen Part in meinem Leben übernehmen. Die Enttäuschung, dass er dazu nicht in der Lage war, traf mich tief. Die kleinste Auseinandersetzung um Alltagsprobleme warf ihn aus der Bahn.
Ich forderte, ja ich zwang ihn, sich mit mir auseinanderzusetzen. 20 Jahre lang hatte ich die belastende Beziehung zu meiner Mutter ertragen. Das Ergebnis dieser Beziehung hatte mich einsehen lassen, dass Probleme besprochen werden mussten, wollten sie nicht ein unterschwelliges Eigenleben führen.

Rolf kam aus einer Familie mit einem großen Teppich, unter den alles Unangenehme erfolgreich gekehrt worden war. Er hatte damit gut gelebt. Als Wunschkind und Muttis „Sohne-Mann" war er geachtet, gehegt und behutsam behandelt worden. Probleme hatten immer nur die anderen. Warum also sollte er plötzlich Probleme besprechen, die nur ich hatte? Mein penetrantes Einfordern, sich mit mir auseinanderzusetzen, erlebte Rolf als Zwang, ihn festlegen zu wollen. Dies löste bei ihm ein regelmäßiges „Zick-Zack-Springen" während unserer Gespräche aus. Er hüpfte davon und war nicht mehr zu greifen. Dabei war er äußerst kreativ. Er fing meine Argumente wie Bälle auf und warf sie mir, ohne sie angesehen zu haben, zurück an den Kopf. Probleme hatte ja schließlich nur ich.
Mit nachtwandlerischer Sicherheit erschuf er Nebenkriegsschauplätze, auf denen er sich so lange als „Rolf, der heilige Drachenbezwinger" tummelte, bis ich mich schließlich selbst fragte, warum ich denn um Himmelswillen dem armen Rolf das Leben so schwer machte. Kam ich aber an diesen Punkt, hatte ich das Gefühl, dorthin manövriert worden zu sein. Das machte mich so wütend, dass ich begann, Rolfs Selbstwertgefühl anzugreifen. Nun endlich lagen die Rollen fest: Der Heilige und das Biest.
So hätten wir miteinander weiterleben können. Aber nein, ich war einfach nicht bereit, diese Rollenverteilung dauerhaft zu akzeptieren. Dass ich aber auch nie mit dem Erreichten zufrieden war! Ja, ich wagte sogar, Rolf ein eigenes Dracheninnenleben zu unterstellen. Und als Krönung des Ganzen schlug ich ihm dann auch noch vor, gemeinsam mit mir einen Psychologen aufzusuchen.
Frauen sind ja so gemein! Sie fressen nicht nur ihre Männchen wie die Spinnen. Jetzt schleppen sie sie vor dem Fraß auch noch zu einem Psychologen. Was zuviel ist, ist zuviel.
Nein, sagte Rolf, einen Psychologen hätte seine Ehefrau nötig. Aber doch nicht er! Er käme schließlich aus geordneten Verhältnissen.
Ich drohte, ihn sofort zu verlassen, wenn er nicht mit mir zu einer psychologischen Beratung ginge.
„Na gut", sagte Rolf, „um unsere Familie zu retten, begleite ich dich ein Mal, aber kein zweites Mal."
„Ich bin erst bei Dietmar in der Gruppentherapie geboren worden", sagt Rolf heute. Und manchmal kommt ihm dabei der Verdacht, dass Frauen ihre Männchen vielleicht doch nicht fressen. Aber sie lähmen ihre Männchen mit ihren ewigen Forderungen. So wie die „Spinne

Paula" ihre Opfer lähmt mit einem gezielten Biss. Die „Spinne Paula" steckt schließlich in jeder Frau. Das macht die Frauen so unheimlich.
Auch seine Mutter Paula hat seinen Vater Karl gelähmt mit ihren Ansprüchen. Bis Karl, der Vater, sich schließlich durch frühzeitiges Ableben entzog.
Alle Männer sterben deshalb so früh, wie Vater Karl. Und die Spinnen machen sich danach ein schönes Leben mit ihrer Witwen-Rente.
Rolfs unterschwellige Angst vor Frauen und seine Instabilität zwangen mich irgendwann, eigene Sicherheiten zu entwickeln. Dass dies ein Segen für mich war, habe ich erst viel später begriffen.

25.9.1973
Mit Robert ist Schluss.
Er hatte mir einen längeren Brief angekündigt, der aber nicht eintraf. War er krank oder sollte er tatsächlich „so" unsere Beziehung beendet haben? Das konnte ich mir nicht vorstellen. Ich wollte Gewissheit haben. Deshalb schrieb ich ihm.
„Ich habe seit Wochen nichts von Dir gehört. Was ist los? Ist etwas passiert oder bist Du krank?
Ich kann mir nicht vorstellen, dass Du „so" unsere Beziehung beendest. Du weißt schließlich, dass ich Dich jederzeit gehen lasse, wenn Du es möchtest. Sollte ich aber nach diesem Brief auch nichts von Dir hören, betrachte ich unsere Beziehung als beendet. M."

Er hat nicht geantwortet. Und eines Morgens fiel es mir wie Schuppen von den Augen: Robert hatte tatsächlich „so" unsere Beziehung beendet. Dieser Schlag traf mich in meinem Zentrum. Ich bekam keine Luft mehr. Schnell wollte ich nach oben in mein Bett, um allein zu sein. Aber ich stand vor der Treppe und kam schon die erste Stufe nicht mehr hoch. Ich wollte mich am Geländer hochziehen. Aber auch dazu fehlte mir die Kraft. Rolf kam angerannt und fragte erschrocken, was mit mir los sei. Ich konnte nicht antworten, weil ich keine Luft bekam. Rolf rief den Notarzt. Es war Samstag. Der Arzt gab mir eine Spritze und diagnostizierte „Kreislaufkollaps".
Eine Woche kroch ich durch die Gegend. Nur für Isa konnte ich gerade noch das Nötigste erledigen. Dann schleppte ich mich wieder ins Bett. Dort lag ich stundenlang reglos auf dem Rücken

und stierte gegen die Decke. Ich spürte, dass dieser innere Bruch mein ganzes weiteres Leben beeinträchtigen würde. Jetzt galt es nur noch eine Möglichkeit zu finden, wie ich mit diesem Bruch weiterleben konnte. Weitergehen musste es ja irgendwie. Da war Isa …

Nach einer Woche verließ ich mein Bett als Daueraufenthalt. Langsam kam ich wieder meinen regelmäßigen Pflichten nach. Ich funktionierte wie ein Automat. „Isa darf nicht vernachlässigt werden“, hämmerte es in meinem Kopf. Nach zwei Wochen war die innere Erschütterung so weit abgeebbt, dass ich wieder normal funktionierte. Alle waren froh, dass ich wieder belastbar war. So ein kleiner körperlicher Ausrutscher kann schließlich jedem mal passieren.

Auch Knut und Ida waren wieder zufrieden mit mir. Knut und Ida sind ein Ehepaar aus meiner Therapiegruppe. Mit ihnen habe ich auch ab und zu privaten Kontakt. Knut ist seit einer Hirnoperation vor ein paar Jahren blind. Der Haupttumor kann nicht entfernt werden, sondern nur das nachwachsende Gewebe. Also muss Knut sich alle paar Jahre den Schädel öffnen lassen.

Ida hat große Probleme damit, einen gestandenen Mann geheiratet zu haben und nun einen Blinden betreuen zu müssen. Wer will es ihr verdenken? Für ihre Sorgen und Nöte habe ich mich als idealer Abladeplatz entwickelt. Und mit der Sensibilität der Blinden spürt Knut, dass ich ihn mag.

Doch jetzt hatte ich für nichts und niemanden mehr Empfindungen. Ich hatte nicht einmal mehr Tränen. Allerdings konnte ich meine Situation wieder analysieren, das war schon ein Fortschritt. Und mir wurde klar: Nicht dass Robert gegangen ist, hat mich so aus der Bahn geworfen, sondern *wie* er gegangen ist.

Das macht ein Mann einmal mit mir, kein zweites Mal !!!

Schade, dass ich mit niemandem darüber reden kann.

15.10.1973

Meine Therapiegruppe ist im Augenblick mein einziger Halt. Obwohl ich dort nichts von Robert erzähle. Dietmar und ich haben uns zusammengerauft. Besser gesagt, ich lasse ihn etwas näher an mich heran. In regelmäßigen Abständen versucht er, irgendetwas in mir auszulösen, das mit dem Thema „Liebe“ zusammenhängt.

Was will der bloß bezwecken? Will er mich aus meiner Reserve locken? Oder appelliert er an meine karitative Liebe? Schließlich war er ja mal katholischer Priester.

19.11.1973
Seit Wochen werde ich mit anonymen Anrufen bombardiert, selbst auf meiner Arbeitsstelle. Gestern habe ich nach solch einem Anruf in unserer Zentrale nachgefragt, wer mich da gerade telefonisch sprechen wollte. Es sei eine helle, weiche Männerstimme gewesen, die nur gesagt hätte: „Frau Kordes, bitte." Inzwischen ist eine Regelmäßigkeit erkennbar. Immer an den Tagen, an denen ich Robert getroffen habe, ist es besonders schlimm mit diesen Anrufen, manchmal in einer Stunde mehrmals hintereinander. Ich melde mich – und die Gegenseite schweigt. Nach einiger Zeit lege ich den Hörer auf. Mir bekommen diese Anrufe gar nicht. Jedes Mal bricht eine Wunde in mir auf, die gerade aufgehört hat zu bluten.

29.11.1973
Na klar, das ist Robert. Vermutlich hat er nicht verkraftet, wie problemlos ich ihn habe ziehen lassen.
Vor meinem inneren Auge sehe ich ein Bild, das mir gut tut: Robert ist fest an meiner Hand und zieht daran um loszukommen. Ich öffne meine Hand und Robert fällt – plumps – auf die Nase.
Ich spüre, dass er mit diesen Anrufen erreichen will, dass ich mich melde. Er selbst bleibt aber in Deckung – aus Angst vor einer Abfuhr.
Gott, ist dieser Mann neurotisch. Und ich bin in Therapie…

2.2.1974
Robert sagt, dass heute am 2.2.1974 unsere vereinbarte einjährige Probezeit zu Ende sei.
Ich glaube, dass dieser Termin Ende Dezember 1973 war. „Du kannst es mir glauben, Monika, es war der 2. Februar", sagte Robert. „Was ich dir glaube und was nicht, das wirst du künftig mir überlassen müssen", habe ich ihm geantwortet.
Ja, wir haben uns wiedergesehen, Robert und ich. Weder Ende Dezember noch am 2. Februar, sondern Anfang Januar 1974. Wa-

rum nur habe ich mich zu diesem Treffen entschlossen? Vielleicht war es der Wunsch nach einem sauberen Ende, nach einem klaren Schnitt. Vielleicht der Wunsch, mich mit ihm auseinanderzusetzen. Vielleicht auch der Wunsch, ihm den Bruch, den er mir zugefügt hat, heimzuzahlen. Vielleicht auch alles zusammen.

Wir hatten uns um 14.00 Uhr vor einem Parkeingang verabredet. Um 13.45 Uhr stand ich dort. Ich war angespannt vor Aufregung. Nach zehn Minuten Wartezeit, um 13.55 Uhr, verließ ich den vereinbarten Treffpunkt. Wenn er jetzt nicht da war, würde er nicht mehr kommen. Und ich wollte auf keinen Mann mehr warten. Ich ging zur nächsten Telefonzelle, um eine Bekannte zu informieren, dass ich jetzt bei ihr vorbei käme. Gerade hatte ich den Hörer in die Hand genommen, da sah ich Roberts Auto. Genau um 14.00 Uhr war er am vereinbarten Treffpunkt. Ich beobachtete ihn eine Zeit lang. Dann ging ich langsam auf ihn zu. Er blieb in seinem Auto sitzen und sah mich lange an, ohne ein Wort zu sagen. Dann stieg er aus und stand vor mir. Grau war er geworden und es schien, als sei er um zehn Jahre gealtert in diesem einen Jahr. Auch kleiner musste er geworden sein, denn plötzlich waren wir gleich groß. Und Robert war doch ein ganzes Stück größer gewesen als ich. Kleiner, grauer und älter. So stand mir Robert nach einem Jahr schweigend gegenüber.

„Du hast Glück gehabt, dass ich noch hier bin“, eröffnete ich das Gespräch. „Ich war schon auf dem Weg zu einer Bekannten. Als ich dein Auto sah, bin ich zurückgekommen. Ein paar Minuten später, und wir hätten uns nicht mehr gesehen.“ Fassungslos sah er mich an: „Du hättest nicht mal zehn Minuten auf mich gewartet?“ – „Auf dich hätte ich nicht einmal fünf Minuten mehr gewartet, Robert.“

Er versuchte, diesen Satz zu verdauen. Einen Kaffee brauche er jetzt, sagte er. Wir gingen ins nächste Cafe.

Er saß kaum, da sprudelte es nur so aus ihm heraus, als sei etwas lange Zeit gestaut gewesen und könnte sich nun endlich Bahn brechen. In allen Einzelheiten erfuhr ich nun, welche beruflichen Probleme er in diesem einen Jahr gehabt hatte. Ja, er musste tatsächlich einiges mitgemacht haben. Zumindest *das* stimmte. Ich konnte es ihm ansehen. Die Probleme hätten ihn manchmal zerrissen, erzählte er. Und niemand sei da gewesen, der ihn emotional aufgefangen hätte. „Ja, ich weiß“, sagte ich, „du hast privat halt immer Pech.“ – „So ist es“, nickte er und hatte nicht einmal die Ironie in meinen Worten bemerkt. Er nahm meine Hand. Angespannt kontrollierte ich all meine aufkommenden Gefühlsbewegungen. Er sah mir die Anspannung an: „Du siehst blass aus, Monika“, sagte er leise und zärtlich. „Ich mach mir Sorgen um dich. Komm, lass uns ein Stück spazieren gehen. Das wird dir gut tun.“

„Du machst dir Sorgen um mich?“, fragte ich bissig. „Weißt du denn überhaupt, was das ist, sich um jemanden zu sorgen?“

Inzwischen war mir übel geworden von der entsetzlichen Anspannung. Ein Spaziergang würde mir gut tun. Ich ließ ihm meine Hand. Und er lachte glücklich. „Monika, dass wir uns nach diesem einen Jahr noch so nahe sind, ist ein Zeichen für mich, dass die Beziehung zwischen uns eine ernste Sache ist. Was hältst du davon, wenn wir beide woanders ganz neu anfangen?“

Ich sah ihn an und öffnete dabei langsam die Tür zu meiner Seele. Er sah es in meinen Augen und senkte den Blick. Nicht einmal das konnte er mehr aushalten.

„Ich habe oft hinter deinen Worten falsche Töne gehört, Robert. Doch ich wollte meiner Intuition nicht glauben. Das ist jetzt anders. Deine wohlgesetzten Worte, dein Wissen, ja dein Charme werden künftig immer gegen meine Intuition stehen. Alles, was von dir kommt, werde ich intuitiv hinterfragen. Das wird dir den Umgang mit mir nicht erleichtern.“

Doch während ich versuchte, Klartext zu reden, durchströmte mich eine Welle von Zärtlichkeit. Und ich ahnte, dass mein „Nein“ zu Robert ein Kraftakt werden würde. Ein „Ja“ zu ihm würde aber nach dem Vertrauensbruch, den er mir zugefügt hatte, meiner Selbstachtung schaden. Also musste ich notfalls einen Streit vom Zaune brechen.

„Ich habe dich mal für weich gehalten, Robert. Nein, das bist du nicht. Du bist schwach.“

Die Zornesröte schoss ihm ins Gesicht. Langsam schoben sich seine Mundwinkel zynisch nach unten. „Und ich habe dich mal für intelligent gehalten, Monika.“

Seine mühsam beherrschte Wut freute mich.

„So kann man sich täuschen, Robert.“

„Irren, Monika, nicht täuschen“, zischte er durch die Zähne.

Grinsend sagte ich: „Selbst dein Zynismus ist nichts anderes als Schwäche. Du hast so viele Gesichter, dass du selbst schon nicht mehr weißt, wer du wirklich bist. Dir fehlen Charakter, Persönlichkeit und Rückgrat. Du bist schillernd wie eine Fata Morgana. Und wenn man sich dir nähert, löst auch du dich auf – in Nichts."
Jedes Wort, das ihn verletzte, erleichterte mich.
Robert schwieg jetzt eisern. Er ließ mich mit meinen Provokationen ins Leere laufen. Irgendwann nahm er mich einfach in den Arm und verschloss meinen ätzenden Mund mit einem Kuss.
Verdammt, ich liebe diesen Scheißtypen immer noch. Warum bin ich bloß auf einen so miesen Typen fixiert?
Zumindest hat sich jetzt aber die Frage einer gemeinsamen Zukunft mit Robert für mich endgültig geklärt. Egal, ob er es wirklich will oder nicht. *Ich* will es nicht mehr. Weil ich ihm nie mehr vertrauen kann. Für diese Erkenntnis allein hat sich schon das Wiedersehen mit Robert gelohnt.

Zwischen Rolf und mir ist es weiterhin schwierig. Manchmal denke ich, der meint gar nicht mich, wenn er anfängt zu toben. Der will eigentlich mit seiner Mutter abrechnen. Aber ich war ja schon immer ein dankbares Objekt, an dem andere ihre Konflikte abreagieren konnten. Nur Isa macht mir weiterhin viel Freude. Sie ist ein süßes und charmantes Mädchen geworden. Ich bin heilfroh, sie zu haben.

10.4.1974
Dietmar verbeißt sich bei mir während der Gruppentherapie in das Thema „Liebe". Dabei weiß er noch nicht einmal etwas von Robert. Werde ich innerlich frei von Robert, wenn ich mich auf dieses Thema mal therapeutisch einlasse? Dafür würde sich die Seelenplackerei schon lohnen. Na denn mal tau…

8.5.1974
Marita ist tot! Günni, mein alter Günni, hat es uns aus Schweden geschrieben. In Aplerbeck habe ich dann Marianne und Helmut getroffen, die ehemaligen Leiter unseres Wandervereins. Marita sei qualvoll an einer unbekannten Krankheit gestorben, erzählte Marianne. Niemand hätte ihr mehr helfen können. Günni sei

jetzt in Schweden. Er hätte Maritas langen Todeskampf nicht verkraftet.

Mich haben die Erinnerungen an unseren ehemaligen Wanderverein sehr traurig gemacht. Meine alten Wanderkameraden… Mit welchem Optimismus sind wir damals hinaus in unser Leben gegangen. Und wie wenig begründet war dieser Optimismus für viele von uns. Alle haben wir in den vergangenen Jahren versucht, unseren Platz im Leben zu finden. Damit waren wir so beschäftigt, dass wir nur selten etwas voneinander hörten. Nur Marianne und Helmut hielten uns immer auf dem Laufenden, wenn wir sie in Aplerbeck trafen.
Viele der ehemaligen Wanderkameraden haben untereinander geheiratet, nicht nur Rolf und ich. Auch Klaus und Doris hatten geheiratet. Sie bekamen zwei Kinder, genau wie Günni und Marita. Und genau wie Günni und Marita waren auch Klaus und Doris nicht glücklich miteinander geworden.
So wie Klaus damals auf unserer Großfahrt mit dem Gruppenleben nicht zurechtkam, so wenig kam er später mit seinem Erwachsenenleben zurecht. Als er keinen Ausweg mehr sah, nahm er ein Pflanzenschutzmittel.
Vielleicht hätten wir uns gegenseitig auf unserem Lebensweg beistehen sollen – so wie damals auf den Wanderungen. Ich hätte diese alte Verbundenheit so manches Mal gebraucht. Aber es ist wohl so: Alles hat seine Zeit…

5.11.1974
Seit dem 1.10.1974 arbeite ich an der Gesamthochschule Wuppertal, die sich bald „Bergische Universität“ nennen wird. Ich wollte mir einfach mal beruflich einen anderen Wind um die Nase wehen lassen und hörte zufällig, dass an der Uni ein gutes Betriebsklima herrschen soll. Nun trage ich zum ersten Mal seit meiner Lehre keinen weißen Kittel mehr bei der Arbeit. Mein neuer Job an der Uni soll aber nur eine kurzfristige berufliche Abwechslung sein. Ich möchte bald wieder zurück ins Krankenhaus, denn ich vermisse die Natürlichkeit und Selbstverständlichkeit der Krankenhaus-Atmosphäre jetzt schon. Dort bin ich einfach näher am Leben.
Hier an der Bergischen Universität arbeite ich im Dekanat. Ein Dekanat ist das Vorzimmer des Dekans. Der Dekan wird aus dem

Kreis der Professoren gewählt, um für zwei Jahre den Fachbereich zu leiten.
Die Professoren unterhalten sich nicht mit mir, sie halten mir Vorträge. Und dabei stolzieren sie vor mir auf und ab wie die Gockel. Nicke ich freundlich verstehend, sind sie glücklich und gehen bald. Sehe ich sie schweigend an, nimmt der Vortrag kein Ende. Inzwischen habe ich mir angewöhnt, regelmäßig freundlich verstehend zu nicken. Gott, sind die anstrengend. Und die meisten sind sogar verheiratet. Wie haben die bloß eine Frau abgekriegt? Oder ihre Kinder gezeugt? Aber ob sie die wirklich gezeugt haben, können die sonst Allwissenden auch nicht so genau wissen.

4.10.1975
Ich habe lange nicht mehr Tagebuch geschrieben. Inzwischen gibt es so viele Neuigkeiten, dass ich wieder Seiten füllen könnte. Aber plötzlich empfinde ich diese Erlebnisberichte als unwichtig. Jetzt spielen sich die Erlebnisse, ja Dramen, in mir ab. Vor vier Wochen wollte ich meine Gruppentherapie beenden. Und genau zu diesem Zeitpunkt ging es los. Ich stand hier in Wuppertal am Wall und wollte die Straße überqueren. Da kam ein Bus.
In diesem Moment wusste ich nur noch eines: Ich muss unter diesen Bus… Eine ungeheure Kraft zog mich unter die Räder. Mit beiden Händen habe ich mich an einem Pfosten festgehalten und so versucht, mich mit Körperkraft gegen diese innere Vernichtungskraft zu stemmen. Ich hatte entsetzliche Angst, dass ich gegen diesen inneren Drang nicht mehr ankommen würde. Aber irgendwann ließ dieser Todesimpuls nach. Ich war in Schweiß gebadet. Unter diesen Umständen kann ich natürlich die Gruppenstunde bei Dietmar nicht beenden.
Auch Rolf geht weiter in eine Therapiegruppe von ihm. Rolf sagt, durch die Gruppe wäre ihm erst klar geworden, dass er bisher nicht gelebt hätte. Und jetzt müsse er alles nachholen. Sein Nachholbedürfnis bedeutet, dass er jetzt nur noch seinen eigenen Interessen nachgeht. Er ist kaum noch zu Hause, kümmert sich nur noch gelegentlich um Isa, um mich gar nicht mehr. Außerdem bringt er regelmäßig fremde Horden mit ins Haus – ohne mein Wissen, geschweige denn mein Einverständnis. Mit denen feiert er dann im Garten Feten, während Isa und ich eigentlich schlafen wollen. Sage ich ihm, dass es so nicht weitergeht, wirft er mir vor, ihn

an seiner Entfaltung zu hindern. Danach schmeißt er Brocken durch die Gegend.
Ich müsste mich unbedingt von ihm trennen. Aber ich kann im Moment keine Entscheidungen treffen.
Dabei kommt Isa in der letzten Zeit auch zu kurz. Die Zuwendung, die sie jetzt dringend braucht, kann ich ihr nicht geben. Ich sehe das und kann doch nichts dagegen tun. Das belastet mich zusätzlich. Denn das einzige, was innerlich noch klar ist bei mir, ist die Liebe zu Isa. Alles andere scheint in einem sumpfigen Chaos zu ertrinken. Dietmar meint, ich sei in eine Art innere Waschmaschine geraten und befände mich gerade im Schleudergang. Sehr tröstlich …

1.3.1976
Inzwischen weiß ich, dass auch ich ein Recht darauf habe, einfach nur für mich zu leben. Und nicht nur dann, wenn ich für andere da bin. Ich möchte jetzt ein neues Leben beginnen. Ein Leben, das ich endlich für mich selbst lebe.
Trotzdem bringt mich diese Erkenntnis nicht bei meinen Eheproblemen weiter. Ich bin davon überzeugt, dass Rolf mich als „Monika“ gar nicht wahrnimmt. Er behandelt mich, als sei ich eine Feindin, die er bekämpfen müsse. Oft schreit er, ich würde ihn vereinnahmen, ließe ihn nicht leben. Deshalb müsse er seiner eigenen Wege gehen und unabhängig werden. Allerdings bin ich davon überzeugt, dass Rolf sich selbst etwas vormacht mit seiner Unabhängigkeit. Innerlich unabhängig ist er von mir nämlich überhaupt nicht!

3.4.1976
Krise! Bin völlig erschöpft.
Ich muss mich unbedingt bald von Rolf trennen, bin aber im Moment damit überfordert.
Dietmars Therapiegruppe hat sich aufgelöst. Auch das noch!
Ich sehe keinen Ausweg mehr. Ich brauche dringend Hilfe.

4.4.1976
Bin krankgeschrieben wegen völliger Erschöpfung. Liege nur noch und heule. Wo ist die starke Monika? Oder war die gar nicht so

stark? Ich möchte endlich ich selbst sein, doch ich mag mich so wenig.

7.4.1976
Funktioniere wie ein Roboter. Bin innerlich wie tot.
Habe ich überhaupt ein Recht auf Leben? Wenn ja, lohnt es sich, mich dafür einzusetzen? Oder schaffe ich mich besser ab?

14.4.1976
Wieder Krise. Bin erschöpft, müde, will nur noch schlafen. Sehe in allem nicht ein Fünkchen Sinn mehr. Nur über Isa freue ich mich zwischendurch mit einem ruhigen Gefühl des Gernhabens.
Rolf schafft mich nervlich total. Er springt von einem Extrem ins andere. Er schenkt mir eine Packung „Mon Chéri" und fordert, dass ich künftig keine Forderungen an ihn stelle. Danach fordert er von mir mehr Verständnis für sich. Natürlich braucht er sich nicht zu bemühen, mich zu verstehen. Schließlich, so Rolf wörtlich, sei er okay, nur ich sei nicht okay. Vermutlich hat er das in irgendeinem Buch gelesen.
Hoffentlich schaffe ich es bald, mich von Rolf zu trennen.

Ostermontag 1976
Bis auf gelegentliche kleine Erschöpfungsphasen geht es mir besser. Dennoch habe ich immer noch das Gefühl, wertlos und entwurzelt zu sein.
Natürlich hat mich das Schicksal nicht gerade liebkost bei der Auswahl meiner Eltern. Aber es hätte mich ja noch schlimmer treffen können. Wie viele Menschen gibt es, die „dank" ihrer Eltern völlig lebensuntauglich sind. Also könnte ich doch einfach zu mir selbst sagen: „Okay, meine Eltern konnten mich nicht gernhaben aus Gründen, die vielleicht gar nichts mit mir zu tun haben. Aber ich selbst finde mich eigentlich ganz prima. Und wenn andere mich nicht mögen, dann mag ich mich eben selbst."
Warum klappt das nicht?

10.5.1976
Klar ist mir, dass Rolf und ich uns auseinander gelebt haben. Unklar ist mir nur noch, wie ich die Trennung durchziehen soll. Um einen guten Neuanfang für mich zu finden, muss mein Weg

aus dieser Ehe heraus sauber sein. Ich möchte das Gefühl haben, alles für meine Ehe getan zu haben, um später keine Schuldgefühle zu bekommen. Ich möchte ohne Hass oder Rachegefühle gehen. Und es müsste bald sein.
Dietmar hat eine neue Therapiegruppe zusammengestellt, zu der ich jetzt regelmäßig gehe. Ein paar Gruppenmitglieder waren mit mir in der früheren Gruppe. Wir kennen uns also schon recht gut. Endlich habe ich jetzt wieder etwas Halt.

5.11.1976
Aus verschiedenen Gründen habe ich mich an der Uni in den Fachbereich Maschinentechnik versetzen lassen. Auch hier arbeite ich – dank meines Sekretärinnendiploms – als Chef- bzw. Dekanatssekretärin. Ich habe ja nun schon an verschiedenen Arbeitsplätzen gearbeitet. Aber so viele verschrobene Typen auf einem Haufen, wie hier im Fachbereich Maschinentechnik, habe ich noch nie gesehen.
Herr Professor Karl Märklin leitet das Prüfungsamt. Kurz und hektisch gab und entriss er mir seine Hand. Er habe zu arbeiten, sagte er atemlos und rannte im Laufschritt zurück in sein Büro. Seine Mitarbeiterin, Frau Kremser, versucht, sich mit wehenden Rockschößen seinem Tempo anzupassen. Die Studenten nennen ihn „Chaoten-Karl".
Die meisten Professoren haben bestimmte Tage in der Woche, an denen sie keine Lehrveranstaltungen abhalten können. Dann müssen sie Tennis spielen oder Geige oder Fliegen, Reiten, mit ihren Frauen einkaufen oder auch alles zusammen. Sicher haben auch diese Aktivitäten mit Forschung und Lehre zu tun. Denn alles, was sie tun, tun sie im Namen von Forschung und Lehre.
Es gibt Professoren, die ununterbrochen reden, ohne dass man sie abschalten kann. Und es gibt Professoren, die nur dann reden, wenn man sie einschaltet. Sofern man zur rechten Zeit den rechten Knopf findet. Einige Professoren sollen schon mal in Sitzungen mit Aschenbechern um sich geworfen haben. Andere wiederum sollen mehr auf Nickerchen stehen.
Anfangs kam ich aus dem Staunen über so viele skurrile Typen auf einem Haufen gar nicht heraus. Inzwischen habe ich mich daran gewöhnt. Eigentlich passe ich ja auch ganz gut dazu.

Zurzeit leitet Herr Professor Dr. Friedsam als Dekan den Fachbereich und ist damit mein Chef.
Herr Professor Dr. Friedsam und ich haben uns auf Anhieb verstanden, und wie ich glaube, auch gemocht. Er lässt mich selbstständig arbeiten und gibt mir immer mehr Verantwortung. Weil die Dekane alle zwei Jahre wechseln, sollte sich die Sekretärin in allen Vorgängen auskennen, sagt er.
Ansonsten sind meine Hauptkrisen vorbei. Trotzdem kann ich immer noch nicht bei mir selbst bleiben. Vielleicht sollte ich es mal mit der Religion versuchen?

15.5.1977
Lang, lang ist es her, dass ich zuletzt geschrieben habe.
Rolf ist seit zwei Wochen in Israel und bleibt noch weitere acht Wochen dort. Er arbeitet in einem Kibbuz und betreut dort Hühner. Besser gesagt, er nimmt ihnen die Eier weg, sobald sie gelegt haben. Irgendwie passt das zu ihm.
Das Leben ohne Rolf ist eine Wohltat für meine Seele. Rolf zerstört mich innerlich. Aber warum lasse ich das zu?
Mir graut vor seiner Rückkehr. Die Zeit ist reif für meine Trennung von ihm.

Warum alle Welt glaubt, ich sei eine Power-Frau, habe ich nie verstanden. Mein Leben war nur phasenweise kraftvoll. Der überwiegende Teil war ein mühevolles Bewältigen meines Alltags. 30 Jahre meines Lebens habe ich mich die meiste Zeit erschöpft gefühlt. Woher kommt nur diese Diskrepanz zwischen meinem Empfinden von Kraftlosigkeit und meiner kraftvollen Wirkung auf andere? Ich weiß es bis heute nicht.

Mit meinem Wechsel in den Fachbereich Maschinentechnik begann ein neuer Lebensabschnitt. Ich fand dort viele Jahre so etwas wie eine Heimat. Mehrmals bewarb ich mich zwischendurch in Krankenhäusern, um wieder als Chefarztsekretärin zu arbeiten. Manchmal aus einer Sehnsucht heraus, dem Leben wieder näher zu sein. Manchmal einfach nur, um meinen Marktwert zu testen.
Alle Stellen, auf die ich mich im Laufe der Jahre bewarb, hätte ich bekommen können. Das zu wissen, ist mir heute noch immer wichtig.

Jedes Mal habe ich kurz vor meiner Kündigung einen Rückzieher gemacht. Und ehe ich mich versah, waren es 20 Jahre, in denen ich alle Höhen und Tiefen des Fachbereiches Maschinentechnik mit getragen und mit durchlebt hatte.
Die Dekane kamen und gingen alle zwei Jahre. Doch wir vier Kolleginnen blieben und wuchsen zusammen. Wie oft musste ich bei den Dekanen um unsere geliebte Frühstückspause kämpfen. Die Fröhlichkeit und der persönliche Austausch unter uns Frauen störte viele Professoren. Doch jede Beschwerde verlief im Sande bei der Frage: „Ist irgendetwas nicht erledigt worden?" Wir Frauen achteten sehr darauf, dass unsere Arbeit getan war. Meine Sehnsucht nach der Verbundenheit des alten Wandervereins ließ mich die Struktur dieses Frauengrüppchens wohl auch so sehen. Auch hier brachte jede der Frauen in die Gemeinschaft ein, was ihr möglich war. Die eine sorgte alljährlich für unsere Karnevalsbekleidung. Unsere Karnevalsauftritte wurden innerhalb der Uni immer wieder zu einem Ereignis. Die andere stand stets hilfsbereit in den Startlöchern, wenn zusätzliche Arbeitshilfe benötigt wurde. Und wieder eine andere sorgte mit ihrem zurückhaltenden Gemeinschaftsgefühl für einen Ausgleich unter uns temperamentvollen Frauen. Und ich sorgte bei den jeweiligen Dekanen für den Schutz der Einzelnen.
Solidarität hieß das Zauberwort, das mir oberstes Gebot war. Eine für alle und alle für eine.
Leider funktionierte diese Verbundenheit nur, so lange sie auf die Uni beschränkt blieb. Doch das habe ich erst viele Jahre später begriffen.

7.3.1978
Seit fünf Monaten bin ich wieder allein, wie die meiste Zeit meines Lebens. Im November 1977 habe ich mich von Rolf getrennt. Es ist vollbracht! Warum habe ich nur so lange damit gewartet? Ich wollte mir wohl nicht eingestehen, dass ich in meiner Ehe gescheitert war. Wer scheitert schon gern? Aber ich war auch durch meine Krisen innerlich gelähmt. Ja, wenn es mir erst wieder besser gehen würde, dann ließe sich mit viel gutem Willen sicher auch meine Ehe aufrechterhalten, so glaubte ich. Ich wollte und wollte. Aber es reicht nicht, einfach nur zu wollen. Zum Schluss habe ich Rolf nur noch gehasst. Vielleicht musste ich bis zu diesem bitteren Ende ausharren, um mir meiner Entscheidung ganz sicher zu

sein. Schuldgefühle über eine vorzeitig aufgelöste Familie hätten meinen Neuanfang unerträglich belastet.
Der letzte Anstoß für meine Trennung von Rolf war seine Rückkehr aus Israel. Mir graute derart davor, dass ich ein paar Nächte vorher schon nicht mehr schlafen konnte. Unsere Eheprobleme hatten sich vor seiner Reise so zugespitzt, dass ich nun endgültig keine Aussicht mehr sah, jemals mit Rolf in einer stabilen Beziehung leben zu können. Ich schreibe bewusst keine Einzelheiten auf über das, was zwischen uns passiert ist. Denn wenn ich die Tragödien in Worte fassen soll, müsste ich mich ja wieder mit ihnen beschäftigen. Und das würde meinen seelischen Heilungsprozess blockieren. Ich bin ja gerade erst mal dabei, meine inneren Wunden zu verbinden. Sie bluten noch immer.
Isa und ich lebten in den Wochen, als Rolf in Israel war, harmonisch, ruhig und friedlich miteinander. Ich kam endlich zur Ruhe und Isa blühte auf. Wir hatten Freude miteinander und legten uns sogar eine kleine Katze zu. Als dann Rolfs Rückkehr anstand, bekam ich einen solchen Horror vor dem Leben, das ich mit ihm gelebt hatte, dass ich endlich wusste: Es ist zu Ende mit uns.
Danach ging ich auf Wohnungssuche. Innerhalb kürzester Zeit fand ich eine geeignete Wohnung für Isa und für mich. Dann habe ich Rolf mitgeteilt, dass ich mich von ihm trennen würde. Rolf hörte sich das ruhig an und sagte schließlich, dass auch er das Ende unserer Ehe wollte. Er hätte mir aber die letzte Entscheidung darüber zugeschoben, weil er selbst den Mut dazu nicht hatte. Und genau das hatte ich immer gespürt. Alle meine Bemühungen, unsere Ehe zu retten, waren ein Kampf gegen Windmühlenflügel gewesen. Letztendlich hat ihn nicht verletzt, dass ich auszog, sondern dass ich selbstverständlich mit Isa auszog. Ja, dass eine andere Lösung gar kein Thema für mich war. Eine andere Lösung war tatsächlich kein Thema für mich. Isa gehört zu mir und damit basta.
Besuchsregelungen haben wir nicht vereinbart. Rolf und Isa können sich so oft sehen, wie sie das möchten – solange es dabei keine Konflikte gibt. Bisher lief diese Regelung problemlos.

Als ich aus unserem Miethäuschen auszog, stand Rolf im Treppenhaus und fragte mich dann doch allen Ernstes, warum ich ihn eigentlich verlasse. Fassungslos sah ich ihn an. „Nein, Rolf, die Zeit des Redens ist vorbei. Du wolltest deine Ruhe und dein eigenes Leben, jetzt hast du es."

Als ich die erste Nacht in meiner neuen Wohnung im Bett lag, hatte ich das Gefühl, mit knapper Not einem Kriegsgebiet entronnen zu sein. Ich wollte nur noch meine zahlreichen Verletzungen versorgen und gesund pflegen. Jetzt, ein halbes Jahr später, kann ich endlich wieder freier atmen – ohne den Schutzpanzer um meine Seele.

Isa und ich wohnen Parterre, sodass wir in das Leben vor dem Haus und in die Spiele der Kinder einbezogen werden. Manchmal sitze ich auch mit einer Nachbarin im Garten hinter dem Haus. Isa hat ein großes eigenes Zimmer und bringt ab und zu Freundinnen mit, die bei ihr übernachten.

Ich selbst habe mir eine grüne Ente (2 CV) gekauft. Die passt zu meinem neuen Lebensgefühl. Auf leicht wackeligen Beinen und dünnhäutig tapse ich nun durch mein Leben.

Rolf und ich sind finanziell sauber auseinander gekommen. Insgesamt habe ich natürlich heute viel weniger Geld als in meiner Ehe mit Rolf. Aber das stört mich nicht. Wirtschaften habe ich gelernt.

Um Isa habe ich mir die meisten Sorgen gemacht. Gott sei Dank unnötig. Es geht ihr heute besser als vor meiner Trennung von Rolf. Die vielen Streitereien haben sie belastet. Deshalb war sie wohl auch in der Schule nicht besonders gut. Jetzt hat sie häusliche Ruhe und schon steigen ihre Noten.

Inzwischen hat sie sogar ihre erste „Eins" in Englisch mit nach Hause gebracht. Vorsorglich bin ich aber doch mit ihr zu einer Kinderpsychologin gegangen. Die beobachtet Isa seit einiger Zeit in einer Kindergruppe. Die Psychologin und Isas Klassenlehrer sind ganz angetan von ihr. Eine Therapie brauche Isa nicht, meinte die Psychologin. Isa verstehe ihre Probleme mit Humor und Pfiffigkeit zu lösen. Ich kann aufatmen.

Vielleicht hat Isa ja doch bei all meinen Erziehungsfehlern gespürt, dass ich sie lieb habe. Und vielleicht hat dieses Grundgefühl sie vor seelischen Schäden geschützt.

Die ersten Wochen in meiner neuen Wohnung habe ich vor Erschöpfung nur geschlafen. Ich war zu nichts mehr fähig. Ja, ich konnte nicht einmal mehr der Handlung eines vernünftigen Films folgen. Inzwischen geht es mir aber jeden Tag besser. Auch wenn ich mich manchmal allein fühle. Isa ist der einzige Mensch, der noch zu mir gehört. Ich habe sonst niemanden mehr. Aber – es geht mir gut.

9.7.1978
Es gibt ihn tatsächlich, diesen Gott!
Nach Isas Kommunion wollte ich aus der katholischen Kirche austreten. Ich schob diesen Schritt ständig vor mir her. Anfang 1977 sind mir zwei Erlebnisse widerfahren, die nur religiös sein konnten. Seitdem trieb mich die Frage um, ob es Gott gibt. Zufällig kam ich mit einer Nachbarin ins Gespräch, die erst vor kurzem zum Glauben gefunden hatte. Sie war noch so dankbar ergriffen, dass ihr beim Erzählen die Tränen kamen.
Nach diesem sehr persönlichen Gespräch nahm sie mich mit zu ihrem evangelischen Bibelkreis.
Nun eröffnete sich mir eine ganz neue Welt. Und eines Tages wusste ich plötzlich: Es gibt Gott. Doch wie konnte ich mit diesem Unbekannten in Kontakt kommen? Die Gebete der Kindheit kamen nicht mehr in Frage. Die hatten sich beschränkt auf Bitten, Danken und Lobpreisen. Es musste eine andere Form geben. Doch welche?
Ich beschloss, diese Frage mal so anzugehen, worin ich die meiste Übung hatte: Probleme zu klären. Und das größte religiöse Problem war für mich der Kreuzestod Christi. Ich hatte inzwischen im Kreis der evangelischen Christen im religiösen Sinne „laufen gelernt". Doch die Frage, warum es nötig war, dass sich zu meiner Erlösung jemand ans Kreuz nageln ließ, wurde mir dort nicht beantwortet. Und eines Tages träumte ich von meiner alten katholischen Kirche in Aplerbeck. Ich sah das große Holzkreuz auf dem Kirchenvorplatz, das so symbolträchtig zwischen Kindergarten und Kirche stand. Ich wurde wach und hatte verstanden: Trotz aller Verletzungen durch katholische Christen in meiner Kindheit – meine religiösen Wurzeln liegen im Katholizismus.
Ich fuhr nach Neviges und fand dort in der Wallfahrtskirche den Hinweis auf ein Einkehrwochenende, das Pater Gotthard aus dem dortigen Franziskanerkloster anbot. Ich habe mich angemeldet und während dieser Einkehrtage viel mit überzeugten Katholiken

diskutiert. Und immer ging es mir um dieselbe Frage: Warum musste jemand für meine Schuld so qualvoll am Kreuz sterben? Ich bin bestimmt keine Heilige. Aber so schuldig, dass jemand für mich sterben muss, bin ich sicher nicht.
Ich spüre, dass sich an dieser Frage mein „Ja“ oder „Nein“ zum christlichen Glauben entscheiden wird. Warum habe nur ich diese Probleme mit der christlichen Lehre?
Hätte Pater Gotthard mich nicht ermutigt, weiterhin meine Fragen zu stellen, ich wäre schon nach dem ersten Tag dieses Einkehrwochenendes nach Hause gegangen. Pater Gotthard bietet auch regelmäßige Bibelgespräche an. Dahin gehe ich jetzt. Vielleicht bekomme ich ja dort Antworten auf meine Fragen.

25.9.1978
Die Gruppe bei Dietmar ist abrupt zu Ende gegangen. Ich war so schockiert, dass ich den Grund nicht einmal mitbekommen habe. Nun habe ich gar keinen Halt mehr. Ich stand auf dem Marktplatz und dachte, ich breche innerlich auseinander. Die Gruppe wollte abschließend noch ein Bierchen miteinander trinken. Doch ich kam vor Schmerz und Tränen nicht vom Fleck. Alle standen hilflos um mich herum – mitten auf dem Marktplatz. Doris und Hanna sagten, ich könnte sie doch im Notfall anrufen. Ich habe diese Worte gehört, sie aber nicht verstanden. Ida versuchte meine Hand zu nehmen. „Du hast doch Knut und mich, Monika.“
Nein, ich hatte niemanden mehr.
Als die Gruppe mich schließlich in die nächste Kneipe geschleppt hatte, saß Dietmar plötzlich neben mir. „Für dich, Monika, ist dieses abrupte Ende unserer Gruppe eine Katastrophe“, sagte er, „du brauchst dringend Hilfe. Melde dich, wenn etwas ist.“ Er nahm mein Bierglas, trank daraus und sagte: „Dein Bier ist mein Bier, Monika.“ Danach bestellte er sich ein Gebäckstück, teilte es in zwei Hälften und gab mir eine Hälfte davon. „Er hat das Brot mit mir gebrochen“, fuhr es mir durch Kopf und Herz, „er wird mir auch weiter helfen.“

Seitdem die Gruppe auseinander gebrochen ist, bin ich noch öfter bei Knut und Ida, als ich es früher ohnehin schon war. Mit Knut gehe ich ab und zu spazieren. Das tut mir gut, freut Knut und ent-

lastet Ida. Trotz jahrelanger Gruppentherapie läuft ihre Ehe nicht gut. Aber wie sollen die beiden sich trennen? Knut müsste dann sicher in ein Heim. Ihm fehlt die Selbstständigkeit derer, die von Geburt an blind sind. Auch ich fetze mich schon mal mit Knut. Er ist ein gestandenes Mannsbild, dem man etwas entgegensetzen kann. Das bekommt ihm besser, als ihn mit Schuldgefühlen zu dirigieren, wie Ida das oft tut.
Allerdings weiß ich auch nicht, wie ich mich verhalten würde, wenn ich tagaus tagein einen blinden Mann zu betreuen hätte. So hat jeder sein Schicksal. Meines scheint Einsamkeit zu sein.

10.11.1978
Vor lauter Problemen habe gar nicht vermerkt, dass ich seit einiger Zeit wieder Kontakt zu Anja habe. Wir hatten sie zu Isas Kommunion eingeladen, schließlich war sie Isas Patentante. Und obwohl wir jahrelang nichts voneinander gehört hatten, kam sie tatsächlich. Seitdem läppert sich unser Kontakt so dahin. Viel haben wir uns nicht mehr zu sagen. Wir sind uns fremd geworden.

5.1.1979
Es war einmal an einem wunderschönen sonnigen Wintertag. Da trafen wir uns wieder, Robert und ich. Und die Stunden mit ihm waren so hell und glitzernd wie die Schneekristalle auf den Feldern. Alles war fast so leicht und lebendig wie früher. Nur einmal wurde er ernst. „Du bist wie ein Känguru, Monika. Du packst dein Kind in den Beutel und hüpfst mit großen Sprüngen durch dein Leben. Jetzt lebst du mit deiner Tochter allein in Wuppertal. Da könntest du genauso gut dein Kind in den Beutel packen und noch einen Schritt weiter springen – zu mir." Aber mit dieser Frage wollte ich mich jetzt nicht beschäftigen. Jetzt wollte ich den Augenblick genießen.
Fröhlich lachend gingen wir Hand in Hand durch Wiesen, Felder und Wälder. Alles in mir vibrierte. Ich konnte nicht mehr unterscheiden, ob vor Lachen oder vor Glück.
Während dieser Stunden mit Robert schwebte ich wieder einmal ein paar Zentimeter über der Erde.
Ich kann es nicht ändern. Robert ist der Mann meines Lebens – auch wenn er es nicht verdient hat.

4.10.1979
Mir geht es immer noch gut als alleinstehende Frau und alleinerziehende Mutter.
Isa geht seit einiger Zeit regelmäßig in den CVJM. Sie fühlt sich dort wohl und ist viel unterwegs. Ich bin sehr froh darüber. Im CVJM weiß ich sie gut aufgehoben. Und was eine stabile Jugendgruppe für eine Heranwachsende bedeuten kann, weiß ich ja aus eigener Erfahrung.
Ich gehe jetzt noch öfter zu Knut und Ida. Auch Doris und Hanna haben sich zu festen Bezugspunkten in meinem Leben entwickelt. Fast könnte ich diese vier Menschen als Freunde bezeichnen. Vielleicht haben Freundschaften, die sich in einer Therapiegruppe gebildet haben, eine ganz besondere Qualität.

Ach ja, meine Freundinnen Doris und Hanna. Vermutlich haben auch sie nicht geahnt, dass wir einmal unser 25-jähriges Freundschaftsjubiläum feiern würden. Ich jedenfalls habe es nicht geahnt, als wir uns damals bei Dietmar in der Gruppe kennen lernten. Seitdem haben wir versucht, die Höhen und Tiefen unseres Lebens miteinander zu tragen. Wenn wir Drei uns treffen, geht es meist recht lebendig zu. Und das, obwohl Doris kaum noch ihre Augen offen halten kann, Hannas Stimme gegen Mitternacht zarter wird, und ich mich am nächsten Tag nicht entscheiden kann, ob ich erschöpft oder überdreht bin.

Wenn wir so intensiv zusammenhocken, beschäftigen wir uns gern mit den Stolpersteinen des Lebens. Manchmal betrachten wir sie nur ausgiebig, diese Stolpersteine, die sich uns in den Weg legen. Wir bestaunen sie von allen Seiten, ärgern uns darüber, dass sie da sind oder lachen sie aus, weil wir es geschafft haben, über sie hinweg zu steigen.
Aber wir nehmen einen solchen Stolperstein auch schon mal auseinander und zerlegen ihn akribisch in kleinste Einzelteile. Diese Teilchen werden dann beäugt, beschnuppert, geknetet, an andere Stellen verschoben, hin und her, vor und zurück, bis sie sich zu einem neuen Stein zusammenfügen, der uns zusagt. So haben wir schon manchen Stolperstein unseres Lebens zu kleinen Felsen umgeformt, die unser Leben stabilisierten.

Doris geht an diese Umformung analytisch und mit zupackender Tüchtigkeit. „Warum soll das nicht gehen?", fragt sie unwillig, wenn Hanna und ich zögernd dies oder das zu bedenken geben. Und schon verschiebt Doris die Teilchen erneut, ruckzuck von einer Ecke in eine andere, probiert diese Zusammensetzung, dann jene.
Hanna geht an eine Umformung behutsam heran. Sie fährt ihre Sensoren aus und betastet den Stolperstein vorsichtig von allen Seiten. Vielleicht kann man ihn ja doch brauchen, so wie er ist? Sollen wir ihn wirklich auseinander nehmen? Er hat doch auch seine guten Seiten. Seht doch, wie er schimmert, wenn man ihn ins rechte Licht hält…
Dann versuchen Doris und ich den Schimmer des Stolpersteines zu sehen, den Hanna sieht. „Ich seh keinen Schimmer", grummelt Doris. „Wo siehst du denn einen Schimmer?", frage ich Hanna interessiert. Doch für Hanna sind Dinge sichtbar, die Doris und ich nicht sehen. Und während Hannas Herz sich noch nicht für oder gegen den Stolperstein entscheiden kann, und ich noch immer das rechte Licht suche, in dem der Schimmer zu sehen ist, den Hanna sieht, hat Doris den Stolperstein längst auseinander genommen. Gemeinsam setzen wir den Stein dann neu zusammen, freuen uns über die gelungene Aktion und trinken einen Schluck Ayurveda-Frauen-Tee: „Auf uns."
Das sind wir Drei: Doris, Hanna und ich.

Hannas Herz erreiche ich sofort, ohne Umwege. Wir reagieren beide in der gleichen Reihenfolge. Zuerst mit dem Herzen, dann mit dem Verstand. Und wenn Kalla, Hannas langjähriger Ehemann, uns in nie enden wollender Geduld erklärt, wie viel einfacher wir uns das Leben machen könnten, wenn wir zuerst unseren „Neocortex" einschalten würden und dann erst unser Herz, seufzen Hanna und ich bekümmert aus der Tiefe unseres Herzens.
Doris' Herz erreiche ich sofort, wenn eine Situation uns beide gleichzeitig erheitert. Dann hüpfen unsere Herzen fröhlich im gleichen Takt. Und wie schwingen unsere Herzen miteinander, wenn wir uns genüsslich ausmalen, mit welch geschickten Schachzügen wir die Widrigkeiten unseres Lebens austricksen. Was, da kommt uns jemand schräg? Da haben wir einen reichen Fundus an Gegenmaßnahmen… Und schon vertreibt die ausbrechende Heiterkeit Doris' Müdigkeit und meine Erschöpfung.
Was Doris, Hanna und mich gelegentlich trennt, ist die katholische Kirche. Wir haben alle drei eine katholische Vergangenheit. Hanna

und Doris haben der katholischen Kirche den Rücken gekehrt. Ich bin zur katholischen Kirche zurückgekehrt. Unsere jeweils eigene Sicht- und Erlebensweise der katholischen Kirche ist emotional geprägt. Bei Doris und Hanna negativ, bei mir inzwischen positiv.
Das negative Bild, das Doris und Hanna von der katholischen Kirche haben, wird durch entsprechend gefärbte Bücher oder tendenziöse Schlagzeilen in der Presse untermauert.
Ich verweigere mich aber inzwischen jeder Diskussion, die von vornherein festgelegt ist auf ein „Kontra" und die ein „Pro" gar nicht zulässt. Positive Informationen verhallen vor geschlossenen Ohren. Worüber aber sollte ich diskutieren, wenn niemand hören will, dass ich innerhalb dieser Kirche meine Beziehung zu Christus leben kann? Mag sein, dass es Menschen gibt, die Christus begegnen, ohne jeglichen Bezug zur Kirche. Mag sein, dass auch ich Christus gefunden hätte ohne Kirche. Aber ich habe Christus nun mal gefunden in dieser Kirche. Und inmitten ihrer oftmals verkrusteten Strukturen blüht mein Gemüt auf, lässt sich ansprechen und anrühren.
Was wäre ein Karfreitag, ein Ostern ohne diese Kirche? Was ein Weihnachten ohne sie? Christus wurde nicht nur vor 2000 Jahren geboren. Er wird in mir geboren an jedem Heiligen Abend, ich muss es nur zulassen. Ich liebe diese alte katholische Kirche. Wer dieses „Pro" nicht akzeptieren kann und es nicht hören will, dessen „Kontra" will ich nicht mehr hören. Eine lebendige Diskussion kann nur entstehen, wenn Raum für beides ist. Und deshalb überlasse ich das Diskutieren anderen. Ich vertreibe mir derweil die Zeit mit altmodischem Gebet.

Die Freundschaft zwischen Doris, Hanna und mir hat sich – trotz unserer gegensätzlichen Einstellung zur katholischen Kirche – im Laufe der Jahre stabilisiert. Doch erst im Jahre 1992 begann ich, der Verlässlichkeit dieser neuen Freundschaft zu trauen. Isa hatte inzwischen eine eigene Familie. Und Rolf wollte gern mit der ganzen Großfamilie einen zweiwöchigen Urlaub in Holland verbringen. Mich plagten starke Bedenken. Ich fürchtete, dass es Konflikte mit Isa geben würde, denen ich dort nicht ausweichen könnte. „Wenn du es in Holland nicht mehr aushältst", sagte Doris damals zu mir, „dann ruf mich an. Ich hole dich sofort mit dem Auto ab."
Natürlich habe ich mich dafür bei Doris bedankt. Doch warum habe ich ihr nie gesagt, wie dankbar ich ihr damals für dieses Angebot war.

Es hat mir geholfen, mich wieder etwas tiefer auf eine Freundschaft einzulassen.

Dass ich zwischenzeitlich wieder Kontakt mit Robert hatte, habe ich Hanna und Doris nicht erzählt.
Eines Tages brüteten wir Drei wieder mal über einen Stolperstein unseres Lebens. Dass Doris Probleme in ihrer Ehe hatte, versuchten Hanna und ich zu bagatellisieren. „Ihr passt doch so gut zusammen, Hermann und du", beschwörten wir Doris, damit sie nur ja keine voreiligen Schritte unternahm. Wir wollten so gern eine heile Ehewelt sehen, Hanna und ich, selbst da, wo es nicht einmal mehr eine Vertrauensbasis gab.
„Vielleicht täte es dir gut, wenn du dich mal heiß verlieben würdest", schlug ich Doris in meiner Hilflosigkeit vor.
„Oh Monika", sagte Hanna mahnend, „wir werden jetzt älter. Und im Alter braucht man einen Partner, an dem man sich wärmt und keinen, an dem man sich verbrennt."
Natürlich habe ich damals Hanna gesagt, wie gut mir dieser Satz gefiel. Dass mir dieser Satz aber sogar half, mich von Robert zu lösen, das erfährt Hanna erst jetzt.

24.1.1980
Ich habe mich von Robert gelöst – endlich!
Ich bin frei. Ich gehöre wieder mir.
Meine Gedanken gehören mir.
Mein Herz gehört mir.
Ich könnte vor Freude in den Himmel hüpfen. Niemals werde ich mich wieder von irgendjemandem innerlich besetzen lassen.
Eines Tages rief Robert mich noch spät abends an. Er wirkte gereizt. Er verstehe überhaupt nicht, warum ich in Wuppertal bliebe, nörgelte er ins Telefon. Ich hätte doch in Wuppertal gar keine Bindungen. Er könne mir in seiner Nähe eine Drei-Zimmer-Wohnung zur Verfügung stellen, eine Arbeitsstelle besorgen und sogar Isa eine gute Schulausbildung angedeihen lassen. Ich fragte ihn, wo er dabei seinen Platz in meinem Leben einzunehmen gedenke. Seine Stimme belebte sich hörbar. Er käme natürlich in seiner freien Zeit regelmäßig zu mir. Später, in ein paar Jahren, würde er dann mit mir zusammen ziehen.

Irgendetwas begann plötzlich in mir zu gären. Robert und ich verabschiedeten uns liebevoll voneinander, und ich ging schlafen. Mitten in der Nacht wurde ich wach. Ich hatte eine solche Wut im Bauch, dass ich überhaupt nicht mehr klar denken konnte. Was war denn nun schon wieder mit mir los? Langsam formte sich die Wut zu Bildern. Ich sah mich in Süddeutschland in einer Drei-Zimmer-Wohnung sitzen – wartend auf Robert. Meine freie Zeit konnte ich nicht gestalten, wie ich es wollte. Ich wartete ja auf Robert. Freundschaften konnte ich mir nicht aufbauen, die ich brauchte. Ich wartete ja auf Robert. Ich würde in Wuppertal alles aufgeben für ein paar Stunden Glück, die Roberts Terminkalender hergaben.
Als diese Bilder an mir vorbeigezogen waren, empfand ich keine Wut. Ich war Wut. Und plötzlich zerbrach die innere Fessel „Robert“. Ich war frei. Ich habe das Fenster aufgerissen und tief durchgeatmet. Endlich war ich ganz bei mir selbst. Und so ganz bei mir selbst und mit mir allein, war ich sehr, sehr glücklich. Noch in der Nacht schrieb ich Robert einen freundlichen Brief. Ich bliebe hier in Wuppertal, teilte ich ihm mit. Und sein Besuch sei mir im Augenblick auch nicht willkommen.
Robert hat sich daraufhin nicht mehr gemeldet.
Aus – Ende – Fini – Vorbei!
Nie wieder werde ich es zulassen, dass ein Mann solche Macht über meine Seele bekommt wie Robert. Es geht mir richtig gut...

13.3.1980
Das Glück der inneren Freiheit währte leider nicht lange. Von Robert bin ich noch immer frei. Doch das Glück darüber ist mir abhanden gekommen.
Auf einem Seminar von der Volkshochschule habe ich Helga kennen gelernt. Sie ist genauso alt wie ich und alleinstehend. Sie hat seit vielen Jahren einen Freund. Doch ihre Beziehung zu ihm ist ähnlich wie meine zu Robert. Wer könnte Helga also besser verstehen als ich? Deshalb war Helga auch die erste, der ich etwas von Robert erzählt habe. Ich glaube, mein Verständnis tat ihr gut. Denn sie leidet sehr in dieser Beziehung. Ich aber habe mich entschieden, nicht mehr zu leiden, sondern mir endlich ein paar Träume zu erfüllen. Im Sommer gönne ich mir eine dreiwöchige Kreuzfahrt zu den Eisbergen des nördlichen Polarkreises.

Und zwar ganz allein! Und ich werde diese Fahrt genießen! Das habe ich mir jedenfalls fest vorgenommen. Wer weiß, wie lange ich noch lebe. Schließlich hatte ich immer das Gefühl, keine 36 Jahre alt zu werden. Da wird es Zeit, dass ich mit der Erfüllung meiner Träume anfange. Auf, auf, ins nördliche Eismeer.

„... Wir lieben die Stürme, die brausenden Wogen, der eiskalten Winde raues Gesicht...“

Die Lieder des alten Wandervereins begleiten mich wohl lebenslang.

10.7.1980

Von weit, weit komm ich her...

Ich war in England, Norwegen, Island und auf Spitzbergen. Ich habe Eisberge gesehen und die Mitternachtssonne. Und ich habe mir die kristallklare Luft des nördlichen Polarkreises um die Nase wehen lassen, die so weich war, dass sie mein Gesicht streichelte.

Auf diese Kreuzfahrt hatte ich mich nicht nur gefreut, ich hatte auch Angst davor. Schließlich war dies mein erster größerer Urlaub allein.

„Mein“ Schiff war die „Mikhail Lermontov“, ein russisches Kreuzfahrtschiff mit 700 Betten. Ich hatte eine Doppelkabine gebucht. Eine Viererkabine wäre mir zu eng gewesen und eine Einzelkabine zu einsam. Meine Kabinen-Genossin war Christa, eine 30-jährige Lehrerin. Wir verstanden uns sofort.

Unser Schiff legte zuerst in Edinburgh an und danach in Reykjavik. Natürlich beeindruckten mich beide Städte, und ganz besonders die Islandrundfahrt war ein Erlebnis. Aber es zog mich zu den Eisbergen. Als wir in Reykjavik ablegten, winkten uns viele Menschen zum Abschied. Mir wurde etwas mulmig. Drei Tage und drei Nächte würden wir jetzt kein Festland mehr sehen.

Wir überquerten den nördlichen Polarkreis und entdeckten vom Grönlandmeer aus die ersten Gletscher. Und es wurde kälter...

Ich stand viel allein an der Reling, aber ich fühlte mich nicht einsam. Wir kamen ins nördliche Eismeer und entdeckten die ersten Wale. Ich wurde ruhiger und immer schweigsamer. Was die arktische Landschaft in mir auslöste, kann ich nur schwer beschreiben. Es war so etwas wie Demut. Und Dankbarkeit. Beides richtete sich an Jemanden, an ein persönliches Gegenüber, das zugleich in mir war.

Wir fuhren durch kleinere und größere Eisberge, die in der Sonne grün-blau glitzerten. Es war eine fast heilige Stille um uns. Selbst das gleichmäßige Brummen des Schiffsmotors wurde von dieser Stille geläutert, sodass es bald schon in die arktische Landschaft zu gehören schien. Das Wasser war klar und die Luft ganz weich. Sie streichelte meine Wangen wie duftige Seide.

Drei Tage und drei Nächte fuhren wir so durchs Nordpolarmeer. Dann war Spitzbergen in Sicht.
Als ich Spitzbergen betrat, lag direkt vor meinen Füßen eine Eisenstange. Instinktiv nahm ich sie mit und benutzte sie als Wanderstab. Unsere Gruppe ging gemeinsam durch hohes Gras. Plötzlich tauchte wie aus dem Nichts ein Schwarm Vögel auf, die sofort über uns herfielen. Sie setzten sich auf die Köpfe der Menschen und hackten ihnen die Kopfhaut auf. Die Menschen schrieen vor Schmerz und Angst, schlugen um sich, versuchten wegzulaufen. Doch die Vögel waren überall. Dann stürzten sie sich auf mich. Ich hatte gottlob meinen Jeans-Hut auf. Und ich hatte meine Eisenstange in der Hand. Mit der schlug ich zu, auf alles, was sich mir näherte. Schon bald ließen die Vögel von mir ab und stürzten sich auf weniger wehrhafte Opfer. Die ganze Gruppe rannte jetzt auf ein Haus zu, das wir in der Ferne entdeckt hatten. Und endlich ließen die Vögel von uns ab. Von den Einwohnern ließ sich niemand sehen. Wir waren ihnen wohl nicht willkommen.
Mich hat die Insel Spitzbergen trotzdem fasziniert, so unnahbar sie auch war. Ich wäre gern noch länger dort geblieben. Die meisten Reiseteilnehmer waren aber froh, als sie wieder auf der „Lermontov“ waren. Sie ließen ihre blutenden Wunden behandeln, die ihnen die Vögel zugefügt hatten und tranken reichlich Wodka, den ihnen der Schiffsarzt verschrieben hatte. Wodka verschrieb unser Schiffsarzt bei jedem Zipperlein. Da ein Glas Wodka auf unserem Schiff nur 70 Pfennig kostete, wurde niemand ernstlich krank. Ich bekam auch ohne Wodka kein Zipperlein, ja, ich wurde noch nicht einmal seekrank. Schade eigentlich. Ich wäre unserem Schiffsarzt gerne etwas näher gekommen.

Die Nacht am Nordkap war wolkenlos. Es war wie ein Geschenk. Wir sahen eine Mitternachtssonne, die um 24.00 Uhr wie ein goldener Ball auf dem Wasser zu liegen schien. Es gab keine Nacht in dieser Nacht. In Trondheim habe ich dann kapituliert. Es waren zu viele Eindrücke für mich gewesen. Ich verzichtete auf weitere Landausflüge und verkroch mich in der Kabine. Als wir wieder in Bremerhaven ankamen, war mir, als käme ich aus einer anderen Wirklichkeit. In Wuppertal nahm ich als erstes meine Isa in den Arm. Ich war wieder zu Hause.

30.8.1980
Inzwischen habe ich meine Reise langsam verarbeitet. Ja, ich bin fast ein bisschen stolz, dass ich eine solch aufwändige Reise ganz allein bewältigt habe – und sie sogar genießen konnte.
So langsam lerne ich, dass ich mich ganz gut auf mich selbst verlassen kann. Und das ist ein befreiendes Gefühl. Nie wieder möchte ich von jemandem abhängig sein.

9.9.1980
Rolf kam zu uns, um Isa abzuholen. Dabei erzählte er mir, dass er sich jetzt in Düsseldorf eine Eigentumswohnung kaufen möchte. Da wir aber noch nicht geschieden seien, sollte ich ihm ein Papierchen unterschreiben, in dem ich auf meinen ehelichen Anspruch an dieser Wohnung verzichtete.
Ich lachte laut auf. Typisch Rolf…
„Nein, mein Guter", habe ich zu ihm gesagt, „diesen Wisch unterschreibe ich dir nicht. Du hast mich dahin getrieben, die Verantwortung für unsere Trennung zu übernehmen. Jetzt wirst du die Verantwortung für unsere Scheidung übernehmen. Nach einer Scheidung hast du klare Verhältnisse beim Kauf deiner Eigentumswohnung. Ich bin mit der Scheidung einverstanden. Aber du reichst sie ein!"
Wie ein begossener Pudel zog Rolf ab. Ansonsten gehen wir kameradschaftlich, ja fast freundschaftlich miteinander um. Schließlich kennen wir uns ja schon so lange. Isa sagt, er hätte jetzt eine Freundin. Na, hoffentlich ist die auch so ein dankbares Objekt wie ich, an dem er seinen seelischen Ballast abarbeiten kann.

2.10.1980
Unser Fachbereich Maschinentechnik beherbergt viele seltsame Typen, deren Haare in irgendeiner Weise immer mal zum Thema werden. So zum Beispiel der raspelkurze Haarschnitt der Dekanats-

Sekretärin Kordes. Oder das perfekt sitzende Toupet von Herrn Professor Krott, der glaubt, dass niemand sein Geheimnis kennt. Oder die nie wachsende Haarpracht von Herrn Professor Ruhland, der ein liebenswerter Exot unter den Professoren ist. Er redet nur, wenn er gefragt wird und das auch nicht immer. Aber sicher nur das Nötigste und das nicht vor 10.00 Uhr. Das muss man wissen im Umgang mit ihm. Berücksichtigt man dieses Wissen, lernt man seinen versteckten Charme und seinen hintergründigen Humor kennen. Seit ich ihn kenne, haben sich seine Haare nicht um einen Millimeter verlängert.
Da er für das Fachgebiet „Industrie-Roboter" zuständig ist, vermuten die Studenten, dass er eine computergesteuerte Haarschneidemaschine entwickelt hat, die jetzt über seiner Haustür hängt. Sobald er das Haus verlässt, senkt sie sich und kürzt sein Haar automatisch auf die programmierte Länge.

Warum habe ich es im Fachbereich Maschinentechnik unter so vielen bizarren Typen so lange ausgehalten und mich viele Jahre dabei auch noch wohl gefühlt? Vielleicht, weil die meisten dort in ihrer Verschrobenheit fast schon wieder liebenswert waren. Vor allem aber, weil sie alle in ihrer Kantigkeit zu „greifen" waren. Die kühlen, glatten Technokraten kamen später. Die ließen sich nicht be-„greifen". Höflich und glatt rutschten sie durch jedes Raster. Sie sprachen innovativ, lehrten anwendungsorientiert und versuchten, dialogfähig zu bleiben. Sie waren so glatt, dass ich Einzelne heute nicht einmal karikieren kann.
Nun wurden Werkzeugmaschinen computergesteuert und Autos am Computer entworfen. Und alle technischen Neuerungen hatten sich dem neuen Schwerpunktthema „Qualitätssicherung" unterzuordnen.
Die alten Rivalitäten zwischen „kaltem" und „warmem" Maschinenbau lösten sich auf. Und selbst die Wuppertaler und die Remscheider Traditionalisten des Maschinenbaus näherten sich einander an. Alles war nun mit allem vernetzt. Doch auch die neue Generation der Professoren verlernte das Zuhören, wenn sie nur lange genug auf dem Podium stand. Denn Zuzuhören hatten die anderen, und zwar ihnen, den Herren Professoren.

Im Schreibbüro hielt der Computer Einzug, der Drucker und das Fax. Nun piepte es hier, ratterte dort und bimmelte mittendrin. Die Damen erhielten von Herrn Professor Liebermann ein paar Einführungsminuten für ihre Arbeit mit der Maus. Den Rest Wissen bringe die Praxis, sagte Herr Professor Liebermann.
Ich wurde noch verschont von Bildschirm und Gebimmel. Und je öfter ich die Verzweiflungsschreie der Kolleginnen hörte, desto weniger drängte es mich zur Praxis mit der Maus. Erst bei der Ausarbeitung meiner Tagebücher entdeckte ich die Vorteile von Win und Word. Und anstelle von Herrn Professor Liebermann führte mich mein lieber Ehemann in die geheimnisvolle Welt der Klicks und Doppelklicks ein.
Meine ehemalige Schreibmaschine war nun ein Rechner und das Ein- und Ausschalten nannte sich Hoch- und Runterfahren. Meine Anschläge waren Bits und meine Briefe hießen jetzt Dokumente. Und mein lieber Ehemann sprach von einem empfindsamen Innenleben, das seine Susi hätte.
Nein, seine Ehefrau heiße nicht Susi, sagt Rolf. Susi nenne er seinen Rechner. Doch Ähnlichkeiten zwischen Susi und seiner Monika seien unverkennbar. Beide müsse man gut kennen, um sie verstehen zu können. Dennoch seien beide gelegentlich unberechenbar. Und nach beiden könne man süchtig werden – sagt Rolf.

12.11.1980
Warum passiert in meinem Leben immer das, womit ich nicht rechne? Ich male mir oft Situationen in allen möglichen Facetten aus, damit ich gegen die Unwägbarkeiten des Lebens besser gewappnet bin. Dabei hätte mich die Erfahrung längst lehren müssen, dass diese vorbeugende Maßnahme zwecklos ist. Es kommt doch alles ganz anders…
Was ich jetzt erlebt habe, ist einfach nur verrückt.
Isa fuhr in den Herbstferien mit dem CVJM weg. Und ich wollte in dieser Zeit mit einer Bekannten wegfahren. Als unsere Pläne konkret wurden, sagte sie ab. Ich hatte meinen Urlaub aber schon bei der Uni eingereicht und war sauer. Was nun? Wieder allein fahren?
Rolf rief an und wollte Isa eine gute Reise mit dem CVJM wünschen. Aber Isa war nicht da. Er nahm mit mir vorlieb. Wie es mir denn so ginge, fragte Rolf höflich. Kurz angebunden erklärte ich ihm, dass ich sauer sei, und erzählte ihm den Grund.

Rolf lachte, und in mir kroch Ärger hoch. Typisch Rolf. Dann sagte er: „Stell dir vor, mir ist das Gleiche passiert. Meine Freundin hat mich gerade draufgesetzt, und ich weiß jetzt auch nicht so recht, was ich nächste Woche mit meinem Urlaub machen soll."
Ein eigenartiges Schweigen entstand.
„Ja...", sagte Rolf gedehnt, „wenn wir beide unseren Urlaub schon eingereicht haben und beide nicht wissen, mit wem wir nun wegfahren sollen, – äh, wie wäre es denn, wenn – äh – wir zwei zusammen führen?"
Ich hörte vor Schreck auf zu atmen.
Mit diesem Rolf, den ich schon lange vor aller Welt nur noch als meinen „Ex" bezeichnete, von dem ich mich gefühlsmäßig längst als geschieden erlebte, der mir so fremd geworden war wie jemand, den ich von früher kenne, ohne dass mich noch etwas mit ihm verbindet, mit diesem Rolf sollte ich... ???
„Halloohoo", rief Rolf in den Hörer, „bist du noch da?"
„Ja, ja", sagte ich, „mir hat es nur die Sprache verschlagen."
„Wir könnten doch als alte Freunde, sozusagen als alte Wanderkameraden..."
Jetzt verstummte Rolf, vermutlich vor Schreck über seine eigene Courage.
In meinem Kopf purzelte alles durcheinander.
Rolf und ich waren seit unserer Trennung wohltuend kameradschaftlich miteinander umgegangen. Aber konnten wir auf dieser Basis eine Woche Urlaub miteinander verbringen?
„Ich muss mir das in Ruhe überlegen, Rolf", sagte ich schließlich. „Ich rufe dich wieder an."

Rolf und ich sind eine Woche miteinander an die Mosel gefahren.
Außer Isa habe ich niemandem etwas davon erzählt. Es wäre mir peinlich gewesen, wenn jemand von meinem Urlaub mit Rolf etwas erfahren hätte.
Aus finanziellen Gründen haben wir uns ein Doppelzimmer genommen. In unseren Ausweisen stand ja der gleiche Name, also gaben wir uns als Ehepaar aus, um blöden Fragen aus dem Wege zu gehen. Aber niemand glaubte uns, dass wir miteinander verheiratet waren. Wir waren uns fremd geworden – in unserer Körpersprache und im Umgang miteinander.

Die Woche mit Rolf war trotzdem schön. Als wir uns voneinander verabschiedeten, meinte Rolf ganz verwundert: „Dass solch ein Urlaub zwischen uns noch möglich sein konnte..."
Seitdem wir zu Hause sind, gehen wir wieder auf Distanz zueinander. Wir sind uns zwar innerlich etwas näher gekommen, aber fürs Erste reicht mir das. Rolf ruft seitdem öfter bei uns an als früher, aber jeder von uns lebt sein Leben, als hätte es diese eine Woche nicht gegeben. Und dennoch: Die Frage steht unausgesprochen zwischen uns, ob wir uns wieder einander annähern könnten.
Dabei gehen wir miteinander um, wie zwei Kinder, die sich schon einmal aneinander verbrannt haben.
Mir ist das alles nicht geheuer. Außerdem weiß ich auch gar nicht, was denn nun mit seiner Freundin eigentlich ist. Ich frage Rolf auch nicht danach. Es ist eben alles offen.
Wieder einmal habe ich das Gefühl, gut auf mich aufpassen zu müssen. Deshalb bin ich in einer ruhigen Stunde in mich gegangen und habe mir „meine" Fragen gestellt, wie so oft in unklaren Lebenslagen.
Was will ich eigentlich?
Ich will einen Partner, der zu mir gehört, und mit dem ich alt werden kann, der meine Freizeit mit mir teilt, aber nicht meine Wohnung. Weil ich nie wieder solchen familiären Horror erleben will wie damals mit Rolf und Isa.
Wie erreiche ich das?
Mit Rolf? Mit dem Rolf, der mir schon einmal das Leben zur Hölle gemacht hat? Der aber auch die andere Seite hat, die liebevolle und fürsorgliche. Wäre zwischen uns eine distanzierte Beziehung mit zwei Wohnungen möglich?
Oder ist es besser zu verzichten?
Vielleicht finde ich einen anderen Partner, dem ich unvoreingenommen begegnen könnte. Und wenn nicht? Die besten Männer sind verheiratet. Könnte ich dauerhaft allein leben und allein alt werden? Schlecht, sehr schlecht. Isa geht immer mehr ihrer eigenen Wege, und die Einsamkeit setzt mir oft zu.
Ich brauche verbindliche Beziehungen. Vermutlich bin ich auf eine dauerhafte Partnerschaft angelegt – bei meiner jahrelangen Anhänglichkeit an Menschen, die ich einmal in mein Herz geschlossen habe.

Ergebnis: Sehr, sehr vorsichtig einer distanzierten Beziehung zu Rolf eine Chance geben und – mir gaaanz viel Zeit dabei lassen.

26.1.1981
Rolf und ich sind über Sylvester eine Woche zur Edertalsperre gefahren. Es war die Hölle. Mitten im tiefsten Wald haben wir uns alles um die Ohren geschlagen, was wir in unserer verkorksten Ehe einander zugefügt hatten. Eine Tretmine nach der anderen explodierte. Der Krieg, der die letzten Jahre unserer Ehe zwischen uns geherrscht hatte, war wieder ausgebrochen.
Irgendwann drehte Rolf sich auf dem Absatz um und wollte gehen. Mit meinem schlechten Orientierungsvermögen hätte ich nie allein aus dem Wald herausgefunden. Wenigstens das sah Rolf im letzten Moment noch ein und wartete auf mich.
Auf dem Rückweg schwiegen wir. Vermutlich waren wir beide entsetzt von der Tiefe der Verletzungen, die noch in uns waren.
„Es hat keinen Zweck mehr mit uns", sagte Rolf, als wir endlich an unserer Pension ankamen.
„Und deshalb werden wir diesen Urlaub jetzt abbrechen", vollendete ich seinen Satz. „Es war verrückt zu glauben, wir könnten noch einmal miteinander neu anfangen. Zwischen uns ist zu viel kaputt."
Wir haben die Koffer gepackt und sind nach Hause gefahren – jeder in seine Wohnung.
Eine Zeit lang haben wir nichts voneinander gehört.
Ich musste erst einmal den Schock überwinden über den Hass, der da zwischen Rolf und mir getobt hatte.
Eine dünne Haut hatte sich während der letzten Jahre über unsere alten Wunden gelegt. Doch schon bei der kleinsten Berührung brachen alte Verletzungen wie ein Lavastrom aus einem gärenden Krater hervor.
Irgendwann rief Rolf mich dann doch an.
Wir kamen nur mühsam ins Gespräch. Ich spürte, wie betroffen auch Rolf noch immer war. Doch plötzlich verband uns diese Betroffenheit. Wir waren erneut aneinander gescheitert. Doch jetzt konnten wir erstmals dem anderen unsere Trauer darüber zeigen. So ganz am Ende angekommen, gingen wir erstmals aufrichtig miteinander um.
„Ich ruf dich wieder an", sagte Rolf bedrückt.

„Ja, tu das“, murmelte ich leise und konnte nur mühsam die Tränen zurückhalten.
Seitdem ist irgendetwas anders geworden zwischen Rolf und mir. Ich weiß nur nicht, was.

8.4.1981
Zwischen Rolf und mir entwickelt sich – ganz von allein – etwas Neues. Wir beobachten es beide verblüfft. Ganz vorsichtig gehen wir miteinander um, fast behutsam. Und jedem Schritt des sich Annäherns folgt eine Zeit größerer Distanz. So als müsse jeder einzelne Schritt erst verkraftet werden, ehe wir weitergehen.
Ich bin mitunter etwas irritiert über diesen neuen Umgang miteinander. Beim kleinsten Luftzug ziehe ich mich in mein Schneckenhaus zurück. Rolf macht es genauso. Da hocken wir dann beide in unserem Gehäuse und beäugen einander vorsichtig. Dann geht jede Schnecke ihrer Wege.
Ich habe noch niemandem etwas erzählt von diesem zarten Pflänzchen, das da zwischen Rolf und mir heranwächst. Nach außen lebt jeder sein Leben so wie bisher.

24.6.1981
Manchmal denke ich, ich könnte eigentlich damit aufhören, Tagebuch zu schreiben. Was soll denn in meinem Leben noch groß passieren? Die Weichen für mein weiteres Leben sind gestellt. Ich weiß nun, wo's lang geht. Und viel älter werde ich ohnehin nicht. Ja, ich wundere mich manchmal, dass ich überhaupt noch lebe. Schließlich hatte ich immer das Gefühl, keine 36 Jahre alt zu werden.
Wenn dieses Gefühl zutrifft, müsste ich in den nächsten drei Monaten sterben. Vermutlich suche ich deshalb in der letzten Zeit nach einem Thema, das mein Leben als Ganzes abrunden könnte. Damit würde ich dann mein Tagebuch beenden.
Vor ein paar Wochen dachte ich tatsächlich, jetzt ist es soweit, ich habe mein Thema gefunden. Mein Lebenskreis schließt sich. An meinem Ende begegne ich meinem Anfang.
Meine Patentante Hilde, die älteste Schwester meiner Mutter, war gestorben. Auf ihrer Beerdigung sah ich nach vielen Jahren meine Mutter und Christine wieder.

In der Leichenhalle standen viele Leute vor dem Sarg meiner Tante. In der gleichen Leichenhalle hatten vor vielen Jahren viele Leute vor dem Sarg meiner Oma gestanden.
Ich entdeckte meine Mutter und mein Schwesterchen Christine erst nach einiger Zeit. Christine war groß geworden – und meine Mutter alt. Auf den Gesichtszügen meiner Mutter lag eine befremdliche Dunkelheit.
Der Sarg meiner Tante wurde in die Erde gelassen und jeder verabschiedete sich von ihr auf seine Weise. Ich stand mit Isa an dem geöffneten Grab und wunderte mich, dass ich keine Trauer empfand. Hinter mir hörte ich meine Mutter und Christine weinen. Mir fielen Tante Hildes Vorwürfe ein, als sich der Konflikt mit meiner Mutter als dauerhaft herausstellte.
„Du, Monika, hast den Buckel krumm zu machen vor deiner Mutter."
Tante Hilde hatte nie verstanden, dass ich schon verbogen war vom jahrelangen Krümmen meines Buckels, und dass ich endlich mit geradem Rücken leben wollte.
„Okay, Tante Hilde", sagte ich an ihrem geöffneten Grab, „ich werde noch einmal den „Buckel krumm machen" und auf meine Mutter zugehen, weil das sicher dein letzter Wunsch gewesen wäre."
Ich stellte mich mit Isa zurück in die Menge der Leute und wartete. Auf was eigentlich? Darauf, dass meine Mutter endlich einmal auf mich zukäme? Darauf würde ich vergeblich warten. Sie würde niemals den ersten Schritt tun. Ich riss mich zusammen.
„Was gut ist, kommt immer wieder", war ein Lieblingsspruch meiner Mutter. Sie selbst kam nie wieder.
Ich würde nun ein letztes Mal wiederkommen.
Ich würde noch einmal den Buckel krumm machen.
Ich hatte es Tante Hilde versprochen.

Als die meisten Leute begannen, sich mit sich selbst zu beschäftigen, ging ich langsam auf meine Mutter zu. Trotzdem war mir, als hielte die gesamte Trauergemeinde den Atem an und sähe nur noch auf uns.
Ich reichte meiner Mutter die Hand. Christine schluchzte laut auf, und meiner Mutter liefen Tränen die Wangen hinunter. Ich

nahm meine Mutter in den Arm. Als ich mich löste, war mein Mantel nass von den Tränen meiner Mutter.
Ich nahm Christine in den Arm und streichelte ihr übers Haar. Danach reihten wir uns gemeinsam in die Trauergemeinde ein, die gemächlich dem Friedhofsausgang zustrebte.
Mein Vetter bat mich, noch zum Kaffeetrinken zu bleiben. In der Gaststätte war für meine Mutter, Christine, Isa und mich ein gemeinsamer Tisch reserviert. Vermutlich hatten alle mit dieser Versöhnung gerechnet.
Wir setzten uns zusammen an den vorbereiteten Tisch, aßen Kuchen und tranken Kaffee. Dabei plauderten wir etwas, um uns langsam anzunähern. Als alle mit dem Essen fertig waren, zündete ich mir eine Zigarette an.
„Hör sofort mit der Qualmerei auf", keifte meine Mutter wie in alten Zeiten. „Hier steht doch noch der Kuchen. Du qualmst ja alles voll."
In diesem Moment wusste ich, dass die Beziehung zu meiner Mutter endgültig gescheitert war.
Ich löschte meine Zigarette. „Isa und ich müssen jetzt nach Hause fahren. Ich melde mich brieflich."
Dann verabschiedete ich mich von meiner Mutter und Christine und fuhr mit Isa zurück nach Wuppertal. Ich schrieb meiner Mutter den versprochenen Brief. Sie antwortete knapp.
Ich schrieb Christine einen Brief und legte ihr 150 Mark dazu, damit sie uns bald in Wuppertal besuchen konnte. Christine bedankte sich und schrieb, dass die Mama das Geld gesperrt hätte. Bevor Christine nach Wuppertal fahren dürfte, hätte ich mich erst in Tübingen sehen zu lassen.
Ich schrieb meiner Mutter einen längeren Brief, in dem ich ein Missverständnis aufzuklären versuchte, das sich in unserem Briefwechsel ergeben hatte. Meine Mutter schickte mir meine Briefe kommentarlos zurück. Aber sie hatte alle Sätze von mir rot unterstrichen, die beweisen sollten, dass sie im Recht war. Als Antwort schrieb ich ihr einen gepfefferten Brief.
Meine Mutter meldete sich nicht mehr. Ich schrieb Christine einen Brief, um den Kontakt zu ihr aufrechtzuerhalten. Doch auch unser Briefwechsel schlief nach kurzer Zeit ein.

Als Thema, das mein Leben als Ganzes abrunden könnte, eignet sich diese Episode also auch nicht.
Vielleicht schließt sich mein Lebenskreis ja doch noch nicht. Vielleicht werde ich ja doch 36...

22.9.1981
Ich habe es geschafft! Ich bin 36 Jahre alt geworden. Der Gedanke, keine 36 Jahre alt zu werden, hat mich mein ganzes Leben begleitet. In der Nacht vom 20. auf den 21.9. lag ich hellwach in meinem Bett, im festen Glauben, dass jeden Augenblick mein Tod eintreten würde. Ist das nicht verrückt?
Um 24.00 Uhr fiel dann plötzlich so etwas wie ein Fluch von mir ab. Ich bin 36 Jahre alt geworden. Jetzt kann ich auch 40, 50, ja sogar noch älter werden. Nun ist mein Ende offen.
Heute Nachmittag kam Rolf und brachte mir ein kleines Lebensbäumchen mit. Er hatte mein Gefühl, keine 36 Jahre alt zu werden, nie verstanden. Trotzdem schien er erleichtert, mich noch lebend vorzufinden. Wer weiß, was nun noch alles vor mir liegt.

26.1.1982
Lange habe ich nichts mehr von Knut und Ida geschrieben. Dabei gehe ich sehr oft zu ihnen.
Knut ist mir inzwischen ans Herz gewachsen. Wir gehen oft miteinander spazieren. Ich erkläre ihm die Anlage des Parks, durch den wir gerade gehen und beschreibe ihm die Menschen, denen wir begegnen. Was ich beschreibe, entsteht vor seinem geistigen Auge. Ich sehe es in seinem angespannt lauschenden Gesicht.
Abschließend geht Knut gern mit mir in ein Cafe. Wir sind inzwischen aufeinander eingespielt. Das gibt ihm Sicherheit. Ich führe seine Hand zu seinem Teller. „Die Sahne liegt neben dem Kuchen, Knut, auf 14.00 Uhr."
Ohne Knut würde ich an vielem achtlos vorübergehen, es gar nicht wahrnehmen. Durch ihn muss ich innehalten und versuchen, das, was uns begegnet, in Worte zu fassen. Was ich benenne, wird dann zu einem Teil von mir. Knut der Blinde, lehrt mich Sehen.
Knut weiß, dass der Tumor in seinem Kopf inoperabel ist. Es kann nur noch nachwachsendes Tumorgewebe entfernt werden.

Das verschafft ihm dann wieder etwas Erleichterung. Aber die Zeitabstände zwischen den Operationen werden kürzer...
Knut ahnt, dass die nächste Operation bald wieder ansteht.
Wenn ich doch nur dem sich langsam heranschleichenden Tod etwas entgegensetzen könnte. Der Tod hat kein Recht, sich einen vitalen Mittvierziger zu holen!

4.2.1982
Ich bin im Augenblick sehr in mich gekehrt. Mich erschüttert Knuts langsames Sterben. Er ist seit einiger Zeit in der Psychiatrie. Ich besuche ihn immer dienstags. Er liegt in einem Einzelzimmer. Der Raum wirkt wie eine düstere Abstellkammer. Knut kann nicht mehr laufen. Sein Gesicht ist so weiß wie sein Bettlaken.
Dienstags ist „unser" Tag. Er kann die Wochentage nicht mehr nachhalten. Aber er spürt, wenn es Dienstag ist. Mir ist immer, als warte er auf mich. Er wirkt erleichtert, wenn er meine Stimme erkennt.
Letzten Dienstag habe ich mit Hilfe einer Schwester Knut in einen Rollstuhl gesetzt und bin mit ihm über das Klinikgelände gefahren. Die Sonne schien. Knut reckte sein blasses Gesicht in die wärmenden Sonnenstrahlen. Er hielt seine toten Augen geschlossen und war ganz still. Nur sein tiefer Atem war zu hören.
Als wir zurückkamen, habe ich ihm beim Essen geholfen. Und ihm danach wieder still zugehört. Er ist voll mit Unausgesprochenem. Vieles quält er aus sich heraus, was er jahrelang tief drinnen mit sich herumgeschleppt hat. Es muss raus, und er hat nicht mehr viel Zeit.
Manchmal belastet mich das Zusammensein mit ihm so sehr, dass ich ihn am liebsten nicht mehr besuchen möchte. Fluchtartig verlasse ich dann das Klinikgelände und denke nur noch: „Nichts wie weg hier und nie mehr wiederkommen. Ich kann nicht mehr."
Aber den darauf folgenden Dienstag bin ich doch wieder da.

Die Kammer in Weiß

Verschwinde, Tod,
aus dem Lande der Lebenden.
Du hast die Schwelle überschritten
ohne ein Recht.
Du bist zu weit gegangen
um einen Schritt.

Ich sehe deinen Schatten, Tod,
reglos verharrend,
ein kaltes Reptil,
lauernd auf Beute.

Du bekommst ihn nicht, Tod.
Ich stelle mich vor ihn,
schütze ihn mit meiner Lebenskraft,
ringe dir seine Seele ab.

Nimm dir Alte, Tod,
die sich nach dir sehnen.
Doch ihrer bist du überdrüssig.
Wer will schon haben,
was er nehmen soll?

Du gierst nach dem Lebenssaft der Vitalen
und plünderst mit Wolllust die Kräfte der Starken.
Du hauchst deinen staubigen Atem in ihre Poren,
bis sie erstickend sich schließen – für immer.

Nur wenn er leidet, Tod,
geh ich zur Seite.
Nur dann gebe ich ihn frei
deinem Übergriff.
Dann nimm ihn in deine Arme, Tod,
trage ihn aus dieser Kammer,
die Endstation seines Lebens ist
im dunklen Abseits einer Welt aus Weiß.

Trage ihn über die Schwelle, Tod,
einen Schritt zurück
in deine Welt aus Licht,
in die ich ihm folgen werde,
später einmal.

Nimm ihn an dich, Tod,
sei behutsam – bitte!

6.3.1982
Letzten Dienstag schlief Knut, als ich sein Zimmer betrat. Er wurde sofort wach, als hätte er auf mich gewartet. „Monika", sagte er erleichtert. Dann plötzlich sehr bestimmend: „Du kommst jetzt dienstags und donnerstags." – „Das geht nicht", hab ich ihm geantwortet, „donnerstags muss ich zur Volkshochschule." Dann schlief er wieder ein und schnarchte. „He, du alter Schnarcher", habe ich ihn angeraunzt, „schlafen kannst du gleich, wenn ich weg bin." Er wurde wach und lachte: „Ich bin ein alter Schnarcher?" Plötzlich steht nackte Angst in seinem Gesicht. „Die haben mir die Beine kaputtgeschlagen", ruft er. „Wer Knut?" Er antwortet nicht. Ich streichele über seinen Tagesbart. „Es ist alles in Ordnung, Knut. Auch deine Beine sind in Ordnung. Aber du bist heute eine Kratzbürste." – „Was", sagt er lachend, „eine Kratzbürste bin ich auch noch?" – „Ja, mein Lieber. Du bist heute ein alter Schnarcher und eine Kratzbürste."
Er lacht fröhlich, und ich stimme in sein Lachen ein.

13.3.1982
Letzten Dienstag dämmerte Knut wieder vor sich hin, als ich sein Zimmer betrat. Selbst auf meine Begrüßung reagierte er nicht. Nach einer Weile erst schlägt er die Augen auf: „Ich habe Durst." Ich halte ihm seine Schnabeltasse, während er trinkt. Die Milch in der Tasse scheint schlecht zu sein. Denn er schluckt sie nicht, sondern behält sie im Mund. „Willst du die Milch ausspucken, Knut?" Er nickt. Ich halte ihm die Schnabeltasse hin, und er spuckt die Milch wieder dorthin zurück. Sein Schlafanzug ist dabei nass geworden.

Ich lache: „Uns passiert wohl immer etwas." Er bleibt ernst. „Danke", sagt er laut und deutlich.
Vermutlich hat er sich dafür bedankt, dass er die Milch wieder ausspucken konnte.
Ich hole einen Pfleger, der mir hilft, Knut einen anderen Schlafanzug anzuziehen. Knut faucht auf einmal den Pfleger an: „Ich habe nachts mehrmals geklingelt, und niemand ist gekommen." Der Pfleger gibt keine Antwort und geht.
Ich gehe ins Stationszimmer und frage, warum niemand auf sein Klingeln von letzter Nacht reagiert hätte. Die Krankenschwester erklärt mir, dass es ihm in den letzten Tagen sehr schlecht gegangen sei. Erst heute ginge es ihm wieder besser. Damit ist das Thema für sie erledigt. Weitere Auskünfte erhalte ich nicht, da ich ja „nur die Bekannte eines Patienten bin." Ich gehe zurück zu Knut und frage ihn, warum er letzte Nacht geklingelt hat. „Wen wolltest du sprechen, Knut?" – „Den Arzt."
„Warum, Knut?" Er antwortet nicht. „Die Nächte können manchmal lang sein. Und dann kommen die fiesen Gedanken", versuche ich, das Gespräch fortzusetzen. „Ja, fiese Gedanken…" wiederholt er. Dann nimmt er meine Hand und schläft ein.
Ich sitze schweigend an seinem Bett, streichele seine Wange und gehe meinen Gedanken nach.
Knut ist an seinem Schicksal zerbrochen. Nein, es stimmt nicht, Pater Gotthard, dass Gott dem Menschen nur so viel auferlegt, wie er tragen kann. Auch ich würde an einem solchen Schicksal zerbrechen.
Knut wird bald sterben. Ich spüre es. Warum nur habe ich mich überreden lassen, nach Assisi zu fahren, gerade jetzt, wo Knut mich braucht? Dabei weiß ich gar nicht, was ich dort soll. Schließlich stehe ich kurz davor, das ganze christliche Brimborium aus meinem Leben zu werfen. Pater Gotthard meinte aber, diese Assisi-Fahrt wäre trotzdem gut für mein Seelenheil. Ich habe ihm gesagt, dass mich das Städtchen Assisi überhaupt nicht interessiert. Und der heilige Franz schon mal gar nicht. Ich könnte ja noch nicht einmal mit Jesus etwas anfangen, geschweige denn mit seinem heiligen Hofstaat. Außerdem hätte ich als alleinerziehende Mutter für solche Fahrten sowieso kein Geld.
Alle meine Argumente zerredete Pater Gotthard. Sogar eine kleine Spende stellte er mir für diese Reise in Aussicht.

Früher waren alleinerziehende Mütter und ihre uneheliche Brut gerade mal geduldet in der katholischen Kirche. Heute finanziert die Kirche ihren schwarzen Schafen sogar eine Wallfahrt. Auf nichts ist mehr Verlass.
Ich habe mich von Pater Gotthard überreden lassen und mich für die Assisi-Fahrt angemeldet. Soll „Mutter Kirche" doch mal etwas für mich tun. Schließlich habe ich jahrelang Kirchensteuern bezahlt. Außerdem sind während dieser Fahrt je ein Tag für Rom und Florenz vorgesehen. Da komme ich so billig nie wieder hin.
Bald bin ich nun Mitglied einer frommen Pilgergruppe, die sich auf Wallfahrt zum heiligen Franz begibt. Wenn es nicht pietätlos wäre, wäre es zum Totlachen…

Knut ist wach geworden. Er greift nach meiner Hand. „Monika", sagt er nur und schläft wieder ein.
Bitte, Knut, warte mit dem Sterben!

26.3.1982
Morgen fahre ich nach Assisi. Ich habe Angst, dass Knut inzwischen stirbt.
Als ich letzten Dienstag sein Zimmer betrat und ihn begrüßte, lauschte er zuerst nur. Als ich dann laut „Guten Tag, Knut" sagte, lächelte er. „Knut, ich fahre morgen für zehn Tage nach Assisi. Das bedeutet, dass ich nun zwei Dienstage nicht zu dir kommen kann. Aber danach komme ich wieder regelmäßig." – „Zwei Dienstage nicht", murmelt er leise vor sich hin. Plötzlich richtet er sich auf und klammert sich an die Gitterstäbe seines Bettes. Seine leblosen Augen flackern haltlos wie ein zu Tode gehetztes Tier. Und dann brechen all seine Ängste aus ihm heraus, wie ein Wasserfall, der sich zuerst zaghaft seinen Weg bahnt, dann aber zunehmend anschwillt und sich schließlich gewaltig nach außen entlädt.
Ich streiche ihm beruhigend über den Kopf. Aber in mir ist keine Ruhe. Ich bin zutiefst aufgewühlt. „Soll ich mal mit deinem Arzt sprechen, Knut?" – „Ja", sagt er knapp. Ich gehe ins Stationszimmer. Aber es ist gar nicht so einfach, nachmittags den diensthabenden Arzt zu erreichen, wenn man „nur die Bekannte" eines Patienten ist. Aber ich lasse mich nicht so schnell abspeisen.

Irgendwann steht er mir gegenüber, der Herr Doktor. Er wirkt ungehalten. Ob ich mit Herrn Sahlfeld verwandt sei, fragt er mich. „Nein", sage ich, „aber ich bin mit ihm befreundet." Dann dürfe er mir keine Auskünfte geben. Er sei an seine Schweigepflicht gebunden.
„Jetzt hören sie mir mal zu", habe ich ihn angefahren, und meine aufgestaute Erschütterung über all das, was ich gerade von Knut gehört hatte, brach aus mir heraus. „Ich sehe, dass Herr Sahlfeld langsam verfällt und erhalte von niemandem Auskunft über seinen Gesundheitszustand. Seit Wochen besuche ich ihn regelmäßig. Ich richte sein Bett, gebe ihm zu trinken, fahre ihn im Rollstuhl über das Klinikgelände und spreche mit ihm über die persönlichsten Dinge. Dies alles tue ich nicht aus Barmherzigkeit und nicht aus der Verpflichtung eines Angehörigen heraus. Ich tue dies, weil er mein Freund ist. Und im Namen dieser Freundschaft habe ich das Recht, von Ihnen eine Auskunft über seinen Gesundheitszustand zu verlangen."
Der Doktor grübelte eine Zeit lang in sich hinein. Danach gab er mir ein paar indirekte Informationen. Deutlicher könne er nicht werden, meinte er. Aber das, was ich wissen wollte, wusste ich nun.
Knut wird bald sterben. Trotzdem überlegen die Ärzte, ihn noch einmal zu operieren. Das kann ich Knut nicht sagen, so sehr ich mich ihm gegenüber verpflichtet fühle, wahrhaftig zu sein.
Wäre ich die nächste Zeit bei ihm, könnte ich es wagen. Aber so…, dieses blöde Assisi!

Ich gehe zurück in Knuts Zimmer. Er wartet schon auf mich. „Knut, der Arzt kann mir keine Auskunft geben, weil ich nicht mit dir verwandt bin."
Knuts Gesichtsausdruck ist ängstlich. Ich versuche, ihn zu beruhigen. Nein, ich kann es ihm nicht sagen. Außerdem steht es noch gar nicht fest, ob er tatsächlich noch einmal operiert werden muss.
Schweigend sitze ich an seinem Bett. Nach einiger Zeit nehme ich seine Hand. „Knut, ich muss jetzt gehen." Knut reibt sich die Augen. Da sehe ich, dass er weint.

Viermal versuche ich zu gehen. Erst als ich mich mit einem Kuss auf seine Wange verabschiede, lässt er mich gehen. Er hat Tränen in seinen toten Augen. Und ich fahre morgen nach Assisi.

Assisi-Fahrt vom 27.3. – 7.4.1982:
Was soll ich bloß hier in Assisi? Zu Hause habe ich ein schönes breites Bett und ein kuscheliges, warmes Oberbett. Und hier liege ich auf einer schmalen Pritsche in dem spartanischen Kämmerlein eines alten Klosters. Die Kälte des Steinbodens zieht zu mir hoch auf die Pritsche. Der italienische Lappen, mit dem ich versuche mich zu bedecken, kühlt mehr als er wärmt. Und die schwere Wolldecke darüber konserviert die Kälte noch zusätzlich. Ich habe eiskalte Füße und eine Gänsehaut am ganzen Körper. Nein, Selbstkasteiung ist nicht gerade meine Stärke.
„Wenn es Dich gibt, Gott, dann sei Du jetzt bei Knut. Behüte ihn und wärme ihn mit Deiner Gegenwart. Eigentlich wäre das auch Deine Pflicht. Schließlich habe ich ihn allein gelassen, um Dir auf die Spur zu kommen. Dabei bin ich für eine Spurensuche viel zu unbeweglich. Meine Bewegungen sind verlangsamt, als hätte ich Blei an den Gliedern. Ich komme nur von der Stelle, wenn ich mir bei jedem Schritt einen Stoß gebe. Eigentlich möchte ich stehen bleiben. Still stehen, Stillstand, endlich Stillstand. Gib mir Antwort, Gott. Finde ich Deine Spur eher in der Gemeinschaft der Gruppe oder im Alleinsein? Einerseits möchte ich mich integrieren, andererseits habe ich den Wunsch, allein zu sein. Es wird allmählich Zeit, dass Du Dich mal etwas klarer ausdrückst. Interessiere ich Dich überhaupt? Oder renne ich Dir nach, wie ich früher als Kind meiner Mutter nachgelaufen bin? Lässt Du mich auch so ins Leere laufen wie sie? Ich hasse einseitige Beziehungen. Sie sind auf die Dauer ermüdend! Betrachte diese Gedanken als mein Abendgebet. Zu mehr habe ich heute keine Lust. Buona notte – und pass gut auf Knut auf."
Obwohl mir noch immer kalt ist, schlafe ich ein.

Ich bin in der Nähe eines Flusses und beobachte vier Hühner, die aufgeregt hin und her zappeln. Sie haben gerade Brotstückchen verschluckt, die an Fäden befestigt waren. An diesen Fäden hängen sie nun, fest miteinander verbunden. Die flatternden Vier nähern sich einem Fluss, fallen hinein und werden fortgespült. Hilflos aneinander hängend „schwimmen sie mit dem Strom".

Dieser Traum war eindeutig.
„Du hast schon eine merkwürdige Art, Dich mitzuteilen, Gott. Aber für mich scheinen solche Träume wohl die richtige Sprache zu sein. In Ordnung, Gott. Ich werde mich jede freie Minute der Gruppe entziehen. Ich werde allein meiner Wege gehen. Vielleicht treffe ich Dich ja irgendwo. Gleich heute Nachmittag gehe ich los.
Ein kleiner Feldweg führt nach „San Damiano". Mühsam setze ich einen Fuß vor den anderen. Ich bin so schwer, dass ich mir jeden Schritt erkämpfen muss.
Endlich komme ich in „San Damiano" an. Es ist still in dem dunklen Kirchlein. Das große byzantinische Holzkreuz in der Mitte des Altarraumes ist eine schlechte Kopie. So schlecht, dass ich es nicht lange betrachten kann.
Das Original in der Kirche „Santa Chiara" zieht mich dagegen magisch an. Es greift nach mir. Ich kann mich ihm kaum entziehen. Gestern habe ich zwei Stunden davor gesessen, nicht gebetet und nicht nachgedacht. Einfach nur zwei Stunden vor einem alten Holzkreuz gesessen in einer Seitenkapelle einer Kirche in Assisi, die eigentlich nichts Besonderes ist. Das Besondere und das Herz von Assisi soll die Basilika „San Francesco" sein. Mich erschlagen aber die prunkvollen Fresken und mittelalterlichen Kostbarkeiten. Die Menschenmassen dort schieben sich laut und unruhig durch die Ober- und Unterkirche. Nur das lautstarke „Pst" der Patres übertönt das respektlose Geplapper der Besucher. Das Grab des heiligen Franz in der Krypta ist schlicht. Hier ließe sich Atem holen. Wären da nicht auch die endlosen Schlangen von Menschenmassen. Es sind meist Tagestouristen, die einmal Assisi hin und zurück gebucht haben. Kurz vor der Basilika entleeren sich die Busse schubweise ihres menschlichen Inhaltes. Ein Menschenknäuel schiebt das jeweils vordere voran. Die Menschen treten sich in die Hacken, verstellen sich die Sicht, raunzen sich an. So jagen sie von Cimabue zu Lorenzetti, von Martini zu Giotto.
Nur die Touristen, die länger in Assisi verweilen, scheinen von dem eigenartigen Zauber dieses alten Städtchens erfasst zu werden.
Während ich so vor mich hingrübele, betreten Patres das stille Kirchlein „San Damiano". Sie geben mir in ratterndem Italienisch und wild gestikulierend zu verstehen, dass ich die Kirche verlassen soll. Von gottgeweihten Männern aus der Kirche hinausgeworfen zu werden ist nicht nur ärgerlich, es ist verletzend. Ich verlasse diese

ungastliche Stätte und gehe langsam den Feldweg zurück nach Assisi. Angst überfällt mich. Kein Mensch ist in der Nähe und das an einem sonnigen Nachmittag. Wenn jetzt ein Hund kommt? Einer dieser großen Köter, die überall in Assisi frei herumlaufen? Plötzlich steht mitten auf dem Weg ein einzelner Hahn. Das ist ja merkwürdig. Ich bleibe stehen.
Der Hahn beobachtet mich kritisch und geht dann um mich herum. Einmal, zweimal...
Irgendetwas um mich herum zieht sich zusammen. Die Außenwelt schiebt sich langsam nach außen. Und innen sind nur noch der Hahn und ich. Dann ist dieses eigenartige Erleben vorbei. Ich höre wieder den Autolärm und irgendwo in der Ferne lautstarkes italienisches Palavern.
Langsam gehe ich weiter, zurück nach Assisi.
Ich betrete die Kirche „Santa Chiara" und setze mich in die Seitenkapelle vor das alte byzantinische Holzkreuz, das mich so eigenartig anzieht. Eine ungewöhnliche Helligkeit geht von ihm aus. Zum ersten Mal bin ich allein in dieser Kapelle. Die Stille rauscht in meinen Ohren.
„Höchster, glorreicher Gott, erleuchte die Finsternis meines Herzens", soll der heilige Franz vor diesem Kreuz gebetet haben. So ein bisschen Erleuchtung könnte mir auch nicht schaden.
Ich betrachte das Kreuz und all die darauf abgebildeten heiligen Winzlinge mit und ohne Heiligenschein, gewandet und geflügelt. Sie alle stehen um den auferstandenen Jesus herum, der desinteressiert in die Ferne sieht.
„Nein, Jesus, Du glaubst doch nicht, dass ich mich in Dein Fußvolk einreihe, wenn Du so desinteressiert über mich hinwegsiehst. Ich gehe jetzt in die nächste Bar und trinke mir einen Cappuccino. Ciao, Jesus."
Da sehe ich rechts unten auf dem Kreuz einen kleinen Hahn abgebildet. Das Federvieh scheint es hier in Assisi auf mich abgesehen zu haben. Ich blättere in meinem Assisi-Führer, bis ich die Erläuterungen zu diesem schönen alten Kreuz finde.
Siehe da! Selbst der kleine Hahn wurde nicht vergessen. Er soll den Verrat des Petrus symbolisieren. „Noch ehe der Hahn kräht, wirst du mich dreimal..."
Was geht das mich an? Ich habe Jesus nicht ans Messer geliefert. Außerdem werde ich allmählich sauer. Noch immer warte ich auf

Deine Erklärung, Gott, was es mit diesem Kreuzestod auf sich hat. In der letzten Zeit fühle ich manchmal Hass in mir aufsteigen, wenn ich Kreuze sehe. Dann möchte ich wüten. Und dieses verdammte unverständliche Kreuz gegen die Wand knallen.
Hilf mir, Gott, ich verliere den Boden unter den Füßen.

Am nächsten Morgen fahren wir nach La Verna.
Als wir um 7.00 Uhr alle im Bus sitzen, wirken die meisten von uns noch verschlafen. Nur die Frau neben mir redet pausenlos auf mich ein. Zuerst antworte ich noch, dann nicke ich nur noch, dann reagiere ich gar nicht mehr. Doch sie plaudert unverdrossen weiter.
Was habe ich bloß an mir, das alle möglichen Leute ermuntert, mich zuzulabern? In mir gärt irgendetwas, und die Frau neben mir glaubt, dass mich nichts mehr interessiert als ihre allnächtliche Jagd auf Spinnen. Jeder nimmt einfach meine Lebenszeit, als hätte er einen Anspruch darauf.
Ich schließe meine Augen und stelle mich schlafend. Und nach einiger Zeit begreift die Plaudertasche neben mir, dass sie ins Leere redet. Sie schweigt – endlich! Ich halte meine Augen vorsichtshalber geschlossen. So bekomme ich zwar nichts von der Gegend mit, aber es stoppt den Redeschwall meiner Mitpilgerin.
Irgendwann spüre ich, dass unser Bus Serpentinen bergauf fährt.
Pater Gotthard erzählt während der Fahrt, dass ein Graf Orlando dem heiligen Franz den La Verna-Berg geschenkt hätte, natürlich um seines Seelenheiles willen.
Oh gute alte Zeit! Da wurde einfach ein Berg verschenkt, den man sowieso nicht brauchen konnte. Und schon kam man in den Himmel. Und unsereiner plagt sich jahrelang mit der Frage, warum sich Jesus vor 2000 Jahren hat ans Kreuz nageln lassen.
Wir sind angekommen, ein Stück unterhalb der Bergspitze, die hier „Penna“ genannt wird. Drei Stunden haben wir jetzt hier Aufenthalt. Einzelne Mitpilger besprechen, was sie in dieser Einöde unternehmen könnten. Es gibt hier zwar nur ein Kloster. Aber dieses Kloster hat einen guten Klosterlikör und einen leckeren Cappuccino zu bieten.
Um 15.00 Uhr können sich La Verna-Besucher einer Prozession der hiesigen Mönche anschließen, die zur Stigmata-Kapelle führt. An diesem Ort soll der heilige Franz die Wundmale bekommen

haben. Wer weiß, was es mit diesen Wundmalen tatsächlich auf sich hatte.
Die Jugend unserer Pilgergruppe scharrt ungeduldig mit den Hufen. Sie wollen endlich zur „Penna“ aufsteigen. Ich will weder zur „Penna“ noch Klosterlikör trinken. Ich gehe einfach mal diesen Weg hier, der mich in die Wildnis führt. Hier oben kann ich mich frei bewegen. Hier gibt es keine Hunde, das spüre ich.
Nach einer halben Stunde habe ich den Weg verloren und stehe inmitten zerklüfteter Felsen.
Jetzt verstehe ich, warum Dante den La Verna-Berg „crudo sasso“, wilder Felsen, genannt hat, und der Graf Orlando die Stille hier eine weihevolle Einsamkeit.
Ich bleibe stehen. Die Stille dringt tief in mich ein. Jeder weitere Schritt ist fast ein Sakrileg. Ich habe den Weg verloren. Führst Du mich, Gott? Wohin soll ich den nächsten Schritt setzen? Tiefer in den Wald hinein? Ich würde lieber dorthin gehen, wo ich eine Aussicht ins Tal erwarten könnte.
Gut, ich gehe ja schon – tiefer in den Wald hinein.
Komisch, dass ich keine Angst empfinde. Führst Du mich, Gott? Willst Du mich zu etwas hinführen?
Plötzlich sitzt vor mir, mitten im Laub unter einem Baum, eine Frau. Sie liest in einem Buch, sieht mich an und lächelt, als hätte sie mich erwartet.
Ich bin so verblüfft, dass ich vergesse, sie zu grüßen. Aber das scheint sie auch nicht erwartet zu haben. Außerdem wäre ein Gruß unangemessen, *denn diese Frau ist ein Teil von mir.*
Langsam setze ich einen Schritt vor den anderen. Die Frau sieht mir lächelnd nach, bis ich hinter dem nächsten Felsen verschwunden bin. Ich setze mich auf eine Baumwurzel. Mein Herz klopft bis in den Hals hinauf. Jetzt fängst du an zu spinnen, Monika. Bleib ruhig, ganz ruhig. Was ist denn schon passiert? Du bist einer Frau begegnet, die unter einem Baum saß und ein Buch las. Mehr nicht. Und plötzlich formt sich in mir der Satz:
Du bist deiner Weiblichkeit begegnet, die du verloren hast.
Mein Herz klopft noch immer. Nein, das kann nicht stimmen. Ich habe mich immer als Frau gefühlt. Irgendetwas läuft hier schief. Ich gehe jetzt zurück und werde die Frau ansprechen. Mal sehen, was passiert. Doch die Frau ist verschwunden.

Tief in Gedanken versunken steige ich abwärts, ohne auf den Weg zu achten. Trotzdem bin ich bald schon wieder am Kloster angelangt. Dort setze ich mich in das alte Kirchlein „Maria degli Angeli". Ich bin so erschöpft, als hätte ich einen Zweitausender erklommen. „Gott, wenn Du mir etwas zu sagen hast, dann sprich etwas deutlicher. Wenn ich fürchte zu spinnen, kann es mit Deinen Botschaften ja nicht weit her sein."
Es ist kurz vor 15.00 Uhr. Nun werde ich mir die Prozession der Mönche ansehen. Vor mir stehen zwei junge Frauen. Die Prozession zieht langsam an uns vorbei. „Guck dir das an", sagt die eine leise zur anderen, „so tolle Männer sind Mönche geworden. Es ist eine Schande, was uns da verloren geht."
Recht habt ihr, Mädels. Auch ich genieße respektlos den Anblick dieser schönen, jungen Mönche.
„...Ich bin ein Weib – und obendrein kein gutes."
(Teresa von Avila)

Am nächsten Tag steht eine Besichtigung der Portiunkula-Kirche in Assisi auf dem Programm. Ich habe innerlich „dicht" gemacht. So etwas wie auf La Verna soll mir nicht noch einmal passieren. Nach der Besichtigung gehe ich allein auf die Piazza del Comune, dem Marktplatz von Assisi und trinke einen Cappuccino. Hier schlägt das Herz von Assisi und nicht in der Pracht-Basilika „San Francesco". Die lebendige Atmosphäre auf dem Marktplatz hier erinnert mich an den Marktplatz von Mals. Auch wenn der kleiner war und keinen Minerva-Tempel aus dem ersten Jahrhundert vor Christus aufzuweisen hatte.
Nachdem ich meinen Cappuccino getrunken habe, gehe ich ein Stück spazieren. Schon nach ein paar Schritten stehe ich vor der Kirche „Santa Chiara". Dort hängt das Kreuz, das mich so seltsam anspricht. Ich gehe hinein und habe wieder einen jener seltenen Momente erwischt, in denen die Kirche leer ist. Ich stelle mich unter das Kreuz und betrachte es. Nein, ich begreife dieses Kreuz einfach nicht. Ich gebe es auf. „Adieu, Jesus".
Langsam gehe ich durch die Wiesen von Assisi.
Und plötzlich steigt etwas in mir an die Oberfläche. Ich kann es nicht benennen, dieses Unbekannte, deshalb bin ich ihm ausgeliefert. Es steigt in mir hoch und lebt sich aus, ohne dass ich es beeinflussen kann. Tränen fließen mir in Strömen die Wangen

hinunter. Mein Körper bebt unter der ausbrechenden Wasserflut. Ich muss mich verstecken. Wenn mich jemand so sieht …
Ich verkrieche mich in eine Wiesenmulde und lege mich ins Gras. Meine Tränen benetzen das Grün unter mir und versickern in der trockenen Erde.
Ich hasse Dich, Gott. Seit Jahren suche ich eine Antwort, was das Kreuz bedeutet. Aber Du schweigst. Ich suche keine Antwort, wie sie in den Lehrbüchern steht. Ich suche eine Antwort, die ich mit meinem Herzen verstehen kann. Warum hilfst Du mir nicht, eine solche Antwort zu finden? An jeder Straßenecke hängt hier so ein Kreuz und blickt mich an. Und ich begreife es nicht!
Jetzt will ich es auch nicht mehr begreifen. Es reicht! Ich nehme jetzt dieses Kreuz und schlage, schlage, schlage es auf den Boden, zerschlage es, zertrümmere es in tausend kleine Einzelteile, so lange, bis nichts mehr davon übrig ist.
Ich schmeiße diesen Jesus samt seinem verdammten Kreuz aus meinem Leben raus.

Jetzt bin ich endlich ruhig. Nichts gärt mehr in mir. Ich bin leer. Für christliche Begriffe bin ich jetzt wohl für immer verdammt. Ich kann es nicht ändern, und es ist mir auch egal. Alles ist weg, was ich mir seit drei Jahren an religiösem Fundament aufgebaut habe. Aber so kann ich besser leben, als mit der ständigen Unruhe in mir. Gott gibt es nicht mehr in meinem Leben. Ich bin ruhig und leer. Und meine Tränen sind Abschiedstränen.
Langsam gehe ich den Weg zurück nach Assisi. Plötzlich wird mir übel. In meinen Ohren dröhnt es. Ich setze mich auf einen Stein.
Ich habe ihn gekreuzigt. Ich habe ihn gekreuzigt, weil er mir ein Ärgernis war. Und ich habe jahrelang nicht verstanden, was ich mit dem Kreuz zu tun haben soll. Jesus ist nicht nur damals gekreuzigt worden. Er wird weiter gekreuzigt, immer wieder. Von solchen Menschen, wie ich es bin.
Ja, der Hinweis mit dem Hahn war richtig. Auf mich ist kein Verlass. Ehe der Hahn krähte, habe ich ihn verleugnet.

Aber was soll das noch? Gott gibt es nicht mehr in meinem Leben. Ich bin leer.

Für den nächsten Tag ist eine Fahrt nach Rom geplant mit einer „Besichtigung“ des Papstes inmitten von Menschenmassen auf dem Petersplatz. Was geht mich der Papst an? Aber Rom interessiert mich. Ich habe mich inzwischen von allen aus der Gruppe distanziert. Jeder Satz, der an mich gerichtet wird, geht mir auf die Nerven. Als wir unsere Plätze im Bus einnehmen, stelle ich auf den Platz neben mir eine Tasche. Ich will mit niemandem mehr etwas zu tun haben.
Die „Besichtigung“ des Papstes belebt mich etwas. Er fährt mit seinem offenen weißen Wägelchen direkt an mir vorbei. Seine flinken, kleinen Äugelchen stehen im Kontrast zu seinen würdevollen Gesten. Aber er hat eine Ausstrahlung, der nicht einmal ich mich entziehen kann.

Zurück in Assisi plant Pater Gotthard am nächsten Tag eine Besichtigung der Carceri, eine Klosteranlage auf dem Subasio-Berg bei Assisi. Ich habe schlecht geschlafen, und meine Glieder sind wieder so schwer, dass ich mich nur mühsam fortbewegen kann. Außerdem fürchte ich, mich übergeben zu müssen. Ich habe hier in Assisi zuviel in mich aufgenommen und es nicht richtig verdaut. Ich brauche dringend Ruhe.
Pater Gotthard beobachtet mich schweigend. Es scheint ihm nicht zu passen, dass ich als einzige aus der Gruppe nicht mit zur Carceri gehe. Aber wie sagt er immer: „Alles ist freiwillig!“ Und wenn er mit der Messe beginnt fragt er: „Sind alle da?“
Als die Gruppe das Haus verlässt, lege ich mich erst einmal ins Bett. Ruhe – endlich Ruhe! Meine Assisi-Unterlagen habe ich in den Koffer gepackt. Ich will sie nicht mehr ansehen. Ich komme sowieso nicht wieder hier her. Noch drei Tage, und ich bin wieder zu Hause. Wie es Knut wohl geht? Ich werde sobald wie möglich zu ihm gehen.
Als ich Kopfschmerzen bekomme, stehe ich auf. Langsam schleppe ich mich durch Assisi. An meinen Gliedern hängen Gewichte, als trüge ich die Lasten der Welt. Jeder Schritt, der mich vorwärts bringen soll, ist erschwert. Weit kann ich heute nicht gehen. Also setze ich mich in die Seitenkapelle von „Santa Chiara“ unter das byzantinische Holzkreuz, das mich so magisch angezogen hat, bevor…

Menschen kommen und gehen, werden gruppenweise in die Kapelle vor das Kreuz geschoben und nach fünf Minuten wieder hinausgeschoben. Die nächste Gruppe wartet schon. Und Jesus thront desinteressiert über dem Ganzen. Ich betrachte den auferstandenen Jesus am Kreuz.
Nein, er sieht gar nicht desinteressiert in die Ferne. Sein Blick ist voller Zärtlichkeit. Schützend steht er vor den heiligen Winzlingen. Und seine ausgebreiteten Arme sagen: „Komm, ich warte schon so lange auf dich." In diese Arme möchte ich. Mir laufen schon wieder Tränen die Wangen herunter.
„Lass gut sein, Jesus. Auf mich ist kein Verlass. Ich hab Dich einmal zerbrochen und würde es wieder tun."
Die Kapelle ist plötzlich leer. Stille umfängt mich. Sie umhüllt mich wie ein Umhang aus Watte.
Die Stille zieht sich zusammen, sie wird dicht und dichter.

„Fürchte dich nicht. Ich habe dich erlöst. Ich habe dich bei deinem Namen gerufen. Du bist mein."

Während der restlichen Tage in Assisi habe ich an keiner Fahrt und keiner Besichtigung mehr teilgenommen. All das war unwichtig geworden.
Es gab nur noch Gott. In meinem Kopf, in meinen Füßen und in meinem Herzen.
Zurück zu Hause gab ich Pater Gotthard sofort die Spende zurück, mit der er mir diese Assisi-Fahrt ermöglicht hatte. Dann wollte ich zu Knut fahren. Doch Knut war zwei Tage vor meiner Rückkehr gestorben. Bei der Beerdigung erfuhr ich von Knuts Verwandten, dass er nicht mehr operiert worden war. Er sei einfach eingeschlafen. Danke, Gott!
Knut fehlt mir und die Dienstage mit ihm. Wie sehr haben mich die Dienstage manchmal belastet. Und nun stelle ich fest, dass ich auch beschenkt worden bin. Danke, Knut. Leb wohl in der anderen Welt. Und hilf mir, die Schwelle zu überschreiten, wenn meine Stunde schlägt. Pax et Bonum!

10.7.1982
Wieder sind einige Wochen ins Land gegangen. Knut war noch lange in meiner Nähe. Manchmal spüre ich ihn heute noch. Ob-

wohl er inzwischen von mir gegangen ist, ganz langsam, in die andere Welt. Ich habe mich wieder meinem Leben in dieser Welt zugewandt. Warm fließt die Liebe zu Isa durch meine Adern und warm spüre ich die Verbundenheit zu Rolf. Und ganz tief in meinem Inneren, hinter festen Mauern, lebe ich mein Leben mit Gott. Dieses Leben mit Gott geht niemanden etwas an. Es ist so etwas wie meine Intimsphäre, die ich vor anderen verberge. Außerdem wüsste ich gar nicht, wie ich das jemandem erklären sollte. Ich könnte eigentlich nur sagen: „Gott ist Zärtlichkeit von innen." Aber wer versteht das schon?

Zu Hause versuche ich, mir regelmäßig Zeit für Gott zu nehmen und mich dieser warmen Quelle immer wieder zu nähern. Aber sie ist nicht verfügbar – so wie ich es will und brauche. Die größte Chance, Gott zu spüren, habe ich, wenn ich zur Ruhe komme. Aber es kann auch passieren, dass ich ganz plötzlich Gottes Nähe spüre mitten auf der Friedrichstraße in Wuppertal. In jedem Fall erlebe ich die Nähe Gottes als Geschenk. Habe aber gleichzeitig Angst, dass ich mich dieses Geschenkes als unwürdig erweise. Dass Gott mir mit diesem Geschenk auch ein Stück Verantwortung auferlegt hat und mich später einmal fragen wird, ob ich diese „Talente vergraben oder vermehrt habe."

Sorge bereitet mir auch der „Staub meines Alltages". Nach und nach legt sich immer mehr Staub auf meine religiöse Innenwelt. Es ist so mühsam, sich in einem turbulenten Alltag immer Zeit zu nehmen und Stille zu suchen. Dabei ist es die einzige Möglichkeit, die ich von mir aus habe, mich Gott zu nähern.

Gegen den Alltags-Staub auf meiner Seele hilft wohl nur noch eine Assisi-Fahrt. Ich hoffe, dass mir dort der Staub wieder von der Seele gepustet wird. Vielleicht wird Assisi dann meine alljährliche Schroth-Kur für die Seele.

Seit meiner Assisi-Fahrt haben sich zwischen Isa und mir schöne Gesangsstunden entwickelt. Ich habe in Assisi viele religiöse Lieder gelernt, die Isa schon aus dem CVJM kannte. Isa begleitet unseren Gesang mit ihrer Gitarre. Manchmal wird mir dabei das Herz weit. An den Wochenenden ist sie weiterhin viel mit dem CVJM unterwegs. Dann verbringe ich meine Zeit mit Rolf. Fährt Rolf Sonntagabend wieder in seine eigene Wohnung, freue ich mich, jetzt wieder nur für mich leben zu können. Trotzdem gibt Rolf mir ein Gefühl von Heimat. Ich gehöre zu jemandem. Dieses Gefühl ist für mich ja nicht selbstverständlich.

8.9.1982
Rolf und ich waren wieder einmal in Aplerbeck.
Jedes Mal wenn ich über den Marktplatz von Aplerbeck gehe, rührt es mich an, wie vertraut mir diese Umgebung noch immer ist. Hier wurde ich geboren, hier bin ich aufgewachsen, hier habe ich 18 Jahre gelebt. Auf der Fensterbank unseres Küchenfensters im vierten Stock habe ich als Kind gesessen und stundenlang dem Treiben auf dem Aplerbecker Markt zugesehen. Die Pflastersteine vor unserem ehemaligen Haus sind noch immer dieselben wie vor 40 Jahren. Nur die Gesichter der Menschen, die in Aplerbeck heute an mir vorübergehen, sind mir fremd. Da tut es gut, die vertrauten Gesichter von Helmut und Marianne wiederzusehen. In der Schrebergartensiedlung „Fröhliche Morgensonne“ treffen wir sie regelmäßig. Sie wissen immer ein paar Neuigkeiten von unseren ehemaligen Wanderkameraden. Noch immer laufen bei ihnen alle Kontaktfäden zusammen. Und noch immer sind wir für Helmut und Marianne „ihre Jugendgruppe“. Sie haben wohl damals Elternstelle an uns vertreten. Und aus einer Elternverantwortung wird man nie entlassen.
Nun wissen Rolf und ich wieder alles Wissenswerte über unsere ehemaligen Wanderkameraden. Und bald schon wissen unsere ehemaligen Wanderkameraden wieder alles Wissenswerte über Rolf und mich. Es wird Zeit, dass einmal ein großes Treffen der alten „Wanderjugend“ stattfindet. Alle sind daran interessiert, doch keiner ergreift die Initiative, weil jeder zu viel mit sich selbst zu tun hat.

3.3.1983
Manchmal habe ich keine Lust mehr, weiter Tagebuch zu schreiben. Dann wieder denke ich, es wäre doch schade, wenn ich nach so langer Zeit damit aufhören würde. Vielleicht ist es ja auch für mich später einmal als Großmutter interessant, meine Erinnerungen überprüfen zu können. Wie war es wirklich, damals? Was hat meine Erinnerung mit der Zeit glorifiziert, was einfach verdrängt? Oder was sehe ich heute negativer als

es tatsächlich war? Also schreibe ich weiter, und das jetzt seit 25 Jahren.

Seitdem ich mit Isa allein lebe, bin ich zufrieden mit meinem Leben. Gleichzeitig habe ich Angst, mein kleines inneres und äußeres Paradies wieder zu verlieren. Rolf und ich unterschreiben nächsten Monat den Vertrag für eine schlüsselfertig zu erstellende Doppelhaushälfte. Warum tue ich das? Ausgerechnet ich mit meinen Existenzängsten? Wir müssen für das Haus eine hohe Hypothek aufnehmen, die zumindest mich finanziell ruinieren kann, wenn Rolf etwas passiert oder unsere Beziehung erneut scheitert. Allein schon deshalb wäre mir eine Eigentumswohnung lieber gewesen. Aber Rolf will unbedingt ein Haus.
Natürlich habe ich versucht, mich bei diesem Hausbau gegen alle möglichen „Klippen" abzusichern. Nur – gegen ein erneutes Scheitern unserer Beziehung kann ich mich nicht absichern. Dabei habe ich davor die größte Angst. Warum also lasse ich mich auf ein solches Vorhaben ein? Immerzu stelle ich mir diese Frage. Beantworten kann ich sie mir nur damit, dass tief in meinem Inneren irgendetwas „Ja" sagt zu dem gemeinsamen Hausbau. Mein Kopf aber sagt „Nein".
Ich habe mich für mein Inneres entschieden. Doch ich schlafe seitdem nicht mehr ruhig. Ich habe Angst, dass ich einem unbewussten Mechanismus unterliege, der mich selbst beschädigen wird.
Vielleicht sollte ich einfach nur auf mein Herz hören und den Rest Gott überlassen. Aber selbst Gott kann ich nicht ganz vertrauen. Jetzt fahre ich erst einmal wieder nach Assisi. Vielleicht finde ich dort meinen ruhigen Schlaf wieder.

17.4.1983
Die Assisi-Fahrt war nicht so aufwühlend wie im letzten Jahr, sondern eher vertiefend. Dabei habe ich erlebt, dass sich mein religiöses Erleben „gesetzt" hat, und mein religiöses Ahnen hat sich als Wissen gefestigt. Als Wissen um *meinen* Weg wohlgemerkt. Gott geht mit jedem einen anderen Weg.
Während dieser Pilgerfahrt war ich innerlich so frei, dass ich das Städtchen Assisi ausgiebig erkunden und die Fahrten in die Umgebung genießen konnte. Selbst den Sitzplatz neben mir im Bus

brauchte ich nicht mit Taschen zu belegen, um meine Ruhe zu haben. Ja, ich konnte sogar dem Geplapper mancher Mitpilger eine freundliche Seite abgewinnen. Andererseits war ich schon etwas enttäuscht, dass ich Gott nicht so unmittelbar erfahren habe wie im vorigen Jahr. Aber Gott macht eben, was Er will.

28.5.1983
Es ist nicht zu glauben! Wenn ich denke, dass allmählich etwas Ruhe in mein äußeres Leben einkehrt und ich mein Innenleben kultivieren kann, passiert wieder irgendetwas.
Gestern erhielt ich einen Brief meines Vaters – nach langer, langer Zeit. Und sein Brief war voller Wärme und einer Zartheit, die er hinter rauen Mauern geschickt zu verbergen versteht. Er hätte die letzten Jahre nicht ruhig leben können, schrieb er. Immerzu hätte er an mich denken müssen. Und er wünsche sich nichts sehnlicher, als mich wiederzusehen.
Hatte ich richtig gelesen? Da wünscht sich ein Elternteil „sehnlich" mich wiederzusehen? Dreimal habe ich diesen Satz gelesen. Es gab keinen Zweifel. Das stand da tatsächlich. Warum freute mich das nicht? Ich war eher überrascht, ungläubig überrascht. Ich kannte es ja nur, dass meine Existenz für die, die mich zu verantworten hatten, in irgendeiner Weise immer problematisch war.
Mit meinem Vater hätte ich schon gern wieder Kontakt. Aber nicht mit seiner übrigen Familie. Dort scheint ein zänkisches Klima zu herrschen. Und darauf kann ich gut verzichten. Ich habe im Augenblick auch ganz andere Sorgen. Unser neues Haus wächst langsam aus der Erde hervor. Aber ich wittere schon wieder Katastrophen. Mit unserem Bauträger scheint etwas nicht zu stimmen.

3.6.1983
Vor ein paar Tagen klingelte das Telefon. Isa nahm den Hörer ab und gab ihn mir: „Eine Renate Schrader will dich sprechen."
Wie vom Donner gerührt hielt ich erst einmal inne. Dann begann ich, meine Gedanken zu ordnen. Renate Schrader war die andere Tochter meines Vaters, also meine Halbschwester. Was wollte sie? Mir den Tod des Vaters mitteilen? Mir eine Szene machen im Auftrag ihrer Mutter? Ich entschied mich dafür, mich erst einmal nicht auf Ärger einzustellen. Ich meldete mich also freundlich. Eine aufgeregte Stimme klang mir entgegen. „Vater hat mir jetzt

erst von Ihnen erzählt. Meine Mutter hat es gewusst, mein ältester Bruder hat es gewusst, nur ich nicht“, wiederholte sie immerzu und ihre Stimme überschlug sich vor Aufregung.
„Ja, Frau Schrader“, sagte ich beruhigend, „so etwas passiert im Leben schon mal.“
„Das ist ja wie bei Dallas“, ächzte sie in den Hörer. Dann wurde sie etwas ruhiger und erzählte, dass es zu Hause wieder Streit zwischen den Brüdern gegeben hätte. Als die immer weiter stritten, hätte sie geschimpft: „Warum habe ich auch nur Brüder? Warum habe ich keine Schwester?“ Da hätte der Vater ruhig gesagt: „Du hast eine Schwester, sie heißt Monika Kordes und wohnt hier in Wuppertal.“ Und nun unterhalte sie sich mit mir am Telefon. Sie könne es noch immer nicht fassen.
Wir verabredeten uns zu einem gemeinsamen Spaziergang am nächsten Tag. Dann beendeten wir unser Gespräch, weil sie dringend ihre Ruhe brauchte.
„Ach du liebe Güte“, seufzte Isa, „die auch.“
Vielleicht bin ich gar nicht neurotisch, weil ich immer so viel Ruhe brauche. Vielleicht bin ich nur erblich belastet.

10.6.1983
Ich habe mich mit meiner Halbschwester Renate getroffen. In einem Cafe haben wir uns bei Kaffee und Kuchen lange unterhalten. Sie erzählte ausführlich, wie sie unseren gemeinsamen Vater als Kind erlebt hätte. Er sei ein richtiger Feldwebel gewesen. Wenn etwas nicht nach seinem Kopf gegangen wäre, hätte er getobt. Sie sei von ihm sehr streng erzogen worden. Warme Gefühle hätte es in dieser Familie nicht gegeben. Der Vater zeige erst heute, wie sensibel er ist.
Ich schmunzelte. Die Erzählungen von Renate entsprachen genau meinen Vorstellungen. Der Vater war der Kopf und das Herz dieser Familie. Wenn er auch erst in den letzten Jahren ahnen ließ, dass er ein Herz hatte.
Ich erzählte Renate etwas aus meinem Leben. Dann brauchten wir beide unsere Ruhe.
Nun harre ich der Dinge, die da wohl noch auf mich zukommen. Vermutlich will mein Vater „sein Haus bestellen“. Aber ich werde mich in sein Haus nicht integrieren lassen. Natürlich habe ich mir immer Geschwister gewünscht, und vor allem Brüder. Aber

meinem Wunsch nach einer heilen großen Familie steht die Sorge gegenüber, durch Familienstreitereien zusätzlich belastet zu werden. Renate hat mir jetzt ausführlich davon erzählt, was mein Vater immer nur angedeutet hat. Wenn die Brüder gerade mal wieder miteinander reden, beschimpfen sie sich auf das Übelste. Die Mutter ereifert sich dabei in zeternden Vorwürfen, und das allgemeine Geschrei geht dann so lange, bis der Vater dazwischen fährt.
Ich wollte mich gerade darüber empören, wie erwachsene Menschen sich in einer Familie so benehmen können. Da fiel mir aber gottlob noch rechtzeitig ein, dass Rolf und ich uns vor ein paar Jahren auch nicht viel besser benommen haben. Und wer kann schon garantieren, dass das nicht wieder passiert?

23.7.1983
Vom 7. - 21. Juli war ich wieder in Assisi.
In Assisi habe ich meine religiösen Wurzeln. Und dort finde ich mich selbst wieder. Das hatte ich dringend nötig, denn mein Alltag ist so belastend, dass ich wieder einmal aus mir „herausgebrochen" bin. Ich habe funktioniert wie ein Roboter, ohne mich selbst noch zu spüren.

Rolf und ich müssen uns täglich mit allerlei Problemen herumschlagen, damit an unserem Haus überhaupt noch weiter gebaut wird. Unser Leben kreist nur noch um das Haus. Da war es an der Zeit, diesen Kreis zu durchbrechen. Also habe ich mich nach Assisi abgesetzt. Sogar Isa wollte plötzlich mit mir fahren.
Isa ist durch den CVJM in ein religiöses Leben hineingewachsen. Leider habe ich ihr keine religiöse Erziehung aus katholischer Sicht angedeihen lassen, weil ich selbst nicht religiös war. Dass sie eine religiöse Lebensführung als 17-Jährige kennen lernt, ist an sich erfreulich. Doch der CVJM lehrt religiöses Leben aus protestantischer Sicht. Solange Isa einfach nur katholisch getauft war, wurde dieses Thema dort mit Nachsicht behandelt oder ganz umgangen. Jetzt aber wollte Isa sich die katholische Form christlichen Lebens in Assisi einmal ansehen. Und schon bröckelte die milde Nachsicht im CVJM.
Meine Erkenntnis, dass Gott mit jedem einen eigenen Weg geht, hatte mir eine wohltuende Toleranz beschert. Inzwischen habe ich Mühe, mir die zu erhalten. Immer öfter bekenne ich mich jetzt

dazu, praktizierende Katholikin zu sein. Die Reaktionen darauf sind verblüffend. „Aber Frau Kordes, *Sie* doch nicht! *Sie* sind doch eine moderne Frau ..."
Für die religiöse Tiefe, die ich im Katholizismus erlebe, bin ich gern antiquiert.

28.10.1983
Mit keinem Dekan hatte ich bisher so viel Spaß wie mit Herrn Professor Dr. Lauterbach. Hinter seinem patriarchalen Gehabe versteckt sich ein Humor, der gelegentlich ausbricht, wie die Geysire auf Island. Dann wieder ist er knorrig wie eine alte Eiche und äußerst schwierig zu handhaben. Als er zum neuen Dekan gewählt worden war, betrat er mein Sekretariat, schlug die Hacken zusammen und sagte: „Gestatten, Lauterbach, Friedhelm, nördliche Halbkugel, Sonnenseite."
Und ich antwortete: „Kordes, Monika, südliche Halbkugel, Schattenseite."
Seitdem begrüßt er mich jeden Morgen mit dem Satz: „Ich wünsche Ihnen den Frieden."
Möge sein Wunsch in Erfüllung gehen, Tag für Tag, Amen.

6.11.1983
Herr Sander von der Immobilien-Firma, die uns das „schlüsselfertig zu erstellende Haus" vermittelt hat, rief mich vor ein paar Tagen an. Ob alles in Ordnung sei, fragte er leutselig. Ich lachte schallend. Was soll denn nicht in Ordnung sein, lieber Herr Sander? Der Bauträger, den Sie uns vermittelt haben, die Firma Ganowski, steht zwar vor dem Konkurs und wir stehen vor einem halbfertigen Haus, in dem kein Handwerker mehr einen Finger rührt. Aber ansonsten ist alles in Ordnung.
Natürlich weiß ich, lieber Herr Sander, dass Sie schon jahrelang erfolgreich mit der Firma Ganowski zusammenarbeiten. Mit diesem Satz haben Sie uns schließlich damals die Firma Ganowski wärmstens empfohlen. Ich bezweifle auch gar nicht, dass die Zusammenarbeit zwischen Ihnen und Herrn Ganowski erfolgreich ist. Auch wir waren mit der Bauträger-Firma Ganowski anfangs zufrieden. Die Ausschachtungen gingen zügig voran, der Rohbau stand innerhalb kürzester Zeit. Und damit wurden 86 Prozent des Kaufpreises für unser Haus fällig. Wir überwiesen diesen Betrag

umgehend – und hörten danach nichts mehr von der Firma Ganowski. Unser Bau ruhte.
Sie möchten wissen, ob wir nicht mal versucht haben, persönlich mit Herrn Ganowski zu sprechen?
Haben wir, lieber Herr Sander, haben wir. Doch immer wenn wir anriefen, war Herr Ganowski gerade auf einer Baustelle oder zu Tisch oder in einer Besprechung oder, oder, oder … Aber er riefe sofort zurück, versicherte uns seine freundliche Sekretärin. Natürlich rief Herr Ganowski nicht zurück. Und nach zwei Wochen war auch die freundliche Sekretärin nicht mehr erreichbar.

Ein paar Tage später drohte uns der Dachdecker, die Dachfenster wieder herauszureißen, wenn er nicht bald „Geld sähe“. Daraufhin entschlossen wir uns zu einem Überraschungsbesuch bei der Firma Ganowski. Wir trafen einen gut gelaunten Herrn Ganowski an in trauter Eintracht mit seiner freundlichen Sekretärin.
Was nun folgte, werden Sie vielleicht nicht verstehen, lieber Herr Sander. Aber wir hatten Angst, im Januar ohne ein Dach über dem Kopf dazustehen. Unser Bau ruhte. Und unsere Wohnung hatten wir gekündigt, weil uns zugesichert worden war, dass wir spätestens im Dezember in unser Haus einziehen könnten. Deshalb boten wir Herrn Ganowski an, ein paar notwendige Handwerkerarbeiten direkt zu bezahlen. Obwohl die restliche Kaufsumme erst nach Fertigstellung des Hauses fällig sein würde. Schon am gleichen Nachmittag stand ein Bagger auf unserem Grundstück. Abends klingelte der Inhaber der Tiefbau-Firma an unserer Wohnungstür. Er forderte sofort 10.500 Mark von uns für den Bau der Kanalisation. Sonst zöge er Bagger und Arbeiter von unserem Grundstück wieder ab. Ja, lieber Herr Sander, wir haben das Geld aufgetrieben und bezahlt, auch wenn wir bei unserer Zahlungszusage an Herrn Ganowski eigentlich an preiswertere „notwendige Handwerkerarbeiten“ gedacht hatten und nicht an den Betrag von 10.500 Mark. Aber auf unserem Bau rührte sich wieder etwas. Und irgendwann hätten die Stadtwerke sogar unser Haus an die Versorgungsleitungen angeschlossen, wenn, ja wenn … unser Bauträger nicht „Ganowski“ hieße.
Denn die Stadtwerke schließen grundsätzlich keine Häuser mehr an, die von der Firma Ganowski gebaut werden. Wussten Sie das, lieber Herr Sander?

Unser Haus wurde dennoch angeschlossen – nachdem wir den Stadtwerken den Betrag von 6.200 Mark überwiesen hatten. Sie sehen, lieber Herr Sander, dass wir unsere Hoffnung auf ein bezugsfertiges Haus nicht aufgaben. Selbst dann nicht, als ein zukünftiger Nachbar sich plötzlich weigerte, unseren Bauarbeitern weiterhin Wasser zur Verfügung zu stellen. Ein Schlauch sei dabei geplatzt und seine Garage stünde unter Wasser. Wussten Sie, lieber Herr Sander, dass bei Bauarbeiten die Nachbarn um Wasser angegangen werden? Mir war dies neu. Deshalb raste ich zur Baustelle, gab dem Nachbarn ein entsprechendes Entschädigungsentgelt und entschuldigte mich mit Blumen. Dann forderte ich von der Firma Ganowski, dass die Wasserbettelei bei den Nachbarn sofort zu unterlassen sei und – wie auch immer – Wasser zur Verfügung zu stehen hätte. Doch es stand kein Wasser zur Verfügung. Denn: Der Installateur kann das Wasser erst anschließen, wenn eine Heizung im Haus ist. Die Heizung kann erst gelegt werden, wenn gefliest worden ist. Gefliest werden kann erst, wenn Wasser im Haus ist. …Hol Wasser du dumme Liesel, dumme Liesel, dumme Liesel…, tralala. Unser Bau ruhte.

Jetzt möchten Sie, lieber Herr Sander, sicher wissen, wie wir trotzdem an Wasser kamen. Die Handwerker brachten es von zu Hause mit, nachdem ich ihnen ein üppiges Trinkgeld zugesteckt hatte. Und sie versicherten mir, dass sie so viel Chaos wie auf unserem Bau noch nirgendwo erlebt hätten.
Nun wird es aber zügig weitergegangen sein beim Bau, denken Sie, lieber Herr Sander. Ja, das dachten wir auch. Doch vor zwei Wochen legten die Fliesenleger ihre Arbeit nieder. Drei Zahlungstermine waren von der Firma Ganowski nicht eingehalten worden. Und wir waren nicht mehr in der Lage, auch diese Firma noch zusätzlich zu bezahlen. Bad und Dusche gähnten uns halbfertig entgegen. Unser Bau ruhte.
Nun endlich begriffen wir, dass der Einzugstermin „Dezember“ nicht eingehalten werden konnte.
Nach mehreren unerfreulichen Auseinandersetzungen mit unserem Vermieter gelang es uns, den Mietvertrag zu verlängern.
Glauben Sie nicht, lieber Herr Sander, wir hätten jetzt aufatmen können. Dazu blieb uns keine Zeit. Denn die Volksbank schickte uns eine Abtretungserklärung über 50.000 Mark, die wir unter-

schreiben sollten. Damit verpflichteten wir uns, die noch ausstehenden 14 Prozent der Bausumme nicht der Firma Ganowski, sondern der Volksbank zu überweisen.
Der Betrag von 50.000 Mark war nicht nur überhöht. Er berücksichtigte auch all die Beträge nicht, die wir den Handwerkern bereits zusätzlich gezahlt hatten. Wir informierten die Volksbank über den wahren Sachverhalt, änderten den Betrag entsprechend und unterschrieben die Erklärung.
Am nächsten Tag weigerte sich unser Architekt, weiterhin mit der Firma Ganowski zusammenzuarbeiten. Nur unser Haus wollte er noch fertig stellen, weil wir schon so viel zusätzlich bezahlt hatten, sagte er.
Sie, lieber Herr Sander, haben wohl noch mehr schlüsselfertig zu erstellende Häuser an die Bauträgerfirma Ganowski vermittelt. Ich wage Sie nicht zu fragen, welche Tragödien sich auf den anderen Baustellen abspielen. Aber ich frage Sie, ob Sie noch ruhig schlafen können?

Inzwischen hatten wir erneut Geld aufgetrieben, und die Fliesenleger konnten ihre Arbeit wieder aufnehmen. Das taten sie – bis gestern. Sie brauchten Licht, sagten sie. Denn sie möchten die Fliesen nicht im Tastverfahren verlegen. Wasser würden sie ja schon von zu Hause mitbringen. Licht könnten sie leider nicht transportieren. Aber es gibt kein Licht auf unserem Bau, weil der Elektriker nicht mehr kommt. Der Elektriker kommt nicht mehr, weil er noch nicht bezahlt worden ist. Die Bauträgerfirma Ganowski tut es nicht, und wir können es nicht. Unser Bau ruht…
Die Fliesenleger können erst fliesen, wenn die Elektro-Anschlüsse liegen. Der Anstreicher kann erst tapezieren, wenn die Heizung läuft. Die Heizung kann erst angeschlossen werden, wenn gefliest worden ist. Die Fliesenleger können erst fliesen, wenn… siehe oben.
…Wenn der Topf aber ein Loch hat, ein Loch hat, ein Loch hat…, tralala.

Nun, lieber Herr Sander, läuft unser Mietvertrag Ende März 1984 endgültig aus. Eine erneute Verlängerung ist nicht möglich. Wir werden also am 1. April unsere Möbel auf Lager stellen und unter den Wupperbrücken nächtigen. Aber wie gesagt, lieber Herr Sander, sonst ist alles in Ordnung.

14.1.1984
Wie schön, dass es in meinem Leben noch etwas anderes gibt, als den Ärger über eine ruhende Baustelle. Kurz vor Weihnachten erhielt ich einen Brief meines Vaters. Er wolle mich wiedersehen, schrieb er. Sylvester sei er mit seiner Frau bei Renate. Und er würde sich freuen, wenn Rolf und ich auch dorthin kämen. Ich rief daraufhin meine Halbschwester Renate an. Die wusste zwar nichts von der Absicht des Vaters, an Sylvester ein Treffen zu arrangieren, fand die Idee aber nicht schlecht. Sie müsse zuvor aber noch mit ihrer Mutter sprechen.
Einen Tag vor Sylvester rief Renate mich an. Sie wirkte verstört. Ihre Mutter weigere sich, mit mir zusammenzutreffen. Die Familie stünde Kopf. Der älteste Bruder setze der Mutter zu, jeglichen Kontakt mit mir abzulehnen. Und die Frau des ältesten Bruders „kreische" ununterbrochen, die Mutter solle sich scheiden lassen. Ich bedankte mich freundlich bei Renate für die Informationen und bat sie, sich keine weitere Mühe mehr zu machen. Ich sei an einem Kontakt mit einer solchen Familie nicht interessiert. Sie verlor ihre Fassung. „Das kannst du dem Vater nicht antun", rief sie. „Der hat sich jetzt endlich durchgesetzt in der Familie, um „das mit dir" in Ordnung zu bringen. Du musst einfach kommen." Und leise fügte sie hinzu: „Der Vater ist wieder so jähzornig geworden wie früher."
„Ich muss nachdenken", sagte ich zu Renate und beendete das Gespräch.
Nachmittags ging ich einkaufen und anschließend zu Renate in den Laden. Als ich kam, telefonierte sie gerade. Sie verschloss den Hörer mit der Hand und flüsterte mir zu: „Meine Mutter ist am Telefon. Ich versuche gerade, sie zum Kommen zu überreden." Renates Hals war übersät mit hektischen roten Flecken, und ihre Stimme klang schrill. Ich bat sie, mir den Hörer zu geben. Die Frau meines Vaters war so überrascht, plötzlich mit mir zu telefonieren, dass es ihr die Sprache verschlug. Ich begrüßte sie freundlich und sagte, dass es so ja nicht weitergehen könne zwischen uns. Es sei an der Zeit miteinander zu sprechen. Und dann sagte ich, dass ich mich darauf freue, sie an Sylvester kennen zu lernen.
Ja, das habe ich tatsächlich gesagt. Doch ich fühlte mich danach sehr unwohl.

Nein, ich freute mich gar nicht darauf, die Frau meines Vaters kennen zu lernen. Ich lehnte sie ab, weil meine Existenz für sie ein Problem war. Warum hatte ich dann solches Gesülze von mir gegeben? Ich habe es für meinen Vater getan, beruhigte ich mich. Mich rührte sein Bemühen, zu mir stehen zu wollen. Weil es der Versuch eines Vaters war, sein ungewolltes Kind im Nachhinein anzunehmen. Und plötzlich wurde mir klar: Ich hatte das Gesülze nicht nur meinem Vater zuliebe von mir gegeben. Ich hatte es auch für mich getan. Nicht nur mein Vater wollte mich jetzt offiziell annehmen. Ich wollte auch angenommen werden, endlich angenommen werden von einem Elternteil.

Doch war ich wirklich bereit, mich dafür sogar mit der Frau meines Vaters zu arrangieren? War ich wirklich bereit, dafür einem Menschen die Hand zu geben, der mich am liebsten ungeschehen machen möchte? Hatte mir die Ablehnung meiner Mutter nicht gereicht für mein ganzes weiteres Leben?

Andererseits: Konnte mich heute überhaupt noch jemand verletzen, der mich als unerwünscht empfand? Räumte ich diesem Menschen nicht das Recht ein, mich zu verletzen? Wenn es so war, dann konnte ich ihm dieses Recht auch wieder nehmen – oder gar nicht erst geben. Oder, oder, oder… Meine Gedanken drehten sich im Kreis.

„Gut, ich werde zu diesem Treffen gehen", entschied ich mich, „und ich werde die Frau meines Vaters freundlich begrüßen. Mal sehen, was dann passiert." – „Vielleicht kommt sie ja gar nicht", dachte ich abschließend und ging zu Bett.

Am Sylvestermorgen war ich beim Aufwachen schon so erschöpft, dass ich bis mittags im Bett blieb. Als ich schließlich aufstand, fühlte ich mich so verkehrt, als sei ich in einen falschen Zug gestiegen, aus dem ich nicht mehr aussteigen konnte. Ich versuchte, mich zu beruhigen. Abends würde ich mit Doris und Hanna und unseren drei Ehemännern Sylvester feiern. Das war ein guter Grund, meinen Besuch bei Renate rechtzeitig abbrechen zu können.

Rolf und ich waren um 16.00 Uhr bei Renate. Ihr Hals war wieder übersät mit hektischen roten Flecken. Ihre Mutter sei auch da, flüsterte sie aufgeregt. Ich betrat das Wohnzimmer. Da saßen sie gemeinsam auf der Couch, mein Vater und seine Frau. Mein Vater lächelte und seine Frau hatte ihr Gesicht in Falten gelegt. Oder war es so faltig?

Ich betrachtete ihr Gesicht. Es war gezeichnet von Leid, Entbehrungen und Bitterkeit. Das stimmte mich milde.
Ich gab ihr die Hand. „Ich freue mich, Sie kennen zu lernen." Und ich fühlte mich gar nicht unwohl danach. In ihrem Gesicht arbeitete es.
„Dieser Frau ist es fremd, dass sich jemand über ihre Anwesenheit freut", dachte ich und eine mitfühlende Wärme stieg in mir hoch. Ich lächelte sie an. Irritiert sah sie zur Seite. Vermutlich war sie schon lange nicht mehr angelächelt worden. Diese Frau war Härte gewohnt und Grobes.
Ich ging auf meinen Vater zu. Fünf Jahre hatte ich ihn nicht gesehen, und es drängte mich, ihn in den Arm zu nehmen. Mir fielen Renates Worte ein, dass Berührungen in dieser Familie nicht üblich seien und zögerte. Doch dann warf ich alle Bedenken über Bord. Ich nahm meinen Vater in den Arm, und mein Vater genoss es.
Nach ungefähr einer Stunde wurde es richtig gemütlich. Mein Vater saß neben mir und plauderte angeregt über alte Zeiten. Er, der sonst in sich zu ruhen schien, wirkte freudig-aufgeregt.
Als wir uns verabschieden wollten, war er enttäuscht. „Bitte, bleib noch", sagte er leise. Doch ich hatte mich entschieden. Und schließlich soll man gehen, wenn es am schönsten ist.
Beim Abschied nahm ich ihn noch einmal in den Arm. Dann wandte ich mich seiner Frau zu: „Es war schön, Sie kennen gelernt zu haben." Sie senkte den Blick. Die Aufrichtigkeit meiner Worte hatte sie berührt.
Da kam mein Vater auf mich zu und nahm mich in den Arm. Das schien ihm ein großes Bedürfnis zu sein. Denn er hielt mich eine Zeit lang innig fest und drückte mich an sich.
„Sieh mal der Vater", sagte Renate, „richtig glücklich sieht er aus."
Rolf und ich fuhren anschließend zu Doris. Dort feierten wir zu Sechst Sylvester. An diesem Sylvesterabend durchströmte mich eine sanfte, glückliche Ruhe. Mein Vater hatte mich angenommen. Meine Seele war wieder ein kleines Stück zu mir zurückgekehrt.

7.3.1984
Gestern kamen ein paar Leute zu uns auf die Baustelle. Ob wir uns nicht mit ihnen solidarisieren wollten, fragten sie. Sie hätten mit der Firma Ganowski gebaut. Nun stünden sie vor dem finanziel-

len Ruin. Nachdem sie 86 Prozent der Bausumme an die Firma Ganowski überwiesen hätten, arbeite auf ihren Baustellen nun niemand mehr. Es würde gemunkelt, die Firma Ganowski hätte Konkurs angemeldet. Die Handwerker seien nur noch bereit, etwas zu tun, wenn sie als Sicherheit „Zugriff" auf die Grundstücke erhielten. Das bedeute im Klartext, die Handwerker wollten über einen Grundbucheintrag die Grundstücke mit ihren Rechnungen belasten können. Jetzt helfe nur noch, sich zu solidarisieren und gemeinsam zu retten, was zu retten sei.
Als die Leute unseren Bau näher betrachteten, waren sie überrascht, wie viel die Handwerker bei uns noch fertig gestellt hatten. Und wir waren überrascht, dass es noch größeren Ärger mit der Firma Ganowski geben konnte, als wir ihn gehabt hatten.
Wir erzählten den Leuten unsere Erlebnisse.
Wie sich herausstellte, war unser Haus zuerst gebaut worden. Der Zusammenbruch der Firma Ganowski hatte uns also nur gestreift. Ein Teil unserer Handwerkerkosten war von der Firma Ganowski noch bezahlt worden. Und die Handwerkerkosten, die wir zusätzlich bezahlt hatten, können wir von den noch zu zahlenden 14 Prozent der Bausumme abziehen.
So wie es jetzt aussieht, werden wir am 1. April in unser Haus einziehen. Wir sind mit einem blauen Auge davon gekommen.
„Wieder mal haarscharf an der Katastrophe vorbei", lachte Rolf erleichtert und nahm mich in den Arm.

18.5.1984
Am 1.4.1984 sind wir in unser neues Haus eingezogen. Langsam, Schritt für Schritt, bin ich über das Stückchen Erde gegangen, das einmal mein Garten werden soll. Es ist nicht sonderlich groß, dieses Fleckchen Erde, aber es gehört mir. Und niemand, aber auch gar niemand kann mich je von hier vertreiben. Das ist meine Erde!
Für Isa haben wir in der ersten Etage unseres Hauses eine kleine Einliegerwohnung eingerichtet. Sie ist schließlich jetzt erwachsen. Ja, am 30.4.1984 ist Isa 18 Jahre alt geworden. 18 lange Jahre habe ich Isa heranwachsen sehen. Ich habe ihr das gegeben, was mir möglich war und so manches Mal noch etwas mehr. Hoffentlich hat sie dadurch jetzt ein gutes Fundament für ihr Leben und kann all das, was ihr nicht gut getan hat, irgendwie verarbeiten.

Inzwischen war ich auch wieder in Assisi. Assisi entwickelt sich tatsächlich zu meiner alljährlichen Schroth-Kur für die Seele. Nirgendwo erhole ich mich so gut wie dort. Und nirgendwo bin ich so nah bei mir selbst. Trotzdem habe ich Gott auch diesmal nicht so direkt erfahren wie bei meiner ersten Fahrt. Aber vielleicht ist das auch gar nicht nötig. Die Erlebnisse von damals klingen ja immer noch in mir nach, wie der Ton einer Klangschale, der lange nachhallt.

Während dieser Assisi-Fahrt habe ich mich zum ersten Mal mit ein paar Mitpilgerinnen angefreundet. Ich hatte es wohl nötig, mal wieder aus der Tiefe meines Bauches lachen zu können. Wir waren sechs Frauen, die sich zu einem netten Clübchen zusammengefunden haben. Besonders mit Martha und Maria hatte ich viel Spaß. Während der anderen Fahrten war mir gar nicht aufgefallen, dass in den Klöstern, in denen wir übernachteten, ab 22.00 Uhr Nachtruhe zu herrschen hatte. Ich lag ja immer schon weit vor dieser Zeit in meinem Bett. Nun aber holten wir uns nach 22.00 Uhr gegenseitig aus den Betten. Wir huschten in unseren Nachthemden leise über die Flure und trafen uns in dem Zimmer von Martha und Maria.

Wie in einem Mädchen-Pensionat saßen wir dort auf den Betten, schlürften Rotwein und kicherten wie die Teenager. „Ruhe", rief gelegentlich jemand über den Flur. Was uns zu noch mehr Gekicher reizte. Ich war überrascht, wie fröhlich Katholiken über sich selbst lachen können. Zwischen Rotwein und Gekicher wurden Witze und Anekdoten aus dem katholischen Gemeindeleben erzählt, das mir nun langsam wieder vertraut wurde. Doch wehe, eine dieser Anekdoten hätte ein Glaubensferner erzählt. Wehe, Andersgläubige würden so darüber lachen, wie wir es getan haben. Ihnen verginge das Lachen, dafür würden wir sorgen. Aber wir selbst, wir können aus fröhlichem Herzen über uns lachen. Wie schön ist es doch, katholisch zu sein!

17.12.1984

Am 10. November fand ein Klassentreffen unserer alten katholischen Volksschule in Aplerbeck statt. Es war ein fröhliches Wiedersehen. Die meisten meiner ehemaligen Klassenkameraden erkannte ich sofort wieder, auch wenn sie eine andere Haarfarbe hatten als früher und manche auch andere Zähne. Da war meine alte Schulfreundin Beate, die sogar gelegentlich mit mir in den Wanderverein gegangen war. Ich begrüßte Annegret, mit der ich meine erste Zigarette geraucht hatte. Und ich sah Waltraud, die ich noch aus seligen Kindergartentagen kannte. Sie unterhielt sich gerade angeregt mit unserer ehemaligen Musiklehrerin, die heute als Frau Lehmann noch genauso berlinerte wie damals, als sie noch Fräulein Rehmer hieß.

Nur einen erkannte ich nicht. „Wer bist du?", fragte ich schließlich den neben mir Stehenden. Er lachte: „Ich bin doch der Hermann."

Das also war der schöne Hermann, für den die meisten Mädchen unserer Klasse geschwärmt hatten. Er trug eine Brille und sein ehemals volles, schwarz glänzendes Haupthaar hatte sich gelichtet. Aber sein Lächeln war jetzt so charmant, dass sich seine Schönheit sicher nach innen verlagert hatte. Ich gab ihm die Hand: „Und ich bin die Monika."

„Du brauchst dich nicht vorzustellen", antwortete er lachend. „Dich erkennt jeder noch in 50 Jahren wieder." Ich beschloss, das als Kompliment aufzufassen.

Schal-Lui dagegen erkannte ich sofort. Auch wenn sein ehemals glattes Haar heute gelockt war wie bei einem Rauschgold-Engel. Schal-Lui ist die Kurzform von „Schalen-Ludwig". Und „Schalen-Ludwig" heißt er bei uns, weil er früher von Haus zu Haus ging, um Kartoffelschalen einzusammeln für seine Tiere. Das braucht er heute nicht mehr. Heute ist Schal-Lui ein gestandener Mann und sieht auf andere herab. Früher musste er zu anderen hinauf sehen, der kleine Schal-Lui. Er war einer der Kleinsten in unserer Klasse und schien nicht wachsen zu wollen. Mich hat das nicht gestört, damals. Ich hatte ja auch meine Mängel. Was Schal-Lui an Höhe fehlte, hatte ich an Breite, als ich dick und aufgedunsen aus dem Waisenhaus zurück in unsere Klasse kam.

Wir waren elf Jahre alt, als wir uns voneinander angezogen fühlten, der kleine Schal-Lui und die dicke Monika.

„In allen vier Ecken soll Liebe drin stecken, Dein Ludwig" stand in einem kleinen Briefchen, das er mir heimlich zusteckte. Und ich antwortete ihm mit der kindlichen Liebe einer 11-Jährigen.

Drei Monate schoben wir uns gegenseitig Liebesbriefe zu, von Bank zu Bank. Bis ich für sechs Wochen zur Kur fahren musste, um mein Asthma zu kurieren. Da fragte ich meinen Schal-Lui, ob

er mir denn auch treu bleiben würde sechs lange Wochen. Und er antwortete empört: „Ich breche doch die Ehe nicht!"
Als ich aus der Kur zurückkam, hatte ich mein Asthma verloren und meinen Schal-Lui. Er hatte während der sechs langen Wochen unsere Ehe gebrochen. Doch diese Wunde war inzwischen verheilt. Und heute wurden wir schnell wieder vertraut miteinander. Eine natürliche Offenheit durchzog auch die Gespräche der anderen ehemaligen Klassenkameraden. Die meisten von uns waren mindestens einmal in ihrem Leben gescheitert, sei es beruflich oder privat. Aber sie hatten sich wieder aufgerappelt. Keiner war liegen geblieben. Der Jahrgang 1945 scheint zäh zu sein. Auferstanden aus Ruinen …
Es war wohltuend, dass niemand protzte oder sich sonst wie hervortat. Wir waren früher alle arm gewesen. Das, was wir heute an Wohlstand besaßen, war erarbeitet.
Als wir uns gerade warm geplaudert hatten, öffnete sich die Tür und unser alter Klassenlehrer Althans betrat den Raum.
Ist es möglich, dass 25 Jahre an einem Menschen spurlos vorübergehen können? Herr Althans schien unverändert. Seine Bewegungen, seine Figur, ja selbst sein Haarschnitt schienen konserviert zu sein. Gut sah er aus. Alles an ihm war ebenmäßig. Und elegant war er! Ein grau-schimmernder Seidenanzug betonte seine makellose Schönheit.
Ich stutzte. War ich nicht vor ein paar Jahren auch einem schönen Mann begegnet, an dem alles ebenmäßig war und der einen schimmernden Anzug trug?
Ein ziehender Schmerz löste sich aus meiner Mitte und wanderte hoch zu meinem Herzen. Ich atmete tief durch. Und während der Schmerz sich langsam in meinem Herzen auflöste, formte er sich zu einem Namen: Robert.
In diesem Augenblick stand Herr Althans vor mir und gab mir die Hand. Mehr als „guten Tag, Herr Althans", brachte ich nicht heraus. Der Schreck, dass mir gerade Robert eingefallen war, hatte mich verwirrt. Herr Althans setzte sich an meine Seite. Ich war noch immer durcheinander und blickte krampfhaft geradeaus. Nach einer Weile fragte er mich, wie es meiner Mutter gehe.
„Klar", dachte ich, „auch der war in meine Mutter verliebt, wie so viele Männer. Gleich wird auch er mich fragen, ob meine Mutter noch immer so schöne dunkelrote Haare hat wie früher."

„Ich weiß nicht, wie es meiner Mutter geht, Herr Althans", sagte ich deshalb schnell. „Wir haben seit Jahren keinen Kontakt mehr miteinander."
Er war sichtlich betroffen. Was denn zwischen uns vorgefallen sei, wollte er wissen. Und ich erzählte und erzählte. Von den Problemen mit meiner Mutter und der Suche nach meinem Vater. Ich erzählte, wie ich meinen Vater gefunden hatte und wie erbost meine Mutter darüber war, dass er noch lebte.
Herr Althans hörte interessiert zu. „Ja", sagte er nachdenklich, „es war damals eine chaotische Zeit."
Es war bewegend, heute all die gereiften Gesichter meiner Klassenkameraden zu sehen, durch die doch immerzu die kindlichen Gesichter von damals schimmerten. Es war ein aufwühlender Abend. Und wir versprachen uns, ein solches Klassentreffen jetzt öfter zu wiederholen.

23.3.1985
Wenn irgendetwas in der Uni vorgefallen ist, das mich tagelang erheitert, möchte ich es festhalten, es immer wieder hervorholen und mich daran erfreuen. Deshalb schreibe ich auch so gerne etwas über unseren Fachbereich. Bei jedem Satz, den ich schreibe, kann ich mir manche erheiternde Situation noch einmal wie Schokolade auf der Zunge zergehen lassen. Ich lache doch so gern. Und ich habe sonst nicht viel zu lachen. Was mich immer wieder verblüfft ist die Ernsthaftigkeit, mit der manche Professoren ihre Würde vor sich her tragen. Kaum jemand hat Sinn für Selbstironie, ja nicht einmal für Situationskomik. Deshalb sitze ich oft ganz allein in meinem Büro, verstecke den Kopf in meiner Armbeuge und schütte mich darin aus vor Lachen. Wenn das die Herren Professoren wüssten!
Einer der wenigen, die auch über sich selbst lachen können, ist Herr Professor Ruhland. Er ist einer meiner Lieblingsprofessoren. Natürlich hält auch er Vorträge, wenn er „auf dem Podium steht", wie er es nennt. Doch sobald er sein Podium verlassen hat, spricht er nur noch, wenn er gefragt wird und das auch nicht immer.
Seit ein paar Jahren leitet Herr Professor Ruhland das Prüfungsamt unseres Fachbereiches. Immer wenn die Wahl eines neuen Dekans ansteht, versuche ich, den Wahlberechtigten als möglichen Kan-

didaten Herrn Professor Ruhland schmackhaft zu machen. Alle winken ab: „Der sacht ja nix."
Keiner begreift, dass dies einem jedem im Fachbereich eine Menge Arbeit ersparen würde.

Wenn ich meine Bürotür geöffnet habe und Herr Professor Ruhland über den Flur geht, bleibt er gern bei mir stehen. Da steht er dann und steht und steht so lange schweigend, bis ich ihn anspreche. Dann aber ist jedes seiner einsamen Worte eine humoristische Fundgrube. Oft gehen wir dann mit bebenden Bauchmuskeln wieder auseinander.
Herr Professor Dr. Friedsam, den ich auch sehr mag, und Herr Professor Ruhland waren einmal als kleine Buben Klassenkameraden. Deshalb sind sie die einzigen Professoren im Fachbereich, die sich duzen. Ich spüre, dass sie sich mögen. Beide sind zart besaitet. Manchmal treffen sie sich an ihren Postkästen, die meinem Zimmer gegenüber auf dem Flur angebracht sind. Da ich ein kleines Büro habe, arbeite ich viel bei geöffneter Tür. Manchmal arbeite ich aber nur zum Scheine, wenn meine Tür geöffnet ist. Denn die Begrüßungsrituale der Professoren an ihren Postkästen sind es wert, beachtet zu werden. Keines möchte ich mir entgehen lassen.
„Guten Morgen, Ferdinand", flötet Herr Professor Dr. Friedsam zart, sobald er seinen alten Schulfreund sichtet.
„Guten Morgen, Dietrich", antwortet Herr Professor Ruhland liebevoll und lächelt erfreut.
Dann stehen sich beide gegenüber und lächeln sich hilflos an.
Manchmal versucht Herr Professor Dr. Friedsam, das Schweigen mit Bemerkungen über das Wetter aufzulockern. Doch sein alter Schulfreund Ferdinand steht vor ihm, die Hände an der Hosennaht, und schweigt.
„Sie müssen ihn persönlich ansprechen, Herr Professor Friedsam", versuche ich, die Kommunikation der alten Schulfreunde zu beleben. Schließlich mag ich beide. Aber Frontalangriffe sind nun mal nicht die Stärke der Zwei. Sie sind eben von der feinen Art. Gut, dass ich damit keine Last habe.

Vor ein paar Tagen hat Herr Professor Ruhland den Prüfungsausschuss zu einer Sitzung einberufen. Tagesordnungspunkt war

ein „Einstufungsprüfungsordnungsentwurf" des Ministeriums für Wissenschaft und Forschung. Unter anderem müsste der Absatz 2 des §11 diskutiert werden, der da lautet: „Von der Teilnahme an der Einstufungsprüfung kann bis einen Tag vor Beginn des Prüfungsverfahrens zurückgetreten werden."
Nach der Sitzung teilte Herr Professor Ruhland der Hochschulverwaltung schriftlich mit, dass in Absatz 2 des §11 des Einstufungsprüfungsordnungsentwurfes noch geklärt werden müsse: Wer tritt, wer soll zuerst treten, wer wird von wem getreten, wer wird von wem zurückgetreten.
Mit freundlichen Grüßen…

2.8.1985
Inzwischen schreibe ich nur noch Tagebuch, wenn sich etwas ereignet hat. Und das auch nur, damit ich nichts vergesse. Dabei komme ich gar nicht mehr dazu, meine innere Entwicklung zu Papier zu bringen. Hoffentlich kann ich später einmal als Großmutter diesen Entwicklungsstand anhand meiner Ausdrucksweise rekonstruieren. Mittlerweile bin ich in mein Erwachsenenleben ja auch innerlich hineingewachsen, in das ich durch Isas Geburt hineingestoßen wurde. Auch wenn ich mich hin und wieder noch wie ein Kleinkind benehme. So wie jetzt, als mein Vater ein großes Familientreffen arrangiert hatte.
Begeistert war ich von dieser Idee meines Vaters nicht gewesen. Ich legte keinen Wert auf neue Familienbande nach meinen Erfahrungen mit den alten. Und nach dem, was ich über die Familie meines Vaters inzwischen wusste, konnte ich auf diese Sippe wahrlich gut verzichten. Ein paar Mal hatte ich versucht, meinem Vater klar zu machen, dass ich mich heute als erwachsene Frau nicht mehr in seine Familie integrieren ließe. Aber er tat so, als höre er gar nicht zu.
Schließlich habe ich ihn gefragt: „Oder legst *du* großen Wert darauf, dass deine Familie mich kennen lernt?"
„Ja", sagte er knapp. „Ich bin jetzt 71 Jahre alt und will „das mit dir" geklärt haben."
„Na gut, Vater, dein Wille geschehe."
Nun stand das große Ereignis bevor. Zehn Jahre hatte mein Vater darauf hingearbeitet, mich seiner Familie vorzustellen. Inzwischen waren alle Familienmitglieder über meine Existenz informiert. Ich

habe meinen Vater nicht gefragt, wie die einzelnen auf diese Nachricht reagiert hatten. Ich wollte mich nicht schon wieder ärgern. Das große Treffen sollte im Garten des ältesten Bruders Baldur stattfinden, in dessen Haus auch mein Vater mit seiner Frau wohnt.

Als Rolf und ich aus dem Auto stiegen, waren wir begeistert von der herrlichen Landschaft, in der das Haus lag. Schon von weitem sah ich, dass mitten durch den Garten ein kleiner Bach floss. Der Garten fügte sich harmonisch in eine landschaftliche Idylle ein. Alles wirkte ursprünglich und dennoch geordnet.

Mein Vater hatte mir oft davon geschrieben, wie gern er im Garten arbeitet. Ja, wie sehr ihn die Gartenarbeit belebt und von düsteren Gedanken befreit. Langsam öffnete ich das Gartentor und wollte eintreten.

Da saß die ganze Familie Berthold im Garten und sah mir gespannt entgegen. Alle waren gekommen, obwohl gerade mal wieder irgendwer mit irgendwem im Clinch lag. Als ich die ganze Sippe vor mir sitzen sah, machte ich auf dem Absatz kehrt und – lief weg. Jawohl, ich bin weggelaufen. Es ist nicht zu glauben. Aber es ist passiert. Und alle, alle haben es mitbekommen. Außer Reichweite des Hauses blieb ich stehen. Ich schämte mich in Grund und Boden vor mir selbst. Mit meinem Weglaufen hatte ich die ganze Situation noch schlimmer gemacht, schimpfte ich mit mir selbst. Dann aber tröstete ich mich: Ich hatte mich so blamiert, dass es schlimmer nicht mehr kommen konnte. Also tief durchatmen, Monika, und auf in die Höhle der Löwen. Ich öffnete erneut das Gartentor und jetzt trat ich ein. Als erstes sah ich meinen Vater. Er strahlte über das ganze Gesicht. Und dann stand ich mitten in der gesamten Berthold-Sippe. Mein Vater stellte mich jedem vor. Und ich spürte, wie stolz er auf mich war. Sie waren eigentlich ganz umgänglich meine drei Halbbrüder. Der Zweitälteste stand am Grill. Er gab mir die Hand und grummelte verschämt: „Du brauchst keine Angst vor uns zu haben. Hier beißt keiner.“ – „Herzlich willkommen bei uns“, sagte mein jüngster Halbbruder. Er stellte mir seine Frau und seine Tochter Diana vor. „Und das ist Papas Schwester“, erklärte er seiner kleinen Tochter. Und Diana staunte mich an.

Ich bemühte mich gerade zu sortieren, welche Frau zu welchem Mann gehörte, da kam ein großer stattlicher Mann auf mich zu.

„Herzlich willkommen", sagte auch er und gab mir die Hand. „Ich bin Baldur, der Älteste."
„Baldur von Schirach", schoss es mir wieder durch den Kopf. Baldur nahm mich jetzt unter seine Fittiche. „Komm", sagte er zu mir, „ich zeig dir unseren Garten." Wir gingen nebeneinander über die Wiese. Eine eigenartige Anziehungskraft ging von diesem Mann aus, der mein Halbbruder war. „Gut, dass ich dem nicht in meiner Sturm- und Drangzeit begegnet bin", dachte ich, „der hätte mir gefährlich werden können." Plötzlich blieb er stehen: „Du bist tatsächlich von uns allen dem Vater am ähnlichsten", sagte er und betrachtete staunend mein Gesicht. Hinter uns ging mein Vater mit Rolf. Beide unterhielten sich angeregt. Ich war beruhigt. Rolf schien sich wohl zu fühlen.
Nachdem wir ein paar Meter gegangen waren, standen wir inmitten einer frei laufenden gackernden Hühnerschar. Mein Herz machte vor Freude einen Sprung. Ich hatte Hühner schon immer gern.
Es war ein alter Traum von mir, Hühner halten zu können. Aber es war ja auch ein alter Traum von mir, einmal über die Golden-Gate-Bridge zu gehen und doch werde ich dies nie tun. Träume sind nicht nur dazu da, erfüllt zu werden. Träume sind auch dazu da, einfach nur geträumt zu werden. Deshalb ist es wichtig, ein paar unerfüllte Träume mit durchs Leben zu nehmen, damit man immer noch etwas zum Träumen hat.
Baldur zeigte auf eine Henne: „Sieh mal genau hin, Monika, dann entdeckst du etwas."
Ich entdeckte, dass die Henne viele kleine Küken unter sich hatte. Nach und nach lösten sich die Kleinen aus ihren Flügeln, aus ihrem Hinterteil, ja sogar aus der Seite der Henne krabbelten sie hervor. Baldur freute sich, als er sah, wie begeistert ich war.
Als wir ein paar Schritte weitergingen, entdeckte ich einen Hahn. „Der Hahn greift manchmal Menschen an", sagte Baldur, „aber wenn ich bei dir bin, brauchst du keine Angst zu haben." Dann ging Baldur mal an meiner rechten Seite, mal an meiner linken, je nachdem wo ich des Schutzes vor dem Hahn bedurfte.
Ein eigenartiges Gefühl überkam mich. Wann war ich nach dem Tod meiner Oma noch beschützt worden? Ungesichert und allein war ich durch die Straßen und manchmal auch durch die nahen Wälder von Aplerbeck gelaufen. Dabei hatte ich gelernt, mich

selbst zu schützen. Und plötzlich war eine tiefe Sehnsucht in mir nach Brüdern, nach großen Brüdern, die mich schützten, jetzt hier vor dem Hahn und morgen vor der Unbill des Lebens. Nein, ich war nicht so naiv zu glauben, das Leben mit diesen Brüdern wäre als Kind eitel Sonnenschein für mich gewesen. Wahrscheinlich hätten wir uns gezankt wie die Kesselflicker.

Und trotzdem. Trauer kroch in mir hoch und – Neid. Neid auf Renate, die mit diesen Brüdern aufgewachsen war. Die als einziges Mädchen so behütet worden war, dass sie heute noch immer jemanden braucht, der ihre Lebenswege ebnet. Alles hat seinen Preis, versuchte ich mich zu trösten. An Renate hatte ich eine gewisse Unselbstständigkeit festgestellt. Das war der Preis, den sie heute zahlt, für ihre behütete Kindheit mit einem starken Vater und beschützenden Brüdern. Doch selbst diese Gedanken trösteten mich nicht. Ich hätte diesen Preis auch gern bezahlt.

Baldur und ich gingen zurück zu den anderen Familienmitgliedern. Mein Vater ließ mich nicht aus den Augen und stapfte mit Rolf immer hinter mir her.

Ich setzte mich an den Kaffeetisch und Baldur setzte sich neben mich. Er erzählte mir etwas aus seinem Leben. Und ich erfuhr, dass alle Männer dieser Familie begeisterte Angler waren.

Ich lachte: „Das ist ja merkwürdig. Ich wollte immer mal angeln gehen. Aber als ich es schließlich in die Tat umsetzte und tatsächlich ein Fisch anbiss, habe ich um Hilfe gerufen."

„Du hast geangelt?", fragte Baldur und sein Gesicht war ernst. „Du hast höchstens Männer geangelt." Er sah an mir vorbei. „Wie lange bist du schon verheiratet?"

Ich erzählte ihm etwas aus meinem Leben, aber nur das, was sich seriös anhörte. Mehr brauchte hier niemand von mir zu wissen. Während ich sprach, beobachtete ich, was um mich herum vor sich ging. Die Frauen hatten den Tisch freundlich gedeckt und bedienten alle. Die Männer saßen fest auf ihren Plätzen, redeten über tagespolitische Ereignisse und richteten ihr Augenmerk hin und wieder auf den Grill. In dieser Familie herrschte eine patriarchale Ordnung. Die Frauen bedienten die Herrschaften und die Herrschaften palaverten am Feuer. Ein steinzeitliches Familiengefüge, das hier aber offenbar niemand in Frage stellte. Denn die Herrschaften bieten Frauen und Kindern etwas Wesentliches:

Versorgung, Schutz und Sicherheit, all das, wonach ich ausgezogen war, es mir selbst zu beschaffen.
Inzwischen hatte sich die Situation innerhalb dieser bunt zusammengewürfelten Familie merklich entspannt. Die Frauen beobachteten mich verstohlen, aber nicht unfreundlich. Mein zweitältester Halbbruder bot mir ein Stück Gegrilltes an und mein jüngster Halbbruder versuchte ein paar Mal, an meine Seite zu gelangen. Doch da saß Baldur, und der behauptete seinen Platz. Mein Vater hatte mich immer im Blick, hielt sich jedoch sehr im Hintergrund. Und dennoch, es war eindeutig. Der Mittelpunkt dieser Familie war er. Plötzlich saß Renate an meiner anderen Seite. „Sei vorsichtig beim Baldur", flüsterte sie mir zu. „Die meisten Probleme innerhalb unserer Familie kommen von ihm."
Dass Baldur problematisch war, hatte ich schon den vagen Andeutungen meines Vaters entnommen.
Ich spürte, dass er Baldur für Vieles verantwortlich machte.
Als es nach ein paar Stunden kühler wurde, gingen wir in die Wohnung meines Vaters. Er wollte unbedingt, dass dort Fotos gemacht wurden, auf denen ich inmitten der ganzen Sippe saß. Baldur holte einen Fotoapparat, und ich wurde in die Mitte drapiert. Die Frau meines Vaters holte das schmutzige Geschirr rein und begann, das Abendessen vorzubereiten. Garantiert würde sie heute Abend auch alleine spülen müssen. Von partnerschaftlicher Hausarbeit schien hier keiner etwas gehört zu haben. Und Emanzipation war für die Frauen in dieser Familie offenbar ein Fremdwort.
Plötzlich rief mein Vater: „Herta, komm setz dich zu uns."
Wie vom Donner gerührt hielt die Frau meines Vaters in ihrer Hausarbeit inne. Bewegungslos starrte sie ihren Mann an. Was war denn nun passiert? Niemand sprach ein Wort. Ich unterbrach das Schweigen: „Kommen Sie, Frau Berthold, setzen Sie sich zu uns." Langsam legte sich ihre Starre. Dann murmelte sie fassungslos: „Das hat er ja noch nie gesagt." – „Wer hat was noch nie gesagt?", fragte ich nach. Sie zeigte mit dem Finger auf meinen Vater: „Er hat mich noch nie mit meinem Vornamen angesprochen."
Ein peinliches Schweigen entstand. Ich spürte, dass ich ein Tabu dieser Familie berührt hatte. Aber ich war so neugierig, dass ich nicht aufhören konnte zu fragen. „Wie nennt er Sie denn, wenn er mit Ihnen spricht, Frau Berthold?"
„Er spricht mich gar nicht an. Er sagt immer nur „du" zu mir."

Nach diesem Vorfall habe ich mich besonders freundlich mit der Frau meines Vaters unterhalten. Irgendetwas scheint zwischen diesen beiden Menschen im Laufe ihrer Ehe kaputt gegangen zu sein.
Ich spürte, dass die Frau meines Vaters, dieses „verhuschte Etwas", so manche Verletzung abbekommen hatte von den Männern ihrer Familie. Und sie spürte, dass ich ihr zugetan war.
„Ich heiße Herta", sagte sie und reichte mir ihre Hand.
„Und ich heiße Monika."
Am nächsten Tag rief mich zuerst mein Vater an. Seine Stimme klang so weich, wie ich sie noch nie gehört hatte. Ganz begeistert war er, wie gut ich ausgesehen hätte, wie schick mein Kleid gewesen sei und überhaupt, wie schön alles gewesen wäre. Kurz danach rief mich Renate an. Ihre Mutter schwärme inzwischen richtig von mir, erzählte sie.
Na ja, wenn ich will, kann ich schon mal ganz charmant sein.

23.9.1985
Vor zwei Tagen bin ich 40 Jahre alt geworden.
Die Schwaben werden mit 40 weise, und da die Westfalen den Schwaben ähneln, kann ich vielleicht jetzt auch auf beginnende Weisheit hoffen.
Mein Töchterlein Isa ist heute schon weise. Deshalb wird sie später auch alles besser machen als ich, sagt sie. Aber das habe ich damals auch zu meiner Mutter gesagt. Und heute hoffe ich nur noch, dass ich wenigstens etwas besser gemacht habe als sie.
Inzwischen hat Isa Ulrich kennen gelernt. Und das ist erfreulich. Denn beide planen eine gemeinsame Zukunft und Ulrich verspricht, ein angenehmer Schwiegersohn zu werden. Deshalb zähle ich ihn jetzt schon zu meiner Familie. Also habe ich auch ihn zu meinem 40. Geburtstag eingeladen.
Da ich nicht gern viele Menschen um mich habe, hatte ich meine Einladung nur auf Familienmitglieder beschränkt. Zu denen sich natürlich auch mein Vater zählt, sodass ich ihn mit seiner Herta eingeladen habe, ebenso meine Halbschwester Renate mit ihrem Mann. Und nicht zu vergessen Rolfs Mutter, unsere Lady, mit ihrem neuen Lebensgefährten Hermann.
Ich hatte während dieser Geburtstagsfeier nicht viel zu tun. Mein hoffentlich künftiger Schwiegersohn Ulrich half mir bei den Vor-

bereitungen und bediente meine Gäste. „Bleiben Sie ruhig sitzen, Frau Kordes, ich mache das schon", sagte mein hoffentlich künftiger Schwiegersohn Ulrich, und ich packte in Ruhe meine Geschenke aus.

Mein Vater hatte mir ein paar Tage zuvor einen größeren Geldbetrag geschickt, von dem seine Herta nichts wissen sollte. Sie erzählte mir stattdessen, dass sie sich viele Gedanken gemacht hätte, was sie mir schenken könnte und überreichte mir eine elegante Damast-Tischdecke in einer Spezialgröße. Weil den meisten Hausfrauen eine solche Tischdecke fehle, fügte sie hinzu.

Mir war es sehr unangenehm, dass Herta von dem Geldgeschenk meines Vaters nichts wissen durfte.

Ich werde das Geld einem Krankenhaus in Jerusalem spenden. Das ist dann ein gerechter Ausgleich.

Mein Vater verstand sich mit dem Hermann meiner Schwiegermutter besonders gut. Hermann bemerkte nicht, dass mein Vater schwerhörig ist. Und mein Vater würde niemals zugeben, schwerhörig zu sein. Eitel ist der alte Adolf. Eitel, eitel, von der Sohle bis zum Scheitel. Niemals würde er ein Hörgerät tragen, genauso wenig wie eine Brille. Lesen könne er ja alles, sagt er – wenn die Leute nur nicht so klein schreiben würden. Und Hören könne er auch alles – wenn die Leute nur nicht so nuscheln würden. Hermann glaubte jedenfalls, von meinem Vater verstanden worden zu sein. Ich sah, wie mein Vater ein paar Mal zustimmend zu Hermanns Ausführungen nickte. Und Hermann war glücklich. Als sie sich voneinander verabschiedeten, sagte mein Vater: „Tschüs, Solinger…"

Ich glaube, mein Vater hatte nur verstanden, dass Hermann aus Solingen kam.

Es war ein rundum schöner Geburtstag, mein Vierzigster, auch wenn ich mich wieder über meine Schwiegermutter geärgert habe. Aber irgendwann, Lady, werden deine kleinen Biestigkeiten an mir abprallen. Die Schwaben lassen mich hoffen.

10.10.1985

Ruhe scheint mir in meinem Leben nicht vergönnt zu sein. Vermutlich werde ich meinen letzten Atemzug noch während einer Hiobsbotschaft aushauchen.

Isa hat ihren Erzeuger Toni angeschrieben. Sehr lieb, wie Isa manchmal sein kann, bat sie ihn um Verständnis, dass sie ihren leiblichen Vater einmal kennen lernen möchte. Sie hat tatsächlich „Vater“ geschrieben. In mir fing es an zu brodeln. Nein, dieser Typ verschafft mir keine schlaflose Nacht mehr! Der hat mein Leben genug beeinflusst.
Ich bestimme, welche Gedanken in meinem Kopf kreisen. Und deshalb stelle ich jetzt meinen Gedankenschalter bei Toni auf „Aus“. Stattdessen lasse ich friedliche Einschlafphantasien durch meinen Kopf strömen. Schon nach ein paar Minuten bin ich eingeschlafen.

Isa und ich stehen allein auf einem Bahnsteig. Es ist dunkel. Wir kommen aus dem Urlaub und haben den Zug verpasst, der uns nach Hause bringen soll. Die Atmosphäre ist düster und beängstigend. Wie kommen wir jetzt nach Hause?
Da ertönt eine Stimme aus dem Lautsprecher. In drei Stunden fährt noch ein Zug, der uns nach Hause bringen wird. Aber das wird der letzte sein. Und wir werden mehrmals umsteigen müssen.
Wie nutze ich jetzt die Wartezeit sinnvoll? Ich müsste eigentlich klären, wann, wo und wie oft wir auf der Heimfahrt umsteigen müssen. Aber diese Gedanken belasten mich. Ich schiebe sie zur Seite. Wichtig ist nur, dass überhaupt noch ein Zug fährt. Und dass ich diesen Zug nicht verpassen darf.

Nein, diesen Traum verstehe ich nicht. Aber er ist wichtig, das spüre ich. Ich schließe meine Augen und lasse den Traum noch einmal in meiner Phantasie entstehen.

Der Urlaub ist zu Ende.
Da, wo ich mich gerade mit Isa befinde, ist die Atmosphäre düster und beängstigend (negative Gefühle). Ich habe die Gelegenheit verpasst, zu mir nach Hause zu kommen (Zug verpasst). Doch eine Chance bekomme ich noch – in einem weiteren Drittel meines Lebens (in drei Stunden). Dabei werde ich dann noch ein paar Mal innehalten müssen, um etwas zu verändern (umsteigen).
Ich sollte die Zeit bis zur Heimfahrt sinnvoll nutzen und mich damit beschäftigen, wie und wo ich umsteigen muss. Doch ich schiebe diese Gedanken zur Seite, weil sie mich belasten. Wichtig

ist nur, dass ich die Chance, nach Hause zu kommen, nicht noch einmal verpasse.

So ganz verstehe ich den Traum immer noch nicht.
Um nach Hause zu kommen, muss ich etwas verändern, das scheint klar zu sein. Doch was soll ich verändern? Bevor ich einschlief, habe ich mich über Isas Brief an Toni geärgert. Und diese Gedanken zur Seite geschoben.
Auch wenn es mir schwer fällt. Ich scheine mich mit Toni noch mal beschäftigen zu müssen. Das hat mir gerade noch gefehlt.

26.10.1985
Ich habe meine alten Tagebuchaufzeichnungen hervorgeholt aus der Zeit, als Anja und ich noch regelmäßig nach Mals gefahren sind. Ein paar Zeilen habe ich gelesen. Die haben schon gereicht, mich in einen Gefühlsstrudel zu stürzen. Danach habe ich aufgehört zu lesen. Ich weiß nicht, ob es wirklich sein muss, mich mit dem ganzen Theater von damals noch mal zu belasten.
Als meine Schwangerschaft feststand, haben Toni und ich uns gegenseitig verletzt. Von der Zärtlichkeit, die einmal zwischen uns war, blieb nur noch ein Trümmerfeld. Ich habe Angst, dass er jetzt Isa verletzten wird. Dass er ihr schreiben wird, er wisse ja noch nicht einmal, ob er überhaupt ihr Erzeuger sei. Bei diesem Gedanken steigt ohnmächtige Wut in mir hoch. „Wenn du Isa verletzt, Toni, werde ich dir das heimzahlen."
Ich versuche, mich zu beruhigen. Toni hat weder Unterhalt für Isa gezahlt noch irgendwelche anderen Konsequenzen zu spüren bekommen. Ich habe die gesamte Last und Verantwortung für dieses Kind, das auch seines ist, die meiste Zeit allein getragen. Nur Rolf hat mir gelegentlich geholfen.
Jetzt soll Toni sich wenigstens zu Isa bekennen. Das ist das mindeste, was er für sie tun kann.
Doch meine Angst wird immer größer, dass er Isa verletzen wird. Und ich sie nicht mehr beschützen kann. Bitte, Toni, tue ihr nicht weh!

3.11.1985
Toni hat Isa geantwortet. Und er hat mit keiner Zeile seine „Vaterschaft" in Zweifel gezogen. Dem Himmel sei Dank! Ja, er hat

sogar sehr einfühlsam geschrieben. Er hat versucht, Isa klar zu machen, dass ein Kontakt zwischen ihnen sehr schwierig sei. Weil er weder ihre Gefühle noch die meiner oder seiner Familie verletzen möchte. Aber er könne auch verstehen, dass sie ihren „leiblichen" Vater einmal kennen lernen möchte.
Auf diesen Satz habe ich 20 Jahre gewartet! Nun werden die Zwei sich wohl in der nächsten Zeit in München treffen. Mein innerer Gefühlssturm hat sich gelegt. Ich bin Toni zum ersten Mal friedlich gesonnen. Schließlich habe ich ihm ja Isa zu verdanken. So kann man es ja auch mal sehen.

20.12.1985
Isa und Toni – so er es denn war – haben sich in München getroffen. Beide benötigten wohl eine stützende Person an ihrer Seite. Isa nahm ihren Ulrich mit und Toni kam mit seiner Frau Grete. Bei ihrem Zusammentreffen zeigte Toni Isa seinen Ausweis. Das war auch nötig, denn den Toni von damals gab es nicht mehr oder Toni hatte einen anderen Mann geschickt.
Isa beschrieb mir den Mann, der sich Toni Sartorius nannte, als glatzköpfig mit spärlichem Haarkranz, leicht pummelig und nur etwas größer als sie selbst. „Er ist sogar kleiner als du", sagte Isa verwundert und zeigte mir ein Foto des Mannes, der sich Toni Sartorius nannte. Nein, diesen Mann kannte ich nicht. Haupthaare können spärlicher werden und Pfunde sich vermehren, aber die Körpergröße eines Menschen verringert sich meines Wissens nach erst in höherem Alter und dann auch nur um wenige Zentimeter. Außerdem hatte der Toni, den ich kannte, wunderschöne hellbraune Augen, an die ich mich mit einer Klarheit erinnern konnte, als hätte er nur aus diesen Augen bestanden. Doch die Augen des Mannes auf dem Foto waren trübe.
„Nein, Isa, das ist nicht der Toni Sartorius, den ich kannte." Doch Isa war davon überzeugt, ihrem „leiblichen" Vater gegenübergesessen zu haben. Er hätte ihr gut gefallen, der Toni, erzählte Isa weiter, obwohl er sehr still gewesen wäre. Frau Grete hätte das Gespräch geführt und viel von ihren drei Töchtern erzählt. Diese Töchter wüssten nichts von Isas Existenz und sollten auch künftig nichts davon erfahren. Ein weiterer Kontakt zwischen Isa und Toni sei deshalb schwierig, hätte Frau Grete gesagt.

Irgendwann hätte Toni dann doch seinen Mund geöffnet und Isa gefragt, wie es mir ginge. Zu meiner eigenen Überraschung freute mich das.
Beim Abschied hätte Toni Isa leise gefragt, ob sie ihm denn mal schreiben würde. Vielleicht hatte er Angst, wenn Frau Grete diese Frage hörte, könnte sie sie nicht gutheißen, so es denn wirklich Frau Grete und Herr Toni Sartorius gewesen sind.

14.1.1986
Isa ist aus unserem Haus ausgezogen. Sie lebt nun mit ihrem Ulrich zusammen in einer eigenen Wohnung. Kurz vorher hatten wir noch ein paar unerfreuliche Auseinandersetzungen über ihre weiteren beruflichen Pläne. Immerzu würde ich sie ausfragen, schimpfte sie, ja, ich zöge durch meine Fragen alles aus ihr heraus.
„Merkwürdig", sagte ich, „frage ich dich nicht, habe ich kein Interesse an dir. Frage ich dich, frage ich dich aus."
Als Isa auszog, haben wir dann doch beide geweint. Obwohl ihre neue Wohnung gerade mal zehn Minuten von uns entfernt ist. Beide spürten wir wohl, dass dies ein Abschied von einem Lebensabschnitt war. Als die Tür hinter Isa ins Schloss fiel, wütete ein fürchterlicher Schmerz in meinem Inneren. Danach war eine Leere in mir, die mir Angst machte. Isa rief mich schon ein paar Minuten später an und schluchzte ins Telefon: „Mami, ich war doch noch nie längere Zeit ohne dich."
Es tat gut, die Liebe in mir zu spüren, die ich für Isa empfinde. Sie füllte die Leere wieder aus, die ich kurzzeitig in mir gespürt hatte. Hoffentlich kommt sie in ihrem neuen Leben zurecht. Aber ich will mir jetzt keine Sorgen mehr um sie machen. Sie ist jetzt erwachsen.

25.3.1986
Nun kann ich mich auch mal mit anderen Mitgliedern meiner kleinen Familie beschäftigen. Denn da gibt es noch ein paar Diven.
Rolf, heißersehntes männliches Wunschkind seiner Eltern, blieb „Muttis Sohnemann", trotz aller Gefährdungen, die so eine Spitzenposition mit sich bringt. Seine Mutter, unsere allseits verehrte Lady, machte ihre Rechte auf ihren Sohnemann in regelmäßigen Abständen geltend. Zu diesem Recht gehörte auch, dass sie ihn

besuchen konnte, wann immer sie wollte. Stand sie unangemeldet auf der Matte, verzog ihr Sohnemann sich jedoch schnell und ließ mich mit seiner Mutter allein. Um dem vorzubeugen, verlegte ich das Bügeln meiner Wäsche auf diese Zeiten und entschwand, eine Entschuldigung murmelnd, in den Bügelkeller. Dann saßen Mutti und ihr Sohnemann sich allein gegenüber und hatten sich nichts zu sagen. Nach diesen mütterlichen „Überfällen“ war Rolf drei Tage nicht genießbar. Dann bekrabbelte er sich langsam – bis zum nächsten mütterlichen „Überfall“.
Um diesem allgemeinen Frust ein Ende zu machen, bat ich unsere Lady, ihre Besuche bei uns doch vorher anzukündigen, damit wir uns darauf vorbereiten könnten. Wir seien schließlich berufstätig. Die Lady reckte sich zu ihrer vollen Größe empor, was sie immerhin bis zu meiner Nasenspitze reichen ließ, und sagte majestätisch: „Mein liebes Mädchen. Ich kann meinen Sohn besuchen, wann immer ich will.“ – „Nun, dann tu das“, sagte ich freundlich und ward fortan bei ihren Besuchen gar nicht mehr gesehen.

Schon nach ein paar Besuchen in trauter Zweisamkeit mit seiner Mutter, reagierte der Sohnemann so genervt, dass er plötzlich selbst sprechen konnte und sich ihre unangemeldeten Besuche verbat. Doch auf diesem Ohr war die Lady taub.
Eine Woche später sah ich sie wieder auf unser Haus zumarschieren und entschwand in den Bügelkeller. Als ich nach einer Stunde wieder auftauchte, fand ich meinen Mann allein im Wohnzimmer. „Wo ist deine Mutter?“, fragte ich ihn neugierig. „Auf dem Weg nach Hause.“ Rolfs Gesicht war finster. „Habt Ihr nicht miteinander Kaffee getrunken?“, fragte ich weiter. „Nein, ich hab sie gar nicht erst rein gelassen.“ Und Rolf entschwand auf die Toilette, wie immer, wenn er sich entziehen oder erleichtern wollte.
Die Lady kam nie mehr unangemeldet zu uns. Jetzt wurden wir zu ihr eingeladen. Das war noch schlimmer. Denn Rolf legte Wert darauf, dass ich mitkam, und ich konnte nicht mehr in den Bügelkeller entschwinden. Die Lady bewirtete uns großzügig. „Junge, nimm noch ein Schnitzel“, drängte sie Sohnemann beim Mittagessen. Aber ihr Junge war satt und lehnte auch das letzte Schnitzel höflich dankend ab. Ich hätte das Schnitzel gern noch genommen, aber ich wurde nicht gefragt. Und es einfach zu nehmen, traute ich mich nicht.

„Nun iss doch, Junge", drängte die Lady weiter und hielt das letzte Schnitzel hoch. Doch ihr Junge wollte immer noch kein Schnitzel mehr essen, auch nicht das letzte, und die Schwiegertochter wurde immer noch nicht gefragt.
Manche Menschen muss man zu ihrem Glück zwingen, das weiß auch die Lady. Sie nahm das Schnitzel und legte es Rolf auf den Teller. Doch da blieb es nicht. Ich sah dem fliegenden Schnitzel nach, und mir lief das Wasser im Mund zusammen. Doch es landete auf dem Teppich, unter den immer so viel gekehrt worden war. Danach wurden wir nicht mehr eingeladen.
Nun aber mehrten sich die telefonischen Hiobsbotschaften: „Lady – Herzanfall – Notarzt – Krankenhaus." Rolfs Gesicht verfärbte sich. Er kannte diese „Herzanfälle" seit seiner Kindheit. In regelmäßigen Abständen hatte seine Mutter damit ihre Familie in Atem gehalten. So lange, bis irgendein Besuch bei ihnen klingelte. Dann erhob sich die herzkranke Lady, kochte Kaffee, bewirtete ihre Gäste, und ihr stolperndes Herz schlug in harmonischem Takt. Das hatte Rolf traumatisiert. Und er war nie wieder zu ihr ans Krankenlager geeilt.
Nun aber war Weihnachten. Und an Weihnachten hatte der Lady Herz noch nie gestolpert. Das war also neu und erforderte somit eine neue Vorgehensweise. „Gehen wir am ersten oder zweiten Weihnachtstag zu ihr ins Krankenhaus?", fragte ich Rolf. Doch Rolf wollte weder am ersten noch am zweiten noch an einem sonstigen Tag zu seiner Mutter ins Krankenhaus. Das aber ging für mein Empfinden zu weit. Ich redete so lange auf ihn ein, bis er spürte, dass er sich entscheiden musste: Entweder ein Besuch bei seiner Mutter am Krankenbett oder pausenloses auf ihn Einreden seiner Ehefrau. Er entschied sich für das mütterliche Krankenbett.
Am zweiten Weihnachtstag betraten wir vorsichtig das Krankenzimmer. Die Lady war wach; sie thronte in ihren Kissen und hielt Hof. Recht munter holte sie eine Liste aus ihrer Schublade und malte einen Strich hinein. „Das ist meine Strichliste für all diejenigen, die mich besuchen." Sie lächelte ihrem Sohnemann aufmunternd zu. „Wer oft kommt, bekommt auch viele Striche."
Da rastete Rolf aus. Er tobte und schrie sich mit hochrotem Kopf den Frust aus dem Leib.

Kerzengerade thronte die Lady in ihren Federn und sah ihren tobenden Sohn lächelnd an. „Reagiere dich ruhig an mir ab, mein Sohn." Und ihr Sohn reagierte sich ab...
Ich war so entsetzt, dass ich nur noch stammeln konnte: „Das tut mir Leid, Lady, ich habe ihn hier her geschleppt..., er wollte eigentlich gar nicht..., wenn ich das gewusst hätte..., nie wieder werde ich..." Dann fauchte ich Rolf an: „Es reicht", und zog ihn energisch aus dem Krankenzimmer.
So schnell kann aus einer ungeliebten Schwiegertochter eine Kämpferin für die Menschenrechte von Schwiegermüttern werden. Das Leben ist eine Wundertüte.

26.1.1987
Auch Professoren sind Menschen. Auch sie neigen zu Vergesslichkeit und Schwerhörigkeit wie normale Sterbliche. Insbesondere dann, wenn sie ihren Kaffee bezahlen sollen. Den soll ich den Professoren zu ihren Sitzungen kochen. Wer den Kaffee bezahlt, interessiert sie so lange nicht, wie sie ihn nicht selbst bezahlen müssen.
Es gibt ein paar Professoren, die ihr Kaffeegeld regelmäßig entrichten. Doch die meisten werden schwerhörig, wenn ich sie daran erinnere. Oder sie haben – oh weh – gerade kein Geld dabei. Die Kaffeekasse ist deshalb nur spärlich gefüllt, sodass ich die Professoren immer öfter an ihr Kaffeegeld erinnern muss, will ich den Kaffee für sie nicht aus meiner eigenen Tasche bezahlen.
„Ist denn die Kaffeekasse schon wieder leer?", fragen sie mich gedehnt vorwurfsvoll. „Sie war noch nie voll", versuche ich mich zu rechtfertigen. Doch sie hören – wie immer – gar nicht zu.
Jetzt habe ich die Kaffeekocherei abgeschafft. Ich war es leid, den Herren Kaffee zu kredenzen und mich anschließend noch als Bittsteller behandeln zu lassen, wenn sie das, was sie in sich hineinschütten, auch bezahlen sollen. Nun bekommen sie Tee. Im Aldi gibt es besonders preiswerte Beutelchen. Ein paar davon hänge ich dann in Warmhaltekannen, gieße kochendes Wasser darauf und lasse sie lange ziehen. Tee, der lange zieht, macht müde. Und müde Professoren reden weniger auf Sitzungen. Schließlich muss ich Protokoll führen.

Obwohl ich die Professoren jetzt nur noch selten um ihren Beitrag für die Kaffeekasse angehe, ist ihnen die Umstellung auf die preiswerten Teebeutelchen nicht bekommen. Sie leiden hörbar.
„Frau Kordes hat einstimmig beschlossen, dass wir ab jetzt nur noch Tee zu trinken bekommen", sagte der Herr Dekan spitz, als die erste Kanne Tee auf dem Tisch stand. Denn Tee mögen die Professoren nicht. Und gemütlich ist es jetzt in den Sitzungen auch nicht mehr, so ganz ohne Kaffee. Dann kann „man" auch gleich durch Abwesenheit glänzen oder die Sitzung schnell wieder verlassen. Und den Tee trinken sie nicht. So! Beleidigt rauschen sie an mir vorbei aus dem Sitzungszimmer.
„Nun sind wir nicht mehr beschlussfähig", stellt der Dekan dann fest und muss leider die Sitzung beenden.
Ich nehme Block und Bleistift, gehe in mein Sekretariat und koche mir dort eine gute Tasse Kaffee.
Das habe ich nun davon...

13.5.1987
Im April war ich wieder in Assisi und habe mir dort den Staub von der Seele pusten lassen. Noch immer gehe ich am liebsten allein durch Assisi. Ich sondere mich von der Gruppe ab so oft es geht. Manchmal stehe ich lange am geöffneten Fenster meines Zimmers und genieße bis zum Anbruch der Dunkelheit den Anblick des Städtchens. Es hat einen eigenartigen Zauber. Ich denke gern an den Satz des Franziskus: „Allen Menschen, die Gott suchen, soll die Stadt Assisi geistige Heimat sein."
Wenn die Gruppe gemeinsam an der Klara-Kirche vorbeigeht, versuche ich oft, mich unbemerkt abzusetzen. Dann schlüpfe ich zwischen den Menschenmassen hindurch in die kleine Kapelle der Kirche und setze mich vor das Kreuz. Und dort sitze ich und sitze und sitze – manchmal den ganzen Vormittag.
„Si chiude, per favore", sagt dann irgendwann eine Stimme neben mir. Die Kirche wird geschlossen. Es ist Mittagszeit.
Was tue ich dort die vielen Stunden vor dem Kreuz?
Der Pfarrer von Ars fragte einst einen Bauern: „Was tust du so viele Stunden in der Kirche?" Darauf antwortete der Bauer: „Ich sehe IHN an und ER sieht mich an."

3.11.1987
Im Sommer ist Herr Professor Dr. Friedsam wieder zum Dekan gewählt worden. Darüber bin ich sehr froh. Er war mein erster Dekan hier im Fachbereich. Er ist kompetent, menschlich integer, und ich habe mich immer auf ihn verlassen können. Das ist nicht selbstverständlich. Aber eigentlich waren die meisten Dekane recht umgänglich, auch wenn ich sie gern karikiert habe. Ich bin halt ein altes Lästermaul. Doch auf die Zusammenarbeit mit Herrn Professor Dr. Friedsam, darauf freue ich mich ganz besonders.

19.1.1988
Seitdem ich von Männern nicht mehr allzu viel erwarte, komme ich mit ihnen ganz gut zurecht, also auch mit Rolf. Ich glaube, dass viele Missverständnisse entstehen, weil Männer und Frauen tatsächlich von Natur aus anders gepolt sind und somit auch ein anderes Denken haben. Ich denke gern daran, wie Herr Professor Dr. Lauterbach sich einst bei mir vorstellte: „Gestatten, Lauterbach, nördliche Halbkugel, Sonnenseite." Und ich antwortete: „Kordes, südliche Halbkugel, Schattenseite."
Männer und Frauen leben tatsächlich auf anderen Breitengraden dieser Weltkugel. Und in seltenen Glücksmomenten kann man sich sehen und einander zuwinken, mehr nicht.
Als mir das klar wurde, habe ich mich immer seltener persönlich in Frage gestellt gefühlt. Ich kann Männer nun auf ihrer nördlichen Halbkugel leben lassen und versuche nicht mehr, sie zu mir auf meine südliche Halbkugel zu ziehen. So leben Rolf und ich auch unseren Alltag. Und zwar wohltemperiert, darauf achte ich, denn Hitze vertrage ich nicht mehr.
Inzwischen sind Rolf und ich sogar eingetragene Mitglieder des Kirchenchores meiner Gemeinde.
Nicht dass Rolf ein frommer Mensch wäre, Gott bewahre, dass er's würde. Bisher hat ihn noch immer Frau Krake, Gott hab sie selig, davor bewahrt. Und das nun schon seit 40 Jahren.
Frau Krake hat Rolf im Religionsunterricht etwas von Erwartungen erzählt, die der liebe Gott im Himmel an ihn hätte. Und das hat Rolf schon im zarten Knabenalter nicht gefallen. Denn er hatte schon genug damit zu tun, sich den Erwartungen seiner Mutter auf Erden zu entziehen. Aber dann hat Frau Krake auch noch erzählt, dass der liebe Gott jedes einzelne Menschenkind

„überwacht“ und die Strafe für eine Untat auf dem Fuße folgen lässt. Da hat Rolf den Kopf geschüttelt und von Stund an mit diesem Gott von Frau Krake nichts mehr zu tun haben wollen. Nicht dass Rolf glaubt, jemals eine Untat begangen zu haben. Keineswegs. Rolf ist redlich und hat nichts zu verbergen. Aber er denkt wirtschaftlich. Und er findet es ärgerlich, dass der liebe Gott von Frau Krake seine Zeit damit verplempert, jedes Menschenkind zu überwachen. Rolf könnte ihm schon sagen, wo er seine göttlichen Energien nutzbringender einsetzen könnte, als bei der Überwachung von Hinz und Kunz. Denn Rolf macht vor jedem Vorhaben eine Kosten-Nutzen-Analyse, damit er immer den größtmöglichen Nutzen erzielt bei niedrigstem Aufwand. Eine Kosten-Nutzen-Analyse hat er sogar gemacht, bevor er geheiratet hat. Da könnte selbst der liebe Gott von Frau Krake etwas von ihm lernen. Aber der lässt sich ja nichts von ihm sagen. Und deshalb will Rolf mit diesem Gott von Frau Krake nichts zu tun haben.
Trotzdem singt Rolf, der Heide, gern fromme Lieder. Sie bewegen sein Gemüt so angenehm.
Und so gehen Rolf und ich nun jeden Mittwoch Hand in Hand zur Chorprobe des Kirchenchores. Das hat etwas von ruhiger Normalität an sich. Und damit bin ich ja bisher nicht gerade verwöhnt worden.
Wenn Rolf dann zwischen den Tenören sitzt und ich zwischen den Alt-Stimmen, winken wir uns gelegentlich zu, Rolf von der nördlichen Halbkugel und Monika von der südlichen Halbkugel. Und wenn Rolf dann mit Inbrunst singt „Großer Gott, wir loben dich“, bin ich davon überzeugt, dass Frau Krake im Himmel ihre Freude hat.

30.1.1988
Pater Gotthard plant im März eine Pilgerreise nach Israel statt nach Assisi. Es ist schon lange ein Herzenswunsch von mir, Israel kennen zu lernen. Deshalb habe ich mich sofort für diese Reise angemeldet.
Vor ein paar Tagen war mein Vater bei uns. Er steckte mir wieder einen größeren Geldbetrag zu. Ich habe mich dafür bedankt und ihm gesagt, dass ich das Geld gut gebrauchen könne für meine Israel-Reise. Das Gesicht meines Vaters wurde abweisend. „Du fährst in den Judenstaat?“ Das war sein einziger Kommentar. Aber

ich wusste in diesem Augenblick, dass ich nie wieder ein Geldgeschenk von ihm erhalten würde.

27.2.1988

Ich musste jetzt vor meiner Israel-Reise einen Fragebogen ausfüllen. Unter anderem sollte ich den Namen meines Vaters eintragen. Was nun? Als uneheliches, noch während des Krieges gezeugtes Kind, konnte ich gut schreiben „Vater unbekannt". Bis vor ein paar Jahren war er das ja auch. Nannte ich aber den Namen meines Vaters, konnte das vielleicht meinem Vater schaden. Ich fürchtete, dass mein Vater während des Krieges als überzeugter Nazi und heute noch Unbelehrbarer Schuld auf sich geladen hatte. Das Thema seiner Nazi-Vergangenheit stand immer unausgesprochen zwischen uns. Es war an der Zeit, sich damit auseinanderzusetzen.

Als er wieder einmal bei uns war, sprach ich ihn darauf an. „Vater, du weißt, dass ich bald nach Israel fliege." Er antwortete nicht. „Für meine Einreise nach Israel muss ich jetzt einen Fragebogen ausfüllen. Unter anderem soll ich den Namen meines Vaters eintragen. Was soll ich tun?" Er drehte sich ganz erstaunt mir zu. „Natürlich meinen Namen eintragen." Doch dann verstand er. „Du kannst meinen Namen unbesorgt eintragen. Ich habe mir nichts zuschulden kommen lassen."

Danke, Gott, endlich ist mir diese Last von der Seele genommen. Und ich kann unbeschwert nach Israel fliegen.

29.4.1988

„Jede Reise ist eine Rose für den Winter", sagen Martha und Maria und packen dreimal im Jahr ihre Koffer, um Rosen für den Winter zu sammeln. Ich habe leider noch nicht so viele Rosen für den Winter wie Martha und Maria. Aber die wenigen, die ich habe, sind dafür besonders schön, so wie die Rose, die ich jetzt in meine Seele gepflanzt habe: Israel.

Am 19. März ging's los. Auf keine andere Reise hatte ich mich bisher so gut vorbereitet wie auf diese. Und vor keiner Reise hatte ich bisher so viel Angst. Als der Flieger sich langsam in den Himmel erhob Richtung Israel, saß ich starr vor Entsetzen in meinem Sitz. Und dann geriet unsere Maschine auch noch in Turbulenzen.

Ich schloss mit meinem Leben ab, dankte Gott, dass ich Isa noch groß bekommen hatte und bat Ihn darum, dass gleich beim Absturz des Flugzeuges mein Ende schnell vor sich gehen möge, schmerzfrei und sanft, und dass Er doch, wenn ich dann vor Ihm stehe, Nachsicht walten lassen möge bei der Beurteilung meines Lebens.
„Ich habe leider all meine Talente vergraben, Gott, und war immer nur damit beschäftigt, mein Leben irgendwie zu bewältigen, anstatt das, was Du mir doch geschenkt hast, den Menschen weiterzugeben. Aber ich liebe Dich, Gott. Das ist alles, was ich Dir anbieten kann, und…" Dann war ich in Jerusalem.

Während dieser zwei Wochen in Israel wird unsere Gruppe von Zwi betreut, einem israelischen Reiseleiter. Sein Sohn Jossi ist für unsere Parallelgruppe zuständig. Zwi erklärt uns, dass er seinen Reisegruppen immer Namen gibt. Und deshalb nennt er unsere Gruppe jetzt „Joffi".
Wir werden in einem ehemaligen Kloster untergebracht. Langsam packe ich meinen Koffer aus. Doch Martha und Maria mahnen mich zur Eile. Sie wollen unbedingt noch am ersten Abend durch die Altstadt von Jerusalem spazieren. Gegen 20.00 Uhr marschieren wir drei Frauen los. Auf der Straße ist keine Menschenseele zu sehen. Eine drückende Stille umgibt uns. Nur durchbrochen vom Hallen unserer Schritte. Jedes Geräusch verliert sich dumpf im Dunkel dieser leblosen Stadt.
Wir gehen durch das Neue Tor hinaus in Richtung „Notre Dame". Dann wollen wir durchs Jaffa-Tor in die Altstadt von Jerusalem. Verwundert blicken wir uns um. Eine Stadt wie Jerusalem ähnelt um 21.00 Uhr einer Geisterstadt. Ganz langsam kriecht Unruhe über meinen Rücken, lässt mich frösteln, wird zur Gänsehaut. Maria und Martha scheint es ähnlich zu ergehen. Wir nicken uns kurz zu, mehr braucht es nicht. Dann eilen wir schnellen Schrittes zurück zu unserer Herberge. Am Eingang steht Zwi und sieht uns grimmig entgegen. „Wie könnt Ihr drei Frauen allein in die Stadt gehen", zürnt Zwi. „Überall ist Gefahr. Die Luft ist dick in Jerusalem."
Am nächsten Morgen gehen wir gemeinsam mit der Gruppe durch Jerusalem. Es ist ein schöner Tag. Und doch liegt eine bleierne Schwere über der Stadt. Kein Geschäft ist geöffnet. Ein paar Men-

schen gehen an uns vorbei, als sähen sie uns nicht. Doch ich spüre überall beobachtende Blicke.
Klack, klack, klack, hallen auch am Tage unsere Schritte auf dem schlechten Pflaster der alten Straßen. Ich nähere mich Zwi. „Was ist hier los in Jerusalem?"
„Jerusalem wird bestreikt", sagt Zwi bitter. „Die Araber wollen unsere Wirtschaft zerstören. Sie können nicht leben mit uns."
Wir gehen eine Zeit lang schweigend nebeneinander her. „Erzählen Sie uns mehr von den Konflikten hier in Israel", bitte ich ihn.
Langsam sucht Zwi nach Worten. „Bei der Gründung unseres Staates haben wir versucht, mit die Araber zu leben", sagt Zwi. Und seine etwas verdrehte Wortstellung rührt mich seltsam an. Dann sieht er, dass die ganze Gruppe interessiert zuhört. Nun sprudeln die Worte aus ihm heraus. „Wir haben bei der Gründung unseres Staates gedacht, wenn wir integrieren die Araber, wir haben Frieden in Israel. Doch die Araber sind nach 1948 weggelaufen. Und es gibt ein Gesetz bei die Juden, wer wegläuft, darf niemals mehr zurückkommen. Die Araber, die geblieben sind, haben die israelische Staatsbürgerschaft erhalten. Sie bekommen aus dem National-Fond genauso wie die Juden alle sozialen Absicherungen. Viele Araber wollen leben mit die Juden. Weil die Juden das Land fruchtbar gemacht haben und eine gute Wirtschaft aufbauen. Die Araber haben Arbeit hier in Israel und Brot für ihre Kinder. Doch wenn der Streik ausgerufen wird, müssen alle streiken. Öffnet jemand sein Geschäft, wird er bedroht von die Araber."
Zwi bleibt stehen und zeigt uns die Klagemauer. „Die Klagemauer ist der Rest von Salomons Tempel", erzählt er weiter. „Der ganze Tempel Salomons liegt unter dem Felsendom. Bis 1967 war es den Juden verwehrt, hier an der Klagemauer zu beten. Jerusalem war geteilt und die Klagemauer lag auf jordanischem Gebiet. Auf Hochsitze sind die Juden geklettert, um im Angesicht der Klagemauer beten zu können. Erst als die Araber gegen uns Krieg führten, um uns zu vertreiben, wurde Jerusalem wieder vereint, und die Juden konnten an der Klagemauer beten.
Wir haben den Krieg nicht angefangen, aber wir haben ihn gewonnen und halten jetzt Gebiete von die Araber besetzt. Das ist immer so. Wer den Krieg verliert, verliert auch Land.
Wir Juden lassen die Mohammedaner in ihrem Felsendom beten und die Christen in ihren Kirchen. Wir verzichten auf die

Ausgrabung unseres Heiligtums unter dem Felsendom, weil wir das Heiligtum der Mohammedaner achten. Ja, wir schützen es sogar mit unserem Militär. Und begnügen uns damit, nur an der Klagemauer zu beten.
Vielleicht geben wir eines Tages die besetzten Gebiete zurück. Wenn wir dafür Frieden bekommen in Israel. Doch Jerusalem geben wir niemals wieder her.
Als vor ein paar Jahren das alte Jerusalem wieder von die Araber bedroht war, mussten die Juden aus der Neustadt ihren Brüdern in der Altstadt zur Hilfe kommen. Auf dem Weg in die Altstadt kam die Nachricht, dass die einzige öffentliche Zufahrtsstrasse nach Jerusalem von die Araber abgeschnitten worden war. Nun mussten sich die Juden aus der Neustadt entscheiden. Helfen sie ihren Brüdern in der Altstadt, verlieren sie Jerusalem. Kämpfen sie die Zufahrt nach Jerusalem frei, geben sie ihre Brüder auf. Denn die Juden haben zu wenig Menschen, um an zwei Fronten zu kämpfen. Die Juden aus der Neustadt haben sich für Jerusalem entschieden. Sie haben Frauen und Kinder aus der Altstadt herausgebracht und dann die Zufahrtsstraße nach Jerusalem freigekämpft.
Als Jerusalem freigekämpft war, waren die Brüder in der Altstadt abgeschlachtet. Diese Juden sind auf dem Ölberg begraben. Es ist eine Ehre für jeden Juden, auf dem Ölberg begraben zu sein.
In jedem Juden ist ein Sehnen nach Jerusalem. In allen Zeiten, in allen Ländern beenden die Juden ihr alljährliches Passah-Fest mit den Worten: „Nächstes Jahr in Jerusalem." Zwi hält inne. Dann sagt er leise: „Jerusalem den Juden."
Langsam gehen wir weiter. Die Via Dolorosa ist menschenleer. Wir sprechen kaum miteinander und wenn, dann flüstern wir. Was habe ich nicht alles Schreckliches über die Via Dolorosa gehört. Das Geschrei und lautstarke Palavern der Händler, die Unruhe und das Gewimmel von Menschenmassen, das jede Andacht unmöglich machen soll.
Es ist fast so etwas wie ein Geschenk, die Via Dolorosa in solch andächtiger Stille zu erleben.
Wir gehen zum Felsendom. Bevor wir eintreten, erklärt uns Zwi die Bedeutung des Felsendomes für die Mohammedaner. Eine tiefe Ehrfurcht spricht aus seinen Worten. Seine Ehrfurcht springt auf uns über, als wir den Felsendom betreten. Staunend betrachten wir die unglaubliche Pracht um uns her.

Zwi bleibt vor dem Abdruck stehen, den ein Fuß des Pferdes hinterlassen haben soll, mit dem Mohammed in den Himmel flog. Ernst sieht Zwi uns alle an. „Jedes Lachen, egal worüber, verbitte ich mir. Das hier ist ein Haus des Gebetes, und darin ist man ehrfürchtig." Es gibt wohl niemanden in unserer Gruppe, der das bezweifelt.

Wir gehen weiter und stehen endlich vor der Grabeskirche, dem zentralen Heiligtum der Christenheit. Zwi erklärt uns nur wenig. Wir sollen uns selbst unsere Meinung bilden, sagt er. Für ihn sei die Grabeskirche das Abbild der Christenheit. Wir betreten die Kirche. Bin ich auf einem abgedunkelten Jahrmarkt? Lautes Geplapper, helles Lachen, Gezeter, Rennen und nachdenkliches Innehalten. All das stürmt auf mich ein, als ich mich in der Kirche umsehe. Zwi erklärt uns kurz, welche Ecke dieser Kirche welcher Glaubensgemeinschaft gehört. Dann führt er uns zum Grab Christi. Eine lange Schlange steht davor. Wir reihen uns ein. Während des Wartens beobachte ich zwei Priester in unterschiedlicher Kleidung, die sich offenbar streiten. „Ja, das ist hier so", sagt Zwi. „Es gibt immerzu Streit um diese Kirche. Kopten, Syrer, Äthiopier, Armenier, Griechen und Lateiner, sie alle teilen sich dieses Zentralheiligtum der Christenheit. Wobei die griechisch-orthodoxen Christen eine Vormachtsstellung besitzen. Manchmal erweitert eine Gemeinschaft heimlich nachts um ein paar Zentimeter ihren Bereich. Schon gibt es am nächsten Tag Streit mit der Gemeinde, der diese Zentimeter dann fehlen. So liegen sich hier die Christen ständig in den Haaren. Und keiner traut hier dem anderen über den Weg. Deshalb können wir Juden auch nicht glauben, dass Jesus der Messias ist. In der Bibel steht, wenn der Messias kommt, wird Frieden auf Erden sein."
Unsere Gruppe hat sich langsam mit der langen Schlange von Menschen nach vorn bewegt. Nun bin ich an der Reihe. Ich betrete das Grab Christi. Es ist eine kleine Kammer, überladen mit Leuchtern, Kerzen und Ikonen der griechisch-orthodoxen Christen. Damit sind die Eigentumsverhältnisse am Grab Christi klar dokumentiert. Ich betrachte nachdenklich die Grabstätte, in der Christus gelegen haben soll. Da packt mich der griechisch-orthodoxe Priester am Ärmel und zerrt mich unter hitzigen Worten aus

der Kammer. Ich habe offenbar zu lange am Grab Christi verweilt. Der nächste wartet schon.
Langsam klettere ich innerhalb der Kirche einen kleinen Hügel hoch, der Golgota genannt wird. Hier soll das Kreuz Christi gestanden haben. In einer kleinen Nische wird Messe gefeiert. Aha, hier ist die Abteilung der römischen Katholiken. Aber auch hier fühle ich mich nicht wohl. Ich trenne mich von der Gruppe und schlendere langsam durch die große Kirche. Ein Gewirr von neben-, über- und untereinander gebauten Kapellen überfordert mein Orientierungsvermögen. Ziellos lasse ich mich treiben. Ich komme an einem winzigen abgeteilten Eckchen vorbei. Hier glitzert und glänzt gar nichts.
Ein alter Mann in Priesterkleidung mit einem langen weißen Bart sitzt vor einem bescheidenen Kreuz. Er ist ganz in sich versunken. Ich trete näher. Aha, hier ist die Abteilung der Kopten. Sie scheinen eine finanziell arme Gemeinschaft zu sein. Doch wenn Christus irgendwo in dieser großen Kirche anwesend ist, dann hier bei diesem alten koptischen Priester. Ich setze mich hinter den Priester auf ein kleines Bänkchen. Und endlich, endlich kann ich beten.

Am nächsten Tag fahren wir nach Ain Karem. Hier soll Maria Elisabeth besucht haben, als sie schwanger war. Nachmittags besuchen wir die Heiligtümer auf dem Ölberg. In der Kirche „Dominus flevit“ beginnen wir unser Gebet mit dem Lied: *„Höre Israel, der Herr ist ein einziger Gott…*“
Plötzlich springt Zwi auf. Sein Körper bewegt sich in rhythmischen Gebetsbewegungen, während er auf Hebräisch in unser Lied einstimmt. Seine Stimme füllt den Kirchenraum, übertönt sogar unsere Stimmen. Sein Gesicht leuchtet. Auch wir sind ergriffen. Ja, wir gehören zusammen, Juden und Christen. Ihr Juden seid das Fundament, auf dem wir Christen stehen. Still verlässt unsere Gruppe das Gotteshaus. Draußen schart sich die Gruppe um Zwi, der nach Worten ringt. „Ihr singt in Deutschland das „Schma Israel?“ Ihr Deutschen singt den Anruf Gottes an sein Volk, der über jeder jüdischen Haustür angebracht ist? Das habe ich nicht gewusst.“

Als wir nach Bethlehem fahren, herrscht eine angespannte Stille im Bus. Unsere Parallelgruppe ist gestern kurz vor Bethlehem in

eine Schießerei geraten, bei der ein Israeli getötet wurde. Zwis wache Augen beobachten jede Bewegung auf der Straße.
„Warum sind Sie nicht bewaffnet?", will jemand aus der Gruppe von Zwi wissen. „Selbst Ihr Sohn Jossi trägt eine Pistole." – „Ich habe meine Pistole zu Hause gelassen", sagt Zwi und beobachtet dabei weiter die Straße. „Meine beste Waffe ist mein Mund." Und niemand von uns lächelt.
In Bethlehem ist überall Militär. Es herrscht eine angespannte Atmosphäre. Wir betreten die Geburtskirche Jesu durch einen niedrigen Eingang. „Hier muss sich jeder bücken", lächelt Zwi und geht auf den griechisch-orthodoxen Priester zu, der am Eingang steht. Aha, hier herrscht griechisch-orthodoxes Hoheitsrecht. Zwi und der griechisch-orthodoxe Priester umarmen sich so herzlich, dass der Pferdeschwanz des Priesters auf und ab wippt.
Wir besichtigen die gesamte Kirche, besuchen die Geburtsgrotte und fahren danach zurück nach Jerusalem. Nun steht noch eine Besichtigung der Neustadt von Jerusalem auf dem Programm. Anschließend fahren wir nach Yad Vashem.
Zwi gibt jedem im Bus die Möglichkeit, sich eine andere Sehenswürdigkeit anzusehen. „Niemand muss nach Yad Vashem", sagt er betont. Doch alle wollen.
In der abgedunkelten Halle von Yad Vashem werde ich hellwach. Aus dem Lautsprecher rezitiert eine monotone Stimme ununterbrochen Namen ermordeter Juden, wie kleine sanfte Hammerschläge, die auf mein Gemüt einklopfen. Und dann überrollt mich all das Leid, das ich hier sehe, wie eine Woge. Hilflos bin ich meinen Gefühlen ausgeliefert. Tränen laufen über mein Gesicht. Nein, ich halte das nicht mehr aus, all die überdimensionalen Bilder von ausgemergelten Kinderkörpern, von übereinander gestapelten nackten Leichen und professionell beheizten Gasöfen. Jedes leere Brillengestell, jedes gemalte Kinderbild, jeder Zahn ist eine einzige Anklage. Und ich kann diese schier endlose Zahl von Namen nicht mehr hören, will mir die Ohren zuhalten …
Nein, ich stelle mich diesem Entsetzlichen. Und während mir weiter die Tränen über mein Gesicht laufen, höre ich mir die Namen an, die monoton aus dem Lautsprecher klingen. Ich sondere mich von der Gruppe ab und gehe langsam Schritt für Schritt mit geöffneten Ohren, geöffneten Augen und geöffnetem Herzen durch diese Halle des Schreckens. Nun stehe ich hier in Yad Vashem vor

der ewigen Flamme. Und ich bin mir nicht mehr sicher, ob es nicht doch eine Kollektivschuld gibt. Ob nicht doch die Kinder für die Schuld der Väter zu sühnen haben?

Am nächsten Tag fahren wir nach Massada. Auf der Festung Massada haben sich 70 nach Christus Hunderte von Juden umgebracht, um nicht in die Hände der Römer zu fallen, nachdem sie ihnen monatelang heroisch Widerstand geleistet hatten.
„Nie wieder fällt Massada", ist ein Versprechen, an das sich die Juden noch heute gebunden fühlen. Sie sind ein gezeichnetes Volk, das auserwählte Volk Gottes. Und ich weiß noch immer nicht, ob es ein Segen oder ein Fluch ist, als Jude geboren zu werden.
Wir kommen ans Tote Meer. Hoffentlich lässt Pater Gotthard uns etwas Zeit, um darin zu baden. Ich habe viele lustige Erzählungen gehört von Schwimmversuchen im Toten Meer. Und nach lustigen Erlebnissen lechze ich geradezu. Pater Gotthard möchte hier eigentlich keine Pause einlegen. Aber der Druck der Gruppe ist zu groß.
In Windeseile haben wir unsere Badesachen angezogen. „Wetten, dass das Tote Meer mein Gewicht nicht trägt?", rufe ich übermütig der Gruppe zu und werfe mich in die Fluten. Doch das salzhaltige Wasser trägt mich so stark, dass ich nicht einmal meine Beine wieder auf die Erde bekomme. Als säße ich in einem Sessel, zappele ich hilflos durch die salzige Brühe. Nur langsam gewöhne ich mich daran, keine Schwerkraft zu haben. In meiner Sesselstellung schiebe ich mich mit den Händen langsam zu Martha und Maria. Und dann stimme ich ein in das allgemeine Jauchzen und fröhliche Gelächter. Ist das ein schöner Tag!

Den letzten Tag in Jerusalem haben wir zur freien Verfügung. Morgen fahren wir über Jericho, den Wadi Kelt und Nazareth zum See Genezareth nach Tiberias. Zwi rät uns, unsere freien Stunden in der Neustadt von Jerusalem zu verbringen. Die Altstadt von Jerusalem würde noch immer bestreikt. „Es gärt dort", sagt Zwi warnend.
Die meisten aus unserer Gruppe befolgen den Rat von Zwi. Aber Martha und Maria drängen mich, noch einmal mit ihnen in die Altstadt von Jerusalem zu gehen. Obwohl es mir nicht geheuer ist, gehe ich mit.

In der Altstadt sind noch immer alle Geschäfte geschlossen. Die verriegelten Türen und Tore wirken bedrohlich abweisend. Wir schlendern langsam durch die stillen Straßen von Jerusalem. Plötzlich öffnet sich wie von Geisterhand eine Holztür. Dann wird auf der anderen Straßenseite ein Rollladen hochgezogen. Wieder öffnet sich eine Tür, und noch eine, und noch eine… Wir bleiben stehen und erleben ein Wunder. Ein Bazar nach dem anderen öffnet seine Pforten. Staunend wie Kinder sehen wir zu, wie eine Stadt innerhalb von einer Stunde zum Leben erwacht. Noch immer verblüfft über diesen rasanten Wechsel des Stadtbildes, schieben wir uns nun durch ein munter plapperndes, lachendes, feilschendes Menschenknäuel. Jerusalem zeigt sich plötzlich in einer solchen Pracht, Fülle und Lebendigkeit, dass wir die Zeit vergessen. Inmitten des Menschenknäuels landen wir in der Cardo, einer ausgegrabenen Prachtstraße aus dem römischen Jerusalem, in der ebenfalls ein lebendiges Treiben herrscht. Im angrenzenden „Judenviertel“ setzen wir uns zwischen Juden und trinken ein Glas Saft. Noch immer sind wir etwas benommen und beobachten ungläubig das bunte Treiben um uns her. Woher kommen so schnell so viele Menschen? Dann beschließen wir, diese Stunden einfach als ein Geschenk des Himmels anzunehmen.
Irgendwann sehen wir dann doch auf die Uhr. Ach, du liebe Güte, wir müssen noch unsere Koffer packen. Und im Eiltempo gehen wir zurück zu unserer Herberge.
Nach dem Abendessen geht unsere Gruppe in die kleine Hauskapelle zum Gebet. Und nach dem letzten „Amen“ in Jerusalem singen wir: *„Vor deinen Toren werd ich stehen, du freie Stadt Jerusalem. In deinen Toren kann ich atmen, erwacht mein Lied.“*
Wieder springt Zwi auf. Er wirkt aufgewühlt. Dann stimmt er auf Hebräisch in unseren Gesang ein. Seine Stimme gibt diesem Lied eine Tiefe, die es bisher für mich nicht hatte. Nun verstehe ich besser, was ich singe: *„Ihr Mächtigen, ich will nicht singen eurem tauben Ohr. Zions Lied hab ich vergraben in meinen Wunden groß. Ich halte meine Augen offen, liegt die Stadt auch fern. In die Hand hat Gott versprochen, er führt uns endlich heim.“*
„Ihr singt in Deutschland unser Jerusalem-Lied?“, fragt Zwi ungläubig und schüttelt immerzu den Kopf. „Das habe ich nicht

gewusst. Das habe ich nicht gewusst.“ Sehe ich Tränen in seinen Augen?

Am nächsten Morgen verstauen wir unsere Koffer im Bus und verabschieden uns von Jerusalem. Doch jetzt macht sich bei mir der fehlende Schlaf bemerkbar. Ich habe in Jerusalem mein Zimmer mit Schwester Rosi geteilt, einer Krankenschwester im Ruhestand. Nacht für Nacht hat sie mich geweckt mit ihren Rede-Attacken. Und ich weiß noch immer nicht, ob sie nachts hilfsbedürftig ist oder nur rücksichtslos. Aber ich weiß, dass ich noch ein paar von solchen Nächten nervlich nicht mehr verkrafte.
Unser Bus hält in Jericho und in mehreren anderen biblischen Orten. Wir besichtigen das St. Georgs-Kloster im Wadi Kelt und machen eine Wüstenwanderung mit Zwis Sohn Jossi. Doch alles rauscht an mir vorbei. Wie ein Pferd im Geschirr trabe ich dumpf hinter den anderen her.
Am späten Nachmittag finde ich mich in Nazareth wieder. Auf der Hauptstraße stolpere ich und falle der Länge nach in eine alte Abwasser-Rinne, auch Esels-Rinne genannt. Ich rappele mich hoch und setzte mich an den Straßenrand. Ich bin von oben bis unten verdreckt. Ich atme tief durch. Nirgendwo hätte ich passender hineinfallen können als in eine Esels-Rinne. Ein Esel in der Esels-Rinne. Wer sich Nacht für Nacht um den Schlaf bringen lässt, ist ein Esel. Wenn ich jetzt nicht irgendetwas kläre, bin ich bald völlig handlungsunfähig.

In Tiberias bekommen Martha und Maria eine Suite mit einem kleinen Vorraum, in dem eine Couch steht. Die reicht mir für die nächsten Nächte. Kraftlos vor Erschöpfung falle ich auf die Couch und schlafe sofort ein.
Am nächsten Morgen werde ich schon früh wach. Leises Schnarchen klingt aus dem Nebenraum. Ich gehe zum Fenster und schiebe lautlos die Gardine zur Seite. Direkt unter mir liegt in stiller Andacht der See Genezareth. Langsam hebt sich die hellrote Sonnenscheibe aus dem Wasser. Ein paar Wolken öffnen sich ehrfürchtig, um den Glanz der roten Sonne durchscheinen zu lassen.
Ich ziehe meinen Badeanzug an, einen langen Pullover darüber und gehe runter zum See. Kein Mensch ist zu sehen. Ich ziehe

meinen Pullover aus und gehe ins Wasser. Das Wasser ist eiskalt. Die Kälte nimmt mir für einen Moment den Atem. Dann werden meine Glieder empfindungslos.
Langsam teile ich mit meinen Armen die Oberfläche des Sees und schwimme Zug um Zug der Sonne entgegen. Dieser Augenblick ist heilig. Eigentlich müsste mir Jesus gleich auf dem Wasser entgegenkommen. Denn er ist hier. Ich spüre seine Nähe. Ich schwimme weiter und weiter. Ich brauche nichts anderes mehr. Das hier ist die Erfüllung. Ich bin am Ziel. Langsam tauche ich meinen ganzen Körper unter Wasser, hole Luft, tauche noch einmal unter und noch einmal.
„Monika, Monika“, höre ich in der Ferne meinen Namen. Zwei kleine Menschlein stehen am Ufer, die heftig mit den Armen winken. Die Andacht zerbricht. Langsam schwimme ich zurück. Maria und Martha erwarten mich. Fassungslos starren sie mich an. „Bist du verrückt geworden, Monika? Es ist 5.30 Uhr, und der See Genezareth ist im März viel zu kalt, um darin zu baden“, schimpfen sie.
Ich steige aus dem Wasser und spüre, dass alles Belastende von mir abgefallen ist wie eine Haut, die mir nicht mehr passt. Ich bin voller Energie und Tatendrang.
„Wir fahren gleich zum Bäumepflanzen auf die Golanikreuzung“, sagt Martha.
„Prima, wo ist die Schaufel?“, rufe ich fröhlich in den jungen Tag hinein.
Die Golanikreuzung wirkt wie eine große, frisch gepflanzte Waldschonung. „Jeder Freund Israels darf hier einen Baum pflanzen“, sagt Zwi. „Die Freunde Israels sollen hier bei uns verwurzelt sein.“
Ich suche mir ein kleines, kräftiges Bäumchen aus und greife zur Schaufel. Wenn das mein Vater wüsste… Einst wird hier in Israel ein großer Baum stehen, der die jüdische Erde schützt. Und den habe ich gepflanzt! Die Tochter eines unbelehrbaren Nationalsozialisten.

Nun fahren wir zu den Jordanquellen nach Bania und von dort zurück über Kafarnaum nach Tabgha.
Die stimmungsvoll direkt am See Genezareth gelegenen Heiligtümer beeindrucken mich besonders. Am liebsten bliebe ich die restlichen Tage nur noch am See Genezareth. Doch allein ohne die

Gruppe würde ich mich verloren fühlen. Also fahre ich weiter mit der Gruppe auf den Berg Tabor. Dort feiern wir heilige Messe. Während der nächsten Tage erkunden wir alle wichtigen Städte in der Umgebung. Wir verbringen einen Tag in der alten Kreuzfahrer-Stadt Akko und feiern unsere heilige Messe bei strahlendem Sonnenschein auf dem Karmel. Abends sitze ich oft allein an meinem geliebten See Genezareth und verarbeite die Erlebnisse des Tages. Nachts schlafe ich auf meiner Couch tief, traumlos und ohne Unterbrechungen in den nächsten Tag hinein.

An unserem letzten Tag in Tiberias wollen wir mit dem Boot über den See Genezareth fahren zum Kibbuz En Gev. Darauf freue ich mich sehr. Doch morgens fehlt Jossi. Zwi wirkt bedrückt. „Es sind wieder Unruhen in Jerusalem“, sagt Zwi. „Mein Jossi musste zurück.“ Wir schweigen betroffen.
Inzwischen sind wir so vertraut mit Zwi, dass er auch schon mal Persönliches von sich erzählt. Nur über die letzten Kriege in Israel spricht er nicht gern. Nun aber ist sein Herz voll.
„Wir haben Israel gegründet, um endlich Frieden zu haben – für uns und unsere Kinder. Aber mein Jossi ist schon dreimal gezogen worden in Kriege. Als mein Jossi 40 Jahre alt war, habe ich ihn auf dem Golan wiedergetroffen. Da war mein Jossi grau geworden.“
Behutsam fragen wir nach Einzelheiten. Doch Zwi schiebt die Trauer schnell zur Seite. Der Schalk blitzt schon wieder aus seinen Augen. „Mein Jossi ist mein Augapfel“, lächelt er, „auch wenn das Ei oft klüger ist als die Henne.“
Wir nehmen Zwi in die Mitte und gehen aufs Boot.
Der See Genezareth ist heute unruhig. Unser Boot schaukelt bedrohlich. Mitten auf dem See hält es an. Pater Gotthard liest das Evangelium vom Sturm auf dem See. Und muss sich selbst beim Lesen an einer Bank festhalten. Leider macht Jesus heute kein Nickerchen in unserem Boot. Wir landen trotzdem heil in En Gev.
En Gev ist ein reicher Kibbuz und sehr groß. Ein Bewohner führt uns durch die Anlage und erklärt uns das gemeinsame Leben dort. Wir besichtigen Familienhäuser und ein Kinderhaus, das mit einem Kindergarten bei uns zu vergleichen ist. Neben jedem Kinderhaus entdecke ich etwas versteckt eine schmale Treppe, die in die Tiefe führt.

„Wir liegen nahe an der Grenze“, erklärt uns der Bewohner des Kibbuz. „Sobald wir beschossen werden, gehen wir mit den Kindern diese Treppen hinunter. Jedes Kinderhaus kann dort unterirdisch weiter geführt werden.“
Ein Schauer läuft mir über den Rücken. Doch die ständige Bedrohung scheint hier Alltag zu sein. Panik bekommt hier offenbar niemand mehr.
Dann sitzen wir endlich in einem Restaurant direkt am See Genezareth und essen unseren Petrusfisch. Jeder Fisch hat eine kleine Münze in seinem Maul. Trotz vieler Gräten schmeckt er ausgezeichnet. Wir genießen die warmen Sonnenstrahlen hier am See und bedauern, als Pater Gotthard zur Abfahrt mahnt. Es war ein wunderschöner Tag und der letzte am See Genezareth.
Am nächsten Morgen verweile ich noch ein paar Minuten allein am See Genezareth und nehme Abschied. Dann fahren wir über Haifa nach Caesarea, eine von Archäologen ausgegrabene Ruinenstadt. Wir bestaunen dort die Reste alter Wohnpaläste und korinthischer Säulenkapitelle. Dann gehen wir in das alte römische Theater, das erst kürzlich ausgegraben wurde. „Hier in diesem großen Theater benötigt niemand ein Mikrofon“, erklärt Zwi. „Es ist so gebaut, dass kein Ton verloren geht.“ Dann bittet er uns, hier für ihn noch einmal die beiden Lieder zu singen, die ihn so sehr bewegt haben. Unsere Stimmen, vereint mit den hebräischen Tönen von Zwi, verschmelzen hier in diesem alten Theater zu einem Akkord, der zum Himmel steigt. Gibt es einen größeren Lobpreis Gottes? Ich bin sicher, unsere Klänge haben den Himmel erreicht.

Am späten Nachmittag sind wir in Tel Aviv. Abends marschieren wir alle zusammen durch die Innenstadt und am nächsten Morgen geht es schon früh mit dem Bus zum Flughafen. Zwi sitzt neben mir im Bus und sieht mich an. „Du kommst wieder nach Israel?“, fragt er leise. Ich nicke und schlucke ein paar Tränen hinunter. Abschiede machen mich immer sentimental.
Ein letztes Mal ruft Zwi unsere Gruppe mit Namen. „Auf Wiedersehen in Israel, Joffi.“ Dann gibt er jedem von uns die Hand. Er ist gerührt.
Die Sicherheitskontrollen am Flughafen dauern zwei Stunden. Jeder von uns muss eine Litanei von Fragen beantworten. Wer hat

Ihren Koffer gepackt? Wem gehört Ihr Koffer? Wen haben Sie in Israel kennen gelernt? Hat Ihnen jemand ein Geschenk mitgegeben? Haben Sie Mitbringsel, die Sie nicht selbst eingepackt haben? Doch irgendwann sitzen wir tatsächlich im Flugzeug.
Ich weiß nicht, ob wir auf dem Rückflug wieder in Turbulenzen geraten sind. Plötzlich war ich in Düsseldorf. Im Zug nach Wuppertal fand ich endlich Ruhe für ein kleines stilles Gebet.
„Ich danke Dir, Gott, für diese Reise. Du hast mich behütet und mein Herz geöffnet für das Land, in dem Du gelebt hast und für das Volk, das Du Dir auserwählt hast. Doch etwas weniger Auserwählung wäre Deinem Volk vielleicht etwas besser bekommen. Amen."

10.3.1989
Und wieder gilt es, etwas Wesentliches aus meinem Leben festzuhalten. Eigentlich ist es ein kleines Wunder: Ich bin glücklich mit Rolf. Nicht nur mal so zwischendurch, sondern schon lange Zeit kontinuierlich. Ich habe unser gutes Miteinander natürlich erst einmal skeptisch beobachtet, jederzeit wieder einen baldigen Absturz erwartend. Aber der kam nicht. Und seit einiger Zeit stelle ich fest, dass ich so etwas wie Vertrauen entwickele. Wie eine Schnecke, die vorsichtig tastend ihre Fühler aus dem Häuschen herausschauen lässt, jederzeit rückzugsbereit, aber auch bereit, den Rest ihres Ichs langsam nachkommen zu lassen.
Es ist verrückt. Manchmal denke ich, Rolf hat mich endlich in sein Leben hineingenommen, und zwar mich als Monika, nicht eine Kopie seiner Mutter.

15.7.1989
Mein religiöses Leben verläuft weiterhin wellenförmig. Mal spüre ich Gott ganz nah, dann wieder ist einfach nichts da. Inzwischen habe ich mich zu einem regelmäßigen Kirchgänger entwickelt. Jeder, der heute modern sein will, verlässt die katholische Kirche. Ich habe sie lieben gelernt. Welche Schätze hat sie für den, der sie liebt! Nirgendwo und niemals habe ich eine solche Sättigung meines Gemütes erfahren. Heute gehe ich zur Messe, weil es mich dort hinzieht, nicht mehr, weil ein Gebot mich zwingt.
Kürzlich war ich mit dem Bibelkreis um Pater Gotthard eine Woche im Kloster Marienthal im Westerwald. Ich zehre noch

heute davon. Es ist schon merkwürdig, dass es mich extrovertiertes Wesen nun auf einmal in die Einsamkeit zieht.
Nach dem Mittagessen bin ich durch den Wald gestrolcht. Etwas zog mich vom Wege ab ins Dickicht. Nein, ich hatte keine Angst. Das, was mich in den dunklen „Tann“ zog, würde mich auch wieder zurück auf den rechten Weg führen. Ich stapfte so lange durchs Unterholz, bis ich einen gemütlichen Unterschlupf fand. Dort hockte ich dann stundenlang und horchte in mich hinein. Und da gab es viel zu hören…

5.9.1989
Als Rolf und ich im Sommer in Urlaub fuhren, legten wir einen Zwischenstopp in Tübingen ein. Dort haben wir überraschend Anja aufgesucht. Sie nahm mich tatsächlich vor Freude in den Arm. Doch schon nach kurzer Zeit fingen die alten Diskussionen wieder an – bis ich vor Erschöpfung meinen Mund hielt. Ich hätte es schon früher tun sollen. Aber dann hätte ich vielleicht nicht so oft gehört, was für ein tolles Leben ich doch habe. Ich verdiene Geld, bin berufstätig, komme unter Menschen. Und dass mir mein Leben nicht immer leicht gefallen ist, ich mich aber trotzdem nicht unter einer familiären Schutzglocke verkrümelt habe, ist doch nur der Beweis, wie heil ich in meiner Kindheit geblieben bin. Und darüber soll ich froh und glücklich sein, befand Anja.
Ich war froh und glücklich, wie heil ich doch in meiner Kindheit geblieben war, verabschiedete mich bald von Anja und sackte im Auto erschöpft in mich zusammen.

28.10.1989
Ich habe zu meiner kleinen Schwester Christine wieder Kontakt aufgenommen. Sie hat sich sehr darüber gefreut. Mir schien danach mein Leben wieder ein Stück vollständiger zu sein. Ich habe Christine gefragt, wie unsere gemeinsame Mutter wohl reagieren würde, wenn ich auch zu ihr den Kontakt wieder aufnähme. Da müsste ich schon zu Kreuze kriechen, meinte Christine. Unsere Mutter hätte ihr schon eine Anweisung gegeben, die mir die Teilnahme an ihrer Beerdigung untersagt. „Der Fisch ist gegessen“, meinte Christine abschließend, „sie hat dich für tot erklärt.“
Es gibt keinen Frieden mit meiner Mutter. Ich muss es endlich akzeptieren. Ob ich meinen Frieden finde ohne sie?

26.3.1990
Das Wunder „Rolf" hält an. Und das nun schon seit ein paar Jahren! Inzwischen entweichen meinem Munde sogar schon mal Sätze wie: „Ich bin froh, dass ich „meinen" Rolf habe." Dafür hat Anja unsere Beziehung wieder einmal beendet.
Anfangs war ich betroffen und traurig. Mir war klar, dass unser Leben jetzt endgültig getrennt voneinander verlaufen würde. Wir werden nun nicht mehr zum Leben des anderen gehören. Finden wir uns irgendwann im Alter noch einmal wieder, werden unsere Leben aneinander vorbeigelaufen sein.

19.10.1990
Endlich, endlich haben wir uns wiedergesehen, wir Wanderkameraden von einst. Und es war, als hätte jeder nur auf ein solches Wiedersehen gewartet.
Rolf wurde im September 49 Jahre. Fünfzig wollte er nicht werden. Deshalb bat er bei seiner Einladung alle Gäste, als Geschenk doch bitte seinen Geburtstag im nächsten Jahr zu vergessen. Dafür wollte er diesen, seinen 49., groß feiern.
Und dann standen sie vor mir, meine ehemaligen Wanderkameraden. Sie gaben mir die Hand. Ihre westfälische Sperrigkeit ließ ein „In-den-Arm-nehmen" noch immer nicht zu. Aber ihre Gesichter strahlten. Nur bei Erika wurde ich rücksichtslos. Ich schnappte sie mir und ehe sie sich versah, hatte ich sie ganz fest gedrückt. Ich war glücklich. Was machten schon die paar Jahrzehnte, die wir alle gealtert waren und die uns nun im Gesicht standen? Die Gesichtszüge der einzelnen waren noch immer unverkennbar, die Gestik, die Stimmen, die schnodderigen Worte, die eine verschämte Rührung verbergen sollten, alles war vertraut.
Und dann stand Günni vor mir. Tiefe Furchen durchzogen sein Gesicht und sein Haar war grau geworden. Er gab mir die Hand und grinste. Seine Augen strahlten vor Freude. Er hatte Bärbel mitgebracht, seine Lebensgefährtin. Ich mochte sie sofort. Günnis Herzensdamen waren mir ja schon immer sympathisch gewesen. Daran hatte sich offenbar auch nichts geändert. Nein, geheiratet hätte er nach Maritas Tod nicht mehr, erzählte er. Aber das könne ja noch werden.

Schon bald saß unser Wanderverein zusammen und sang die alten Lieder. Marianne verteilte auch an die anderen Gäste unsere Liedertexte. Und auch sie stimmten in unseren Gesang mit ein.
„... und wer die blaue Blume finden will, der muss
ein Wandervogel sei-ein, ein Wandervogel sein...“

Es dauerte nicht lange, da waren alle Festgäste eine Gemeinschaft. Mir war, als sei eine aus den Fugen geratene Welt endlich wieder zu ihrer alten Ordnung zurückgekehrt.
Nur Erich habe ich vermisst. Er war nicht gekommen, als einziger. Er hätte sich nicht wohl gefühlt, sagte Erika.
Kurz nach Mitternacht sangen wir unser Abschiedslied.
„Kein schöner Land in dieser Zeit...“
Wir standen im Kreis und hielten uns an den Händen. Neben mir stand Günni. Seine Hand lag warm in meiner. Was war geblieben von meiner ersten Liebe? Eine ruhige Wärme durchströmte mich. Und plötzlich wusste ich, diese Wärme für Günni würde immer in meinem Herzen bleiben.
Als wir uns voneinander verabschiedeten, vereinbarten wir, uns jetzt regelmäßig einmal im Jahr bei Helmut und Marianne zu treffen. Und zwischendurch wollten wir mal wieder gemeinsam ein Wochenende verbringen.
„... dass wir uns hier in diesem Tal noch treffen so viel hundertmal.
Gott mag es schenken, Gott mag es lenken, Er hat die Gnad...“

Auch von Rolfs Mutter habe ich mich herzlich verabschiedet. Rolf hatte an diesem Abend zwei große Blumensträuße angeschleppt. Sie wären für die beiden wichtigsten Frauen in seinem Leben. Mit diesen Worten übergab er mir einen und den anderen seiner Mutter. Es war die letzte Geste der Zuneigung, die Rolf seiner Mutter erweisen konnte.
Kurz danach starb sie überraschend am Chiemsee.
Rolf holte seine Mutter zurück vom Chiemsee nach Hause. Ihr Grab ist wenige Meter neben dem meiner Großeltern. Alle Friedhofsbesucher müssen nun am Grab der Lady vorbeidefilieren. Das hätte sie gefreut.
Schade, Lady, dass es zwischen uns nicht besser geklappt hat. Denn ich glaube, dass wir uns tief im Inneren gemocht haben. Aber unser Kleinkrieg war wohl unvermeidlich. Eine Schwiegertochter, die

sich dir unterworfen hätte, wäre von dir verachtet worden. Und mit einer Schwiegertochter, die sich dir nicht unterwirft, war ein Kleinkrieg vorprogrammiert. Letztendlich aber wäre dir keine Frau für deinen Sohn gut genug gewesen.
Lass uns Frieden schließen, Lady, hier und jetzt. Und nicht erst, wenn wir uns wiedersehen – in der anderen Welt. Ich gehöre der Generation an, die als nächstes abtritt. Inzwischen werde ich dich auf dem Friedhof besuchen. Ich bring dir auch ein Blümchen mit.

3.1.1991
Inzwischen hat sich unser ehemaliger Wanderverein im Oktober wieder getroffen. Helmut feierte in der Kleingartensiedlung „Fröhliche Morgensonne" seinen 60. Geburtstag. Zu diesem Fest musste auch Erich kommen, schließlich waren er und Helmut miteinander verwandt. Und dann stand Erich tatsächlich vor mir. Ich gab ihm die Hand. Ein Strom warmer Gefühle stieg aus meinem Inneren hoch und legte sich auf mein Gesicht. „Erich, endlich sehe ich dich wieder." Seine dunklen Augen hatten noch immer jene faszinierende Tiefe, der ich als 13-Jährige ausgewichen war, weil sie mich festzuhalten drohte. Heute hielten mich diese Augen nicht mehr fest. Erichs Gesicht war verschlossen. Er begrüßte mich kurz. Dann ließ er mich stehen und setzte sich an einen weit entfernten Tisch.
Da stand ich nun mit all meiner Wärme für ihn auf meinem Gesicht und sah ihm nach. Er hatte mich zurückgewiesen.
Auch Günni war wieder mit seiner Bärbel gekommen. Doch ich hatte keine Zeit, die beiden weiter zu beobachten. Ich hatte mich entschlossen Erich anzusprechen, ja, ihn zu einem Gespräch mit mir zu zwingen. Langsam schob ich mich durch die Menschenmenge. Mit einem Hallo hier und dort näherte ich mich ihm. Dann saß ich an seiner Seite. „Wir sind beide grau geworden, Erich", lachte ich ihn an und versuchte, seinen Blick auf mich zu ziehen. Vergebens. Er nahm einen Schluck aus seinem Bierglas, stand auf und verließ den Raum.
Seine Ablehnung traf mich wie ein Hammerschlag. Benommen starrte ich auf Erichs leeren Platz neben mir. Da endlich begriff ich. Immer wenn ich Erika und ihn besuchen wollte, hatte Erich sich zurückgezogen. Er sei müde von seiner Arbeit, versuchte Erika

mir sein seltsames Verhalten zu erklären. Ich hatte es geglaubt, doch meine Besuche waren mit der Zeit seltener geworden. Und schließlich hatte ich sie ganz eingestellt. Nein, Erika, Erich war nicht müde von seiner Arbeit. Meine Besuche waren ihm nicht willkommen. Deshalb verließ er jedes Mal den Raum, wenn ich kam. Unser Konflikt vor vielen, vielen Jahren hatte sich in seinem Inneren festgesetzt. Die Verletzung, die die 13-jährige Monika dem 15-jährigen Erich zugefügt hatte, konnte der heute fast 50-Jährige noch immer nicht verzeihen. Meine Freundschaft mit Erich war nicht einfach nur 30 Jahre unterbrochen, sie war für immer zerstört.

Ich stand auf und wollte zur Toilette gehen. Der Weg führte mich am Tresen vorbei. Da hockte Erich auf einem Barhocker vor einem Glas Bier und starrte vor sich hin. Noch einmal, ein letztes Mal, wollte ich versuchen, mit ihm ins Gespräch zu kommen. Ich setzte mich neben ihn. Erich sah mich kurz an, stand auf und tauchte wortlos in der Menschenmenge unter. Mir kamen die Tränen. Schnell ging ich zur Toilette. Da saß ich nun in meiner Kabine und rang um Fassung. Nach einer Weile hörte ich, wie jemand den Vorraum der Toilette betrat und den Wasserkran betätigte. Das Wasser lief, doch eine merkwürdige Stille machte sich breit. Ich trocknete meine Tränen und verließ die Kabine. Da stand vor dem Waschbecken Günnis Bärbel und stützte die Arme auf. Auch sie rang um Fassung. Als sie mich erkannte, richtete sie ihre Haare, als hätte sie nur deshalb diesen Raum aufgesucht. Ich wusch meine Hände und lächelte sie an. „Günni und du, ihr zwei scheint euch gut zu verstehen. Nach Maritas Tod ist Günni sicher glücklich, dich kennen gelernt zu haben.“ Bärbels Lippen zuckten. „Es wäre schön, wenn es so wäre. Aber ich glaube nicht, dass Günni und ich noch lange zusammenbleiben werden.“

Eine halbe Stunde habe ich mich mit Bärbel auf der Toilette unterhalten. Danach wusste ich etwas mehr über Günni. Und ich hatte meine Fassung wieder gewonnen. Meine alte Konfliktstrategie fiel mir ein. Das, was ich von Erich wollte und brauchte, würde ich nicht bekommen. Alle Versuche waren gescheitert. Es blieb nur Konfliktlösung „drei“: Ich musste verzichten – wenigstens für heute.

Nachdem ich mein Innenleben geordnet hatte, konnte ich endlich Helmuts Geburtstag genießen, all die kleinen Einlagen und Dar-

bietungen, die zu seiner Ehre aufgeführt wurden. Und natürlich das Singen unserer alten Lieder.
„In unsren Herzen brennt eine Sehnsucht, die lässt uns nimmermehr in Ruh…"

Ich beobachtete meine ehemaligen Wanderkameraden. Woher kommt dieses Gefühl der Verbundenheit noch nach dreißig Jahren? Gibt es so etwas wie eine Seele von Systemen? Das frage ich mich seit meiner Israel-Fahrt. Seitdem Zwi unserer Gruppe den Namen „Joffi" gegeben hatte. Hatte Zwi ein Gespür dafür, dass Systeme, die eine Zeit lang zusammen sind, eigene Seelen bilden? Existiert noch immer so etwas wie eine eigene Seele unseres ehemaligen Wandervereins? Ein interessanter Gedanke. Ich werde ihn weiter verfolgen.

13.2.1991
Ich werde im September Oma!
Als Isa mir das mitteilte, stieg ein solches Glücksgefühl in mir hoch, dass ich es nur ganz langsam zulassen konnte. Es ist ein inneres Glück, das mich runder macht, vollständiger, bald hätte ich geschrieben: das mich vollendet. Doch Vollendung riecht schon nach Tod. Und ein paar Jahre möchte ich mein neues Großmutterglück noch genießen. Als Mutter musste ich ständig eine innere Hürde überspringen. Vermutlich weil ich kein nachahmenswertes mütterliches Vorbild hatte. Das Großmutter-Sein fließt jetzt einfach aus mir heraus. Hängt das mit den liebevollen Erinnerungen an meine Oma zusammen? Weil ich nun endlich das leben kann, was ich als gutes Vorbild in mir trage? Ich möchte meinem Enkelkind so gern etwas von der großmütterlichen Liebe weitergeben, die ich noch immer als Schatz in meinem Inneren hüte.
„Ach, Oma, ich höre noch deine Tröstung, wenn ich Schmerzen hatte. „Kind, wenn du Großmutter bist, ist alles vorbei." Wie viele Jahre sind inzwischen vergangen ohne deine sorgende Liebe. Wie viele Schmerzen habe ich durchstehen müssen ohne deine tröstenden Worte. Nun ist der Zeitpunkt da, an dem alle Schmerzen vorbei sein würden, wie du gesagt hast. Aber ich fürchte, du hast nur die Schmerzen der Kindheit gemeint. Und selbst die sind noch immer nicht ganz ausgestanden."

Doch dieses kleine Menschenwesen ist das erste Kind in meiner Familie, das wunschgemäß erwartet wird. Mit einer Vorfreude, die frei ist von Beeinträchtigungen, Bedrohungen, Not und Existenzängsten.
„Du Kind von meinem Kind hast die besten Voraussetzungen für deinen Start ins Leben. Und deine Oma freut sich auf dich."

10.5.1991
Am 7. Mai haben Isa und Ulrich geheiratet. Isa hat sogar in weiß geheiratet. Dass sie schwanger ist, sieht man heute wohl nicht mehr so eng. In Ordnung finde ich das nicht, aber mich fragt ja keiner. Und ungefragt versuche ich, meine Kommentare zurückzuhalten. Es hat schon zu viele Konflikte mit Isa gegeben.
Wir haben die Hochzeit bei uns im Haus im engsten Familienkreis gefeiert. Es war richtig gemütlich. Nun hat alles seine Ordnung. Hoffentlich bleibt das auch so.

August 1991
Ich war mit der Gruppe um Pater Gotthard wieder einmal zu einer Einkehrwoche im Westerwald. Das gemeinsame Gebet, das Singen religiöser Lieder, die ganze spirituelle Atmosphäre hat meine Seele aufgenommen wie gute Nahrung.
Jede freie Minute habe ich mich wieder im Wald in meinem Unterschlupf aufgehalten. Was ich dort erlebt habe, kann ich nicht beschreiben. Es gibt dafür wohl keine Worte, zumindest habe ich sie nicht zur Verfügung.

2.10.1991
Meine kleine Schwester Christine rief mich an. Sie erwartet im März Zwillinge. Nein, geplant sei die Schwangerschaft nicht gewesen, erzählte sie. Sie wäre ja noch mitten im Studium. Aber sie wolle die Kinder bekommen. Und jetzt fände sie es sogar schön, „zwei auf einen Streich" zu bekommen. „Wer ist denn der Vater?", fragte ich fassungslos. Christine lachte: „Ein Amerikaner."
„Schwarz oder weiß?", ächzte ich in den Hörer. „Weiß, und wir werden heiraten." Dem Himmel sei Dank, auch wenn Christine ihr Studium abbrechen wird. Aber sie und ihr amerikanischer Freund freuen sich offenbar auf den ungeplanten Nachwuchs. Alles andere ist zweitrangig.

8.11.1991
Am 16.10.1991 wurde meine Enkeltochter Anna geboren. Ich habe sie auf meinem Arm gehalten und sie innerlich gesegnet. Eine tiefe, ruhige Freude durchströmte mich. Mein Leben trug Früchte. Jetzt endlich konnte ich „Ja" sagen zu all den Höhen und Tiefen, die mich so oft erschüttert hatten. Meine Tochter und meine Enkeltochter waren es wert gewesen. Leise summte ich in das winzige Ohr meines Enkelkindes: *„Eine Oma ging spazieren, an der Hand ein kleines Kind, Oma hüpf mal, sprach die Kleine…"*
Jenes Liedchen, das meine Oma und ich so oft Hand in Hand miteinander gesungen hatten.
Da nahm Isa mir mein Enkelkind aus dem Arm.
„Deine Liebe hättest du mir früher geben sollen. Jetzt brauchst du sie nicht an meinem Kind abzureagieren." Starr sah sie mich an: „Zu dir habe ich sowieso nur noch Kontakt, um Anna die Oma zu erhalten."
Nun waren meine Arme wieder leer. Ein unsäglicher Schmerz in meinem Herzen drohte, meinen Körper zu zerreißen. Langsam wankte ich nach Hause.
Ein paar Tage später rief Isa mich an. Ich hätte mich nicht wie eine Großmutter benommen, sondern wie eine Mutter. Aber Besitzansprüche an ihrem Kind stünden mir nicht zu. „Du hast mich damals als kleines Kind ein halbes Jahr in ein Heim gegeben. Ich hätte das nie mit meinem Kind getan, egal wie die Situation gewesen wäre. Eher wäre ich zum Sozialamt gegangen. Jetzt brauchst du das, was du an mir versäumt hast, nicht an meinem Kind nachzuholen."
Die Kälte in Isas Stimme ließ mich erstarren. Selbst die Tränen erfroren auf meinem Gesicht.
Erst abends löste sich meine Starre. Ich erzählte Rolf, was passiert war. Nein, das könne er nicht glauben, sagte er und schüttelte den Kopf: „Das ist doch nicht unsere Isa." Er rief Isa an. Sie wiederholte all die Sätze, die sie mir um die Ohren geschlagen hatte. Nun war auch Rolf fassungslos. „Isa weiß einfach nicht, was es vor 25 Jahren bedeutet hat, ein uneheliches Kind zu bekommen", versuchte Rolf, mich später zu trösten. „Vielleicht sollten ihr andere mal erzählen, wie sehr du dich damals für sie aufgeopfert hast. Mir glaubt sie es auch nicht." Ich schüttelte den Kopf. „Nein, Rolf, sie wird es auch anderen nicht glauben, weil sie es nicht glauben will." Mir fiel

ein, dass ich Isa zur Hochzeit neben einem größeren Geldbetrag ein Album geschenkt hatte, in dem ich ihre gesamte Entwicklung liebevoll zusammengestellt hatte. Ihre ersten Zeichnungen, ihre kindlichen Briefe, meine Tagebuchaufzeichnungen von damals, als ich so manchen Abend nicht wusste, wie es am nächsten Morgen weitergehen sollte. Isa hat das Album gar nicht angerührt. Das wurde mir plötzlich klar. Es hat sie gar nicht interessiert.

5.12.1991
Langsam scheint sich mein Familienleben zu normalisieren, auf einem niedrigen emotionalen Level.
Ich habe mich innerlich von meiner Tochter und von meiner Enkeltochter distanziert. Das gibt mir ein Stück innere Freiheit – bei aller Bitterkeit.
Ich nehme mir heute leichter das Recht, „nein" zu sagen. Die Kleine betreue ich nur, wenn *ich* das will. Das Kinderbettchen haben Rolf und ich noch bezahlt. Andere Dinge werden nur noch geschenkt, wenn *ich* sie für nötig erachte. Das wäre vor dem Zeitpunkt, als Isa mir Anna aus dem Arm nahm, noch anders gewesen. Ich hätte Isa unterstützt, mit allem, was nötig und mir möglich gewesen wäre. Das will und das kann ich jetzt nur noch bedingt. Denn wenn ich schon nicht weiß, warum Isa mich so ablehnt, habe ich wenigstens nicht das Gefühl, zusätzlich auch noch draufzuzahlen.

Sag mir, Gott, was ist bei Isa falsch gelaufen? Ich will es wenigstens verstehen. Wenn ich es verstehe, kann ich es – vielleicht – einordnen. Wenn ich es nicht verstehe, reibe ich mich daran wund.

8.4.1992
Vorige Woche war mein Vater mit seiner Herta bei uns. Isa kam mit Klein-Anna später dazu. Mein Vater nahm Anna auf den Schoß. Sein erstes Urenkel-Kind. Er lächelte in sich hinein. Sein Gesicht war weich, als er mit Annas zarten Händchen spielte. Er bemerkte gar nicht, dass ich ihn fotografiert habe. Ich wollte es festhalten dieses Bild, für Anna, für mich, für alle Zeiten.

Am 11.3.1992 hat Christine ihre Zwillinge bekommen. Es sind zwei Jungs. Kurz zuvor haben Christine und ihr amerikanischer Freund geheiratet. So scheint nun auch Christines Leben in geordnete Bahnen gelenkt zu sein. Wie es weiter verläuft, bleibt abzuwarten. Das Leben bietet so manche Überraschung.

Ich selbst bin wieder ständig erschöpft. Mein Job beginnt, mich zu belasten. Ich bin nicht mehr so „sprungbereit", wenn andere mit dem Finger schnippen. Wie viele Menschen haben wohl emotional von mir gelebt? Ich bin nicht ohne Grund so ausgepowert.
Mein Hausarzt hat mir jetzt eine Art stationärer Kur verordnet. In ein paar Tagen fahre ich in den Schwarzwald.

3.6.1992
Nun bin ich wieder zurück aus dem Schwarzwald.
Drei Wochen war ich dort in einer anthroposophischen Klinik. Die Klinik lag inmitten einer heiteren Landschaft. Sanfte Hügel, bunte Wiesen und ein angrenzender Wald mit dicht belaubten Bäumen, alles wirkte hier heil und wohl auch heilend. Die Anthroposophen verstehen es, ihre Gebäude so in die Landschaft einzufügen, dass Mensch und Natur miteinander zu verwachsen scheinen.
Ich hatte mir von Anfang an vorgenommen, mich während dieser drei Wochen niemandem anzuschließen. Jede Konversation wäre eine Qual für mich. Bereits nach der zweiten Visite empfahl mir mein Arzt, Dr. Bergengruen, ich sollte die „Theosophie" von Rudolf Steiner lesen. Das fehlte mir noch!
„Nein, Herr Dr. Bergengruen, ich habe viel zu viel mit mir selbst zu tun. Und wie Sie wissen, bin ich nur eine einfache Sekretärin, die begreift wissenschaftliche Abhandlungen sowieso nicht."
„Doch, Frau Kordes, diese Abhandlungen werden Sie begreifen."
„Werde ich nicht. Außerdem bin ich viel zu erschöpft um zu lesen."
„Dann lesen Sie nur einen Absatz täglich."
„Werde ich nicht, Herr Doktor, selbst das ist mir zuviel."
„Dann lesen Sie nur drei Zeilen täglich."
Warum lässt dieser Mensch mich nicht in Ruhe? Aber noch habe ich einen Trumpf. „Leider besitze ich solche Bücher nicht, Herr Doktor, und hier gibt es ja weder eine Bibliothek noch die Mög-

lichkeit, Bücher zu kaufen." Schach, Doktor. Er zieht ein Buch aus seiner Schublade. „Hier haben Sie mein Exemplar." Seine Mundwinkel zucken verdächtig. Matt, Frau Kordes, soll das wohl heißen.

Mein Zimmer teile ich mit Frau Schmidt. Sie leidet unter ständigem Juckreiz. Eine Qual, an der sie andere gern teilnehmen lässt. Jetzt lese ich täglich ein paar kleine theosophische Abschnitte. Die andere Zeit verstecke ich mich nur dahinter vor Frau Schmidt. So sind die Steiner'schen Theorien wenigstens für etwas zu gebrauchen.

Ich hatte mich gerade mit meinem Lesestoff ausgesöhnt, als ich an einen Abschnitt kam über „Das Ich". Eine Unruhe erfasste mich, die mich aus der Klinik trieb. Im Dauerlauf rannte ich durch den Wald. Als ich zurückkam, war ich so erschöpft, dass ich ins Bett fiel. Ich konnte mir gerade noch Ohropax in die Ohren stopfen, dann war ich auch schon eingeschlafen.

Eine burschikose Braut wartet im weißen Kleid und Schleier auf ihren Bräutigam. Brautkleid und Schleier passen nicht zu dieser unweiblichen Frau. Der Bräutigam kommt in einem Lastwagen angefahren – ein empfindsamer, nachdenklicher junger Mann mit einem klugen Gesicht. Er wirkt sehr verletzlich. Als er die fast männliche Braut sieht, schreit er vor Entsetzen laut auf. Dann rast er mit seinem Lastwagen fluchtartig davon.

Als ich wach werde, kann ich mich kaum bewegen. Auf mir liegt eine Trauer, schwer wie eine große Bleiplatte. Klar, die burschikose Braut in meinem Traum bin ich mit meinen raspelkurzen Haaren. Und der empfindsame junge Mann ist auch ein Teil meines Ich. Doch dieser Teil ist auf und davon. Ich hab ihn verloren.

Bei der Visite sitze ich schluchzend vor Dr. Bergengruen. „Mein Ich ist auf und davon." Nein, er hat nicht gelacht, nicht einmal seine Mundwinkel haben gezuckt. Er hat mich zur Eurythmie geschickt. Ich soll mich mit dem Buchstaben „L" beschäftigen. Was es nicht alles gibt.

Während dieser drei Wochen erhielt ich eine anthroposophische Rundum-Behandlung, aufbauende Medikamente in Spritzen- und Tablettenform, verschiedene Tees und Tinkturen und wunderbar

wohltuende Massagen. Dann hatte ich mich so weit erholt, dass ich wieder alltagstauglich war.
„Ihre Nasenspitze ist wieder über der Erde“, sagte Dr. Bergengruen, als ich mich von ihm verabschiedete. So wollen wir denn alle miteinander hoffen, dass sie dort auch bleibt.

5.7.1992
Leider hielt die Erholung nicht lange an. Meine Nasenspitze sackte wieder unaufhaltsam abwärts.
Seitdem bin ich wieder krankgeschrieben. Ich will aber unbedingt zur Arbeit. Meine Kolleginnen haben schon viel zu viel für mich mitarbeiten müssen.
Außerdem haben wir unseren Urlaub geplant. Rolf und ich wollen mit Isa, Ulrich und Klein-Anna nach Holland. Wir haben dort für zwei Wochen ein Haus gemietet – mit zwei Wohnungen, versteht sich ...
Das Haus bezahlen Rolf und ich.
Hoffentlich wird der Urlaub wenigstens etwas harmonisch. Zwischen Isa und mir ist es immer noch sehr schwierig. Ich habe mir fest vorgenommen, den Urlaub abzubrechen, wenn er mich belastet.
Meine Freundin Doris hat mir dabei ihre Hilfe zugesagt. „Wenn du es nicht mehr aushältst, Monika, ruf mich an, ich hole dich mit dem Auto ab.“
Dieses Angebot, Doris, werde ich dir niemals vergessen.

31.7.1992
Mein Innenleben fährt Achterbahn und mein äußeres Leben zersplittert an unsichtbaren Grenzen. Der Holland-Urlaub mit der gesamten Familie war so, dass ich ihn nicht wiederholen möchte. Einige Male stand ich kurz davor, mit dem Zug wieder nach Hause zu fahren. Dann bin ich doch geblieben. Warum? Ich weiß es nicht. Dafür weiß ich nun aber, wie innig das Verhältnis zwischen Anna und ihrer anderen Großmutter ist. „Anna lächelt ihre andere Großmutter auf Anhieb an.“ – „Anna hat von ihrer anderen Großmutter eine Puppe bekommen, die sie nicht mehr aus den Händen gibt.“ – „Anna und ihre andere Großmutter spielen so schön miteinander.“ – „Annas andere Großmutter kommt sofort, wenn sie auf Anna aufpassen soll.“

Die andere Großmutter, Rentnerin mit viel Zeit, ein leuchtendes Vorbild, dem nachzueifern ich mich gewaltig anzustrengen habe. Annas Taufe steht an. Eine Chance für mich, gegen die andere Großmutter anzutreten im Wettstreit um die Gunst meiner Tochter und Enkeltochter. Isa braucht Hilfe bei den Vorbereitungen. Helfe ich ihr nicht, erledigt sie eben alles selbst. Und gibt Anna während dieser Zeit der anderen Großmutter.

„Ja, tu das, mein Kind. Es wird Anna freuen und die andere Großmutter auch. Man muss gönnen können." Flott kommen mir diese Sätze von den Lippen. Nur keine Schwäche zeigen, wie immer in meinem Leben. Selbst dann nicht, wenn die Schwäche mich zu knicken droht wie einen morschen Baum.

Ich wollte bei meiner Tochter alles besser machen als meine Mutter. Isa war mein Zentrum, um das ich 20 Jahre und ein bisschen länger gekreist bin. Ich habe ihr alles gegeben, was ich hatte und noch ein bisschen mehr. Oder war es nicht das, was sie brauchte? Konnte ich ihr das, was sie brauchte, gar nicht geben, weil ich es selbst nicht bekommen hatte? Fragen über Fragen und keine Antwort.

Warum, Gott, warum?

25.11.1992

Sechs Wochen war ich jetzt wieder einmal krankgeschrieben. Ich wusste morgens nicht, wie ich überhaupt noch ein Bein vor das andere setzen sollte. Auch Rolf hat inzwischen gesehen, wie sehr mich der Job belastet. Wir haben nun vereinbart, dass ich noch drei Jahre arbeite. Danach beantrage ich unbezahlten Urlaub. Dann sehen wir weiter. Natürlich werden Rolf und ich während dieser Zeit rechnen müssen. Schließlich haben wir beim Bau unseres Hauses mein Einkommen mit einkalkuliert. Wir werden dann öfter bei Aldi einkaufen und auf Urlaubsreisen verzichten. Ich bin Rolf sehr dankbar, dass er diese Entscheidung mitträgt, ja, sie eigentlich erst ermöglicht. Schließlich werde ich eine Zeit lang auf seine Kosten leben müssen. Das ist ein großes Problem für mich, weil ich mir doch selbst versprochen hatte, nie mehr ohne eigenes Einkommen zu sein. Doch die Entscheidung, in drei Jahren erst einmal mit der Berufstätigkeit aufzuhören, ist inzwischen eine Überlebensfrage für mich. Rolf scheint das zu spüren. Danke, Gott, dass ich Rolf habe.

13.12.1992
Vor ein paar Tagen hat Erika in Aplerbeck ihren 50. Geburtstag gefeiert. Wieder eine Chance, mit Erich ins Reine, wenigstens ins Gespräch zu kommen. Eine Chance, die ich nutzen wollte. Erich begrüßte mich höflich, wie es sich für den Ehemann der Gastgeberin gehörte. Danach war ich wieder Luft für ihn. Er tanzte mit Erika und verschiedenen anderen Frauen. Ich beobachtete ihn aus den Augenwinkeln. Ob ich ihn einfach auffordern sollte?
Als ich mit Rolf an ihm vorbei tanzte, versuchte ich, seinen Blick auf mich zu ziehen. Er brauchte meinem Blick nicht einmal auszuweichen. Er sah mich gar nicht. Er war so abweisend, dass er mir auch einen Tanz verweigert hätte. Ich versuchte, mir meine Enttäuschung, ja meine Trauer nicht anmerken zu lassen. Keine Schwäche zu zeigen, wie immer in meinem Leben.
Zumindest hat jemand ein wunderschönes Foto von Erika und mir gemacht. Es rührte mich sehr, als ich es in meinen Händen hielt. Erika und ich, heute zwei alternde Frauen, denen schon als Kinder nichts geschenkt worden war. Hatte sich daran jemals etwas geändert? Oder war Erich ein Schicksalsgeschenk für Erika und Rolf eines für mich? Wenigstens *ein* Geschenk soll das Schicksal ja für jeden Menschen bereithalten, sagt meine Freundin Hanna.
Günni und Bärbel waren nicht gekommen. Marianne erzählte, dass Bärbel Günni verlassen hätte.
Ich dachte an das Gespräch mit Bärbel auf der Toilette. „Günni kann aber auch manchmal schwierig sein", sagte ich, betroffen, dass Günni schon wieder eine Lebensgefährtin verloren hatte.
„Ihr könnt alle manchmal schwierig sein", konterte Marianne. Von all ihren „Zöglingen" der Wanderjugend hatte Günni ihr immer besonders am Herzen gelegen.
Gegen 24.00 Uhr wollten Rolf und ich uns verabschieden. Erich verließ den Raum. Als ich die Tür schon in der Hand hatte, kam er wieder zurück und scherzte mit den anderen Gästen. Ich rief ihm zu: „Tschüs, Erich." Er sah in eine andere Richtung und antwortete nicht.
Rolf und ich schwiegen auf der Rückfahrt. Erst als wir zu Hause waren, sah ich, wie bedrohlich schmal Rolfs Lippen waren. Und dann reihte er Satz an Satz. „Sollte Erich nächstes Jahr seinen 50. Geburtstag feiern, wünsche ich, dass er mich persönlich einlädt. Es reicht mir nicht, wenn Erika uns anruft, um uns einzuladen.

Ich habe mich früher mit Erich immer gut verstanden. Und jetzt verhält er sich derart abweisend, dass es schon beleidigend ist. Die Gründe für sein Verhalten sind mir egal. Aber wenn er mit mir wieder ins Gespräch kommen will, wird *er* mich künftig ansprechen müssen.“ So viele Sätze hintereinander hatte Rolf lange nicht mehr gesprochen. Erichs Verhalten musste ihn sehr verletzt haben. Und ich konnte nichts dagegen tun. Niemals wird Erich von sich aus Rolf ansprechen. Er wird das so lange nicht tun, wie er nicht mit mir im Reinen ist. Und wie das geschehen kann, weiß ich auch nicht mehr. Selbst meine alte Konfliktstrategie scheint zu versagen.
Was will ich? Erichs Freundschaft.
Wie bekomme ich sie? Ich weiß es nicht.
Wann ist es am besten, darauf zu verzichten? Nie!

6.1.1993
Christine, meine kleine Schwester, lebt nun mit ihrem amerikanischen Ehemann und ihren Zwillingen in den USA. Eine noch größere Distanz, zumindest geografisch, zu unserer Mutter kann es kaum noch geben. So wie es jetzt aussieht, wird unsere Mutter sich auf keine ihrer beiden Töchter im Alter stützen können. Mit ihrem Studium in Norddeutschland hatte Christine ganz Deutschland zwischen sich und unsere Mutter gelegt, nun sogar einen ganzen Kontinent. Es ist Christines Möglichkeit der Distanz, eine andere hat sie nicht. Sie ist noch weicher als ich. Vielleicht ist sie auch klüger. Eine Mutter wird man niemals los. Vermutlich weiß Christine das. Ich habe es zwar immer befürchtet, wissen tue ich es erst seit heute.
Isa hat Kontakt zu ihrer Großmutter. Kurz nachdem Christine in die USA ging, hat meine Mutter Isa geschrieben. Es hätte zuvor bessere Gelegenheiten gegeben, sich ihrer Enkeltochter zu erinnern. Als Isa 18 wurde zum Beispiel oder als Isa geheiratet hat oder als Isa Anna bekam, das erste Urenkelkind meiner Mutter. All das waren keine Gründe für meine Mutter, ihrer Enkelin wenigstens mal ein Kärtchen zu schreiben. Erst als feststand, dass Christine in die USA gehen würde, erinnerte sich meine Mutter ihrer fast vergessenen Familienangehörigen. Ihre Angst vor Einsamkeit muss unerträglich gewesen sein. Isa aber ist begeistert, dass sie nun auch zu jemandem „Oma“ sagen kann.

Und vielleicht hat ihre Oma ja nun doch ein Familienmitglied, das sich im Alter liebevoll um sie kümmert.
Gestern war ich wegen meiner ständigen Erschöpfung beim Arzt. Der empfahl mir dringend, meine Mutter in meinem Leben „außen vor" zu lassen. „Ihre Mutter schadet Ihnen", sagte er wörtlich. „Sie müssen erst einmal wieder auf die Beine kommen – und zwar ohne Ihre Mutter."
Natürlich weiß ich, dass solche Ratschläge normalerweise von einem Arzt nicht gegeben werden sollten. Er musste dafür schon einen triftigen Grund haben. Bei mir machte es jedenfalls nach diesem Rat „plumps". Ein scharfkantiger Stein hatte meinen Lebensnerv blockiert. Der Stein fiel irgendwo ins Leere.

8.1.1993
Isa ist wieder schwanger! Am 1. Juli ist der errechnete Geburtstermin. Und wieder stieg bei dieser Nachricht eine warme Welle der Freude in mir hoch. Da setzt „Frau" ein Kind in die Welt und ist nach ein paar Jahren gleich zweifache Großmutter. Welch ein Geschenk! Doch dann fiel mir ein, dass mir schon einmal ein Enkelkind aus dem Arm genommen wurde. Nicht noch einmal diesen Schmerz! Ich habe meine warmen Gefühle nach unten, in die Tiefe meines Herzens gedrückt und einen Stopfen darauf gesetzt. Hoffentlich kommt Isa mit zwei Kindern gut zurecht. Anna wird erst eineinhalb Jahre alt sein, wenn das Neugeborene zur Welt kommt. Das Neugeborene! Was wird es? Wieder ein Mädchen in unserem Familien-Matriarchat? Und wenn es ein Junge wird? Wie behandelt man einen kleinen Jungen? Ich habe keinerlei Erfahrung mit kleinen Jungs. Auch die Vorstellung, einen kleinen Enkelsohn zu haben, ist mir fremd.
Ulrich äußert sich nicht ganz klar, aber ich glaube, er wünscht sich einen Jungen. Isa wünscht sich wieder ein Mädchen. Mit Mädchen hätte sie bisher die besten Erfahrungen gemacht, sagt sie.

11.1.1993
Letzte Nacht habe ich von meinem zweiten Enkelkind geträumt: *Isa lässt sich untersuchen. Der Arzt meint, ihr Baby wird ein Junge. Dann korrigiert er sich: „Es wird wohl doch ein Mädchen." Ich bin enttäuscht.*

„Schade", sage ich zu dem Arzt, „ein Junge wäre endlich einmal etwas Neues gewesen."

Als ich wach werde, weiß ich, dass ich mir unbewusst einen Enkelsohn gewünscht habe. Nun wünsche ich ihn mir auch bewusst. Aber das werde ich niemandem sagen.

3.2.1993
Was ist bloß los mit mir? Warum bin ich ständig so erschöpft? Meine Tochter meint, ich hätte einen Nutzen von meiner Erschöpfung. Den suche ich im Augenblick. Hoffentlich finde ich ihn auch. Dann hätte diese ganze Quälerei wenigstens einen Sinn.
Eigentlich will ich nur noch allein sein. Der Arzt meint, er könne mich doch nicht auf eine einsame Insel schicken. Ich solle mir lieber ein seelisches Polster schaffen, damit mir nicht sofort alles unter die Haut ginge. Der hat gut reden. Ich hab ja noch nicht einmal eine Haut. In mich geht alles sofort hinein, glatt und ungebremst.

16.2.1993
Mein Leben ist im Augenblick eine nicht enden wollende Quälerei. Am liebsten würde ich es beenden. Und das, was ich jetzt dringend brauche, nämlich Gottes Nähe, stellt sich nicht ein. Wie beim Radio suche ich hektisch eine Art Frequenz, auf der ich Gott empfangen könnte. Ich drehe und drehe den Knopf, höre aber keinen klaren Ton, nur Brummen, Rauschen und Pfeifen. Gott, wo bist Du?
Ich ertrage das Leben nicht mehr. Wenn ich morgens aufstehe, bin ich innerlich so wund, dass ich nur hoffe, Rolf spricht mich nicht an, sagt hoffentlich nicht „tschüs, bis heute Abend". Ich müsste ihm antworten, damit er nicht merkt, was mit mir los ist. Aber jede Antwort ist eine unerträgliche Qual für mich. Ich kralle meine Hände in die Arbeitsplatte der Küche. Bitte, Rolf, sprich mich nicht an, geh aus dem Haus, geh bitte, geh schnell…

3.3.1993
Mein Frauenarzt hat mich vor dem letzten Schritt bewahrt. Ich hatte alles vorbereitet, wollte aber zuvor noch meinen gynäkologischen Termin wahrnehmen. Es ist immer schwierig, bei diesem Arzt einen Termin zu bekommen. Deshalb hatte ich ihn schon

vor Monaten beantragt. Jetzt wollte ich ihn abschließend auch nutzen. Warum war mir dieser Termin bloß jetzt noch wichtig? Der Frauenarzt öffnete die Tür, sah mich an und sagte: „Ihnen geht es sehr schlecht, das sehe ich, kommen Sie rein, wir reden miteinander." Über zwei Stunden hat er sich Zeit genommen für mich. Er hat wohl gespürt, wovor ich stand. Es waren die zwei Stunden, die ich zum Überleben gebraucht habe.

4.5.1993
Heute habe ich Namenstag, besser, hatte ich einmal Namenstag. Die katholische Obrigkeit hat die Heilige Monika verlegt auf den 27. August, einen Tag vor ihren Sohn Augustinus. Monikas Heiligkeit sei ohne ihren Sohn nicht denkbar, also müsse man sie auch nah beieinander verehren, meint die katholische Obrigkeit, die schon immer wusste, ohne was Frauen nicht denkbar seien. Dabei war die heilige Monika vielleicht froh über den kalendarischen Abstand zu ihrem Sohn, so wie ich froh bin über den inneren Abstand zu meiner Tochter. Aber vermutlich denke ich mal wieder zu weltlich. Zumindest war ich an den 4.5. gewöhnt. Na ja, vielleicht ergibt sich ja im Laufe meines neu entdeckten Katholikenlebens, dass ich so zweimal im Jahr meinen Namenstag feiern kann. Am 4.5. gratulieren mir die konservativen Katholiken und am 27.8. die progressiven. Zweimal geehrt zu werden hat die heilige Monika auch verdient, sie ist zwar keine Märtyrerin und deshalb nicht ganz so nützlich für die Menschheit, wie zum Beispiel die heilige Ursula. Aber in ihrer mütterlichen Penetranz ist sie fast schon wieder sympathisch, obwohl ich ihr neide, dass sie sicher nicht so viele Wunden von ihrem Sohn abbekommen hat, wie ich von meiner Tochter. Aber das würde sie selbst vermutlich anders sehen.

Kurz vor Ostern war ich wieder in Assisi. In Assisi habe ich alles, was ich brauche.
„Was machen Sie eigentlich in Assisi?", fragen mich meine dem Glauben fern stehenden Mitmenschen. „Beten."
„Den ganzen Tag beten? Mehr nicht? Entsetzlich, da mach ich lieber etwas Nützliches."
„Ich glaube, dass mein Beten sehr nützlich ist. Ich glaube sogar, dass nur die Beter, und besonders die in den kontemplativen Orden, die Welt davor bewahren, ins Chaos zu taumeln."

„Die Beter in den Klöstern? Die, die den ganz Tag nichts anderes tun als Beten und ihr Brot auf Kosten anderer essen?“
„Ich glaube, dass wir alle auf Kosten der Beter leben.“ Das soll ich dann doch mal näher erklären. Doch wie erkläre ich etwas, das auch ich nicht weiß, sondern das nur als „Rohbau“ in meinen Gedanken existiert? Vielleicht mit dem Wörtchen „vielleicht“? Vielleicht gibt es ja in der Welt positive und negative Energien. Und vielleicht erzeugt jedes Gutsein, jedes Gebet, jede Begegnung mit Gott positive Energien, die dringend als Gegengewicht zu den negativen Energien gebraucht werden. Ja, vielleicht können wir Menschen sogar durch unsere Gebete die negativen Energien auflösen, und zwar ebenfalls nach bestimmten Gesetzmäßigkeiten, die wie die Naturgesetze von Gott erschaffen wurden, die Er aber nicht mehr beeinflusst, meistens jedenfalls nicht. Kürzlich las ich, dass der große Einstein nicht daran glaubte, dass „DER“ würfelt. Mir wäre auch lieber, „DER“ würfele nicht. Es käme meinem Bedürfnis nach Berechenbarkeit entgegen. Doch ich fürchte, gelegentlich würfelt „DER“ doch. Wenn das aber so ist, hätte auch ich nach meinem Tod ein paar Fragen an „DEN“.
Spinne ich diesen Gedankenfaden weiter, lande ich irgendwann bei der Frage, ob nicht vielleicht der Urgrund aller Energien personal ist. Dann gäbe es vielleicht auch „den“ Bösen. Aber das will ich so genau gar nicht wissen. Man muss nicht alles kennen lernen im Leben. Gott, den gibt es, das weiß ich.
Als ich mal wieder stundenlang in einer der vielen Kirchen in Assisi saß, kam ein Priester auf mich zu. Er legte mir die Hände auf und segnete mich. Mein Herz schlug dabei so heftig, dass mein Zäpfchen im Rachen zitterte. In der folgenden Nacht wurde ich von einem eigenartigen Empfinden wach. Es war, als bekäme ich „Energiestöße“. Dann war es auf einmal vorbei, und ich bin wieder eingeschlafen.
Seit ich wieder zu Hause bin, fühle ich nach langer Zeit eine innere Ruhe. Ja, ich habe plötzlich sogar wieder Kraft für meinen Alltag.

3.7.1993
Allmählich wird es Zeit, dass ich bei allen inneren und äußeren Problemen auch wieder einmal meinen Ehemann Rolf erwähne. Es sind die kleinen Gesten, mit denen er mir sagt, dass er mich

liebt und denen ich immer mehr vertraue. Dabei kann ich ihm sonderlich viel an Zuwendung gar nicht mehr geben. Ständig etwas anderes ausbrütend, hänge ich wieder erschöpft im Sessel, bei der kleinsten Belastung klagend: „Das ist mir zuviel, ich kann nicht mehr."
Wer hätte das gedacht, dass sich unsere einstmals so problematische Ehe so positiv entwickeln würde? Ich kann inzwischen sogar genießen, dass da jemand in meinem Leben ist, auf den ich mich verlassen kann, und der zu mir gehört. Manchmal frage ich mich, ob der Wandel meiner Ehe nicht vielleicht auch auf positive Energien zurückzuführen ist, dank der Menschen, die beten.

20.7.1993
Am 15. Juli ist Lucas geboren, mein zweites Enkelkind. Schön, dass es ein Junge ist. Endlich mal etwas anderes in unserem Weiberhaufen. Allerdings habe ich gefühlsmäßig doch ein paar Probleme damit. Wie behandelt Frau einen kleinen Jungen? Anna war mir da am Anfang vertrauter. Wie sich das wohl entwickelt zwischen uns allen?
Vor zwei Tagen schlug Isa mir vor, meinen Job an den Nagel zu hängen. Sie könne mich jetzt für ihre Kinder brauchen. „Heute hier, morgen dort…", summte in mir ein alter Schlager. Vor eineinhalb Jahren wurde mir ein Enkelkind aus dem Arm genommen, damit ich es nicht lieben soll. Heute werden mir gleich zwei Enkelkinder aufs Auge gedrückt, damit ich sie betreuen soll.
Bei aller Freude über meine Enkelkinder, aber jetzt achte ich etwas mehr auf mich selbst. Und dazu gehört, dass ich nur dann die Kinder betreue, wenn ich es kann – und wenn ich es will. Mein bisheriges Leben war nur ein Kreisen um andere. Was ich davon gehabt habe, sehe ich heute überdeutlich.

13.9.1993
„Hurra, wir leben noch, was haben wir nicht alles überlebt – und leben noch…" Inzwischen singe ich diesen Schlager täglich zur Selbsthypnose.
Eines Tages glaubte mein Ehemann, dass ich mir nichts sehnlicher wünsche, als zusätzlichen Wohnraum in einem ohnehin für zwei Personen zu großen Einfamilienhaus. Er brach die Decke der zweiten Etage heraus, um so leichteren Zugang zum Dachgeschoss zu

schaffen. Als mir die Betonbrocken um die Ohren flogen, flüchtete ich nach Neviges. Ich zündete dort in der Wallfahrtskirche eine Kerze an und erbat himmlischen Beistand, dass unser Haus nicht in sich zusammenfallen möge. Unser Haus hielt stand. Doch leider regte dieses Erfolgserlebnis meinen Gatten zu weiteren Taten an. Nun waren es meine ständig kalten Füße, die ihn in immerwährende Sorge um mein Wohlbefinden versetzten, wie er mir erklärte. Und deshalb würde er mir jetzt eine mit Sonnenenergie betriebene Fußbodenheizung im Erdgeschoß legen. Drei Wochen brauche er nur dafür, und ich könnte mich ja während dieser Zeit auf mein Zimmer in der ersten Etage zurückziehen.

Eigentlich wollte ich keine Fußbodenheizung. Aber Rolfs Fürsorglichkeit rührte mich. Also schleppte ich ein paar notwendige Küchenutensilien nach oben, sodass ich wenigstens etwas kochen konnte. Und Rolf schaffte unsere Wohnzimmermöbel ins Freie. Dann wütete der Presslufthammer und verwandelte unser Wohnzimmer in ein Trümmerfeld.

„Ich mache keinen Staub", rief mir mein Ehemann durch eine dicke Staubwolke zu und jagte begeistert den Presslufthammer in den Fußboden. Ich hielt mir die Ohren zu, stopfte mir Ohropax in die Ohren, ja, ich ging sogar wieder gern zur Arbeit. Doch ich fand nirgendwo mehr Ruhe. Bevor ich durchdrehte, flüchtete ich ins Kloster Knechtsteden zu einer Einkehrwoche. „Wenn du zurückkommst, ist alles fertig", rief mir mein Staub umwölkter Ehemann zu. Doch als ich zurückkam, kam ich nicht einmal mehr auf normalem Wege ins Haus hinein. Ich entdeckte ein schmales Brett, auf dem ich mit meinem Koffer ins Haus balancierte. In unserem ehemaligen Wohnzimmer wirbelten schwarze und weiße Männer umher. Offenbar versuchten sie, Estrich auf die frisch gelegten Heizungsrohre zu verteilen. „Hallo", begrüßte mich mein Gatte strahlend, „hättest du noch einen Tag mit deiner Rückkehr gewartet, wäre alles fertig gewesen."

Ich flüchtete in mein Zimmer auf der ersten Etage und verrammelte die Tür hinter mir. Als der neue Estrich am zweiten Tag noch immer nicht fest geworden war, wusste zumindest ich, dass wir vor einem Desaster standen. „Schmeiß den ganzen Dreck raus", rief ich aufgebracht „und dann bestell sofort neuen Estrich."

„Quatsch", sagte mein Gatte, „ich begieße den Sand, lege eine Folie darüber und schon haben wir nach ein paar Tagen knall-

harten Fußboden-Estrich.“ Wie hätte ich seine Wunderprognose anzweifeln können. Er ist Ingenieur, und er ist männlich. Außerdem hoffte ich inständig, sein Estrichwunder möge geschehen, schließlich hingen die neuen Tapeten schon an den Wänden.
Am nächsten Tag benässte mein Ehemann mit einer Gießkanne den sandigen Fußboden und machte auch vor den neuen Tapeten nicht halt. Ich bekam einen Tobsuchtsanfall. Die Haustür stand offen und schon bald kamen die ersten Nachbarn angelaufen. Nein, das könne ein Mann seiner Frau wirklich nicht antun, meinten die Nachbarn und bedauerten mich zutiefst. Dann setzten sie meinem Gatten so lange zu, bis er drei Finger zum Schwur erhob, so etwas seiner Ehefrau nie mehr zuzumuten.
Inzwischen fand ich nichts mehr wieder. Ich vermisste meine Schuhe, ich vermisste mein Krankenschein-Scheckheft, ach, ich vermisste eigentlich alles. „Wo ist eigentlich unser Jugendstil-Schränkchen, Rolf?“ – „Keine Ahnung.“ Ich fand es in der Garage zwischen den Müllsäcken.
„Altes Holz kann was vertragen“, meinte mein Gatte und zeigte mir als Beweis unseren antiken Esstisch, der draußen im Regen stand. Bevor mich der Schlag traf, deckte er schnell den Tisch mit einem Biberbettlaken ab, was besonders gut das Regenwasser aufsaugte. Ich riss das Laken herunter und heulte hemmungslos in das nasse Laken weitere Nässe hinein.
Irgendwann kam aber doch der große Tag, an dem die Folie über den begossenen Sand gelüftet werden konnte. Nun würden wir das Wunder des neuen knallhart gewordenen Estrichs bewundern können. Folie hoch und ... oh Wunder, es gab kein Wunder. Einzelne Sandhäufchen hatten zwar versucht, fester zu werden, andere hatten auch versucht, sich zu verbinden. Vergeblich, es waren einzelne lose Sandhäufchen geblieben.
„Reiß den ganzen Dreck endlich raus“, fauchte ich meinen Gatten an, „diese Flickschusterei hat doch keinen Zweck, siehst du das nicht?“ Er giftete zurück, dass ich ständig glaube, mehr zu wissen als Fachmänner und dass ich keine Ahnung hätte.
Am nächsten Tag war er wieder ansprechbar. Irgendwelche Fachmänner hatten ihm nun empfohlen, über sein Flickwerk so genannten Fließ-Estrich zu schmieren. Dann würde der Estrich sogar felsenfester als Fels.

Er schmierte Fließ-Estrich auf die Sandklumpen und wollte dann abends zum Doppelkopfspielen nach Köln fahren. Dazu musste er aber zuvor in die obere Etage, um sich umzuziehen. Den Fußboden der unteren Etage konnte er nicht mehr betreten, sollte die wundersame Wandlung des Fließ-Estrich zum felsenfesten Fels einwandfrei vonstatten gehen. Also kletterte mein Gatte gegen 17 Uhr mit einer Leiter aufs Garagendach. Von dort hangelte er sich am Balkon der oberen Etage hoch und pochte an die Scheibe meines Zimmers. „Lass mich rein, lass mich rein", rief er kläglich, „es regnet." Der Regen hatte sein Mütchen sichtlich gekühlt.
Ich öffnete ihm in gebotener Langsamkeit die Tür.
Ob ich denn die Freundlichkeit hätte, ihm nachts die Balkontür zu öffnen, wenn er vom Doppelkopfspiel nach Hause käme, fragte er spitz. Aber ich wusste noch nicht, ob ich die Freundlichkeit haben würde. Erst wollte ich mir noch den Genuss gönnen, meinen Gatten im Ausgehdress auf dem gleichen Weg gehen zu sehen, den er gekommen war.
Er machte sich fein, zog seinen neuen Blazer an, küsste mich auf die Stirn und kletterte über den Balkon abwärts aufs Garagendach. Von dort über eine Leiter in den Garten. Dann warf er mir eine Kusshand zu und verschwand im Dunkeln.

Am darauf folgenden Wochenende waren wir von Rolfs Schwester zu einer zweitägigen Bootsfahrt eingeladen. Es sollte ihr Geschenk zu unserer Silberhochzeit sein. Silberhochzeit? Ja richtig, am 10.8.1993 waren Rolf und ich 25 Jahre verheiratet. Unsere Silberhochzeit war sozusagen in den Estrich gefallen.
Rolf und ich hangelten uns nun gemeinsam aus dem Haus hinaus und fuhren nach Holland.
Rolfs Schwester und ihr Mann besitzen dort ein Schiff mit Wohn- und Schlafräumen. Sie schipperten Rolf und mich durch die holländischen Grachten. Wir waren bequeme Gäste. Rolf schlief vor Erschöpfung, und ich fiel regelmäßig in kleine Nickerchen.
Die zwei Tage auf dem Boot waren für Rolf und mich eine Atempause, die wir beide dringend gebraucht hatten. Doch als wir unser Haus wieder betraten, war die Erholung schnell vorbei. Unser Estrich war inzwischen kein felsenfester Fels geworden, sondern ein Wellen-Estrich. Einzelne Wellen waren gerissen, andere so

weit hoch gedrückt, dass sie gebrochen waren und die Sandhaufen darunter sichtbar wurden.
Wir setzten uns auf die Erde zwischen die Türzargen unseres ehemaligen Wohnzimmers und schwiegen uns an. Rolf hatte seine Gesichtsfarbe gewechselt. Sein beständiges zartes Rot war einem gelblichen Weiß gewichen. Das ließ mich nachsichtig werden.
„Rolf, es muss alles raus aus dem Fußboden, was du da rein- und draufgekleistert hast, und dann muss ganz neuer Estrich rein." Ich bemühte mich, ruhig zu sprechen. Doch Rolf wollte wieder einmal reparieren. Und ich hätte ja wieder mal keine Ahnung. Er, Rolf, würde am nächsten Tag einen Nachbarn befragen, der wirklich Ahnung hätte, weil der Fachmann sei. Der Nachbar mit wirklicher Ahnung bestärkte Rolf darin, es noch einmal mit einer Reparatur zu versuchen. Ich zog mich auf mich selbst zurück.

Inzwischen waren aus den drei Wochen, die mein Ehemann für die Fußbodenheizung eingeplant hatte, sieben geworden. Eines Morgens ging das Telefon. Die HUK wollte meinen Ehemann sprechen. Er hätte vor ein paar Tagen angefragt, ob unsere Möbel, die im Freien stünden, gegen Diebe versichert seien. „Nein", meinte die freundliche Dame von der HUK, „gegen Einbruch versichern können wir nur dort, wo auch eingebrochen werden kann. Und einbrechen kann man nur dort, wo eine Scheibe ist oder eine Tür. Ihre Möbel aber stehen im Freien. Und gegen Wegtragen gibt es leider noch keine Versicherung."

Heute Morgen rief mich mein Ehemann in der Uni an. Schon an seiner Stimme hörte ich, dass er körperlich und seelisch am Ende war. Ein weiterer Fachmann hatte die erneute Flickschusterei meines Gatten begutachtet. „Bitte, mach mir keine Vorwürfe", jammerte mein Gatte in den Hörer, „ich bin völlig fertig. Der Fachmann meint, alles müsse aus dem Fußboden raus und dann ein völlig neuer Estrich rein."
Die Frau, die keine Ahnung hat, hatte Erbarmen mit ihrem einstigen Großmaul. Als sie von der Arbeit nach Hause kam, ließ sie ihrem Gatten ein duftendes Bad ein, und der kleinlaute Gatte legte sich willenlos hinein. Danach kochte die Frau, die keine Ahnung hat, ihrem kleinlauten Gatten sein Lieblingsgericht, einen feurigen Bohneneintopf.

So gestärkt wurde der kleinlaute Gatte wieder großmäulig. Er ging erneut auf Suche nach Fachmännern, die ihm das bestätigen sollten, was er hören wollte. Und die Frau, die keine Ahnung hat, verzog sich auf ihr 20-Quadratmeterimperium in der oberen Etage.

3.10.1993
Noch immer leben wir unser Leben in der oberen Etage. Vielleicht werden wir auch unser Weihnachtsfest dort verbringen. In vier Wochen soll der neue Estrich getrocknet sein und die Sonnenenergie betriebene Fußbodenheizung funktionieren. Wer's glaubt…
Bevor das Estrich-Chaos begann, hatte ich mein gutes Geschirr fein säuberlich in Sicherheit gebracht. Den anderen Hausrat kippte mein Gatte in irgendwelche Behälter, die ihm gerade im Wege standen. Wohin er diese Behälter dann brachte, weiß er nicht mehr. Er hat an so vieles zu denken in der letzten Zeit.
An dem Tag, an dem nun doch ein neuer Estrich gelegt wurde, durfte ich unser Haus erst abends betreten. Betreten bedeutete, ich hatte meinen nicht gerade filigranen Körper schwebend in die obere Etage zu befördern. Rolf empfahl mir, mich meiner alten Tarzan-Filme zu erinnern und mich wie Jane um das Treppengeländer zu schwingen.
Inzwischen schweben wir beide gekonnt über den Estrich und schwingen uns gemeinsam um das Treppengeländer, mein Gatte und ich. Er Tarzan, ich Jane!

28.10.1993
Inzwischen war ich wieder mit einer Gruppe von Pater Gotthard in Assisi. „Ich habe noch nie so viele Behinderte in einer Gruppe gehabt wie diesmal“, sagte Pater Gotthard zu Beginn der Reise sorgenvoll, „mich selbst eingeschlossen.“ Pater Gotthard wirkte müde und erschöpft. Krankheiten haben auch bei ihm Spuren hinterlassen. Trotzdem schaffte er es wieder, uns in Assisi eine religiöse Tiefe erleben zu lassen. Nur die Rückfahrt verlief sehr problematisch.

Am letzten Tag in Assisi feiern wir unsere heilige Messe in der Hauskapelle. Ich bin unkonzentriert. Meine Gedanken sind schon auf der Heimfahrt. Wie wird es heute Abend in Florenz am Bahnhof klappen? Ist unser Zugabteil frei? Oder haben es Fremde wieder besetzt? Es wäre nicht das erste Mal. Wird unsere Gruppe wieder in die übliche hektische Aufgeregtheit verfallen? Ach, säßen wir doch schon alle im Zug!

Plötzlich wird es ganz still in mir. Pater Gotthard liest die Worte: *„Ich werde für die Stadt Jerusalem ringsum eine Mauer von Feuer sein, und ich werde in ihrer Mitte sein…"* (Sacharja 2,9-19)

Jetzt ist ein Gefühl absoluter Geborgenheit in mir.

Gott wird heute Abend in unserer Mitte sein, und um uns her eine schützende Mauer von Feuer. Was kann uns dann schon passieren?

Nach dem Mittagessen geht es los. Ein letzter Blick auf Assisi und wie immer die Frage: Werde ich wiederkommen? Der Busfahrer ist etwas älter und der Bus auch. Plötzlich fahren wir Schlangenlinien. Es kracht. Unser Bus hat einen Pfosten mitgenommen. Der fliegt durch die Luft und landet im Nirgendwo. Dann bleibt der Bus stehen. Und nichts kann ihn wieder in Bewegung setzen. Kein Haus ist in der Nähe, kein Telefon, um Hilfe zu holen. Der Busfahrer krabbelt unter den Bus und taucht nicht wieder auf. Die Männer unserer Gruppe krabbeln hinterher und tauchen auch nicht wieder auf. Wir Frauen beten den Rosenkranz.

Nach einer Stunde tauchen alle Männer wieder auf. Sie hätten den Bus repariert, sagen sie, und wischen sich zufrieden den Schmutz von den Händen. Die Fahrt geht weiter. Ein kurzer Zwischen-Stopp in Siena und gegen Abend sind wir endlich in Florenz am Bahnhof. Wie immer bilden wir am Bahnsteig einen Kreis und stellen die Koffer in die Mitte. Einzelne gehen noch etwas essen. Danach lösen sie die anderen bei der Kofferaufsicht ab. Alles läuft so durchorganisiert wie immer. Plötzlich eilt Pater Gotthard im Laufschritt ins Innere des Bahnhofs. Irgendetwas muss passiert sein. Und schon geht die Nachricht wie ein Lauffeuer von Mund zu Mund. Die italienische Bahn wird von einer Minute zur anderen bestreikt.

Wie kommen wir nun mit unseren Alten und Behinderten zurück nach Deutschland? Es ist bereits dunkel, und die Nacht muss geplant werden. Ich sondere mich etwas von der Gruppe ab und checke mich durch. Wie bin ich für die Nacht gerüstet? Etwas Wasser habe ich bei mir und zwei belegte Brote. Und vor allem mein Biberbettlaken, das ich auf jeder Reise griffbereit mitschleppe.

Geldreserven habe ich ebenfalls noch. Meine Grundversorgung ist also gesichert, und ich kann mich beruhigt den anderen Pilgern zuwenden.
Pater Gotthard läuft noch immer durch den Bahnhof und sucht ein Telefon. Er will Claudio Jacobi in Assisi anrufen. Vielleicht kann Claudio uns heute Abend noch einen Bus von Assisi nach Florenz schicken, der unsere Gruppe dann nach Bologna bringt. Von dort, glaubt Pater Gotthard, könnten wir uns durchschlagen bis Deutschland. Die Gruppe rückt innerlich zusammen, ich spüre das körperlich.
Pater Gotthard hat Claudio in Assisi erreicht. Und – oh Wunder – Claudio hat gerade einen Busfahrer in Florenz. Der wäre zwar schon den ganzen Tag gefahren und könne uns deshalb nicht bis nach Deutschland bringen. Aber vielleicht bis kurz hinter die Schweizer Grenze. Bologna käme keinesfalls in Frage, meint Claudio. Der Streik beträfe ganz Italien.
Wir verlassen mit unseren Koffern den Bahnhof und stellen uns an die Bushaltestelle. Tatsächlich, nach einer gewissen Zeit kommt ein Bus der Firma Jacobi. Wir steigen ein und fahren durch die Nacht. Unterwegs sehen wir ein Ehepaar mit einem Kind am Straßenrand stehen. Auch sie versuchen, sich in die Schweiz durchzuschlagen. Wir nehmen sie mit. Nach vier Stunden Fahrt kommen wir gegen ein Uhr nachts an einem Schweizer Bahnhof an. Der Bahnhof hat keinen Wartesaal und nur wenige Sitzmöglichkeiten, auf die wir unsere Alten und Behinderten platzieren. Wir Jungen, zu denen ich sogar zähle, richten uns auf fünf Stunden Steh-Aufenthalt ein. Da die Uhren in dieser Nacht auf die Winterzeit zurückgestellt werden, haben wir noch mit einer zusätzlichen Stunde in dieser Nacht zu rechnen. Und es ist kalt.
Alles ist bisher in unserer Gruppe ruhig und diszipliniert verlaufen. Ganz im Gegenteil zum sonstigen Chaos und Geschrei einzelner nach ihren Koffern, Tüten und Taschen. Nur unser mitpilgernder Herr Pastor läuft aufgeregt hin und her. Er hat am nächsten Vormittag eine Taufe in Deutschland und kann niemanden telefonisch erreichen. In seiner Aufregung läuft er auch auf den Bahnsteig. Dort entdeckt er, dass unser Zug schon auf den Gleisen steht. Die Abteile sind noch dunkel und nicht beheizt, aber die Türen lassen sich öffnen. Und endlich haben wir Sitzplätze für alle. Niemand schreit nach seinem Koffer, obwohl keiner weiß, wer denn nun

wessen Koffer in den Zug gehoben hat. Alles verläuft noch immer ruhig und diszipliniert. Und nach einiger Zeit schnarchen schon die ersten auf ihren Sitzplätzen.
Ich taste mich durch ein paar Abteile, weil ich mal ein Stündchen allein sein will. Die ersten Abteile sind belegt. Quer über den Sitzen liegen die erschöpften Körper einzelner Mitpilger.
Ich entdecke Pater Gotthard. Er hat seinen Mantel über sich gelegt, die Baskenmütze ins Gesicht gezogen und scheint zu schlafen. Auf den nächsten Sitzen liegt der Herr Pastor, die Kapuze seines Anoraks über dem Kopf und unter dem Kinn mit einem ordentlichen Schleifchen zugebunden. Im nächsten Abteil liegt auf zwei Sitzen Frau Matthäus, gebogen wie ein Fragezeichen. Dahinter liegt die Haushälterin des Pastors, friedlich zusammengerollt wie ein Igel. Endlich finde ich ein freies Plätzchen für mich allein. Erschöpft lege auch ich mich auf die Sitze, schließe meinen Anorak bis hoch unters Kinn und kuschele mich in mein Biberbettlaken ein.
Gegen 4.00 Uhr werde ich wach. Die Uhren sind inzwischen um eine Stunde zurückgestellt. Zwei Männer vom Zugpersonal betreten den Zug. Offenbar wollen sie ihn vor der Weiterfahrt inspizieren. Sie entdecken im Halbdunkel einen quer über den Sitzen liegenden Menschen, dann den nächsten, dann noch einen und noch einen …
„Madonna", ruft einer der Männer entsetzt, und beide flüchten aus dem Zug. Um 5.00 Uhr geht plötzlich im Zug das Licht an, um 5.15 Uhr setzt sich der Zug in Bewegung und endlich, endlich funktioniert auch die Heizung. Übermüdet sitzen wir wieder zusammen in unseren Abteilen. Keiner ist gewaschen, keiner hat sich die Zähne geputzt. Und unsere Männer haben eine ungewohnte Stoppelpracht im Gesicht. Sieh an, Pater Gotthards Bart ist rotblond, obwohl sein Haupthaar längst grau ist.
Der Herr Pastor öffnet sein Schleifchen unterm Kinn und lüftet die Kapuze. Seine Haushälterin fährt sich kurz mit den Händen durchs Haar. Das reicht für heute. Ich falte mein Biberbettlaken zusammen. Und der Zug zockelt gemächlich in den beginnenden Morgen hinein.

Gegen 9.00 Uhr sind wir in Basel. Für die Weiterfahrt bleibt uns nur der Intercity. Doch wir haben weder reservierte Plätze noch Zuschläge bezahlt. Der Intercity ist proppenvoll. Doch

– schon wieder ein Wunder – jeder von uns findet problemlos einen Sitzplatz. Ich muss dringend zur Toilette. Nur das nicht. Wenn ich jetzt meinen Platz verlasse, ist er für immer verloren. Und wenn meine Blase platzt. Ich bleibe sitzen. Vor mir wird es laut. „Rechtens müssten Sie jetzt 1000 Mark nachzahlen", sagt der Zugschaffner zu Pater Gotthard. „Sie sind eine Gruppe von 30 Leuten, haben weder reserviert noch Zuschläge bezahlt." Neben mir sitzen fremde Leute. Eine Frau beginnt zu zetern über „diese Gruppe mit dem Pater, die dieses Chaos hier im Zug verursacht hat."
„Ich bin ein Mitglied dieser Gruppe", unterbreche ich ihr Genörgel. „Wissen Sie eigentlich, was wir hinter uns haben?" Und dann erzähle ich ihr in gebührender Dramatik, was „diese Gruppe" erlebt und erlitten hat durch den Streik des italienischen Zugpersonals. Und natürlich erwähne ich „so nebenbei" die vielen Alten und Behinderten unserer Gruppe. Manchmal ist es sehr nützlich, anderen ein schlechtes Gewissen einzuflößen. Es ist mir gelungen. Die Frau ist mundtot und niemand muckt mehr auf.
Wohlbehalten, aber am Ende unserer Kräfte, kommen wir in Düsseldorf an. Es gibt diesmal keinen großen Abschied voneinander wie sonst nach den Fahrten. Ein kurzes „Tschüs, alles Gute" und jeder sieht zu, dass er irgendwie nach Hause kommt.
Am Wuppertaler Bahnhof will ich mir ein Taxi nehmen. Doch erstmals, seitdem ich in Wuppertal lebe, steht dort kein Taxi. Ich versuche, Rolf telefonisch zu erreichen. Doch das Münztelefon ist defekt. Und für das Kartentelefon habe ich keine Karte. Ich nehme meinen Koffer und schleppe mich in die Innenstadt, von einer Ecke zur nächsten, dorthin wo sonst immer Taxen stehen – nur heute nicht. Eine merkwürdige Stille liegt über Wuppertal. Nicht einmal Busse fahren.
Völlig am Ende meiner Kräfte setze ich mich auf einen Mauervorsprung. Was nun? Am besten ist, ich schleppe mich jetzt zur nächsten Polizeiwache. Sollen die doch sehen, wie sie mich nach Hause kriegen. Ich kann nicht mehr. Schritt für Schritt schiebe ich mich mit meinem Koffer vorwärts.
Plötzlich stehe ich vor einem Telefonhäuschen. Es ist ein Münztelefon und – schon wieder ein Wunder – es funktioniert. Rolf ist sofort dran. Ich krächze ins Telefon: „Kannst du mich hier abholen? Es gibt nirgendwo ein Taxi."

„Wo bist du denn?“, fragt Rolf. Ja, wo bin ich eigentlich? Keine Ahnung. Ich versuche, mich zu orientieren und das, was sich langsam in meinem Kopf klärt, auf die Zunge zu kriegen.
Rolf ist kurz darauf bei mir und sammelt mich ein. Wir reden nur ein paar Worte miteinander.
Zu Hause falle ich erschöpft ins Bett. Wie mag es wohl Pater Gotthard und den anderen aus unserer Gruppe ergangen sein? Ein letztes „danke, Jesus“ schießt mir durch den Kopf. Ach ja, und waschen müsste ich mich noch.
Aber morgen ist auch noch ein Tag…

3.11.1993
Noch immer hocken wir in der oberen Etage unseres Hauses, es müssten inzwischen schon vier Monate sein. Dunkel erinnere ich mich, dass da irgendjemand mal etwas von drei Wochen gesagt hat, aber das muss in einem anderen Leben gewesen sein. Ich bin fest davon überzeugt, dass mein früherer Lebensalltag für immer zerstört ist. Nie wieder werde ich in meiner vertrauten Küche einfach nur Kartoffeln schälen. Und meine Möbel sind allesamt für immer unter Estrich-Trümmern begraben. Ich bin so fertig, dass ich nicht einmal mehr mit Rolf streiten kann. Gestern Morgen bekam ich vor Erschöpfung meine Beine nicht aus dem Bett. Also hieß es wieder einmal: Krankmelden bei der Uni.

9.11.1993
Rolf steckte vor ein paar Tagen seinen Kopf aus dem Estrich und entdeckte neben sich ein Wesen, das sehr verzweifelt wirkte und für das er sich in irgendeiner Weise verantwortlich fühlte. Richtig, das konnte nur seine Ehefrau sein.
So ginge es mit mir ja nicht weiter, meinte er und versuchte mich zu bewegen, Dietmar anzurufen, unseren früheren Eheberater.
In mir sperrte sich alles dagegen. Bloß nicht schon wieder zu Dietmar! Kurzerhand rief Rolf den Dietmar selbst an. Er erzählte ihm, dass ich seit einiger Zeit ständig erschöpft sei, und dass ich ihn wegen einer augenblicklichen Heulattacke nicht selbst sprechen könnte. Doch Dietmar bestand darauf. Was dann an Sprechen bei mir möglich war, reichte ihm wohl, um mir sofort einen Termin zu geben.

22.12.1993
Inzwischen war ich schon ein paar Mal bei Dietmar. Schon nach dem ersten Gespräch ging es mir besser. Senden und Empfangen liefen zwischen Dietmar und mir sofort auf derselben Frequenz. Ob zwei Menschen wohl auch zu einem System werden können, das eine eigene Seele hat?
„Schön, dich wiederzusehen", sagte Dietmar zur Begrüßung, „du hast dich gar nicht verändert."
„Ich bin grau geworden, Dietmar."
Er führte mich in sein Beratungszimmer. „Das macht dich interessant. Und es steht dir gut."
Ich denke an meine neun Kilogramm Gewichtszunahme und grummele irgendetwas vor mich hin.
Eine warme Vertrautheit füllt langsam den Raum. Am Ende des Gespräches bin ich so gelöst wie lange nicht mehr. Als wir uns voneinander verabschieden, sagt Dietmar etwas, über das ich herzhaft lachen muss. Er bleibt ernst und beobachtet mich eine Weile. „Sie dir das an", murmelt er vor sich hin, „und dann hat sie angeblich keine Kraft mehr."

Mit Dietmar tauchten auch meine Möbel wieder aus den Estrich-Trümmern auf, heil und unversehrt. Und in meiner vertrauten Küche schäle ich inzwischen wieder Kartoffeln, einfach so. Nur dass ich jetzt warme Füße dabei habe, dank einer Fußbodenheizung, die ich zwar nicht wollte, die ich aber durchaus zu schätzen weiß. Auferstanden aus Ruinen…

23.6.1994
Ein halbes Jahr habe ich mal wieder mühevoll durchgehalten an der Uni. Bald fahren wir in Urlaub nach Fehmarn. Rolf und ich mit Isa und ihrer Familie. In einen Urlaub, von dem ich schon jetzt weiß, dass er mir schlecht bekommen wird. Ich habe mich wieder einmal von Rolf überreden lassen. Wenigstens habe ich durchgesetzt, dass Isa mit ihrer Familie eine andere Unterkunft hat. Die Kosten dafür übernehmen Rolf und ich. Warum tue ich das?

13.7.1994
Endlich verändert sich etwas in mir, dank der regelmäßigen Gespräche bei Dietmar. Mich lähmt zwar morgens noch immer diese

unsägliche Erschöpfung, aber das innere Zerquältsein ist nicht mehr da, seit ich meinen Tränen freien Lauf lasse, wenn mich die Erinnerungen wieder einmal heimsuchen. Erinnerungen an meine Großmutter, an meine Trauer, die ich nach ihrem Tod in die Tiefe meiner Seele verbannt habe, weil trauern nicht erlaubt war. Trauern durfte nur sie, ihre Tochter, meine Mutter. Ein ganzes Jahr ging sie in Schwarz, wie das damals üblich war. Irgendwann hingen ihr die „schwarzen Klamotten zum Halse heraus", wie ihr gelegentlich entschlüpfte. Das konnte ich gut verstehen. Aber sie hielt durch. Und die Umwelt war beeindruckt.
Was ich empfand, danach hat niemand gefragt. Ich hatte nicht irgendeine entfernt vorhandene Großmutter verloren, sondern meinen Mutter-Ersatz, den einzigen Menschen, der mir je das Gefühl gegeben hat, dass man auch mich gernhaben kann. Obwohl ihr meine Betreuung das Letzte an Kraft abverlangt haben muss.

Ich schlage meine Hände vor's Gesicht. Doch das Wasser rinnt unaufhaltsam durch meine zusammengepressten Finger, tropft auf meine Bluse, meinen Rock, auf Dietmars Teppich. Er reicht mir ein Paket Papiertaschentücher. „Griffbereit liegen die hier", denke ich in meinem Schmerz, „für all die Tränen, die in diesem Raum fließen." Wie viel Leid mag sich wohl als Energie hier festgesetzt haben? Dennoch müssen es positive Energien sein, der Raum wirkt heiter. Diese Gedanken helfen mir, meine innere Staumauer zu betrachten. Ich habe einen Hydranten installiert, mit dem ich durch vorsichtige Drehung die Wassermenge regulieren kann, die ich nach außen dringen lasse, behutsam und kontrolliert. Nur keine Überschwemmung. Denn hinter der Staumauer befinden sich noch Unmengen an Wasser.
„Ich habe deinen Tod bis heute nicht verarbeitet, Oma. Und jetzt endlich sehe ich, wie es wirklich war, damals, als du mich verließest. Der zweite Schlaganfall erschöpfte dich vollends. Und du glaubtest, so geschwächt, die Verantwortung für mich, die Zehnjährige, nicht mehr übernehmen zu können. Deine älteste Tochter nahm dich auf, wollte dir ein geruhsames Alter ermöglichen. Ich besuchte dich dort gelegentlich am Wochenende, wenn ich nach Hause durfte, vom Waisenhaus in die Freiheit entlassen für eine Nacht. Immer wenn ich dich besuchte, Oma, saßest du tief eingesunken auf dem Sofa bei deiner ältesten Tochter. Selbst

deine Hände waren müde, wollten endlich ausruhen. Ich habe es gesehen, Oma, und dennoch fühlte ich mich verlassen. Meine linke Schulter schmerzte, wenn ich bei dir war. Nur bei dir und abends in meinem Metallbett in dem riesigen Mädchenschlafsaal des Waisenhauses bemerkte ich erst, wie weh mir diese Schulter tat, weil ich sie ununterbrochen hochgezogen hielt, seitdem du mich verlassen hattest. Deine Schultern waren zusammengesunken vor Erschöpfung und meine Schultern waren hochgezogen vor Anspannung. So saßen wir uns nun bei meinen Besuchen gegenüber, wortlos. Eines Tages hast du das Leid in meinen Augen wohl nicht mehr ertragen, hast dich mit letzter Kraft aufgerafft und bist zurückgekommen in unsere wasserlosen zwei Zimmer. „Die Moni braucht mich", hast du deiner ältesten Tochter zum Abschied gesagt. Und ich? Na klar, war ich froh, das verhasste Waisenhaus verlassen zu können. Das Leid meiner zurückgebliebenen Klassenkameradinnen nahm ich in meinem Herzen mit.

Aber als du so plötzlich wieder unser altes Leben aufnahmst, Oma, als wäre nichts geschehen, war ich nicht nur froh. Bosheit nagte an meinem Herzen. Also war es dir doch möglich, für mich zu sorgen. Du hattest mich verlassen, weil du angeblich keine Kraft mehr hattest. Und jetzt saßest du da und stopftest meine Strümpfe, wie früher. Du hattest mich also grundlos allein gelassen, hattest unseren Bund gebrochen.

Ich wurde biestig. Der Arzt hatte dir empfohlen, einmal in der Woche einen Obsttag einzulegen für deine Gesundheit. Du hattest gekocht für mich, irgendetwas, das ich nicht gern aß. Und auf deinem Teller lag Obst, das normalerweise bei uns unerschwinglich war. Du sahst meinen Blick und sagtest fast entschuldigend: „Kind, der Arzt hat mir das Obst empfohlen, damit ich wieder zu Kräften komme." Ich schob meinen Teller beiseite. „Wenn ich kein Obst kriege, esse ich lieber im Waisenhaus." Du gabst mir sofort deinen Teller mit Obst. Hättest du doch wenigstens geschimpft, Oma, mich „kleines Aas" genannt, wie früher, als wir noch zusammengehörten. „Iss, Kind", hast du nur gesagt, und ich habe es gegessen, dein ganzes Obst."

Jetzt erst, nach so vielen Jahren, bin ich in der Lage, mich dieser Erinnerung zu stellen.

Meine Bluse ist völlig durchnässt von all den Tränen, die ich um das Geschehene weine.

Dietmar sitzt mir reglos gegenüber. Die Farbe ist aus seinem Gesicht gewichen. Er braucht frische Luft, das sehe ich ihm an. Doch meine Tränenflut hindert ihn daran, das Fenster zu öffnen.
„Ich weine nicht so sehr über meine Bosheit, meine Schuld. Ich weine über so viel Liebe, deine Liebe, Oma. Du hast mir längst vergeben. Im Sterben hast du noch dafür gesorgt, dass ich meine kindlichen Schuldgefühle nicht ein Leben lang mit mir herumschleppen muss. Meine letzte Erinnerung an dich sind unverständliche, stammelnde Worte, die mir galten, und deren Sinn ich sofort erahnte.
Der dritte Schlaganfall kam kurz nachdem du wieder bei mir zu Hause warst. Ein paar Tage lagst du danach im Koma. Deine Töchter wechselten sich an deinem Krankenbett ab. „Mutter, Mutter", riefen sie im Wechsel. Du reagiertest auf niemanden mehr.
Kurz bevor du starbst, durfte auch ich dich besuchen. „Mutter, die Monika ist hier", rief eine deiner Töchter. Mein Name aktivierte noch einmal deine Lebensgeister, deine Lippen stammelten Worte.
Ich habe sie nicht verstanden. Aber ich habe tief in meinem Herzen gefühlt, dass es Worte wärmender Liebe waren, die all meine Schuldgefühle auflösen sollten. Nur mein Name hat dich in deiner tiefen Bewusstlosigkeit noch erreicht. Hast du gespürt, dass es zu früh war, mich zu verlassen?
Geweint habe ich damals erst in der Leichenhalle, als man den Deckel des Sarges über dir schließen wollte. Geschrieen habe ich, Oma, dich gerufen, immer und immer wieder.
Wie oft habe ich dich später noch in meinem Leben gerufen. Und immer hatte ich das Gefühl, dass du um mich warst, mir in der anderen Welt hilfreich zur Seite standest. Ganz besonders dann, wenn mir der Schmerz die Kehle zuschnürte, dass meine Existenz für meine Mutter nichts als eine lästige Pflicht war und meine kindliche Liebe unerwünscht. Ein Kind als lästige Pflicht, das lebenslang befürchten wird, anderen eine Last zu sein. Immerzu auf der trostlosen Jagd nach dem Gefühl, gewollt zu sein, um dann doch nur zu testen, wie belastbar dieses Wollen ist. Und dessen einzige Überlebenschance die Erinnerung an die Zuwendung ihrer Großmutter sein wird.
Doch jetzt weiß ich, Oma, dass du mir mit deiner aufopfernden Liebe zugleich ein Vermächtnis hinterlassen hast. Nein, ich darf

dir nicht folgen, freiwillig, in die andere Wirklichkeit, so sehr ich mich danach sehne. Dein Vermächtnis ist, dass ich leben soll, ein geglücktes Leben, zu dem du mir mit deiner letzten Kraft den Start ermöglicht hast. Und das nur Gott beenden darf, wenn es an der Zeit ist. Erst dann darf ich dich wiedersehen, vielleicht erst in gesegnetem Alter, betagt und lebenssatt.
So, Dietmar, du kannst das Fenster öffnen."

25.7.1994
Nun bin ich selbst Großmutter und kann sogar endlich das Leben mit meinen Enkelkindern genießen. Die Zeiten, als meine Tochter auf ihrer Tochter saß wie der Hüter des heiligen Grals, sind vorbei. Anna ist inzwischen regelmäßig am Samstagvormittag bei uns. Für Rolf und für mich ist es kein pflichtgemäßes Babysitten, sondern wir tun uns damit etwas Gutes, machen uns damit eine Freude. Isa und Ulrich genießen die Entlastung wohl so sehr, dass wir nun auch regelmäßig Lucas nehmen sollen. Doch beide Kinder zusammen zu nehmen, ist mir gesundheitlich zu anstrengend. Und um Lucas allein zu nehmen, ist er mit einem Jahr noch etwas zu klein. Schließlich war Anna auch schon zweieinhalb Jahre alt, als wir für würdig befunden wurden, sie mal ein paar Stunden samstags bei uns haben zu dürfen. Außerdem: Wo keine Rechte, da auch keine Pflichten.

30.8.1994
Einen Kommentar über den Fehmarn-Urlaub spare ich mir. Hoffentlich habe ich jetzt endlich begriffen, dass es an der Zeit ist, meine Lebensregel „drei" anzuwenden: „Man muss wissen, wann es an der Zeit ist zu verzichten."
Was ich will, weiß ich: Familien-Harmonie. Wie ich mein Ziel erreichen kann, weiß ich nicht. Ich habe alles versucht, was mir möglich war. Vergeblich. Also bleibt nur Lebensregel „drei". Es ist an der Zeit zu verzichten. Ist das denn so schwer zu kapieren, Monika? Dafür brauche ich aber auf meinen Freund Erich nicht mehr zu verzichten.

Es ist ein ergreifendes Wiedersehen. Heute sind alle ehemaligen Wanderkameraden gekommen.
Helmut und Marianne strahlen. Endlich sind ihre „Kinder" von damals wieder komplett um sie versammelt. Die Wiedersehens-

freude lässt die einzelnen Gesichter fast so jung erscheinen wie früher.
„Das sind die Rosen für den Winter", würden Maria und Martha jetzt zu mir sagen. Denn nur wer etwas erlebt hat, kann davon im Alter zehren. Und was haben wir ehemaligen Wanderkameraden nicht alles gemeinsam erlebt! Bricht nun der Winter an?
Die Sonne lacht vom strahlend blauen Augusthimmel, als wolle sie zu einer weiteren „Rose für den Winter" beitragen. Die Seele unseres ehemaligen Wandervereins fügt sich nahtlos wieder zusammen, als hätte sie 35 Jahre nur auf diesen Augenblick gewartet.
Ich habe mich umgezogen. Meinen alten Pferdeschwanz, den ich seit Jahrzehnten in einer Schublade aufbewahre, habe ich in meine kurzen Haare eingearbeitet und einen grün gestreiften Glockenrock angezogen, der dem ehemaligen Wanderrock von uns Mädchen ähnelt. So auf kindliche „Dreizehn" reduziert, werde ich gleich ein Gedicht vortragen. Ich habe unsere gemeinsamen Jahre komprimiert in eine Versform gebracht. Und dabei habe ich versteckte Hinweise für Erich eingebaut, die nur er verstehen kann. Es sind Worte, die den verhärteten Boden in ihm lockern sollen. Wenn er innerlich für mich offen ist, wird er sie verstehen.
Es ist mein letzter Versuch, das, was vor 35 Jahren zwischen uns zerstört wurde, wieder zu heilen.
Als ich mit Pferdeschwanz und grünem Glockenrock vor meinen ehemaligen Wanderkameraden stehe, wird es still. Ich trage mein vier Seiten langes Gedicht vor, gelegentlich unterbrochen von fröhlichem Lachen und Ausrufen: „Ja, ja, das war doch, als wir damals…" – „Na, klar, wir haben doch damals…"
Manchmal kann ich nicht mehr weiter lesen, weil mir selbst das Lachen in der Kehle steckt. Wenn Erinnerung barmherzig wird, ist manches witzig, was damals dramatisch war.
Abschließend will der Applaus für meine Verse nicht enden. Nur Erich applaudiert nicht. Er sieht mich ernst an. Dann steht er auf und verlässt die Runde. Er hat verstanden.
Als ich Geschirr aus dem Gartenhaus holen will, steht Helmut plötzlich hinter mir. Tränen der Rührung laufen über sein Gesicht. Er umarmt mich. „Danke für dieses schöne Gedicht", murmelt er und putzt sich verschämt die Nase. Nun gehe ich erst mal zur Toilette. Rückzug ist angesagt. So viele Emotionen müssen irgendwie verarbeitet werden.

Als ich zurückkomme, sitzen alle munter plaudernd bei Kaffee und Kuchen. Nur Erich bleibt verschwunden. Ich finde ihn am anderen Ende des Gartens beim Grill. Er sitzt auf einem Hocker und starrt schweigend in die glühenden Holzkohlen.
Ich stelle mich direkt vor ihn, sodass er mich ansehen muss. Er hält meinen Blick fest mit seinen schwarzen Augen, die mich so sehr an früher erinnern. „Dein Gedicht …, ich habe schon verstanden“, sagt er und senkt den Blick wieder in die glühenden Holzkohlen.
„Ja, Erich, das solltest du auch.“
Er steht auf und will gehen. „Ich muss mit Alois noch ein paar Getränke besorgen.“
„Er will mir schon wieder entwischen“, denke ich und stelle mich ihm in den Weg.
„Alois hat an dem anderen Grill zu tun. Ich werde mit dir die Getränke besorgen, Erich.“ Und schon bin ich an seiner Seite. „Komm!“ Er kann mir nicht mehr ausweichen. Seite an Seite marschieren wir schweigend durch die Gartensiedlung. Nach ein paar Metern versuche ich, mit ihm ins Gespräch zu kommen, wäge jedes einzelne Wort behutsam ab, bevor es über meine Lippen kommt.
„Ich versuche schon so lange, etwas zwischen uns zu klären, aber du weichst mir ständig aus.“
„Zwischen uns gibt es nichts zu klären.“ Sein Gesicht ist verschlossen. Ich raffe all meinen Mut zusammen. Es ist meine letzte Chance.
„Als du mich damals im Zelt küsstest, Erich, da war ich 13 Jahre alt. Ich konnte damit doch noch gar nichts anfangen.“ Er lacht kurz auf. „Ach, Monika, wie lange ist das her? Das waren doch Kindereien. Aber sieh mal, hier rechts hat jemand Spalierobst angebaut. Das sieht so einfach aus, aber …“ Und er plaudert munter drauf los über die Anbauweise von Spalierobst.
Wenn ich jetzt aufgebe, habe ich alles verspielt. Eine Woge warmer Gefühle für Erich durchströmt mich. „Erich, du und ich, wir waren damals so viel zusammen, wir waren Freunde. Und nun gehst du mir ständig aus dem Weg. Das belastet mich, ja, es macht mich traurig. Deshalb würde ich dir gern erklären, was damals aus meiner Sicht passiert ist, als du versucht hast, mich im Zelt zu küssen.“
„Ich habe noch ein zweites Mal versucht, dich zu küssen.“ Ruhig sagt er das und blickt starr geradeaus. Ich habe ihn erreicht. Ein innerer Jubel treibt mir Tränen in die Augen. Jetzt nur nicht senti-

mental werden. „Ja, Erich, aber ich habe um mich geschlagen, weil Erotik plötzlich unsere Freundschaft bedrohte. Ich hatte Angst, wusste nicht, was da über mir hereinbrach. Ich war noch ein Kind, Erich.“ Er presst die Lippen zusammen und schweigt. „Doch dann, etwas später, als ich 16 war, habe ich so darauf gewartet, dass du mich noch einmal küssen würdest, dass du mir noch einmal die Worte sagen würdest, die du mir in Kloster Grafschaft gesagt hast. Du warst der erste Mann, für den ich körperlich etwas empfand. Eine Art Sehnsucht, die ich nicht verstand, die mich schwindelig werden ließ, sobald du mir zu nahe kamst, beim Tanzen oder unserem spielerischen Herumbalgen. Und die mich dennoch immer wieder in deine Nähe trieb. Weißt du noch, als wir damals im Zug nach Winterberg mit unseren klobigen Ski-Schuhen miteinander tanzten? Wie der Zug plötzlich bremste bei dem Schlager „Tanze mit mir in den Morgen“ und unsere Körper aufeinander prallten. Als hätten wir uns aneinander verbrannt, ließen wir uns los, gingen schweigend zurück ins Zugabteil, betroffen von dem, was plötzlich zwischen uns stand. Wie oft haben wir uns gestritten, du und ich! Wie oft haben wir uns gebalgt, bis plötzlich daraus eine Umarmung wurde, aus der wir uns abrupt lösten, weil sie uns erschreckte. Weißt du das noch, Erich?“

Er bleibt stehen. Behutsam drehe ich ihn zu mir herum. „Sieh mich an, Erich, wusstest du wirklich nicht, dass ich dich gern hatte?“ Er erstarrt, dann weicht er ein Stück vor mir zurück. Fassungslos sieht er mich an. Und langsam, als müsse er Wort für Wort aus einer inneren Tiefe holen, sagt er: „Nein, Monika, das habe ich nicht gewusst.“ Er ist sichtlich erschüttert. „Warum hast du mir das nie gesagt?“ Ich lache kurz auf. „Wie denn? Du bist mir doch ständig aus dem Weg gegangen. Und damals? Welche Möglichkeiten hatte damals ein Mädchen, einem Jungen so etwas zu sagen?“

Ich lege meine Hand auf seinen Arm. „Beim Boot fahren, Ski laufen, auf unseren Radtouren, beim Tischtennis, Wandern, auf unseren Festen, Geburtstagen, Karneval…, ich habe so darauf gewartet, dass du mich noch einmal in den Arm nimmst, Erich, aber nach der Großfahrt hast du dich bei jeder zufälligen körperlichen Berührung so schnell von mir gelöst, als hätte ich die Pest.“

„Ich hatte entsetzliche Angst davor, mir noch einmal solch eine Abfuhr von dir zu holen.“

„Ja, Erich, heute weiß ich das, damals habe ich das nicht verstanden."
Unsere Hände berühren sich, und schweigend gehen wir Hand in Hand ein Stück weiter. Immer langsamer werden unsere Schritte, als könnten wir die kurze Zeit ausdehnen, die uns noch alleine verbleibt. Er bleibt wieder stehen. Fassungslos sieht er mich an, als würde ihm erst jetzt klar, was mein Geständnis bedeutet. „Ja, aber … Moni, dann hätte aus uns ja doch etwas werden können."
Er hat mich „Moni" genannt, endlich wieder, nach 35 Jahren. Wie lange habe ich das nicht mehr von ihm gehört!
„Ja, Erich, und wir wären damals sicher glücklich geworden, eine Zeit lang. Ob unser Glück dauerhaft gewesen wäre, weiß ich nicht. Wer weiß, wofür es gut war, dass alles anders kam."
Erich hängt seinen eigenen Gedanken nach.
„Schade", sagt er nachdenklich, „schade, dass aus uns nichts geworden ist. Aber das hat nichts mit Erika zu tun." Ich spüre, dieser Satz ist ihm wichtig. „Mit Erika bin ich erst später zusammengekommen. Und ich bin mit Erika sehr glücklich geworden."
„Ja, auch ich bin mit Rolf noch glücklich geworden, nachdem wir viele schlimme Jahre erlebt haben. Doch das ist vorbei. Du und ich, wir können zufrieden sein mit unserem Leben, auch wenn aus uns nichts geworden ist." Er nickt. „Ja, das sehe ich auch so, Moni."
Jedes „Moni" aus seinem Mund macht mich glücklich. Jedes „Moni" sagt mir, dass ich meinen Freund Erich wiedergefunden habe.
„Ich habe damals wohl viel Unheil angerichtet?", frage ich nachdenklich. „Ja", sagt er, „das hast du." Wir halten uns noch immer an den Händen.
Kurz bevor wir Mariannes und Helmuts Garten wieder erreichen, bleibe ich stehen. Ich nehme Erichs Kopf in meine Hände und küsse ihn auf die Wange. Bewegungslos lässt er es geschehen. Danach löse ich mich von ihm, und mit einigem Abstand zwischen uns kommen wir wieder bei der Gruppe an.
Wir müssen lange fortgeblieben sein. Erika steht mitten in der Runde und blickt uns entgegen. Ihre Blicke mustern uns wachsam. Ich gehe auf Erika zu und nehme sie in den Arm. Sie ist die einzige Frau, der ich Erich gönne. Doch darüber können wir nicht miteinander reden. Ich weiß nicht, warum das so ist. Aber

es ist schade. Ich hätte ihr gern gesagt, dass Erich zu ihr gehört wie Rolf zu mir. Und dass niemand das in Frage stellt. Aber dass Erich und mich eine tiefe Freundschaft verbindet, die schon vor ihrer Zeit war und die wir endlich wiedergefunden haben. Nicht mehr, aber auch nicht weniger.
Erich weicht an diesem Abend nicht mehr von Erikas Seite. Und das ist gut so.
Spät am Abend greift Helmut zur Waldzither: *„Das Leben ist ein Würfelspiel…"*
Und während wir die alten Lieder singen, lächelt Erika mir zu. Sie hat ihre alte Unbefangenheit mir gegenüber wiedergefunden. Nun endlich kann ich mich ganz öffnen für all die anderen, mit denen mich ein Stück meiner Vergangenheit verbindet.
Günni, mein alter Günni, ist wieder in Hochform, der witzig-charmante Stimmungsmacher von damals. Spät am Abend erzählt er uns, dass er im Februar seine Natascha geheiratet hat, eine 26-jährige Russin. Sie sei eine tolle Frau, und überhaupt, die Russinnen seien ja so dankbar. Eine Deutsche würde er nie wieder nehmen, die seien ihm zu kompliziert.
„Aber ist deine Russin mit ihren 26 Jahren nicht etwas zu jung für dich?", will Friedhelm wissen.
„Alt bin ich selbst", knurrt Günni. Neues Spiel, neues Glück. Und das lässt er sich von keinem Unkenruf verderben.
Ich ziehe mich mit ein paar Frauen zum Spülen zurück, was ja auch früher schon unsere Aufgabe war. Und dabei plaudern wir über unser Leben.
Doris erzählt von Klaus, den sie geheiratet hatte, und der sich später das Leben nahm. Und sie erzählt von Günni und Marita, wie hilflos alle waren, als Marita so qualvoll starb. Ich habe mich gesetzt und poliere ein Glas.
Danke Gott, dass ich Günni nicht bekommen habe. Er ist ein netter Kerl. Aber ich wäre nicht glücklich mit ihm geworden. Schade, dass ich das damals nicht sehen konnte. Es hätte weniger weh getan.
Das Geschirr ist wieder sauber. Wir gehen zurück zu den anderen. Die haben sich zwischenzeitlich lebhaft unterhalten. „Ja, das wäre prima, so ein gemeinsames Wochenende…"
„Im Sauerland gibt es eine kleine Jugendherberge, die können wir für uns alleine nutzen, sogar mit eigener Küche", erzählt Elke, die

offenbar schon die Organisation eines gemeinsamen Wochenendes plant. Alle sind begeistert. Also werden wir im nächsten Jahr nach langer Zeit mal wieder ein gemeinsames Wochenende verbringen, in einer Jugendherberge, vielleicht so wie früher.
Weit nach Mitternacht verlässt Günni als erster die Runde. Beim nächsten Treffen wird er seine Natascha mitbringen. Wir sind gespannt.
Gemeinsam wird noch kurz aufgeräumt, und dann verabschieden wir uns voneinander. Ein regelmäßiges Treffen einmal im Jahr ist jetzt fest vereinbart. Wir wollen uns nicht mehr aus den Augen verlieren. Da steht Erich vor mir. „Tschüs, Moni, und… schickst du mir das Gedicht zu? Ich hätte es so gern." Er nimmt mich in den Arm und hält mich eine Zeit lang schweigend fest. Erika lächelt leise.
Sind inzwischen tatsächlich 35 Jahre vergangen?
Erst am frühen Morgen liege ich endlich in meinem Bett. Glücklich und voll inneren Frieden.
Danke, Gott, dass ich in diesem Leben noch die Chance bekommen habe, mit Erich Frieden zu schließen. Meine Seele ist wieder ein kleines Stück zu mir zurückgekehrt.

23.9.1994
Das Wiedersehen mit den ehemaligen Wanderkameraden hat mir zwar etwas inneren Frieden gebracht, aber ein paar Tage später bin ich zusammengesackt. Totale Erschöpfung, nichts ging mehr. Seitdem bin ich krankgeschrieben.
Ach ja, mein Hausarzt hat wegen meiner ständigen Erschöpfung eine Kur für mich beantragt. Diesmal geht's zur Regeneration nach Brunnental.

21.12.1994
Mein Leben wird sich wohl jetzt in zwei Abschnitte einteilen lassen. Ein Leben vor und ein Leben nach Brunnental. Es sollte eine Kur sein zur Wiederherstellung meiner Arbeitskraft. Es wurde ein Schritt ins Leben.
Rolf hatte mich nach Brunnental gebracht. Ich stellte meinen Koffer im Verwaltungsgebäude ab, und wir gingen noch etwas spazieren durch das große Areal dieses versteckt gelegenen Fleckchens Erde.

Hier hat alles seinen richtigen Platz. Jede Pflanze scheint seit Urzeiten so gewachsen zu sein, wie es ihr entspricht. Selbst der alte Baumbestand ist wohl noch nie von einer ordnenden Gärtnerhand zurechtgestutzt worden. Zwischen dichten Sträuchern plätschert ein munteres Bächlein, das seinen Lauf noch selbst bestimmt. An einer alten Holzbrücke steht ein kleiner Pavillon, der zum Ausruhen einlädt. Rolf und ich gehen entlang des fröhlich plätschernden Bächleins und stehen plötzlich vor einem Teich, der versteckt zwischen alten Bäumen und Felsen liegt. Frieden liegt hier in der Luft, ein beständiger, klarer Frieden. Langsam zieht ein Schwan über den stillen Teich.
Mitten in diesem verwunschenen Gelände stehen einzelne kleine Häuser. Da gibt es ein Ulmenhaus, ein Erlenhaus, ein Buchenhaus, ein Kiefernhaus und ein Eichenhaus. Ich bin im Eichenhaus untergebracht.
Rolf hat genug gesehen von Brunnental und möchte zurück nach Wuppertal. Aber er hat Hunger.
Wir entdecken einen Wegweiser zur Kantine. Auf dem Weg dorthin begegnet uns ein schöner Mann, einer von diesen blasierten Schönlingen, die glauben, ein Geschenk der Götter an ihre Umwelt zu sein.
„Hast du diesen Schönling gesehen, Rolf? Hoffentlich habe ich mit dem hier nichts zu tun. Außer Selbstgefälligkeit haben diese Typen doch nichts zu bieten." Doch Rolf interessiert sich nicht für Schönlinge. Er will jetzt mit mir etwas essen und dann schnell zurück nach Wuppertal. Tschüs, Rolf.

Im Eichenhaus wird mir eines der wenigen Einzelzimmer zugeteilt. Ich packe meinen Koffer aus.
Um 15.50 Uhr werde ich von einer jungen Frau vor die Tür eines Herrn Koj platziert. Herr Koj sei ab jetzt mein betreuender Arzt, sagt sie. Um 16.00 Uhr hätte ich mein erstes Gespräch bei ihm. Um 16.15 Uhr sitze ich noch immer vor seiner Tür und warte auf Einlass. Ich hasse warten, also habe ich schon meine ersten Vorbehalte gegen diesen Herrn Koj.
Um 16.25 Uhr öffnet sich die Tür und der Schönling steht vor mir. Jener Schönling, der mir schon vor dem Essen quer aufgestoßen war. Und jetzt sehe ich auch, dass er noch ein Jüngelchen ist.

Ein schönes, blasiertes Jüngelchen wird sich also während der nächsten Zeit um mein Befinden kümmern. Das kann ja heiter werden.
Nach ein paar dürren Fragen seinerseits und knappen Antworten meinerseits, diagnostiziere ich: Antipathie auf Gegenseitigkeit. Missgelaunt verlasse ich den Raum.
Ich komme am Lichthof vorbei, das Kommunikationszentrum für alle, die hier im Eichenhaus untergebracht sind. Ein paar Jugendliche sitzen hier und plaudern über die Schwere des Lebens an sich. Ich geselle mich zu ihnen. Und spüre sofort, dass ich ein Fremdkörper bin. Das System „Eichenhaus" hat offenbar eine eigene Seele, zu der ich nicht gehöre, noch nicht. Also ziehe ich mich in mein Zimmer zurück und lege mich aufs Bett. Wie wird mein Aufenthalt hier verlaufen?
Bei der ersten Visite wird ein Behandlungsprogramm für mich erstellt. Neben Massagen, Gymnastik und sonstigen körperlichen Anwendungen habe ich mich für psychologische Gruppengespräche entschieden. Damit habe ich schließlich früher schon mal gute Erfahrungen bei meinem Lebensberater Dietmar gemacht.
Nun steht das erste Gruppengespräch an.
Ich gehe recht forsch in den Gruppenraum und stelle mich vor, wie ich das so gelernt habe. Die anderen haben das wohl nicht gelernt, denn niemand antwortet mir.
Herr Koj, der blasierte Schönling, sitzt auf exponiertem Platz. Sein Blick ist psychologisch indifferent. „Das ist Frau Kordes", stellt er mich vor, obwohl ich das schon selbst getan habe. Dann räuspert er sich. „Ich muss wegen des Neuzugangs (er meint mich) noch einmal die Regeln unserer Hausordnung erklären. Jegliche Gewaltanwendung ist verboten und hat sofortige Entlassung zur Folge."
„Hm", denke ich, „ich wollte ihn eigentlich nicht erschlagen, obwohl …"
„Jeder hat solche Untiefen in sich", führt er weiter aus, „so eine Art „Büchse der Pandora", so wie Frau Kordes." Nun ist es aber gut. Doch ich habe gelernt, in Gruppen zivilisiert zu reagieren.
„Wie kommen Sie auf solche Gedanken, Herr Koj? Sie kennen mich doch gar nicht."
„Wir werden sehen, welche Konflikte zwischen Ihnen und mir bestehen, Frau Kordes."

Meines Wissens nach können Ärzte noch keine Gedanken lesen. Aber sicher bin ich mir da nicht mehr.

Am nächsten Tag habe ich schon ziemlich früh einen Termin beim Schönling. Nach der allgemeinen will er eine psychologische Anamnese erstellen. Ich leiere meine Kindheitserlebnisse herunter mit Mutterkonflikten und allem, was dazu gehört.

Doch er spürt schnell meine innere Schwachstelle auf und sagt mir auf den Kopf zu, dass ich eigentlich keine Lust mehr habe, mich in dieser Welt zu plagen.

„Haben Sie schon einen Selbstmordversuch unternommen?“, fragt er psychologisch interessiert. Ich hebe erstaunt meine Augenbrauen. „Ich? Nein.“

„Haben Sie schon mal solch einen Plan gehabt?“

„Vage, ganz vage. Wer hat nicht mal Phasen, in denen er sich gern verabschieden würde.“

Sein Ton wird drohend. „Haben Sie konkrete Pläne gehabt?“

Ich zaubere Entrüsten in meine Stimme. „Nein.“ Ich werd den Teufel tun und dir mein Innerstes offenbaren, du blasierter Schönling. Die „Büchse der Pandora“ wirkt noch nach.

Er legt eine bedeutungsschwangere Pause ein. Dann entschließt er sich, mir seinen Unmut zu zeigen: „Frau Kordes, erzählen Sie mir hier keinen Unfug. Sie haben ganz konkrete Pläne gehabt. Und wenn Sie mir jetzt nicht sofort davon erzählen, können Sie wieder nach Hause fahren.“ Das hat gesessen. Die Vorstellung, ich tanze morgen in der Uni an, „Hallöchen, da bin ich wieder“, lähmt meinen Widerstand. „Ja, gut, ich hatte konkrete Pläne, aber das ist lange her.“

„Ich will sofort wissen, wie konkret die Pläne waren.“ Was maßt sich dieses blasierte Jüngelchen an, in meiner Intimsphäre herumzustochern?

„Ich glaube nicht, dass Sie das etwas angeht, Herr Koj. Wenn jemand sich aus diesem Leben verabschieden will, ist das seine ureigene Entscheidung. Das haben Sie bestenfalls zu akzeptieren, wenn Sie es schon nicht respektieren können.“

„Gut, dann ist Ihr Aufenthalt hier beendet.“ Er steht auf.

„Der macht ernst“, durchfährt es mich, „morgen bist du wieder in der Uni, Monika.“

„Ist ja gut“, versuche ich ihn zu beschwichtigen. Dann erzähle ich ihm, dem Schönling, in wenigen Worten das, was ich noch

niemandem erzählt habe, nicht einmal meinem hauseigenen Lebensberater Dietmar. Gut fühle ich mich danach nicht. Mir ist, als hätte ich mich vor ihm ausgezogen.
„Versprechen Sie mir, während Ihres Aufenthaltes hier in Brunnental nichts in dieser Hinsicht zu unternehmen, egal was passiert?“ Das kann ich guten Gewissens. Als wir uns voneinander verabschieden, lächelt er sanft. „Geben Sie uns und sich selbst noch eine Chance.“
Könnte es sein, dass er sich Sorgen gemacht hat? Ist ein junger Schönling zu so etwas fähig? Ich bin etwas irritiert.

Am nächsten Morgen ist große Arzt-Visite. Der Oberarzt ist ein altes, zartes Hutzelmännchen. Das würde eigentlich für ihn sprechen. Schließlich habe ich in jungen Jahren einmal sehr gute Erfahrungen mit meinem Professor Beutel gemacht. Doch dieses Hutzelmännchen scheint eine zickige Primadonna zu sein, die Ehrerbietung von allem erheischt, was kreucht und fleucht. Er hat mich noch nie gesehen, aber er weiß alles über mein Körper- und mein Seelenleben. Haarklein erläutert er es mir. Unterbreche ich ihn, faucht er mich an: „Lassen Sie mich bitte ausreden.“ Nach jedem Satz fragt er mich: „Haben Sie mich verstanden?“ Als sei ich schwerhörig. Aber ich habe keine Lust, seine Fragen zu benicken. Die Primadonna beäugt mich interessiert. Dann hält er noch einen kurzen Monolog. Und ich bin entlassen.

Inzwischen weiß ich, dass zu psychologischen Gruppengesprächen auch regelmäßige Einzelgespräche gehören. Na ja, schaden kann mir das ja nicht. Bei einem solchen Gespräch versucht der Schönling, mit mir über Sexualität zu reden. Ich weise ihn auf meine wirklichen Probleme hin. „Mich belasten viel mehr meine ständigen Erschöpfungszustände.“ Doch die scheinen ihn nicht zu interessieren. „Ich möchte, dass Sie sich auf mich einlassen, Frau Kordes, und auf die Beziehung zu mir.“ Wo bin ich denn hier hingeraten? „Ich habe keine Beziehung zu Ihnen“, fauche ich ihn an „und das möchte ich eigentlich auch nicht ändern.“
Aufgebracht verlasse ich den Raum. Jetzt brauche ich die Natur zum Durchatmen. Langsam durchstreife ich das Gelände von Brunnental. Und dann stehe ich vor einem alten Kastanienbaum. Majestätisch thront er in einsamer Pracht auf einem kleinen Hügel.

Ein paar Kastanien liegen in ihrer stacheligen Hülle auf der Erde. Ich klettere den Hügel hinauf und setze mich ins Gras. Endlich komme ich zur Ruhe. Was dieser alte Kastanienbaum wohl schon alles gesehen hat? Hier in diesem verwunschenen Brunnental könnte sicher jeder Baum eine Geschichte erzählen.
Nachdem ich mich erholt habe, kann ich mich auf meine Anwendungen einlassen. Heute bin ich für Atemgymnastik eingeteilt. Und danach steht Töpfern auf dem Programm. Na ja.
Bei der nächsten Visite fragt der Schönling mich noch nicht einmal, wie es mir geht. Stattdessen sieht er mich nachdenklich an. „Ich spüre bei Ihnen eine Art Lust am Untergang, Frau Kordes."
„Hm, hm…", grummele ich vor mich hin. Nach ein paar weiteren belanglosen Sätzen geht er.

Inzwischen bin ich in das Leben im Eichenhaus integriert. Ganz langsam hat sich eine neue Gemeinschaftsseele gebildet, zu der ich jetzt gehöre und noch ein paar andere Neuzugänge. Ich bin die Älteste. Die meisten sind Jugendliche oder junge Erwachsene. Alle duzen sich. Und schon nach kurzer Zeit bin auch ich hier „die Monika".
Wir haben im Eichenhaus eine kleine Küche, in der Kaffee oder Tee gekocht werden kann und gelegentlich sogar eine kleine Mahlzeit. Jeder Bewohner hat zwischendurch mal Küchendienst und soll dabei für eine aufgeräumte Küche sorgen. Dass das nötig ist, wird mir schnell klar. Und es ärgert mich. Ich begreife nicht, warum man den Dreck, den man selbst gemacht hat, nicht auch selbst wieder wegmachen kann. Prompt, an einem der nächsten Tage ist die Küche verschlossen, weil das Chaos überhand nahm.
Allmorgendlich, direkt nach dem Frühstück, setzen sich alle Bewohner des Eichenhauses zu einer Tagesbesprechung zusammen. Dabei werden auch schon mal Konflikte angesprochen, die im Miteinander entstehen. Die verschlossene Küche ist so ein Konflikt. Der rührt an meinen Nerv, Beeinträchtigungen nur schwer ertragen zu können. Und beeinträchtigt bin ich, weil ich meinen Kaffee dort nicht mehr kochen kann. Ich versuche, den jungen Chaoten den Sinn und Nutzen von Ordnung nahe zu bringen. „Es kann doch nicht so schwer sein, nach dem Kaffeekochen mal eben die eigene Kaffeetasse abzuspülen", sage ich gereizt.

„Du quatscht kleinkarierten Dünnschiss“, ist noch das Netteste, das ich zu hören bekomme. Also gut. Nächste Woche habe ich einen Tag Küchendienst. Ich werde denen hier mal zeigen, wie schön es ist, in einer aufgeräumten Küche zu sitzen. Um mich heute aber nicht weiter zu ärgern, werde ich mal in die Stadt fahren und dort etwas bummeln.
Als ich das Eichenhaus verlassen will, ruft mich jemand zurück. „Sie sollen zu Herrn Koj kommen, Frau Kordes.“ Als hätte er gerochen, wie er mir meine Vergnügen vermasseln kann, denke ich verärgert und betrete seinen Raum.
„Sie haben sich ja inzwischen gut hier eingelebt“, eröffnet er das Gespräch. Er wirkt träge und lustlos. „Habe ich, Herr Koj, habe ich.“
„Haben Sie sich auch schon verliebt?“ Seine Augen sind plötzlich ganz wach.
„Aus diesem Alter bin ich raus.“
„Aber Sie sind doch eine Frau.“ Was ich bin, geht diesen Typen schon mal gar nichts an.
„Ich bin weder Frau noch Mann, ich bin ein Neutrum. So einfach ist das.“
Er lacht laut auf. „Sie sind nicht Frau, Sie sind nicht Mann, Sie sind nur einfach adipös.“
Ich kann nicht verhindern, dass auch ich laut lachen muss. Als er das Gespräch beendet, ist die Zeit für einen Stadtbummel vorbei.

Bei einem nächsten Gruppengespräch hat keiner Lust, die Stühle zu einem Kreis zusammenzustellen. Und ich werde den Teufel tun, mich als einzige für die anderen abzuschleppen. Jeder schnappt sich einen eigenen Stuhl und setzt sich in die Mitte des Raumes. Fast ergibt sich so von selbst ein Kreis. Der Schönling betritt den Raum und findet für sich keine Sitzgelegenheit in der Runde. Er wirkt erschöpft und ist sauer. „Alles muss man hier selber machen“, keift er und holt sich einen Stuhl.
Dann zieht er einen Plan aus der Tasche auf dem Tätigkeiten stehen, die einzelne von uns jetzt übernehmen sollen. Keiner ist bereit dazu. Und ich komme gar nicht auf die Idee mich zu melden, schließlich bin ich zur Kur hier.
„Was übernehmen Sie denn für eine Tätigkeit, Frau Kordes?“, fragt der Schönling. Habe ich mich verhört? „Meine Kur hier endet in

zwei Wochen, Herr Koj, in dieser Zeit gedenke ich nicht, irgendwelche Pflichten zu übernehmen."
„Ich gebe Ihnen zehn Minuten Zeit, Frau Kordes, dann möchte ich von Ihnen wissen, zu welcher Tätigkeit Sie sich entschlossen haben."
Langsam kriecht Zorn in mir hoch. Und dann spüre ich Hass, ätzenden Hass. Dieser Typ will mich ans Arbeiten kriegen, mich, die ich seit meinem 14. Lebensjahr so viel gearbeitet habe, dass ich jetzt vor Erschöpfung nur noch vor mich hinvegetiere. Manchmal scheint dieser Typ Verständnis für mich zu haben, dann wieder scheint er Freude daran zu haben, mich zu tyrannisieren. Und ich bin seinen Launen ausgeliefert, wie damals den Launen meiner Mutter. An mir lässt heute niemand mehr ungestraft seine Launen aus!
Ich lächele ihn an und mein Ton ist milde. Für jeden, der mich kennt, ein Zeichen höchster Alarmstufe. „Herr Koj, Ihr Versuch, mir Arbeit aufs Auge zu drücken, ist nichts weiter als ein Akt despotischer Willkür."
„Was ist ein Despot?", fragt Daniel.
„Ein Despot ist so etwas wie Hitler", antworte ich ihm freundlich und fixiere mit meinen Blicken den Koj. „Ich bin nicht bereit, meinen Aufenthalt hier von Ihren Launen abhängig zu machen, Herr Koj. Wir Bewohner versuchen inzwischen schon an der Farbe Ihres Pullovers Ihre jeweilige Tageslaune zu deuten. Oh, heute hat er den Blauen an, da ist Verständnis angesagt. Am nächsten Tag erscheint der Herr in Grau, da kriecht man besser schnell unter den Teppich. Und der Grüngestreifte steht für allgemeine Übellaunigkeit. Um es kurz zu machen: Ich hab die Schnauze voll."
Der Koj schweigt. Zaghaft schließt sich ein Gruppenmitglied nach dem anderen meiner Kritik an, wohltemperiert, versteht sich. Doch dann eskaliert die Situation. Timo richtet sich hasserfüllt gegen den Koj. Eine Beleidigung jagt die nächste. Der Koj will Timo stoppen, ihm etwas sagen. Doch Timo schnauzt ihn an: „Halten Sie den Mund."
Da steht der Koj auf, stellt sich hinter seinen Stuhl und sagt ruhig zu Timo: „Wollen Sie meinen Platz haben? Hier, bitte sehr." Timo ist irritiert und blickt auf den leeren Therapeuten-Stuhl. „Setzen Sie sich wieder auf Ihren Stuhl", schreit er den Koj an. Doch der reagiert nicht mehr. Wie geistesabwesend bleibt er hinter

seinem leeren Stuhl stehen und blickt ins Leere. Jetzt richtet sich plötzlich die Aggressivität der Gruppe gegen Timo. Es eskaliert zwischen Timo und Max. Und der Koj steht schweigend hinter seinem Stuhl.

Ich bin ganz ruhig geworden. Was passiert hier bloß? Timo scheint mit seinem Aggressionsausbruch den Koj aus der Gruppe geworfen zu haben. Das soll wohl der leere Stuhl zeigen, hinter dem dieser steht. In meinem Kopf entwickelt sich dichter Nebel. Plötzlich verlässt der Koj wortlos den Gruppenraum. Er lässt die Tür hinter sich geöffnet und ich sehe, dass er in sein Zimmer geht. Mir fällt ein, dass ich jetzt ein Gespräch bei ihm habe. Auch das noch.

Nun sitzen wir uns gegenüber. Ein peinliches Schweigen entsteht. Dann formt er langsam Worte. Sie fallen sacht in den Raum wie kühle Schneeflocken. Ich hätte ihn in der Gruppe ad absurdum geführt. Er arbeite hier nicht mit despotischer Willkür. Er sei nicht meine Mutter. Im Gegenteil, er wolle mir helfen.

In diesem Moment bricht alles aus mir heraus. „Ich will Ruhe, endlich Ruhe. Ich will nicht schon wieder spuren müssen, begreifen Sie das denn nicht? Ich bin müde. Ich kann nicht mehr!"

„Ja, Sie haben die Realitäten geordnet, als Sie sich von mir überfordert fühlten mit der Tätigkeit, die Sie übernehmen sollten. Aber Ihren Sog in den Untergang, den sollten wir uns jetzt einmal näher ansehen." Seine Stimme ist überraschend milde. Entdecke ich so etwas wie Wärme auf seinem Gesicht? Verblüfft beobachte ich seine veränderten Gesichtszüge. Ganz sanft ist er auf einmal.

„Ihnen hat als Kind Schutz gefehlt, Frau Kordes. Deshalb haben Sie später gelernt, sich selbst zu schützen und sind dabei über das Ziel hinausgeschossen. Für Schutz ist in einer Familie der Vater zuständig. In Ihrer Kindheit hätte sich ein Vater zwischen Sie und Ihre Mutter stellen müssen. Die Schutzlosigkeit, die Sie erlebt haben, hat Ihr ganzes Leben beeinträchtigt. Irgendwann haben Sie sich selbst an die Stelle Ihres Vaters gesetzt und sind männlich geworden. Sehen Sie sich nur im Spiegel Ihre kurzen Haare an. Das ist ein männlicher Haarschnitt!" Ich will protestieren. Doch er fährt mit dieser weichen Stimme fort: „Mit Ihnen ist wohl niemand liebevoll umgegangen."

Während ich nachdenke, kratzt er sich an der Nase. Dann kramt er in seiner Schublade und holt einen Schokoladenzwerg hervor.

„Den möchte ich Ihnen schenken."

Nachdenklich gehe ich in mein Zimmer. Den kleinen Zwerg stelle ich auf meinen Nachttisch.
In den nächsten Tagen versuche ich, durch geschickte Fragen herauszubekommen, ob der Koj auch den anderen kleine Süßigkeiten geschenkt hat. Verständnislos sehen mich die einzelnen an.
„Nein, warum sollte er das auch?"
Genau, warum sollte er das auch?
Morgen ist Donnerstag. Und donnerstags ist in der Stadt um 17.00 Uhr heilige Messe. Ich versuche deshalb immer, meine Termine im Eichenhaus so geschickt zu legen, dass ich donnerstags rechtzeitig in der Kirche bin. Niemand weiß, warum ich donnerstags um 16.00 Uhr in die Stadt fahre. Es würde doch niemand verstehen. Religion, Gott, Kirche existieren nicht in Brunnental, nicht einmal als Witze über den Papst oder als Hohn über die Jungfrauengeburt, wie das sonst so üblich ist.
Doch heute bin ich genau um 17.00 Uhr für ein Gespräch bei Herrn Koj eingeteilt. Als hätte er mein kleines Donnerstagsgeheimnis erahnt.
Auf dem Plan entdecke ich, dass Birgit um 14.00 Uhr ihren Gesprächstermin bei Herrn Koj hat. Für Birgit habe ich kürzlich die Küche aufgeräumt. Ich könnte also auch von ihr einen kleinen Gefallen erbitten. „Hör mal, Birgit, tauschst du mit mir heute den Gesprächstermin beim Koj?"
„Ach ja, du hast ja wieder deinen geheimnisvollen Donnerstagstermin um 17.00 Uhr in der Stadt."
„Ja, aber das solltest du dem Koj nicht sagen, ist das okay?"
„Klar, Monika, wir tauschen die Termine und der Koj erfährt nichts."
Um 14.00 Uhr betrete ich das Sprechzimmer von Herrn Koj. „Leider musste ich mit Birgit heute das Einzelgespräch tauschen. Sie wird dafür meinen ursprünglichen Termin um 17.00 Uhr bei Ihnen wahrnehmen." – „Warum haben Sie die Termine getauscht?", fragt er neugierig. Ich hätte mir denken können, dass er nachfragt. Typisch Koj.
„Birgit hat um 14.00 Uhr eine Anwendung", nuschele ich vor mich hin. Er kratzt sich kurz an der Nase und dann, oh Wunder, gibt er Ruh.
Um 17.00 Uhr sitze ich in der St. Hedwigs-Kirche. Ich brauche die Messe einfach, doch wie könnte ich das jemandem in Brun-

nental erklären? Sie sind mir inzwischen so vertraut, meine jungen Chaoten, dass ich glaube zu wissen, wie die einzelnen reagieren würden.

Freitagmorgen bittet Herr Koj mich zu einem Sondergespräch. Irgendetwas könne ja mit dem gestrigen Termintausch nicht gestimmt haben, eröffnet er mir. Ich hätte ihm gesagt, dass Birgit um 14.00 Uhr eine Anwendung gehabt hätte. Und Birgit hätte ihm gesagt, dass Frau Kordes um 17.00 Uhr eine andere Therapie gehabt hätte.

Verd…, hätten wir uns doch bloß abgesprochen, Birgit und ich. Der Koj ist sichtlich verärgert, von Birgit und mir belogen worden zu sein. Jetzt muss ich Birgit da rausreißen. Schließlich habe ich das zu verantworten.

„Aaalso", fange ich unsicher an, „das ist meine Schuld. Ich wollte unbedingt um 17.00 Uhr in die Stadt. Da habe ich Birgit gebeten, mit mir den Termin zu tauschen und Ihnen nichts zu sagen. Birgit kann nichts dazu."

„Das werden wir noch sehen", zischt er wütend, und mir wird etwas unwohl.

„Warum wollten Sie unbedingt um 17.00 Uhr in die Stadt? Haben Sie dort einen Freund getroffen?"

„Herrr Koj", und jetzt werde ich ärgerlich, „hören Sie endlich mit diesem erotischen Firlefanz auf."

„Was haben Sie um 17.00 Uhr in der Stadt gemacht", fragt er unbeirrt weiter. Und ich weiß inzwischen, wie penetrant er sein kann. Es hilft also alles nichts. Ich muss ihm die Wahrheit sagen.

„Ich war in der Kirche."

Wäre plötzlich neben ihm ein Ufo gelandet, er hätte nicht überraschter sein können.

„Wo waren Sie? In der Kirche?" Er ist fassungslos. Sex, Gewalt, Sucht, Selbstmord, sogar Mord hätten ihn weniger überrascht als ein Kirchgang seiner Patientin. „Was haben Sie denn da gemacht?", fragt er, noch immer fassungslos.

„Was wohl?" Blöde Frage. „Ich gehe donnerstags um 17.00 Uhr immer zur Kirche."

„Waaas? Jeden Donnerstag sind Sie bisher dorthin gegangen?" Er ist sichtlich geschockt und vergisst sogar, sich an der Nase zu kratzen. Dann hat er sich gefangen. „Sie hätten mir von Anfang an sagen müssen, dass Sie religiös sind."

„Sie haben mich doch nicht gefragt."
Er wirkt etwas perplex. Auf so eine Idee ist er natürlich nicht gekommen. Wer ist denn heute schon religiös?
„Ich möchte nicht, dass Sie mir innerlich ausweichen, Frau Kordes. Und Ihr „lieber Gott" ist ein Ausweichen vor mir." Er versucht sichtlich, seine Fassung wiederzugewinnen.
„Meinen „lieben Gott" gab es schon vor Ihnen", sage ich spitz. Er antwortet nicht und beendet abrupt das Gespräch. Vermutlich wird er nun Rücksprache mit dem Oberarzt nehmen. Mit religiösen Menschen scheint niemand hier Erfahrung zu haben. Mal sehen, wie ich nun künftig hier „gehandhabt" werde. Doch nach ein paar Tagen kann ich aufatmen. Meine unsaubere Terminverschiebung hat keine Konsequenzen nach sich gezogen. Aber meine Donnerstagstermine sind jetzt bekannt. Religiöse Beleidigungen sind ausgeblieben. Sie verstehen es nur nicht, meine jungen Mitbewohner, wie „man in die Kirche gehen kann."
„Ihr Ding" wäre das ja nicht, aber wenn es „mein Ding" ist... Damit ist das Thema erledigt. Vielleicht sind die Beleidigungen auch nur ausgeblieben, weil ich mir schon einen gewissen Respekt bei ihnen verschafft habe. Auch wenn sie bei meiner regelmäßig wiederkehrenden „die-Küche-ist-ein-Saustall-Tirade" noch immer unter Schwerhörigkeit leiden.

Heute sitzt Daniel dumpf vor sich hin brütend im Lichthof. Ich setze mich zu ihm. Und nach einer Weile erzählt er mir leise, was ihn bedrückt. Da kommt der Koj über den Gang. Er bleibt stehen und beobachtet, wie Daniel und ich zusammensitzen, die Köpfe zusammenstecken und tuscheln. Kommentarlos geht der Koj in sein Zimmer.
Beim nächsten Gesprächstermin sitzt er mir mit geschlossenen Augen gegenüber. Auch ich schließe meine Augen. Gleiches Recht für alle. Das scheint ihm aber gar nicht zu passen. Also beginnt er das Gespräch. Warum nicht gleich so?
„Meine Kollegen beneiden mich inzwischen um Sie, Frau Kordes."
Sei auf der Hut, Monika, der Koj hat irgendetwas vor. Ich fahre meine Antennen aus.
„Hm, hm", brumme ich uninteressiert und schließe wieder meine Augen.

„Haben Sie sich in Daniel verliebt?“, fragt er herausfordernd. „Sie saßen gestern so eng beieinander.“
„Könnte es nicht sein, Herr Koj, dass Sie in Ihrem psychologischen Eifer manches überinterpretieren? Es gibt zwischen Menschen auch noch andere Beziehungsformen.“ Seine Miene ist undurchdringlich. „Sie sind also Ihrem Arzt treu?“
„Werter Herr Koj, ich bin Ihnen weder treu noch untreu. Wie Sie wissen, bin ich ein Neutrum, weder Frau noch Mann, nur einfach adipös.“ Kein Muskel zuckt in seinem Gesicht.
„Habe ich Ihnen schon gesagt, dass meine Kollegen mich um Sie beneiden, Frau Kordes?“ Er kratzt sich wieder an der Nase.
„Ja, Herr Koj, das sagten Sie bereits, Sie wiederholen sich.“
„Interessiert Sie gar nicht, warum meine Kollegen mich um Sie beneiden?“
„Nein, Herr Koj, das interessiert mich gar nicht. Kann ich nun gehen?“
„Frau Kordes, merken Sie eigentlich nicht, dass Sie mich abwerten?“
„Nein, das merke ich nicht. Und nun möchte ich wirklich gehen.“
Mich zieht es zu meiner Tonfigur. Ich habe ein eigenartiges Wesen geformt mit großen, weit geöffneten Augen und riesigen Ohren. Das Wesen hat einen dicken Bauch und sitzt wie eine Buddha-Figur auf irgendetwas. In jeder Töpferstunde forme ich diesem Wesen etwas Neues hinzu, vervollkommne es sozusagen. Heute öffne ich seinen dicken Bauch. Ich rolle kleine Tonstücke zu Kugeln und lege sie in den Bauch hinein. Dann forme ich Arme und Hände und lege sie quer über die Bauchöffnung des Wesens, damit jedem Unbefugten die Einsicht in das Innere des Bauches verwehrt wird. Als wir unsere Arbeit kommentieren sollen, weiß ich nicht, was ich sagen soll.
Was denn in dem Bauch drin sei, will die Therapeutin wissen. „Nichts Besonderes“, sage ich obenhin. Sie hebt meine Tonfigur hoch. Da fällt eines der Kügelchen aus dem Bauch. Ich reiße ihr die Tonfigur aus der Hand. Wem ein Tonkügelchen auf die Erde fällt, der hat sich disqualifiziert. Denn die Tonkügelchen sind Schätze, unendlich kostbare Schätze, die in leuchtenden Farben funkeln. Aber nur ich kann diese Pracht sehen und mich daran erfreuen. Es ist mein Geheimnis.

Plötzlich treten meine alten Erschöpfungsphasen wieder auf. Ich ziehe mich vom Gemeinschaftsleben im Eichenhaus zurück auf mein Zimmer. Gegen 20.00 Uhr gehe ich jetzt schon zu Bett. Ich lese zwar noch etwas, aber dann fallen mir die Augen zu. Doch nachts wache ich auf und kann nicht wieder einschlafen. Morgens bin ich wie gerädert. Also gehe ich abends noch früher zu Bett, manchmal schon um 18.00 Uhr. Aber auch das nützt nichts. Meine alten Schlafprobleme haben sich zurückgemeldet.

„Kann ich ein paar Schlaftabletten bekommen?", frage ich Herrn Koj beim nächsten Gesprächstermin. Dabei hätte ich mir denken können, wie der reagiert. „Nein, Tabletten bekommen Sie nicht. Sie wissen, dass wir hier ohne Medikamente arbeiten. Aber was ist es denn, das Sie nicht schlafen lässt?"

„Herrr Koj", sage ich genervt, „ich kann einschlafen, sogar schon um sechs Uhr abends, ich kann nur nicht durchschlafen." Jedes einzelne Wort betone ich scharf.

„Ach, Sie gehen schon um sechs zu Bett?" Er beugt sich vor zu mir, ich beuge mich daraufhin zurück. Er kratzt sich an der Nase.

„Wollen Sie mir sagen, wo ich Sie abends finden kann?"

Bisher fand ich ja einige Äußerungen des Herrn Koj ganz witzig. Nun aber habe ich keinen Toleranzspielraum mehr. Ich bin erschöpft und will mich auf diese schlüpfrige Ebene nicht mehr einlassen. „Herr Koj, bitte verschreiben Sie mir ein paar zusätzliche Massagen. Ich habe Rückenschmerzen."

Er schüttet sich aus vor Lachen. Irgendetwas stimmt hier nicht. Ich gehe jetzt wohl besser, bevor ich ihm weitere Anlässe zur Heiterkeit biete.

„Ich finde, Sie verhalten sich heute recht merkwürdig, Herr Koj, deshalb gehe ich jetzt", versuche ich, mit einem Rest an Würde seinen Raum zu verlassen. Er lächelt freundlich. „Geht die Königin heute mal wieder früh zu Bett?" Ich recke meine Nase in die Höhe und ignoriere ihn.

„Bis morgen, liebe Frau Kordes." Und das „liebe" sagt er so zärtlich, dass sich auf meinem Rücken eine Gänsehaut bildet.

In der Nacht werde ich wach. Ein warmes Gefühl für den Koj durchströmt mich. Ich scheine ein Masochist zu sein. Ich altes Schlachtross entwickele Gefühle für solch einen Typen wie den Koj. Mir ist wirklich nicht mehr zu helfen. Lustlos begebe ich

mich am nächsten Morgen zu meinem Gesprächstermin bei ihm. Kerzengerade sitzt er vor mir. Er wirkt angespannt. „Was empfinden Sie für mich, Frau Kordes?"
Ach, du liebe Güte. Geht das schon wieder los. „Nichts empfinde ich für Sie, Herr Koj, absolut gar nichts."
„Das stimmt nicht."
Ich denke an das warme Gefühl, das mich in der Nacht durchströmt hat. „Na gut, ich empfinde Wärme für Sie."
Er seufzt. „Na, das ist ja schon mal etwas."
„Herr Koj, ich würde gern mal ernsthaft mit Ihnen sprechen."
„Ich spreche die ganze Zeit ernsthaft mit Ihnen, Frau Kordes."
„Ja, ja", sage ich gereizt, „aber mir geht es jetzt um etwas anderes. Ich bin ziemlich am Ende. Wenn ich ehrlich bin, brauche ich Hilfe."
„Ja, ich weiß, Frau Kordes." Er ist ernst geworden. „Es beginnt bei Ihnen zu arbeiten. Sie haben jetzt die Wahl. Entweder blockieren Sie weiterhin alles oder Sie versuchen jetzt, da durchzukommen. Sie werden jede Hilfe von mir bekommen, die Sie dabei benötigen." Er hält inne und steckt einen Tauchsieder in die Steckdose.
„Ich vermisse Ihre Weiblichkeit, Frau Kordes."
Dann bin ich entlassen. Das ist mir recht.
Ich eile schnell ins Nachbarhaus zu meinem Tonwesen, an dem ich noch immer etwas zu bearbeiten habe. Es sitzt behäbig auf seinen kleinen Tonkügelchen, die aber eigentlich Schätze sind. Schätze, die nur ich sehe. Ich nehme mein tönernes Wesen in die Hand und lächele ihm zu: „Du bist ein indifferentes Neutrum, das wohlig auf seinen Schätzen sitzt…"
„Jawohl, ich bin ein indifferentes Neutrum, das wohlig…" Und ich trällere ein Liedchen vor mich hin. Endlich mal wieder.

Beim nächsten Einzelgespräch erklärt der Koj mir noch mal die Schutzfunktion, die ein Vater innerhalb einer Familie zu leisten hat. „In den Gruppen übernehme ich diese Funktion", sagt er. „Ich stehe dort als Vater für Schutz und Achtung, die jedem in einer Familie oder Gruppe zukommt."
„Ja, ich weiß", sage ich müde.
„Ich stehe aber auch für Liebe." Wie ein Stein plumpst dieses Wort in den Raum.

Ich versuche so desinteressiert wie möglich auszusehen. Aber mein linkes Augenlid flackert.
„Sehen Sie mich an, Frau Kordes." Müde hebe ich meinen Blick.
„Was sehen Sie, wenn Sie mich ansehen?"
„Ich sehe nur, dass Sie sehr jung sind, Herr Koj."
„Schade, dass Ihr Aufenthalt hier bald endet. Ich hätte gern die Beziehung zwischen Ihnen und mir geklärt. Ich bekomme sehr wohl die Seite von Ihnen mit, die mir zugetan ist. Aber ich spüre auch die andere, die unbewusste Seite, die mich immerzu entwertet."
Ich wanke in mein Zimmer. Ruhe, Ruhe, schreit alles in mir. Nie wieder aufstehen.
Gottlob sind die Gruppenstunden bei Herrn Koj jetzt für mich beendet. Nun sehe ich ihn nur noch bei der morgendlichen Tagesbesprechung. Und ein paar Einzelgespräche habe ich auch noch bei ihm. Dann ist meine Kur beendet.
Nachmittags habe ich Atemgymnastik. Als ich zurück ins Eichenhaus komme, empfängt Birgit mich.
„Der Koj war vielleicht heute in der Gruppe sauer", erzählt sie. „Es muss jetzt immer in der Runde ein Stuhl frei bleiben. Der ist für Frau Kordes, sagt er." Als Bärbel sich darauf setzen wollte, hätte er bissig gefragt, ob sie sich auf den Schoß von Frau Kordes setzen wollte. „Und ständig erwähnt er deinen Namen, Monika. Du scheinst ihm zu fehlen."
„Quatsch", sage ich und gehe auf mein Zimmer.

Inzwischen wurden mir auch ein paar Malstunden verordnet. Gedankenverloren male ich vor mich hin. Dann soll ich der Maltherapeutin mein Bild erklären. „Also, da hinten ist ein Friedhof. Und hier vorne ist ein Markt mit vielen Ständen." Ich zeige auf einen kaum sichtbaren Stand. „Dort ist ein besonders schöner Stand, etwas versteckt, inmitten einer Trutzburg."
„Aber der Stand ist ja leer", meint die Therapeutin.
„Der ist nicht leer", erkläre ich ihr unwirsch, „*Sie* können nur nicht sehen, was dort ist. Der Stand verbirgt kostbare Schätze unterhalb der Theke, damit niemand daran kommt." Die Therapeutin wirkt ratlos.

Ich eile zurück ins Eichenhaus, denn heute ist Haarschneidetag. Claudia ist Friseurin und schneidet uns heute kostenlos die Haare.

Ich werde ihr trotzdem etwas Geld geben, denn die meisten hier können Geld gebrauchen.
„Schneide ruhig ordentlich was ab", ermuntere ich Claudia, schließlich war ich lange nicht mehr beim Friseur, und meine sonst so raspelkurzen Haare beginnen schon, ein Eigenleben zu entwickeln. Schnipp-schnapp, und schon stehen sie wieder so schön igelig hoch, wie ich es gewohnt bin. Danke, Claudi.
Mit meinen kurzen Haaren scheint auch meine burschikose Munterkeit wieder zurückgekommen zu sein. Beschwingt marschiere ich zum Einzelgespräch bei Herrn Koj. Meine gute Laune verschwindet schnell bei seinem Anblick. Sein Gesicht wirkt verkniffen. Missmutig sitzt er vor mir und stänkert vor sich hin. Ob ich die Geschichte aus der Bibel kenne von Samson und seiner Frau, fragt er mich übellaunig. Meine Antwort interessiert ihn gar nicht. Samson sei ein starker Held gewesen, dessen Kraft in seinen langen Haaren lag. Doch dann hätte seine Frau ihm hinterrücks im Schlaf die Haare abgeschnitten und – schnipp-schnapp – vorbei war es mit seiner Kraft. Danach konnten seine Feinde ihn endlich gefangennehmen.
„Auch Sie tragen Ihre Haare männlich kurz, Frau Kordes. Aber Sie sind ja auch eine männliche Frau. Alice Schwarzer hätte ihre helle Freude an Ihnen."
„Wie schön! Ich mag Alice Schwarzer", sage ich unbeeindruckt, „ich mag jede Frau, die nicht die gefügige Weibchenrolle spielt, die Männer so gern haben."
Er kann seinen Ärger kaum noch beherrschen. „Aha, Sie gehören also zu den vollkommenen Menschen", keift er, „Sie sind eine Gleiche unter Gleichen, Unterschiede zwischen Mann und Frau gibt es nicht mehr."
„Genau", sage ich freundlich, „dass den Männern das nicht passt, glaube ich gern. Wer gibt schon gern seine Beuteanteile her?"
„Wenn es keine Unterschiede mehr gibt zwischen Männern und Frauen, ist eine Sorte Mensch überflüssig", giftet er.
Ich nicke freundlich zustimmend: „Klar, *die* Sorte Mensch ist überflüssig, die Gewalt ausübt, Kriege führt und Frauen vergewaltigt."
Er versucht sichtlich, ein indifferentes Gesicht aufzusetzen. Ich muss ihn getroffen haben. Doch er versucht es jetzt mit Freundlichkeit.

„Können Sie sich gar nicht vorstellen, dass der Unterschied zwischen Männern und Frauen eine Spannung hervorruft, die Freude macht?“ Nein, das kann ich mir absolut nicht vorstellen. Aber inzwischen bin auch ich verärgert. „Herrr Koj, können Sie sich eigentlich gar nicht vorstellen, dass ich als männliche Frau in bestimmten Situationen weiblicher reagiere, als die Frauen, die Sie als weiblich bezeichnen?“ Warum er plötzlich grinst, ist mir völlig unverständlich. Es irritiert mich etwas.

Am nächsten Morgen geht es bei der Tagesbesprechung wieder hoch her. Im Fernsehraum haben zwei männliche Mitbewohner einfach den Fernseher auf Fußball umgeschaltet, während die Frauen einen Liebesfilm sahen. Nur Claudia beteiligt sich nicht an der Diskussion. Sie sitzt neben Herrn Koj und himmelt ihn an. Das scheint seiner Seele gut zu tun. Endlich eine Frau mit langen Haaren, die ihn dazu noch als Mann sieht. Er wirkt entspannt. „Sie sind ein Ur-Weib“, flötet er ihr zu, und Claudia ist geschmeichelt. Dann blickt er freundlich in die Runde. „Es gibt hier noch ein paar Frauen, die Ur-Weiber sind. Wer mag das wohl sein?“
Mich interessiert das Geplänkel heute nicht. Sobald die Besprechung zu Ende ist, eile ich in den Malraum. Ausnahmsweise ist dort niemand. Aber mein Bild mit den versteckten Schätzen hängt an der Tafel. Ich betrachte es. Es beruhigt mich sehr, dass die Schätze auf meinem Bild inmitten einer Trutzburg so gut gesichert sind. Nur – sie sind so gut gesichert, dass ich nicht einmal selbst daran komme.
Dieser Gedanke lässt mich nicht mehr los. Ich starre mein Bild an, ununterbrochen. Wie komme ich denn bloß an meine Schätze? Die Frage bedrängt mich plötzlich. Aber ich finde keine Antwort. Ich nehme das Bild von der Tafel, rolle es zusammen und nehme es mit in mein Zimmer. Dort hänge ich es über mein Bett und starre es weiter an. Nachts träume ich immer wieder das Gleiche. Da ist die siebenjährige Monika in ihrer kunterbunt gestreiften Strickjacke. Und immer streiche ich über meine langen Haare, die sich weich anfühlen wie zarteste Seide und geheimnisvoll glänzen wie dunkel schimmernde Goldfäden. Mal habe ich im Traum Zöpfe, mal sind die Zöpfe zu Schaukeln gebunden, mal mit Schleifen versehen, mal mit bunten Spangen. Dann träume ich plötzlich von dem schwedischen König. Er fährt Achterbahn.

Königin Sylvia, seine deutsche Frau, lustwandelt derweil über eine Promenade. Sie suchen sich, der König und seine Königin. Aber sie finden sich nicht.
Ich werde wach, und in mir ist die Frage: Wie bringe ich den König und seine Königin wieder zusammen?
Ich starre auf mein Bild mit den versteckten Schätzen. Unter der Markttheke sind sie versteckt. Und ich komme nicht daran. Ich heule meine Verzweiflung in mein Kopfkissen.

Schweigend lasse ich heute bei der Tagesbesprechung das Gerede der anderen an mir abprasseln. Ich bin ganz woanders. Verd…, ich habe die edelsten Schätze und komme nicht daran. Was sind das überhaupt für Schätze? Da höre ich meinen Namen. „Bitte, was haben Sie gesagt?“, frage ich Herrn Koj.
„Ich habe gesagt, dass Sie, Frau Kordes, viel an sich gearbeitet haben, fast zuviel. Aber dafür sehen Sie auch schon Ihre Schätze. Nur – Sie kommen nicht daran.“
Ich bin sprachlos. Mit keinem Wort habe ich meine Schätze erwähnt, geschweige denn meine Not, nicht daran zu kommen. Wieder einmal frage ich mich, ob die Ärzte hier in Brunnental Gedanken lesen können.

In der Nacht sehe ich mich wieder im Traum als das siebenjährige Mädchen in meiner kunterbunten Strickjacke, die ich so geliebt habe. Die Farben der Jacke gleichen den Farben meiner Schätze, die ich versteckt habe. Meine Zöpfe sind lang und mit weißen Schleifen zusammengebunden. Es ist ein keckes kleines Mädchen, das mich da im Traum anlacht. Ja, es strahlt geradezu voll ansteckender Lebensfreude. Ich betrachte dieses fröhliche kleine Mädchen mit den langen Zöpfen und denke voller Bewunderung: „Ist das eine pfiffige Kleine!“ Dann werde ich wach. Und weiß sofort, diese pfiffige Kleine mit den langen Zöpfen hat etwas mit meinen Schätzen zu tun. Und irgendwie hängt das alles mit „intakter Weiblichkeit“ zusammen. Nur wie?
Nach der allgemeinen Tagesbesprechung fahre ich in die Stadt und kaufe mir eine bunt gestreifte Bluse. Zur Massage bin ich wieder zurück. Danach lege ich mich auf mein Bett und starre mein gemaltes Bild an. Da sind sie, all meine Schätze, versteckt unter der Theke des Marktstandes. Wie komme ich bloß daran?

Ich könnte die Theke auf den Kopf stellen. Dann fallen sie vielleicht heraus, meine Schätze. Ich drehe das Bild herum. Nichts passiert. Zerquält vor innerer Not stöhne ich auf. Sie sind mir so nah, meine Schätze. Es sind edle Perlen und kostbare Edelsteine. Sie funkeln in buntem Farbenspiel wie fröhlich tanzende Lichter. Aber ich komme nicht an sie heran. Ein ungeheurer Druck lastet plötzlich auf mir.
Und dann reißt der Knoten: Eine Tür bricht auf. Und eine Lichtfülle ergießt sich wie ein goldener Lavastrom in mein Inneres. Ein ungeahntes Glücksgefühl durchströmt mich. Alles ist hell in mir, leicht, warm und strahlend. Ich bin eine Frau, und was für eine. Ich habe sie wiedergefunden, meine Weiblichkeit. Und endlich lösen sich all die Tränen, die ich längst hätte weinen sollen. Um den Verlust meiner Weiblichkeit, um die vielen verlorenen Jahre. Und die jetzt zu Tränen des Glücks werden, des Glücks, mich selbst wiedergefunden zu haben.
Schweigend sitze ich am nächsten Morgen bei der Tagesbesprechung zwischen den anderen. Aber ein Leuchten muss auf meinem Gesicht liegen, denn alle sehen mich fragend an. Nur Herr Koj schmunzelt. Es ist, als könne er in meinem Gesicht lesen.

So langsam wird meine Entlassung vorbereitet. Wie werde ich den Abschied von Brunnental überstehen? Wie werde ich mich zu Hause einleben? Und überhaupt, mein zu Hause, wo ist das?
Glücklich liege ich abends im Bett. Ich verschränke die Arme hinter dem Kopf und betrachte mein Tonwesen. Die kleinen Tonkügelchen liegen in seinem Bauch. Auch das waren einmal Schätze, an die ich nicht herankam. Es ist schon ein merkwürdiges Wesen, das ich da geschaffen habe mit seinen weit geöffneten Augen und großen Ohren. Doch etwas scheint diesem Wesen noch zu fehlen. Etwas, das aus diesem Neutrum eine Person machen würde. Die Kahlheit des Kopfes meiner Tonfigur stört mich plötzlich. Es sind Haare, die ihm fehlen. Auch ich habe kaum Haare auf dem Kopf. Und auch das stört mich plötzlich.
Ja, ich werde meine Haare wachsen lassen. Ich bin schließlich eine Frau. Satt vor Glück schlafe ich ein.

Nun ist wieder Donnerstag. Ein letztes Mal fahre ich in die Stadt zur 17.00 Uhr-Messe.

Niemanden interessiert dieser Termin. Heute bin ich etwas früher dort, habe also noch Zeit genug, mir den Innenraum der Kirche etwas genauer anzusehen. Auf einem Wandbild ist eine barfüßige Dame zu sehen, die ihre Schuhe in der Hand hält. Es scheint die heilige Hedwig zu sein. Und dann stehe ich plötzlich vor einem Bild des Franziskus. Er kniet auf einem Felsen. Ein Seraph schwebt über ihm und verleiht ihm die Stigmata. Das ist doch La Verna! Genau, die Stigmatisation des heiligen Franz auf La Verna! Die Umrisse der Felsen sind deutlich zu erkennen. Wie vertraut ist mir doch dieser Berg.
Ich setze mich in eine Kirchenbank und betrachte das Bild. Wie war das noch damals, im Jahre 1982? Langsam steigen Bilder der Erinnerung in mir auf.
Ich stehe auf La Verna inmitten zerklüfteter Felsen und habe den Weg verloren. Eine weihevolle Stille umgibt mich. Wohin soll ich gehen, Gott? Führst Du mich? Willst Du mich zu etwas hinführen? Plötzlich sitzt vor mir eine Frau, mitten im Laub unter einem Baum. Sie lächelt mich an, als hätte sie mich erwartet. Mein Herz klopft bis zum Hals hinauf. Bleib ruhig, Monika, ganz ruhig. Du bist nur einer Frau begegnet, die unter einem Baum sitzt. Mehr nicht. Und plötzlich formt sich in mir der Satz: „Du bist deiner Weiblichkeit begegnet, die du verloren hast.“

Wie aus einer anderen Welt komme ich zurück in die Gegenwart. Ich sitze hier allein in einer Kirche, viele Kilometer von zu Hause entfernt. Wir schreiben das Jahr 1994. Und vor ein paar Tagen habe ich meine Weiblichkeit wiedergefunden.
Während der heiligen Messe ist Gott mir ganz nah. Er ist in mir und zugleich um mich herum.
„Fürchte dich nicht. Ich habe dich erlöst. Ich habe dich bei deinem Namen gerufen. Du bist mein.“
Niemals habe ich sie inniger gesungen, die alten Strophen: *„Oh Jesu, all mein Leben bist Du, ohne Dich nur Tod, meine Nahrung bist Du, ohne Dich nur Not, meine Freude bist Du, ohne Dich nur Leid, meine Ruhe bist Du, ohne Dich nur Streit.“*

Am nächsten Tag habe ich mein vorletztes Gespräch bei Herrn Koj. Und endlich kann ich ihm in Ruhe davon berichten, was ich in den letzten Tagen erlebt habe. Ich erzähle ihm von dem fröhlichen

siebenjährigen Mädchen in seiner kunterbunten Strickjacke und den langen, seidenweichen Zöpfen, die geheimnisvoll schimmerten wie dunkle Goldfäden.
Er hängt so fasziniert an meinen Lippen, als könne er nicht genug bekommen von meinen Worten. Also rede ich ohne Punkt und Komma weiter. „Und die bunte Strickjacke des kleinen Mädchens hatte die gleichen Farben wie meine Schätze, die ich überall versteckt hielt."
„Das ist klassische Psychologie, was Sie erlebt haben", sagt er und strahlt mich an. Ich bin etwas verdutzt. Von klassischer Psychologie habe ich keine Ahnung. Aber wenn es ihn freut, dass ich ihm so etwas biete, soll's mir recht sein. Vielleicht kann er mir ja mein ganzes Erleben klassisch-psychologisch so erklären, dass ich es auch mit meinem Kopf verstehe.
„Ich hab da mal eine Frage, Herr Koj. Kann eine Frau wirklich ihre Weiblichkeit verlieren, wenn die Mutter ihr die Zöpfe abschneidet?"
„Aber sicher. Die Mutter schneidet der Tochter die Zöpfe ab, an denen der Königssohn hochklettern könnte, wie in dem Märchen von Rapunzel."
„Und die vielen versteckten Schätze, die ich gemalt und mit Ton geformt habe, haben die wirklich mit meiner Weiblichkeit zu tun?"
„Ja, Frau Kordes, Sie haben ein ausgezeichnetes Gespür für sich selbst, auch wenn sie es rational nicht deuten können. Aber Ihre Intuition sagt Ihnen schon, was richtig und was falsch ist."

Meine Zeit bei Herrn Koj müsste längst vorbei sein. Verstohlen blicke ich zur Uhr. Er hat bereits eine Viertelstunde überzogen.
„Ich weiß nicht, wie ich all das Erlebte künftig in mein Leben integrieren werde. Aber ich weiß, dass mein Leben nicht mehr so verlaufen wird wie bisher."
Er nickt und lächelt. „Es hat mir Freude gemacht, mit Ihnen zu arbeiten, Frau Kordes. Und ich bin stolz darauf. Ich habe Sie erlebt als sehr lebendig, als streitbar und kritisch. Aber auch als sehr verletzlich. Sie sind eine kluge und sehr differenzierte Frau. Ich wünsche Ihnen für Ihr weiteres Leben, dass Sie künftig etwas bekommen, besser gesagt, etwas geschenkt bekommen, und dass Sie das auch annehmen können. Sie dürfen in Ihrem Leben nicht

immer nur geben, sonst sind Sie bald wieder erschöpft. Und das gebe ich Ihnen jetzt mit für Ihren beruflichen Alltag: Wenn Sie Ihr volles Menschsein hätten leben können, wären Sie selbst Professor geworden."

„Nein, Herr Koj, das glaube ich nicht. Wenn ich mein volles Menschsein hätte leben können, wäre ich vermutlich Hebamme geworden. Ich wäre von Haus zu Haus gefahren und hätte Menschenkindern geholfen, nicht nur einfach auf die Welt zu kommen, sondern auch ins Leben hinein zu finden. So wie Frau Würz mir damals ins Leben geholfen hat, im September 1945. Und die mir dann ein Kleidchen strickte, der erste Willkommensgruß auf dieser Welt."

Es ist schon merkwürdig. Fünfzig Jahre später wurde mir hier in Brunnental wieder geholfen, ins Leben zu finden. Niemals habe ich so viele positive Bemerkungen über mich gehört wie hier. Nicht nur einfach so dahingesagt, um etwas zu bezwecken, sondern glaubwürdig erläutert und aufgeschlüsselt. Wie kostbare Perlen auf eine Schnur gereiht, einzeln verknotet und zu einer Kette verbunden. Nein, tragen werde ich diese Kette nicht, aber ich werde sie mir hin und wieder ansehen und mich an ihrem Glanz erfreuen.

Herr Koj bringt mich erstmals zur Tür. „Tschüs, bis morgen zu unserem Abschlussgespräch."

Nach diesem Gespräch setze ich mich in den Lichthof zu meinen jungen Mitbewohnern. Bald werde ich sie verlassen. Sie sind mir ans Herz gewachsen, nicht alle, aber die meisten.

Ich werde mich von jedem einzelnen verabschieden. Aber ich werde meinen Abschied nicht feiern; der Abschied von Brunnental ist kein Grund für ein Fest.

Nun steht mein Abschlussgespräch bei Herrn Koj an, den ich vor ein paar Wochen noch als blasierten Schönling abgelehnt habe und dem ich heute für so vieles danken werde. Zum letzten Mal sitze ich vor seinem Zimmer und warte auf Einlass. Ich lächele in mich hinein, wenn ich daran denke, wie ich das erste Mal hier gesessen habe. Heute ist er ernst, fast traurig. „Nehmen Sie Platz, Frau Kordes, zum letzten Mal."

Wir sprechen noch einmal alles durch, was sich im Laufe meines Aufenthaltes hier abgespielt hat, in meinem Erleben, im Eichenhaus und zwischen uns.

„Ich habe ein Stück meiner Identität hier gefunden, Herr Koj. Und dafür bin ich sehr, sehr dankbar."
„Höre ich noch mal etwas von Ihnen?", fragt er leise. „Ja, ich melde mich bei Ihnen, wenn ich mich zu Hause wieder eingelebt habe." Ich gebe ihm die Hand. „Haben Sie Dank für alles." Und all meine Wärme, die ich jetzt für ihn empfinde, liegt auf meinem Gesicht.
„Haben Sie noch einen schönen letzten Satz für mich, Herr Koj?"
„Ja, Frau Kordes: Ich werde Sie vermissen."
„Und ich, Herr Koj, werde Sie allezeit in meinem Herzen bewahren."
Ich gehe auf mein Zimmer. Ich muss allein sein. Durch meine Terrassentür sehe ich die alten Bäume. Sie scheinen sich mir zum Abschied zuzuneigen.

Mein letzter Tag in Brunnental ist angebrochen. Ich verabschiede mich von meinem alten Kastanienbaum, gehe ein letztes Mal zu dem kleinen Pavillon, klettere runter zum Bach und lausche dem munteren Plätschern. Dann gehe ich zurück zum Eichenhaus, um meine Koffer zu packen. Da stehen sie alle im Lichthof, meine jungen Mitbewohner. Sie möchten mir doch zum Abschied etwas schenken, sagen sie, mir ein Andenken mitgeben an sie alle. Sie überreichen mir einen bunten Glaskelch mit blauen Glasperlen. Das Farbenspiel erinnert mich an meine ehemals verborgenen Schätze. „Jeder von uns hat sich mit einem kleinen Betrag an diesem Geschenk beteiligt", sagt Birgit, „damit du noch lange an uns denkst." Ich kann vor Rührung gar nicht sprechen.
„Und heute Abend feiern wir Abschied", ruft Daniel. „Jeder bringt etwas mit."
„Nein, das braucht Ihr nicht, ich besorge schon alles. Ja, wir feiern heute Abend meinen Abschied."
Es wird ein wunderschöner Abend. Margit holt ihre Gitarre hervor, von der wir gar nicht wussten, dass sie überhaupt existierte. Sie spielt südamerikanische Lieder und singt dazu spanische Texte.
„Sprichst du spanisch, Margit?", frage ich zwischen zwei Liedern.
„Ja", sagt sie kurz und versinkt ganz in ihr Spiel. Ich bin verblüfft. Welche Schätze verbergen sie wohl noch vor ihrer Umwelt, diese oft so schnodderigen jungen Leute, die mir für ein paar Wochen Weggefährten waren. Einzelne beginnen zu tanzen, ganz für sich allein, es ist, als tanzen sie ihr Leben.

„Ich danke Euch allen für diesen schönen Abend. Und das bunte Glas wird bei mir zu Hause einen Ehrenplatz bekommen.“

Am nächsten Tag holt Rolf mich ab. Ein paar meiner jungen Weggefährten bringen mich zum Auto. Unsere Wege trennen sich jetzt. „Rufst du mal an, wie es dir geht? Schreibst du mir mal, Monika?“
Ja, sicher werde ich das tun, einmal, zweimal, vielleicht sogar dreimal, bis sich die Seele des Eichenhauses, der ich noch angehöre, langsam auflösen wird.

Seit zwei Wochen bin ich wieder in Wuppertal. Ich habe mich noch nicht zu Hause eingelebt. Meine Seele ist noch in Brunnental. Rolf schleicht um mich herum, als erschnuppere er irgendetwas Fremdes an mir. Plötzlich steht er neben mir, geht um mich herum, dann ist er ebenso schnell wieder verschwunden. Kurz danach ist er wieder da. Er wirkt irritiert.
„Was ist los mit dir, Rolf?“ Er sucht mühsam nach Worten. „Ich weiß es auch nicht so richtig“, druckst er herum, „ich frage mich immer, was macht diese fremde Frau hier?“
Ich lache in mich hinein. Er spürt meine neue Weiblichkeit und kann es nicht benennen.
„Komm, Rolf, ich möchte dich in den Arm nehmen.“

Überlebt

Kind meiner Seele
Erdacht einst im Dunkel
Gezeugt im Verbot
Geboren in Leid
Verloren gegangen
Im Hagel der Schläge
Fortgelaufen
Aus dem Grauen der Angst
Von mir gestoßen
Zu deinem Schutze
Freigegeben
Zur Schutzlosigkeit

Überlebt im Verborgnen
Versteckt hinter Worten
Fast schon vergessen
Unendlich vermisst!

Kind meiner Seele
Ich bin dir begegnet
Im Schleier der Tränen
Hab ich dich erkannt
Ich weine Kristalle
Um das Verlorne
Und hauche dir Zukunft
Mit Sternenstaub ein.

3.5.1995
Inzwischen sind meine Haare schon recht lang. Besonders meinen Kolleginnen bin ich nicht mehr geheuer. Ich solle meine Haare doch bitte wieder abschneiden lassen, sagen sie. Das kurze Haar hätte mir viel besser gestanden. Außerdem, und da liegen ihnen offene Worte an mich auf dem Herzen, ja, die sind sie mir einfach schuldig, der vielen gemeinsamen Jahre wegen, sehe ich jetzt mit den langen Haaren zehn Jahre älter aus.
Ich spüre, dass sie mit ihren Worten etwas ganz anderes meinen. Sie reagieren abwehrend auf mich, weil ich in ihre weibliche Domäne eingedrungen bin, in der ich nichts zu suchen habe. Das scheint ihr geordnetes Weltbild in Frage zu stellen. Doch so genau können sie das nicht benennen. Ich höre mir alles an, schmunzele in mich hinein und genieße es, mich weiblich zu fühlen.

Seit Brunnental geht es langsam bergauf mit mir. Das Zerquältsein morgens beim Aufstehen hat nachgelassen, aber es ist noch immer da, besonders dann, wenn ich etwas vorhabe, das nicht meinem geregelten Tagesablauf entspricht. Das kann ein Arztbesuch sein oder eine Fachbereichsratssitzung, bei der ich Protokoll führen muss. Vielleicht wird sich auch das mit der Zeit bessern. Dann könnte ich doch noch zehn Jahre weiter arbeiten bis zu meiner Altersrente. Und ich wäre nicht von Rolf finanziell abhängig.

Noch gehe ich regelmäßig zu Dietmar. Auch er hat Freude daran, wie sehr ich mich verändert habe und mich immer weiter verändere. Er sagt, solange ich die Gespräche bei ihm noch brauche, soll ich kommen. Ich würde schon wissen, wann der Zeitpunkt da ist, dass ich auf eigenen Beinen stehen kann.
Wenn ich in der Uni meinen geregelten Arbeitsablauf habe, gehe ich gar nicht so ungern zur Arbeit.
Mit meinen Kolleginnen war ich eine Woche auf Mallorca. Seitdem weiß ich, dass es besser ist, Privates und Dienstliches zu trennen. Innerhalb der Uni kommen wir ganz gut klar miteinander. Wir helfen einander, wo es etwas zu helfen gibt. Und wir lachen miteinander, wo es etwas zu lachen gibt. Das erleichtert die Arbeit und entspannt das Gemüt. Doch leider habe ich jetzt meine Lockerheit ausgerechnet bei einem meiner Lieblingsprofessoren verloren.
Herr Professor Ruhland fragte mich kürzlich, ob er mir nicht mein Büro anstreichen solle. Ich lachte: „Nach 20 Jahren hat mein Büro wahrlich einen Anstrich nötig und die Uni ist in argen Finanznöten. Aber die Finanznot wird doch nicht so groß sein, dass die Professoren schon die Büros der Sekretärinnen streichen müssen."
Doch am nächsten Tag traf mich fast der Schlag, als Herr Professor Ruhland vor mir stand. Er, der sonst gern Fliege trägt, stand in blauer Latzhose in meiner Tür, in der rechten Hand einen Pinsel, in der linken einen Eimer Farbe. Wortkarg wie immer, stand er nur einfach da und strahlte mich an. Nun war auch ich sprachlos.
Mit zwei Studenten trug Herr Professor Ruhland meine Möbel aus dem Büro. Dann legte er los. Voller Hingabe pinselte er sich Millimeter für Millimeter durch mein Büro. Wie ein Lauffeuer verbreitete sich die Nachricht in unserem Fachbereich: „Der feine Pinkel Ruhland pinselt in blauer Latzhose das Büro von Frau Kordes." Das wollte sich natürlich niemand entgehen lassen. Aber offenkundige Neugier durfte auch nicht gezeigt werden. Da war es gut, dass ich nur ein kleines Büro habe und Herr Professor Ruhland deshalb beim Anstreichen die Tür offen ließ.
Ein Student nach dem anderen hatte plötzlich auf dem Flur zu tun. Sie lasen die Aushänge, die sie sonst nie lasen und schielten in mein Büro, in dem tatsächlich der feine Pinkel Professor Ruhland in blauer Latzhose die Wände meines Büros pinselte, so akkurat wie er schon mal Informationen für andere auf Briefmarken malt.

Ich fand meine Sprache nicht wieder. Mir war es peinlich, dass Herr Professor Ruhland in blauer Latzhose mein Büro anstrich und jeder im Fachbereich das mitbekam. Dabei wollte er mir sicher nur eine Freude machen. Nun habe ich wieder ein leuchtend weißes Büro. Aber meine Lockerheit im Umgang mit dem wortkargen Professor Ruhland habe ich eingebüßt. Ich, die ihm wenigstens gelegentlich, und das sogar manchmal vor 10.00 Uhr morgens, ein Wort entlocken konnte, bin seitdem blockiert ihm gegenüber. Dabei mag ich ihn sehr.
„Ich wünsche Ihnen, dass Sie in Ihrem Leben etwas geschenkt bekommen", hatte Herr Koj mir in Brunnental mit auf den Heimweg gegeben. Und er wünsche mir, dass ich das dann auch annehmen könne.
Nun habe ich etwas geschenkt bekommen, ein piekfein angestrichenes Büro. Und ich kann es nicht annehmen. Schon grübele ich, wie ich „das wieder gutmachen kann". Und weiß doch, dass ich damit Herrn Professor Ruhland kränken würde. Aber vielleicht lerne ich auch das noch in meinem Leben: annehmen können.
„Man wird so alt wie eine Kuh und lernt doch immer noch dazu", sagte kürzlich jemand in der Uni.
Schade, dass dieser Spruch nicht von meiner Mutter ist.

9.8.1995
Unser ehemaliger Wanderverein hat nach 35 Jahren ein gemeinsames Wochenende miteinander verbracht. Wir hatten im Sauerland eine Jugendherberge gefunden, die leer stand. Das bedeutete aber auch, dass wir alles selbst machen mussten, vom Kaffee kochen bis zum Betten machen. Etwas geschockt waren wir schon, als wir unsere Zimmer besichtigten. Es gab nur Sechs- und Acht-Bett-Zimmer. Duschen und Toiletten waren auf dem Flur. Die Betten schienen für Kinder gezimmert worden zu sein, einfache schmale Holzgestelle mit einer Spanholzplatte, auf der eine dünne Schaumstoff-Matratze lag. Ob wir das in unserem Alter heil überstehen würden?
Gegen Mittag trafen wir alle in der Jugendherberge ein. Nachdem wir uns begrüßt hatten, stand eine Frage unausgesprochen zwischen uns: Können wir noch miteinander? Ja, wir konnten. Der Nachmittag verging wie im Fluge. Jeder hatte etwas mitgebracht. Kuchen, Fleisch zum Grillen, Salate, Brot, Nachtisch, alles

wurde zusammengelegt und jeder nahm, was ihm schmeckte. Wie früher übernahm jeder eine Aufgabe, die gerade anstand, ohne dass wir das absprechen mussten. Alles verlief so vertraut, ja fast so selbstverständlich wie früher. Günni und Erich bauten einen Grill zusammen, die anderen Männer besorgten die Getränke und schleppten Tische und Stühle ins Freie. Wir Frauen kochten Kaffee, verteilten Salate, schnitten die Brote auf und deckten die Tische.
Früher war dieses reibungslose Miteinander für mich immer selbstverständlich so abgelaufen. Nun war ich beeindruckt. Hatte ich doch inzwischen in anderen Gruppen erlebt, dass jede Kleinigkeit geregelt werden musste, damit das „Wir" nicht unterging beim Behaupten des einzelnen „Ich".
Unsere Stimmung wurde immer besser. Warum hatten wir ein solches Wochenende nicht schon längst geplant? Als es Abend wurde, musste Holz zusammengetragen werden, schließlich wollten wir endlich einmal wieder gemeinsam am Lagerfeuer sitzen. Und dann war es so weit. Im Schein des flackernden Feuers sangen wir unsere alten Lieder: *„Komm, komm, lockt der Schritt, komm Kamerad, wir ziehen mit..."*

Ja, gelockt hatte uns das Leben, damals vor 35 Jahren, als unsere Gesichter noch weich und rund waren wie junge Sonnenblumen, die sich langsam dem Leben öffneten. Die Gesichter heute waren geprägt von dem, was jeder einzelne im Laufe von 35 Jahren durchlebt und durchlitten hatte. Doch an diesem Abend knüpften wir einfach dort wieder an, wo wir uns vor 35 Jahren verloren hatten. Und wussten doch, dass dies dauerhaft nicht möglich war. Aber jetzt war es möglich, und das wollten wir genießen. Günni rutschte wie von selbst in die Rolle des ehemaligen Spaßmachers hinein. Es war und blieb seine Aufgabe, uns zu unterhalten. Er hatte an diesem Wochenende seine Natascha mitgebracht, ein 27-jähriges russisches Rasseweib, das er im Februar geheiratet hatte. Nie wieder würde er eine deutsche Frau heiraten, sagte Günni, die seien alle zu materialistisch eingestellt. Ich habe Natascha gefragt, ob ihr Günni mit seinen 53 Jahren nicht etwas zu alt sei. „Nein", sagte sie treuherzig, „Alter egal, Hauptsache guter Mensch." Und Günni nickte zu ihren Worten. „So denken die in Russland alle, Monika."

Um 24.00 Uhr stimmte Natascha einen Solo-Gesang an. „Kalinka, Kalinka“, sang sie auf Russisch. Ihre Stimme vibrierte vor dunkler Lebensenergie. Gebannt hörten wir ihr zu. Günni stand auf und tanzte zum Gesang seiner Frau um das Lagerfeuer herum. Wir klatschten dazu und erfreuten uns an seiner Darbietung.
Ob Natascha sich auch an dem Tanz ihres Günnis erfreute, war ihrem undurchdringlichen Gesicht nicht anzusehen. Aber Günni war glücklich. Und Günnis Glück war schließlich auch für uns das Wichtigste. Was morgen ist, wird morgen bedacht.
Weit nach Mitternacht gingen wir in unsere schmalen, harten Schneewittchen-Betten. War das ein Gezeter! „Das halten meine Knochen garantiert nicht aus“, rief Ellen entsetzt, „morgen kann ich mich nicht mehr rühren.“
„Stell dich nicht so an“, grummelte Alois und erinnerte Ellen daran, dass sie früher auf dem Zeltboden geschlafen hatte.
„Und bitte denkt daran“, rief Elke in jedes einzelne Zimmer, „die rechten Duschen sind für die Mädchen, die linken Duschen für die Jungs.“
Am nächsten Morgen hatten Marianne und Erika schon im Frühstücksraum Kaffee gekocht. Wie üblich, legte jeder sein mitgebrachtes Frühstück in die Mitte des Tisches. Das ergab eine bunte Vielfalt an Brot, Wurst, Käse und Marmeladen. Und jeder nahm wieder, was ihm gerade schmeckte. Eine unbeschwerte, fast jugendliche Fröhlichkeit war zwischen uns, als hätten die vergangenen 35 Jahre keine Spuren in unseren Seelen hinterlassen.
Anschließend haben wir Mädchen gespült und die Jungs über Politik diskutiert.
„Die könnten sich hier mal ne Spülmaschine anschaffen“, habe ich beim Abtrocknen vor mich hingemäkelt. „Stell dich nicht so an“, sagte Marianne und drückte mir das nasse Besteck in die Hand, „früher hast du unser Geschirr im Bach gespült.“
Nachdem wir Mädchen die Tische gesäubert und das Geschirr weggeräumt hatten, gingen wir zu den Jungs. Die überlegten gerade, was wir heute unternehmen könnten. „Wir machen eine kleine Wanderung“, schlug Alois vor. Doch dafür waren wir nicht zu begeistern. Der eine hatte Luftnot, der andere Bandscheibenprobleme. Arthrose hatten sowieso alle, Unterleibsprobleme die Mädchen, Darmprobleme die Jungs. Ein Sammelsurium an Krankheiten hinderte uns ehemalige Wanderkameraden daran,

zügig ein Bein vor das andere zu setzen. Als wir uns gerade so schön in unseren Leiden suhlten, hielten wir plötzlich inne und wurden uns der Situationskomik bewusst. Die alten Veteranen, sturm- und kampferprobt, jammerten über Luftnot und Arthrose. Und dann begann eine fröhliche gegenseitige Stichelei. Mit dem Ergebnis, dass alle Invaliden plötzlich laufen konnten.
Es wurde eine wunderschöne Wanderung rund um den angrenzenden See. Und alle haben durchgehalten. Wir Mädchen haben dann die Betten gemacht, die Jungs unsere Koffer zu den Autos getragen.
Als ich mich von Erika verabschiedete, stand Erich an einem Baum und lächelte mir zu. Ja, Erich, wir sind wieder Freunde, du und ich, und darüber bin ich sehr glücklich.

29.9.1995
Am 21. September bin ich 50 Jahre alt geworden! Wenn ich so zurückdenke, hätte ich mit zwanzig niemals gedacht, dass ich jemals die Fünfzig erreichen würde. Und nun bin ich fünfzig und schon zweifache Großmutter. An meinem Geburtstag habe ich erstmals meine neue Lesebrille ausprobiert. Aber in der Uni werde ich sie trotzdem nicht aufsetzen. Soweit ist meine Sehkraft nun doch noch nicht eingeschränkt.
Ich bin schließlich die Tochter von Adolf Berthold. Von der Sohle bis zum Scheitel: eitel, eitel, eitel.

Zur Feier meines 50. Geburtstages hatte ich meine Freundinnen eingeladen, die Nachbarschaft und natürlich Familienangehörige. Sogar meine Schwester Christine war mit ihren Zwillingen gekommen. Und natürlich unser ehemaliger Wanderverein. Nur Günni hatten wir nicht erreicht.
Marianne zuckte ihre Schultern, als ich sie nach ihm fragte. Nein, sie wisse auch nichts Näheres von Günni. Aber ich sah ihrem Gesicht an, dass sie mehr wusste.
„In unserem Alter sollte man sich an einem Partner wärmen und nicht verbrennen“, sagt meine Freundin Hanna. Hoffentlich hat Günni sich an seinem russischen Rasseweib nicht verbrannt.
Bis weit nach Mitternacht feierten wir meinen Geburtstag. Dennoch bin ich um die Erfahrung reicher, dass große Feiern nichts für mich sind, ganz so, wie ich das immer schon geahnt habe.

30.10.1995
Schade, ich hätte Dietmar und Herrn Koj aus Brunnental den Erfolg ihrer Bemühungen gegönnt. Aber meine gesundheitliche Aufwärtsentwicklung hielt leider nicht an. Meine Erschöpfungszustände haben sich zurückgemeldet. Jede freie Minute sitze ich im Sessel und „gucke Vögelkes", wie meine Freundin Doris das nennt.
„So geht das nicht mehr weiter", sagte Rolf schließlich. Und sprach das aus, was ich dachte. Also habe ich doch unbezahlten Urlaub eingereicht. Die Uni hat ihn mir ab 1.1.1996 genehmigt. Ja, die Uni hält mir sogar meinen Arbeitsplatz frei. Und das brauchte sie wahrlich nicht. Es wird für mich eine Sekretärin eingestellt mit einem befristeten Arbeitsvertrag, der nur so lange gilt, bis ich wiederkomme. Das ist ein großes Entgegenkommen der Uni mir gegenüber.

19.11.1995
Es ist, als schließe sich ein Kreis. Am Anfang meines Lebens habe ich mit der Hand geschrieben. Nun schreibe ich wieder mit der Hand. Stehe ich am Ende meines Lebens? Zumindest beginnt ein neuer Lebensabschnitt. Es ist der letzte Sonntag, an dem ich für Montagmorgen den Wecker stellen muss, diesen verdammten Wecker, der 35 Jahre mein Leben bestimmt, ja tyrannisiert hat. Die nächste Woche wird die letzte sein, in der ich zur Uni gehe. Endlich Ruhe!
Ich habe meinen Jahresurlaub aufgespart, so dass ich jetzt schon aufhören kann zu arbeiten. Dann wird sich herausstellen, ob mein Job an der Uni tatsächlich die Ursache für meine Erschöpfung war. Allerdings habe ich noch immer Probleme bei dem Gedanken, dass ich bald von Rolf finanziell abhängig bin. Aber letzten Endes habe ich keine andere Wahl. Es ist eine existenzielle Frage für mich. Das bedeutet aber auch, dass ich es Rolf verdanke, wenn ich nicht vor die Hunde gehe. Pläne für die Zeit, wenn ich nicht mehr arbeite, habe ich nicht gemacht. Ganz bewusst nicht. Ich will die neu geschenkte Lebenszeit nicht mit Aktivitäten „zu-töten". Ich will kein gehetztes Wild mehr sein.
Am liebsten würde ich mich erst einmal nur ins Bett legen und einfach zusehen, was mir so entgegenwächst. Ich möchte Langeweile kennen lernen, stundenlang einfach nur im Sessel sitzen und „sein". Endlich Ruhe!

25.11.1995

Gestern war mein letzter Arbeitstag. Ich hatte allen gesagt, dass ich keinen Abschied feiern möchte. Schließlich nehme ich ja nur einen etwas längeren Urlaub. Dennoch hatten einige das Bedürfnis, sich von mir zu verabschieden. Die Studenten haben mir einen sorgsam gefüllten Frühstückskorb als Geschenk überreicht. Von einigen Mitarbeitern bekam ich Blumen, von meinen Kolleginnen ebenfalls. Gegen Mittag habe ich mein Büro verlassen und die Bürotür hinter mir zugezogen. Einfach so. Auf dem Flur bin ich durch die Glastür hinausgegangen, durch die ich 25 Jahre täglich hineingegangen war. Und die Tür fiel hinter mir ins Schloss. Das war's.

Als ich nach Hause kam, habe ich meine Bibel geöffnet. Welcher Satz würde nun über meinem Leben stehen?

„Kommt mit mir an einen einsamen Ort und ruht ein wenig aus."

Und das tue ich nun.

29.11.1995

Ich habe alle Zeit der Welt! Morgens gehe ich nach dem Aufstehen ganz langsam, Schritt für Schritt die Treppe nach unten. Es ist eine Stille im Haus, eine Ruhe, die tief in meine Seele dringt. Niemand will etwas von mir. Ich muss nicht mehr spuren. Ganz leise bereite ich mein Frühstück. Ich will die Stille nicht stören. Sie legt sich um mich wie ein Mantel, wie eine neue zweite Haut. Ich bin glücklich.

18.12.1995

Ich habe alle Zeit der Welt! Noch immer genieße ich die morgendliche Stille. Noch immer kann ich es nicht fassen, dass niemand etwas von mir will. Ich bin nur für mich da, jede Sekunde, jede Minute, jede Stunde. Sobald ich aufstehe, beginnen „die Stunden für mich". Manchmal lese ich in der Bibel, meistens sitze ich aber einfach nur da. Ich bete noch nicht einmal, sondern genieße nur die Gegenwart Gottes.

5.2.1996

Noch immer genieße ich die Stille des Hauses, wenn ich morgens die Treppe hinuntergehe. Ich kann mich nicht erinnern, dass ich jemals in meinem Leben so lange anhaltend glücklich war. Jeder

Tag ist ein Geschenk. Niemand will etwas von mir. Ich habe alle Zeit der Welt.

18.2.1996
Bald werde ich die Gespräche bei Dietmar beenden. Ich fühle mich gut, erlebe sogar Minuten tiefen inneren Glücks und kann mein Leben als Ganzes akzeptieren.

21.2.1996
Letzte Nacht hatte ich einen furchtbaren Traum. Ich saß auf einer einsamen Bergspitze auf La Verna bei Assisi. Neben meiner Bergspitze war noch eine zweite auf gleicher Höhe. Darauf formierten sich gesichtslose schwarze Wesen. Sie würden gleich zu mir herüber springen, um mich zu vernichten. Mir blieb nur abzuwarten, bis sie mich töten würden – oder mich selbst umzubringen, indem ich von der Bergspitze in den Abgrund springen würde. „Ihr kriegt mich nicht“, dachte ich, „ich entscheide selbst, wann ich sterbe.“
Dann bin ich von der anderen Seite des Berges in den Abgrund gesprungen. Ich wusste, dass ich in den Tod springe. Den Aufprall meines Körpers habe ich nicht erlebt. Als ich sprang, bin ich wach geworden. Ich bin noch immer entsetzt über diesen Traum. Er beschäftigt mich schon den ganzen Tag. Leider komme ich nicht dahinter, was er mir sagen will.

18.6.1996
Vom 1.6. bis 14.6. war ich wieder in Assisi. Ich bin für diese Fahrt sogar an meinen Notgroschen gegangen. Ich wollte nicht schon wieder Rolf um Geld angehen.

Diesmal hat Pater Gotthard während der Assisi-Fahrt den Besuch weiterer Heiligtümer eingeplant. Auf der Hinfahrt übernachten wir in Österreich und wollen dort irgendein Heiligtum besichtigen. Es ist geschlossen. Wir fahren weiter nach Italien und besuchen in Padua den heiligen Antonius. Dann geht es weiter zum Pater Pio. Wir arbeiten uns durch Menschenmassen hindurch bis zu seinem Grab. Ein kurzes Gebet, danach – schnell, schnell – geht's zu irgendeinem anderen Heiligtum. Schon bald flattert mein Nervenkostüm vom Kofferpacken, den Menschenmassen und den hastigen Kurzgebeten. Schließlich – oh Wunder – sind wir endlich, endlich in Assisi. Hier werden wir fünf Tage bleiben. Dann geht es für drei Tage nach La Verna. Danach werden wir auf der Rückfahrt Flüeli besuchen und zwei Tage beim heiligen Bruder Klaus verweilen.

„Diese Pilgerfahrt ist ja ein richtiges Heiligenabgrasen", sage ich genervt zu Pater Gotthard. „Kommt dabei überhaupt jemand zum Beten?" – „Ja, ich", sagt Pater Gotthard und lächelt leise in sich hinein.

In Assisi komme ich endlich zur Ruhe. Ich setze mich regelmäßig in die Klara-Kirche unter das Kreuz und betrachte den auferstandenen Christus. Am nächsten Tag spüre ich schon beim Aufstehen diese bleierne Schwere, die ich hier schon einmal erlebt habe. Die Gruppe will heute zur Carceri hoch.

„Ich ziehe mich heute zurück", rufe ich Martha und Maria zu, „zur Messe bin ich wieder bei Euch."

Dann schleppe ich mich durch Assisi, mühsam setze ich ein Bein vor das andere, so schwerfällig, als trüge ich eine ungeheure Last. Ich habe eine Wiese erreicht und setze mich aufrecht ins Gras. Plötzlich bin ich ganz leicht. Ein wortloser Satz löst sich tief in mir, dringt nach oben in mein Bewusstsein und füllt mein Inneres wie ein Licht, das im Keller entzündet, langsam von unten nach oben das ganze Haus erhellt. Nach einer Weile versuche ich, mein aufgewühltes Gemüt wieder in der vernünftigen Welt zu verankern. Schließlich war dieser Satz gerade nichts Besonderes. Den kann man in jeder zweiten Predigt hören.

Ich bin wieder mit beiden Beinen in der Realität und marschiere leichten Schrittes zur Klara-Kirche. Dort vor dem Kreuz nehme ich für dieses Jahr Abschied von Assisi. Morgen fahren wir nach La Verna.

Auf La Verna sind wir wieder bei „Pastor Angelicus" untergebracht, ein Pilgerhaus, weit unterhalb meiner geliebten Bergspitze gelegen. Ich fühle mich wohl in dieser Unterkunft. Die Zimmer haben etwas mehr Komfort als im Kloster oben auf La Verna. Allerdings werde ich mindestens eine Stunde brauchen, bis ich von hier aus meine Bergspitze erreiche. Bei der Hitze wird das eine anstrengende Kraxeltour werden. Morgen werde ich direkt nach dem Frühstück losmarschieren.

Am nächsten Morgen will ich vor dem Frühstück auf dem Kreuzweg hinter dem Pilgerhaus noch etwas beten. Doch ich komme nicht zur Ruhe. Dicke Ameisen kriechen mir in die Sandalen, sobald ich nur kurz innehalte. Die Tiere sind größer als bei uns in Deutschland und angriffslustiger. Hektisch hüpfe ich vorwärts. Jeder Schritt ist eine Flucht vor diesen ekeligen Tieren. An Gebet ist nicht zu denken, also hüpfe ich zurück zum Pilgerhaus.
Plötzlich ist die wortlose Stimme wieder in mir. Ein Satz formt sich in meiner Tiefe, steigt wie eine Wolke hoch, entfaltet sich vor meinem Bewusstsein und füllt mein Inneres.
Inzwischen habe ich eine betonierte Ecke erreicht, auf der ich vor den Ameisen sicher bin. Ich setze mich auf einen Stein und höre auf den inneren Klang dieses einen wortlosen Satzes. Was hat das zu bedeuten? Ich verstehe es nicht.
Ich ziehe meinen hellen, leichten Seidenrock an, obwohl das unvernünftig ist bei der Kraxeltour, die ich jetzt vorhabe. Und mit einem dicken Ast in der Hand als Wanderstock marschiere ich nach dem Frühstück los. Nach einer halben Stunde bin ich an der Stigmata-Kapelle. Eine kleine Pause wird mir gut tun. Ich betrete das kleine Kirchlein. Es ist menschenleer. Ich setze mich in die hintere Bank und betrachte das Kreuzigungsmotiv, eine beeindruckende Terracotta-Arbeit von della Robbia, die mich schon immer angesprochen hat. Doch heute ergreift mich das Gesicht des Mondes, dessen Mund beim Anblick des sterbenden Christus vor Entsetzen weit aufgerissen ist, erstmals so tief, dass mir die Tränen kommen. Und dann passiert etwas Unglaubliches, das zugleich so unspektakulär ist, so selbstverständlich, dass ich es weder mit dem Kopf noch mit dem Herzen fassen kann.
Lange bleibe ich unbeweglich in dem Kirchlein sitzen. Und es grenzt fast an ein Wunder, dass ich während der ganzen Zeit dort allein bleibe.
Schließlich marschiere ich in mich gekehrt weiter, klettere in meinem dünnen Seidenröckchen über schroffe Felsen und verschlungene Baumwurzeln höher und immer höher. Eine dichte Stille umfängt mich und ein unbeschreibliches Glücksgefühl ist jetzt in mir. Mir ist, als umhülle mich etwas, das ein „Jemand" ist, der mich nie mehr verlassen wird.
Während ich klettere, betrachte ich den Waldboden, als erwarte ich jeden Augenblick, dass vor meinen Füßen ein Geschenk liegt.

Wenn ich hier auf La Verna ein Geschenk finde, ist der Wahn komplett, versuche ich meine Gedanken wieder auf eine vernünftige Ebene zu bringen. Aber es hilft alles nichts. Ich erwarte hier oben in dem schroffen Felsengewirr von La Verna ein Geschenk.
Völlig durchgeschwitzt komme ich oben auf meiner Bergspitze an. Mit meinem hellen Seidenröckchen setze ich mich erschöpft ins Gras und hole erst einmal Luft. Der Weg war anstrengend, aber der Blick von hier oben ins Tal entschädigt mich für alles.
In diesem Moment erkenne ich, dass ich diesen Blick ins Tal vor kurzem gesehen habe, in meinem Traum im Februar. Entsetzt springe ich auf. Die Bergspitze, der Abgrund, die gesichtslosen schwarzen Wesen, die sich formieren, um mich zu töten. Das alles habe ich im Februar geträumt! Ein schwarzer Schmetterling kommt plötzlich aus dem Nichts und fliegt auf mich zu. Tod, Tod, schreit es in mir, das ist der Tod. Der Schmetterling fliegt um meinen Kopf. „Neeein“, schreie ich laut in den gähnenden Abgrund vor mir. Todesangst schnürt mir die Kehle zu. Ich werde sterben, bald schon. Das sagt dieser schwarze Schmetterling, der mich weiter umkreist, als wolle er mich zeichnen.
„Neeein“, schreie ich noch einmal in meiner Todesangst in die Stille, „ich will nicht sterben.“ Noch ein paar Mal umkreist er mich, dann fliegt er davon. Schweiß steht mir auf der Stirn, meine Hände zittern und Tränen laufen über mein Gesicht. Irre Todesangst sitzt mir in jedem Glied meines Körpers. „Lass mich nicht sterben, Jesus, bitte, noch nicht, es ist noch zu früh, ich will nicht sterben.“ Laut schluchzend lasse ich mich ins Gras fallen. Langsam komme ich zur Besinnung. Allmählich reicht es mir mit all dem, was ich so erlebe. Vielleicht bin ich ja schon völlig irre und weiß es nur nicht. Es ist noch gar nicht so lange her, da wollte ich mich aus diesem Leben verabschieden. Und heute sitze ich auf La Verna und schreie um mein Leben. Was ist bloß mit mir los?
„Jetzt werd erst einmal ruhig, Monika“, rede ich mir gut zu, „und dann überlege mal ganz vernünftig. Was ist denn gerade passiert? Nichts weiter, als dass ein schwarzer Schmetterling hier seine Kreise gezogen hat. Na, und?“ Aber jetzt will ich es wissen. „Wenn Du tatsächlich hier bist, Jesus, und wenn Du mir mit diesem schwarzen Schmetterling etwas sagen willst, dann lass ihn doch ganz einfach noch einmal kommen.“

So, jetzt wollen wir doch mal sehen, wer oder was hier über mein Innenleben verfügt. Fast aufsässig versuche ich, mich gegen das Erlebte zu stemmen.
Da kommt der schwarze Schmetterling aus einer Felsspalte geflogen, direkt auf mich zu. Entsetzt starre ich ihm entgegen. „Nein, nicht noch einmal, bitte, bitte, nicht noch einmal solche Todesangst, hilf mir Jesus." Und der schwarze Schmetterling fliegt davon.
Erschöpft sacke ich in mich zusammen. Und am ganzen Körper zitternd, heule ich mein Entsetzen und meine Anspannung in die Wiese hinein. Ich bin mit dem Tod konfrontiert worden. Der schwarze Schmetterling war ein Todesbote. Das wird mir immer klarer. Warum nur? Ich bin doch erst 51 Jahre alt. Das ist doch noch kein Alter, um zu sterben.
Plötzlich kommt ein weißer Schmetterling auf mich zugeflogen. Licht und leicht schwebt er vor mir in fröhlichem Auf und Ab. Ich sehe ihm zu, ja, ich starre ihn an. Dann umkreist er meinen Kopf, als tanze er übermütig Ringelrein.
„Das ist die Auferstehung", sagt die wortlose Stimme in mir. „Das hier ist meine Antwort."
Nein, das beruhigt mich ganz und gar nicht. Wenn all das, was ich jetzt hier oben auf der Bergspitze erlebt habe, den Tatsachen entspricht, werde ich bald sterben. Und die Antwort darauf, die Auferstehungshoffnung, ist kein Trost für mich, schon deshalb nicht, weil ich nicht sterben will, nicht mehr sterben will.
Aber ich könnte das Ganze ja auch als das nehmen, was es eigentlich nur war, als einen schwarzen und einen weißen Schmetterling, die gerade mal zufällig auf den La Verna Berg geflogen sind und den einzigen Menschen weit und breit neugierig umkreist haben. Doch ganz tief in meinem Inneren weiß ich, dass all das Erlebte kein Zufall war.
Aufgewühlt klettere ich den Berg hinunter und bin froh, als ich nahe der Stigmata-Kapelle meine Pilgergruppe treffe. Vorläufig bleibe ich bei Euch. Das Alleinsein scheint mir nicht zu bekommen.
Erschöpft lasse ich abends im Bett den Tag vor meinem geistigen Auge noch einmal ablaufen.
„Heute bist Du Achterbahn mit mir gefahren, Jesus. Du hast mich großes Glück erleben lassen und tiefes Leid. Verzeih, aber ich

nehme es Dir tief in meiner Seele übel, dass Du mich in solche Todesangst versetzt hast. Vor allem deshalb, weil ich den Sinn nicht verstanden habe. Meiner Meinung nach hättest Du auf den schwarzen Schmetterling verzichten können. Dennoch liebe ich Dich. Gute Nacht."

Während der anderen Tage auf La Verna musste ich mich von diesem einen Tag erholen. Mein Gemüt war von dem Erlebten zutiefst erschüttert. Ich habe mich völlig von allen zurückgezogen, nicht nur stundenweise wie sonst. Zu den Gesprächsrunden, die Pater Gotthard hier oben auf La Verna anbietet, gehe ich schon seit ein paar Jahren nicht mehr. Die Zeit des Diskutierens ist für mich vorbei.

Als wir unsere Koffer packen und La Verna wieder verlassen, habe ich das Gefühl, etwas Existenzielles von hier mitzunehmen.

In Flüeli kann ich mich kaum auf den heiligen Bruder Klaus konzentrieren. Das hat er nicht verdient, finde ich, auch wenn er für sein Leben mit Gott Frau und Kinder verlassen hat.

Für mich waren es auf dieser Fahrt zu viele Heilige, die wir besucht haben. Aber mich hat auch keine Assisi-Fahrt bisher so viel Kraft gekostet wie diese.

Jetzt erhole ich mich erst einmal zu Hause beim „Vögelkes-Gucken". Und vorläufig kriegt mich keiner mehr aus dem Haus.

8.9.1996

Ich habe Krebs, den schwarzen Hautkrebs, im feineren Sprachgebrauch, sofern es den bei Krebs überhaupt gibt, auch malignes Melanom genannt. Gesichtslose schwarze Wesen haben sich auf meine Haut gesetzt, sind in sie eingedrungen, tief, zu tief.

„Wenn Sie innerhalb der nächsten drei Jahre keine Metastasen bekommen, haben Sie eine Überlebenschance", sagt Dr. von Zons, nachdem er mir den halben hinteren Oberarm weg operiert hatte.

„Wir unterteilen die Gefährlichkeit des schwarzen Hautkrebses in die Levelstufen I - V", erklärt er mir. „Und Sie haben Level IV. Damit ist nicht mehr zu spaßen."

Zum Spaßen war mir schon lange nicht mehr. Eigentlich hatte ich meine Schwester Christine besuchen wollen in Idar-Oberstein, wo sie seit kurzem lebt, weil ihr Mann als amerikanischer Soldat in

Bosnien stationiert ist. Vor meiner Fahrt wollte ich aber noch eine juckende Hautunebenheit in meinem Gesicht untersuchen lassen. Als ich noch gearbeitet habe, hatte ich ja für ärztliche Vorsorgetermine keine Zeit. Oder war es der Traum im Februar gewesen, der mich jetzt unbewusst zum Hautarzt getrieben hat oder gar der schwarze Schmetterling auf La Verna? Wer weiß das schon.

„Das da in Ihrem Gesicht ist gutartig", sagte der Hautarzt, „aber ziehen Sie sich mal aus, ich mache eine Ganzkörperuntersuchung bei Ihnen."

„Brauchen Sie nicht", meinte ich großspurig, „in meiner Familie gibt es keinen Krebs. Außerdem bin ich ein dunkler Typ, werde schnell braun und kriege keinen Sonnenbrand."

„Trotzdem", beharrte er, „man weiß nie. Außerdem ist die Untersuchung für Sie noch kostenlos. Ab Januar 1997 wird diese Vorsorge nicht mehr von der Kasse übernommen."

Gutmütig gab ich nach. Der Hautarzt war jung, hatte eine neue Praxis und wollte schließlich auch etwas verdienen. Nein, ich ahnte wirklich nicht, dass dieser Arztbesuch vielleicht mein Leben retten würde. Eine Vorsorge aus eigener Tasche hätte ich ein halbes Jahr später sicher nicht bezahlt, weil ich so ignorant war, mich für krebsimmun zu halten.

„Der Fleck dort an Ihrem Oberarm, in der Nähe der Achsel-Lymphknoten, der gefällt mir nicht", murmelte der junge Hautarzt vor sich hin. „Dort würde ich gern eine Gewebeprobe entnehmen – vorsorglich." Da kam ich allerdings an die Toleranzgrenze meiner Gutmütigkeit. Mich untersuchen zu lassen, damit er ein bisschen was verdient, ist eine Sache, etwas aus meinem Körper herausschneiden zu lassen, eine andere.

„Nö", nörgelte ich, „ich fahre in zwei Tagen zu meiner Schwester nach Idar-Oberstein, da will ich nicht mit einer Wunde hinfahren." Es sei keine Wunde zu erwarten, meinte er, er mache nur einen kleinen Schnitt für etwas Gewebe, das er einschicken wolle. Seine Stimme klang bedrängend. Und ich hätte Kraft aufbringen müssen, mich zu widersetzen. Also habe ich genickt. Gedacht habe ich aber, das wird mein letzter Nicker sein, der ihm zu etwas mehr Geld verhelfen wird. Es entstand wirklich keine nennenswerte Wunde, und so packte ich zwei Tage später beschwingt meinen Koffer, um nach Idar-Oberstein zu fahren. Da klingelte das Telefon. Ich müsse sofort in die Hautklinik und dort „groß" operiert werden, die Gewebeprobe sei bösartig gewesen. Wie betäubt stand ich neben dem Telefon. Dann traf mich das Wissen mit einem Schlag: Es geht um mein Leben.

„Bleib ruhig, Monika", redete ich mir zu, wie immer in Situationen, die mich zu überfordern drohen. „Ganz ruhig, dein Kopf muss klar bleiben, du darfst dich jetzt nicht verzetteln, jeder Schritt muss sorgfältig überlegt werden."

Zuerst habe ich meine Schwester angerufen und meinen Besuch abgesagt. Ich müsse sofort ins Krankenhaus, mir den schwarzen Hautkrebs entfernen lassen, und ich wolle jetzt nicht weiter darüber reden. Dann habe ich Doris, Hanna und Helga angerufen und sie ebenfalls in kurzen knappen Worten über meinen Hautkrebs informiert.

„Bitte, besorgt Euch alles, was Ihr kriegen könnt, an Informationen über den schwarzen Hautkrebs. Ich brauche dringend mehr Wissen darüber. Und – bitte – geht sachlich mit mir um."

Wie ein Roboter funktionierte ich und hakte alles ab, was noch zu erledigen war. Doch sobald ich inne hielt, spürte ich, wie gejagt ich innerlich war.

Doris, Hanna und Helga riefen kurz danach zurück. Sie hatten Informationen eingeholt, und wir sprachen sachlich ein paar Alternativen zu der bevorstehenden Operation durch. Letztendlich blieb es aber bei meiner Entscheidung, mich sofort in der Hautklinik operieren zu lassen. Ich, die ständig dazu neigt, ausufernd zu reden, zu schreiben, ja sogar ausufernd zu denken, plante und handelte jetzt in Kurzfassung. Nachdem ich meinen Koffer, der eigentlich für Idar-Oberstein gepackt war, umgepackt hatte für den Krankenhausaufenthalt, fuhr Rolf mich in die Klinik. Wir sprachen nicht viel. Rolf redet nie viel, wenn innerlich etwas in ihm gärt. Und ich wollte auch nicht mehr reden.

Nachmittags wurde ich per Notaufnahme aufgenommen und am nächsten Morgen sofort operiert.

Die Operation dauerte eineinhalb Stunden. Mein Gesicht war dabei abgedeckt, aber ich konnte durch einen Schlitz des Tuches ein besorgtes Gesicht über mir erkennen. Danach wurde mein Arm stillgelegt, so dass ich mich nicht mehr selbst anziehen konnte. „Na toll", mäkelte ich, „und wie krieg ich jetzt meinen BH zu?"

„Sie sind gut", antwortete Dr. von Zons. „Wir schneiden Ihnen den halben Oberarm weg und Sie machen sich Sorgen, wie Sie Ihren BH zukriegen."

Ich kam in ein Vier-Bettzimmer. Die anderen drei Patientinnen hatten Allergien. Sobald ich mich besser fühlte, ging ich auf den Flur. Vielleicht würde ich ja noch jemanden finden mit Hautkrebs, wohlgemerkt dem schwarzen Hautkrebs. Denn inzwischen hatte ich gelernt, dass es viele verschiedene Hautkrebsarten gibt. Doch tödlich war nur der schwarze.

„Ach, Hautkrebs, den hatte meine Oma auch, die ist damit steinalt geworden." Solche und andere Sätze bekam ich nun zu hören, manchmal belehrend, ich solle mich nicht so anstellen, manchmal nachsichtig, weil ich mich so „echauffierte" und manchmal geringschätzig, weil meine Angst offenbar zu riechen war. Um welchen Hautkrebs es sich denn gehandelt habe, fragte ich jedes Mal interessiert nach. „Wieso welchen Hautkrebs?" Nein, welchen Hautkrebs die Oma hatte, das wussten die Besserwisser auch nicht. Irgendein Hautkrebs eben. Schon bald verzichtete ich auf die Flurgespräche. Ich war offenbar die einzige auf der Station mit schwarzem Hautkrebs. Es gab keine Leidensgefährten. Wie sollte es nun weitergehen? Die Ärzte hatten mir nach der Operation gesagt, ich müsse noch eine Woche im Krankenhaus bleiben. Es seien noch viele Untersuchungen erforderlich, ob nicht schon irgendwo Metastasen seien. Ich gehörte bei Level IV zur höheren Risiko-Gruppe.

Morgens waren die Untersuchungen, nachmittags kamen die Ergebnisse. Vor jedem Ergebnis zitterte ich. Erst wenn das Ergebnis „okay" war, sackte ich vor Erleichterung in mich zusammen. Ich hatte inzwischen begriffen, dass ich nach dieser Diagnose mein Leben würde umkrempeln müssen, wenn ich denn noch eine Chance bekommen würde, es weiter zu leben. Nicht umsonst hatte ich mich jahrelang mit Hildegard von Bingen beschäftigt. Diese Bücher arbeitete ich nun im Krankenhaus noch einmal durch und stellte fortan mein Leben darauf ein. Rolf besorgte mir alles, was ich dazu im Krankenhaus verwenden konnte. Zu Hause würde ich dann meine Ernährung komplett auf Dinkel und Co. umstellen. Mit diesen Plänen bekam ich die Zeit im Krankenhaus einigermaßen rum. Außerdem verstand ich mich mit meinen Mitpatientinnen recht gut, ja, wir konnten sogar manchmal herzhaft lachen über irgendeine Situationskomik. Doch den Nächten konnte ich mich nicht mit Aktivitäten entziehen, meinen Träumen war ich ausgeliefert.

Die ersten zwei Nächte war meine Oma wieder bei mir, endlich. In all den vielen Jahren, die ich ohne sie gelebt hatte, ist sie mir nie so nah gewesen. Sie lachte, wenn ich ihre Gesichtszüge mit meinen Augen abtastete. „Werde ich jetzt zu dir kommen, Oma?“, fragte ich sie. Sie gab mir keine Antwort. Aber sie lachte ihr fröhliches Lachen, das ich immer so gern gehabt hatte.

Dann gab es Stunden, in denen ich hellwach auf dem Rücken lag und gegen die Zimmerdecke starrte. Um mich herum schnarchte es. Ich war allein, eigentlich wie immer. Aber nun wusste ich endlich warum. Ich war aussätzig. Kein anderer Krebs passte so gut zu mir wie der schwarze Hautkrebs, der sich spindelförmig in mich hineingefressen hatte, um mich zu töten. Alles hatte ich an mich heran und in mich hinein gelassen, vor nichts und niemandem hatte ich mich abgrenzen können, lebenslang. Hautlos war ich immer gewesen, nun sogar für gesichtslose schwarze Wesen. Passend, fand ich. Ich war aussätzig, schon immer gewesen, nur jetzt war es offenbar geworden. Und meine Aufgabe war jetzt, das zu akzeptieren. Die Frage „warum gerade ich?“ war mir völlig fremd. Im Gegenteil. Warum ich nicht? Gerade ich! Ich, die mit Liebe nicht gerade verwöhnt worden war in ihrem Leben. Denn Liebe ist das Gegenteil von Tod.

Und plötzlich wurde mir klar: Die alles entscheidende Frage war – Liebe! Doch gab es überhaupt jemanden, der mich wirklich liebte? Und wer könnte mich jetzt noch lieben, jetzt, wo ich aussätzig war? Aber da hatte es doch mal Tage gegeben, in denen ich mich von Christus geliebt gefühlt hatte. Jetzt jedenfalls war kein Christus spürbar.

Und Rolf? Für ihn war die Krebsnachricht ein Schock. Doch Rolf würde als erster die Beine in die Hand nehmen, wenn er mich elendig krepieren sähe. Rolf erträgt keine Menschen, die leiden. Ich konnte nur hoffen, dass es schnell ging, für mich hoffen und für Rolf.

Und wenn es nicht schnell ging, konnte ich immer noch, wie in meinem Traum, von der anderen Seite des Berges in den Tod springen. Ich durfte nur nicht den Zeitpunkt verpassen, an dem ich noch selbstbestimmt springen könnte.

Und meine Oma? Sie war da, und sie hatte mich gern gehabt, daran gab es nichts zu deuteln.
„Warum hast du mich gern gehabt, Oma? Würdest du mich jetzt auch noch gern haben können?"
Konnte man einen Menschen, der aussätzig war, überhaupt noch gern haben?
Ein paar fromme Christen würde es vielleicht noch geben, die mein Krepieren begleiten würden. Doch wenn sie mir Liebe zeigten, würden sie nicht mich meinen, sondern den leidenden Christus. Und das war es nicht, was ich brauchte.
Ich schlummerte ein. Und da stand er vor mir: Robert. Wie im Fieber warf ich mich im Halbschlaf von einer Seite auf die andere. Nein, nicht Robert. Er dürfte es nie erfahren, dass ich aussätzig war. Ich würde es nicht ertragen, wenn er sich von mir abwenden würde.
Nun war ich hellwach. Robert! Den hatte ich ja während der letzten Jahre fast schon vergessen.
Wenn Robert erführe, dass ich aussätzig war, er würde sich angewidert von mir abwenden. Doch woher wollte ich das wissen? Genau wüsste ich das erst, wenn ich mich der Situation stellen würde. Bin ich noch liebenswert, als Frau noch begehrenswert, gerade für ihn, mit dem mich nichts anderes verbunden hat, als eine liebende Faszination. Kein gemeinsames Leben verband uns, kaum Erinnerungen an wenige schöne Stunden, nur diese liebende Faszination füreinander. Würde er die noch empfinden, wenn er wüsste, dass ich aussätzig wäre? Er würde sich abwenden. Und das wäre mein Tod. Doch wenn er mich – trotz Aussatz – noch etwas, nur ein klein wenig gern hätte, das wäre das Gegenteil von Tod, das würde Leben für mich bedeuten. Lohnte es sich vielleicht doch, dieses Wagnis auf Leben oder Tod einzugehen?
Wieder fiel ich in einen unruhigen Halbschlaf. Robert stand in weiter Ferne am Ende eines Weges und winkte mir zu. Er freute sich, mich zu sehen. „Ich muss zu dieser Liebe zurück." Dieser Satz war plötzlich in jeder Zelle meines Körpers. Kerzengerade saß ich im Bett. Dieser Entscheidung muss ich mich stellen. Sie kann meinen Tod bedeuten, aber auch mein Leben.

Neben mir lag eine junge Frau, die einen Tag zuvor eingeliefert worden war. Sie atmete ruhig und gleichmäßig, als schlafe sie

tief. Ihre Hände waren verbunden, verbrannt. Sie schlief in dem weißen Stationskittelchen, das ihr der Pfleger abends angezogen hatte. Sie sprach mit niemandem. Vielleicht verstand sie nicht einmal Deutsch. In ihrem Blick lag lähmende Resignation. Ein schmieriger junger Mann hatte sie abends noch besucht und in einer harten Sprache eindringlich auf sie eingeredet. Nicht einmal ein Nachthemd hatte er ihr mitgebracht.
Sie könne morgen keinesfalls entlassen werden, hatten die Ärzte versucht, der jungen Frau klarzumachen. Sie hatte den Kopf zur anderen Seite gelegt und nicht geantwortet.
Was ist das doch für ein beschissenes Leben manchmal. Du wirst mir ein paar Fragen beantworten müssen, Gott im Himmel oder wo immer Du sein magst. Vielleicht würfelst Du ja gelegentlich doch. Dann aber werde ich auch von Dir so etwas wie Rechenschaft fordern, sofern ich Dich je zu sehen kriege.
Morgen wird meine Lunge untersucht. Das ist eine der Untersuchungen, vor deren Ergebnis ich Angst habe. Lungenkrebs kann Erstickungstod bedeuten. Ich ahne, wie elend das Verrecken dabei sein wird. Ich habe zu oft als Kind keine Luft mehr bekommen bei meinen Asthma-Anfällen.
Danach steht noch die Magnetresonanztomographie (MRT) meines Kopfes an. Das ist auch noch eine Untersuchung, vor deren Ergebnis ich zittere. Hirntumor! Ich habe Knut krepieren sehen. Vielleicht haben sie sich ja auch in meinem Kopf eingenistet, die gesichtslosen schwarzen Wesen.
Ich muss zu dieser Liebe zurück. Ich muss zu … Alles dreht sich in meinem Kopf, als säße ich in einem Karussell, das außer Kontrolle geraten ist.

Am nächsten Tag verlässt die junge Frau mit den verbundenen Händen die Klinik. Die Ärzte können sie nicht halten. Der schmierige junge Mann mit der harten Sprache holt sie ab. In was für ein beschissenes Leben?
Nach der Lungenuntersuchung warte ich ungeduldig auf das Ergebnis. Erst gegen 15.00 Uhr kommt Dr. von Zons in unser Zimmer. „Ihre Lunge ist frei, Frau Kordes.“
Wie aus einem Blasebalg entweicht Luft aus meinem Oberkörper durch meinen Mund ins Freie. Die Anspannung lässt langsam nach. Ich hole meinen Tauchsieder aus dem Schrank und ko-

che mir heimlich, weil es hier verboten ist, einen Schafgarbentee. Meine Mitpatientinnen schmunzeln. Wir sind fast so etwas wie eine verschworene Gemeinschaft. Eigentlich hätte ich den Schafgarbentee nach Hildegard von Bingen schon drei Tage vor der Operation trinken müssen, aber die Möglichkeit hatte ich ja nicht, weil alles so schnell gegangen war. Vielleicht reicht es ja auch, ihn eine Woche lang nach der Operation zu trinken. Das soll die Wundheilung verbessern. Den heißen Tee schlürfend, sitze ich auf meiner Bettkante und beobachte die neue Patientin, die das leere Bett der jungen Frau mit den verbrannten Händen belegt hat. Auch unsere neue Zimmergenossin leidet an einer Allergie, wie alle hier, und hofft, dass „die hier" den Auslöser finden. Sonst ginge es ihr gut, sagt sie. Dabei hebt sie ihre Hände wie kleine Pfoten und quiekt: „Ich bin ein Erdmännchen." Die beiden anderen Frauen lachen. Und unser Erdmännchen freut sich.

Vielleicht kann ich ja morgen auch über unser putziges Erdmännchen lachen, morgen Nachmittag, wenn ich das Ergebnis des MRT meines Kopfes endlich habe, das Ergebnis, vor dem ich am meisten zittere.

Die Oberärztin hat Dienst. Sie scheint immer kalte Füße zu haben, weil sie ständig Wollsocken trägt. „Wollsocken-Erna", nennt unser Erdmännchen sie deshalb, aber nur, wenn wir unter uns sind. „Wollsocken-Erna" reagiert leicht genervt, als ich das dritte Mal nachfrage, ob das Ergebnis meines MRT nun endlich da sei. Bisher sind alle sehr behutsam mit mir umgegangen, obwohl ich sicherlich keine pflegeleichte Patientin bin in meiner Angst, die mir bis unter die Schädeldecke gekrochen ist. Selbst die ständig raunzende Schwester Poldi lässt gelegentliche Wärme erahnen, wenn sie mit mir spricht. Vermutlich unterliegen sie alle einer Art Mitleidseffekt mit mir, die ich bald schon das Zeitliche segnen werde.

„Ich werde Sie sofort benachrichtigen, wenn ich das Ergebnis habe, Frau Kordes", sagt „Wollsocken-Erna" mit autoritärem Unterton, der mir signalisieren soll, dass ich nun ihr Zimmer zu verlassen habe. „Warum warten Sie auf das Ergebnis, Frau Doktor? Sie könnten doch anrufen und nach dem Ergebnis fragen." Das war zuviel! „Wollsocken-Erna" zetert, dass gerade bei mir alle Untersuchungen besonders schnell vonstatten gegangen seien, und, und, und... Ich gehe aufs Zimmer. Gegen 17.00 Uhr steht die junge Stationsärztin, Frau Dr. Tepling, vor meinem Bett.

„Ich habe angerufen und mich nach dem Ergebnis Ihres MRT erkundigt – weil Sie sich so verrückt machen." Ich spüre, wie mein ganzer Körper erstarrt.
„Ihr MRT ist in Ordnung", sagt sie und lächelt mich an. Da fange ich an zu heulen, völlig unkontrolliert. Und die Tränenflut löst meine Starre. „Am liebsten würde ich Sie jetzt in den Arm nehmen", schluchze ich unter Tränen.
Frau Dr. Tepling lächelt noch immer. „Warum tun Sie es nicht?" Da nehme ich sie in den Arm. Ich bin so glücklich, dass ich sogar „Wollsocken-Erna" in den Arm genommen hätte.

Am nächsten Tag kommt Isa. Sie eröffnet mir, dass sie meine Mutter über meinen Krebs informiert hat. Vor Empörung verschlägt es mir die Sprache. Dann bitte ich Isa, mit mir in den Klinikgarten zu kommen. Wir setzen uns dort auf eine Bank. „Wie kommst du dazu, hinter meinem Rücken meine Mutter über mich zu informieren?" Ich bin außer mir.
Sie sähe das als ihre Aufgabe an, bei einer solch schweren Erkrankung wie Krebs meine Mutter zu informieren, sagt Isa. Meine Mutter sei auch sehr besorgt gewesen, hätte sich sogar einen Tag später noch mal nach mir erkundigt und plane sogar, mir zu schreiben.
Bilder von früher überschwemmen mich. Wie sie immer dann, wenn es mir gut ging, mich drangsaliert hatte, so lange, bis es mir wieder schlecht ging, um mich dann mit „mütterlicher Güte" wieder aufzurichten.
Durch meinen Krebs war ich jetzt „unten", und nur dann war sie in der Lage, auf mich zuzugehen.
20 Jahre hatte ich nichts von ihr gehört. Nicht einmal an meinem 50. Geburtstag. Hätte sie mir da geschrieben, das wäre ein Kontaktanfang auf gleicher Ebene gewesen. Doch erst jetzt, als es mir dreckig ging, ich „unten" war, erst da konnte sie sich zu mir herablassen. Nichts hatte sich verändert. Doch, ich hatte mich verändert. Und ich wollte eine solche Mutter nicht mehr.
Ich fühle mich plötzlich erschöpft und schwach. Nichts wie weg hier, weit weg von Isa, meiner Mutter und all den jahrzehntelangen Konflikten. Ich raffe meine letzten Kräfte zusammen und stehe auf. „Ich verbiete dir, Isa, noch einmal meiner Mutter irgendetwas über mich mitzuteilen, auch nicht meine weiteren

Untersuchungsergebnisse, und zwar egal wie sie ausfallen. Ich verbiete es dir!"
Isa sieht das nicht ein, glaubt immer noch, sie hätte die Pflicht, meine Mutter zu informieren, wenn es mit mir schlimmer würde.
„Noch bestimme ich, wer, was und vor allem welche Diagnose über mich erfährt, Isa. Oder werde ich jetzt schon von dir entmündigt?"
Mein Zorn schlägt in Kälte um.
„Ein letztes Mal, Isa, ich verbiete dir, meiner Mutter irgendetwas über mich mitzuteilen. Ansonsten wirst auch du nichts mehr von mir erfahren."
Als ich zurück ins Zimmer komme, falle ich erschöpft auf mein Bett. Selbst unser Erdmännchen schweigt betroffen.
Abends ruft Rolf an. So könne ich nicht mit Isa umgehen, zetert er ins Telefon. Ich lege den Hörer auf.
Am nächsten Tag entdecke ich eine seltsame Hautveränderung an meinem Oberarm. Wieder fährt mir ein Schock in die Glieder. Ist das schon eine Metastase? In diesem Augenblick wird mir klar, dass ich meine Unschuld verloren habe. Nie mehr werde ich unbefangen sein können bei Kopfschmerzen, nie mehr bei Luftnot, Magenschmerzen, Rückenschmerzen oder anderen, vielleicht nur altersbedingten Zipperlein. Früher, als der Krebs noch nicht in meinem Leben war, lag es am Wetter, wenn ich Kopfschmerzen hatte. Jetzt wird mein erster Gedanke sein: Da sind sie, die gesichtslosen schwarzen Wesen. Erst danach werde ich versuchen können, mich mit Sachargumenten zu beruhigen.
Inzwischen habe ich eine Apotheke in Konstanz ausgemacht, die „Hildegard-Arzneien" herstellt und verschickt. Ich bitte Rolf, mir von dort „Veilchen-Salbe" zu besorgen, die laut Hildegard von Bingen gegen schlimme Hauterkrankungen helfen würde. Ob Hildegard damals schon ein malignes Melanom kannte?

Abends ruft mich Pater Gotthard an. Er segnet mich und sagt, dass er für mich beten werde. Ich bedanke mich, fühle mich aber nicht wohl dabei. Warum nicht? Pater Gotthard wird sicher für mich beten, dass ich die Kraft bekomme, mein schweres Schicksal zu tragen. Doch ich fürchte, er wird nicht dafür beten, dass ich keine Metastasen bekomme.
Und ich will kein schweres Schicksal tragen. Ich will nicht mit Christus „das Kreuz auf mich nehmen". Auch wenn ich Christus

für vieles zu danken habe, auch wenn ich weiß, dass es in früheren Zeiten Menschen gab, die Christus sogar um Leid gebeten haben, weil sie Ihm damit helfen wollten, das Kreuz der Welt zu tragen. Und die damit vielleicht die negativen Energien der Welt in positive umgewandelt haben wie bei einem Katalysator.

„Ich kann es nicht, Jesus. Ich kann den Krebs nicht annehmen und Dir damit helfen, das Kreuz der Welt zu tragen. Wenn Du das von mir verlangst, ist mein Versagen vorprogrammiert. Ich hab Dir immer gesagt, dass Du Dich nicht auf mich verlassen kannst."

In diesem Moment singt etwas in mir: „Sei nicht traurig, Susan, es fängt alles erst an."

Ein verrückter Gedanke kommt mir. Ich hatte in dem schroffen Felsengewirr auf La Verna immer das Gefühl, irgendwo läge ein Geschenk für mich. So verrückt mir das auch vorkam, ich konnte mich dieses Gefühls nicht erwehren. Letztendlich war ich dann doch froh, kein Geschenk gefunden zu haben. Weil mir die Angst im Nacken saß, ich könnte irgendeiner fixen Idee erliegen. Doch jetzt frage ich mich, ob der weiße Schmetterling nicht vielleicht das Geschenk war, das ich immerzu gesucht habe?

War der weiße Schmetterling vielleicht gar kein Hinweis auf eine in weiter Ferne stattfindende Auferstehung? „War der weiße Schmetterling ein Geschenk von Dir, Jesus? War dieses Geschenk von Dir vielleicht mein Leben? Mein Überleben? Hast Du mir ein zweites Mal mein Leben geschenkt, weil ich es das erste Mal nicht als Geschenk empfand?"

Ich beschließe, zur Messe in die Krankenhauskapelle zu gehen. Als die Messe zu Ende ist, verabschiedet sich der Pfarrer von jedem einzelnen, nicht ohne sich nach dessen Befinden zu erkundigen, das ihm dann auch in breiter Ausführlichkeit geschildert wird. Er hört – schon von Berufs wegen – geduldig zu. Als er mir die Hand gibt, lacht er erfreut. „Ach, Sie haben den Arm verbunden. Gott sei Dank endlich mal jemand, der nur den Arm gebrochen hat."

„Ich habe Hautkrebs, Herr Pfarrer."

„Oh!" Eine peinliche Stille entsteht. Zumindest ahnt er, was Hautkrebs bedeutet und kommt mir nicht mit irgendeiner Oma, die mit irgendeinem Hautkrebs steinalt geworden ist. Und dass die Leute peinlich berührt reagieren werden, damit muss ich künftig leben.

„Sei nicht traurig, Susan, es fängt alles erst an."

Am nächsten Tag werde ich wieder zu irgendeiner Untersuchung geschickt. Ich sitze im Kreis geduldig wartender Patienten in so verschiedenen Morgenmänteln wie sie Krankheiten haben. In der Mitte des Kreises steht ein Bett, in dem eine blasse Frau liegt, die ununterbrochen nach jemandem ruft und weint. Alle sehen peinlich berührt zur Seite. Warum holt denn niemand diese Frau, die offenbar Schmerzen hat? Auch mir setzt das Leid der Frau immer mehr zu. Ich betrachte das liegende Häufchen menschlichen Elends. Morgen schon kann ich hier liegen, jammernd und bedürftig, und alle, die um mich herum sitzen, werden betreten zur Seite blicken.

Ich stehe auf und trete an das Bett der weinenden Frau. Spüre ich Erleichterung in der Runde der betreten zur Seite blickenden Kranken? Ich nehme ihre Hand. „Kann ich etwas für Sie tun?"

„Ich habe Krebs", flüstert sie „und zusätzlich noch Parkinson. Dabei bin ich doch noch gar nicht so alt." Die Tränen rinnen über ihr Gesicht und versickern in ihrem Kissen.

„Ich habe auch Krebs", sage ich leise, damit nur sie mich versteht.

„Dann können Sie mich verstehen." Sie drückt meine Hand. Ich streiche mit meiner Hand über ihre Stirn. Sie ist feucht vor Schweiß. Ich nehme einen Zipfel ihrer Bettdecke und trockne damit ihre Stirn. Dankbar lächelt sie mich an. Ich streichele ihre Wange.

„Warum habe ich diesen Krebs?", fragt sie mich. „Was habe ich denn Schlimmes getan in meinem Leben? Warum werde ich so bestraft?" Und die Tränen laufen.

Schon wieder glaubt hier jemand, dass Krankheit und Leiden eine Strafe seien. Das kann ich nicht glauben. Ich vermute noch immer, dass zu viele negative Energien in der Welt sind. Und die nach bestimmten Gesetzmäßigkeiten auf irgendeinen Menschen treffen, ähnlich wie die Naturgesetze, die Gott auch nicht mehr beeinflusst, meist jedenfalls nicht. Aber da war sich ja noch nicht einmal der große Einstein sicher.

Ich beuge mich über die weinende Frau. „Hören Sie mir bitte jetzt genau zu. Sie haben nichts Schlimmes getan. Krankheiten sind keine Strafe, haben Sie das gehört? Es gibt zu viele böse Menschen, die niemals krank werden. Wenn schon, dann ist diese Krankheit Ihr Schicksal. Aber niemals Ihre Schuld."

Meine Worte haben der Frau gut getan. Sie wird ruhig. Ich streichele weiter ihre Hand.
Vielleicht bin ich heute nur deshalb zu dieser Untersuchung bestellt worden, um die Frau hier zu trösten. Wer weiß das schon? Vielleicht werde ich morgen schon solchen Trost brauchen. Und wer hat hier überhaupt wem etwas gegeben? Ich der Frau oder die Frau mir?
Kurz danach kommt ein Arzt, beugt sich über die Frau und spricht ein paar freundliche Worte zu ihr. Dann schiebt er ihr Bett in den Untersuchungsraum.
„Hilf dieser Frau, Gott, den ich seit einiger Zeit nicht mehr spüre. Schön wäre, wenn Du sie gesunden lassen würdest. Wenn das aus irgendwelchen Gründen nicht möglich ist, lass sie bitte nicht mehr leiden."

Nach einer Woche Krankenhausaufenthalt steht meine Entlassung an.
„Sie werden die nächsten Jahre alle drei Monate zur Krebsnachsorge gehen müssen", sagt Dr. von Zons. „Dabei müssen Ihre inneren Organe per Sonographie kontrolliert und Ihre Haut muss untersucht werden. Wenn Sie einen schwarzen Fleck auf der Haut sehen, kommen Sie, bevor Sie sich verrückt machen, sofort zu uns in die Hautklinik. Außerdem empfehle ich Ihnen, sich einer Selbsthilfegruppe anzuschließen."
„Gibt es Selbsthilfegruppen nur für Melanom-Patienten?"
„Nein", sagt Dr. von Zons, „dort ist alles vertreten an Krebsarten."
„Danke, Doktor, ich habe keine Lust, mich auch noch mit dem Gebärmutterhalskrebs anderer Leute zu beschäftigen. Ich hab zuviel mit mir selbst zu tun."
Ich habe meinen Koffer noch nicht ganz gepackt, als schon meine Bettnachfolgerin das Krankenzimmer betritt. „Ich habe den schwarzen Hautkrebs", erzählt sie freimütig, „hier mache ich jetzt meine zweite Krebsnachsorge."
„Ich habe auch den schwarzen Hautkrebs, bitte erzählen Sie mir von sich."
„Dann bin ich ja schon etwas weiter auf dem Krebsweg als Sie", sagt sie ironisch und fügt bitter hinzu: „Ihnen werden noch die Augen aufgehen. Zwei Tage vor jeder Krebsnachsorge werden

Sie vor Angst zittern. Und wenn Sie das Ergebnis hören: „keine Metastasen", werden Sie so glücklich sein, als hätten Sie einen Sechser im Lotto gehabt. Und weinen werden Sie noch, viele Tränen werden Sie weinen, sobald Sie zu Hause sind."
„Kann ich Sie gelegentlich anrufen?" Sie nickt wortlos. Vermutlich kriecht ihr die Angst vor der zweiten Krebsnachsorge schon in die Glieder. Ich reiche ihr die Hand.
„Ich heiße Monika. Da ich älter bin, schlage ich vor, dass wir uns duzen. Viel Zeit für Konventionen haben wir vielleicht nicht mehr. Zumindest sind Konventionen nicht mehr so wichtig."
Sie nimmt meine Hand. „Ich heiße Gabriele."
Ich schließe meinen Koffer und gehe zur Tür. Ein letztes Mal setzt sich unser Erdmännchen in Positur. Tschüs denn auch. Es war gut, dass Sie während dieser Woche das Zimmer und die Zeit mit mir geteilt haben. Jede einzelne hier war ein Segen für mich. Es war rührend, wie wir uns gegenseitig geholfen haben, wohltuend, wie wir miteinander schweigen konnten und so lebendig, wenn wir miteinander gelacht haben. Wir haben uns gut verstanden und versucht, das Leid des anderen zu verstehen, auch wenn es nicht möglich war. Aber schon der Versuch hat die Einsamkeit erträglicher gemacht. Irgendwann geht jede einzelne wieder zurück in ihre eigene Einsamkeit. Heute ich, morgen Ihr. Seid behütet.

15.9.1996
Die Sonne scheint, und ich werde mich nie wieder in der Sonne aalen können. Dafür gönne ich mir jetzt öfter ein Glas Rotwein. Rotwein soll Krebs hemmende Substanzen haben. Nach solchen Kriterien richtet sich jetzt mein Leben.
Inzwischen habe ich auch gelernt, mir selbst in den Bauch zu spritzen. Mistel sei die im Augenblick einzig ernstzunehmende Therapie gegen Krebs, sagt mein Hausarzt. Also spritze ich Mistel. Zusätzlich habe ich meine Ernährung umgestellt auf Dinkel und Co. nach Hildegard von Bingen. Ich will alles tun, was mir möglich ist, um keine Metastasen zu bekommen. Einfach deshalb, weil ich mir keine Vorwürfe machen will, ich hätte nicht alles getan. Wenn sie dennoch wiederkommen, die gesichtslosen schwarzen Wesen, dann muss ich sie als mein Schicksal hinnehmen.
Gabriele hatte Recht. Ich weine sehr viel. Manchmal denke ich, ich weine Abschiedstränen. Zumindest verabschiede ich mich von

meinem Glauben, über eine unverwundbare Körperkonstitution zu verfügen. Wie das Lindenblatt bei Siegfried, ist der Hautkrebs jetzt meine verwundbare Stelle. Und immerzu sitzt mir die Angst im Nacken vor Metastasen.
„Wenn Sie drei Jahre keine Metastasen bekommen, haben Sie eine Überlebenschance." Dieser Satz schwebt wie ein Damoklesschwert über mir. Merkwürdig ist nur, dass ich ständig von Robert träume. Immer öfter kehren die Gefühle von damals zurück. Dabei war ich immer davon überzeugt, dass man sich emotional „entwöhnen" kann. Und dass ich mich emotional von Robert entwöhnt hätte. Nun jedoch steigen alte Gefühle aus der Tiefe empor. Hatte ich mich gar nicht entwöhnt? Hatte ich nur verdrängt? Immerzu kriecht der Satz über meine Bettdecke: „Ich muss zu dieser Liebe zurück." Doch wie soll das gehen?

25.9.1996
Nur noch Freude – bitteschön – für mich
Nur noch Rosen ohne Dornen
Nur noch die Rosinen aus dem Kuchen
Aber diese – bitteschön – mit Sahne
Die Schokoladenseite des Lebens möge meine restlichen Erdentage versüßen
Und jeder Atemzug meines verbleibenden Lebens sei ein Honig- und Zuckerschlecken
Fern sei von mir alles Böse und Unangenehme
Bis an mein seliges, schnelles, friedliches Ende
Amen

Inzwischen hängen mir Rote Beete (gegen Krebs) zum Halse heraus. Und mir fehlt meine geliebte Schadstoff angereicherte Curry-Wurst. Ansonsten geht's mir nicht schlecht. Vor der Diagnose „Krebs" wollte ich eigentlich die Gespräche bei Dietmar beenden. Das kann ich nun nicht. Im Gegenteil. Jetzt brauche ich diese Gespräche wieder dringend. Vieles begreife ich ja selbst, was so in mir abläuft. Auch meine Träume kann ich normalerweise selbst deuten. Nur dass ich jetzt ständig von Robert träume, das verstehe ich einfach nicht.
Deshalb habe ich dieses Thema mal bei Dietmar angeschnitten. Er war dann doch sehr überrascht.

Nun kennt er mich schon so lange, aber von einem Robert habe ich nie gesprochen. Warum denn auch? Ich glaubte doch, mich emotional „entwöhnt" zu haben.
Dietmar meint, dass wir uns das Thema „Robert" mal genauer ansehen sollten. Vielleicht später einmal. Jetzt ist erst der Krebs an der Reihe. Schon letztes Mal hatte Dietmar mir geraten, mir jetzt all das zu gönnen, wovon ich jahrelang geträumt habe. Na ja, schaden kann's ja nicht, seinem Krebs irgendeinen Sinn zu geben. Also erfülle ich mir einen Jugendtraum. Ich kaufe mir einen Motorroller.

8.11.1996
Eigentlich habe ich doch während der letzten Jahre ganz gut gelebt. Nach meiner schwierigen Kindheit ist das jedenfalls nicht selbstverständlich.
Ich habe viele Rosen für den Winter gesammelt. Bricht die Zeit des Erinnerns an? Beginnt der Winter? Ist die Zeit des „Mehrens" vorbei? Ist stattdessen „Zehren" angesagt?
Das Leben ist nicht an mir vorbeigegangen. Ja, vielleicht bin ich manchmal etwas zu tief eingetaucht in die Urgewalten des Lebens. Aber ich hätte es nicht anders gekonnt. Ziehe ich schon Bilanz? Spüre ich das Ende? Zumindest erwarte ich nicht mehr viel vom Leben.

18.11.1996
Wieder einmal bin ich während eines Gespräches bei Dietmar bei meiner Mutter gelandet. Nimmt das denn nie ein Ende?
Dietmar schlug mir vor, die Problematik mit meiner Mutter in Form eines Rollenspieles zu klären. Mal spielt Dietmar meine Mutter, dann wieder spiele ich meine Mutter. Und das im Wechsel.

Ich als Monika sehe nur eine Möglichkeit zur Versöhnung mit meiner Mutter. Dass sie wenigstens ansatzweise einsieht, was sie mir zugefügt hat. Nicht weil ich sie demütigen will, sondern weil ich fürchte, dass sie mich sonst wieder verletzen wird.
Dietmar geht als meine Mutter gar nicht darauf ein. Was meine reale Mutter auch nicht täte.
Unser Rollenspiel plänkelt ergebnislos hin und her.

Dann schwenkt *Dietmar als meine Mutter* plötzlich um und zeigt Einsicht, wirkt betroffen über das, was sie angerichtet hat, sagt, dass sie das nicht gewollt hätte.
Ich als Monika bin irritiert, sage „gut, dann lass uns versuchen, langsam einander anzunähern, in dem Bewusstsein, dass wir auf Scherben stehen."
Dietmar als meine Mutter beginnt zu weinen.
Ich als Monika bin völlig blockiert.
Unterbrechung des Spiels.
Dietmar fragt, ob ich meine Mutter jetzt in den Arm nehmen könnte.
„Nein, ich könnte höchstens ihre Hand streicheln."
Dietmar und ich sprechen das Rollenspiel kurz durch. Dann gehe ich nach Hause.
Nachts werde ich von schmerzhaften Bauchkrämpfen geschüttelt. Ich habe Durchfall und muss mich übergeben. 39,2° zeigt das Fieberthermometer an. Und das mir, die ich ganz selten Fieber habe.
Vielleicht habe ich eine Pilzvergiftung? Ich hatte mittags Gulasch mit Pilzen gegessen.
Ich hocke vor der Toilette und versuche, den vergangenen Tag zu überdenken. Jedes Mal, wenn meine Gedanken bei dem Rollenspiel mit Dietmar ankommen, muss ich mich übergeben. Meine Bauchmuskulatur zieht sich schmerzhaft zusammen. Kalter Schweiß tropft mir von der Stirn.
So geht das nicht weiter. Ich muss an mein Immunsystem denken. Solch extreme Belastungen tun mir nicht gut. Ich schiebe die Erinnerung an das Rollenspiel zur Seite.

Vier Tage verbringe ich im Bett, geplagt von schmerzhaften Bauchkrämpfen und regelmäßigem Erbrechen. Am Abend des vierten Tages hat Dietmar mich zu sich bestellt. Er will sehen, wie ich das Rollenspiel verkraftet habe. Eigentlich müsste ich absagen. Ich kann mich kaum auf den Beinen halten. Vier Kilo Gewicht habe ich in den letzten Tagen verloren. Aber ich will den Konflikt mit meiner Mutter durchstehen, bis zur bitteren Neige. Ich will und muss endlich hinter meine Kindheitsgeschichte einen Punkt machen. Ich gehe sonst daran zugrunde.

Mit der Befürchtung, jeden Augenblick zusammenzubrechen, schleppe ich mich zu Dietmar. Nach Hause werde ich schon irgendwie kommen.
Dietmar ist erschüttert über mein Aussehen. Meine Eingeweide geben noch immer keine Ruhe.
„Ich kann so nicht weitermachen, Dietmar, ich bin hochgradig Metastasen gefährdet. Mein Immunsystem ist angeschlagen. Ich hab mich heute nur hier hergeschleppt, weil ich endlich unter meine Kindheitsgeschichte einen Punkt setzen will und muss."
Ich fange an zu weinen.
Dietmar sagt, dass auch er über das Rollenspiel der letzten Sitzung nachgedacht hätte.
„Ja, Monika, es steht dringend eine Entscheidung an. Vielleicht hast du sie ja ausgeschissen."
Ich hocke zusammengesunken vor Dietmar. Mein Bauch rumort und schmerzt.
„Du solltest alles so lassen, wie es ist", sagt Dietmar. „Das Kapitel mit deiner Mutter ist beendet. Doch es gehört eine starke Persönlichkeit dazu, sich gegen seine Mutter zu entscheiden. Du, Monika, hast im Rollenspiel ganz richtig gespürt, dass eine Versöhnung mit deiner Mutter dir nicht gut tun wird. Deine Intuition war wie immer gut. Nur – verzichte auf Rache, Monika. Und verzichte darauf, dass deine Mutter endlich zugeben soll, was sie dir angetan hat. Niemand wird je zugeben können, einen anderen Menschen beschädigt zu haben. Beende das Kapitel."
„Ja, ich habe wohl keine andere Wahl. Meine Mutter wäre niemals damit zufrieden, was ich ihr geben würde. Ich könnte jetzt, wo sie alt ist, alles an organisatorischer Betreuung leisten, was mir möglich wäre. Es würde ihr nie reichen. Sie will etwas anderes. Sie will geliebt werden. Und Liebe kann ich ihr nicht geben, weil ich keine für sie habe."
„Kinder, Monika, geben ihren Eltern antwortend Liebe. Das bedeutet, sie antworten damit auf die Liebe, die sie empfangen haben. Du hast deiner Oma mit Liebe geantwortet auf die Liebe, die sie dir gegeben hat. Du bist deiner Mutter nichts schuldig. Sie hat dein Leben beschädigt, es aber wohl so nicht gewollt."
„Und was ist mit dem vierten Gebot? Was sagt der Theologe Dietmar dazu?"

„Das vierte Gebot hat für dich keine Gültigkeit, Monika. Beende dieses Kapitel deines Lebens, und zwar ohne Rache oder Genugtuung und ohne sonst noch etwas zu verlangen. Du brauchst ja auch gar nichts zu verändern. Du lässt einfach alles, wie es ist und beendest damit dieses Thema. Du brauchst dafür keine Rechtfertigung, keine Erklärung. Aber ich weiß natürlich, ein solches Kapitel endgültig zu beenden, dazu gehört Stärke, eine starke Persönlichkeit."

„Mir geht es nicht darum, stark sein zu wollen, Dietmar. Ich will einfach nur leben können."

„Lass los, Monika!"

„Ich, Monika, beende nunmehr dieses Kapitel meines Lebens.
Ich, Monika, schlage dieses Buch meines Lebens zu.
Ich verzichte darauf, dass meine Mutter einsieht, was sie mir zugefügt hat.
Ich verzichte auf Rache und mache meinen Frieden mit mir selbst.
Ich übernehme für mich selbst die Verantwortung.
Ich lasse alles so, wie es ist. Denn so, wie es ist, ist es gut."

In der folgenden Nacht hatte ich keine Bauchkrämpfe mehr. Ich musste mich auch nicht mehr übergeben. Aber ich träumte.

Ich lebe als alleinstehende Gutsbesitzerin herrschaftlich in einem Schloss mit angrenzendem Park. Meine Krebserkrankung ist mir ständig bewusst. Gerade beginnt ein großes Fest. Es ist das „Fest meines Lebens".

Ich habe alle eingeladen, die mir in meinem Leben jemals zur Seite gestanden haben. Und alle sind gekommen. Sie bevölkern mein Schloss und den angrenzenden Park. Sie haben sich auf dieses Fest gefreut und genießen den wunderschönen Abend bei Tanz und guter Musik. Mein Personal liest ihnen jeden Wunsch von den Augen ab. Es ist eine fröhliche, unbeschwerte Atmosphäre. Ein Fest nach meinem Herzen.

Da betritt meine Mutter „die Bühne". Sie kommt langsam auf mich zu mit einem Geschenk. Eine silberne Halskette. Meine Gäste halten im Tanzen inne, umringen meine Mutter und mich.

Ich will auf diesem schönen Fest keinen Eklat und begrüße deshalb meine Mutter freundlich distanziert. Da wirft sie sich plötzlich laut schluchzend in meine Arme. Ich fühle mich hilflos, möchte sie eigentlich wegdrängen, will sie aber nicht verletzen.

Meine Gäste starren wie gebannt auf meine Mutter und mich. Jeder von ihnen kennt die Problematik zwischen uns, und jeder erwartet jetzt eine Geste der Versöhnung.
In diesem Augenblick wird mir klar: Wenn ich es jetzt nicht schaffe, sie abzudrängen, beherrscht sie das Fest. Sie wird mein Fest zu ihrem Fest machen. Sie wäre wieder der Mittelpunkt, der Fixstern, um den sich alles drehen würde.
Ich führe sie behutsam tröstend an den Rand des Geschehens. Es tut mir weh, sie abdrängen zu müssen. Aber ich muss mich entscheiden. Es geht um das Fest **meines** *Lebens.*
Ich beauftrage einen Angestellten, sich um meine Mutter zu kümmern. Er soll für sie sorgen, ihr jegliche Fürsorge angedeihen lassen, die sie benötigt. Aber er habe darauf zu achten, dass sie am Rand des Geschehens bleibt.
Ich betrachte die silberne Halskette, die meine Mutter mir geschenkt hat. Plötzlich entwickelt sie sich zu einer Doppelschlinge, von der Bedrohung ausgeht. Ich versuche, die Halskette unauffällig verschwinden zu lassen, so unauffällig, dass es auch meine Mutter nicht merkt. Es könnte ihr wehtun. Und wehtun will ich ihr nicht.

3.12.1996
Gestern hatte ich die erste Krebsnachsorge. Nein, der „GAU" sei noch nicht passiert, meinte der untersuchende Arzt. Was er denn mit „GAU" meine, habe ich nachgefragt. „Na, „GAU" eben, der größte anzunehmende Unfall – wie bei Tschernobyl."
Obwohl besagter GAU also noch nicht passiert war, lag ich, ehe ich mich versah, im Operationssaal.
Ein paar Muttermale hatten dem Doktor nicht gefallen. Er glaube zwar nicht, dass die bösartig seien, meinte er, aber bei meiner Grunderkrankung…, man wisse ja nie. Ja, ja, der GAU, ich weiß. Nicht gerade beruhigend, wenn die eigene Situation mit einer Reaktor-Katastrophe verglichen wird. Dennoch war ich erst einmal nur glücklich, dass in meinen inneren Organen keine Metastasen gefunden wurden. Das war gestern! Und heute kam die Angst. Hatte ich die Sätze nicht schon mal gehört? Hatte nicht schon mal ein Hautarzt gesagt, er nehme mir einen Fleck nur vorsorglich weg? Wer sagt mir, dass nicht gleich wieder das Telefon klingelt, dass nicht wieder jemand sagt: „Es war leider bösartig."

Die Angst kriecht langsam in meine Glieder. Vorbei ist das glückliche Gefühl, dass gestern keine Metastasen gefunden wurden. Es gibt keine neutralen Phasen mehr in meinem Leben. Entweder Glück oder Angst oder Entsetzen.

4.12.1996
Heute ist wieder Glück angesagt. Alle herausgeschnittenen Muttermale waren gutartig. Juchheißa, die Welt hat mich wieder. Bis zur nächsten Krebsnachsorge – in drei Monaten.
Aber vielleicht findet der GAU ja niemals statt. Schließlich bin ich noch immer haarscharf an allen möglichen Katastrophen vorbeigekommen. Allerdings wäre es diesmal wohl eher ein „Vorbeischrammen" gewesen.

31.12.1996
Das Jahr geht zu Ende. War es ein Jahr des Lebens oder des Todes? Hat der Krebs schon gestreut? Sterbe ich 1997? War das mein letztes Weihnachtsfest? Mein letzter Jahreswechsel? Oder ist der Krebs „per Zufall" rechtzeitig entfernt worden, bevor sich die gesichtslosen schwarzen Wesen in meinem Körper einnisten konnten? War der weiße Schmetterling auf La Verna doch ein Geschenk? Das Geschenk des Überlebens?
Das sind die Hoffnungsgedanken. Doch dann überfluten mich auch die anderen, die dunklen Gedanken, münden in Entsetzen vor einem qualvollen Verrecken.
Meine Schilddrüse ist vergrößert. War das schon vor meiner Krebserkrankung? Oder hat der Schock über die Krebsdiagnose, diese entsetzliche Angst vor dem „GAU", sie vergrößert?
Wie jedes Jahr feiern wir den Jahreswechsel mit Doris, Hanna und Kalla. Draußen ist ein traumhaftes Wetter, obwohl heute Morgen 14 Grad Minustemperaturen herrschten. Ich habe trotzdem meine Gymnastik draußen gemacht. Ich brauche Sauerstoff und einen warmen Körper. Das mögen die gesichtslosen schwarzen Wesen nicht.

15.2.1997
Robert, Robert, Robert. In der letzten Zeit hat sich bei mir innerlich alles nur noch um Robert gedreht. Und um die Frage, warum ich ständig träume, ich müsse zu dieser Liebe zurück.

„Hoffnung, in mir lebt noch die Hoffnung, dass ich nicht einfach sterbe, wie die Kerze im Wind“, singt es in mir.

Dietmar hat mir sehr geholfen, all das, was mit Robert war, in einer neuen Perspektive zu sehen.
Noch einmal hat sich meine innere „Robert-Welt“ wieder belebt. Wie eine Wüste, die durch Wirbelstürme und Regenfluten zu neuem Leben erwacht.
Und dann habe ich geträumt…

Robert sitzt auf einer Bank. Er hat beide Arme auf die Rückenlehne der Bank gelegt und sieht auf den See hinaus. Nun schlägt er die Beine übereinander, als versuche er, sich vor etwas Unbekanntem zu verschließen. Spürt er, dass jemand hinter ihm steht?
Ich betrachte ihn eine Weile. Er ist grau geworden. Aber noch immer ist etwas Flirrendes um ihn, das mich zur Vorsicht mahnt.
Jetzt wird er unruhig. Ich lege von hinten meine Hände über seine Augen, ganz sacht.
Ein kurzes Erschrecken durchfährt seinen Körper, das bis in meine Fingerspitzen zieht. Dann bleibt er bewegungslos sitzen. Er wittert, versucht mit all seinen Antennen zu erspüren, wer hinter ihm steht. Dann hebt er behutsam meine Hände von seinen Augen und dreht sich zu mir um.
„Monika.“ Mehr sagt er nicht. Doch in diesem Wort liegt so viel Freude, dass die innere Mauer, die ich mir aus Selbstschutz aufgebaut habe, wie ein Kartenhaus zusammenbricht. Ich setze mich zu ihm, und er legt so selbstverständlich den Arm um mich, als sei ich nur ein paar Minuten fort gewesen.
„Jetzt ist alles gut.“ Dieser Gedanke kommt tief aus meinem Inneren und löst eine wohltuende Ruhe in mir aus.
„Wo bist du so lange gewesen?“, fragt er und strahlt mich an wie ein glücklicher, kleiner Junge.
Jetzt ist er echt, das spüre ich. Ich möchte so gern, dass er es bleibt. Und weiß doch, dass er irgendwann wieder seine Rollen spielen wird. Er kann nicht anders. Sein negatives Menschenbild, sein Ur-Misstrauen lassen ihm keine andere Wahl.
Er drückt mich an sich. „Weißt du, dass du all die Jahre immer latent in meinen Gedanken warst?“
Ja, ich weiß es. Doch woher weiß ich das?

Und plötzlich schwindet meine Schwere. Eine Leichtigkeit ergreift mich, die ich lange nicht mehr gespürt habe. Ich bin nur noch Wärme und Zärtlichkeit.
Eine Haarsträhne fällt in sein Gesicht. Behutsam streiche ich sie aus seinem Gesicht, diese Haarsträhne, die sich über die Jahre erfolgreich seinen Erziehungsversuchen widersetzt hat. Und die ich deshalb so liebe.
Hand in Hand gehen wir am See entlang, schaukeln mit den Händen, erzählen, kichern und albern wie Kinder über Kleinigkeiten am Wegesrand.
Ich werde immer leichter. Wenn ich jetzt abhebe und Hand in Hand mit ihm fortfliege, dann ist es auch egal. Die Welt um uns versinkt – einfach so.
Wir haben uns verlaufen. An der nächsten Wegkreuzung hängt eine Wanderkarte. Robert erkundet darauf die Gegend. Ich will gar nicht wissen, wo ich bin.
„Wir müssen ein Stück zurück, Monika, dann sind wir wieder auf dem richtigen Weg."
Ich bin auch so auf dem richtigen Weg.
Doch der Zauber der letzten Stunden hat Risse bekommen. Mahnende Gedanken melden sich. Du hast Krebs, Monika, den schwarzen Hautkrebs. Du bist aussätzig. Das solltest du Robert sagen.
Er wird sich abwenden von mir, ganz sicher, denn Robert kann Schwächen anderer nicht ertragen. Und wehe, mir kommen dann Tränen. Auch Tränen kann Robert nicht ertragen. Bestenfalls läuft er davon – auf Nimmerwiedersehen. Wer kann schon eine Aussätzige lieben?
Robert bleibt abrupt stehen. Er nimmt mein Gesicht in seine Hände. „Was ist los, Monika? Irgendetwas bedrückt dich."
Verd…, ich hätte es mir denken können. Robert hat ein seismographisches Gespür für menschliche Schwächen.
Nein, ich werde ihm nichts von den gesichtslosen schwarzen Wesen erzählen. Ich würde es nicht ertragen, wenn er sich von mir abwendet.
„Ich muss gehen, Robert, es ist schon spät."
Er hält mich fest. „Nein, ich lasse dich nicht gehen, Monika. Als ich dich sah, war mir, als hätte es die vielen Jahre ohne dich gar nicht gegeben."
„Wir haben keine Zukunft, Robert."
„Das sehe ich anders. Und ich werde keine Ruhe geben, solange, bis du zu mir zurückgekommen bist."

„Nein, Robert, ich komme nicht zu dir zurück. Ich gehöre zu meinem Mann, und ich liebe meinen Mann."

Es ist an der Zeit, Robert von den gesichtslosen schwarzen Wesen zu erzählen.

„Du wirst mich gehen lassen müssen, Robert. Ich bin sehr krank."

Und dann erzähle ich Robert von dem schwarzen Hautkrebs, der spindelförmig in mich eingedrungen ist, so tief, dass ich jeden Augenblick mit Metastasen rechnen muss. Und der mich bei dem Wort „GAU" nicht nur an Tschernobyl denken lässt.

Robert ist sichtlich erschüttert. Wir schweigen beide eine Zeit lang. Das Wissen um meinen Aussatz soll sich richtig bei ihm setzen. Ich will keine Spontan-Reaktion von ihm, die nur Mitleid ausdrücken würde. Ich will eine überlegte Reaktion, damit ich ihn niemals entschuldigen kann, wenn er sich jetzt von mir abwenden wird.

„Trotzdem kann ich vor dir sterben, Monika." – „Natürlich, Robert".

Hand in Hand gehen wir schweigend weiter. Es beginnt, dunkel zu werden. Da bleibt Robert stehen. Seine Stimme hat wieder jene Weichheit, die sich in mein Inneres schmeichelt. „Du solltest zu mir kommen, Monika, gerade jetzt."

In mir fängt es an zu singen. Ich schüttele den Kopf. „Nein, Robert, gerade jetzt nicht."

„Wenn du nicht zu mir kommst, komme ich zu dir."

Er will mich, er will mich . . ., jubiliert es in mir. Ich bin noch immer attraktiv für ihn. Wer hat denn gesagt, dass ich aussätzig bin? Ich bin eine begehrenswerte Frau, die geliebt wird. Und so ein paar gesichtlose schwarze Wesen . . ., pah, wer wird sich denn davon verrückt machen lassen? Ich bin noch immer haarscharf an allen möglichen Katastrophen vorbeigekommen.

Ich sehe Robert an. Jetzt werde ich mich für immer von ihm verabschieden. Ich fühle Wärme, Zärtlichkeit und Liebe für ihn. Und dennoch kann ich ihn gehen lassen, ohne dass es mir wehtut.

Ich gehöre zu Rolf. Und ich liebe Rolf. Auf eine ruhigere Art als Robert, aber nicht weniger tief. Und Rolf ist Teil meines Lebens, Robert ein in der Ferne leuchtender Stern.

„Robert, wenn du mich noch ein klein wenig gern hast, dann lass mich gehen. Lass mich gehen, ohne mir das Leben schwer zu machen. Wir haben einander so viele Jahre nicht vergessen. Da dürfte doch kein Platz sein für verletzte Eitelkeit. Bitte, mach mir die Erinnerung an

unsere Liebe nicht kaputt. Ich brauche Rosen für den Winter. Lass uns in Frieden voneinander gehen."
Robert nimmt mich in den Arm. „Zwischen uns hat Zeit noch nie eine Rolle gespielt. Nur deshalb lasse ich dich jetzt gehen."
Wir halten einander fest – eine Ewigkeit.

Nach diesem Traum ist mir, als hätte ich einen Sprung ins Leben vollzogen. Etwas in mir ist aufgebrochen. Wellen der Zärtlichkeit fluten durch mich hindurch, übertragen sich auf Rolf, lassen sich von Rolf wecken, sind lebbar mit Rolf.
Natürlich hatte ich auch vorher zärtliche Gefühle für Rolf, aber jetzt weiß ich, dass es nur Bruchstücke waren. Der Rest war eingemauert. Nun ist frei, was gefangen war. Die Bruchstücke sind wieder zusammengefügt.
„Heinrich, der Wagen bricht." – „Nein, Herr, das ist ein Band von meinem Herzen, das da lag in großen Schmerzen."

7.3.1997
Inzwischen habe ich die zweite Krebsnachsorge hinter mir. Wieder habe ich um mein Leben gezittert. Ich hatte Schmerzen in der Achselhöhle des operierten rechten Armes. Und ich hatte einen Knoten unter meiner Rückenhaut getastet. Dazu kam die Angst wegen meiner vergrößerten Schilddrüse und mein ständiger Schluckauf. Nach Hildegard von Bingen sei ein solcher Schluckauf ein Zeichen für eine beginnende Metastasierung.
Aber meine Sorgen waren unbegründet. Es wurden keine gesichtslosen schwarzen Wesen gefunden. Ach, bin ich glücklich!

10.6.1997
Morgens beim Duschen hatte ich einen neuen schwarzen Fleck an meinem operierten Oberarm entdeckt. In fliegender Hast zog ich mich an, setzte meinen Helm auf die nassen Haare und fuhr so, wie ich war, mit meinem Motorroller zur Hautklinik. Ich hatte weder eine Überweisung noch eine andere „Zugangsbescheinigung" für die ambulante Untersuchung. Das Pflegepersonal und die Ärzte kannten mich noch und sahen, dass ich zitterte. Sie nahmen mich sofort dran und untersuchten den schwarzen Fleck gründlich. „Der ist okay", war der erlösende Satz des Arztes.

Die Hautklinik forderte noch nicht einmal eine nachträgliche Überweisung. Ja, die Ärzte fanden es richtig, dass ich sofort zu ihnen gefahren bin. Das sollte ich jedes Mal tun. Nur nicht warten. Sie wären für mich da, jederzeit.
Ich habe kaum hingehört und bin – nix wie weg – zur nächsten Eisdiele gefahren. Auch wenn Eis nicht gerade auf meinem Diätplan steht. Genüsslich habe ich dort Löffel für Löffel einen dicken Eisbecher verspeist mit vielen leckeren, gesundheitsschädlichen Zusatzstoffen. Ich fand, den hatte ich verdient.

Am 3.6. war dann meine offizielle dritte Krebsnachsorge.
Die Geschwulst, die meine Schilddrüse vergrößert, wird von den Ärzten Adenom genannt. Ein Adenom sei gutartig, wurde mir versichert. Aber es müsse beobachtet werden, auch Gutartiges könne bösartig werden. Dann hatte ich noch einen verdickten Lymphknoten, den die Ärzte aber nicht als besorgniserregend einstuften, der aber ebenfalls weiter beobachtet werden sollte. Und an meiner Nase entdeckten sie schließlich ein kleines Basaliom, das weg geschnitten werden müsse. Ein Basaliom sei zwar auch Krebs, aber ein friedlicher, der sich „nur" auf der Haut verbreite, also nicht in die anderen Organe streue. Die Operation an der Nase würde etwas schmerzen, aber das ginge ja schnell vorbei. Besorgniserregend seien nur meine sehr niedrigen Leukozyten. Deshalb wurde auch jetzt noch mal die Lunge geröntgt.
Die nächste Krebsnachsorge im September wird sich dann über zwei Tage erstrecken, wie der Doktor sagte. Ich müsse zusätzlich in die Röhre, der Kopf würde per MRT geröntgt und eine Mammographie stünde auch noch an. Kurz, es wird im September zum großen Halali geblasen auf gesichtslose schwarze Wesen. Und ein paar Tage vorher beginnt das große Zittern.
Warum nur spüre ich Gott nicht, wenn ich um mein Leben zittere?

1.7.1997
Inzwischen war ich bei einer Schilddrüsen-Fachärztin. Die Geschwulst in meiner Schilddrüse sei nicht eindeutig gutartig, meinte sie. Da auch der Krebsmarker extrem hoch sei und die Leukozyten extrem niedrig, könne sie nur zu einer sofortigen Operation raten.

Prompt habe ich wieder mal die Fassung verloren. Als ich meine Emotionen wieder eingesammelt hatte, habe ich die Operation abgelehnt. Und eine Punktion ebenfalls. Ich will erst einmal das Wachstum dieser Geschwulst beobachten. Alles ist Risiko. Lasse ich operieren, kann der Krebs in die Blutbahn gelangen. Lasse ich nicht operieren, kann er meinen Körper verseuchen. Was ich auch tue, es kann falsch sein. Also tue ich das, wozu mein Gefühl mir rät.
Dann habe ich das Basaliom an meiner Nase noch mal kontrollieren lassen. Es sollte sofort herausgestanzt werden, meinte der Arzt. Das gäbe nur eine kleine Narbe, versicherte er mir. Ich habe auch das abgelehnt. Nur keine Zerstückelung meines Gesichtes. Von der Sohle bis zum Scheitel…
Jetzt verändert sich ein Muttermal auf meiner Wange, es wird größer.
Lass den Krebs möglichst schnell in die Leber gehen, lieber Gott, den ich nicht mehr spüre. Leberkrebs tut nicht weh und bringt ein schnelles Ende.
Ich sollte mich allmählich vorbereiten auf die große Reise. Jeder muss schließlich irgendwann abtreten. Zumindest bin ich fast 52 Jahre alt geworden. Marita und Klaus haben nicht mal das 30. Lebensjahr erreicht. Ich bin zwar mit fast 52 Jahren auch etwas früh dran. Aber ich war ja schon immer frühreif.
Vor dem Tod selbst habe ich keine Angst. Der Tod ist ein Freund. Ich zittere nur vor dem qualvollen Verrecken.

Oh Gott, verkürze meine Qual, damit man mich bald begrabe, Du weißt ja, dass ich kein Talent zum Märtyrertume habe.
(Heinrich Heine)

So langsam werde ich mich jetzt mal nach einem geeigneten Hospiz umsehen. Aber zuvor behandele ich mein Basaliom und das gewachsene Muttermal auf meiner Wange mit einem Amethysten. In einem Heilbuch der Hildegard von Bingen wurde diese Behandlungsmethode empfohlen. Ich kann mir zwar nicht vorstellen, dass das wirklich helfen soll. Aber es gibt mir das Gefühl, nicht ganz so ohnmächtig den gesichtslosen schwarzen Wesen ausgeliefert zu sein.

3.7.1997
Ist es denn möglich! Der Amethyst scheint gewirkt zu haben. Über Nacht wurde das Basaliom heller und das Muttermal auf meiner Wange hat sich wieder auf normale Größe zurückgebildet.
Heute Morgen habe ich Rolf gefragt: „Fällt dir etwas an mir auf?" Und Rolf, dem sonst nie etwas auffällt, wenn ihm etwas auffallen soll, sagte: „Ja, das Schwarze in deinem Gesicht ist verschwunden."
Bekomme ich vielleicht doch noch eine Chance? Der weiße Schmetterling...

4.7.1997
Heute ist Herz-Jesu-Freitag. Um 9.00 Uhr bin ich zur heiligen Messe gegangen. Als ich die Kirche betrat, war mir, als trete ich in ein helles Licht. Es war fast wie eine Art Auferstehung.
„Ich will Dich lieben, meine Stärke..."
Die Lesung ist aus der Genesis. „Sara wurde 127 Jahre alt..."
Warum nur bin ich plötzlich so glücklich? Andächtig lausche ich den Worten des Evangeliums. Es handelt von der Berufung des Matthäus. Es ist das gleiche Evangelium wie an meinem Geburtstag. Ich hab's geschafft, ich hab's geschafft, jubiliert es in mir.
Hab ich es wirklich geschafft? Ich weiß es nicht.
Ich weiß nur, dass ich heute übermütig bin vor Glück, und dass ich dieses Gefühl einfach nur genießen will ohne zu fragen, was morgen ist. Was morgen ist, wird morgen bedacht.

8.7.1997
Als ich heute vor der Praxis des Hautarztes stand, hatte ich auf einmal ein Gefühl von absoluter Gewissheit: Ich brauche nicht im Gesicht operiert zu werden. Dennoch habe ich diesem Gefühl mal wieder nicht getraut. Mach dir nichts vor, Monika...
Der Hautarzt stellte fest, dass sich das Muttermal tatsächlich auf normale Größe zurückgebildet hat.
Auch das Basaliom an meiner Nase war kleiner geworden. Der Hautarzt kann es nun mit zwei- bis dreimaligem Brennen wegbekommen, ohne dass eine Narbe bleibt. Der vorgesehene Operationstermin am 19.8. ist damit gestrichen. Ich hätte den Hautarzt küssen können.

Der 8.7. wird als Glückstag in die Annalen meiner Geschichte eingehen. Morgen beschäftige ich mich wieder mit meiner Schilddrüse. Heute will ich einfach nur glücklich sein.

3.8.1997

Dieser verdammte Krebs! Allein schon das Wort löst Grauen aus.

Inzwischen war ich mit dem Kreis um Pater Gotthard zu einer Einkehrwoche im Kloster Langwaden. Als ich nach Hause kam, versuchte Rolf mir behutsam klarzumachen, dass mein Hausarzt, Dr. Krause, angerufen hatte. Weil ich nicht zu Hause war, hat Dr. Krause dann Rolf gebeten, mich so schnell wie möglich darüber zu informieren, dass die Schilddrüsenärztin eine sofortige Operation für nötig hielt. Ich hätte die Operation ja trotz des hohen Krebsmarkers verweigert, aber sie sei doch so besorgt über meinen Befund, dass sie ihn, meinen Hausarzt angerufen hätte, um ihn über die Dringlichkeit der Operation zu informieren. Und das wollte er, Dr. Krause, jetzt an mich weitergeben.

Rolf hatte sich nach diesem Anruf entschieden, mich nicht in Langwaden anzurufen, damit ich die Einkehrtage in Ruhe verbringen konnte. Aber jetzt sollte ich doch so schnell wie möglich zu Dr. Krause gehen.

Erst einmal war ich froh, dass Rolf so entschieden hatte, und ich die eine Woche in Langwaden unbelastet verleben konnte. Doch dann kam die Angst – mit aller Wucht. Ich wollte ein Bad nehmen, saß aber nur auf der Badewannenkante und zitterte wie Espenlaub. Rolf nahm mich in den Arm. Ich habe mich an ihm festgehalten und geheult, geheult, geheult. Zwischendurch fiel mir ein, dass Rolf immer vor allen Krankheiten davon gelaufen war. Und nun hat er eine Frau, die um ihr Leben zittert, eine Frau, die keine Rücksichten auf seine Empfindlichkeiten nimmt, sondern ihn einfach mit ihrer Angst vor dem elendigen Krepieren konfrontiert.

In der Nacht bekam ich dann vor Angst Schüttelfrost. Heiß wurde mir und kalt und wieder heiß. Und vor Entsetzen habe ich mit den Zähnen geklappert. Und wieder habe ich Gott nicht gespürt.

Warum trägt mich das nicht, was ich auf La Verna erlebt habe? Oder werde ich getragen, ohne es zu spüren? Kann Gott mich

vielleicht innerlich nicht erreichen, wenn ich so voller Panik bin? Gott, wo bist Du?
Erst im Morgengrauen wurde ich ruhiger. Und dann habe ich mich entschieden, mich nicht operieren zu lassen. Zumindest nicht, bevor ich nicht einen weiteren Facharzt zu Rate gezogen habe.
Ich habe Dr. Krause angerufen und ihm meine Entscheidung mitgeteilt. Und ich habe ihm gesagt, dass ich die Verantwortung für meine Entscheidung auch selbst übernehme. Anschließend habe ich mir einen Termin bei einem anderen Schilddrüsenspezialisten geben lassen. Leider ist dieser Termin erst Ende Januar 1998. Aber Dr. Krause sagte, dass er meine Entscheidung mittragen wird.
Das beruhigt mich sehr. Und ich weiß das zu schätzen. Wäre ich Arzt, würde mich eine solche Patientin, wie ich es bin, schon sehr nerven.

2.10.1997
Am 23. und 24.9. hatte ich die große Krebsnachsorge im Krankenhaus.
Der erste Tag verlief recht ruhig. Computertomographie, Thorax, Abdomen, Blutuntersuchung und was weiß ich noch alles. Der zweite Tag verlief etwas dramatischer. Der Befund meiner Schilddrüse war so bedenklich, dass der Oberarzt der Medizinischen Klinik eingeschaltet wurde. Eine geschlagene Stunde hat der gute Mann sich für mich Zeit genommen. Auch er riet dringend zu einer Operation, da der Krebsmarker bei der letzten Untersuchung so hoch gewesen sei. Allerdings sei nur ein ganz geringes Wachstum der Geschwulst festzustellen. Und die Struktur sehe eigentlich gutartig aus. Wieder hab ich die Operation kategorisch abgelehnt. Das verstünde er nicht, meinte der Oberarzt, die Operation sei doch ganz harmlos.
Ich habe ihn angefaucht wie eine verwundete Raubkatze. „Nun gut, dann frage ich Sie jetzt mal nicht als Oberarzt. Wie würden Sie als Mensch reagieren, wenn Ihnen jemand sagte, „legen Sie sich hin, ich schneide Ihnen mal kurz den Hals auf. Aber machen Sie sich keine Sorgen, die Operation ist völlig harmlos“?“
Ich habe es gesehen, das leichte Schmunzeln, das sich um seinen Mund legte und das er ganz schnell zu verbergen suchte. Wenn

der sich jetzt über mich lustig macht… Wie ein Raubtier, das zum Sprung ansetzt, hab ich vor ihm auf dem Stuhl gesessen. Aber er hat sich nicht über mich lustig gemacht. Und er hat mich auch nicht behandelt wie eine hysterische Ziege. Nein, er hat mich tatsächlich ernst genommen und sogar so etwas wie Verständnis gezeigt. Ich habe ihm dann einen Kompromiss vorgeschlagen. Noch liegen ja nicht alle Ergebnisse dieser Krebsnachsorge vor. Wenn der Krebsmarker immer noch hoch sein sollte, werde ich mich operieren lassen. Ist der Krebsmarker aber nur etwas heruntergegangen, werde ich mich nicht operieren lassen. Der Oberarzt meinte, diese Entscheidung könne er nur nach Rücksprache mit seinem Chefarzt mittragen. Er selbst hätte noch nicht so viel Erfahrung mit erhöhten Krebsmarkern bei Schilddrüsenproblemen. Vielleicht wisse der Chefarzt ja noch andere Gründe, weshalb der Krebsmarker erhöht wäre. Er würde mich dann privat anrufen. Das sei zwar nicht üblich. Normalerweise kläre er das mit dem Hausarzt der Patienten. Aber bei mir mache er mal eine Ausnahme. Ich war beruhigt. Dieser Arzt nimmt mich ernst. Ja, er gibt mir das Gefühl, gleichwertiger Partner zu sein. Aber vielleicht haben ihm auch nur meine ausgefahrenen Krallen imponiert.

Um 17.00 Uhr wurde ich dann nach Hause geschickt. Die Untersuchungen seien beendet.

„Nein“, habe ich zu dem untersuchenden Arzt gesagt, „so gehe ich nicht nach Hause. Ich habe mir das Ende der Untersuchungen ein bisschen anders vorgestellt. Zumindest hätte ich gern ein paar Ergebnisse.“

„Gut, gut“, sagte er genervt, „ich rufe also zum fünften Mal in Barmen an.“ – „Tun Sie das, Doktor.“

Na, wer sagt's denn? Nach geraumer Zeit lagen die meisten meiner Ergebnisse vor. Sie waren in Ordnung, sogar das MRT meines Kopfes. Ich habe keinen Hirntumor. Und wieder waren es Freudentränen, die mir übers Gesicht liefen. Als ich zum Auto ging, hatte die Welt um mich her klare, farbige Konturen.

Zwei Tage später ging ich wieder zu meinem Hausarzt, Dr. Krause. Er rief in der Klinik an, um auch noch die Höhe meines Krebsmarkers zu erfahren. Da ging plötzlich ein Leuchten über sein Gesicht. „Der Krebsmarker ist heruntergegangen“, sagte er erfreut. Das Problem sei zwar nicht aus der Welt, aber entschärft.

Ich könne mit der Operation noch etwas warten. Selbst wenn es ein Schilddrüsenkrebs sei, wäre das Risiko einer Metastasierung nicht so hoch wie beim schwarzen Hautkrebs. Beinahe wäre ich auch meinem Dr. Krause um den Hals gefallen. Die Ärzte müssen sich allmählich vorsehen, wenn sie mir Freudenbotschaften verkünden.
Ein schönes Wochenende wünschte Dr. Krause mir abschließend. Und ich kann mich nicht erinnern, wann mir das jemand schon mal mit so viel Herzenswärme gewünscht hat.

7.1.1998
Ich habe Luftnot und es ist, als drücke irgendetwas gegen meine Luftröhre. Und wieder sitzt mir die Angst im Nacken, dass der Krebs sich längst irgendwo eingenistet hat und mir das Leben aus meinem Körper saugt. Es interessiert den Krebs nicht, dass auch er sterben wird, wenn er mich verrecken lässt.
In meinem weiteren Umfeld habe ich inzwischen eine interessante Erfahrung gemacht. Man darf nicht zu lange krank sein. Dann nervt es die Mitmenschen nur noch. Vielleicht würde es mir ja genauso ergehen. So eine Krebsgeschichte ist ja auch belastend für andere. Deshalb habe ich mich nun doch einer Selbsthilfegruppe angeschlossen. Vermutlich können nur Betroffene im Letzten nachempfinden, was Krebs bedeutet.

17.1.1998
Die Selbsthilfegruppe scheint ein Glücksgriff gewesen zu sein. Alles, was ich seit dem Krebs an emotionalen Wechselbädern erlebt habe, haben die anderen auch erlebt. Ich bin also keine hysterische, exaltierte Person, sondern ein Mensch, der in dieser Ausnahmesituation völlig normal reagiert hat. Durch unser gemeinsames Schicksal sind wir uns in der Gruppe schnell vertraut geworden. Die anderen haben zum Teil noch längere und schlimmere Leidenswege hinter sich als ich. Und wenn sie ihre Kopftücher um ihre kahlen Köpfe schlingen, weil die werweißwievielte Chemotherapie kein Haar hat stehen lassen, schrumpft meine Krebsangst auf eine erträgliche Dimension.
Wir sind 20 krebsgeschädigte Frauen. Eine reine Frauengruppe hat immer eine ganz bestimmte, wohltuende Qualität. Frauengruppen brauchen keine Regeln, die laufen auch so. Es herrscht dort sehr

schnell ein „Wir-Gefühl“. Und es ist immer Platz für fröhliches Lachen, selbst in unserer Krebsgruppe.
Auch unsere Leiterin hat Krebs, sogar schon Metastasen. Sie ist gelernte Psychotherapeutin und hat sich ein enormes Wissen angeeignet, wie sie unser Beisammensein jedes Mal zu einem Erlebnis werden lassen kann. Und – was mir am besten gefällt – sie arbeitet viel mit Imaginationen. Dazu versetzt sie uns in eine meditative Ruhe. Wir schließen unsere Augen, und jede von uns ist ganz bei sich. Dann leitet sie unsere innere Reise mit Bildern, die zu einem Ergebnis führen. Allerdings begreifen wir das Ergebnis manchmal erst, wenn wir das Erlebte hinterher gemeinsam durchsprechen. Und natürlich gibt es in der Gruppe ganz viele sachliche Informationen über Ärzte, Behandlungsmethoden, Kuren, Bücher usw. Wir tauschen unsere Erfahrungen aus und helfen uns damit gegenseitig weiter.
Wenn ich uns so im Kreis zusammensitzen sehe, fällt mir allerdings oft ein Kinder-Reim ein: Ene mene mu – und raus bist du. Wer wird die nächste sein? Morgen ist meine vierteljährliche Krebsnachsorge.

20.1.1998
Ich habe aufgehört zu zählen, die werweißwievielte Krebsnachsorge das jetzt bei mir war. Ein überfreundlicher junger Arzt stürzte sich auf mich. Meine Bauchorgane und Lymphknoten interessierten ihn nicht. Einzig die Geschwulst in meiner Schilddrüse faszinierte ihn. „Ich habe in den nächsten Tagen eine Schilddrüsenuntersuchung bei einem Spezialisten“, versuchte ich, seine Begeisterung auf meine restlichen Organe zu lenken. Und um ihn in seinem ärztlichen Höhenflug zu erreichen, habe ich sogar das Fachwort „Endokrinologe“ benutzt. Doch husch, husch, rutschte er mit der Sonographie-Maus über meine Bauchdecke hinweg und blieb wieder tief beeindruckt an meiner Schilddrüse hängen. Dann lächelte er mich freundlich an und erklärte mir, dass die Geschwulst bösartig aussähe.
Zum ersten Mal seit meiner Krebsgeschichte habe ich bei einer Hiobsbotschaft nicht mit Angst reagiert, sondern mit Empörung. „Es gab andere Ärzte, Herr Doktor, die die Struktur dieser Geschwulst für gutartig hielten“, habe ich ihn angegiftet. Doch seine Freundlichkeit war durch nichts zu erschüttern. „Der äu-

ßere Rand vielleicht, aber in der Tiefe sieht sie bösartig aus." Und dabei strahlte er mich an, als hätte er mir eine Freudenbotschaft verkündet. Was macht dieser Typ mit mir? Woher nimmt sich dieser Möchtegern-Halbgott das Recht, mich in Panik zu versetzen, zumal ich ihm gesagt habe, dass ich in ein paar Tagen von einem Spezialisten untersucht werde. Was maßt sich dieser inkompetente Besserwisser an?

27.1.1998
Gott im Himmel, den ich so lange nicht mehr gespürt habe, hab Dank für alles. Nein, ich will mich gar nicht entschuldigen, dass ich ein schwacher Mensch bin, der in seiner Todesangst auch Dich in Frage gestellt hat. Ich hätte es besser wissen müssen. Verzeih meine Unfähigkeit, mich Dir restlos hinzugeben. Verzeih meine Unduldsamkeit und hilf mir, im Umgang mit Dir künftig vertrauensvoller sein zu können.
Endlich, endlich war der Termin bei dem anderen Schilddrüsen-Facharzt. Und siehe da, er fand meine Entscheidung, mich nicht operieren zu lassen, völlig in Ordnung. Dennoch wollte auch er eine Punktion bei mir durchführen. Als ich die auch bei ihm ablehnte, fürchtete ich schon wieder Probleme. Aber nein, dieser Mensch äußerste sogar Verständnis für meine Angst! Bei ihm scheine ich in den richtigen Händen zu sein. Er hielt den erhöhten Krebsmarker nicht unbedingt für einen Hinweis auf Schilddrüsenkrebs. Auch die Struktur der Geschwulst deute nicht auf Krebs hin. Nachdem er alles vermessen und notiert hatte, empfahl er mir, das Wachstum der Geschwulst in kurzen Abständen kontrollieren zu lassen. Ein weiteres Hinausschieben der Operation könne er durchaus mitverantworten. Wie auf Wolken verließ ich die Praxis und schwebte in ein Modegeschäft. Dort habe ich mir dann doch den Pullover gekauft, den ich schon lange im Auge hatte, der mir aber immer zu teuer war. Jetzt war er mir nicht mehr zu teuer. Wer weiß schließlich, wie unendlich lange ich den noch tragen kann?
Nun bin ich sehr froh, dass ich die Operation meiner Schilddrüse bisher so kategorisch abgelehnt habe. Sicher hat Gott meine Entscheidungen gelenkt, denn er war die ganze Zeit bei mir. Schade, dass ich so wenig davon gespürt habe. Ich hätte es leichter haben können.

Warum nur kann ich dem nicht vertrauen, was ich auf La Verna erlebt habe? Warum kann ich mich nicht bei dieser immer wiederkehrenden Krebsangst in Gottes Arme werfen mit der Gewissheit: Es wird alles gut. Er ist bei mir. Warum habe ich diese Gewissheit erst im Nachhinein?

3.2.1998

Ganz, ganz vorsichtig nähere ich mich manchmal dem Gedanken, ob ich nicht statt gesichtsloser schwarzer Wesen vielleicht fröhliche weiße Schmetterlinge in mir habe? Meine drei Standardärzte arbeiten Hand in Hand. Kurzum, alle drei Ärzte versorgen mich bestens. Und für meine allgemeinen Lebensprobleme habe ich noch immer Dietmar. Aber im Augenblick habe ich keine allgemeinen Lebensprobleme. Ist's denn möglich, dass ich mal keine Probleme habe? Nein, ist es natürlich nicht. Ich brauche nur an Isa zu denken…
Also denke ich nicht an Isa.

7.6.1998

Wieder einmal war ich zur Kur. Als Dr. Krause mich überredet hatte, noch einmal einen Kurantrag zu stellen, hoffte ich eigentlich, die Kur würde mir nicht genehmigt. Denn ich hatte absolut keine Lust mehr auf fliegenden Bettenwechsel. Inzwischen hatte ich nämlich ein paar Kurzreisen gemacht, die ich schon lange machen wollte, wozu mir aber der Krebs die Lust genommen hatte. Ich war sogar in Lourdes. Lourdes ist ein spiritueller Ort. Das spürt man sofort, wenn man den heiligen Bezirk betritt. Wenn heutzutage noch Wunder geschehen, dann sicher an diesem Ort. Dennoch ist meine spirituelle Heimat Assisi.

Kurz danach sind Rolf und ich ins Ossi-Land gefahren, das wir noch gar nicht kannten, weil wir beide keine Verwandten „drüben" hatten. Wir gehören zu den Wessis, die Holland besser kennen, als den Osten Deutschlands. Jetzt kennen wir aber auch dort ein paar schöne Städte, wobei mir Dresden und Weimar am besten gefielen. Als wir von unserer Reise zurückkamen, fand ich die Nachricht, dass meine Kur genehmigt worden war. Es war wieder eine anthroposophische Kur, weil ich auf die anthroposophischen Behandlungen sehr gut anspreche. Ich kannte die Anthroposo-

phen ja inzwischen und hatte immer gute Erfahrungen mit ihnen gemacht. Mich beeindruckt sehr, mit welchem Enthusiasmus die meisten von ihnen versuchen, ihr positives Menschenbild in die Praxis umzusetzen.
Während der Kur bekam ich rhythmische Massagen zur Stärkung meines Immunsystems, Lavendelbäder zur Harmonisierung meines Gemütes, Leberwickel zur Kräftigung meiner Leber, aufbauende Naturmedizin, anregende Tees und natürlich Eurythmie. Bei der Eurythmie wird körperlich dargestellt, was seelisch werden soll. Es ist eine Art „Tanz von Möglichkeiten". Dazu bedarf es der hochgradigen Sensibilität eines Lehrmeisters. Er gibt die Formen vor, die er für den jeweiligen Menschen als heilend erspürt.
Mein Lehrmeister für Eurythmie war Herr Lutz.
Herr Lutz hat seinen Behandlungsraum unter dem Dach. Dieser Raum gleicht allerdings eher einer verzauberten Märchenstube. Und er selbst ist eine männliche Fee. Dort hoch oben in seiner Märchenstube sitzt er und spinnt mit seinen feengleichen Bewegungen unsichtbare Fäden. Die werden von den Menschen gebraucht, wenn sie sich verpuppen wie die Raupen, um Schmetterlinge zu werden. Wenn Herr Lutz über das Klinikgelände schreitet, – er geht nicht – schwebt er zehn Zentimeter über dem Boden. So ganz geheuer war er mir anfangs nicht. Ich habe es lieber, wenn Menschen mit beiden Beinen auf der Erde stehen.
Er hatte sich eine Übung für mich ausgedacht, bei der ich meinen rechten Arm belasten musste. „Dort saß bei mir der Krebs", versuchte ich, meinen Arm zu schützen. „Dort, wo Ihr Krebs saß, sollten eigentlich Flügel sitzen", sagte er und spielte dazu auf seiner Harfe. Und was passierte? Mir liefen mal wieder Tränen übers Gesicht, peinlich, peinlich. Aber ich konnte es nicht ändern.
Anschließend habe ich einen Spaziergang durch den angrenzenden Wald gemacht. Als ich mich auf eine Bank setzte, kletterte eine Raupe auf meinen Fingernagel. Sie schien etwas Grünes zu suchen, vielleicht ein Blatt oder eine Pflanze. Doch mein Fingernagel war eine Sackgasse. Sie kam nicht weiter. Ich setzte die Raupe auf ein grünes Blatt, das sich ihr voller Lebensenergie entgegenstreckte. Nun kann sich die Raupe verpuppen und entwickeln, wozu sie berufen ist: ein Schmetterling zu werden. Sind die gefrä-

ßigen schwarzen Wesen in mir vielleicht auch schon dabei, weiße Schmetterlinge zu werden? Bist Du mein grünes Blatt, Jesus?
„Versöhnung hat mit dem Sohn zu tun", sagt Dr. Paxino. Und sein Name erinnert mich an das Pax et Bonum aus Assisi. Doch er ist Grieche, mein behandelnder Arzt Dr. Paxino, und er glaubt fest daran, dass Christus in Deutschland wiederkommen wird.
„Aber doch nicht in einem Land, das so viel Schuld auf sich geladen hat wie Deutschland, Herr Dr. Paxino."
„Gerade deshalb", sagt Dr. Paxino, „Deutschland hat seine Schuld angenommen, hat versucht sie aufzuarbeiten und wieder gutzumachen."
Hoffentlich behalten Sie nicht Recht, Herr Dr. Paxino. Es ist kein Vergnügen, ein auserwähltes Volk zu sein.

16.7.1998
Gestern habe ich meinen Vater beerdigt.
„So nimm denn meine Hände und führe mich…", spielte die Orgel in der kleinen Kirche, in der der Sarg meines Vaters stand.

Ich sitze mit Rolf in der hintersten Reihe. Vorn sind die Plätze der legalen Angehörigen meines Vaters. Ich kenne sie nicht. Ich kenne nur meine Halbgeschwister, die in weitem Abstand voneinander reglos auf den Sarg unseres gemeinsamen Vaters starren. Ich bin die einzige, die weint. Ich weine nicht nur um ihn. Ich weine auch um mich, um die vielen verlorenen Jahre, die ich keinen Vater hatte. Und jetzt ist er mir sogar noch ein letztes Wiedersehen schuldig geblieben.
Renate, meine Halbschwester, hatte mich angerufen. Der Vater läge im Krankenhaus. Es stünde nicht gut um ihn. Er hatte mir noch einen Brief geschrieben, als ich zur Kur war. Der Brief klang traurig, fast depressiv. Vor Monaten war seine Frau Herta gestorben. Und er, der sie zu Lebzeiten so wenig geachtet hatte, konnte nun ihren Tod nicht verwinden. „Alles ist so still ohne sie", schrieb er mir und: „Ich wollte, ich wäre bei meiner Frau."
Trotz dieser Worte ahnte ich nicht, dass dies sein Abschiedsbrief war.
Mit starken Oberbauchschmerzen war mein Vater ins Krankenhaus eingeliefert worden. Die Ärzte entdeckten einen Bluterguss an der Hauptschlagader, der inoperabel war. Es sei mit dem Schlimmsten

zu rechnen, sagten sie. Renate würde Freitag wieder zu ihm ins Krankenhaus gehen. Ich bat sie, Vater zu sagen, dass ich ihn am darauf folgenden Samstag besuchen würde. Renate kam nicht mehr dazu, ihn zu fragen. Donnerstag ist er gestorben. Ein letztes Wiedersehen hat er mir verweigert. Warum? War es seine Eitelkeit, die das verhindert hat? Wollte er nicht, dass ich ihn so hinfällig sah? Sollte ich ihn als den stolzen, würdevollen Patriarchen in Erinnerung behalten? Oder ertrug er meinen Anblick nicht mehr nach Hertas Tod? Erinnerte ich ihn an seinen Ehebruch? War mein Anblick das Abbild seines schlechten Gewissens für all das, was er seiner Herta angetan und vorenthalten hatte, als sie noch namenlos für ihn war? Warum Vater? Warum?
Nun stehe ich an seinem Grab und werfe eine Rose aus meinem Garten hinein. Und ich weine mir die Seele aus dem Leib, weine um die vielen verlorenen Jahre ohne ihn.
Ich stelle mich mit Rolf etwas abseits, um ruhiger zu werden. Und tatsächlich, nach ein paar Minuten kann ich die Trauergemeinde um mich herum wahrnehmen, wenn auch nur verschwommen – durch den Schleier meiner Tränen. Heillos zerstritten stehen meine Halbgeschwister, jeder für sich, in großem Bogen um Vaters Grab. Halbbruder Baldur wirft eine Blume ins Grab und wendet sich gen Westen. Halbbruder Werner wirft eine Blume ins Grab und wendet sich gen Osten. Halbbruder Gerhard wirft eine Blume ins Grab und wendet sich gen Norden. Halbschwester Renate wirft eine Blume ins Grab und wendet sich gen Süden. Nein, in der Familie meines Vaters habe ich meinen Platz nicht gefunden. Vermutlich weiß niemand in dieser Familie so genau, welcher Platz ihm eigentlich zukommt.
Es gab nicht einmal ein anschließendes Kaffeetrinken nach der Beerdigung. Verloren stand die Trauergemeinde eine Zeit lang um das offene Grab. Dann löste sie sich einfach auf.
Heute, einen Tag später, bin ich noch einmal zum Grab meines Vaters gegangen. Ganz allein wollte ich von ihm in aller Ruhe Abschied nehmen.
Dort stehe ich nun und denke an die vielen Türen, an die ich als Kind geklopft habe, um für die Kriegsgräberfürsorge zu sammeln, damit mein Vater ein schönes Grab bekäme. Und nun bin ich 53 Jahre alt und habe ihn erst gestern beerdigt. Eigentlich könnte mich das auch froh stimmen. Ich kenne sein Grab und kann um

ihn trauern. Und ich habe ihn ein paar Jahre lang gekannt. Ist das nichts?

„Adieu, Vater, ich wünsche dir Frieden in der anderen Welt. Und mir wünsche ich, dass es „nur" deine Eitelkeit war, die dich veranlasst hat, mir ein letztes Wiedersehen zu verweigern. Vielleicht kann ich dir das irgendwann verzeihen, eingedenk der menschlichen Unzulänglichkeit, mit der wir alle zu tun haben. Vielleicht sehen wir uns wieder, in der anderen Wirklichkeit, und vielleicht haben wir dann alle Zeit des Himmels für uns. Hier auf Erden hattest du zu wenig Zeit für mich. Unendlich viele Stunden habe ich dich vermisst. Dennoch bist du mir im Rahmen deiner Möglichkeiten hin und wieder ein guter Vater gewesen. Pax et Bonum

Deine illegale Tochter Monika"

23.8.1998
Erich, mein Jugendfreund Erich, hat Alzheimer. Befürchtet hatten wir es schon lange. Nun steht es fest. Er versinkt langsam in eine innere Dunkelheit. Noch weiß er, wer ich bin, doch wie lange? Trotzdem glaube ich, dass nichts im Leben verloren geht. Auch in Erichs Dunkelheit existiert eine lichte Kammer, in der das, was Erich ausmacht, für alle Zeiten gut aufgehoben ist. Das Problem ist nur, dass niemand den Zugang findet.

Als wir ehemaligen Wanderkameraden uns jetzt wieder bei Helmut und Marianne im Garten trafen, strahlte Erich mich an. „Schätzken", rutschte ihm leise heraus. Und mich hat dieses Wort sehr glücklich gemacht. Für Erichs Familie, besonders für Erika, ist Erichs Krankheit eine Katastrophe. Nein, das sagt Erika nicht. Im Gegenteil. Es ginge ihr gut, sagt sie, wenn sie gefragt wird. Aber sie hat inzwischen aufgehört zu arbeiten, sie, die immer so gern hinter ihrer Käse-Theke gestanden hat. Doch Erich braucht Betreuung. Denn immer öfter hat er Stunden, in denen er in seine innere Dunkelheit versinkt. Was eine Betreuung von Alzheimerpatienten bedeutet, kann ich nur erahnen. Da will ich mit meiner ständigen Krebsangst mal ganz zufrieden sein.
An diesem Tag, als wir uns alle wieder bei Helmut und Marianne trafen, war Erich voll präsent. Er unterhielt sich mit Friedhelm über gemeinsame Lehrjahre und mit Alois über gemeinsame Wan-

derungen. Ob solche Gespräche mit ihm auch noch im nächsten Jahr möglich sein werden, weiß niemand.
Auch Helmut, unseren ehemaligen „Führer“, hat das Schicksal gestreift. Er sitzt nach einem Schlaganfall im Rollstuhl. Seine Waldzither kann er nicht mehr spielen, mit der er uns so gern begleitet hat. Nun spielt Friedhelm die Waldzither, wenn wir die alten Lieder singen. Und Helmut weint. Wie kann man jemandem im Rollstuhl bloß klarmachen, dass er trotz seiner Behinderung der Mensch bleibt, der er immer gewesen ist. Dennoch hielt Helmut es bis weit nach Mitternacht mit uns aus. Ja, er lachte sogar manchmal, wenn die gegenseitigen Neckereien auch vor ihm nicht Halt machten. Ganz besonders Günni unterhielt uns wieder mit seinen Späßen. Wer kann schon mit einer solchen Leichtigkeit Menschen unterhalten wie er? Selbst Helmuts Rollstuhl war vor seinen Späßen nicht sicher. Und Helmut stimmte fröhlich in unser Lachen ein. Einer persönlichen Tragödie eine Spur von Komik zu geben, und zwar so fein, so wohldosiert, dass der Leidtragende über sein eigenes Leid lachen kann, das schafft nur Günni.
Er war guter Dinge, unser alter Günni, obwohl sein 27-jähriges russisches Rasseweib Natascha ihn verlassen hatte. Da aber Russinnen nicht materialistisch eingestellt sind, wird er wohl nichts draufgezahlt haben. Spätabends hatte Günni mich plötzlich am Wickel. Ob er denn eine Chance hätte, mit mir anzubändeln, fragte er mich treuherzig. Ich habe ihn an Rolf verwiesen, den müsse er fragen. Doch Rolf war vorsichtig. Das Anbändeln mit seiner Monika sollte Günni mal lieber bleiben lassen. Da saß Günni aber schon neben mir. „Weißt du eigentlich, Monika, dass ich früher mal in dich verliebt war?“
Ist das Leben nicht manchmal verrückt? Da wartet man als Jugendliche sehnsüchtig auf solche Worte, und wenn man sie im Alter endlich hört, lächelt man nur leise in sich hinein.

Es war wieder ein schönes Beisammensein, zu dem wir uns nun schon seit zehn Jahren regelmäßig treffen. Ich fühle mich wohl unter den alten Wanderkameraden. Hier nimmt mich jeder so, wie ich bin. Keiner erwartet irgendetwas Besonderes von mir. Und keiner mäkelt an mir herum, wie kompliziert ich doch sei.

Weit nach Mitternacht räumten unsere Jungs die Gartenmöbel auf und wir Mädchen spülten das Geschirr. Nachdem wir wieder Ordnung geschaffen hatten, verabschiedeten wir uns voneinander. Erich hatte sich abseits gestellt, an eine Ecke, die nicht einsehbar war, an der ich aber vorbeigehen musste. Als ich mich ihm näherte, griff er zu. Er nahm mich in den Arm und küsste mich auf die Wange. Mir wurde sofort klar, was das zu bedeuten hatte. Es war für ihn die letzte Stufe der Aufarbeitung unseres Konfliktes von damals, als er sich von der 13-jährigen Monika eine so schmerzhafte Abfuhr geholt hatte, dass er sie jahrzehntelang nicht verzeihen konnte. Ich sah mich um. Erika und Rolf mussten nicht unnötig belastet werden. Sie könnten das, was jetzt hier geschah, falsch verstehen. Dabei würde ihnen gar nichts genommen. Aber für Erich und für mich war es vielleicht die letzte Möglichkeit, den Rest aufzuarbeiten, der noch zwischen uns stand. Er hielt mich fest und sah mich fragend an. „Dein Kuss tat gut, Erich." „Wirklich?", fragte er ungläubig. Ich küsste ihn auf den Mund. Und beide wussten wir, dass er jetzt 15 Jahre alt war und ich 13. Und dass wir das, was damals als Desaster geendet hatte, nun endlich gerade gerückt hatten, nach 35 Jahren.

Wir hielten uns eine Weile im Arm. „Nun siehst du es, Erich: Wehe, wenn ich mal jemanden in mein Herz geschlossen habe. Der kommt da nie wieder raus."

Bald werde ich meinen Jugendfreund Erich verlieren, denn mit der Erinnerung verliert der Mensch auch seine Person. Vielleicht wird er mich im nächsten Jahr schon nicht mehr erkennen. Dann habe ich die Erinnerung an das, was uns verband, nur noch allein. Doch auch, wenn er mich verlässt, in meinem Herzen bleibt er, so lange es schlägt.

Danke, Gott, für diese letzte Chance, die Du Erich und mir geschenkt hast, wieder zueinander zu finden. Wir können nun in Frieden voneinander gehen. Erich zu seiner Erika, zu der er gehört. Und ich zu meinem Rolf, zu dem ich gehöre. Und wieder muss ich mich von einem Menschen verabschieden, den ich gern hatte.

„Adieu, Erich, jeder von uns beiden geht jetzt seinen eigenen Weg ins Alter. Und jeder von uns beiden hat schon einen kurzen Blick auf das Ende erhascht. Erich, mein Freund, es war gut, dass es dich gab."

„Ich hatte einen Kameraden, einen Bessren find'st du nicht…"

23.9.1998

Inzwischen war ich wieder zur großen Krebsnachsorge mit Computer- und Kernspintomographie.

Zwei Wochen vorher hatte ich abends in meiner Achselhöhle einen neuen schwarzen Fleck entdeckt. Prompt bekam ich in der Nacht wieder vor Angst Schüttelfrost. Ich sah mich schon wieder scheibchenweise zerschnitten. Am nächsten Morgen fuhr ich sofort in die Hautklinik. Wieder nahmen mich die Ärzte gleich dran. Der Fleck war gutartig, gottlob. Auch die Ergebnisse der großen Krebsnachsorge waren – bis auf meine Schilddrüse – ohne Befund. Wie liebe ich diese zwei Worte.

Die Geschwulst in meiner Schilddrüse lasse ich alle drei Monate kontrollieren. Sie ist bisher nicht gewachsen. Meine Schilddrüse ist jetzt auch fachärztlich in guten Händen. Trotzdem geht nichts über eine eigene gute Intuition. Das ist etwas, was ich auf meinem steinernen Weg durch die Ärztelandschaft gelernt habe.

Im Augenblick geht es mir gut. Vielleicht verdanke ich das dem weißen Schmetterling auf La Verna.

5.10.1998

Das Jahr 1998 scheint ein Jahr des Abschieds zu sein. Nach vielen Jahren beratender Gespräche habe ich mich jetzt auch von Dietmar verabschiedet. Er hat mir in den schlimmsten Stunden meines Lebens zur Seite gestanden. Und er hat mir geholfen, so manche gefährlichen Klippen meines Lebens behutsam zu umschiffen. Oft war er mir Lotse, manchmal der einzige Halt und immer der Mensch, mit dem mich eine tiefe Zuneigung verbindet. Doch jetzt kam ich an den Punkt, ihm sagen zu können: „Nun schaffe ich es allein." Und das ist ja sicher auch ein Zeichen für den Erfolg seiner Arbeit.

Ich habe ihn zu einem Abschiedsessen eingeladen. Es sollte etwas Besonderes sein, so wie es unsere Beziehung war. Und Dietmar kannte ein entsprechendes italienisches Restaurant. Auf dem Weg dorthin erinnerte ich ihn daran, dass wir uns vor 20 Jahren schon einmal voneinander verabschiedet hatten. Doch damals war ich verzweifelt. Die Gruppe war auseinander gebrochen und ich wusste nicht, wie es weitergehen sollte.

„Dein Bier ist mein Bier, Monika", hast du damals zu mir gesagt, Dietmar, und mir damit Halt gegeben. Was ist, wenn ich es doch nicht allein schaffe, wenn die Netze meines Lebens wieder reißen?"

Dietmar blieb stehen. „Dein Bier ist mein Bier, Monika, noch immer."

Wir betraten das Restaurant. Es war vom Feinsten und dennoch gemütlich. Jeder von uns suchte sich eine Antipasta aus, ich eine kalte, Dietmar eine warme. Und während wir beide unsere Antipasti miteinander teilten, versuchten wir, unsere Beziehung zu klären.

„Du bist mehr für mich als nur mein Lebensberater, Dietmar."

„Ja, Monika, wir Zwei haben die gleiche Wellenlänge. Und das ist ganz selten zwischen zwei Menschen. Wir verstehen einander sofort, ohne groß etwas erklären zu müssen." Genau das hatte mich oft verblüfft. Dietmar verstand mich schon, noch bevor ich gesprochen hatte. Und wie oft hatte er meine Sätze beendet, wenn mir noch die Worte fehlten. Wir konnten über dieselben Situationen lachen und so manches Mal zündete unser Lachen sogar gleichzeitig.

Zur Antipasta hatte ich mir ein Bier bestellt. Dietmar nahm mein Glas. „Davon muss ich jetzt ja auch trinken", sagte er und nahm einen großen Schluck. Und das hieß: „Dein Bier ist mein Bier."

Als Dietmars „Seezunge" kam und mein „Lammfilet", bestellten wir uns eine gute Flasche Rotwein.

Andrea Boccelli sang leise: „Time to say Goodbye."

Nein, ich wurde nicht traurig. Mein Herz strömte plötzlich über vor Wärme zu Dietmar. Ich legte meine Hand auf seine. Es war ein innerer Drang. Ich musste ihn berühren. Er hielt still.

„Hab Dank, Dietmar, für alles und sei gesegnet."

Dabei war es mir ganz wichtig, dass nicht Gott, sondern ich ihn segnete. Wir sind schließlich alle berufen einander zu segnen.

Noch heute schwelge ich in Erinnerung an diesen schönen Abend. Er ist eine Rose für den Winter.

Manchmal denke ich, ich habe schon den ganzen Arm voller roter Rosen. Doch ich kann nicht genug bekommen. In drei Tagen fahre ich wieder nach Assisi.

20.10.1998

Robert ist tot. Gestern bin ich aus Assisi zurückgekommen. Eine Mitpilgerin kam aus der gleichen Stadt, in der Robert wohnte. Nach fünf Tagen habe ich es endlich geschafft, sie so beiläufig wie möglich zu fragen, ob sie Robert kennt. „Ja, natürlich, er ist vor zwei Jahren gestorben. Herzversagen." Es sei eine große Todesanzeige in der Zeitung gewesen.

Wie endet Liebe? – Die war's nicht, der es geschah…
(Verfasser unbekannt)

3.12.1998
Seit einiger Zeit nehmen Rolf und ich an jedem zweiten Wochenende unsere Enkelkinder. Und zusätzlich dienstags, wenn Anna aus der Schule kommt und Lucas aus dem Kindergarten.
Ja, Anna ist eingeschult. Sie kommt gut zurecht in der Schule und hat viele Freundinnen.
Lucas ist ein Großvater-Kind. Rolf ist aber auch ein spitzenmäßiger Großvater. Lucas will alles wissen, was der Opa handwerklich macht, und warum und wie er es macht. Er ist jetzt fünf Jahre alt und wollte kürzlich unbedingt mit dem Opa in den Baumarkt. Was für Isa, Anna und mich Schmuckläden sind, sind für Opa und Lucas Baumärkte. Lucas war so glücklich im Baumarkt, wie er es sonst nur beim Ballspielen ist. Und der Opa musste ihm versprechen, ihn beim nächsten Mal wieder mitzunehmen.
Es ist spannend für mich, die Entwicklung der Kinder zu beobachten. Vieles, was „typisch Mann" oder „typisch Frau" ist, scheint doch genetisch bedingt zu sein. Ich sehe es an den Kindern. Sie haben die gleiche Erziehung und entwickeln sich doch gemäß ihrer Geschlechterrolle. Wie viel Lebensfreude in diesem kleinen Kerl Lucas angelegt ist, bemerken wir gelegentlich. Manchmal gluckse ich selbst vor Freude, wenn ich sehe, wie der kleine Kerl sich freuen kann.
Zu Lucas' großem Leid ist Anna ein Jahr älter als er und ihm damit immer ein Stück voraus. Also kann Anna auch schon Fahrradfahren, und Lucas versucht angestrengt mit seinem kleinen Rad, das auch noch Stützräder hat, seine Schwester einzuholen – vergeblich. Dass er Anna nur einholen würde, wenn er ohne Stützräder fahren könnte, überzeugte ihn nicht. Er lehnte jeden Versuch kategorisch ab, es mal ohne Stützräder zu versuchen. Und raste weiterhin wie fixiert hinter Anna her, koste es, was es wolle – und es kostete ihn jedes Mal seine gute Laune.

Irgendwann knallte er sein Rad auf die Straße, setzte sich auf die Treppe und brütete vor sich hin. Er fand keinen Ausweg und war nur noch unglücklich. Rolf ging zu ihm und flüsterte ihm etwas ins Ohr. Da ging ein Leuchten über sein Kindergesicht, als hätte die Sonne eine drückend schwarze Wolke auf seiner Seele einfach weggeschoben.

Den Nachmittag verbrachten wir Vier dann miteinander in trauter Harmonie. Als die Kinder im Bett waren, habe ich Rolf gefragt, was er Lucas zugeflüstert hätte. Rolf lachte. „Ich habe Lucas vorgeschlagen, dass er nächste Woche einmal allein zu uns kommt, ohne Anna und vor allem, ohne dass Anna etwas davon erfährt. Und dass er dann ganz langsam übt, ohne Stützräder Fahrrad zu fahren." Seine Freude über diesen Plan stand in seinem leuchtenden Gesicht.

Im Laufe der nächsten Woche fand sich tatsächlich eine gute Gelegenheit, dass Lucas allein zu uns kam. Rolf schraubte von Annas Fahrrad den Sattel etwas niedriger, Lucas setzte sich darauf und fuhr mit Rolfs stützenden Händen am Gepäckträger langsam los. Ich hatte heißen Kakao zubereitet, lag im Fenster und sah den beiden zu. Das war eine Situation nach meinem Herzen! Sobald Opa und Lucas eine Pause einlegten, schenkte ich Kakao ein, sie berichteten kurz über Lucas Fortschritte – und weiter ging's. Lucas gab keine Ruhe. Er war so eifrig bei der Sache, dass Rolf allmählich die Luft ausging.

Nach einiger Zeit kam Lucas auf mich zugeradelt, Rolf hielt eine Hand in der Nähe des Gepäckträgers. Ich wollte gerade lobend ausrufen, dass der Opa ihn ja nur noch mit einer Hand stützen muss, da sah ich, dass Rolf den Gepäckträger gar nicht mehr berührte. Lucas fuhr allein – und merkte es nicht einmal. Da war die Freude groß. Rolf schlug vor, dass Lucas zwei Tage später noch einmal zum Üben zu uns kommen sollte, damit er gut fahren könnte, wenn das Geheimnis vor Anna gelüftet würde.

Zwei Tage später kam Lucas. Und nach einer Übungsstunde fuhr er ganz allein die Straße rauf und wieder runter. Rolf stand frierend am Küchenfenster, in dem ich lag und wieder heißen Kakao ausschenkte.

Was dann passierte, hat mich ahnen lassen, wie viel Lebenslust, wie viel fröhliche Spontaneität in diesem kleinen Kerl schlummerten. Lucas radelte an uns vorbei bis zum Ende der Straße. Dort legte er sein Fahrrad ab und hüpfte, glücklich lachend, den ganzen Weg zurück, an uns vorbei, wieder zurück zum Ende der Straße. Dort hob er sein Fahrrad auf, radelte bis zu uns, legte sein Fahrrad wieder hin und hüpfte die ganze Straße auf und ab. Irgendwann hatte er seinen Rhythmus gefunden. Einen Weg fuhr er mit dem Rad, den anderen hüpfte er strahlend vor Glück die Straße entlang. Dabei sprach er kein Wort, ja, er sah uns gar nicht an. Er war ganz versunken in sein abwechselndes Spiel von Hüpfen und Fahrradfahren. Es war, als tanze er nur für sich selbst sein Glück. Rolf rief lachend: „Monika, was hast du dem in den Kakao getan?"

Ja, so glücklich hatten wir unseren Lucas noch nie erlebt. Nun planten wir seinen großen Auftritt vor Anna. Letzten Samstag war es dann soweit. Beide Kinder waren gekommen – und die Show begann.

„Heute wird aber mal geübt, ohne Stützräder zu fahren", sagte Rolf mahnend zu Lucas. Lucas quengelte. Nein, er wolle unbedingt mit Stützrädern fahren. Er schauspielerte großartig.

„Dann versuch es doch wenigstens einmal", bat Rolf. Anna stand mit ihrem Fahrrad daneben und hörte dem Geplänkel zu. Ich lag im Küchenfenster und hatte wieder einmal heißen Kakao anzubieten.

Lucas zierte sich, zögerte, ließ sich aber nach drängenden Bitten von Rolf dazu überreden, sich wenigstens einmal auf sein Rad zu setzen, das keine Stützräder mehr hatte. Rolf hielt ihn fest, Lucas saß auf – und brauste an Anna vorbei die Straße hinunter. War das eine Freude, war das ein Triumph für Lucas. Anna war dann doch etwas überrascht. Nach einer Weile fuhr sie gemächlich hinter ihm her. Was soll's? Heute hat Lucas mich zwar eingeholt, morgen bin ich bei etwas anderem wieder besser. Aber das hat Lucas' Glück in keiner Weise beeinträchtigt. So hat Lucas Fahrradfahren gelernt. In den Sommerferien fährt Anna mit ihrer Freundin und deren Familie für drei Wochen nach Fehmarn.

Damit auch Lucas verreisen kann, nehmen Rolf und ich ihn eine Woche mit nach Büsum.

23.12.1998

Und wieder steht ein Heiliger Abend vor der Tür. Wer hätte 1996 gedacht, dass ich doch noch ein paar Heilige Abende erleben würde? Der Heilige Abend ist für mich immer ein ganz besonderer

Tag. Ab dem dritten Advent spüre ich eine innere Spannung, die sich allmählich steigert. Und die sich erst in der Christmesse löst mit dem Satz: „Heut' ist uns Christus geboren." Es ist so, als würde er in mir geboren.
Werde ich dieses befreiende Glücksgefühl auch an diesem Heiligen Abend wieder erleben? Ich weiß es nicht. Es ist ein Geschenk und Geschenke sind nie selbstverständlich.

5.1.1999
Ja, am Heiligen Abend hatte ich in der Christmesse wieder dieses befreiende Glücksgefühl: „Christus ist heute geboren." Rolf staunt mich dann immer von der Seite an, wenn er sieht, wie ich strahle. Er sagt, dass meine tiefe Freude sich auf ihn überträgt. Ich habe Weihnachten immer geliebt. Aber in den letzten Jahren hat es sich für mich zum schönsten Fest des Jahres entwickelt. Genauer gesagt, sind es der Heilige Abend und der Karfreitag, die ich besonders intensiv erlebe.
Ich glaube, dass jeder Mensch den Heiligen Abend so beglückend erleben kann. Denn es gibt sicher bessere Menschen als mich, denen Gott sich gern erfahrbar machen möchte. Aber dazu gehört nun mal, dass der Mensch sich dafür öffnet.

Sylvester haben wir dann wieder mit Doris, Hanna und Kalla verbracht. Es war wieder ein sehr unruhiges Jahr, das Jahr 1998. Mit meiner Gesundheit bin ich zufrieden. Ich habe gottlob noch keine Metastasen. Und die Geschwulst in meiner Schilddrüse ist auch nicht gewachsen. Die ärztlichen Kontrollen sind weiterhin vierteljährlich. Allerdings sind die Erschöpfungsphasen wieder aufgetreten.
Vermutlich hatte ich mir wieder zuviel zugemutet, ja, auch mit den Enkelkindern. Ich gestand es mir nur ungern ein. Aber es war so. Wenn beide Kinder zu uns kamen, belastete mich das, zumal sie sich öfter stritten, was ja unter Geschwisterkindern nichts Besonderes ist. Aber mir setzte dieser Stress sehr zu. Rolf und ich suchten nach einer Lösung. Eine Möglichkeit wäre, die Kinder eine Zeit lang einzeln zu nehmen. Ich sprach mit Isa. Erklärte ihr, dass ich im Augenblick nicht die Kraft hätte, beide Kinder zu nehmen. Deshalb wäre es mir lieber, wenn die Kinder eine Zeit lang einzeln zu uns kämen. Isa empfahl uns daraufhin, wir

sollten uns doch endlich mal entscheiden, ob wir Schönwetter-Großeltern sein wollten oder auch bereit wären, Verantwortung für die Kinder zu übernehmen. Wir haben uns für das schöne Wetter entschieden.

2.5.1999
Seit einer Woche sind wir wieder zurück aus Büsum. Die erste Woche war Lucas bei uns, die zweite Woche waren Rolf und ich allein. Was hat uns da dieser kleine, gewitzte Kerl gefehlt!
Am ersten Abend in Büsum weinte Lucas. Er hätte Heimweh, schluchzte er. Wir haben dann gemeinsam zu Hause angerufen. Es war rührend zu hören, wie liebevoll die Geschwister am Telefon miteinander umgingen.
Am nächsten Morgen stand Lucas an meinem Bett. „So, ich habe jetzt kein Heimweh mehr", sagte er stolz. Und dabei blieb es auch.
Rolf und ich hatten zu Hause schon gelegentlich mitbekommen, wie viel Lebenslust in diesem kleinen Kerl steckte. Nun aber erlebten wir es eine Woche hautnah, von morgens bis abends.
Lucas war in Büsum glücklich. Und der Schalk blitzte oft aus seinen warmen dunkelbraunen Augen. Genügsam und vergnügt hatte er ständig einen liebevollen Schabernack für uns parat. Der fünfjährige Knirps schaffte es immerzu, Rolf und mich zu veräppeln. Und dann dieses strahlende Lucas-Lachen, wenn es gelang! Wie oft hat Rolf versucht, dieses glückliche, unbeschwerte Lachen mit der Kamera einzufangen. Vergeblich. Er ließe sich nicht gern fotografieren, sagte Lucas und hüpfte lachend davon.
Wenn wir Radtouren machten, nahmen wir Lucas in unsere Mitte. Er fuhr, ohne zu ermüden oder gar zu quengeln, lange Strecken mit uns.
An einem Nachmittag entschlossen wir uns zu einer Bootstour auf dem Fischkutter „Ol Büsum". Im Hafen wirkte das Wasser ja noch ruhig, doch draußen auf See schaukelte die „Ol Büsum" bei Windstärke Acht bedenklich. Ich plante in Gedanken schon mal unsere Rettungsaktion. Wo sind die Schwimmwesten? Wo springe ich mit Lucas am besten über Bord? Wie komme ich zusammen mit Lucas, der ja noch nicht schwimmen konnte, heil an Land? Die geübte Schwimmerin war ich in unserer Familie. Aber mit dem fast sechsjährigen Knirps an Land zu kommen, würde auch

für mich nicht einfach werden. Erst als die Rettungsaktion in meinen Gedanken festlag, wurde ich ruhiger.
Rolf hatte inzwischen Lucas auf den Schoß genommen und erklärte ihm ruhig, dass er keine Angst zu haben brauche. Das Schiff sei aus Holz und Holz könne im Wasser nicht untergehen.
Die „Ol Büsum“ ging tatsächlich nicht unter.
Rolf und Lucas fanden die Bootstour im Nachhinein abenteuerlich und haben viel darüber geredet.
Ich aber war mal wieder haarscharf an einer Katastrophe vorbeigekommen.
Inzwischen hatten wir Lucas in Büsum zum Schwimmunterricht angemeldet. Anna konnte schon schwimmen und Lucas hinkte wieder einmal hinterher. Nach der Erfahrung, die Rolf und ich mit Lucas zu Hause beim Radfahren gemacht hatten, hielten wir es auch diesmal für besser, weder Anna noch Isa zu informieren, dass Lucas schwimmen lernen würde. Lucas war einverstanden. Als sei es Fügung, hatte sich zur selben Zeit für den Schwimmunterricht ein gleichaltriger Junge angemeldet. Das war natürlich für beide Jungen ideal. Sie waren zu zweit und hatten dennoch fast so etwas wie Einzelunterricht. Lucas lernte eifrig schwimmen, sogar im Schlaf. Während einer Autofahrt schlief er ein. Und schlafend bewegte er seine Arme, als schwimme er zügig durchs Wasser. Schade, dass wir keinen Fotoapparat dabei hatten. Schon nach der dritten Übungsstunde konnte Lucas schwimmen. Ja, er schwamm wesentlich sicherer und besser als sein Mitschwimmer Silvan. Das freute mich sehr, auch wenn ich das nicht gerade fein von mir fand.
Ob er denn jetzt sein Seepferdchen machen wollte, fragte die Bademeisterin unseren Lucas.
Und ob er das wollte! Dann hätte er erstmals seine Schwester nicht nur eingeholt, sondern überholt. Denn Anna hatte das Seepferdchen noch nicht. Und eine solche Chance konnte sich Lucas doch nicht entgehen lassen. Während der vierten Übungsstunde machte Lucas sein Seepferdchen.
Ich schwamm in gebührendem Abstand in seiner Nähe und beobachtete ihn, immer bereit, notfalls einzugreifen. Lucas schwamm ruhig. Doch kurz vor Ende der Zeit, baute er plötzlich ab. „Er schafft es nicht“, dachte ich kurz. Aber da hatte ich Lucas unterschätzt. Alle Reserven mobilisierte er und schwamm dann ganz souverän die vorgeschriebene Viertelstunde.

Auch wenn es wieder nicht fein von mir war: Ich war stolz darauf, dass Lucas es sofort geschafft hatte und Silvan erst nach dem zweiten Versuch – und dann auch noch mit zugedrückten Augen der Bademeisterin. Für Rolf und für mich war es erhebend, als beiden Jungen die Seepferdchen-Urkunden überreicht wurden. Es war fast so etwas wie eine olympische Goldmedaille. Beinahe hätte ich das Deutschlandlied angestimmt. Das olympische Seepferdchen habe ich natürlich sofort auf Lucas' Badehose genäht. Ehre wem Ehre gebührt! Aber wie stolz war er selbst! Er konnte es kaum abwarten, abends vor allem Anna von seinem Erfolg zu berichten. Isa konnte es kaum glauben. „Ja, er hat sein Seepferdchen", rief ich von hinten in den Hörer. Lucas strahlte, als er den Hörer auflegte. Anna sei sehr ruhig gewesen, erzählte er und lachte sein fröhliches Lachen. Vermutlich plante Anna schon, wann sie jetzt ihr Seepferdchen machen wird. So ein Wettstreit motiviert die Kinder doch sehr, ein Ziel zu erreichen und belebt dabei auch noch die Großeltern.
Dann war die Woche mit Lucas zu Ende.
Rolf brachte ihn zurück nach Wuppertal. Als Rolf ohne Lucas zurück nach Büsum kam, saßen wir zwei Alten verloren am Tisch und starrten auf den leeren Platz von Lucas. Dann haben wir geweint, Rolf und ich. An allen Ecken fehlte uns der kleine Kerl. Und Rolf lief in Büsum herum wie Falschgeld. Als wir abends bei Isa anriefen, sagte sie, auch Lucas sei traurig. Er ist uns in der Woche in Büsum noch mehr ans Herz gewachsen als ohnehin schon. Ich sehne mich nach seinem strahlenden Lachen. Es wärmt mich und lockert die Verkrustungen meiner oft müden Seele.

4.5.1999
Heute hatte ich einmal Namenstag. Wenn ich du wäre, heilige Monika, ließe ich mich lieber am 4. Mai ehren als am 27. August. Alles ringsumher blüht, und ich könnte meinem Sohn aus der Ferne zuwinken. So, wie ich nur noch aus der Ferne meiner Tochter zuwinke. Das ist weniger belastend. Sicher bin ich nicht die Mutter, die Isa gern hätte. So wie Isa nicht die Tochter ist, die ich gern hätte. Doch ich liebe dieses kapriziöse Geschöpf, das mir so wenig ähnelt und doch meine Tochter ist. Daran gibt es nichts zu deuteln. Sie kann nicht vertauscht worden sein. Ich habe miterlebt, wie sie sich ihren Weg ins Licht erkämpfte, habe ihr dicht behaartes Köpfchen berührt,

kurz bevor sie mit einem „flutsch“ ins Leben plumpste. Sie war das schönste Baby, das ich je gesehen hatte. Und der Himmel war so klar, als hätte jemand einen Schleier zerrissen. Ich war hellwach in dieser Nacht. Und ich habe meine Isa danach nicht mehr aus den Augen gelassen. Nein, ich werde ihr nicht mehr sagen, wie lieb ich sie noch immer habe. Früher habe ich ihr das oft gesagt, und dass ich froh wäre, sie bekommen zu haben. Doch das hat uns offenbar nicht gut getan. Unsere Beziehung heute ist auch das Ergebnis dieser gezeigten und geäußerten Mutterliebe. Vielleicht war es nicht die Liebe, die Isa gebraucht hätte. Aber es war die einzige Form von Liebe, die ich geben konnte. Und davon habe ich alles gegeben, was ich hatte und noch etwas mehr. Dank für alles, was ich für meine Tochter auf mich genommen habe, erwarte ich nicht. Dazu bin ich selbst zu sehr traumatisiert von einer Mutter, die Dank forderte. Mir würde es schon reichen, wenn das, was ich für Isa und ihre Familie tue, nicht gar so selbstverständlich hingenommen wird. Ob Isa überhaupt ahnt, wie lange ich an manchen Stopf-, Flick- und sonstigen Näharbeiten für sie und die Kinder sitze? Ob sie weiß, wie mühsam Flicken auf Kinder-Jeans zu nähen sind? Ob sie mal darüber nachdenkt, dass die „Rölleken“, die ich ihr zustecke, Schein für Schein von mir zusammengespart wurden? Isas Reaktion auf all das wird sein, dass sie nächsten Sonntag den Muttertag ignoriert.
Hab ich das wirklich verdient, Gott?

11.5.1999
Bingo! Wieder ein Treffer. Isa hat den Muttertag ignoriert. Sie weiß natürlich, dass mir der Muttertag viel bedeutet. Ich war immer stolz darauf, Mutter zu sein, vom Tag ihrer Geburt an. Ich betrachte meine Tochter, die ich so liebe und sehe hinter ihr meine Mutter, die ich nicht liebe. Sie lässt sich eben nicht ins familiäre Abseits drängen, meine Mutter.
Hätte ich all das, was ich heute weiß, doch schon 33 Jahre früher gewusst. Ich hätte vieles anders gemacht. Die Situation kann ich heute nicht mehr ändern. Isa kann ich auch nicht mehr ändern. Aber ich kann mich selbst noch ändern. Es ist die einzige Möglichkeit, die ich noch habe, um nicht aufzuschreien vor Schmerz.

Ich habe mich innerlich entfernt von Isa. Denn nur was einem nah ist, kann man von sich wegschlagen. Und aus der Ferne winke ich heute meiner Tochter zu.

26.5.1999
Auch wenn ich meiner Tochter nur aus der Ferne zuwinke, im Blick habe ich sie noch immer. Und ich sehe, dass ihr das Leben, das sie nun gewählt hat, nicht leicht fällt. Wären wir eine heile Familie, könnten wir alle zusammen in ein größeres Haus ziehen. Rolf und ich würden unser Haus verkaufen für ein älteres Zweifamilienhaus. Wir würden in die obere Etage ziehen. Du, Isa, könntest mit deiner Familie unten wohnen. Ihr hättet einen Garten, in dem Ihr Euch vergnügen könntet. Die Kinder hätten ihre Großeltern ganz in der Nähe. Und wir hätten Familienangehörige, die sich vielleicht im Alter um uns kümmerten. Schade, Isa, dass dies ein Traum bleibt.

5.11.1999
Manchmal betrachte ich Rolf und kann es nicht glauben, wie innig unsere Beziehung geworden ist – nach all dem Leid, das wir uns vor vielen Jahren zugefügt haben. Ich sollte viel öfter über Rolf schreiben. Darüber, dass sich zwischen uns ein kontinuierliches, ruhiges Glück entwickelt hat. Darüber, dass er heute der wichtigste Mensch in meinem Leben ist, auch wenn er es nicht leicht mit mir hat. Auch wenn ich ihm nicht ganz gehöre, weil ich noch einem anderen gehöre, der es auch nicht leicht mit mir hat. Wer das ist? Das ist der mit dem weißen Schmetterling…

10.2.2000
Seit ein paar Monaten bin ich rund um die Uhr beschäftigt. Ich schreibe und schreibe. Es begann alles mit einer inneren Reise. Wir hatten in meiner Krebs-Selbsthilfegruppe wieder einmal eine Visualisierungsübung gemacht. Mich sprechen solche Phantasie-Reisen immer besonders an. Ich kann dabei meine Seelenlandschaft verändern oder sogar Lebenshilfen mit in meinen Alltag nehmen. Deshalb freue ich mich immer, wenn so etwas angeboten wird.
An einem Donnerstag vor vielen Monaten versetzte unsere Leiterin uns wieder einmal in einen meditativen Zustand. Und die innere Reise begann.

Ich sitze allein an einem einsamen Strand. Das Meer schickt spielerisch kleine Wellen ans Ufer. Es ist ein sonniger Nachmittag. Ich lasse meine Zehen genussvoll durch den warmen Sand gleiten.
Hinter mir ist eine Hütte in den Fels gehauen. Sie ist sehr stabil aus Holz gebaut. Hier kann ich ein paar Tage bleiben und mich von der Mühsal des realen Alltags erholen. Ich atme ein ruhiges Glücksgefühl ein und meine innere Unruhe atme ich aus. Ein, aus, ein, aus… Mein Körper wird langsam warm. Von der Sonne und dem eingeatmeten Glück. Nach einer Weile sagt eine Stimme, ich möge mich jetzt von diesem Paradies verabschieden. Schade, ich hatte mich gerade so wohl gefühlt. Doch in meiner Nähe läge ein Geschenk für mich. Das könne ich mitnehmen in meinen realen Alltag. Neben mir liegt kein Geschenk. Macht nichts, dann phantasiere ich mir einfach eine Kristallkugel in den warmen Sand. Kristallkugeln haben sich auf meinen Phantasie-Reisen immer bewährt. Doch es gelingt mir nicht, eine Kristallkugel zu phantasieren. Ich werde ärgerlich. Sonst klappt es doch immer so gut, meine Phantasie-Reisen zu beeinflussen. Doch der Sand bleibt leer.
Nun sagt die Stimme, dass ich langsam wieder hinauf in die Realität steigen soll. Aber das Geschenk hielte ich fest in meiner Hand. Ich habe kein Geschenk. Frustriert erhebe ich mich. Na gut, auch bei mir kann ja mal eine Phantasie-Reise daneben gehen. Als ich den Strand verlassen will, entdecke ich, dass hinter mir ein Stück Papier liegt. Also doch noch ein Geschenk. Erfreut greife ich zu. Ganz sicher steht darauf eine Nachricht, die mir in meinem realen Alltag bei irgendetwas weiterhelfen wird. Doch die Seite ist leer. Ich drehe sie um, halte sie gegen die Sonne, nirgendwo ist auch nur ein Buchstabe zu finden. Nun bin ich wirklich verärgert. Das ist ja diesmal eine magere Ausbeute. Ich will gerade die leere Seite ins Meer werfen, da lässt ein Impuls mich innehalten. Mit dem leeren Blatt Papier in der Hand steige ich hinauf in meine reale Welt.

Ich öffne die Augen. Auch die anderen Gruppenteilnehmerinnen kehren langsam zurück in die Wirklichkeit. Ich sehe nur zufriedene, ja strahlende Gesichter. Die Reise ins eigene Innere hat allen gut getan. Nun sollen wir von unserer Phantasie-Reise erzählen, vor allem, welches Geschenk wir von dort mitgebracht haben. Eine nach der anderen berichtet, wie schön es dort in der inneren Welt war und welches Geschenk mitgebracht wurde.

Ich habe mich nicht gemeldet. Was soll ich denn auch berichten? Doch es geht reihum, jede kommt dran. Ich bin die Letzte. Muffelig erzähle ich von irgendeinem Strand, an dem ich war. Mehr habe ich ja auch nicht erlebt.
„Ja, aber das Geschenk!"
„Ich habe kein Geschenk."
„Gar kein Geschenk?"
„Na ja, Geschenk kann man das wohl nicht nennen."
„Was ist es denn?"
„Ein leeres weißes Blatt. Nichts weiter als ein leeres weißes Blatt." Ich bin merklich angesäuert.
„Aber da steht doch sicher eine Nachricht drauf?"
„Nein", jetzt werde ich ungehalten, „da steht eben keine Nachricht drauf. Ich sage es noch einmal: Es ist ein leeres weißes Blatt." Ich greife meine Handtasche und rüste mich zum Aufbruch.
„Moment", sagt unsere Leiterin und hebt ihre Hand, um uns auf unseren Plätzen zu halten. „Haben Sie denn gar keine Idee, was Sie mit einem leeren Blatt Papier anfangen könnten?"
„Nein", sage ich gereizt, „ich habe keine Idee."
„Aber ich habe eine Idee", sagt unsere Leiterin. „Ich glaube, Sie sollen schreiben. Das leere Blatt Papier sagt Ihnen, dass es etwas niederzuschreiben gibt in Ihrem Leben." Überrascht blicke ich in die Runde. Alle meine Krebsgenossinnen nicken freundlich. Das sei ihnen doch sofort klar gewesen, als ich von dem leeren Blatt gesprochen hätte. Hm, hm, grummele ich nachdenklich vor mich hin.
Auf dem Weg nach Hause bleibe ich mitten auf der Herzogstraße stehen. Ich schlage meine Hand an die Stirn. Aber natürlich gibt es für mich etwas niederzuschreiben! Warum bin ich nicht gleich darauf gekommen? Ich soll meine Tagebücher aufarbeiten und in eine Buchform bringen. Aus all diesen vielen hundert Seiten, die ich im Laufe von mehr als 40 Jahren beschrieben habe, soll ich eine Essenz ziehen. Vielleicht für meine Enkel, vielleicht für andere, vielleicht auch nur für mich.
Und das tue ich seitdem. Für nichts anderes habe ich mehr Zeit. Ich schreibe und schreibe. Und vieles kommt mir wieder ins Bewusstsein, was ich längst vergessen glaubte. Dabei trage ich es weiterhin brav in meinem Seelenrucksack durchs Leben. Wenn ich wirklich diesen Seelenrucksack leeren will, muss ich mir einiges,

was ich darin gut verpackt hatte, wohl noch einmal ansehen. Dazu scheint Mals zu gehören. Und – Anja.

Als ich begann, langsam den „Anja-Brocken“ aus meinem Rucksack auszupacken, spürte ich erstmals, wie sehr mir Anja die letzten Jahre gefehlt hat. Aber mir wurde auch klar, wie sehr ich um diese Freundschaft gerungen habe. Und wie teilnahmslos mir Anja dabei einfach nur zugesehen hat. Sehnsucht nach Anja und Bitterkeit über ihr Verhalten habe ich aus meinem Seelenrucksack herausgeholt und vor mir ausgebreitet. Was nun?

2.4.2000

Vor ein paar Wochen hatten wir nach langer Zeit mal wieder ein Klassentreffen in Aplerbeck. Klassenkamerad Schal-Lui, mein Ludwig, der mir mit elf Jahren versprach, unsere Ehe nicht zu brechen und sie dennoch brach, hatte alle informiert, auch Anja. Anja hätte zugesagt zu kommen, erzählte er mir. Doch Anja kam nicht, ohne jede Erklärung.

Ich nahm mir vor, Anja den Zeitungsbericht über unser Klassentreffen zuzuschicken.

Es war wieder ein rundum gelungenes Klassentreffen. Hatte ich nicht erst gestern unsere schmächtigen 14-jährigen Jungs mit den großen Aktentaschen unter dem Arm im Dunkeln auf dem Weg zur Arbeit gesehen? Und diese Jungs sprachen jetzt von Rente und Vorruhestand. Dabei war aus allen etwas geworden. Da sag noch einer der Jahrgang 1945 sei ein magerer gewesen...

Natürlich war unser ehemaliger Klassenlehrer Althans gekommen. Er sah noch immer gut aus, obwohl er doch längst über 80 Jahre alt sein musste.

Tausende von Schülern hätte er in seinem Leben gehabt, erzählte er. Doch ganz besonders unsere Klasse sei ihm noch in guter Erinnerung, weil das auch für ihn persönlich entscheidende Jahre gewesen seien. Natürlich könne er sich auch an einige Schüler erinnern, die er später gehabt hätte. Aber an unsere Klasse hätte er noch die lebendigste Erinnerung. Ja, er wusste sogar noch, wo ich in Aplerbeck gewohnt hatte. Ich saß neben ihm und plötzlich kamen wir auf die katholische Kirche zu sprechen. Schließlich waren wir damals als neu gegründete katholische Schule in einer gewissen Außenseiterrolle. Ich habe Herrn Althans erzählt, dass ich nach vielen Jahren zurück zur katholischen Kirche gefunden hätte. Er hörte interessiert zu. Er verstehe einfach nicht, sagte er anschließend, was die Leute bloß davon haben, aus der Kirche auszutreten. Tief in ihrem Herzen bleiben sie sowieso katholisch. Stimmt das, Rolf?

27.5.2000
Ich schreibe und schreibe an meinem Buch. Parallel dazu schreibe ich ja auch noch fortlaufend mein Tagebuch. Vielleicht treffen irgendwann mein Tagebuch und meine Biographie zeitlich zusammen.
Je länger ich mich mit meinem Leben beschäftige, desto weniger verstehe ich das Leben. Da habe ich die erste Hälfte meines Lebens damit verbracht, Problemknoten zu knüpfen. Und die zweite Hälfte meines Lebens damit, diese Knoten wieder aufzulösen. Welchen Sinn hatte das?
Und mein religiöses Fundament? Das hilft mir, mit meinen Problemknoten besser umgehen zu können. Und es gibt mir das Gefühl, ein endgültiges Ziel zu haben, ja, im Letzten irgendwo aufgehoben zu sein. Aber es erklärt mir auch nicht, warum ich lebe. Wenn ich vor meinem Leben bei Christus war und nach meinem Leben – vielleicht – dorthin zurückkehre, warum liegt dazwischen mein Leben mit all dem Ringen und Suchen, mit all den Tränen, dem Leid und mit der Gefahr, das Ziel „Christus" sogar zu verfehlen? Das hätte ich mir doch wirklich sparen können.
„Denke daran, bevor du ins „Gelobte Land" einziehst, musst du das Rote Meer und die Wüste durchqueren", sagt Don Bosco auf meinem Kalenderblättchen. Ich will ja gern daran denken, Don Bosco. Aber ich wüsste auch gern, warum ich denn die Wüste durchqueren muss. Ja, warum ich überhaupt geboren wurde. Ich wäre doch viel lieber bei Christus im Gelobten Land geblieben, anstatt mich hier auf der Erde herumzuplagen. Oder war ich vor meiner Geburt vielleicht gar nicht bei Christus? Ist meine Seele vielleicht auch erst bei meiner Zeugung erschaffen worden? Dann wäre das Leben vielleicht erst ein Weg auf Christus zu.
Warum aber sagt mein Herz, dass ich Christus kenne? Warum habe ich das Gefühl, am Ende meines Lebens „nach Hause" zu gehen? Zu Hause kann ich doch nur dort sein, wo ich schon einmal war. Und wenn ich dort war, warum bin ich ausgewandert?

Womit ich wieder bei der Frage bin: Warum lebe ich? Nun bin ich so alt geworden und verstehe vom Leben immer weniger.

7.9.2000
Meine Biographie hat mein Tagebuch zeitlich eingeholt, wie ein Intercity eine S-Bahn. Nun stehen sie beide nebeneinander auf dem Bahnhof. Jetzt werden sie gewartet und aufbereitet für die Weiterfahrt, jeder Zug zu einem anderen Zeitpunkt in eine andere Richtung.
Auch ich mache mich jetzt auf die Reise. Ich fahre noch einmal nach Mals!

Oktober 2000
„Isa hat grüne Augen", sagt Toni nachdenklich, als ich ihm von Annas hellbraunen Augen erzähle, die mich so sehr an seine erinnern. Mein Cappuccino ist kalt geworden. Ich schiebe ihn zur Seite. Toni lächelt und versucht dabei, sich meinen Augen zu entziehen. Er schafft es nicht. Sein Blick öffnet mit leichtem Druck mein Inneres. Ich lasse es geschehen. Auch seine Seele ist geöffnet. Bruchteile von Sekunden taucht er in mich ein. Der Mensch Toni begegnet dem Menschen Monika. Niemals waren wir uns so nah, damals vor 35 Jahren. Wir haben ein gemeinsames Kind und sind uns doch nie begegnet, damals in jenen sternenklaren Nächten, als mein Herz noch langsamer schlug. Toni betastet mit seinen Blicken mein Gesicht, erkundet die ersten Linien des Alters und die beginnende Altersweichheit meiner Haut. Auch mein Herz ist weicher geworden, Toni. Doch ich weiß noch immer nicht, ob ich dir verzeihen kann. Noch immer neide ich dir dein gutes Leben, während ich die Schwielen meiner Seele betrachte.
Tonis Blick löst sich aus meinem. Er sieht Rolf an – und rutscht in seinem Sessel in sich zusammen.
„Ist dieses Zusammentreffen mit Toni in Ordnung für dich?", frage ich Rolf. Rolf nickt. Aber die Spannung zwischen uns surrt, als tänzelten wir drei vorsichtig tastend um einen Hochspannungsmasten. Rolf holt Luft und schweigt. In ihm formt sich langsam ein Satz, den er gleich aussprechen wird.
Ich habe gelernt, auf diese Sätze zu warten.

„Was ich Ihnen schon immer sagen wollte“, sagt Rolf langsam zu Toni, „danke für Isa, danke für diese prächtige Tochter.“ Toni lächelt verkrampft. Ach, säße er doch auf einem Schleudersitz und könnte sich hoch über Mals hinweg auf die rückwärtige Seite des Ortlers katapultieren. Das ist Tonis Wunsch. Er steht in seinen wunderschönen hellbraunen Augen und liegt in der Gestik seines in sich zusammengesunkenen Körpers. Und doch: Er hat Mut bewiesen, Mut, sich mir zu stellen – endlich!

Bei der Aufarbeitung meiner Tagebücher wurde mir bald schon klar, dass zwei Abschnitte meines Lebens noch nicht abgeschlossen waren: Anja und Mals. Anja hatte vor 15 Jahren endgültig den Kontakt zu mir abgebrochen. Ich habe die meiste Zeit meines Lebens ohne sie gelebt. Und doch gab es einmal eine Zeit, in der gerade das für mich undenkbar gewesen wäre. Sie hat mir gefehlt all die Jahre. Obwohl andere Freundschaften mein Leben bereichert haben. Doch zu dem Ausgangspunkt unserer damaligen Beziehung wollte ich keinesfalls zurück. Was also wollte ich? Einen klaren Abschied? So wie ich mich in letzter Zeit von vielen Dingen und Menschen nachträglich verabschiedet habe? Und was zog mich nach Mals? Jetzt nach 35 Jahren? Diesen unklaren Drang konnte ich mir nun gar nicht erklären. Glaubte ich doch immer, mit Mals endgültig abgeschlossen zu haben.
Ich beschloss, in diesem Jahr den Kontakt zu Anja wieder aufzunehmen und – nach Mals zu fahren.

Zu einem Klassentreffen im Frühjahr erschien Anja nicht. Ich schickte ihr einen Zeitungsbericht darüber und schrieb ein paar Zeilen dazu. Anja bedankte sich zurückhaltend-freundlich. Aus ihrer neuen Anschrift konnte ich ersehen, dass sie sich von Heinz-Walter getrennt hatte.
Nun plante ich meine Reise nach Mals.
Mals barg für Rolf verletzende Erinnerungen. Trotzdem wollte er mitfahren. Unsere heutige Beziehung würde dies aushalten, meinte er. Kurz vor unserer Fahrt nach Mals schrieb ich Anja, dass Rolf und ich sie auf der Durchreise gern besuchen würden. Drei Tage später rief sie an. Da war sie, meine Anja. Nach 15 Jahren trat sie wieder in mein Leben. Ihre Stimme klang tiefer, und ihre

Sprache ließ erkennen, dass sie 30 Jahre im Schwäbischen gelebt hatte. Sie freue sich auf unseren Besuch, sagte sie.
An dem Tag, als Rolf und ich Anja besuchten, schien die Sonne. Rolf erkannte Anja nicht sofort, als sie die Tür öffnete. Sie war verändert. Und dennoch, für mich unverkennbar und vertraut. Sie schien aufgeregt zu sein. Mehrmals wiederholte sie ihre Sätze. Und ihre Augen waren gerötet, als hätte sie kurz zuvor geweint. Wir verlebten einen harmonischen Nachmittag.
Anja öffnete sich mehr, als während der letzten Jahre unserer Beziehung. Ich blieb gefühlsmäßig reserviert, ohne mich darum bemühen zu müssen. Ich hatte gelernt, mich abzugrenzen. Als wir uns voneinander verabschiedeten, nahm sie Rolf mehrmals in den Arm.
„Ich war nur eine Ersatzfigur", sagte Rolf später zu mir. „Ihre Umarmungen galten dir." War es so? Dann ließ es mich seltsam unberührt. Es war genauso gekommen, wie ich es nach dem letzten Abbruch unserer Beziehung befürchtet hatte: Selbst wenn wir nun im Alter miteinander in Verbindung blieben. Die entscheidenden Jahre unseres Lebens waren aneinander vorbeigelaufen.
In der folgenden Nacht wurde ich wach.

Ein Schleimpfropfen sitzt in meiner Kehle.
Er spielt mit mir Katz und Maus.
Schlucke ich ihn hinunter,
steigt er wieder hinauf
an das Licht des Tages.
Würge ich ihn hinaus,
steigt er wieder hinunter
in das Dunkel meines Rachens.

Ich bin des Spieles müde
und lass es geschehen,
das eigenwillige Auf und Ab
der schleimigen Qualle,
die meine Kehle verstopft
und mein Herz verengt.

Wer bist du, schleimiger Rumpelstilz?
Dein höhnischer Tanz
im Dunkel der Nacht
raubt mir die Kraft
für den Tag.

„Weil du mich ansiehst,
sage ich dir,
wer ich bin.
Weil du mich lässt,
sage ich dir,
was ich will.

Ich bin deine Bitterkeit,
die du in dir trägst.
Über den Schmerz
einer verlorenen Freundschaft.
Über den Verlust von Menschen,
die du liebtest.
Über Rechnungen des Lebens,
die nur du bezahltest.

Ich bin deine vergiftete Liebe,
die Erlösung will."

Am nächsten Tag fuhren Rolf und ich nach Mals.

Die Fahrt nach Mals verläuft so reibungslos, als hätte eine unsichtbare Macht alle Türen geöffnet, weil ich schon lange erwartet werde. Hinter der nächsten Kurve liegt Mals. Mein Herz schlägt mir bis zum Halse hinauf.
Da ist der Ortler! Würdevoll thront er noch immer am Horizont, als sei er der Schlusspunkt der Welt. Unverändert, unverrückbar und unbeeindruckt vom Auf und Ab der menschlichen Schicksale. Nur manchmal hüllt er sich in seine Wolke, um nicht immerzu die gleichen Tragödien der Menschen mit ansehen zu müssen. Gib mir deine Wolke, Ortler. Ich will mich einhüllen in sie, mich verhüllen, um nicht gesehen zu werden, gleich, wenn ich nach 35 Jahren Mals wieder betrete.

Da ist der Kirchturm von Mals! Mein Herz schlägt zum Zerspringen. Der quadratische Turm mit seiner achteckigen Haube wird noch immer von einem schmalen Rundgang umgeben. Dort oben hatte vor 100 Jahren ein Wächter sein Zuhause, der die Bewohner von Mals rechtzeitig vor Gefahren warnte. Wen hätte er heute gewarnt? Toni?

Die Straße, die uns zum Marktplatz von Mals führt, ist nach einem Dr. Flora benannt. Damals hatten die Straßen in Mals noch keine Namen. Und der Marktplatz von Mals war das lebhaft pulsierende Herz des Dorfes.

Der Marktplatz von Mals ist menschenleer. Zu diesem Marktplatz ging Toni jeden Morgen mit monotoner Regelmäßigkeit, um seine Milchflasche füllen zu lassen und ein kurzes Schwätzchen im Dorf zu halten. Mit wem könnte er heute ein Schwätzchen halten?

Rolf und ich fahren zu unserem Hotel. Wir werden erwartet. Die Türen sind geöffnet. Und wir haben bestimmt das schönste Zimmer des Hotels erhalten. Ich werde abends einschlafen mit einem letzten Blick auf den Ortler. Und ich werde aufwachen mit meinem ersten Blick auf ihn. Ich wohne nun zwei Wochen im Hotel Tyrol, neben dem Fröhlichs-Turm in der Fröhlichs-Gasse. Und mir ist absolut nicht fröhlich zumute.

Am nächsten Tag gehen wir durch Mals. Neben dem ehemaligen Haus der Finanzer ist heute ein Buchladen, zu dem ich fünf Stufen hinabsteige. Ich werde neugierig gemustert. Die Anwesenden sind zu jung, um mich zu kennen. Langsam werde ich ruhiger. Vor mir liegt ein aufgeschlagenes Buch.

Das siebentürmige Mals ist die Königin des Vinschgaus. Warum ich Mals als weiblich empfinde, weiß ich nicht. Vielleicht sind es die vielen mauerumfassten Gärten, das gewundene Auf und Ab der Gassen, die Wölbung der Hanglage? Mals ist eine Frau, die lange und gern in der Sonne liegt. Die Türme sind die Zacken ihrer Krone. Dazu kommt noch funkelnder Schmuck. Mals ist eine Frau, die ihr ganzes Silber auf dem Leibe trägt.

Das Silber sind die architektonischen Kostbarkeiten, die liebevoll gestalteten Kunstwerke auf allen Plätzen und in den Winkeln. Die Kunst zieht sich durch Mals wie ein roter Faden.

(aus: Der Vinschgau, von Hans Wielander)

Seltsam angerührt verlasse ich den Laden. Ich gehe zum Marktplatz, dem Herzen von Mals. Ein paar ältere Wanderer gehen an mir vorbei. Stille umfängt mich. Ich setze mich auf eine Bank. Nein, hier sprudelt das Leben nicht mehr wie perlender Sekt. Das Herz von Mals ist runderneuert, aber es ist träge und leblos. Der Sekt ist schal geworden.
Zwei alte Frauen sitzen schweigend im „Grauen Bären“ und schlürfen ihren Cappuccino.
Ich werde müde.
„Ciao, Mona“, ruft Tonini und lacht sein strahlendes Lachen. Er kommt auf mich zu und versucht, mich zu küssen. „Non ho l'età, non ho l'età per amarti“, singe ich und weiche lachend seinen Küssen aus. „Du und ich, Mona – ballare – heute Abend?“ – „Si, si“, rufe ich lachend. Und Tonini strahlt wie die Sonne von Mals. Ein paar Alpini gehen lautstark palavernd an mir vorbei. Der Markt von Mals bevölkert sich. Und in mir ist wieder jene freudige Erregung, die mein Herz tiefer und langsamer schlagen lässt.

„Komm, lass uns weitergehen“, sagt Rolf gelangweilt. Ach ja, Rolf ist neben mir. Und wir schreiben das Jahr 2000. Und ich gehe jetzt über die Hauptstraße von Mals. Jener Hauptstraße, in der Mals damals ein- und ausatmete. Damals, als die Straßen in Mals noch keine Namen hatten.
„Ich frage mich die ganze Zeit“, sagt Rolf gedehnt, „was haben zwei junge Mädchen vor 35 Jahren in diesem verschlafenen Nest Jahr um Jahr eigentlich gesucht?“ – „Das volle Leben, mein Lieber“, denke ich und gehe schweigend neben Rolf weiter.
In der Ferne taucht unser altes „Hotel Panorama“ auf. Hier haben wir getanzt, gesungen, gelacht und geflirtet, auf Teufel komm raus, zum Entsetzen vieler Einheimischer. Und wie harmlos, wie kindlich unbefangen waren unsere Späße damals vor 35 Jahren, bis ich zum ersten Mal in meinem Leben „Ja“ sagte zu einem Mann, zu Toni, der mich auf der Stelle schwängerte.
Rolf und ich gehen hinaus auf die Terrasse. Stille umfängt uns. Wir sind die einzigen Gäste. Wie oft habe ich hier gestanden, habe mich an der sonnenhellen Pracht des Ortlers nicht satt sehen können, wenn um ihn herum alles in Schatten getaucht war. Der Blick hinauf zum Ortler und hinunter auf die Wiesen von Mals

ist mir so vertraut wie damals, als ich noch Jahr um Jahr hier hin zurückkehrte.

„Hier auf dieser bedrückend leeren Terrasse haben wir früher getanzt, gelacht und geflirtet", sage ich nachdenklich zu Rolf. Seine Lippen sind schmal geworden. „Ich habe keine Lust, mir deine Erinnerungen anzuhören." Und die Schärfe seines Tones durchschneidet die leblose Stille auf der Terrasse.

Ach ja, Rolf ist neben mir. Und ich bin 55 Jahre alt und Großmutter zweier Enkelkinder. Und die Straßen in Mals haben heute Namen.

Wir verlassen das „Panorama". „Lass uns zum Lido gehen", bitte ich Rolf. Dabei weiß ich, dass unser ehemaliges Lido brach liegt. Dass ein beheiztes Hallen-Erlebnisbad heute die Zierde des Dorfes Mals ist. Nein, wir brauchten damals kein Hallen-Erlebnisbad, und schon gar kein beheiztes. Wir erlebten genug unter der wärmenden Sonne von Mals. Damals, als die Herzen noch heiß und die Sinne hitzig waren.

Wir gehen an den alten Kasernen vorbei. Auch sie liegen brach. Unbewohnt und baufällig vegetieren sie müde ihrem Abriss entgegen. Kein Alpini hält mehr Wache, der jeden Vorbeikommenden soldatisch unnahbar ignoriert und sich ein paar Stunden später zum feurigen Casanova entwickelt.

Und wieder versinken Raum und Zeit. Ich bleibe stehen.

„No, no, tu casanova", versuche ich lachend den Küssen von Rolando auszuweichen. Ihm fehlen noch immer ein paar Backenzähne. Aber er ist groß. Und ich mag ihn sehr. Hinter mir kichert Anja: „Du kennst mich doch gar nicht, Piero." Und Piero ruft beschwörend: „Tu mio grande amore, Anni."

Leise summe ich in Rolandos Ohr: „Vor der Kaserne, vor dem großen Tor, steht eine Laterne und steht sie noch davor. Wenn wir uns einmal wiedersehn…"

Rolf löst seine Hand aus meiner. „Inzwischen frage ich mich nicht nur, was zwei junge Mädchen vor 35 Jahren in diesem verschlafenen Nest eigentlich gesucht haben. Inzwischen frage ich mich auch, was *ich* eigentlich hier suche."

Wir stehen plötzlich auf einem blitzsauberen, unbewohnten Campingplatz. In der Mitte des Platzes gähnt mir unser altes Lido als eine graue Erdmulde entgegen. Wie ein ausgedienter Gaul, dem

eine letzte Ehre erwiesen wird, weil er früher einmal die Zierde des Dorfes war.
„Warum wird diese Mulde nicht zugeschüttet?", frage ich Rolf nachdenklich.
„Keine Ahnung", erwidert Rolf gelangweilt, „aber sie macht sich doch ganz gut in der Mitte eines unbewohnten Campingplatzes – so als Relikt einer vergangenen Epoche."
Eine Träne läuft mir die Wange herunter. Nirgendwo in Mals ist noch ein Quellchen pulsierenden Lebens. Alte Lebensadern sind verödet, neue zu dürftig, um andere zu nähren. Mals, die Königin des Vinschgaus ist erstarrt, versunken in einen bleiernen Dornröschenschlaf. Und Prinzen gab es nur im Märchen, damals vor 35 Jahren. Doch wenn sie nicht gestorben sind…
„Lass uns zum Friedhof gehen", sage ich leise zu Rolf. „Ich will sehen, wie groß er geworden ist."
Schon nach wenigen Schritten stehe ich vor der Grabstätte von Tonis Eltern. Das Bild eines bösen alten Mannes sieht mir entgegen. So böse, wie ich diesen Mann damals im Vorübergehen erlebt habe, so böse ist er nun für immer in Stein gemeißelt.
Ich beuge mich hinunter, um das Foto von Tonis Mutter genauer zu betrachten. Die Mundwinkel nach unten gezogen, ihre Augen starr vor Verbitterung, entspricht sie selbst noch auf dem Foto ihres Grabsteines jener Frau, die mir den Gruß verweigerte. Damals, als sie längst schon wusste, dass ich sie zur Großmutter gemacht hatte.
Silvia Sartorius steht auf ihrem Grabstein. Ich bin überrascht. Zwei Tage lang hieß Isa nach ihrer Geburt Silvia, ohne dass ich den Vornamen von Tonis Mutter gewusst habe. Danke, gütiger Gott, dass du mir noch rechtzeitig den Namen „Isabel" hast einfallen lassen. Meiner Tochter den gleichen Vornamen wie Tonis Mutter gegeben zu haben, das hätte mich noch heute nach 35 Jahren belastet. Ein böses Lächeln legt sich auf mein Gesicht. „In unserer gemeinsamen Kirche, Silvia, gibt es so etwas wie ein Fegefeuer. Ich wünsche dir, dass du für das, was du getan hast und für das, was du nicht getan hast, all die Qualen erleidest, die ich mir als Kind an diesem Ort vorgestellt habe. Und die ich mir heute – erwachsen geworden – als brennende Schuldgefühle erklären kann. Ja, Silvia, brennende Schuldgefühle im Angesicht eines Gottes, vor dem du dein

Leben zu verantworten hast, die wünsche ich dir. Und damit: Adieu – für immer."

Ein paar Meter weiter entdecke ich die Gräber von Elenas Eltern. Was war wohl aus Elena geworden? Elena, die mir noch so lange geschrieben hatte?

„Kennen Sie die Familie Sprenger?" Eine Frau steht plötzlich neben mir und lächelt mich an. Sie hat eine Gießkanne in der Hand und wohl gerade eines der vielen Gräber hier gesäubert.

„Ja", sage ich gedankenverloren, „mit ihrer Tochter Elena war ich befreundet. Aber es ist lange her."

„Gehen Sie zu Elli Rist", sagt die Frau. „Die Elli kann Ihnen alles über die Familie Sprenger erzählen."

Ja, ich werde zu Elli Rist gehen, und zwar sofort.

Nun sitze ich Frau Rist gegenüber. Sie wirkt müde, denn wir haben sie gerade während ihres Mittagsschlafes gestört. Doch sie plaudert sich langsam wach. Sie freut sich, dass Deutsche nach 35 Jahren etwas über die Familie Sprenger hören möchten. Elena wohnt leider sehr weit von Mals entfernt. Aber ich habe nun ihre Telefonnummer und werde sie in den nächsten Tagen anrufen. Ich könnte also gehen.

„Was macht eigentlich Toni Sartorius?", höre ich mich plötzlich Frau Rist fragen.

Ja, spinne ich denn? Wie komme ich dazu, diese fremde Frau nach Toni zu fragen? Aber es ist zu spät. Ich kann die Frage nicht mehr zurücknehmen. „Dem geht es gut", sagt Frau Rist. „Der Toni hat die Grete Ischl geheiratet. Sie ist eine schöne Frau, und die beiden haben drei schöne Töchter." Etwas in mir hält den Atem an. „Wenn Sie die Straße am Autohaus Polin hinunter gehen, dort haben sie sich ein großes Haus gebaut", fährt Frau Rist fort. Auch Frau Rist weiß noch nicht, dass die Straßen in Mals jetzt Namen haben.

Ich kann wieder atmen. Und mit meinem Atem steigt langsam eine Welle des Zornes in mir hoch. Ich spüre, dass er aus mir herausbrechen will.

Nur mühsam halte ich an mich. Ich muss diesem Zorn Worte geben, bevor ich ihn herauslasse. Erst dann darf ich Wort für Wort langsam und kontrolliert fließen lassen. Und während Frau Elli Rist mir von dem guten Leben der Familie Sartorius erzählt, formt sich in mir langsam ein Wort: Rache.

Meine Hände zittern, als ich meine Schwangerschaft und die notvollen Jahren nach Isas Geburt an mir vorbeiziehen lasse. Einzelne Bilder, die langsam zu einem Film zusammenfließen.
Ich habe bezahlt, Toni, während du in einem guten Leben gesuhlt hast. Und jetzt ist es Hass, der in meinem Inneren ätzt, blanker Hass. Ich werde dir hier in Mals ein Bömbchen unter deinen glatten Arsch legen, Toni. Deine Töchter wissen nichts von der Existenz ihrer Halbschwester Isa. Du wünschtest deine Töchter weiterhin in dem Gefühl einer heilen Familienwelt zu wiegen. So hast du es zu Isa gesagt. Ich werde nun hier in Mals, nach und nach und ganz gezielt, die Information streuen, dass Toni Sartorius ein uneheliches Kind in Deutschland hat. Ich werde deinen schönen Töchtern ihr strahlendes Bild von einem ehrenwerten Vater in Fetzen reißen. Jetzt, bei Frau Rist fange ich an. „Frau Rist", beginne ich freundlich lächelnd, „ich interessiere mich deshalb für Toni Sartorius, weil ich früher einmal in ihn verliebt war." Frau Rist erwidert mein Lächeln. „Ja, so ist das in jungen Jahren nun einmal", sagt sie und ihre Stimme klingt, als lausche sie Vergangenem nach. Dann sieht sie ihren Sohn an. „Mein Sohn ist behindert. Und die Frau von Toni kümmert sich ein wenig um ihn." Nun bin ich völlig durcheinander. Ich sehe aus dem Fenster und denke nach. Wenn ich jetzt spreche, beschädige ich nicht nur Tonis Familienleben. Ich beschädige auch das Familienleben seiner Frau. Und die scheint ein wertvoller Mensch zu sein. Nicht jede Frau, die in Zufriedenheit, Wohlstand und Glück lebt, würde sich für den behinderten Sohn einer alleinstehenden, alten Rentnerin interessieren. Also gut, aufgeschoben ist nicht aufgehoben. Morgen ist auch noch ein Tag.

Am nächsten Tag möchte Rolf die Waal-Wege von Mals erkunden. „Was für Waal-Wege?", frage ich Rolf. Rolf schüttelt fassungslos den Kopf. „Du kennst die Waal-Wege von Mals nicht? Jenes alte Bewässerungs-System, das die Felder von Mals jahrhundertelang mit Wasser versorgte?" Ich hülle mich vorsichtshalber in Schweigen. „Na ja", sagt Rolf spitz, „du hattest damals natürlich andere Interessen."
Wir gehen durch den Park von Mals und steigen weiter hinauf. Nach ein paar anstrengenden Kletterminuten kommen wir in eine Landschaft, die nach jeder Biegung ihr Gesicht verändert. So

abwechslungsreich und bunt, dass ich – längst müde geworden – immer „nur noch bis zur nächsten Kurve“ weiterlaufe, um zu sehen, welches Landschaftsbild sich mir da bietet.
An diesem Tag habe ich die Waal-Wege von Mals kennen gelernt, die es damals schon gab, vor 35 und vor Hunderten von Jahren. Und ich habe mir die Schönheit der Natur auf den sanften Hügeln von Mals erschlossen, die ich damals nur von unten erahnte, damals vor 35 Jahren. Und beinahe hätte ich dabei vor Begeisterung das Bömbchen vergessen, dass ich Toni Sartorius unter seinen glatten Arsch legen wollte, heute, nach 35 Jahren.

Zurückkehrt von unserer Wanderung setzen Rolf und ich uns auf die Terrasse des „Grauen Bären.“
Ich bestelle mir einen Cappuccino und lasse die Stille des Marktplatzes auf mich wirken. Ein paar ältere Wanderer ziehen an uns vorbei.
„Mals ist heute wohl ein Ausgangspunkt für Wanderer der älteren Generation“, sagt Rolf und beißt genüsslich in seinen Apfelstrudel.
„Ich möchte morgen gern nach Sulden auf den Gletscher fahren, zum Skilaufen“, fährt er fort. „Dich kann ich ja hier in Mals unbesorgt allein lassen.“ Rolf kann beides: Grinsen und zugleich genüsslich seinen Apfelstrudel verspeisen. Ich bin beeindruckt.
Am nächsten Morgen gehe ich allein durch Mals.
Ich setze mich auf die Terrasse der „Bar zur Post“ und bestelle mir einen Cappuccino. Frau Wieser, die Wirtin, ist eine rundliche Frohnatur in meinem Alter. Sie lässt sich schnell in eine lockere Plauderei verwickeln. „Was, vor 35 Jahren waren Sie Gast in unserem ehemaligen „Hotel Post?“, fragt sie und schwelgt dann aufgekratzt in Erinnerungen. Ich nicke ihr aufmunternd zu. Eigentlich müsse sie mich ja noch kennen, meint sie nachdenklich. Aber sie könne sich leider nicht mehr erinnern. „Ich könnte ihrer Erinnerung ein wenig nachhelfen“, denke ich. Aber für heute reicht es erst einmal. Ich werde wiederkommen…
Langsam gehe ich die Straße entlang, die zum „Panorama“ führt. Wie oft sind wir damals diese Straße gegangen, lachend und scherzend. Eng umschlungen mit diesem, Hand in Hand mit jenem Burschen. Die Terrasse des „Panorama“ ist noch immer menschenleer. „Einen Cappuccino bitte“, rufe ich der Inhaberin zu und lächele mein kontaktbereites Lächeln. Sie freut sich, mit

mir ins Gespräch zu kommen. „Was, vor 35 Jahren waren Sie schon in unserem „Panorama"? Da kennen Sie sicher noch meine Eltern?"

„Aber natürlich", lächele ich zurück und zeige ihr ein paar alte Fotos, die das ehemalige „Panorama" in nostalgischer Schönheit zeigen. Sie läuft damit erfreut zu ihrer Angestellten. Beide beugen sich angeregt plaudernd über die alten Fotografien.

Anschließend zahle ich meinen Cappuccino und verabschiede mich. Ich werde wiederkommen...

Langsam gehe ich zurück zum Marktplatz von Mals. Ich setze mich auf die Terrasse des „Grauen Bären". Der Cappuccino ist heute lauwarm. Wenn ich meinen Zucker verrührt habe, wird er kalt sein. Das passt zu dem trüben Tag heute. Ich strecke meine Beine aus und betrachte nachdenklich den öden Marktplatz von Mals. Die Minuten vergehen wie zäh sich lösende einzelne Wassertropfen.

Warum sitze ich hier? Worauf warte ich eigentlich?

Und blitzartig wird mir klar: Ich warte auf Toni. Ich will ihn sehen und von ihm gesehen werden. Er soll wissen, dass ich in Mals bin. Ich will die Unruhe in seinen Augen sehen, die bange Frage: Warum ist sie hier? Heute, nach 35 Jahren? Und ich will, dass diese Frage ihn um seinen Schlaf bringt. Eine, zwei und vielleicht sogar viele Nächte.

Der Tag auf dem Gletscher ist Rolf gut bekommen. Ein sattes Lächeln liegt auf seinem Gesicht, während wir frühstücken. Wir beschließen, uns heute Glurns anzusehen und anschließend nach Schlanders zum Bio-Markt zu fahren. Rolf ist von dem alten Städtchen Glurns beeindruckt. Er wird sich in ein paar Tagen einer Stadtführung durch Glurns anschließen. Mir fehlt in Glurns die Malser Luft, mit der ich den vergangenen Zauber früherer Tage einatmen kann. Und alte Steine gibt es schließlich auch in Mals. Der Bio-Markt in Schlanders ist kleiner als erwartet, aber liebevoll gestaltet. Viele Stände laden mit Selbstgemachtem zum Kaufen ein. Frauen, Männer und Kinder in ihren Trachten sorgen für das Wohlergehen der Gäste. Neben der Suppen-Ausgabe sitzt der Franzl mit seiner Zither. Und mit einer Stimme, die mich streichelt wie warmer Wind auf dem Gipfel eines Berges, singt er die Lieder, die ich 35 Jahre tief in meinem Herzen vergraben hatte:

„Dort wo der Ortler steht,
wo der Steig zum Glockner geht,
wo in die Wolken ragt die Martinswand.
Dort wo die Etsch aufbraust,
wo der Wind vom Brenner saust,
dort ist mein Heimatland,
ja mein Tirol.
Und mag die Welt vergehn,
Tirol bleibt ewig stehn,
weil es so fest gebaut auf Gottes Hand.
Wer da den Weg nicht kennt,
der bleibt vom Himmel g'trennt,
weil's nur ein Stück ist vom Tiroler Land."

Ich stehe hinter dem Franzl und singe leise mit. Wie von selbst kommen mir die alten vertrauten Texte über die Lippen.

Mittlerweile habe ich so viele Orte in der Umgebung von Mals besichtigt, dass mir bewusst wird, wie wenig ich eigentlich von Mals weiß. Rolf und ich melden uns für eine historische Führung durch Mals an. Und wir beschließen, abends in Mals auszugehen. Es ist schließlich Samstag und irgendwo wird irgendetwas ja los sein in Mals.
Die historische Führung durch Mals beschämt mich, weil ich kaum etwas von Mals weiß. Und auf die Frage, wer zum ersten Mal in Mals sei, hebe ich brav meine Hand. In gewisser Weise stimmt das sogar, denke ich nachsichtig mit mir selbst. Schließlich habe ich selbst den Fröhlichs-Turm in diesem Urlaub zum ersten Mal gesehen. Und wenn es nicht historisch belegt wäre, glaubte ich noch immer, den hätte es vor 35 Jahren noch gar nicht gegeben.
Auf den Abend mit Rolf in Mals freue ich mich. Ich mache mich besonders schick und schminke mich sogar etwas. Nach dem guten Abendessen in unserem Hotel Tyrol marschieren wir los. Stille umfängt uns auf dem Marktplatz von Mals. Und unsere Schritte hallen durch die Dunkelheit. Auf der Hauptstraße von Mals sind wir die einzigen Menschen. Der „Graue Bär" ist geschlossen, der „Bärenkeller" dunkel. Dass auch der „Greif" geschlossen ist, sehen wir schon von weitem. Aber in der „Krone" ist Licht. Vorsichtig

spähen wir durch eine Lücke der zugezogenen Vorhänge. Ein einsamer Südtiroler Bauer sitzt in seiner blauen Schürze am Tresen und starrt ins Leere. Der Wirt säubert schweigend die Gläser. Ich kann nicht glauben, dass ich an einem Samstagabend in Mals bin. In diesem Mals, das vor 35 Jahre samstags aus den Fugen zu springen drohte vor Lebendigkeit.
„Tja“, sagt Rolf, „das war's dann wohl.“
Um 20.30 Uhr sitzt Rolf in der Sauna unseres Hotels und schwitzt sich den Frust aus den Poren.
Und ich liege in meinem Bett und lese „Zwei alte Frauen“. Es ist Samstagabend in Mals!
Am Sonntagmorgen gehen wir in die Kirche und den Rest des Tages erkunden wir wandernd die Gegend. Rolf ist unleidlich wie eine zickige Primadonna. „Wandern ist nichts für mich“, mault er und stapft lustlos neben mir her.
„Na, die restlichen Tage hier im Wandergebiet Mals können ja heiter werden“, denke ich und beschließe, mich doch einmal mit einer Seilbahn in die Bergwelt katapultieren zu lassen. Die Seile von Liften reißen ja nicht täglich, und Rolfs düstere Stimmung wird sich bei der Aussicht, sich einem Dreitausender zu nähern, garantiert erhellen.
Montagmorgen gehen wir zur Sparkasse auf dem Marktplatz von Mals. „Komm“, sage ich anschließend zu Rolf, „bevor wir aufbrechen, möchte ich noch einen Cappuccino im „Grauen Bären“ trinken. Dabei können wir den heutigen Tag planen.“
„Ich mag keinen Cappuccino“, mault Rolf. „Ich mag jetzt überhaupt nichts.“
„Nöl' nicht ständig herum“, fege ich Rolf an. „Ich möchte jetzt etwas trinken. Du kannst mir ja dabei zugucken.“ Und ehe Rolf sich versieht, sitzt er mit mir auf der Terrasse des „Grauen Bären.“
Heute gehen etwas mehr Menschen an uns vorbei. Ja, und einige halten sogar ein Schwätzchen auf dem Marktplatz von Mals. Ein paar Menschen verlassen den Buchladen und kommen die Straße entlang auf uns zu. Das langweilige Wochenende zu Hause treibt die Menschen montags auf die Straße, denke ich und stelle mir schadenfroh den samstäglichen Frust an den heimischen Herden von Mals vor.
Da erkenne ich Toni. Ich erkenne ihn an seinem Gang. Dieses leichte Vorwärts-Tänzeln ist mir noch nach 35 Jahren vertraut.

Leise informiere ich Rolf. Toni hat den Buchladen verlassen und schlendert die Hauptstraße entlang auf uns zu.
Es ist 10.30 Uhr. Nichts in seinem Ritual hat sich in den 35 Jahren verändert, seit ich nicht mehr in Mals war. Nur die Milchflasche hat er heute gegen eine Zeitung eingetauscht.
Für einen Augenblick habe ich das Gefühl, die Zeit sei stehen geblieben, damals vor 35 Jahren. Ich bin überrascht wie ruhig ich bin. Toni ahnt noch nicht, wer da auf der Terrasse des „Grauen Bären" sitzt und ihm lauernd entgegensieht. Nun ist er auf gleicher Höhe mit uns. Mit dem oberflächlichen Interesse eines Vorbeigehenden sieht er mich an.
Da geht ein Ruck durch seinen Körper. Er sieht krampfhaft geradeaus, als könne er durch Wegsehen den fürchterlichen Verdacht beseitigen, der ihn zusammenzucken ließ. Langsam schlendert er an uns vorbei. Ich sehe ihm nach. Doch er muss Gewissheit haben. Er wendet seinen Kopf, und während er weitergeht, sehen wir uns an.
Ja, da sind sie, die wunderschönen hellbraunen Augen, die ich von früher kenne, und die jetzt starr und weit geöffnet fassungslos in meine sehen.
Er biegt in den „Grauen Bären" ein, auf dessen Terrasse Rolf und ich vor unserem Cappuccino sitzen. Und während Toni mich noch immer fassungslos ansieht, denke ich über die Stolpermöglichkeiten nach, die ein Mensch wohl noch haben könnte, der 50 Jahre lang tagaus tagein den gleichen Weg geht. Jetzt hat er die Tür des „Grauen Bären" erreicht und verschwindet so schnell dahinter, als sei dort eine Zuflucht vor drohendem Unheil.
„Der hat dich erkannt", sagt Rolf. Die Spannung der letzten Minuten hat ihn seine schlechte Laune vergessen lassen. Ja, Toni hat mich erkannt, nach 35 Jahren. Er hat mich an meinen Augen erkannt. Was wird geschehen, wenn er die Gaststube verlässt und wieder an uns vorbeigehen muss?
Nach zehn Minuten verlässt Toni den „Grauen Bären". Er geht an mir vorbei, als seien wir uns nie begegnet. Und in mir lodert wieder jener Hass auf, den ich bei Elli Rist erstmals gespürt habe.
Mit diesem Mann, der blick- und grußlos an mir vorbeigeht, habe ich ein gemeinsames Kind. Ein Kind, das ihn genauso wenig interessiert hat, wie ich ihn damals und heute interessiert habe. Nach Isas Geburt habe ich dir in einem Brief versprochen, dir

das heimzuzahlen, Toni. Und dass ich dich finden werde, egal wo du auch sein wirst und egal, wann das auch sein wird. Ich werde sehen, was sich heute machen lässt…

Am nächsten Tag fahren Rolf und ich nach Sulden. Rolf ist aufgekratzt und lernt eifrig den Text des Ortler-Liedes. Singend kommen wir in Sulden an. Und mit Todesverachtung marschiere ich auf den Sessellift zu, der mich kurz unterhalb des Ortlers absetzen soll.
„Wie lange existiert dieser Lift schon?“, frage ich den Mann, der mir einen Sitz des Liftes bereithält.
„Seit 20 Jahren unfallfrei“, antwortet er grinsend.
Na ja, dann will ich mich mal darauf verlassen, dass die Materialien vor 20 Jahren stabiler waren als heute. Und mit dieser beruhigenden Vorstellung lasse ich mich gottergeben in den bereitgestellten Sessel plumpsen.
Bei der Fahrt hoch auf den Berg schließe ich nach ein paar Metern meine Augen. Schon der erste Abgrund von zehn Metern flößt mir ein solches Entsetzen ein, dass ich keinen mehr davon sehen will. Bisher bin ich zwar immer noch haarscharf an allen möglichen Katastrophen vorbeigekommen. Aber vielleicht ist mein Schutzengel ja auch älter geworden. Als nach endlos langer Zeit jemand meine Sesselsicherung anhebt, öffne ich meine Augen wieder. Ich springe aus dem Sessel und stehe mitten in einer Gebirgslandschaft, die mich überwältigt. Nur ein paar Meter weiter oben liegt Schnee. Und die Sonne lässt den Schnee glitzern wie leuchtende Kristalle. Rolf und ich steigen höher. Die Landschaft wird karger. Aber ein paar Bergziegen finden immer noch Grün. In regelmäßigen Abständen bleibe ich stehen und lasse mich von der gewaltigen Berglandschaft verzaubern. Das ist nichts für den unruhigen Rolf. Also lasse ich ihn vorstapfen, ruhe mich aus, schaue, gehe wieder ein paar Schritte und schaue wieder. Rolf ist hinter irgendeiner Bergzacke verschwunden, hinter der auch die Bergziegen verschwunden sind. Irgendwann steige ich langsam bergab und entdecke eine munter plätschernde Quelle, die vom Wasser eines Gletschers gespeist wird. Ich forme meine Hände zu einer Schale, wie ich es zu alten Wanderzeiten gelernt habe, und labe mich an dem köstlichen Nass. Auch Rolf erscheint irgendwann vor der Bergzacke, hinter der er verschwunden war wie die

Bergziegen. Langsam beginnen wir den Abstieg. Auf die Seilbahn abwärts verzichten wir. Hellrot blühende Sträucher zwischen grauen Felsvorsprüngen begeistern mich mehr als das Schaukeln über felsige Abgründe. Und nach drei Stunden Abstieg ist schließlich auch Rolf von den hellrot blühenden Sträuchern zwischen grauen Felsvorsprüngen begeistert. Gemeinsam singend, fahren wir fröhlich zurück nach Mals.
„Dort wo der Ortler steht, wo der Steig zum Glockner geht…"

In dieser Nacht liege ich lange wach.
Rolf schnarcht neben mir mit monotoner Inbrunst: ein – aus – ein – aus.
Morgen wird Rolf allein nach Glurns gehen, um dort eine Stadtführung mitzumachen. Gegen Mittag soll ich ihn dort mit dem Auto abholen. Wir werden dann mit der Seilbahn auf den Watles fahren und dort oben in der Bergwelt wandern. An dieser Art von Wanderung hat Rolf plötzlich Gefallen gefunden. Gegen 16.00 Uhr müssen wir zurück sein, weil ich in unserem Hotel eine Massage bestellt habe und Rolf dort wieder in die Sauna möchte. Alles ist für morgen geplant. Nur der Vormittag gehört mir. Aber das müsste reichen…
Ich ziehe die Vorhänge zurück. Die Sterne von Mals stehen am Himmel, als sei eine Wunderkerze erstarrt. Und der Mond schimmert kalt und fahl. Die Kirchturmuhr schlägt. Es ist 23.00 Uhr. Morgen Vormittag werde ich zu Frau Wieser gehen in die „Bar zur Post". Dort lege ich ihr alte Fotografien vor, auf denen ich mit Anja vor dem früheren „Hotel Post" abgebildet bin. Sie wird mich als die Frau erkennen, die mit ihrer Freundin Jahr für Jahr nach Mals kam. Und wenn Frau Wieser dann weiß, wer ich bin, werde ich süffisant nachsetzen: „Ich habe damals ein Kind bekommen – von Toni Sartorius." Das wird Frau Wieser Herrn Hinz und Frau Kunz erzählen in Mals. Bis es schließlich Tonis schöne Töchter erfahren. Denn in Mals kennt noch immer jeder jeden. Und damit dies auch funktioniert, lege ich anschließend noch ein Bömbchen hier und ein anderes dort. Ich werde müde und schlafe ein.
Es ist dämmrig. Ich arbeite in der Uni in einiger Entfernung zu einer Atombombe. Eine Kollegin kommt zu mir. Sie bittet mich eindringlich, mich mit ihr und den anderen Kolleginnen zu solidarisieren, damit die Atombombe unschädlich gemacht wird.

Alle Kolleginnen arbeiten direkt neben der Atombombe und haben Angst davor, verstrahlt zu werden. Warum sollte ich mithelfen, meine Kolleginnen vor der Bombe zu schützen? Mich wird sie zwar auch beschädigen. Aber nicht so total vernichten wie die anderen.
Ich gehe ins Parkhaus der Uni und befinde mich gerade zwischen zwei Ebenen. Da kommt mir mein ehemaliger Oberarzt aus Dortmund entgegen, Dr. Eberhard Guttmann. Er hat seinen weißen Arztkittel an und ist offenbar in Eile. Ich freue mich sehr, ihn nach so vielen Jahren wiederzusehen und will mich mit ihm unterhalten. Auch er freut sich, mich zu sehen, aber er rennt im Laufschritt an mir vorbei in das Uni-Gebäude. Er müsse dringend helfen, es sei etwas passiert, ruft er mir zu und entschwindet mit wehendem Kittel.

Von diesem Traum werde ich wach. Ich spüre, dass er mir etwas sagen will. Was die Atombombe bedeutet, ist offensichtlich. Schließlich beabsichtige ich seit Tagen, ein „Bömbchen“ zu legen. Doch wofür steht Dr. Guttmann in meinem Traum? Dr. Guttmann, der „Gutmensch“, dem ich mich vor unendlich vielen Jahren so verbunden fühlte, dass ich die Erinnerung an ihn noch immer tief in meinem Herzen trage. Der „Gutmensch“, der viele Verletzungen einstecken musste in seinem Leben und dennoch human blieb. Weil er auf „Helfen“ programmiert war und nicht auf „Zerstören“. Ein „Gutmensch“, für den Rache undenkbar gewesen wäre. Und ich befinde mich gerade „zwischen den Ebenen“.
Meine Träume waren mir lebenslang Wegweiser. Und nun erinnert mich ein Traum an meine damalige Verbundenheit mit Dr. Guttmann, die ich als Anker in einer Zeit erlebte, als ich die Destruktivität meiner Mutter langsam begriff. Nun wird meine eigene Destruktivität alle verstrahlen. Rettung gibt es nur, wenn ich mich mit meiner eigenen Humanität wieder verbinde.
So schwer es mir fällt: Ich beschließe, auf meine Rache zu verzichten – wenn Frau Wieser mich morgen auf den alten Fotos nicht erkennt.

Am nächsten Morgen geht Rolf direkt nach dem Frühstück zu Fuß nach Glurns.
Ich stecke meine alten Fotos ein und gehe langsam in die Richtung der „Bar zur Post“. Frau Wieser nimmt meine Bestellung entgegen, und ich verwickele sie dabei in ein Gespräch über alte

Zeiten. Dann zeige ich ihr meine alten Fotos. „Das bin ich damals in Mals mit meiner Freundin.“ Frau Wieser nimmt die alten Fotos zur Hand und betrachtet interessiert mein jugendliches Gesicht. Ich warte angespannt. Gleich wird sie sagen, dass sie sich dunkel an mich erinnern kann. Und ich werde ihr freundlich antworten, dass diese junge Frau auf dem Foto damals ein Kind bekommen hat – von Toni Sartorius.
Frau Wieser schüttelt ihren Kopf. „Nein, ich kann mich an Sie und Ihre Freundin nicht erinnern.“ Das war die Entscheidung. Aber der Verzicht auf meine Rache frustriert mich. Vielleicht kann ich meine Entscheidung ja noch rückgängig machen? Schließlich hat schon Adenauer gesagt: „Was kümmert mich mein Geschwätz von gestern?“ – Nein! Ich habe gelernt, meine Träume ernst zu nehmen. Ich packe meine Fotos wieder ein, bezahle und verlasse die „Bar zu Post“. Und ich bin sehr unzufrieden mit mir, meinen Träumen und Dr. Eberhard Guttmann.
Es ist kurz nach 12.00 Uhr. Rolf wartet in Glurns auf mich.
Nachdem ich Rolf in Glurns abgeholt habe, fahren wir zur Seilbahn, die uns hinauf auf den Watles bringen soll. Die Seilbahn steht ausgerechnet heute still. Was fangen wir nun mit den Stunden an, bis ich um 16.00 Uhr zur Massage und Rolf in die Sauna gehen kann?
„Ich würde gern zurück nach Mals fahren“, sagt Rolf, „und mich vor der Sauna noch etwas hinlegen.“ Wir fahren zurück nach Mals.
In Mals angekommen, möchte ich noch einen Cappuccino trinken, bevor auch ich mich hinlege. „Und du, Rolf, kannst dir ja deinen geliebten Apfelstrudel bestellen“, schlage ich vor.
„Das wird mir alles zuviel“, jammert Rolf. „Ich will nichts essen, und ich will nichts trinken. Und ich will dir auch nicht zugucken, wie du isst und trinkst. Außerdem friere ich und müsste mir sowieso einen Pullover holen. Da kann ich gleich im Hotel bleiben und mich hinlegen. Und es ist Mittagszeit. Da ist sowieso nirgendwo geöffnet, weil sich ganz Mals nämlich mittags hinlegt.“
„Mein lieber Rolf“, sage ich genervt, „du kannst noch lange genug in deinem Bett liegen. Und warm wird dir von ganz allein, wenn du einen Cappuccino trinkst.“ Unwillig trottet Rolf ein paar Schritte hinter mir her zum „Grauen Bären“.

Es ist 14.00 Uhr. Wir sitzen allein auf der Terrasse und werden auch nicht bedient. Denn es ist Mittagszeit in Mals. Die Hauptstraße und der Marktplatz sind menschenleer. Eine drückende Stille liegt in der Luft.
Da sehe ich in weiter Ferne auf der Hauptstraße eine einzelne Gestalt. Langsam schlendert sie heran. Es ist Toni. Ich erkenne ihn an seinem Gang. Meine innere Ruhe, die mich bei dem ersten Zusammentreffen mit ihm so angenehm überrascht hat, ist dahin. Toni ist der einzige Mensch auf der Hauptstraße von Mals. Und Rolf und ich sind die einzigen Menschen auf der Terrasse des „Grauen Bären". Drei Menschen, die das Schicksal vor vielen Jahren miteinander verstrickt hat. Und jeder von ihnen spürt, dass dieses Zusammentreffen kein Zufall ist. Toni kommt näher. Meine Hände haben sich in die Tischkante gekrallt. Irgendetwas wird gleich passieren. Ich weiß es. Nun ist er auf gleicher Höhe mit uns. Er streckt den Zeigefinger seiner rechten Hand kerzengerade in die Höhe und schiebt damit seine Brille zurecht. Gütiger Himmel, selbst diese Bewegung ist mir noch nach 35 Jahren vertraut. Toni betrachtet angestrengt die Auslagen des Juweliers Zwick, als sähe er sie zum ersten Mal. Die Zeit läuft langsamer. Jede Sekunde quält sich bleiern schwer zur nächsten. Und die Schläge meines Herzens lassen die Mulde in meiner Kehle an- und abschwellen. Langsam dreht Toni den Kopf und sieht mich an. Dabei geht er Schritt für Schritt auf die Tür des „Grauen Bären" zu. Er muss an uns vorbei. Etwas an ihm wirkt plötzlich entschieden. Sein Blick ist jetzt klar und fragend zugleich. Und während wir uns ansehen, verschwindet er hinter der Tür des „Grauen Bären".
„Geh hinein und sprich ihn an", sagt Rolf und zerbricht damit die Langsamkeit der Zeit.
Ich atme wieder ruhiger. Aber in meinem Kopf purzelt alles durcheinander. Alle Möglichkeiten habe ich gedanklich durchgespielt, was alles in Mals passieren könnte. Nur die Möglichkeit eines Gespräches mit Toni, die habe ich nie in Erwägung gezogen. „Das kann ich nicht, Rolf. Soll *er* mich doch ansprechen."
In diesem Moment verlässt Toni den „Grauen Bären" und steht neben mir. Mein Herz rast, als sei es außer Kontrolle geraten. Wir sehen uns an. Er bleibt neben mir stehen. Und seine Augen bitten mich um ein Wort. Ein verknotetes Knäuel unausgesprochener Worte verstopft meine Kehle. Nun setzt Toni ein Bein vor

das andere. Langsam geht er an mir vorbei. Nach drei Schritten dreht er sich noch einmal um und sieht mich mit seinen wunderschönen hellbraunen Augen an. Und sein Blick ist so freundlich, dass mein verknotetes Knäuel unausgesprochener Worte plötzlich einen Anfangsfaden hat.

„Toni?“, frage ich in die angespannte Stille hinein.

Er kommt an unseren Tisch und bleibt stehen.

„Setz dich zu uns“, fordere ich ihn auf. „Du weißt, dass ich Monika bin?“ Er nickt. Und mir scheint, dass das verknotete Knäuel unausgesprochener Worte jetzt in seinem Halse sitzt.

Ich wende mich Rolf zu: „Ist dieses Zusammentreffen in Ordnung für dich?“ Rolf schweigt. Doch die beiden Männer geben sich die Hand.

„Schön, Toni, dass du dich zu uns gesetzt hast“, versuche ich, ein Gespräch in Gang zu bringen. Doch Toni hört gar nicht zu. Er sieht fasziniert in meine Augen und versucht, in sie einzutauchen.

Ich versperre mein Inneres. Erst will ich ihn hören, bevor ich ihm gestatte, meine Seele zu berühren.

Toni beginnt das Gespräch zwischen uns so unvermittelt, als wage er einen Sprung ins kalte Wasser. Er erzählt von seiner Begegnung mit Isa vor zehn Jahren in München.

„Ja, sie wollte dich unbedingt sehen, Toni, wenigstens einmal in ihrem Leben.“ Toni blickt zur Seite. Meine Worte haben ihn angerührt.

Danach frage ich Rolf, ob die Situation noch immer in Ordnung ist für ihn. Rolf nickt. Aber sein Gesicht wirkt angespannt.

„Isa hat inzwischen zwei Kinder“, erzähle ich Toni. „Einen Jungen und ein Mädchen. Die beiden sind die Sonne meines Alters.“ Ich hole Fotos von Anna und Lucas hervor. Toni betrachtet sie lange. Lachend erzähle ich ihm, dass ich heute mit Lucas Calcetto spiele wie damals mit ihm, Toni, vor 35 Jahren. Toni nickt ernst. „Ja, ja, Calcetto…“, murmelt er nachdenklich.

„Weißt du noch, Toni, wie du mit deiner Hand blitzschnell die Toröffnung verschließen konntest, bevor der Ball ins Tor fiel? Gegen dich habe ich damals nie gewonnen. Heute versuche ich, gegen Lucas zu gewinnen. Aber das ist gar nicht so einfach. Lucas ist ein Ball-Kind. Ob Fußball, Handball oder Calcetto. Lucas vergisst Raum und Zeit, sobald er einen Ball berührt.“

„Ein Ball-Kind…“, wiederholt Toni leise lächelnd.

„Lucas ist ein fröhlicher kleiner Kerl“, erzähle ich weiter. „Er springt vor Freude in die Luft, wenn er beim Calcetto gegen mich gewinnt. Anna ist anders. Sie ist ruhiger und nachdenklicher. Sie überlegt erst, bevor sie handelt. Und sie will heute schon verstehen, nach welchen Regeln die Welt der Erwachsenen abläuft.“
Während ich erzähle, sieht Toni mich ununterbrochen an. Ich verkneife mir ein Lachen. Offenbar ist er angenehm überrascht von mir. Es wäre auch unerträglich für mich, wenn Toni mich nach 35 Jahren als unansehnliche Alte wiedergesehen hätte. Aber wie erlebe ich ihn eigentlich, Toni, den Erzeuger meiner Tochter? Wo ist der Hass geblieben, der mich die letzten Tage durch die Straßen von Mals getrieben hat? Wollte ich nicht heute Morgen noch ein Bömbchen hochgehen lassen?
Mein Hass ist verweht wie trockener Wüstensand.
Nein, Isa und mein Schicksal waren ihm nicht so gleichgültig, wie ich immer geglaubt habe. Sonst säße er mir jetzt nicht hier gegenüber, im „Grauen Bären“ in Mals – nach 35 Jahren.
„Gütiger Gott, danke, dass Du mich davor bewahrt hast, Toni zu beschädigen! Ich hätte ihm heute nicht in die Augen sehen können. Deine Fügungen hier in Mals waren eine Meisterleistung.“
Ich wende mich Toni zu, der ebenfalls in Gedanken versunken neben mir sitzt. Eine wohltuende Wärme für diesen Mann durchzieht plötzlich mein Herz. Unsere Schicksale waren verknotet miteinander. Und der Knoten beginnt sich langsam zu lösen. Ich lächele ihn an: „Anna hat deine hellbraunen Augen, Toni.“
„Jetzt reicht's“, keift Rolf plötzlich. „Das sind *meine* Enkelkinder! Bei Isa kann ich ja nicht viel sagen. Aber meine Enkelkinder werden nicht verschachert. Die gehören mir allein.“
Toni ist etwas tiefer in seinen Sessel gerutscht.
Rolfs Augenbrauen sind zornig zusammengezogen und seine Lippen sind schmal. Aber seine blauen Augen sind hell. Er ist also noch ansprechbar. Wären sie dunkel, drohte ein Unwetter.

Ich spüre einen wohltuenden Frieden in mir. Ich habe den Anfangsfaden eines verknoteten Knäuels gefunden und kann es nun langsam entwirren und aufwickeln. Nein, Liebe war es nicht, was ich damals für Toni empfunden habe. Ich war verliebt in ihn, ja. Und er wurde mir zum Schicksal. Aber hätte ich heute Enkelkinder, wenn wir damals nicht leichtsinnig gewesen wären, er und ich?

Ich lege meine Hand auf Rolfs Arm. „Du bist und bleibst Isas Vater, Rolf." Und Toni nickt bei meinen Worten. „Aber es ist nun einmal so", fahre ich fort, „Toni ist in gewisser Weise auch Großvater. Das nimmt dir aber gar nichts, Rolf. Denn *du* gibst den Kindern für ihr Leben etwas mit, nicht Toni."
Rolf brummt noch irgendetwas in sich hinein. Aber er ist wieder gesprächsbereit. Toni wartet noch etwas, ob die dunklen Wolken sich auch endgültig verzogen haben. Dann erzählt er von seiner Arbeit und seinem Leben in Mals. Instinktiv wählt er unbelastete Themen. Plötzlich sagt er leise: „Ich habe noch drei Töchter."
Ich habe es gehört, dieses leise „noch", Toni. Der letzte Rest an Rachegedanken schmilzt in mir wie alter, staubiger Schnee in der Sonne. Ich schließe Frieden mit dir, Toni, hier in Mals – nach 35 Jahren.
Ich sehe Toni an. Nein, ich hasse ihn nicht mehr. Ja, vielleicht habe ich ihn jetzt sogar ein klein wenig gern. Diesen Mann, dem ich vor ein paar Stunden noch ein Bömbchen unter seinen glatten Arsch legen wollte. Ein Lächeln legt sich auf mein Gesicht. Toni erwidert mein Lächeln. Und in seinen wunderschönen hellbraunen Augen liegt eine Wärme, die die Verhärtungen meines Herzens langsam aufweichen.
Der Vers eines Gedichtes fällt mir ein:

Hinter den Wolken, irgendwo weit,
Sitzt ein kleiner Engel und zerschneidet die Zeit
Mit einer großen Schere.
Er zerschneidet das Glück,
Er zerschneidet das Leid,
Er zerschneidet die ganze Ewigkeit,
Als wenn sie aus Pappe wäre…

S. v. Vegesack

Ich beobachte Rolf und Toni, die sich nun angeregt über touristische Attraktionen in Südtirol unterhalten. Sie scheinen sich zunehmend sympathischer zu werden.
„Ins Schnalstal fahren alle Touristen", sagt Toni zu Rolf. „Fahrt Ihr ins Martell-Tal. Dort findet Ihr noch unberührte, ursprüngliche Natur."

Ihre Worte rauschen an mir vorbei wie das Plätschern der klaren Quelle unterhalb des Ortlers.
Vielleicht träume ich ja und werde gleich wach in meinem Bett in Wuppertal. Dann werde ich zu Rolf sagen: „Du, ich habe gerade geträumt, ich säße in Mals im „Grauen Bären" zwischen dir und Toni." Und Rolf wird gelangweilt antworten: „Du immer mit deinen Träumen…"

Nein, ich träume nicht. Ich sitze hier in Mals im „Grauen Bären" zwischen Rolf und Toni. Und ich bin 55 Jahre alt und Großmutter zweier Enkelkinder. Der Kreis meines Lebens schließt sich. Ich habe Anja wiedergefunden und Toni wiedergesehen. Ich habe meinen Frieden gemacht mit Anja, mit Toni und mit mir selbst. Und meine weit geöffneten Arme sind voller Rosen für den Winter.

Was würde ich am letzten Tag meines Lebens den Menschen noch sagen wollen, die mein Leben prägten? „Behüt' Euch Gott." Mehr nicht. Es ist alles gesagt. Und meinem Gott würde ich „Danke" entgegen rufen. Danke, dass Er mir geholfen hat, an so mancher Katastrophe haarscharf vorbeizukommen. Danke, dass mir doch noch vergönnt war, „Ja" zu meinem Leben zu sagen. Wenn auch erst nach vielen mühevollen 55 Jahren.
Vielleicht schließt Er mich dann in seine Arme und sagt: „Nun, meine Liebe, siehst du es mit deinem Herzen: Ein Jegliches hat seine Zeit und ein jedes Menschenleben hat seine Bestimmung."
„Dennoch, Gott, habe ich den Verdacht, dass Du gelegentlich würfelst. Und darüber würde ich mich jetzt gern mal mit Dir unterhalten. Ich hätte da nämlich ein paar Fragen…"

Danksagung

Es ist mir ein Anliegen, all denen zu danken, die mir geholfen haben, dieses Buch „auf den Weg“ zu bringen.
Frau Müller hat mich als Erste ermutigt, meine Tagebücher aufzuarbeiten. Mit ihrer Unterstützung wurde das Fundament für dieses Buch gelegt. Der Gedanke, Auszüge aus meinen Tagebüchern zu veröffentlichen, wuchs aber erst später aufgrund von Anregungen aus dem Bekannten- und Freundeskreis und natürlich auf Anraten meines Mannes Rolf. Er war es auch, der mich ganz besonders auf dem langen Weg zur Erstellung des Manuskriptes unterstützte. Ohne ihn, ohne seine Zustimmung zu jeder Seite, ohne so manche Stunde trauriger, nachdenklicher, aber auch fröhlicher Erinnerung, gäbe es dieses Buch nicht.
Aber auch meinen Freundinnen möchte ich danken. Hanna, die sich Lesestunden aus meiner Biographie zum Geburtstag wünschte und deren Anteilnahme mich ermunterte weiterzumachen, wenn ich wieder einmal versucht war, allzu lange Schreibpausen einzulegen.
Und natürlich Doris. Sie bewahrte mich fast am Ende der Aufarbeitung meiner Tagebücher davor, „die Brocken zu schmeißen“, indem sie Stunde um Stunde meine Texte durcharbeitete.
Erwähnen möchte ich aber auch meine neue ZWAR-Familie. Während der letzten Jahre musste sie auf so manche Unterstützung von mir verzichten – und begleitete dennoch den Werdegang meiner Biographie mit Interesse.
Eine große Hilfe war mir auch Ursula, die mir immer dann das Gefühl gab, durchaus Lesenswertes zu Papier bringen zu können, wenn ich gerade das wieder einmal bezweifelte.
Die letzte Aufarbeitung meiner Texte war Frau Dr. Merk vom Bernardus-Verlag vorbehalten. Ihre Korrekturen waren behutsam, um meinen Schreibstil zu erhalten. Dennoch musste sie so manches Mal ihr Herz weiten, wenn ich frühere Kunst- oder Modewörter unbedingt stehen lassen wollte – oder in manchen Kapiteln Wert auf meine umgangssprachliche Ausdrucksweise legte.
Herzlichen Dank an alle!